정렬·탐색·그래프부터
LSTM·GRU·RNN, 트랜스포머까지
50가지 알고리즘

개발자를 위한
AI
알고리즘

기초부터
생성형 AI까지

최신 알고리즘
한 권에 올인!

AI를 움직이는
알고리즘의 모든 것

개발자를 위한 AI 알고리즘

Copyright ©Packt Publishing 2023
First published in the English language under the title '50 Algorithms Every Programmer Should Know - Second Edition – (9781803247762)
Korean translation copyright © Youngjin.com 2024
All rights reserved.

This edition is published by arrangement with Packt Publishing Ltd through KidsMind Agency, Korea.
이 책의 한국어판 저작권은 키즈마인드 에이전시를 통해 Packt Publishing Ltd와 독점 계약한 영진닷컴에 있습니다. 신 저작권법에 의해 한국 내에서 보호를 받는 저작물이므로 무단전재와 복제를 금합니다.

ISBN : 978-89-314-8155-6

독자님의 의견을 받습니다.
이 책을 구입한 독자님은 영진닷컴의 가장 중요한 비평가이자 조언가입니다. 저희 책의 장점과 문제점이 무엇인지, 어떤 책이 출판되기를 바라는지, 책을 더욱 알차게 꾸밀 수 있는 아이디어가 있으면 팩스나 이메일, 또는 우편으로 연락주시기 바랍니다. 의견을 주실 때에는 책 제목 및 독자님의 성함과 연락처(전화번호나 이메일)를 꼭 남겨 주시기 바랍니다. 독자님의 의견에 대해 바로 답변을 드리고, 또 독자님의 의견을 다음 책에 충분히 반영하도록 늘 노력하겠습니다.

이메일 : support@youngjin.com
주 소 : (우)08512 서울특별시 금천구 디지털로9길 32 갑을그레이트밸리 B동 10층
         (주)영진닷컴 기획1팀

파본이나 잘못된 도서는 구입하신 곳에서 교환해 드립니다.

STAFF
저자 임란 아마드 | **역자** 박지윤 | **총괄** 김태경 | **기획** 김용기, 박지원 | **디자인·편집** 김유진
영업 박준용, 임용수, 김도현, 이윤철 | **마케팅** 이승희, 김근주, 조민영, 김민지, 김진희, 이현아
제작 황장협 | **인쇄** 제이엠

정렬·탐색·그래프부터
LSTM·GRU·RNN, 트랜스포머까지
50가지 알고리즘

개발자를 위한 AI 알고리즘

저자 임란 아마드 / 역자 박지윤

기초부터
생성형 AI까지

최신 알고리즘
한 권에 올인!

AI를 움직이는
알고리즘의 모든 것

추천사

2014년, 저는 경제학 박사 학위를 가지고 있었음에도 불구하고 데이터 과학자라는 새로운 역할을 열정적으로 받아들였습니다. 어떤 이들에게는 극적인 전환처럼 보일 수도 있지만, 제게는 자연스러운 진보였습니다. 이는 전통적인 관점에서 경제학자와 데이터 과학자가 서로 다른 길을 걷는다고 여겨지는 것과는 조금 다른 시각이었습니다.

데이터 과학이라는 여정을 막 시작했을 때, 저는 방대한 온라인 자료 속을 헤매야 했습니다. 너무나 많은 자료들 속에서 올바른 정보를 찾는 것은 마치 모래 속에서 보석을 찾는 것과 같았습니다. 게다가 제가 처한 상황에 실질적으로 도움이 되는 통찰이 부족한 경우가 많아 종종 실망감을 느끼곤 했습니다.

그 과정에서 제게 빛과 같은 존재는 선배 동료 임란(Imran)이었습니다. 그의 일관된 지도와 멘토링은 제게 변화를 가져다주었습니다. 그는 제 이해를 넓혀 주는 자료들을 알려주었고, 늘 아낌없이 깊은 지식을 나누어 주었습니다. 복잡한 주제를 알기 쉽게 풀어내는 탁월한 재능을 지니고 있었습니다.

데이터 과학자로서의 뛰어난 능력을 넘어, 임란은 비전가이자 리더, 그리고 능숙한 엔지니어로 돋보입니다. 어려움 속에서도 혁신적인 해결책을 찾아내며, 도전이 오히려 그를 더욱 활기차게 만듭니다. 타고난 리더십으로 복잡한 프로젝트를 능숙하게 이끌고, AI와 머신러닝 분야에서 그의 눈부신 기여는 높이 평가받을 만합니다. 더불어 청중과 소통하는 탁월한 능력, 유머가 섞인 매력적인 표현은 그를 더욱 특별하게 만듭니다.

이러한 역량은 《개발자를 위한 AI 알고리즘》에서도 빛을 발합니다. 이 책은 단순히 알고리즘을 나열하는 데 그치지 않고, 복잡한 주제를 친근하게 풀어내는 임란의 능력을 잘 보여줍니다. 실제 사례는 날씨 예측부터 영화 추천 엔진 구축까지 다양합니다.

이 책의 가장 큰 특징은 알고리즘의 방법론뿐 아니라 그 이면의 사고방식까지 포괄적으로 다룬다는 점입니다. 데이터 투명성과 편향 인식의 중요성을 강조하며, 책임 있는 AI를 지향하는 이들에게 보물과 같은 책입니다.

《개발자를 위한 AI 알고리즘》은 데이터 과학자라면 반드시 갖추어야 할 필독서입니다. 데이터 과학에 새로 뛰어들었거나 역량을 한 단계 높이고자 한다면, 이 책은 든든한 디딤돌이 될 것입니다.

소마이예 니크푸르 박사
캐나다 정부 데이터 과학·AI 총괄 리드
칼턴대학교 스프롯 경영대학원 겸임교수

 # 저자 소개

임란 아마드(Imran Ahmad) 박사는 현재 캐나다 연방 정부 산하 고급 분석 솔루션 센터(A2SC)에서 데이터 과학자로 재직하며, 중요한 임무 수행에 머신러닝 알고리즘을 활용하고 있습니다.

그는 2010년 박사 학위 논문에서 대규모 클라우드 컴퓨팅 환경에서 최적의 자원 할당을 위한 선형 계획법 기반 알고리즘을 제안하였습니다. 이후 2017년에는 실시간 분석 프레임워크인 스트림센싱(StreamSensing)을 개발하여, 멀티미디어 데이터를 다양한 머신러닝 패러다임 속에서 처리하는 연구 논문의 핵심 도구로 활용해왔습니다.

정부 기관에서의 역할 외에도, 아마드 박사는 오타와에 위치한 칼턴대학교에서 방문 교수직을 맡고 있으며, 최근 몇 년간 구글 클라우드와 AWS의 공인 강사로도 활동하고 있습니다.

......

제 아내 나히드(Naheed), 아들 오마르(Omar), 딸 아눔(Anum)의 변함없는 지원에 깊이 감사합니다. 특히 아버지 이나야투알라(Inayatuallah)께서 꺾이지 않는 배움의 열정을 보여주신 데 대해 진심으로 감사드립니다. 또한 팩트(Packt)의 카란 소나완(Karan Sonawane), 리아나 로드리게스(Rianna Rodrigues), 데님(Denim)께도 값을 매길 수 없는 기여에 감사를 전합니다.

리뷰어 소개

아이슈와라 스리니바산(Aishwarya Srinivasan)은 과거 구글 클라우드 AI 서비스 팀에서 데이터 과학자로 근무하며 고객 사례에 맞는 머신러닝 솔루션을 구축하는 일을 담당했습니다. 그녀는 컬럼비아 대학교에서 데이터 과학 석사 학위를 받았으며, 링크드인에서 58만 명 이상의 팔로워를 보유하고 있습니다. 2020년에는 데이터 과학 분야 인플루언서로 'LinkedIn Top Voice'로 선정되었고, 'Women in AI Trailblazer of the Year'로도 인정받은 바 있습니다.

타레크 지아데(Tarek Ziadé)는 프랑스 버건디에 거주하는 프로그래머로, 모질라(Mozilla)와 엘라스틱(Elastic)을 포함한 여러 주요 소프트웨어 기업에서 근무하며 개발자를 위한 웹 서비스와 도구를 구축해 왔습니다. 그는 프랑스 파이썬 사용자 모임(Afpy)을 설립했으며, 파이썬과 웹 서비스 관련 베스트셀러 도서를 여러 권 집필했습니다.

......
제 가족인 프레야(Freya), 스키(Suki), 마일로(Milo), 아미나(Amina), 마르탱(Martine)에게 감사의 마음을 전합니다. 언제나 저를 지지해 준 가족들에게 깊이 감사드립니다.

브라이언 스피어링(Brian Spiering)은 초등학교 시절 컴퓨터실에서 BASIC을 변형해 또래들을 즐겁게 하고 교사들을 귀찮게 하는 프로그램을 만들며 코딩을 시작했습니다. 그 후 미국 캘리포니아대학교 산타바바라 캠퍼스에서 인지 심리학 박사 학위를 취득했으며, 현재는 프로그래밍과 인공지능을 가르치고 있습니다.

차례

1부: 기초 및 핵심 알고리즘

1장 알고리즘 개요

1.1 알고리즘이란 무엇인가?	27
1.1.1 알고리즘의 단계	27
1.1.2 개발 환경	29
1.2 파이썬 패키지	30
1.2.1 SciPy 생태계	32
1.3 알고리즘 설계 기법	33
1.3.1 데이터 차원	34
1.3.2 계산 차원	36
1.4 성능 분석	36
1.4.1 공간 복잡도 분석	37
1.4.2 시간 복잡도 분석	38
1.4.3 성능 평가	40
1.4.4 빅오 표기법	40
1.4.5 상수 시간(O(1)) 복잡도	43
1.4.6 선형 시간(O(n)) 복잡도	44
1.4.7 2차 시간($O(n^2)$) 복잡도	45
1.4.8 로그 시간(O(logn)) 복잡도	46
1.5 알고리즘 선택하기	48
1.6 알고리즘 검증	48
1.6.1 정확한 알고리즘, 근사 알고리즘, 무작위 알고리즘	48
1.6.2 설명 가능성	50

2장 알고리즘에 사용되는 자료 구조

2.1 파이썬 내장 자료형 탐색하기	51
2.1.1 리스트	52
2.1.2 튜플	58
2.1.3 딕셔너리와 세트	60
2.1.4 시리즈와 데이터프레임 사용하기	67
2.1.5 행렬	72

	2.2 추상 자료형 탐색하기	74
	2.2.1 벡터	74
	2.2.2 스택	76
	2.2.3 큐	79
	2.2.4 트리	81

3장
정렬 및 탐색 알고리즘

3.1 정렬 알고리즘 소개		85
3.1.1 파이썬에서 변수 교환하기		86
3.1.2 버블 정렬		87
3.1.3 삽입 정렬		91
3.1.4 병합 정렬		94
3.1.5 셸 정렬		97
3.1.6 선택 정렬		99
3.1.7 정렬 알고리즘 선택하기		101
3.2 탐색 알고리즘 소개		102
3.2.1 선형 탐색		103
3.2.2 이진 탐색		104
3.2.3 보간 탐색		105
3.3 실용 예제		106

4장
알고리즘 설계

4.1 알고리즘 설계의 기본 개념 소개		110
4.1.1 고려 1 – 정확성: 기대한 결과를 생성하고 있는가		111
4.1.2 고려 2 – 성능: 최적의 방식인가?		112
4.1.3 고려 3 – 확장성: 더 큰 데이터셋에서 어떻게 작동할 것인가?		117
4.2 알고리즘 전략 이해하기		118
4.2.1. 분할 정복 전략 이해하기		118
4.2.2. 동적 프로그래밍 전략 이해하기		121
4.2.3. 탐욕 알고리즘 이해하기		123

4.3 실제 응용 – 순회 외판원 문제(TSP) 해결 ... 125
    4.3.1. 무차별 대입 전략 사용하기 ... 126
    4.3.2. 탐욕 알고리즘 사용하기 ... 130
    4.3.3. 두 가지 전략 비교 ... 131
4.4 페이지랭크 알고리즘 소개 ... 132
    4.4.1. 문제 정의 ... 132
    4.4.2. 페이지랭크 알고리즘 구현하기 ... 132
4.5 선형 계획법 이해하기 ... 136
    4.5.1. 선형 계획법 문제 공식화하기 ... 136
    4.5.2. 실용 예제 – 선형 계획법으로 공급능력 계획하기 ... 137

5장 그래프 알고리즘

5.1 그래프 이해하기: 간단한 소개 ... 141
    5.1.1. 그래프: 현대 데이터 네트워크의 중추 ... 142
    5.1.2. 그래프 기초: 정점(혹은 노드) ... 143
5.2 그래프 이론과 네트워크 분석 ... 144
5.3 그래프 표현 방식 ... 145
5.4 그래프의 구조와 종류 ... 145
    5.4.1. 자아 중심 네트워크 ... 147
5.5 네트워크 분석 이론 소개 ... 148
    5.5.1. 최단 경로 이해하기 ... 149
    5.5.2. 중심성 지표 이해하기 ... 152
    5.5.3. 파이썬으로 중심성 계산하기 ... 156
    5.5.4. 소셜 네트워크 분석 ... 159
5.6 그래프 순회 이해하기 ... 160
    5.6.1. BFS ... 160
    5.6.2. DFS ... 165

5.7 사례 연구: 소셜 네트워크 분석으로 사기 탐지하기		168
5.7.1. 도입		168
5.7.2. 사례 연구에서 사기란 무엇인가?		168
5.7.3. 단순한 사기 분석 수행하기		171
5.7.4. 감시탑 사기 분석 방법 소개		172

2부: 머신러닝 알고리즘

6장
비지도 머신러닝 학습 알고리즘

6.1 비지도 학습 개요	178
6.1.1. 데이터 마이닝 생명 주기에서 비지도 학습	179
6.1.2. 비지도 학습의 현재 연구 경향	182
6.1.3. 실용 예제	183
6.2 클러스터링 알고리즘 이해하기	184
6.2.1. 유사도 계산하기	185
6.2.2. k-평균 클러스터링 알고리즘	189
6.3 계층적 클러스터링의 단계	195
6.4 계층적 클러스터링 알고리즘 코드 작성하기	196
6.5 DBSCAN 이해하기	197
6.6 파이썬으로 DBSCAN을 사용하여 클러스터 생성하기	198
6.7 클러스터 평가하기	200
6.7.1. 클러스터링 응용 분야	201
6.8 차원 축소	202
6.8.1. 주성분 분석	202
6.9 연관 규칙 마이닝	210
6.9.1. 규칙의 종류	211
6.9.2. 연관 규칙 마이닝을 위한 알고리즘	215

7장
전통적인 지도 학습 알고리즘

7.1 지도 학습 이해하기	225
7.2 지도 학습 문제 공식화하기	226
7.2.1. 가능 조건 이해하기	229
7.2.2. 분류 모델과 회귀 모델 차이 구분하기	229
7.3 분류 알고리즘 이해하기	230
7.3.1. 분류 모델 과제 소개	231
7.3.2. 혼동 행렬	240
7.3.3. 재현율과 정밀도 간의 트레이드오프 이해하기	243
7.4 결정 트리 분류 알고리즘	252
7.4.1. 결정 트리 분류 알고리즘 이해하기	252
7.4.2. 결정 트리 분류 모델의 장단점	255
7.4.3. 사용 사례	256
7.5 앙상블 기법 이해하기	257
7.5.1. XGBoost 알고리즘으로 그라디언트 부스팅 구현하기	258
7.5.2. 앙상블 부스팅과 랜덤 포레스트 알고리즘의 차이 구분하기	261
7.5.3. 분류 모델 과제에 랜덤 포레스트 알고리즘 활용하기	262
7.6 로지스틱 회귀	264
7.6.1. 가정	264
7.6.2. 관계 설정하기	264
7.6.3. 손실 함수와 비용 함수	265
7.6.4. 로지스틱 회귀를 사용해야 하는 경우	266
7.6.5. 분류 모델 과제에 로지스틱 회귀 알고리즘 활용하기	267
7.7 SVM 알고리즘	268
7.7.1. 분류 모델 과제에 SVM 알고리즘 활용하기	269
7.7.2. 나이브 베이즈 알고리즘 이해하기	270
7.8 베이즈 정리	271
7.8.1. 확률 계산하기	272
7.8.2. 곱셈 법칙과 AND 사건	272
7.8.3. 일반적인 곱셈 법칙	273

7.8.4. OR 사건에 대한 덧셈 법칙	273
7.8.5. 분류 모델 과제에 나이브 베이즈 알고리즘 활용하기	274

7.9 분류 알고리즘의 승자는... 275

7.9.1. 회귀 알고리즘 이해	276
7.9.2. 회귀 모델 과제 소개	276
7.9.3. 회귀 모델 문제 정의	277
7.9.4. 과거 데이터셋 탐색하기	277
7.9.5. 데이터 처리 파이프라인을 활용한 특징 공학	277

7.10 선형 회귀 279

7.10.1. 단순 선형 회귀	280
7.10.2. 회귀 모델 평가하기	281
7.10.3. 다중 회귀	282
7.10.4. 회귀 모델 과제에 선형 회귀 알고리즘 활용하기	283
7.10.5. 선형 회귀는 언제 사용하는가?	284
7.10.6. 선형 회귀의 약점	284
7.10.7. 회귀 트리 알고리즘	285
7.10.8. 회귀 모델 문제에 회귀 트리 알고리즘 활용하기	285
7.10.9. 그라디언트 부스팅 회귀 알고리즘	286
7.10.10. 회귀 모델 과제에 그라디언트 부스팅 회귀 알고리즘 활용하기	286

7.11 회귀 알고리즘의 승자는... 288
7.12 실용 예제: 날씨 예측하기 288

8장 신경망 알고리즘

8.1 신경망의 진화 293

8.1.1. 역사적 배경	293
8.1.2. AI 겨울과 AI 봄의 시작	294

8.2 신경망 이해하기 295

8.2.1. 퍼셉트론 이해하기	296
8.2.2. 신경망 직관적으로 이해하기	297
8.2.3. 딥러닝의 층 구조 이해하기	299

8.3 신경망 훈련시키기		302
8.4 신경망의 구조 이해하기		302
8.5 경사 하강법 정의하기		304
8.6 활성화 함수		306
	8.6.1. 계단 함수	307
	8.6.2. 시그모이드 함수	307
	8.6.3. ReLU	309
	8.6.4. 쌍곡 탄젠트(tanh)	311
	8.6.5. 소프트맥스	313
8.7 도구 및 프레임워크		313
	8.7.1. 케라스	314
8.8 순차적 모델 또는 함수형 모델 선택하기		321
	8.8.1. 텐서플로 이해하기	321
	8.8.2. 텐서플로의 기본 개념 소개	322
	8.8.3. 텐서에 대한 수학적 이해	323
8.9 신경망 종류 이해하기		324
	8.9.1. 합성곱 신경망	324
	8.9.2. 생성적 적대 신경망	326
8.10 전이 학습 활용하기		327
8.11 사례 연구: 위조 문서 탐지에 딥러닝 활용하기		328
	8.11.1. 방법론	328

9장 자연어 처리 알고리즘

9.1 자연어 처리 개론		334
9.2 자연어 처리 용어 이해		335
	9.2.1. 자연어 처리의 텍스트 전처리	337
9.3 파이썬으로 데이터 정제하기		343
9.4 단어 문서 행렬 이해		345
	9.4.1. TF-IDF 사용하기	347
	9.4.2. 결과 요약 및 논의	348
9.5 워드 임베딩 개론		349

9.6 Word2Vec으로 워드 임베딩 구현하기		350
9.6.1. 유사도 점수 해석		352
9.6.2. Word2Vec의 장단점		353
9.7 사례 연구: 레스토랑 리뷰 감성 분석		354
9.7.1. 필요 라이브러리 및 데이터셋 가져오기		354
9.7.2. 정제된 말뭉치 구축: 텍스트 데이터 전처리		355
9.7.3. 텍스트 데이터를 숫자 특징으로 변환하기		355
9.7.4. 결과 분석하기		356
9.8 자연어 처리 응용 분야		357

10장 순차 모델 이해하기

10.1 순차 데이터 이해	358
10.1.1. 순차 모델의 종류	360
10.2 순차 모델의 데이터 표현	364
10.3 RNN 개론	365
10.3.1. RNN 구조 이해	365
10.3.2. 첫 번째 타임스텝에서 RNN 훈련하기	368
10.3.3. 시간에 따른 역전파	374
10.3.4. 기본 RNN의 한계	375
10.4 GRU(게이트 순환 유닛)	378
10.4.1. 업데이트 게이트 소개	380
10.4.2. 업데이트 게이트 구현	380
10.4.3. 은닉 셀 업데이트하기	381
10.5 LSTM(장단기 메모리) 소개	382
10.5.1. 망각 게이트	383
10.5.2. 후보 셀 상태	384
10.5.3. 업데이트 게이트	384
10.5.4. 메모리 상태 계산하기	385
10.5.5. 출력 게이트	386
10.5.6. 모두 합치기	387
10.5.7. 순차 모델 코딩하기	388

11장 고급 순차 모델 알고리즘

11.1 고급 순차 모델 기법의 발전	396
11.2 오토인코더 탐색	397
11.2.1. 오토인코더 코드 작성하기	398
11.2.2. 환경 준비	399
11.3 Seq2Seq 모델 이해하기	402
11.3.1. 인코더	403
11.3.2. 사고 벡터	403
11.3.3. 디코더	403
11.3.4. Seq2Seq의 특수 토큰	404
11.3.5. 정보 병목 딜레마	404
11.4 어텐션 메커니즘 이해	405
11.4.1. 신경망에서 어텐션이란?	405
11.4.2. 어텐션 메커니즘의 세 가지 주요 측면	407
11.4.3. 어텐션 메커니즘 더 깊이 들여다보기	408
11.4.4. 어텐션 메커니즘의 문제	409
11.5 셀프 어텐션 자세히 살펴보기	409
11.5.1. 어텐션 가중치	410
11.5.2. 인코더: 양방향 순환 신경망	411
11.5.3. 사고 벡터	412
11.5.4. 디코더: 일반 RNN	412
11.5.5. 훈련 대 추론	412
11.6 트랜스포머: 셀프 어텐션 이후 신경망의 진화	413
11.6.1. 트랜스포머가 빛나는 이유	415
11.6.2. 파이썬 코드 분석	415
11.6.3. 출력 결과 이해하기	416
11.7 대규모 언어 모델	417
11.7.1. LLM에서의 어텐션 이해하기	418
11.7.2. NLP의 대표 주자 탐색: GPT와 BERT	418
11.7.3. 강력한 LLM을 만들기 위한 딥 앤 와이드 모델 활용	420
11.8 딥 앤 와이드 모델	421

3부: 심화 주제

**12장
추천 엔진**

12.1 추천 시스템 개론	427
12.2 추천 엔진 유형	427
12.2.1. 내용 기반 추천 엔진	428
12.2.2. 협업 필터링 추천 엔진	430
12.2.3. 혼합 추천 엔진	432
12.3 추천 시스템의 한계	435
12.3.1. 콜드 스타트 문제	435
12.3.2. 메타데이터 요구조건	435
12.3.3. 데이터 희소성 문제	436
12.3.4. 추천 시스템에서 사회적 영향이라는 양날의 검	436
12.4 응용 분야	437
12.4.1. 넷플릭스의 고도화된 데이터 기반 추천	437
12.4.2. 아마존 추천 시스템의 진화	438
12.5 실용 예제 – 추천 엔진 만들기	439
12.5.1. 프레임워크 설정하기	439
12.5.2. 데이터 불러오기: 리뷰 및 제목 가져오기	439
12.5.3. 데이터 병합: 종합적 관점 다듬기	440
12.5.4. 서술적 분석: 평점으로부터 통찰 도출하기	441
12.5.5. 추천을 위한 구조화: 행렬 만들기	442
12.5.6. 엔진 테스트: 영화 추천하기	442

**13장
데이터 처리를 위한
알고리즘 전략**

13.1 데이터 알고리즘 개론	446
13.1.1. 데이터 알고리즘에서 CAP 정리의 중요성	447
13.1.2. 분산 환경에서의 저장	447
13.1.3. CAP 정리와 데이터 압축의 연관성	448

	13.2 CAP 정리 소개	448
	13.2.1. CA 시스템	450
	13.2.2. AP 시스템	450
	13.2.3. CP 시스템	451
	13.3 데이터 압축 알고리즘 제대로 이해하기	452
	13.3.1. 무손실 압축 기법	452
	13.4 실용 예제: CAP 정리와 압축 알고리즘 중심의 AWS 데이터 관리	459
	13.4.1. CAP 정리 적용하기	459
	13.4.2. 압축 알고리즘 사용하기	460
	13.4.3. 장점을 정량화하기	461
14장 **암호화**	14.1 암호학 개론	462
	14.1.1. 가장 약한 연결고리의 중요성 이해하기	463
	14.1.2. 기본 용어	464
	14.1.3. 보안 요구사항 이해하기	464
	14.1.4. 암호의 기본 설계 이해하기	467
	14.2 암호화 기법의 종류 이해하기	471
	14.2.1. 암호화 해시 함수 사용하기	472
	14.2.2. 대칭 암호화 사용하기	478
	14.2.3. 비대칭 암호화	480
	14.3 예제: 머신러닝 모델을 배포할 때의 보안 문제	486
	14.3.1. 중간자 공격	487
15장 **대규모 알고리즘**	15.1 대규모 알고리즘 개론	493
	15.2 대규모 알고리즘을 위한 고성능 인프라 특징	494
	15.2.1. 탄력성	495
	15.2.2. 잘 설계된 대규모 알고리즘의 특징	495
	15.3 멀티 리소스 처리 전략 수립	498

15.4 병렬 컴퓨팅의 이론적 한계		500
15.4.1. 암달의 법칙		500
15.4.2. 암달의 법칙 도출하기		500
15.4.3. 병렬 컴퓨팅에서 GPU의 잠재력을 이끌어내는 CUDA		503
15.4.4. 아파치 스파크를 활용한 클러스터 컴퓨팅의 이점		508
15.5 아파치 스파크가 대규모 알고리즘 처리를 가능하게 하는 방법		511
15.5.1. 분산 컴퓨팅		511
15.5.2. 메모리 내 처리		511
15.6 클라우드 컴퓨팅에서 대규모 알고리즘 활용		511
15.6.1. 예제		512

16장 현실적 고려 사항

16.1 알고리즘 솔루션이 마주한 도전 과제	514
16.1.1. 예상치 못한 것을 예측하기	515
16.2 트위터 AI 봇, 테이의 실패	516
16.3 알고리즘의 설명 가능성	517
16.3.1. 머신러닝 알고리즘과 설명 가능성	518
16.4 알고리즘 윤리 이해	524
16.4.1. 학습 알고리즘의 문제점	525
16.4.2. 윤리적 고려 사항 이해하기	526
16.4.3. 알고리즘 솔루션에 영향을 주는 요인	527
16.5 모델 편향 줄이기	528
16.6 알고리즘을 언제 사용할 것인가	529
16.6.1. 블랙스완 사건이 알고리즘에 미치는 영향 이해하기	530

예제 코드 파일 다운로드

https://github.com/Youngjin-com/AI_Algorhythm

# 서문

컴퓨팅의 세계에서, 기초 이론부터 실무 응용에 이르기까지 알고리즘은 핵심 동력입니다. 이번 개정판에서는 알고리즘의 역동적인 세계를 더욱 깊이 탐구하며, 현실의 시급하고 복잡한 문제들까지 그 범위를 확장했습니다. 알고리즘의 기초부터 출발해 다양한 설계 기법을 거쳐, 선형 계획법, 페이지 랭킹, 그래프, 그리고 머신러닝의 심화 영역으로 이어집니다.

또한 최신 기술 흐름을 반영하기 위해 순차적 네트워크(sequential network), LLM, LSTM, GRU, 암호학, 그리고 대규모 알고리즘을 클라우드 환경에서 배포하는 주제까지 폭넓게 다루었습니다. 오늘날 디지털 시대의 핵심인 추천 시스템에서 알고리즘이 갖는 중요성 역시 세밀하게 설명합니다. 이러한 알고리즘을 제대로 활용하기 위해서는 그 근간이 되는 수학적 논리와 구조에 대한 이해가 필수적입니다. 날씨 예측, 트윗 분석, 영화 추천, 그리고 LLM의 세부적 탐구에 이르기까지 실습 중심의 사례 연구를 통해 알고리즘의 실제 적용 방식을 보여줍니다.

이 책을 통해 독자들이 알고리즘을 자신 있게 활용하여 현대의 다양한 계산 문제를 해결할 수 있도록 돕는 것이 목표입니다. 변화하는 디지털 환경 속에서 알고리즘을 해석하고 활용하는 새로운 여정에 발을 내디뎌 보시기 바랍니다.

이 책은 누구를 위한 것인가

알고리즘을 활용해 문제를 해결하고 효율적인 코드를 만들고 싶은 모든 분들을 위한 책입니다. 고전적이고 널리 쓰이는 알고리즘부터 최신 데이터 과학, 머신러닝, 암호학까지 포괄적으로 다룹니다.

파이썬 프로그래밍에 익숙하다면 도움이 되지만 필수는 아닙니다. 그러나 어떤 프로그래밍 언어든 기초가 있다면 큰 도움이 될 것입니다. 더 나아가, 프로그래머가 아니더라도 기술적인 관심이나 성향이 있다면 이 책을 통해 알고리즘의 광범위한 세계에 대한 통찰을 얻을 수 있습니다.

이 책에서 다루는 내용

1부: 기초 및 핵심 알고리즘

1장 **알고리즘 개요**에서는 알고리즘의 기초를 다룹니다. 알고리즘의 기본 개념, 사람들이 문제를 정의하기 위해 알고리즘을 사용하기 시작한 배경, 그리고 다양한 알고리즘의 한계점을 살펴봅니다. 이 책에서는 알고리즘을 파이썬으로 구현하므로, 예제를 실행하기 위한 파이썬 환경 설정 방법을 설명합니다. 이후 알고리즘의 성능을 어떻게 수치화하고 다른 알고리즘과 비교할 수 있는지도 살펴봅니다.

2장 **알고리즘에 사용되는 자료구조**에서는 알고리즘의 맥락에서 자료구조를 다룹니다. 이 책에서는 파이썬을 사용하므로 파이썬의 자료구조에 집중하지만, 제시되는 개념은 자바나 C++ 같은 다른 언어에도 적용할 수 있습니다. 이 장에서는 파이썬이 복잡한 자료구조를 어떻게 처리하는지, 그리고 데이터 유형에 따라 어떤 자료구조를 사용해야 하는지를 보여줍니다.

3장 **정렬 및 탐색 알고리즘**에서는 다양한 정렬 알고리즘과 그 설계 방식들을 소개합니다. 이어서 실용적인 예제를 통해 탐색 알고리즘도 함께 다룹니다.

4장 **알고리즘 설계**에서는 알고리즘을 설계할 때 고려할 수 있는 여러 선택지를 다루며, 해결하려는 문제를 올바르게 규정하는 것이 왜 중요한지를 설명합니다. 이어서 유명한 순회 외판원 문제(TSP, Traveling Salesperson Problem)를 사례로 들어 설계 기법을 적용하는 과정을 보여줍니다. 또한 선형 계획법을 소개하고 그 활용 방안에 대해서도 논의합니다.

5장 **그래프 알고리즘**에서는 그래프를 활용해 자료구조를 표현하는 방법을 다룹니다. 네트워크 이론 분석과 그래프 탐색 같은 그래프 알고리즘과 관련된 기초 이론, 기법, 방법론을 설명합니다. 또한 그래프 알고리즘을 활용해 사기 분석(fraud analytics)을 수행하는 예시도 살펴봅니다.

2부: 머신러닝 알고리즘

6장 **비지도 머신러닝 알고리즘**에서는 비지도 학습이 실제 문제에 어떻게 적용될 수 있는지를 설명합니다. 군집(clustering) 알고리즘, 차원 축소(dimensionality reduction), 연관 규칙 추천(association rule mining)과 같은 비지도 방식의 기본 알고리즘과 방법론을 학습합니다.

7장 **전통적인 지도 학습 알고리즘**에서는 지도 학습의 핵심 요소를 다루며, 분류 모델(classifier)과 회귀 모델(regressor)을 소개합니다. 실제 문제 사례를 통해 그 기능을 탐구하며, 여섯 가지 분류 알고리즘과 세 가지 회귀(regression) 기법을 살펴봅니다. 마지막에는 이들의 결과를 비교하여 핵심적인 통찰을 정리합니다.

8장 **신경망 알고리즘**에서는 전형적인 신경망의 주요 개념과 구성 요소를 소개합니다. 이어서 다양한 유형의 신경망과 그 안에서 사용되는 활성화 함수를 다룹니다. 신경망 훈련에 가장 널리 쓰이는 역전파(backpropagation) 알고리즘을 자세히 설명하며, 실제 사례로 사기 문서를 판별하기 위해 딥러닝을 활용하는 방법을 배웁니다.

9장 **자연어 처리 알고리즘**에서는 자연어 처리(NLP)에 사용되는 알고리즘을 소개합니다. NLP의 기초와 NLP 작업을 위한 데이터 준비 과정을 설명한 뒤, 텍스트 데이터를 벡터화하는 방법과 워드 임베딩(word embedding)의 개념을 다룹니다. 마지막으로 구체적인 사례 연구를 제시합니다.

10장 **순차 모델 이해하기**에서는 순차 데이터를 다루기 위한 신경망 훈련을 알아봅니다. 순차 모델의 핵심 원리를 소개하고, 해당 기법과 방법론에 대한 개요를 제공합니다. 이후 딥러닝이 NLP 기법을 어떻게 향상시킬 수 있는지도 살펴봅니다.

11장 **고급 순차 모델 알고리즘**에서는 기존 순차 모델의 한계와 이를 극복하기 위해 발전해 온 과정을 다룹니다. 복잡한 구성 방식을 이해하기 위해 순차 모델의 고급 개념을 심도 있게 탐구합니다. 오토인코더(autoencoder), 시퀀스-투-시퀀스(Seq2Seq) 모델과 같은 핵심 요소를 분석한 후, 대규모 언어 모델(LLM)의 발전에서 핵심적인 역할을 한 어텐션 메커니즘과 트랜스포머를 살펴봅니다.

3부: 심화 주제

12장 **추천 엔진**에서는 추천 엔진의 주요 유형과 각각의 내부 작동 방식을 다룹니다. 추천 엔진은 사용자에게 맞춤형 항목이나 제품을 제안하는 데 능숙하지만 한계도 존재합니다. 이 장에서는 추천 시스템의 장점과 제약을 모두 논의하고, 실제 문제 해결에 추천 엔진을 활용하는 방법을 배웁니다.

13장 **데이터 처리를 위한 알고리즘 전략**에서는 데이터 알고리즘과 데이터 분류의 기본 개념을 소개합니다. 데이터를 효율적으로 관리하기 위해 사용되는 데이터 저장 및 데이터 압축 알고리즘을 살펴보며, 데이터 중심 알고리즘을 설계하고 구현할 때 고려해야 할 균형점과 트레이드오프를 이해합니다.

14장 **암호화**에서는 암호화에 관련된 알고리즘을 소개합니다. 먼저 암호화의 배경을 설명한 후, 대칭 암호화 알고리즘을 다룹니다. 이어서 메시지 다이제스트 5(MD5) 알고리즘과 보안 해시 알고리즘(SHA)을 살펴보고, 각각의 한계와 취약점을 설명합니다. 이후 비대칭 암호화 알고리즘과 이를 활용해 디지털 인증서를 생성하는 방법을 논의합니다. 마지막으로, 지금까지의 기법들을 종합하는 실습 예제를 제시합니다.

15장 **대규모 알고리즘**에서는 대규모 알고리즘과 이를 지원하기 위한 효율적인 인프라를 소개합니다. 여러 자원을 활용한 병렬 처리를 관리하는 다양한 전략을 탐구하고, 암달의 법칙(Amdahl's law)에 따라 병렬 처리의 한계를 살펴봅니다. 또한 GPU(Graphics Processing Unit)의 활용을 분석합니다. 이 장을 마치면 대규모 알고리즘 설계를 위해 필수적인 기본 전략에 대한 탄탄한 이해를 얻게 됩니다.

16장 **현실적 고려 사항**에서는 알고리즘 설명 가능성(explainability) 문제를 다룹니다. 이는 알고리즘의 내부 동작 원리를 얼마나 이해하기 쉽게 설명할 수 있는가를 의미합니다. 이어서 알고리즘을 사용할 때의 윤리적 측면과 구현 과정에서 발생할 수 있는 편향의 문제를 살펴봅니다. 또한 NP-난해(NP-hard) 문제를 다루는 기법을 논의하고, 알고리즘을 선택하기 전에 고려해야 할 다양한 요인들을 탐구합니다.

개발자를 위한 AI 알고리즘

1 / 부

기초 및 핵심 알고리즘

1부에서는 알고리즘의 핵심적인 요소들을 소개합니다. 알고리즘이란 무엇이며, 어떻게 설계하는지를 살펴보고, 알고리즘에서 사용되는 자료구조에 대해서도 배웁니다. 또한 정렬 및 탐색 알고리즘과 그래프 문제를 해결하기 위한 알고리즘도 함께 소개합니다.

1장	알고리즘 개요
2장	알고리즘에 사용되는 자료구조
3장	정렬 및 탐색 알고리즘
4장	알고리즘 설계
5장	그래프 알고리즘

1장 알고리즘 개요

> 알고리즘은 눈으로 직접 봐야 믿을 수 있다.
>
> 도널드 커누스(Donald Knuth)[1]

이 책은 중요한 알고리즘을 이해하고, 분류하며, 선택하고 구현하는 데 필요한 내용을 제공합니다. 알고리즘의 로직뿐 아니라 각 알고리즘에 적합한 자료구조와 개발 및 프로덕션 환경에 대해서도 설명합니다. 특히 점점 중요성이 커지고 있는 최신 머신러닝(machine learning) 알고리즘에 초점을 맞췄으며, 현실에서 마주하는 문제를 해결하기 위한 실용적인 알고리즘 예제도 함께 다룹니다.

1장에서는 알고리즘의 기본을 깊이 이해하도록 돕습니다. 다양한 알고리즘의 작동 원리를 이해하는 데 필요한 핵심 개념을 시작으로, 인류가 특정 유형의 문제를 정의하고 해결하기 위해 알고리즘을 어떻게 사용하기 시작했는지를 역사적 배경과 함께 설명합니다. 또한 각 알고리즘이 가지는 고유한 한계점도 함께 다룹니다.

그리고 알고리즘의 로직을 구체화하는 다양한 방식을 설명하고, 파이썬(Python)을 활용해 알고리즘을 작성하는 방법을 다룹니다. 이를 위해 파이썬 환경 설정 방법과 알고리즘의 성능을 정량화해 비교하는 여러 방법을 설명합니다. 마지막으로, 알고리즘 구현의 유효성을 검증하는 방법도 소개합니다.

요약하자면, 이번 장은 다음과 같은 주요 사항을 다룹니다.

- 알고리즘이란 무엇인가?
- 알고리즘의 단계
- 개발 환경
- 알고리즘 설계 기법
- 성능 분석
- 알고리즘 유효성 검증

---

[1] **역자 주** 미국의 컴퓨터 과학자, 현 스탠퍼드 대학 명예교수. 1978년에 조판 언어이자 시스템인 텍(TeX)을 고안했으며, 저서로 《The Art of Computer Programming》(약칭 TACOP) 등이 있습니다.

1.1 알고리즘이란 무엇인가?

쉽게 말해, 알고리즘은 문제 해결을 위해 특정한 계산을 수행하는 규칙의 집합입니다. 알고리즘은 명확하게 정의된 지침에 따라 유효한 입력값에 대해서 결과를 도출하도록 설계됩니다. 사전(예: 아메리카 헤리티지)에서 알고리즘을 찾아보면 다음과 같이 정의되어 있습니다.

> 알고리즘은 초기 조건이 주어졌을 때, 특정 목표를 달성하기 위해 정해진 순서로 수행되는 명확한 지침(unambiguous instruction)의 유한 집합(finite set)이며, 명확히 정의된 종료 조건을 가진다.

알고리즘을 설계하는 것은 현실의 문제를 효과적으로 해결할 수 있는 가장 효율적인 수학적 절차를 만드는 과정입니다. 이러한 절차는 더 넓은 범위의 유사한 문제들에 적용할 수 있는 재사용 가능하고 보편적인 수학적 해법을 개발하는 기반이 됩니다.

1.1.1 알고리즘의 단계

알고리즘을 개발하고 배포하여 사용하기까지의 단계는 그림 1-1에서 설명하고 있습니다.

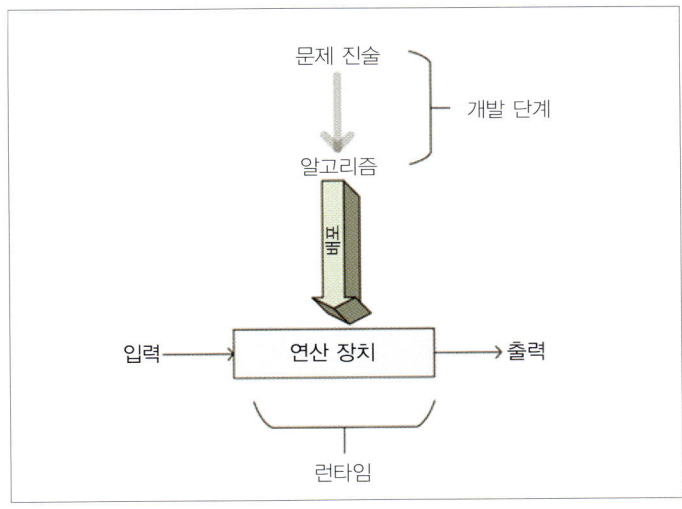

〈그림 1-1〉 알고리즘의 개발, 배포 및 활용의 다양한 단계

보다시피 수행해야 할 사항을 상세히 설명한 문제 진술을 통해 요구 사항을 이해하는 것부터 시작합니다. 문제가 명확히 정의되었다면 개발 단계로 넘어갑니다.

개발 단계는 두 단계로 구성됩니다.

1. **설계 단계(design phase):** 설계 단계에서는 알고리즘의 구조(architecture), 로직(logic), 구현 세부 사항을 구상하고 문서화합니다. 이 과정에서 정확성과 성능을 계속 염두에 두어야 합니다. 이때 주어진 문제에 대해 최적의 해결책을 찾는 과정에서 일반적으로 두 가지 이상의 알고리즘이 후보로 등장합니다.

   알고리즘 설계는 반복적으로 여러 후보 알고리즘을 비교하고 평가하는 단계를 포함합니다. 일부 알고리즘은 단순하고 빠른 해결책을 제공할 수 있지만 정확성이 떨어질 수 있습니다. 반면, 다른 알고리즘은 매우 정확하지만 복잡성으로 인해 수행 시간이 길어질 가능성이 있습니다. 또는 이러한 두 가지 속성을 균형 있게 결합한 알고리즘이 더 효율적인 해법이 될 수도 있습니다.

   알고리즘을 선택하기 전에 각 후보 알고리즘의 트레이드오프(tradeoff)를 신중히 검토해야 합니다. 특히 복잡한 문제의 경우, 효율적인 알고리즘을 설계하는 것이 중요합니다. 올바르게 설계된 알고리즘은 만족스러운 성능과 합리적인 정확도를 동시에 제공할 수 있는 효율적인 해법을 도출합니다.

2. **코드 작성 단계(coding phase):** 코드 작성 단계에서는 설계한 알고리즘을 컴퓨터 프로그램으로 전환합니다. 컴퓨터 프로그램은 설계 단계에서 제안한 모든 로직과 아키텍처를 구현해야 합니다.

비즈니스 문제의 요구 사항은 기능적 요구사항(functional requirement)과 비기능적 요구사항(non-functional requirement)으로 나뉩니다. 해결책에 기대하는 기능을 직접적으로 명시한 것을 기능적 요구사항이라 합니다. 기능적 요구사항은 문제 해결 방안의 기대 동작(expected behavior)을 상세히 서술합니다. 반면 비기능적 요구사항은 알고리즘의 성능, 확장성, 사용성, 정확성에 관한 것입니다. 또한 비기능적 요구사항은 데이터 보안에 대한 기대치도 포함됩니다.

예를 들어, 신용카드 회사에서 사기 거래를 식별하고 표시하는 알고리즘을 설계한다고 가정해 봅시다. 이 예시에서 기능적 요구사항은 특정 입력 데이터(예: 거래 세부 사항)에 대해 예상되는 출력(예: 거래의 사기 여부를 나타내는 이진(binary) 플래그)을 명시합니다.

반면 비기능적 요구사항은 각 예측의 응답 시간을 명시하거나 정확도의 허용 임계치(threshold)를 설정할 수 있습니다. 예시처럼 금융 데이터를 다루는 경우, 사용자 신원 확인(authentication), 권한 부여(authorization), 데이터 기밀유지(confidentiality)와 같은 보안 요구사항도 비기능적 요구사항에 포함될 수 있습니다.

기능적 요구사항과 비기능적 요구사항은 **무엇을** 해야 하는지를 정확히 정의하는 데 중점을 둡니다. 그리고 문제 해결 방법 설계는 이것을 **어떻게** 실행할 것인지를 구체화하는 과정입니다. 기능 및 비기능적 요구사항을 모두 충족하는 설계를 고안하려면 많은 시간과 노력이 듭니다. 적절한 프로그래밍 언어와 개발과 운영 환경의 선택은 문제의 요구사항에 따라 달라질 수 있습니다. 예를 들어, C/C++은 파이썬보다 저수준 언어로, 컴파일된 코드와 저수준 최적화가 필요한 알고리즘에서 더 나은 선택이 될 수 있습니다.

설계 단계와 코드 작성 단계가 완료되면 알고리즘은 배포할 준비가 됩니다. 알고리즘을 배포한다는 것은 실제로 코드가 실행될 프로덕션 환경을 설계하는 것을 의미합니다. 프로덕션 환경은 알고리즘의 데이터 및 처리 요구 사항에 맞게 설계되어야 합니다. 예를 들어, 병렬 처리가 가능한 알고리즘의 경우 알고리즘을 효율적으로 실행하기 위해 적절한 수의 컴퓨터 노드를 갖춘 클러스터가 필요합니다. 데이터 집약적인 알고리즘의 경우 데이터 유입 파이프라인과 데이터를 캐시하고 저장하는 전략을 설계해야 할 수 있습니다. 운영 환경 설계에 대해서는 **15장 대규모 알고리즘**과 **16장 현실적 고려사항**에서 더 자세히 다룹니다.

프로덕션 환경이 설계되고 구현되면, 알고리즘이 배포됩니다. 이 알고리즘은 입력 데이터를 받아 처리하고, 요구사항에 따른 출력을 생성합니다.

1.1.2 개발 환경

설계가 완료된 알고리즘은 프로그래밍 언어로 구현해야 합니다. 이 책에서는 파이썬(Python)을 선택했습니다. 파이썬은 유연하고 오픈소스 언어이며 아마존 웹 서비스(AWS), 마이크로소프트 애저(Azure), 구글 클라우드 플랫폼(GCP)과 같은 다양한 클라우드 컴퓨팅 인프라에서 사용할 수 있는 언어 중 하나입니다.

파이썬의 공식 홈페이지는 https://www.python.org/ 이며, 여기에는 설치 가이드와 유용한 초보자 가이드가 있습니다.

이 책의 내용을 더 잘 이해하려면 파이썬에 대한 기본적인 이해가 필요합니다. 그리고 최신 버전 파이썬 3의 사용을 권장합니다. 집필 시점을 기준으로 최신 버전은 3.12이며, 본 책의 예제를 실행하는 데 사용됩니다.

또한, 주피터 노트북(Jupyter Notebook)으로 코드를 실행할 것입니다. 다음 장부터는 파이썬이 설치되어 있으며 주피터 노트북이 제대로 구성되었다는 것을 전제로 진행됩니다.

1.2 파이썬 패키지

파이썬은 범용 프로그래밍 언어로, **배터리 포함**(batteries included)이라는 철학을 따릅니다. 이는 별도의 패키지를 다운로드하지 않아도 표준 라이브러리가 제공된다는 뜻입니다. 그러나 표준 라이브러리 모듈은 최소한의 기능만 제공합니다. 따라서 작업하는 특정 사용 사례에 따라 패키지를 추가로 설치해야 할 수도 있습니다.

파이썬의 공식 서드파티 패키지 저장소는 **파이썬 패키지 인덱스**(Python Package Index)를 뜻하는 PyPI[2]라고 하며, 소스 배포판과 사전 컴파일된 코드 모두 파이썬 패키지로 제공합니다. 현재 PyPI에는 113,000개 이상의 파이썬 패키지가 등록되어 있습니다.

추가 패키지를 설치하는 가장 쉬운 방법은 `pip`라는 패키지 관리 시스템을 사용하는 것입니다. `pip`는 "Pip Installs Python"의 재귀적 약어로, 파이썬 문화에서 자주 볼 수 있는 유머러스한 작명 방식입니다.

파이썬 3.4 버전부터는 `pip`가 기본적으로 설치된다는 좋은 소식이 있습니다.[3] `pip` 버전을 확인하려면 명령줄에 다음을 입력하면 됩니다.

```
pip --version
```

패키지를 추가로 설치하려면 다음과 같이 `pip` 명령어를 사용하세요.

```
pip install PackageName
```

---

[2] 역자 주 '파이파이'라고 발음합니다.

[3] 역자 주 파이썬 3.4.0은 2014년 3월 16일에 배포되었습니다. 2025년 8월 8일 기준으로 최신 버전은 3.13.6입니다.

이미 설치된 패키지는 최신 기능을 위해 주기적으로 업데이트해야 합니다. 이는 upgrade 플래그로 가능합니다.

```
pip install PackageName --upgrade
```

특정 버전의 파이썬 패키지를 설치할 수도 있습니다.

```
pip install PackageName==2.1
```

 적절한 라이브러리와 버전을 추가하는 것은 파이썬 프로그래밍 환경 설정에서 매우 중요합니다. 이러한 라이브러리 관리를 돕는 기능 중 하나가 필요한 모든 패키지를 나열한 requirements 파일을 생성하는 것입니다. requirements 파일은 라이브러리 이름과 해당 버전을 포함하는 단순한 텍스트 파일입니다. requirements 파일의 예시는 다음과 같습니다.

```
scikit-learn==0.24.1
tensorflow==2.5.0
tensorboard==2.5.0
```
관례적으로, requirements.txt 파일은 프로젝트의 최상위 경로에 있습니다.

파일을 생성한 다음, 아래 명령어로 파이썬 라이브러리와 해당 버전을 모두 설치하여 개발 환경을 구성할 수 있습니다.

```
  pip install -r requirements.txt
```

이제 이 책에서 사용할 주요 패키지를 살펴봅시다.

1.2.1 SciPy 생태계

SciPy(Scientific Python)[4]는 과학 분야 커뮤니티를 위해 만들어진 파이썬 패키지 그룹입니다. 난수 생성기, 선형 대수학 루틴, 최적화까지 많은 기능이 포함되어 있습니다. SciPy는 매우 포괄적인 패키지이며, 시간이 지나면서 사용자들은 자신의 필요에 따라 SciPy를 확장하거나 맞춤화할 수 있는 여러 기능들을 개발해왔습니다. SciPy는 내부적으로 성능이 뛰어난 C/C++ 또는 포트란(Fortran) 언어로 작성된 코드를 파이썬에서 쉽게 사용할 수 있도록 감싸는 형태로 구현되어 있어, 높은 성능을 유지하면서도 사용이 간편합니다.

다음은 SciPy 생태계의 주요 패키지입니다.

- numpy[5]: 배열(array)이나 행렬(matrix)과 같은 다차원 자료구조를 생성하는 능력은 알고리즘에 매우 중요합니다. numpy는 통계 및 데이터 분석에 중요한 배열과 행렬 자료형을 제공합니다. 더 자세한 내용은 http://www.numpy.org/ 에서 확인할 수 있습니다.
- scikit-learn[6]: SciPy에서 가장 유명한 머신러닝 확장 프로그램입니다. scikit-learn은 분류, 회귀, 군집, 모델 검증(model validation)을 포함하여 다양한 머신러닝 알고리즘을 제공합니다. 더 자세한 내용은 http://scikit-learn.org/ 에서 확인할 수 있습니다.
- pandas: pandas[7]는 다양한 알고리즘에서 표 형식 데이터를 입력, 출력, 처리하는 데 사용되는 표 형식의 복합 자료구조를 제공합니다. pandas 라이브러리에는 많은 유용한 함수가 포함되어 있으며, 고도로 최적화된 성능도 제공합니다. pandas에 대한 더 자세한 내용은 http://pandas.pydata.org/ 에서 확인할 수 있습니다.
- matplotlib: matplotlib[8]은 강력한 시각화 도구를 제공합니다. 데이터를 선 그래프, 분산 그래프, 막대 그래프, 히스토그램, 원 그래프 등으로 표현할 수 있습니다. 더 자세한 내용은 https://matplotlib.org/ 에서 확인할 수 있습니다.

---

4 역자 주 '싸이파이'
5 역자 주 '넘파이'
6 역자 주 '사이킷런'
7 역자 주 '판다스'
8 역자 주 '맷플롯립'

1.2.1.1 주피터 노트북 사용하기

이 책은 IDE[9]로 Jupyter Notebook과 Google Colaboratory[10]를 사용할 것입니다. 설치와 사용법은 각 플랫폼의 공식 문서를 참고하시기 바랍니다.

1.3 알고리즘 설계 기법

알고리즘은 문제에 대한 수학적 해법입니다. 알고리즘을 설계할 때에는 다음의 세 가지 설계 고려사항을 염두에 두어야 합니다.

- **중요 사항 1**: 이 알고리즘이 우리가 기대한 결과를 생성하고 있는가?
- **중요 사항 2**: 이 알고리즘은 이러한 결과를 얻기 위한 최적의 방식인가?
- **중요 사항 3**: 이 알고리즘은 더 큰 데이터셋에서 어떻게 작동할 것인가?

문제를 해결하기 위한 해법을 설계하기 전에, 우선 문제 자체의 복잡성을 이해하는 것이 중요합니다. 예를 들어, 문제를 그 필요와 복잡성 측면에서 규정하면 적절한 해법을 설계하는 데 도움이 됩니다.

일반적으로 알고리즘은 문제의 특징에 따라 다음 유형으로 나눌 수 있습니다.

- **데이터 집약 알고리즘**(data-intensive algorithm): 대량의 데이터를 처리하도록 설계된 알고리즘입니다. 이들은 처리 요구 사항이 비교적 단순한 경우가 많습니다. 거대한 파일에 압축 알고리즘을 적용하는 것이 데이터 집약 알고리즘의 좋은 예입니다. 이러한 알고리즘은 데이터 크기가 처리 엔진(단일 노드나 클러스터)의 메모리보다 훨씬 큰 경우가 많으며, 요구 사항에 따라 데이터를 효율적으로 처리하기 위해 반복(iterative) 처리 설계가 필요할 수 있습니다.
- **계산 집약 알고리즘**(compute-intensive algorithm): 계산 집약적 알고리즘은 상당한 처리 능력을 요구하지만 대량의 데이터를 다루지는 않습니다. 간단한 예로는 매우 큰 소수를 찾는 알고리즘이 있습니다. 알고리즘을 여러 단계로 나누어 일부 단계라도 병렬화 하는 전

---

[9] 역자 주 통합 개발 환경(Integrated Development Environment)
[10] 역자 주 협력이라는 뜻으로, 약칭 코랩(Colab)이라 합니다.

략을 찾는 것이 알고리즘 성능을 극대화하는 핵심입니다.
- **데이터 및 계산 집약 알고리즘** (Both data and compute-intensive algorithms): 대량의 데이터를 처리하는 동시에 상당한 계산 요구량을 가집니다. 실시간 비디오 피드에서 감성 분석(Sentiment analysis)을 수행하는 알고리즘이 그 좋은 예로, 작업을 수행하기 위한 데이터와 계산 요구가 모두 막대합니다. 이러한 알고리즘은 가장 자원 집약적인 알고리즘에 속하며, 알고리즘의 신중한 설계와 가용 자원의 현명한 할당이 필요합니다.

문제를 그 복잡성과 필요성의 측면에서 특징짓기 위해서는 데이터 차원과 계산 차원을 더 깊이 살펴보는 것이 도움이 됩니다. 이에 대해서는 다음 절에서 다루겠습니다.

1.3.1 데이터 차원

문제의 데이터 차원을 범주화하기 위해 규모(volume), 속도(velocity), 다양성(variety)을 살펴봐야 합니다. 이 3V는 다음과 같이 정의합니다.
- **규모**: 알고리즘이 처리할 데이터의 예상 크기입니다.
- **속도**: 알고리즘이 사용될 때, 새 데이터가 생성되는 예상 속도이며, 0일 수 있습니다.
- **다양성**: 알고리즘이 처리해야 할 데이터 유형의 개수를 의미합니다.

〈그림 1-2〉는 데이터의 3V를 더 자세히 나타냅니다. 이 그림의 중심은 데이터의 규모가 작고 다양성과 속도가 낮은 가장 단순한 형태의 데이터를 나타냅니다. 중심에서 멀어질수록 데이터의 복잡성은 증가하며, 이는 세 가지 차원 중 하나 이상에서 증가할 수 있습니다.

예를 들어, 속도 차원에서 가장 단순한 형태는 배치(batch) 처리이며, 그 다음이 주기적(periodic) 처리 그리고 준 실시간(near real-time) 처리입니다. 마지막으로 실시간(real-time) 처리가 있으며, 이는 데이터 속도 측면에서 가장 복잡합니다. 다른 예로, 여러 모니터링 카메라에서 수집된 실시간 비디오 피드 컬렉션은 규모, 속도, 다양성이 모두 높기 때문에, 데이터를 효과적으로 저장하고 처리할 수 있도록 적절한 설계가 필요합니다.

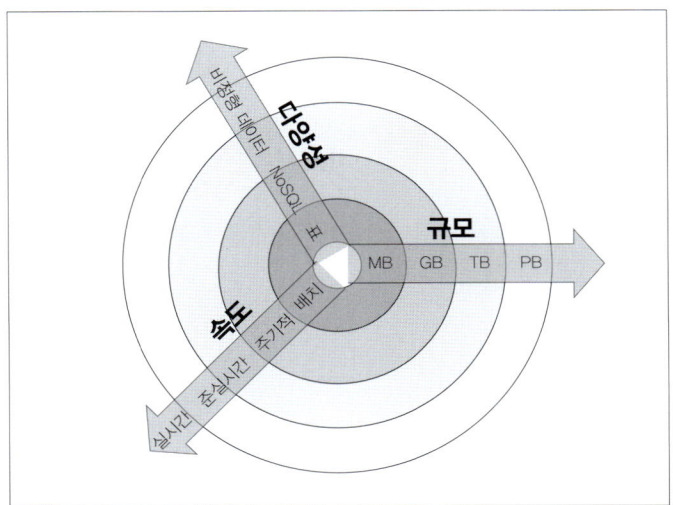

〈그림 1-2〉 데이터의 3V: 규모, 속도, 다양성

서로 다른 유형의 데이터를 가진 활용 사례 세 가지를 살펴보겠습니다.

- 첫 번째로, 입력 데이터가 .csv 파일인 간단한 데이터 처리 사례를 고려해 봅시다. 이 경우, 데이터의 규모, 속도, 다양성은 낮을 것입니다.
- 두 번째로, 입력 데이터가 보안 비디오 카메라의 라이브 스트림(stream)인 사례를 고려해 봅시다. 이 경우, 데이터의 규모, 속도, 다양성이 상당히 높아지며, 이를 알고리즘 설계 시 고려해야 합니다.
- 셋째, 일반적인 센서 네트워크의 사용 사례를 생각해 봅시다. 센서 네트워크의 데이터 소스가 대형 건물에 설치된 온도 센서 메쉬(sensor mesh)[11]라고 가정하겠습니다. 생성되는 데이터의 속도는 보통 매우 빠르지만(새 데이터가 매우 신속하게 생성되므로), 데이터 규모는 비교적 적을 것으로 예상됩니다(각 데이터 요소는 일반적으로 8비트 측정값과 타임스탬프, 지리 좌표와 같은 8비트 메타데이터로 구성된 16비트 길이에 불과하기 때문입니다).

위의 세 가지 예는 각각 데이터 소스의 규모, 속도, 다양성에 따라서 처리 요구사항, 저장소 필요 조건, 적합한 소프트웨어 스택 선택이 달라집니다. 따라서 알고리즘을 설계할 때 먼저 데이터의 특성을 파악하는 것이 중요합니다.

---

11 **역자 주** 여러 개의 센서가 서로 그물망(mesh)처럼 연결되어 데이터를 주고받는 네트워크 구조를 말합니다.

1.3.2 계산 차원

계산 차원의 특성을 정의하려면, 해결해야 하는 문제의 요구 사항을 분석해야 합니다. 알고리즘의 처리 요구 사항은 어떤 종류의 설계가 가장 효율적인지를 결정합니다. 예를 들어, 복잡한 알고리즘은 일반적으로 연산 능력이 많이 필요합니다. 이러한 알고리즘의 경우 다중 노드 병렬 아키텍처가 중요할 수 있습니다. 또한 현대의 심층 알고리즘은 상당한 수치 연산을 포함하는 경우가 많으며, **16장 현실적 고려사항**에서 다루듯 GPU[12]나 TPU[13]의 성능이 필요할 수 있습니다.

1.4 성능 분석

알고리즘의 성능을 분석하는 것은 설계에서 중요한 부분입니다. 알고리즘의 성능을 추정하는 방법 중 하나는 복잡도를 분석하는 것입니다. 복잡도 이론(Complexity theory)은 알고리즘이 얼마나 복잡한지를 연구하는 분야입니다. 유용한 알고리즘이 되기 위해서는 다음 세 가지 핵심 특징을 갖추어야 합니다.

- **정확할 것**: 좋은 알고리즘은 올바른 결과를 산출해야 합니다. 알고리즘이 제대로 동작하는지 확인하려면 광범위한 테스트가 필요하며, 특히 엣지 케이스(edge case)[14]에 대한 테스트가 중요합니다.
- **이해할 수 있을 것**: 알고리즘은 이해하기 쉬워야 합니다. 아무리 좋은 알고리즘이라도 우리가 컴퓨터에서 구현하기에 너무 복잡하다면 큰 도움이 되지 않습니다.
- **효율적일 것**: 좋은 알고리즘은 효율적이어야 합니다. 올바른 결과를 낸다고 해도 천 년이 걸리거나 10억 테라바이트의 메모리가 필요하다면 실용성이 떨어집니다.

---

12 역자 주 그래픽 처리 장치(Graphic Processing Unit)
13 역자 주 텐서 처리 장치(Tensor Processing Unit)
14 역자 주 매개변수가 극단적인 값을 가질 때만 발생하는 문제나 상황을 뜻합니다.

알고리즘의 복잡도는 다음 두 가지 분석 방법으로 정량화 할 수 있습니다.

- **공간 복잡도 분석(Space Complexity Analysis)**: 알고리즘 실행에 필요한 런타임 메모리 요구 사항을 추정합니다.
- **시간 복잡도 분석(Time Complexity Analysis)**: 알고리즘 실행에 소요되는 시간을 추정합니다.

1.4.1 공간 복잡도 분석

공간 복잡도 분석이란 알고리즘이 입력 데이터를 처리하기 위해 필요한 메모리 양을 추정하는 것입니다. 알고리즘은 입력 데이터를 처리하는 동안 메모리에 일시적인 자료구조를 저장해야 합니다. 알고리즘의 설계 방식은 이러한 자료구조의 크기, 종류, 개수에 영향을 미치며, 이는 알고리즘이 실행될 하드웨어에 필요한 메모리 요구 사항을 결정합니다.

분산 컴퓨팅(distributed computing)이 보편적인 현대에서는 처리해야 할 데이터의 양이 갈수록 증가함에 따라 공간 복잡도 분석의 중요성이 더욱 커지고 있습니다. 분산 컴퓨팅에 사용되는 인-메모리(in-memory) 자료구조는 알고리즘의 실행 단계에 따라 메모리 요구 사항을 고려하여 효율적인 자원 할당 메커니즘을 갖춰야 합니다.

복잡한 알고리즘은 대체로 반복적(iterative) 성격을 띱니다. 모든 정보를 한 번에 메모리에 불러오는 대신, 이러한 알고리즘은 반복적으로 자료구조를 채워 나갑니다. 공간 복잡도를 계산하려면 먼저 사용하려는 반복 알고리즘의 유형을 분류하는 것이 중요합니다. 반복 알고리즘은 다음 세 가지 반복 유형 중 하나를 사용할 수 있습니다.

- **수렴하는 반복(converging iteration)**: 알고리즘이 반복을 진행할수록, 각 개별 반복에서 처리하는 데이터의 양이 감소합니다. 즉, 반복이 진행될수록 공간 복잡도가 감소합니다. 주요 과제는 초기 반복의 공간 복잡도를 해결하는 것입니다. AWS나 구글 클라우드(Google Cloud)와 같은 현대적인 확장 가능한 클라우드 인프라는 이러한 알고리즘을 실행하기에 적합합니다.
- **발산하는 반복(diverging iteration)**: 알고리즘이 반복될수록 각 반복에서 처리하는 데이터의 양이 증가합니다. 알고리즘이 반복을 진행하는 동안 공간 복잡도가 증가하므로, 시스템이 불안정해지지 않도록 제약조건(constraint)을 설정해야 합니다. 반복 횟수를 제한하거나, 초기 데이터 크기를 제한함으로써 제약조건을 설정할 수 있습니다.

- **평탄한 반복**(flat iteration)[15] : 각 반복에서 처리하는 데이터의 양이 일정합니다. 공간 복잡도가 변하지 않으므로 인프라의 탄력성은 필요하지 않습니다.

공간 복잡도를 계산할 때는 가장 복잡한 반복에 주목해야 합니다. 많은 알고리즘에서는 해답에 가까워질수록 필요한 리소스가 점차 감소합니다. 이러한 경우 초기 반복이 가장 복잡하므로, 초기 반복은 공간 복잡도를 보다 정확히 추정할 수 있는 기준이 됩니다. 반복 유형을 선택하고 나면 임시 자료구조, 실행, 입력 값에 사용될 메모리가 포함된 메모리 총량을 계산합니다. 이를 통해 알고리즘의 공간 복잡도를 제대로 평가할 수 있습니다.

다음은 공간 복잡도를 최소화하기 위한 지침입니다.
- 가능한 알고리즘을 반복적으로 설계하세요.
- 반복 알고리즘을 설계할 때, 가능하면 반복 횟수를 더 많이 늘리세요. 반복 횟수가 세분화되어 많아지면 공간 복잡도가 줄어들 것입니다.
- 알고리즘은 현재 처리에 필요한 정보만 메모리에서 가져와야 합니다. 불필요한 데이터는 메모리에서 제거(flush out)해야 합니다.

알고리즘을 효율적으로 설계하려면 공간 복잡도 분석은 필수입니다. 알고리즘을 설계할 때 공간 복잡도 분석을 제대로 하지 않으면 임시 자료구조에 사용할 메모리가 부족해 불필요한 디스크 스필오버(disk spillover)가 발생할 수 있습니다. 이는 알고리즘의 성능과 효율성에 큰 영향을 미칠 수 있습니다.

이 장에서는 시간 복잡도를 더 깊이 살펴보고, 공간 복잡도는 **15장 대규모 알고리즘**에서 자세히 설명합니다. 15장에서는 런타임 메모리 요구 사항이 복잡한 대규모 분산 알고리즘을 다룹니다.

1.4.2 시간 복잡도 분석

시간 복잡도 분석이란 알고리즘의 구조를 바탕으로 할당된 작업에 걸리는 시간을 계산하는 것입니다. 공간 복잡도에 비해 시간 복잡도는 알고리즘이 실행되는 하드웨어의 영향을 받지 않습니다. 시간 복잡도는 오직 알고리즘의 구조 그 자체에 따라 결정됩니다. 시간 복잡도 분석의 전반적

---

15 **역자 주** 상수 함수 그래프를 떠올려볼 수 있습니다.

인 목표는 다음 두 가지 중요한 질문에 답하는 것입니다.

- 알고리즘이 확장 가능한가?

  잘 설계된 알고리즘은 클라우드 컴퓨팅 환경에서 사용할 수 있는 탄력적인 최신 인프라를 충분히 활용할 수 있어야 합니다. 알고리즘은 더 많은 CPU, 프로세싱 코어, GPU 및 메모리를 사용할 수 있도록 설계되어야 합니다.

  예를 들어 머신러닝에서 모델 훈련에 사용되는 알고리즘에 더 많은 CPU가 제공될 경우 분산 학습(distributed training)을 활용할 수 있어야 합니다.

- 이 알고리즘은 더 큰 데이터셋을 얼마나 잘 처리할 수 있는가?

이 질문들에 답하기 위해서는 데이터 크기가 증가할 때 알고리즘 성능에 어떤 영향이 있는지를 파악하고, 알고리즘이 정확할 뿐만 아니라 잘 확장되도록 설계되어 있는지 확인해야 합니다. 현대의 '빅데이터' 환경에서는 방대한 데이터를 처리할 수 있는 알고리즘의 성능이 점점 더 중요해지고 있습니다.

많은 경우 알고리즘 설계에 활용할 수 있는 접근법은 여러 가지일 수 있습니다. 이때 시간 복잡도 분석 목표는 다음과 같습니다.

> "어떤 문제가 주어지고 여러 알고리즘이 있을 때, 시간 효율성 면에서 가장 적합한 알고리즘은 무엇인가?"

알고리즘의 시간 복잡도를 계산하는 방법은 기본적으로 두 가지가 있습니다.

- **구현 후 성능 분석 방식**: 다양한 후보 알고리즘을 구현하여 각 성능을 비교합니다.
- **구현 전 이론적 접근 방식**: 각 알고리즘을 실행 전 수학적으로 분석합니다.

이론적 접근 방식의 장점은 알고리즘 구조 그 자체에만 의존한다는 점입니다. 알고리즘을 실행할 실제 하드웨어, 런타임 시 사용된 소프트웨어 스택, 알고리즘을 구현한 프로그래밍 언어의 영향은 받지 않습니다.

1.4.3 성능 평가

일반적인 알고리즘의 성능은 입력된 데이터의 유형에 따라 달라집니다. 예를 들어, 문제의 문맥에 맞게 데이터가 이미 정렬되어 있다면, 알고리즘은 매우 빠르게 실행될 수 있습니다. 알고리즘의 성능을 측정할 때 입력 값이 정렬되어 있다면, 성능 수치는 비현실적으로 좋겠지만 대부분의 상황에서 알고리즘의 실제 성능을 반영한다고 보기 어렵습니다. 이처럼 알고리즘은 입력 데이터에 따라 성능이 좌우되기 때문에 성능 분석을 수행할 때는 다양한 경우를 고려해야 합니다.

1.4.3.1 최선의 경우

최선의 경우란, 입력으로 주어진 데이터가 알고리즘이 가장 뛰어난 성능을 낼 수 있도록 정렬되어 있는 상황을 말합니다. 최선의 경우 분석은 성능의 상한선을 제공합니다.

1.4.3.2 최악의 경우

알고리즘 성능을 추정하는 두 번째 방법은 주어진 조건에서 작업을 완료하는 데 걸릴 수 있는 최대 시간을 찾는 것입니다. 이러한 최악의 경우 분석은, 어떤 조건에서도 알고리즘의 성능이 분석에서 나온 수치보다 항상 나을 것임을 보장하므로 매우 유용합니다. 특히 대규모 데이터셋을 다루는 복잡한 문제에서 성능을 추정할 때 효과적입니다. 최악의 경우 분석은 알고리즘 성능의 하한선을 제공합니다.

1.4.3.3 평균적인 경우

이 방법은 먼저 가능한 다양한 입력을 여러 그룹으로 나누는 것으로 시작합니다. 그런 다음 각 그룹에서 대표 입력을 하나 선택해 성능 분석을 수행합니다. 마지막으로 각 그룹의 성능을 평균 내어 계산합니다. 평균적인 경우 분석은 알고리즘의 모든 입력 조합과 가능한 경우를 고려해야 하므로, 이를 수행하기가 항상 쉽지 않아 정확하지 않을 수 있습니다.

1.4.4 빅오 표기법

빅오(Big O) 표기법은 알고리즘의 성장률을 근사치로 나타내기 위해 1894년 바흐만(Bachmann)의 연구 논문에서 처음 도입되었습니다.

> "... 기호 $O(n)$을 사용하여, n에 대한 차수가 n의 차수를 초과하지 않는 크기를 표현한다" (Bachmann 1894, p.401)

빅오 표기법으로 알고리즘 성능의 장기적인 증가율을 나타낼 수 있습니다. 간단히 말하면, 입력 크기가 증가함에 따라 알고리즘의 실행 시간이 어떻게 증가하는지를 나타냅니다.

두 함수 $f(n)$과 $g(n)$을 사용해 자세히 살펴봅시다. 만약 $f=O(g)$라면 n이 무한대에 가까워질 때, $\frac{f(n)}{g(n)}$의 비가 수렴(limited)하거나 일정 범위 내 머무르게 됩니다(bounded).

즉, 입력이 아무리 커지더라도 $f(n)$의 증가율은 $g(n)$보다 더 빠르지 않습니다.

특정 함수를 예로 들어봅시다.

$$f(n) = 1000n^2 + 100n + 10$$
$$g(n) = n^2$$

n이 무한대로 커지면, 두 함수 모두 무한대로 발산한다는 점에 주목합시다.

다음 정의를 적용하여 $f=O(g)$인 경우를 살펴봅시다.

우선 $\frac{f(n)}{g(n)}$을 계산해보면, $\frac{f(n)}{g(n)} = \frac{1000n^2+100n+10}{n^2} = (1000 + \frac{100}{n} + \frac{10}{n^2})$이 됩니다.

$\frac{f(n)}{g(n)}$는 확실히 범위 내에 존재하게 되며 n이 무한대로 커질 때 무한대로 발산하지 않습니다.

따라서 $f=O(g)=O(n^2)$입니다.

(n^2)은 이 함수가 입력 값 n제곱에 비례하여 함수의 복잡도가 증가함을 나타냅니다. 입력 값이 두 배가 되면 복잡도는 4배로 증가할 것입니다.

빅오 표기법을 다룰 때 다음 네 가지 규칙을 주의해야 합니다.

규칙 1.

순차적(sequential) 구조로 알고리즘이 작동할 때, $f(n)$에 이어 $g(n)$을 실행하는 경우 전체 작업의 복잡도는 두 함수 복잡도의 합이 됩니다. 따라서 이는 $O(f(n)+g(n))$으로 표현합니다.

규칙 2.

작업이 여러 하위 작업으로 나뉘는 분할 구조를 가진 알고리즘에서는, 각 하위 작업의 복잡도가 $f(n)$일 경우, 하위 작업들이 동시에 처리되거나 서로 독립적이라면 알고리즘의 전체 복잡도는 여전히 $O(f(n))$으로 유지됩니다.

규칙 3.

재귀(recursive) 알고리즘의 경우 $f(\frac{n}{2})$ 또는 $f(\frac{n}{3})$과 같이 입력 값의 일부로 알고리즘이 자기 자신을 호출하며 $g(n)$단계로 다른 작업을 수행하는 경우, 전체 복잡도는 $O(f(\frac{n}{2})+g(n))$ 또는 $O(f(\frac{n}{3})+g(n))$으로 나타낼 수 있습니다.

규칙 4.

중첩된 재귀 구조에서 알고리즘이 입력 값을 더 작은 덩어리로 나누고 각각을 재귀적으로 처리하는 경우, 각 덩어리는 더 작게 분할되어 처리되고, 전반적인 복잡도는 이러한 중첩된 작업을 누적하여 표현됩니다.

예를 들면 크기가 n인 문제가 $\frac{n}{2}$ 크기인 하위 문제로 분할되고 하위 문제도 비슷하게 처리된다면, 복잡도는 $O(f(n) \times g(\frac{n}{2}))$으로 표현할 수 있습니다.

규칙 5.

알고리즘의 복잡도를 계산할 때, 상수 곱은 무시합니다. k가 상수일 때, $O(kf(n))$은 $O(f(n))$와 같습니다.

또한, $O(f(k \times n))$도 $O(f(n))$와 같습니다. 따라서 $O(5n^2) = O(n^2)$이며, $O(3n^2) = O(n^2)$입니다.

주의할 점은 다음과 같습니다.
- 빅오 표기법으로 정량화한 복잡도는 추정치에 불과합니다.
- 데이터셋이 작을수록 시간 복잡도는 중요하지 않을 수 있습니다. 데이터가 제한적이라면 비효율적인 알고리즘조차도 빠르게 실행될 수 있기 때문입니다.

- 시간 복잡도 $T(n)$은 원래 함수 $F(n)$의 상한을 나타냅니다. $T(n)$을 잘 선택하면 $F(n)$의 상한 (upper bound)[16]에 근접하도록 만들 수 있습니다.

다음은 이번 절에서 다룬 빅오 표기법 유형을 요약한 표입니다.

복잡도 유형	이름	연산 예
O(1)	상수(constant)	리스트에 마지막 원소 추가(append)[17], 항목 가져오기 및 설정하기(get item, set item)
O(logn)	로그(logarithmic)	정렬된 배열(array)에서 원소(element) 찾기
O(n)	선형(linear)	복사(copy), 삽입(insert), 삭제(delete), 반복(iteration)
O(n2)	2차(quadratic)	중첩 루프(loop)

〈표 1-1〉 빅오 표기법 요약

1.4.5 상수 시간(O(1)) 복잡도

알고리즘이 입력 데이터 크기와 상관없이 실행 시간이 동일하다면, 상수 시간(constant time)에 실행된다고 말합니다. 이는 $O(1)$로 표현됩니다. 예를 들어, 배열의 n번째 요소에 접근하는 경우를 생각해 봅시다. 배열의 크기와 상관없이 결과를 얻기까지 상수 시간이 소요됩니다. 또 다른 예로 다음 함수는 배열의 첫 번째 요소를 반환하며, 복잡도는 $O(1)$입니다.

```
def get_first(my_list):
    return my_list[0]

get_first([1, 2, 3])
```

1

---

16 역자 주 수학 용어로 '상계'에 해당합니다. 이 책에서는 upper/lower bound를 이해 가능한 맥락인 경우 상/하한으로 옮겼습니다.
17 역자 주 파이썬의 리스트 메서드 append는 리스트의 맨 마지막 원소로 입력 값을 추가합니다.

```
get_first([1, 2, 3, 4, 5, 6, 7, 8, 9, 10])
```

1

다음 내용을 참고하세요.

- 스택(stack)에 새 원소를 추가하려면 push를 사용하고, 스택에서 원소를 제거하려면 pop을 사용합니다. 스택의 크기와 관계없이 원소를 추가하고 삭제할 때는 동일한 시간이 걸립니다.
- 해시테이블은 데이터를 보통 키-값 쌍(key-value pair)의 연관 형식으로 저장하는 자료구조라는 점에 유의합시다.

1.4.6 선형 시간(O(n)) 복잡도

어떤 알고리즘 실행 시간이 입력 값 크기에 직접적으로 비례하는 경우에 선형 시간 복잡도를 가진다고 하며, $O(n)$으로 나타냅니다. 간단한 예를 들면 1차원 자료구조에서 원소의 합을 구하는 경우입니다.

```
def get_sum(my_list):
    sum = 0
    for item in my_list:
        sum = sum + item
    return sum
```

알고리즘의 메인 루프에 주목하세요. 메인 루프 내 반복 횟수는 n값이 증가함에 따라 선형적으로 증가하며, $O(n)$ 시간 복잡도는 다음과 같습니다.

```
get_sum([1, 2, 3])
```

6

```
get_sum([1, 2, 3, 4])
```

10

다음과 같은 배열 연산의 예시도 있습니다.

- 원소 탐색
- 배열의 모든 원소 가운데 최솟값 찾기

1.4.7 2차 시간($O(n^2)$) 복잡도

알고리즘 실행 시간이 입력 값의 제곱에 비례하는 경우 해당 알고리즘은 2차(quadratic) 시간 복잡도로 실행된다고 합니다. 예를 들면 다음과 같이 2차원 배열의 합을 구하는 간단한 함수가 있습니다.

```python
def get_sum(my_list):
    sum = 0
    for row in my_list:
        for item in row:
            sum += item
    return sum
```

중첩된 내부 루프를 주목해 봅시다. 이 중첩된 루프 때문에 코드의 복잡도는 $O(n^2)$입니다.

```
get_sum([[1, 2], [3, 4]])
```

10

```
get_sum([[1, 2, 3], [4, 5, 6]])
```

21

다른 예로는 버블 정렬(bubble sort) 알고리즘이 있습니다. 이는 **2장 알고리즘에 사용된 자료구조**에서 다룹니다.

1.4.8 로그 시간(O(logn)) 복잡도

알고리즘 실행 시간이 입력 크기의 로그 값에 비례하는 경우, 해당 알고리즘은 로그 시간에 실행된다고 합니다. 입력의 크기는 반복될 때마다 상수 배수만큼 감소합니다. 로그 시간 알고리즘의 예로 이진 탐색(binary search)이 있으며, 파이썬의 리스트(list) 같은 일차원 자료구조에서 특정 원소를 탐색하는 데 사용합니다. 이때 이진 탐색 시 자료구조의 원소는 정렬되어 있어야 합니다. 다음 search_binary 함수에서는 이진 탐색 알고리즘을 구현했습니다.

```python
def search_binary(my_list, item):
    first = 0
    last = len(my_list) - 1
    found_flag = False
    while first <= last and not found_flag:
        mid = (first + last) // 2
        if my_list[mid] == item:
            found_flag = True
        else:
            if item < my_list[mid]:
                last = mid - 1
            else:
                first = mid + 1
    return found_flag
```

```python
search_binary([8, 9, 10, 100, 1000, 2000, 3000], 10)
```

```
True
```

```
search_binary([8, 9, 10, 100, 1000, 2000, 3000], 5)
```

False

메인 루프는 리스트가 정렬되어 있다는 사실을 활용합니다. 각 반복에서 리스트를 반으로 나누며 결과에 도달할 때까지 과정을 이어갑니다.

함수를 정의한 후에는 특정 원소를 찾기 위한 검사가 이루어집니다. 이진 탐색 알고리즘은 **3장 정렬 및 탐색 알고리즘**과 함께 더 자세히 다룹니다.

4가지 빅오 표기법 가운데 $O(n^2)$의 성능이 가장 나쁩니다. $O(n^2)$은 $O(n^3)$만큼 나쁘지는 않지만, 이 범주에 속하는 알고리즘은 시간 복잡도의 제약 때문에 빅데이터에는 현실적으로 사용할 수 없습니다. 네 가지 빅오 표기법의 성능은 그림 1-3에 나타나 있습니다.

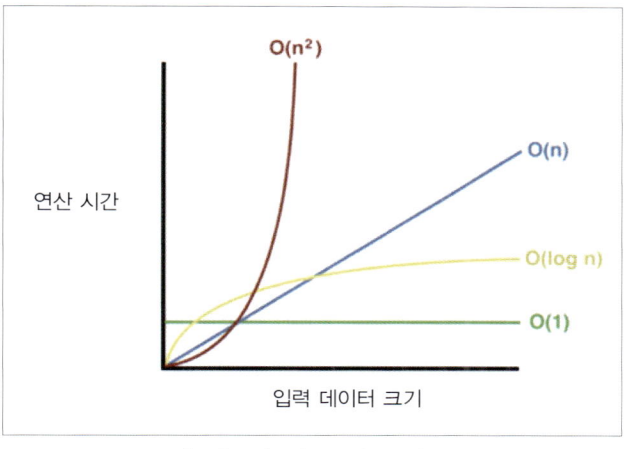

〈그림 1-3〉 빅오 복잡도 그래프

1.5 알고리즘 선택하기

어떤 알고리즘이 더 좋고 빠른 해결책인지 어떻게 알 수 있을까요? 이 질문의 답은 알고리즘의 시간 복잡도를 분석하면 얻을 수 있습니다.

알고리즘의 유용성을 살펴보기 위해 숫자로 구성된 리스트(list)를 정렬하는 간단한 예를 들어봅시다. 이 작업을 수행할 수 있는 알고리즘은 많이 있습니다. 문제는 효율적인 알고리즘을 선택하는 방법입니다.

리스트에 숫자가 10개뿐인 경우($n=10$), 어떤 알고리즘을 선택하더라도 별 차이가 없을 것입니다. 성능이 좋지 않은 단순한 알고리즘이라 해도 실행에 몇 마이크로초 이상 걸리지는 않을 것입니다. 하지만 n이 증가한다면 올바른 알고리즘을 선택하는 것은 점점 중요해집니다. 잘못 설계된 알고리즘은 실행에 몇 시간이 걸릴 수 있는 반면, 잘 설계된 알고리즘은 리스트의 정렬을 몇 초 만에 끝낼 수 있습니다. 따라서 입력 데이터셋이 클수록 합리적인 알고리즘을 선택하는 것이 매우 중요합니다.

1.6 알고리즘 검증

알고리즘을 검증한다는 것은 우리가 해결하려는 문제에 대해 실제로 수학적 해를 제공하고 있음을 확인하는 것입니다. 검증 과정에서는 가능한 한 많은 입력 값과 다양한 입력 값의 유형에 대해 결과를 점검해야 합니다.

1.6.1 정확한 알고리즘, 근사 알고리즘, 무작위 알고리즘

알고리즘 검증은 알고리즘의 유형에 따라 검사 기법이 다릅니다. 먼저 결정론적(deterministic) 알고리즘과 무작위(randomized) 알고리즘을 구분해 봅시다.

결정론적 알고리즘의 경우 특정 입력에 대해 항상 동일한 출력이 생성됩니다. 반면 무작위 알고리즘은 입력으로 난수(random number)를 함께 사용하기 때문에, 실행할 때마다 출력이 달라집니다. 6장에서 다루는 비지도 학습 알고리즘인 k-means 클러스터링은 이러한 알고리즘의 한 예입니다.

〈그림 1-4〉 결정론적 알고리즘과 무작위 알고리즘

알고리즘은 또한 실행 속도를 높이기 위해 논리를 단순화하며, 이때 사용하는 가정(assumption) 또는 근삿값(approximation)에 따라 다음 두 가지 유형으로 나눌 수 있습니다.

- **정확한(exact) 알고리즘**: 정확한 알고리즘은 가정이나 근삿값을 도입하지 않고 정확한 솔루션을 도출합니다.
- **근사(approximate) 알고리즘**: 문제의 복잡성이 주어진 리소스로 감당하기 어려울 때, 몇 가지 가정(assumption)을 통해 문제를 단순화합니다. 이러한 단순화나 가정을 기반하는 알고리즘을 근사 알고리즘이라 하며, 이는 정확한 해를 제공하지는 않습니다.

정확한 알고리즘과 근사 알고리즘의 차이를 이해하기 위해 1930년에 제시된 유명한 외판원 순회 문제(Traveling Salesman Problem, TSP)를 살펴보겠습니다. 외판원 순회 문제는 한 외판원이 특정 도시 목록에 있는 모든 도시를 방문하고 다시 출발지로 돌아올 때, 가장 짧은 경로를 찾는 것을 과제로 합니다. 이때 외판원은 도시 리스트에서 각 도시를 방문하고 다시 출발점으로 돌아오기에 순회(traveling)라는 이름이 붙었습니다.

이때 가장 기본적인 시도는 모든 도시의 순열을 생성한 뒤, 그중 가장 비용이 적은 조합을 선택하는 방식입니다. 하지만 도시 수가 30개를 넘어가면 시간 복잡도가 감당할 수 없을 정도로 커집니다.

만약 도시 수가 30개 이상이라면, 복잡성을 줄이기 위해 근사치와 가정을 도입하는 방법이 있습니다. 근사 알고리즘의 경우, 요구사항을 수집할 때 정확도에 대한 기댓값을 명확히 설정하는 것이 중요합니다. 근사 알고리즘의 검증은 결과의 오차가 허용 가능한 범위 안에 있는지를 확인하는 과정이라고 할 수 있습니다.

1.6.2 설명 가능성

알고리즘이 중요한 사례에 사용될 때, 결과에 대한 이유를 설명할 수 있는 능력이 중요합니다. 이는 알고리즘의 결과를 기반으로 내린 의사 결정이 편향(bias)을 초래하지 않도록 하기 위함입니다.

특정 결정을 도출하는 데 직접적 또는 간접적으로 사용된 특징(feature)을 정확히 식별할 수 있는 능력을 알고리즘의 **설명 가능성(explainability)**이라고 합니다. 중요한 용도에 사용되는 알고리즘은 편향과 선입견 여부를 평가받아야 하며, 사람들의 삶과 관련된 의사결정에 영향을 줄 수 있는 알고리즘에 대해서는 윤리적 분석이 검증 과정의 표준 절차가 되었습니다.

알고리즘 설명 가능성은 활발히 연구되고 있는 분야입니다. 최근 개발된 효과적인 기법 중 하나는 LIME(Local Interpretable Model-Agnostic Explanations)으로, 이는 2016년 지식 발견 및 데이터 마이닝 국제 학회(ACM SIGKDD)에서 제안되었습니다.

LIME은 각 인스턴스의 입력값에 작은 변화를 주고, 그 인스턴스에 대한 **국소적(local)** 결정 경계를 추정하는 방식에 기반합니다. 이를 통해 해당 인스턴스에서 각 변수가 결과에 미치는 영향을 정량적으로 파악할 수 있습니다.

요약

이 장에서는 알고리즘의 기본에 대해 학습했습니다. 먼저, 알고리즘 개발의 여러 단계와 알고리즘을 설계하는 데 필요한 여러 방법을 보았습니다. 그리고 알고리즘 성능을 분석하는 방법으로 세 가지 경우(최선, 최악, 평균)와 빅오 표기법을 확인하였고 알고리즘을 검증하는 여러 방법을 학습했습니다.

이 장을 통해 알고리즘을 개발하고 배포하는 단계를 이해할 수 있게 되었을 것입니다. 다음 장에서는 알고리즘에 사용되는 자료구조에 대해 다룹니다. 먼저 파이썬에서 사용할 수 있는 자료구조를 살펴보고, 이를 활용하여 복잡한 알고리즘을 개발하는 데 필수적인 스택(stack), 큐(queue), 트리(tree)를 학습합니다.

2장 알고리즘에 사용되는 자료구조

알고리즘은 실행되는 동안 임시 데이터(temporary data)를 저장할 수 있는 인-메모리(in-memory) 자료구조[1]가 필요합니다. 따라서 알고리즘을 효율적으로 구현하려면 올바른 자료구조를 선택해야 합니다. 가령, 어떤 알고리즘 로직은 재귀적이거나 반복적이므로, 이에 맞게 설계된 자료구조가 필요합니다. 이때 재귀 알고리즘에 중첩된 자료구조를 사용하면 구현하기 더 쉽고 성능도 향상됩니다. 여기서는 파이썬을 기준으로 자료구조를 살펴보지만, 이러한 개념은 자바(Java)나 C++ 같은 다른 언어에서도 적용될 수 있습니다.

이 장을 마치면 파이썬이 복잡한 자료구조를 어떻게 다루는지와 특정 타입의 데이터에 어떤 자료구조를 사용해야 하는지 판단할 수 있게 될 것입니다.

다음은 이 장에서 다룰 주요 내용입니다.

- 파이썬 내장 자료형 탐색하기
- 시리즈(Series)와 데이터프레임(DataFrame) 사용하기
- 행렬 및 행렬 연산 탐색하기
- 추상 자료형 이해하기

2.1 파이썬 내장 자료형 탐색하기

어떤 언어에서든 자료구조는 복잡한 데이터를 저장하고 조작하는 데 사용됩니다. 파이썬에서 자료구조는 데이터를 효율적으로 관리, 구성, 검색하기 위한 저장 컨테이너 역할을 합니다. 이는 함께 저장하고 처리해야 하는 데이터 요소의 집합인 컬렉션(collections)을 저장하는 데 사용됩니다. 파이썬에서 컬렉션을 저장하기 위해 사용할 수 있는 주요 자료구조는 표 2-1에 요약되어 있습니다.

자료구조	간단한 설명	예
리스트(List)	순서가 있으며, 중첩 가능하고, 변경(mutable) 할 수 있는 원소들의 시퀀스	["John", 33,"Toronto", True]

---

[1] 역자 주 디스크가 아닌 메모리에 저장되는 자료구조입니다.

튜플(Tuple)	순서가 있지만 변경 불가능(immutable)한 원소들의 시퀀스	('Red','Green','Blue','Yellow')
딕셔너리(Dictionary)	키-값 쌍으로 이루어진 순서 없는 컬렉션	{'brand': 'Apple', 'color': 'black'}
세트(Set)	순서 없는 원소들의 컬렉션	{'a', 'b', 'c'}

〈표 2-1〉 파이썬 자료구조

이어서 더 자세히 살펴봅시다.

2.1.1 리스트

리스트는 변경 가능한 원소의 시퀀스를 저장하는 주요 자료형입니다. 리스트에 저장될 시퀀스의 각 원소는 자료형이 동일하지 않아도 됩니다. 리스트는 대괄호 [ ]를 사용하여 원소를 정의하고 쉼표로 원소를 구분합니다. 예를 들어 다음 코드는 다양한 종류의 원소 4개를 함께 생성합니다.

```
list_a = ["John", 33, "Toronto", True]
print(list_a)
```

['John', 33, 'Toronto', True]

파이썬에서 리스트는 쓰기 가능한 일차원 자료형을 만드는 간편한 방식입니다. 리스트는 특히 알고리즘의 여러 내부 단계에서 필요합니다.

2.1.1.1 리스트 사용

자료구조의 유틸리티 함수는 리스트의 데이터를 관리하는 데 사용할 수 있어 아주 유용합니다.

이러한 유틸리티 함수의 사용 방법을 살펴봅시다.

- **리스트 인덱싱**(list indexing): 리스트에서 원소의 위치는 결정론적(deterministic)이므로 인덱스(index)를 사용해 특정 위치의 원소를 얻을 수 있습니다. 다음 코드는 리스트 인덱싱 개념을 나타냅니다.

```
bin_colors = ['Red', 'Green', 'Blue', 'Yellow']
```

이 코드로 만든 4개의 원소를 가진 리스트는 그림 2-1과 같습니다.

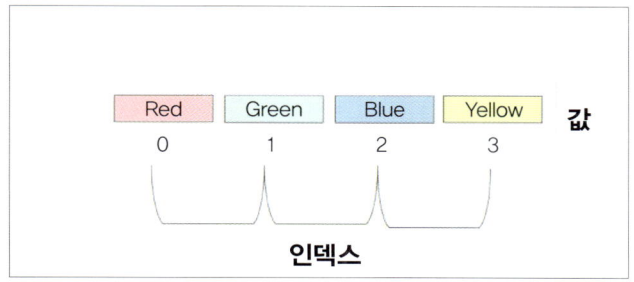

〈그림 2-1〉 원소가 4개인 리스트

이제 코드를 실행해 봅시다.

```
bin_colors[1]
```

'Green'

참고로 파이썬은 제로 인덱싱 언어(zero-indexing language)입니다. 리스트를 포함한 모든 자료형의 첫 인덱스가 0이라는 뜻입니다. Green은 두 번째 원소이므로 인덱스 1로 가져올 수 있습니다. 즉, bin_colors[1]로 가져올 수 있습니다.

- **리스트 슬라이싱**(slicing): 리스트에서 인덱스 범위를 지정해서 하위집합(subset)을 얻는 방법을 **슬라이싱**이라 합니다. 다음은 리스트에서 슬라이스를 만드는 코드입니다.

```
bin_colors[0:2]
```

['Red', 'Green']

참고로 리스트는 파이썬에서 가장 보편적으로 사용하는 일차원 자료구조 중 하나입니다.

 **MEMO** 리스트를 슬라이싱할 때 범위는 첫 번째 숫자는 포함, 두 번째 숫자는 제외하는 방식으로 지정됩니다. 예를 들어, bin_colors[0:2]는 bin_colors[0]과 bin_colors[1]은 포함하지만 bin_colors[2]는 포함하지 않습니다. 파이썬에서 리스트를 사용할 때 이 점을 유념해야 하는데, 일부 사용자들은 이러한 방식이 직관적이지 않다고 불평하기도 합니다.

다음 코드를 살펴봅시다.

```
bin_colors = ['Red', 'Green', 'Blue', 'Yellow']
bin_colors[2:]
```

['Blue', 'Yellow']

```
bin_colors[:2]
```

['Red', 'Green']

시작 인덱스를 지정하지 않으면 리스트의 처음부터 지정한다는 의미이고, 마지막 인덱스를 지정하지 않으면 리스트의 끝까지 지정한다는 의미입니다.

- 음수 인덱싱(negative indexing): 파이썬은 음수 인덱스가 있습니다. 음수 인덱스는 리스트의 끝에서부터 원소를 참조합니다.

```
bin_colors = ['Red', 'Green', 'Blue', 'Yellow']
bin_colors[:-1]
```

['Red', 'Green', 'Blue']

```
bin_colors[:-2]
```

['Red', 'Green']

```
bin_colors[-2:-1]
```

['Blue']

2.1.1.3 range() 함수

range() 함수를 사용하면 대규모 숫자 리스트를 쉽게 생성할 수 있습니다. 이 함수는 리스트 안에서 숫자 시퀀스를 자동으로 채우는 데 활용됩니다. range() 함수는 사용법이 간단합니다. 생성하려는 원소의 개수만 지정하면 되며, 기본적으로 0부터 시작해서 1씩 증가합니다.

```python
x = range(4)
for n in x:
    print(n)
```

0 1 2 3

끝 숫자와 증가값(step)도 함께 지정할 수 있습니다.

```python
odd_num = range(3, 30, 2)
for n in odd_num:
    print(n)
```

3 5 7 9 11 13 15 17 19 21 23 25 27 29

이 코드에서 range 함수는 3부터 29까지의 홀수를 반환합니다.

for 함수로 리스트를 반복할 수 있습니다.

```python
for i in odd_num:
    print(i * 100)
```

300 500 700 900 1100 1300 1500 1700 1900 2100 2300 2500 2700 2900

range() 함수를 사용해 난수(random number)로 된 리스트를 만들 수 있습니다. 예를 들어 주사위를 열 번 던지는 상황을 시뮬레이션 하려면 다음 코드를 사용할 수 있습니다.

```python
import random
dice_output = [random.randint(1, 6) for x in range(10)]
print(dice_output)
```

[6, 6, 6, 6, 2, 4, 6, 5, 1, 4]

2.1.1.4 리스트의 시간 복잡도

리스트의 시간 복잡도는 빅오 표기법을 사용해 다음과 같이 요약할 수 있습니다.

- **원소 삽입(insert)**: 리스트 끝에 원소를 삽입하는 경우는 일반적으로 상수 시간 복잡도에 해당하며, 이는 $O(1)$로 표기합니다. 즉, 리스트 크기와 상관없이 연산 시간이 거의 일정하다는 뜻입니다.
- **원소 삭제(delete)**: 리스트의 원소 삭제 시 최악의 경우 시간 복잡도는 $O(n)$입니다. 최악의 경우, 대상 원소를 찾아 제거하기 위해 리스트 전체를 순회(traverse)해야 할 수 있습니다.
- **슬라이싱**: 일부 원소를 추출하는 슬라이싱의 경우, 연산 시간은 슬라이스 크기에 비례합니다. 따라서 시간 복잡도는 $O(n)$입니다.
- **원소 검색(retrieve)**: 최악의 경우, 인덱스를 사용하지 않고 리스트 내에서 특정 원소를 찾으려면 모든 원소를 스캔해야 합니다. 그러므로 시간 복잡도는 마찬가지로 $O(n)$이 됩니다.
- **복사(copy)**: 리스트를 복사하려면 모든 요소를 한 번씩 방문해야 하므로 시간 복잡도는 역시 $O(n)$이 됩니다.

2.1.2 튜플

컬렉션 저장에 사용하는 두 번째 자료구조는 튜플입니다. 리스트와는 달리 튜플은 불변 자료구조(읽기 전용)입니다. 튜플은 원소를 ( )로 감싼 형태입니다.

튜플의 원소는 리스트처럼 자료형이 서로 다를 수 있습니다. 복합 자료형도 원소로 가능합니다. 튜플 내에 튜플을 원소로 갖는 중첩된 튜플이 있을 수도 있습니다. 중첩 자료구조는 반복 및 재귀 알고리즘에 특히 유용합니다.

다음 코드는 튜플을 생성하는 법을 나타냅니다.

```python
bin_colors = ('Red', 'Green', 'Blue', 'Yellow')
print(f"The second element of the tuple is {bin_colors[1]}")
```

The second element of the tuple is Green

```python
print(f"The elements after third element onwards are {bin_colors[2:]}")
```

The elements after third element onwards are ('Blue', 'Yellow')

```python
# 중첩된 튜플 자료구조
nested_tuple = (1, 2, (100, 200, 300), 6)
print(f"The maximum value of the inner tuple is {max(nested_tuple[2])}")
```

The maximum value of the inner tuple 300

파이썬은 0부터 인덱스를 시작하는 언어이므로, a[2]는 세 번째 원소를 가리키는데, 이는 (100, 200, 300)이라는 튜플입니다. 그리고 a[2][1]은 이 튜플 안의 두 번째 원소를 가리키며, 그 값은 200입니다.

MEMO 가능한 경우 가변 자료구조(리스트)보다 불변 자료구조(튜플)를 사용합시다. 불변 자료구조는 함수가 변경할 수 없어 복사본이 필요 없으며, 출력이 입력 자료구조를 그대로 참조할 수 있습니다. 이를 참조 투명성(referential transparency)이라 하며, 대용량 데이터 처리 시 성능을 향상시킵니다. 리스트의 변경 기능은 비용이 크므로 꼭 필요할 때만 사용하고, 기본은 튜플로 구현합시다.

2.1.2.1 튜플의 시간 복잡도

튜플의 시간 복잡도는 빅오 표기법으로 다음과 같이 요약할 수 있습니다.

- **원소 접근**: 튜플은 인덱스로 원소에 직접 접근할 수 있습니다. 이 연산은 상수 시간 $O(1)$이므로 튜플 크기에 상관없이 연산 시간이 항상 일정합니다.
- **슬라이싱**: 튜플의 일부를 추출(슬라이싱)할 때, 이 연산의 효율성은 슬라이스 크기에 비례하므로 시간 복잡도는 $O(n)$입니다.
- **원소 검색**: 최악의 경우, 튜플에서 인덱스를 사용하지 않고 원소를 검색하면 모든 원소를 순회해야 합니다. 따라서 시간 복잡도는 $O(n)$입니다.
- **복사**: 튜플을 복제하거나 사본(copy)을 만들면 각 원소를 한 번씩 거쳐야 하므로 시간 복잡도는 $O(n)$입니다.

2.1.3 딕셔너리와 세트

이제 딕셔너리와 세트를 설명하겠습니다. 이 자료구조는 명시적 또는 암시적 순서 없이 데이터를 저장하는 데 사용됩니다. 딕셔너리와 세트는 매우 유사합니다. 다만 딕셔너리는 키-값 쌍을 갖고, 세트는 고유한 키의 모음이라는 차이가 있습니다. 딕셔너리와 세트를 하나씩 살펴봅시다.

2.1.3.1 딕셔너리

데이터를 키-값 쌍으로 보관하는 것은 특히 분산 알고리즘에서 중요합니다. 파이썬에서는 이러한 키-값 쌍의 모음을 딕셔너리(dictionary)라는 자료구조로 저장합니다. 딕셔너리를 만들기 위해서는 데이터 처리 과정 전반에서 데이터를 식별하는 데 가장 적합한 속성을 키로 선택해야 합니다.

키의 값에는 제약이 있는데, 반드시 해시 가능(hashable)한 자료형이어야 합니다. 여기서 해시 가능하다는 것은 객체에 해시 함수(hash function)를 실행하여 해당 객체의 수명 동안 변하지 않는 해시 코드를 생성할 수 있음을 의미합니다. 해시 가능한 자료형은 키의 고유성이 보장되고 키 검색 속도가 빨라집니다. 숫자형(numeric type)과 평탄한[3] 불변(flat immutable) 자료형은 모두 해시 가능하므로 딕셔너리 키로 좋은 선택입니다.

---

3   역자 주 '평탄한(flat)'이라는 뜻은 중첩 구조가 아니라는 의미입니다.

반면 값(value)은 어떤 자료형이든 될 수 있으며, 숫자나 문자열뿐만 아니라 리스트 같은 복합 자료형도 가능합니다. 또한 값의 자료형으로 딕셔너리를 사용하면 중첩 딕셔너리도 만들 수 있습니다.

간단한 예로, 여러 변수에 색상을 할당하는 딕셔너리를 만들려면 키-값 쌍을 중괄호 { }안에 넣습니다. 예를 들어, 다음 코드는 세 개의 키-값 쌍으로 이루어진 간단한 딕셔너리를 생성합니다.

```python
bin_colors = {
    "manual_color": "Yellow",
    "approved_color": "Green",
    "refused_color": "Red"
}
print(bin_colors)
```

{'manual_color': 'Yellow', 'approved_color': 'Green', 'refused_color': 'Red'}

생성한 3개의 키-값 쌍은 그림 2-2로 표현할 수 있습니다.

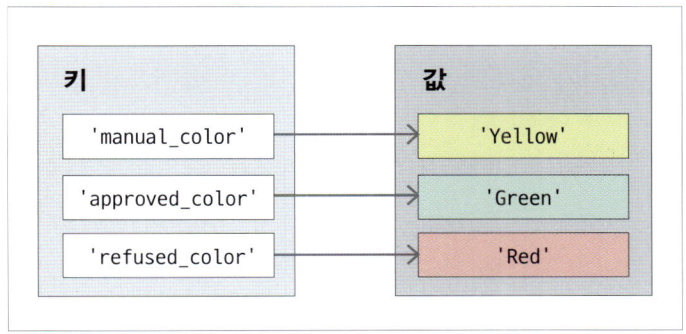

〈그림 2-2〉 간단한 딕셔너리의 키-값 쌍

이제 키에 연결된 값을 검색하고 업데이트 하는 방법을 알아봅시다.

1. 키에 연결된 값을 검색하려면 get 함수를 사용하거나 키를 인덱스로 사용할 수 있습니다.

```python
bin_colors.get('approved_color')
```

'Green'

2장 알고리즘에 사용되는 자료구조   **61**

```
bin_colors['approved_color']
```

```
'Green'
```

2. 키에 연결된 값을 업데이트 해보겠습니다.

```
bin_colors['approved_color'] = "Purple"
print(bin_colors)
```

```
{'manual_color': 'Yellow', 'approved_color': 'Purple', 'refused_color': 'Red'}
```

딕셔너리를 순회할 때는 키와 값이 모두 필요한 경우가 많습니다. 파이썬에서 딕셔너리는 .items()로 순회할 수 있습니다.[4]

```
for k, v in bin_colors.items():
    print(k, '->', v + ' color')
```

```
manual_color -> Yellow color
approved_color -> Purple color
refused_color -> Red color
```

딕셔너리에서 원소를 삭제하려면 del 함수를 사용할 수 있습니다.

```
del bin_colors['approved_color']
print(bin_colors)
```

```
{'manual_color': 'Yellow', 'refused_color': 'Red'}
```

---

4 역자 주 items()는 딕셔너리의 키와 값을 튜플로 반환하고, keys()는 키를, values()는 값을 반환합니다.

- **딕셔너리의 시간 복잡도**

딕셔너리의 시간 복잡도는 다음과 같습니다.

- **키로 값에 접근하기**: 딕셔너리는 빠른 조회를 위해 설계되었습니다. 키가 주어지면 해당 값에 접근하는 데 걸리는 시간은 평균적으로 상수 시간, 즉 $O(1)$입니다. 이는 해시 충돌이 발생하지 않는 한 유지되며, 해시 충돌이 발생하는 경우는 드뭅니다.
- **키-값 쌍 삽입하기**: 새로운 키-값 쌍을 추가하는 것은 일반적으로 매우 빠른 작업이며, 시간 복잡도는 $O(1)$입니다.
- **키-값 쌍 삭제하기**: 키가 알려져 있을 때 항목을 삭제하는 작업 또한 평균적으로 $O(1)$의 시간 복잡도를 가집니다.
- **키 검색하기**: 특정 키가 존재하는지 확인하는 작업은 해싱 메커니즘 덕분에 보통 상수 시간 $O(1)$에 수행됩니다. 다만 해시 충돌이 많이 발생하는 최악의 경우에는 $O(n)$까지 올라갈 수 있습니다.
- **복사하기**: 딕셔너리를 복제하려면 모든 키-값 쌍을 순회해야 하므로, 시간 복잡도는 선형 시간 복잡도 $O(n)$입니다.

2.1.3.2 세트

세트는 딕셔너리와 밀접한 연관이 있으며, 중복되지 않는 원소로 구성되며 순서가 없는 컬렉션(unordered collection)으로 정의됩니다. 세트의 원소는 서로 다른 자료형일 수 있습니다. 세트는 값을 {}로 감싸서 정의합니다. 다음 코드 블록에서 예시를 봅시다.

```
green = {'grass', 'leaves'}
print(green)
```

{'leaves', 'grass'}

세트는 각 원소에 중복을 허용하지 않는다는 특징이 있습니다. 따라서 고유한 값만 저장할 수 있습니다. 중복된 원소를 추가하면, 이는 무시됩니다. 다음 예제를 통해 이를 확인할 수 있습니다.

```python
green = {'grass', 'leaves', 'leaves'}
print(green)
```

```
{'leaves', 'grass'}
```

세트에서 어떤 작업을 할 수 있는지 알아보기 위해 다음 두 가지 세트를 정의해 봅시다.

- yellow인 세트: 노란색인 것을 담습니다.
- red인 세트: 빨간색인 것을 담습니다.

두 세트 간에는 공통 원소가 있다는 점에 주의하세요. 두 세트의 관계는 다음 벤 다이어그램을 통해 나타낼 수 있습니다.

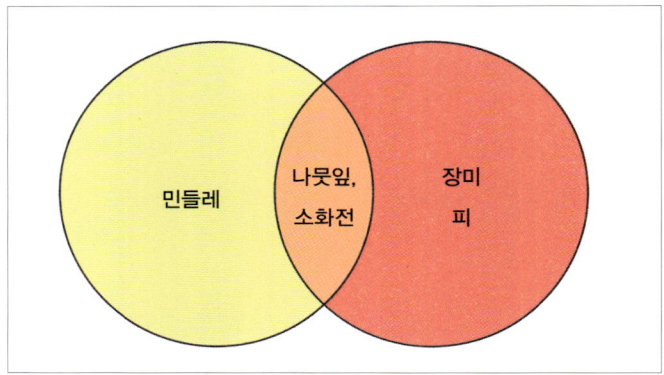

〈그림 2-3〉 세트에 원소가 저장되는 방식을 보여주는 벤 다이어그램

파이썬에서 이러한 두 세트를 구현하는 코드는 다음과 같습니다.

```python
yellow = { 'dandelions', 'fire hydrant', 'leaves'}
red = {'fire hydrant', 'blood', 'rose', 'leaves'}
```

이제 다음 코드를 봅시다. 이 코드는 파이썬으로 세트 연산을 한 결과입니다.

```
print(f"The union of yellow and red sets is {yellow | red}")
```

The union of yellow and red sets is {leaves, blood, dandelions, fire hydrant, rose}

```
print(f"The intersection of yellow and red is {yellow & red}")
```

The intersection of yellow and red is {'fire hydrant', 'leaves'}

앞의 예시처럼, 파이썬의 세트는 합집합(union)과 교집합(intersection) 연산을 지원하며, 합집합은 모든 요소를, 교집합은 공통 요소만 반환합니다. 위 코드에서는 yellow | red는 합집합을, yellow & red는 교집합을 구할 때 사용합니다.

세트는 순서가 없기 때문에 세트의 항목에는 인덱스가 없습니다. 즉, 인덱스를 참조하여 항목에 접근할 수 없다는 뜻입니다.

세트의 항목은 for 루프를 사용하여 순회할 수 있습니다.

```
for x in yellow:
    print(x)
```

fire hydrant
leaves
dandelions

in 키워드를 사용하면 지정한 값이 세트에 포함되어 있는지 여부를 확인할 수도 있습니다.

```
print("leaves" in yellow)
```

True

2.1.3.3 세트의 시간 복잡도 분석

다음은 세트의 시간 복잡도를 정리한 표입니다.

세트	복잡도
원소 추가	O(1)
원소 삭제	O(1)
복사	O(n)

〈표 2-2〉 세트의 시간 복잡도

2.1.3.4 언제 딕셔너리와 세트를 사용해야 하는가

회사 직원들의 전화번호로 저장할 자료구조를 찾고 있다고 가정해 봅시다. 직원의 전화번호를 저장하기 위해 알맞은 자료구조는 딕셔너리입니다. 직원의 이름은 키가 되고, 전화번호는 값이 됩니다.

```
employees_dict = {
    "Ikrema Hamza": "555-555-5555",
    "Joyce Doston": "212-555-5555",
}
```

하지만 직원들의 이름만(중복 없이) 저장하려는 경우에는 세트를 사용해야 합니다.

```
employees_set = {
    "Ikrema Hamza",
    "Joyce Doston"
}
```

2.1.4 시리즈와 데이터프레임 사용하기

데이터 처리(data processing)는 대부분의 구현에 필요한 핵심 작업입니다. 파이썬에서는 주로 데이터 처리에 pandas 라이브러리의 다양한 함수와 자료구조를 사용합니다.

이제 pandas 라이브러리의 두 가지 주요 자료구조를 살펴봅시다. 이들은 뒤에서 다양한 알고리즘을 구현하는 데 활용됩니다.

- 시리즈(Series): 일차원 배열(array) 값
- 데이터프레임(DataFrame): 테이블 데이터(tabular data)를 저장하는 2차원 자료구조

먼저 시리즈 자료구조를 살펴봅시다.

2.1.4.1 시리즈

pandas 라이브러리의 시리즈는 일차원 배열입니다. 시리즈는 스프레드시트의 하나의 열과 같다고 생각할 수 있습니다. 시리즈는 특정 변수의 다양한 값을 저장합니다.

시리즈는 다음과 같이 정의할 수 있습니다.

```python
import pandas as pd
person_1 = pd.Series(['John', "Male", 33, True])
print(person_1)
```

```
1    Male
2    33
3    True
dtype:   object
```

참고로 pandas는 시리즈 기반 자료구조 이므로 **축(axis)**이라는 용어를 사용합니다. 축은 특정한 차원에서 일련의 값을 나타냅니다. 시리즈는 일차원이기 때문에 axis 0만 갖습니다. 이러한 축 개념이 적용되는 방식은 다음 절의 데이터프레임에서 살펴봅니다.

2.1.4.2 데이터프레임

데이터프레임은 시리즈 자료구조를 기반으로 합니다. 데이터프레임은 2차원 테이블 데이터로 저장됩니다. 이는 전통적인 정형 데이터(structured data)를 처리하는 데 사용합니다. 다음 테이블을 봅시다.

아이디	이름	나이	결정
1	Fares	32	True
2	Elena	23	False
3	Doug	40	True

이 테이블을 데이터프레임으로 나타내 봅시다.

다음 코드로 간단한 데이터프레임을 만들 수 있습니다.

```python
employees_df = pd.DataFrame([
    ['1', 'Fares', 32, True],
    ['2', 'Elena', 23, False],
    ['3', 'Doug', 40, True]
])
employees_df.columns = ['id', 'name', 'age', 'decision']
print(employees_df)
```

```
  id  name   age  decision
0  1   Fares  32   True
1  2   Elena  23   False
2  3   Doug   40   True
```

참고로 이 코드에서 df.column은 열 이름이 지정된 리스트입니다. 데이터프레임의 단일 열이나 행은 축(axis)이라 합니다.

 **MEMO** 테이블 자료구조를 구현하는 다른 인기 언어나 프레임워크에서 데이터프레임을 사용하기도 합니다. 예를 들면 R과 아파치 스파크(Apache Spark) 프레임워크가 있습니다.

2.1.4.3 데이터프레임의 하위 집합 생성하기

기본적으로 데이터프레임의 하위집합을 생성하는 두 가지 방법이 있습니다.

- 열 선택
- 행 선택

두 방법을 하나씩 살펴봅시다.

● 열 선택

머신러닝 알고리즘에서 적절한 특징(feature)을 선택하는 것은 중요한 작업입니다. 머신러닝에서 '특징'이란 관찰된 현상에서 개별적으로 측정 가능한 속성 혹은 특성에 해당합니다. 예를 들어 고객 정보와 관련된 데이터셋에서 특징은 고객의 나이, 구매 이력, 탐색 행위와 같은 측면일 수 있습니다.

이때, 알고리즘의 단계마다 모든 특징이 필요하지는 않습니다. 따라서 파이썬에서는 열을 선택하여 특징을 선택할 수 있으며, 이번 절에서 이를 설명하겠습니다.

다음과 같이 열은 열 이름으로 검색할 수 있습니다.

```
df[['name', 'age']]
```

```
     name   age
0    Fares   32
1    Elena   23
2    Doug    40
```

데이터프레임에서 열의 위치는 결정론적입니다. 따라서 열은 다음과 같이 위치로 검색할 수 있습니다.

```
df.iloc[:, 3]
```

```
0    True
1    False
2    True
Name: decision, dtype: bool
```

● 행 선택

데이터프레임의 각 행은 문제 공간(problem space)[5]의 데이터 포인트(data point)에 해당합니다. 문제 공간 데이터의 하위 집합을 만들려면 행을 선택해야 합니다. 하위집합은 다음 두 가지 방법으로 만들 수 있습니다.

- 위치 지정
- 필터 지정

행의 하위집합은 다음과 같이 위치로 검색할 수 있습니다.

```
df.iloc[1:3, :]
```

```
   id  name    age  decision
1  2   Elena   23   False
2  3   Steven  40   True
```

앞의 코드는 두 번째와 세 번째 행, 그리고 모든 열을 반환한다는 점에 유의하세요. 여기서는 숫자 인덱스로 원소에 접근할 수 있게 해주는 iloc 메서드를 사용합니다.

필터로 지정하여 하위집합을 만들려면 선택 기준이 될 하나 이상의 열이 필요합니다. 예를 들어, iloc 메서드로 다음과 같이 데이터의 하위집합을 선택할 수 있습니다.

---

[5] 역자 주 모든 가능한 입력 혹은 데이터 포인트가 존재하는 공간

```
df[df.age > 30]
```

```
   id  name  age  decision
0  1   Fares 32   True
2  3   Doug  40   True
```

```
df[(df.age < 35) & (df.decision == True)]
```

```
   id  name  age  decision
0  1   Fares 32   True
```

두 코드 모두 필터에서 규정한 조건을 만족하는 행의 하위집합을 생성합니다.

2.1.4.4 데이터프레임 연산의 시간 복잡도 분석

데이터프레임 연산의 시간 복잡도를 알아봅시다.

- 선택 연산
  - 열 선택: 데이터프레임 열에 접근하는 작업은 보통 괄호 표기법이나 점 표기법(공백이 없는 열 이름의 경우)을 사용하며, 이는 $O(1)$ 시간 복잡도를 가집니다. 이는 데이터를 복사하지 않고 빠르게 참조할 수 있는 방법입니다.
  - 행 선택: .loc[] 또는 .iloc[] 같은 메서드로 행을 선택할 때(특히 슬라이싱과 함께 사용할 경우), 시간 복잡도는 $O(n)$입니다. 여기서 n은 접근하는 행의 수를 나타냅니다.
- 삽입 연산
  - 열 삽입: 데이터프레임에 새로운 열을 추가하는 연산은 보통 $O(1)$입니다. 하지만 실제 시간은 추가하는 자료형이나 데이터 크기에 따라 달라질 수 있습니다.
  - 행 삽입: .append()나 .concat()같은 메서드로 행을 추가하면 $O(n)$ 복잡도가 됩니다. 재배열과 재할당이 이루어지기 때문입니다.
- 삭제 연산
  - 열 삭제: 데이터프레임에서 열을 삭제하려면 .drop() 메서드를 사용하며, 이 연산은 $O(1)$ 시간 복잡도를 가집니다. 이 메서드는 열을 즉시 삭제하는 것이 아니라 가비지 컬렉션

(garbage collection)[6] 대상으로 지정하는 방식을 사용하여 처리합니다.
- **행 삭제**: 행 삽입과 마찬가지로, 행 삭제는 데이터프레임 구조를 재배열해야 하므로 $O(n)$ 시간 복잡도를 가집니다.

2.1.5 행렬

행렬은 행과 열의 수가 고정된 2차원 자료구조입니다. 행렬의 각 원소는 행과 열로 참조할 수 있습니다.

파이썬에서 행렬은 numpy 배열이나 리스트로 만들 수 있습니다. 하지만 numpy 배열은 연속된 메모리 영역에 위치하는 단일 자료형 데이터 요소로 구성된 컬렉션이기 때문에 리스트보다 훨씬 빠릅니다.

다음 코드는 numpy 배열로 3개의 행과 열을 갖는 행렬을 만듭니다.

```python
import numpy as np
matrix_1 = np.array([[11, 12, 13], [21, 22, 23], [31, 32, 33]])
print(matrix_1)
```

```
[[11 12 13]
 [21 22 23]
 [31 32 33]]
```

```python
print(type(matrix_1))
```

```
<class 'numpy.ndarray'>
```

---

[6] **역자 주** 가비지 컬렉터(쓰레기 수집기, garbage collector)는 메모리 영역에 할당된 대상이 더 이상 사용되지 않으면 해당 메모리 영역을 해제하여 메모리를 절약합니다.

2.1.5.1 행렬 연산

행렬 연산에 사용할 수 있는 다양한 연산이 있습니다. 예를 들어 앞에서 생성한 행렬을 전치(transpose)해 봅시다. transpose() 함수를 사용하여 열을 행으로, 행을 열로 변환할 수 있습니다.

```
print(matrix_1.transpose())
```

```
[[11, 21, 31],
 [12, 22, 32],
 [13, 23, 33]]
```

참고로 행렬 연산은 멀티미디어 데이터를 다룰 때 많이 사용합니다.

2.1.5.2 빅오 표기법과 행렬

연산의 효율성을 논의할 때, 빅오 표기법은 데이터 규모가 커질수록 성능에 어떤 영향을 미치는지에 대한 높은 수준의 이해를 제공합니다.

- **접근(access)**: 파이썬 리스트나 numpy 배열에서 원소에 접근하는 연산은 상수 시간 $O(1)$이 걸립니다. 원소의 인덱스로 직접 접근할 수 있기 때문입니다.
- **추가(appending)**: 파이썬 리스트 끝에 원소를 추가하는 연산은 평균적으로 $O(1)$입니다. 하지만 numpy 배열에서는 최악의 경우 $O(n)$일 수 있는데, 더 이상 연속된 메모리 공간을 사용할 수 없다면 새로운 메모리 영역에 배열 전체를 복사해야 하기 때문입니다.
- **행렬 곱셈**: 여기서 numpy가 빛을 발합니다. 행렬 곱셈은 고도의 연산 작업입니다. $n \times n$ 행렬에 기존 방법을 적용하면 시간 복잡도는 $O(n^3)$이 됩니다. 하지만 numpy는 슈트라센 알고리즘(strassen algorithm)같은 최적화된 알고리즘을 사용하여 시간 복잡도를 상당히 감소시킵니다.[7]

지금까지 파이썬의 자료구조를 학습했으니, 다음 절에서는 추상 자료형을 살펴봅시다.

---

[7] 역자 주 슈트라센 알고리즘의 시간 복잡도는 $O(n^{2.81})$이라 알려져 있습니다. 참고: https://ko.wikipedia.org/wiki/슈트라센_알고리즘

2.2 추상 자료형 탐색하기

추상 자료형(ADT, Abstract data type)은 일련의 변수와 관련 연산으로 동작이 정의되는 고수준 추상화 개념입니다. 추상 자료형의 예를 들면 벡터(vector), 큐(queue), 스택(stack)이 있습니다. ADT는 **무엇**을 해야 하는지 구현 가이드를 정의하지만, 정확히 이를 **어떻게** 구현할지는 프로그래머의 자유에 맡깁니다. 자유라는 의미는 두 명의 프로그래머가 스택과 같은 ADT를 구현할 때 서로 다른 접근 방법을 사용할 수 있다는 의미입니다.

추상 자료형을 사용하면 구현 수준의 세부사항을 감추고 구현에 독립적이며 범용적인 자료구조를 제공할 수 있어 더 간단하고 깔끔한 코드로 알고리즘을 만들 수 있습니다. ADT는 C++, 자바, 스칼라(Scala) 같은 어떠한 프로그래밍 언어로도 구현할 수 있습니다. 이 절에서는 파이썬으로 ADT를 구현합니다. 먼저 벡터부터 시작해 봅시다.

2.2.1 벡터

벡터는 데이터를 저장하는 일차원 구조입니다. 파이썬에서 가장 많이 활용하는 자료구조이며 벡터를 만드는 방법에는 2가지가 있습니다.

- **파이썬 리스트 사용**: 파이썬 리스트를 사용하는 방식은 벡터를 만드는 가장 간단한 방법입니다.

```
vector_1 = [22, 33, 44, 55]
print(vector_1)
```

```
[22, 33, 44, 55]
```

```
print(type(vector_1))
```

```
<class 'list'>
```

이 코드는 4개의 원소를 갖는 리스트를 생성합니다.

- **numpy 배열 사용:** 벡터를 만들 때 numpy 배열을 사용할 수 있습니다. numpy 배열은 파이썬 리스트보다 일반적으로 더 빠르고 메모리 효율적입니다. 특히 대규모 데이터가 포함된 연산일 때 그렇습니다. 이는 numpy가 단일 자료형 데이터에서 작동하도록 설계되었으며 저수준 최적화(low-level optimization)[8]를 활용할 수 있기 때문입니다. numpy 배열은 다음과 같이 구현할 수 있습니다.

```
vector_2 = np.array([22, 33, 44, 55])
print(vector_2)
```

```
[22 33 44 55]
```

```
print(type(vector_2))
```

```
<class 'numpy.ndarray'>
```

이 코드에서는 np.array를 사용하여 vector_2를 만들었습니다.

 **MEMO** 파이썬에서는 밑줄(underscore)을 사용하여 자릿수를 구분한 정수를 표현할 수 있습니다. 이 방법은 가독성을 향상시키고 에러 발생 위험을 줄입니다. 이러한 자릿수 구분은 큰 수를 다룰 때 더욱 유용합니다. 예를 들어 10억은 1_000_000_000으로 나타낼 수 있습니다.

```
large_number = 1_000_000_000
print(large_number)
```

```
1000000000
```

---

8 **역자 주** 저수준 최적화란 하드웨어 수준의 최적화를 의미합니다.

2.2.1.1 벡터의 시간 복잡도

벡터 연산의 효율성을 논의하려면 시간 복잡도를 반드시 이해해야 합니다.

- **접근**: 파이썬 리스트와 `numpy` 배열(벡터)에 원소를 추가하는 연산은 상수 시간 $O(1)$이 걸립니다. 이는 빠른 데이터 검색을 보장합니다.
- **추가**: 파이썬 리스트에 원소를 추가하는 연산의 평균 시간 복잡도는 $O(1)$입니다. 그러나 `numpy` 배열의 경우, 연속적인 메모리 공간이 필요하므로 최악의 경우 $O(n)$ 시간이 걸릴 수 있습니다.
- **검색(search)**: 벡터에서 원소를 찾는 작업은 $O(n)$의 시간 복잡도를 가집니다. 최악의 경우 모든 원소를 순차적으로 탐색해야 하기 때문입니다.

2.2.2 스택

스택은 일차원 리스트를 저장하는 선형 자료구조입니다. 스택은 항목을 **후입선출**(LIFO, Last-In, First-Out) 또는 **선입후출**(FILO, First-In, Last-Out) 방식으로 저장할 수 있습니다. 스택의 가장 큰 특징은 원소를 추가하고 제거하는 방식에 있습니다. 새로운 원소는 한쪽 끝에서만 추가되며, 원소 제거도 오직 그 끝에서만 이루어집니다.

다음은 스택 관련 연산입니다.

- **isEmpty**: 스택이 비어있으면 `true`를 반환합니다.
- **push**: 새 원소를 추가합니다.
- **pop**: 제일 마지막 원소를 반환하고 이를 제거합니다.

다음 그림은 스택에서 데이터를 추가 및 제거할 때, push와 pop을 어떻게 사용하는지 나타냅니다.

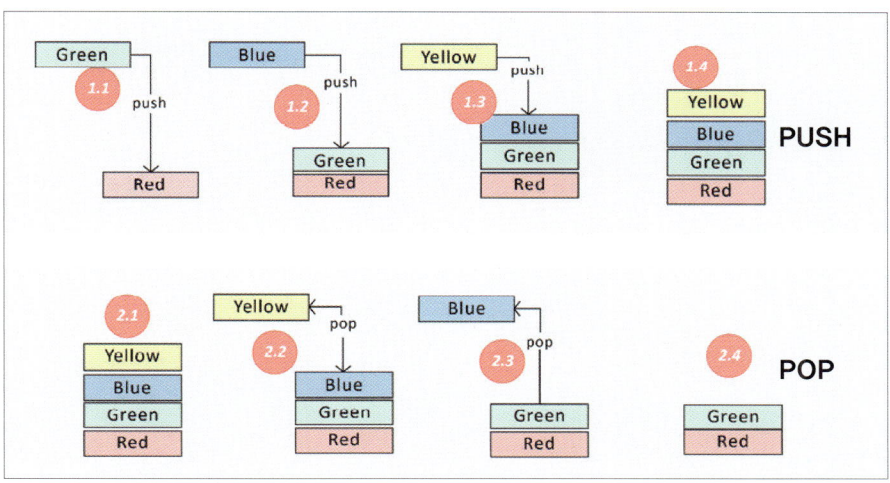

〈그림 2-4〉 push와 pop 연산

그림 2-4의 위쪽 부분은 스택에 항목을 추가하기 위해 push 연산을 사용하는 모습을 보여줍니다. 단계 1.1, 1.2, 1.3에서는 push 연산을 세 번 사용하여 세 개의 원소를 스택에 추가합니다. 앞선 그림의 아래쪽 부분은 스택에 저장된 값을 꺼내는 과정을 보여줍니다. 단계 2.2와 2.3에서는 pop 연산을 사용하여 두 개의 원소를 LIFO 방식으로 스택에서 꺼냅니다.

파이썬에서 Stack이라는 이름의 클래스를 만들고, 스택과 관련된 모든 연산을 이 클래스에 정의해 보겠습니다. 이 클래스의 코드는 다음과 같습니다.

```python
class Stack:
    def __init__(self):
        self.items = []
    def isEmpty(self):
        return self.items == []
    def push(self, item):
        self.items.append(item)
    def pop(self):
        return self.items.pop()
```

```python
    def peek(self):
        return self.items[len(self.items) - 1]
    def size(self):
        return len(self.items)
```

다음 코드로 스택에 4개의 원소를 추가할 수 있습니다.

```python
# 스택 채우기(Populate the stack)
stack = Stack()
stack.push('Red')
stack.push('Green')
stack.push("Blue")
stack.push("Yellow")
```

위 코드는 4개의 데이터 요소가 있는 스택을 생성합니다.

```python
# 팝(Pop)
stack.pop()
stack.isEmpty()
```

2.2.2.1 스택 연산의 시간 복잡도

스택 연산의 시간 복잡도를 살펴봅시다.

- push: 스택의 가장 상단에 원소를 추가합니다.[9] 어떠한 반복이나 검사를 하지 않으므로 시간 복잡도는 $O(1)$, 상수 시간입니다. 스택 크기와 상관없이 원소는 스택의 가장 상단에 놓입니다.
- pop: 스택의 가장 상단의 요소를 제거합니다. 스택의 나머지 요소와 상호작용할 필요가 없으므로, pop 연산의 시간 복잡도는 $O(1)$입니다.

---

[9] 역자 주 스택의 가장 상단은 가장 마지막에 추가된 원소가 위치하므로, 리스트에서 인덱스가 가장 큰 원소에 해당합니다.

2.2.2.2 실용 예제

스택은 다양한 사례에서 자료구조로 사용됩니다. 예를 들어 사용자가 웹 브라우저 히스토리를 탐색하고자 할 때, 이는 LIFO(Last In, First Out) 데이터 접근 방식이며, 스택을 사용하여 기록을 저장할 수 있습니다. 다른 예로는 워드 프로세싱 소프트웨어에서 undo[10] 연산을 수행하고자 하는 경우입니다.

2.2.3 큐

큐는 스택처럼 일차원 구조에 n개의 원소를 저장합니다. 원소는 FIFO 형태로 추가 및 제거됩니다. 큐의 한쪽 끝은 뒤(rear)라 하고 다른 쪽은 앞(front)이라 합니다.[11] 앞에서 원소가 제거되는 연산은 디큐(dequeue)라 합니다. 원소가 뒤에 추가되는 연산은 엔큐(enqueue)라 합니다.

다음 그림에서 위쪽은 enqueue 연산을 나타냅니다. 단계 1.1, 1.2, 1.3에서는 큐에 원소 3개를 추가하며 그 결과 1.4가 됩니다. 1.4의 큐에서 Yellow는 뒤(rear)이고 Red는 앞(front) 입니다.

아래쪽 그림은 dequeue 연산을 나타냅니다. 단계 2.2, 2.3, 2.4에서 큐의 앞에 위치한 원소를 하나씩 제거합니다.

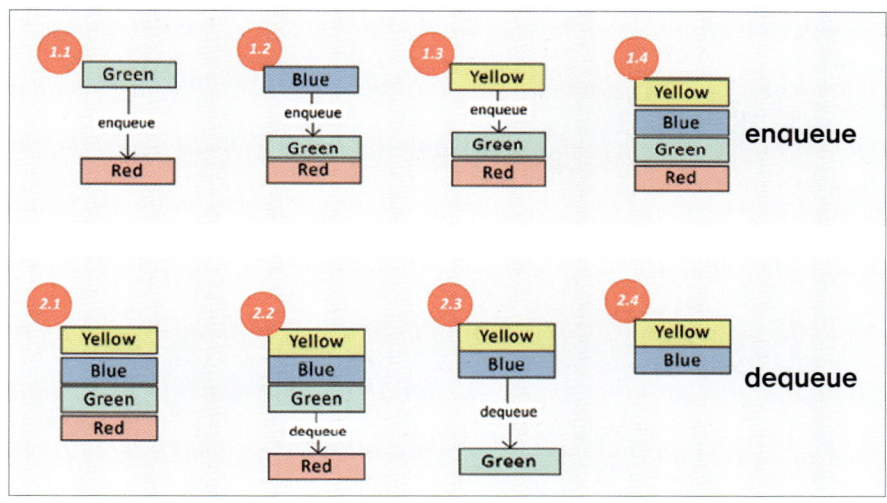

〈그림 2-5〉 엔큐와 디큐 연산

---

10 역자 주 실행 취소
11 역자 주 rear, front를 각각 꼬리(tail), 머리(head)라고도 합니다.

그림 2-5의 큐는 다음 코드로 구현할 수 있습니다.

```python
class Queue(object):
    def __init__(self):
        self.items = []
    def isEmpty(self):
        return self.items == []
    def enqueue(self, item):
        self.items.insert(0, item)
    def dequeue(self):
        return self.items.pop()
    def size(self):
        return len(self.items)
```

그림 2-5의 원소를 enqueue 및 dequeue해 봅시다.

큐를 먼저 만들고 4개 항목을 enqueue로 넣습니다.

```python
# 큐 사용하기
queue = Queue()
queue.enqueue("Red")
queue.enqueue('Green')
queue.enqueue('Blue')
queue.enqueue('Yellow')
print(f"Size of queue is {queue.size()}")
```

```
Size of queue is 4
```

한 개의 항목을 dequeue로 제거합니다.

```python
print(queue.dequeue())
```

```
Red
```

2.2.3.1 큐의 시간 복잡도 분석

큐의 시간 복잡도를 살펴봅시다.

- enqueue: 큐의 끝부분에 원소를 삽입합니다. 반복이나 순회할 필요 없이 간단한 방식이므로, 시간 복잡도는 상수 시간인 $O(1)$입니다.
- dequeue: 큐의 가장 앞에 있는 원소를 제거합니다. 이 연산은 큐를 검사하거나 반복하지 않고 첫 번째 원소만 제거하므로 시간 복잡도는 상수 시간 $O(1)$입니다.

2.2.3.2 스택과 큐 사용의 기반 아이디어

스택과 큐의 사용에 대한 기본 개념을 비유를 통해 살펴보겠습니다. 예를 들어, 우체국으로부터 도착하는 편지를 놓는 테이블이 있다고 가정해봅시다. 우리는 편지를 하나씩 열어볼 시간이 생길 때까지 그것들을 쌓아 둡니다. 이렇게 쌓인 편지를 처리하는 방법에는 두 가지가 있습니다.

- 편지를 스택에 쌓아 두고, 새 편지가 도착할 때마다 스택의 맨 위에 놓습니다. 편지를 읽고자 할 때는 맨 위에 있는 편지부터 시작합니다. 이것이 스택이라고 부르는 방식입니다. 가장 최근에 도착한 편지가 맨 위에 놓이게 되며, 먼저 처리됩니다. 쌓인 편지들의 맨 위에서 하나의 편지를 꺼내는 작업은 pop이라고 하며, 새 편지가 도착하여 맨 위에 놓는 작업은 push라고 합니다. 이 때, 편지가 계속해서 도착한다면, 스택 아래쪽에 있는 중요한 편지를 확인할 기회를 놓칠 위험이 있습니다.
- 편지를 책장에 책을 꽂듯이 가로로 세워서 정리합니다. 새 편지가 오면 왼쪽에 추가하고, 편지를 열어볼 때는 오른쪽에서 꺼냅니다. 이렇게 하면 항상 가장 오래된 편지부터 열게 됩니다. 먼저 들어온 것이 먼저 나가는 것(First in, first out, FIFO) 이죠. 이것을 큐(queue)라고 부릅니다. 편지를 큐에 추가하는 동작을 인큐(enqueue), 큐에서 편지를 꺼내는 동작을 디큐(dequeue) 라고 합니다.

2.2.4 트리

알고리즘 관점에서 트리(tree)는 계층적인 데이터 저장 기능 덕분에 가장 유용한 자료구조 중 하나입니다. 알고리즘을 설계할 때, 처리해야 할 데이터 요소들 간의 계층적 관계를 표현할 필요가 있는 경우 트리를 사용합니다.

이 흥미롭고 중요한 자료구조를 좀 더 깊이 살펴보겠습니다.

모든 트리는 유한한 개수의 노드를 가지며, 시작 데이터 요소인 루트(root)와 가지(branch)라 불리는 연결을 통해 서로 연결된 노드 집합으로 구성됩니다.

2.2.4.1 용어 설명

트리 자료구조와 관련된 용어를 살펴봅시다.

루트 노드 (root node)	부모가 없는 노드를 루트 노드라 합니다. 예를 들어 그림 2-6에서 루트 노드는 A입니다. 알고리즘에서 일반적으로 루트 노드는 트리 구조에서 가장 중요한 값을 갖습니다.
노드의 레벨 (level of a node)	루트 노드로부터의 거리는 노드의 레벨이라 합니다.[12] 그림 2-6에서 D, E, F 노드의 레벨은 2입니다.
형제 노드 (siblings node)	트리에서 레벨이 같은 두 노드를 형제라고 합니다. 그림 2-6에서 노드 B, C는 형제입니다.
부모 자식 노드 (child and parent node)	노드 C의 레벨이 노드 F보다 작고 두 노드가 직접 연결되어 있다면, 노드 F는 노드 C의 자식 노드입니다. 반대로 노드 C는 노드 F의 부모 노드가 됩니다. 그림 2-6의 C와 F는 부모-자식 관계를 나타냅니다.
노드의 차수 (degree of a node)	노드가 갖는 자식의 수입니다. 그림 2-6에서 노드 B의 차수는 2입니다.
트리의 차수 (degree of a tree)	트리를 구성하는 노드들 중에서 가장 큰 차수를 가진 노드의 차수를 의미합니다. 그림 2-6의 트리의 차수는 2입니다.
하위 트리 (subtree)	선택된 노드를 루트 노드로 하고, 그 노드의 모든 자식 노드들을 포함하는 트리의 일부를 말합니다. 예를 들어, 2-6의 트리에서 노드 E를 기준으로 하위 트리는 노드 E를 루트 노드로 하고, 노드 G와 H를 두 자식 노드로 포함하는 구조를 가집니다.
리프 노드 (leaf node)	트리에서 자식이 없는 노드는 리프 노드라고 합니다. 그림 2-6에서 D, G, H, F는 리프 노드입니다.
내부 노드 (internal node)	루트도 리프도 아닌 노드는 내부 노드라고 합니다. 내부 노드는 최소한 하나의 부모와 자식 노드를 갖습니다.

〈표 2-3〉 트리 관련 용어

MEMO 트리는 **6장 비지도 머신러닝 알고리즘**에서 학습할 네트워크나 그래프의 일종임을 기억합시다. 그래프와 네트워크 분석 시 가지(branch) 대신에 **링크(link)**와 **간선(edge)**이라는 용어를 사용하지만 나머지 용어는 대부분 그대로 사용합니다.

---

[12] 역자 주 루트 노드로부터 특정 노드에 이르는 거리는 '깊이(depth)'로 나타낼 수 있습니다. 따라서, 깊이가 같은 노드를 묶어 '레벨(층)'로 나타낼 수 있습니다.

2.2.4.2 트리의 종류

다양한 종류의 트리가 있으며, 이는 다음과 같이 설명됩니다.

- **이진 트리**(binary tree): 트리의 차수가 2인 경우는 이진 트리라 합니다. 그림 2-6에 있는 트리는 차수가 2이므로 이진 트리입니다.

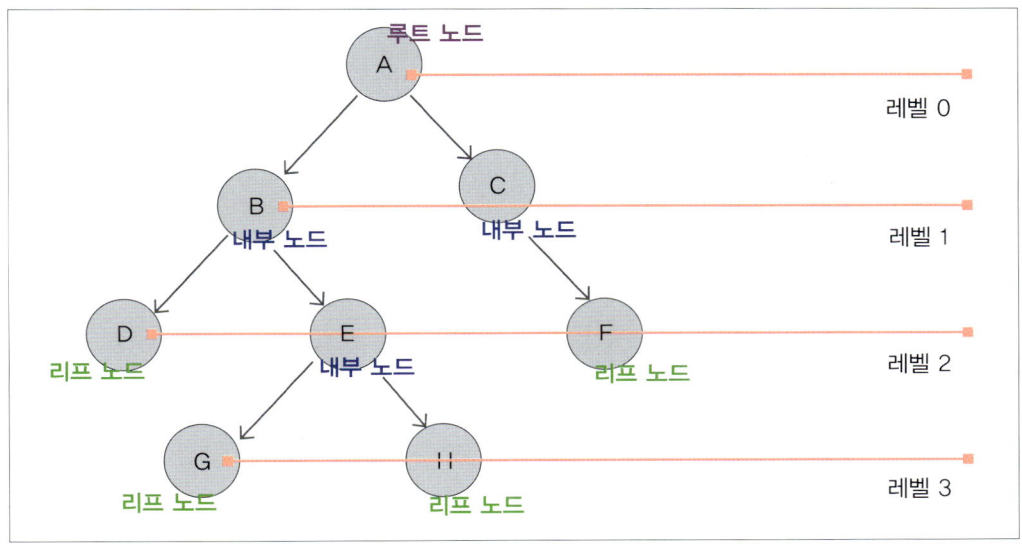

〈그림 2-6〉 이진 트리

그림 2-6은 레벨 4개, 노드 8개가 있는 트리입니다.

- **정 트리**(full tree): 정 트리는 모든 노드의 차수가 동일한 트리입니다. 따라서 노드의 최대 차수는 곧 트리의 차수에 해당합니다. 그림 2-7은 지금까지 설명한 여러 종류의 트리를 나타냅니다.

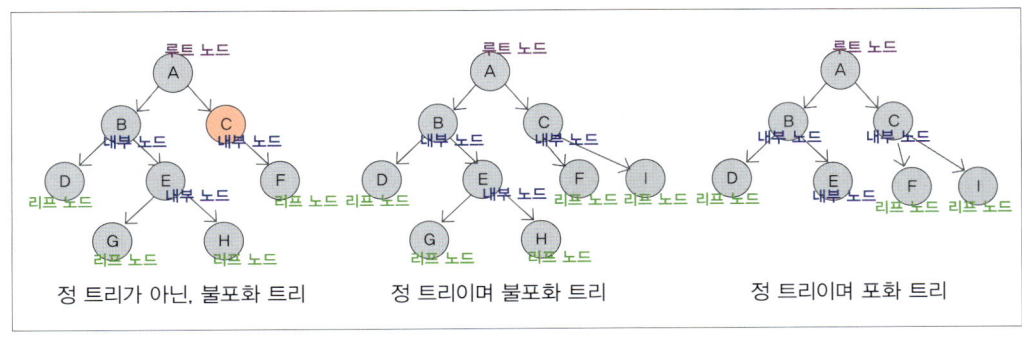

〈그림 2-7〉 여러 가지 이진 트리

그림 2-7에서 가장 왼쪽의 이진 트리는 노드 C의 차수가 1이지만 다른 노드는 모두 2이기 때문에 정 트리가 아닙니다. 가운데 트리와 오른쪽 트리는 정 트리입니다.

- **포화 트리(perfect tree)**: 포화 트리는 모든 리프 노드의 레벨이 동일한, 특수한 정 트리입니다. 그림 2-7에서 오른쪽 이진 트리는 모든 리프 노드의 레벨이 2에 위치해 있으므로 정 트리이자 포화 트리입니다.
- **순서 트리(ordered tree)**: 특정 기준에 따라 자식 노드들이 일정한 순서로 정렬되어 있다면, 이를 순서 트리라고 합니다. 예를 들어, 노드가 왼쪽에서 오른쪽으로 오름차순으로 정렬된 경우, 같은 레벨에 있는 노드들은 왼쪽에서 오른쪽으로 탐색할 때 값이 점점 커지게 됩니다.

2.2.4.3 실용 예제

추상 자료형 트리(ADT)는 **7장 전통적인 지도 학습 알고리즘**에서 다룰 결정 트리(decision tree) 개발에 사용되는 주요 자료구조입니다. 그리고 계층 구조 덕분에 **6장 비지도 머신러닝 알고리즘**에서 자세히 살펴볼 네트워크 분석 관련 알고리즘에도 보편적으로 사용됩니다. 또한, 트리는 분할 정복(divide and conquer) 전략을 구현해야 하는 다양한 정렬 및 탐색 알고리즘에서도 사용됩니다.

요약

2장에서는 다양한 알고리즘 구현에 활용할 수 있는 자료구조를 설명했습니다. 이를 통해 알고리즘에서 데이터를 저장하고 처리할 때 올바른 자료구조를 선택할 수 있게 되었습니다. 또한 선택한 자료구조가 알고리즘 성능에 미치는 영향도 이해할 수 있습니다.

다음 장에서는 정렬 및 탐색 알고리즘에 대해 다루며, 이번 장에서 소개한 자료구조를 활용하여 구현해 보겠습니다.

3장 정렬 및 탐색 알고리즘

이 장에서는 정렬과 탐색에 사용되는 알고리즘들을 살펴보겠습니다. 이러한 알고리즘들은 독립적으로도 사용될 수 있으며, 더 복잡한 알고리즘의 기반이 되기도 합니다. 여기에는 자연어 처리(NLP)나 패턴 추출 알고리즘 등이 포함됩니다.

이 장은 먼저 다양한 유형의 정렬 알고리즘을 소개하고, 정렬 알고리즘을 설계하는 여러 접근 방식을 비교하여 성능을 분석합니다. 이어서 몇 가지 탐색 알고리즘을 자세히 다루고 이 장에서 설명한 정렬과 탐색 알고리즘을 실제로 적용하는 예제를 살펴봅니다.

이 장을 마치면 정렬과 탐색에 사용되는 다양한 알고리즘을 이해하고, 각각의 장단점을 파악할 수 있게 될 것입니다. 정렬과 탐색 알고리즘은 다양한 알고리즘의 기본 구성 요소이므로, 이를 깊이 이해하는 것은 이후 장에서 다루게 될 현대의 복잡한 알고리즘을 더 잘 이해하는 데에도 도움이 될 것입니다.

다음은 이번 장에서 다루는 주요 개념입니다.

- 정렬 알고리즘 소개
- 탐색 알고리즘 소개
- 정렬 및 탐색 알고리즘 성능 분석
- 정렬 및 탐색 알고리즘 실용 예제

먼저 정렬 알고리즘부터 살펴봅시다.

3.1 정렬 알고리즘 소개

복합 자료구조에서 항목을 효율적으로 정렬하고 탐색하는 능력은 현대 알고리즘에서 필수적입니다. 데이터 정렬 및 탐색의 올바른 방법은 데이터 크기와 종류에 따라 다르며, 이는 이번 장에서 다룰 내용입니다. 최종 결과는 동일하더라도, 현실 세계의 문제를 효율적으로 해결하기 위해서는 적절한 정렬 및 탐색 알고리즘을 선택해야 합니다. 따라서 이러한 알고리즘의 성능을 면밀히 분석하는 것이 중요합니다.

정렬 알고리즘은 클러스터 및 클라우드 컴퓨팅 아키텍처를 지원하는 최신 NoSQL 데이터베이스와 같은 분산 데이터 저장 시스템에서 광범위하게 사용됩니다. 이러한 데이터 저장 시스템에서는 데이터 요소를 효율적으로 검색할 수 있도록 정기적으로 정렬하여 저장해야 합니다.

이 장에서는 다음 정렬 알고리즘을 소개합니다.

- 버블 정렬
- 병합 정렬
- 삽입 정렬
- 셸 정렬
- 선택 정렬

하지만 이러한 알고리즘을 살펴보기 전에, 이번 장의 코드에서 사용할 파이썬 변수 교환(swap) 기법을 먼저 알아보겠습니다.

3.1.1 파이썬에서 변수 교환하기

정렬과 탐색 알고리즘을 구현할 때는 두 변수의 값을 서로 바꿔야 하는 경우가 있습니다. 파이썬에서는 이를 위한 표준적인 방법이 있으며, 그 형태는 다음과 같습니다.

```python
var_1 = 1
var_2 = 2
var_1, var_2 = var_2, var_1
print(var_1, var_2)
```

```
2, 1
```

이와 같은 간단한 값 교환 방식은 이번 장에서 다루는 정렬 및 탐색 알고리즘 전반에서 사용됩니다.

그럼 이제 버블 정렬 알고리즘부터 살펴보겠습니다.

3.1.2 버블 정렬

버블 정렬은 가장 간단하면서도 가장 느린 정렬 알고리즘 중 하나입니다. 이 알고리즘은 가장 높은 값이 반복적인 순회를 통해 맨 위로 **거품처럼 올라가는** 방식으로 설계되었습니다. 버블 정렬은 모든 정렬 작업이 원래 자료구조 내에서 이루어지기 때문에 실행 시 적은 런타임 메모리를 요구합니다. 임시 버퍼(temporary buffer)와 같은 새로운 자료구조는 필요하지 않습니다. 하지만 최악의 경우 성능은 $O(n^2)$으로, 이는 2차 시간 복잡도라는 것을 의미합니다(여기서 N은 정렬할 원소의 개수).

버블 정렬은 소규모 데이터셋에만 사용할 것을 권장합니다. 버블 정렬을 사용할 때 데이터 크기에 대한 권장 한계는 사용 가능한 메모리와 가용 프로세싱 자원에 따라 달라질 수 있습니다. 그러나 보통 일반적으로 원소 개수(N)를 1000개 이하로 유지하는 것이 권장됩니다.

3.1.2.1 버블 정렬 로직 이해하기

버블 정렬은 여러 번의 반복, 즉 **패스(pass)**에 기반합니다. 크기가 N인 리스트의 경우, 버블 정렬은 총 N-1번의 패스를 수행합니다. 이 작동 방식을 이해하기 위해 첫 번째 반복인 첫 번째 패스에 초점을 맞춰 봅시다.

패스의 목적은 가장 큰 값을 리스트의 가장 높은 인덱스(리스트의 맨 위)로 밀어 올리는 것입니다. 다시 말해, 첫 번째 패스(패스 1)가 진행됨에 따라 리스트에서 가장 높은 값이 맨 위로 거품처럼 올라가는 모습을 볼 수 있습니다.

버블 정렬의 논리는 인접한 값들을 비교하는 데 기반합니다. 만약 높은 인덱스의 값이 낮은 인덱스의 값보다 크다면, 두 값을 교환합니다. 이 반복은 리스트의 끝에 도달할 때까지 계속됩니다. 이는 그림 3-1에 나타나 있습니다.

〈그림 3-1〉 버블 정렬 알고리즘

파이썬으로 버블 정렬을 구현하는 방식을 살펴봅시다. 파이썬으로 버블 정렬의 첫 번째 패스를 구현하면 다음과 같습니다.

```python
list = [25, 21, 22, 24, 23, 27, 26]
last_element_index = len(list) - 1
print(0, list)
for idx in range(last_element_index):
    if list[idx] > list[idx + 1]:
        list[idx], list[idx + 1] = list[idx + 1], list[idx]
    print(idx + 1, list)
```

```
0 [25, 21, 22, 24, 23, 27, 26]
1 [21, 25, 22, 24, 23, 27, 26]
2 [21, 22, 25, 24, 23, 27, 26]
3 [21, 22, 24, 25, 23, 27, 26]
4 [21, 22, 24, 23, 25, 27, 26]
5 [21, 22, 24, 23, 25, 27, 26]
6 [21, 22, 24, 23, 25, 26, 27]
```

첫 번째 패스가 완료된 후 주목할 점은 다음과 같습니다.

- 가장 큰 값은 리스트의 가장 위(마지막 끝)에 저장됩니다.
- 첫 번째 패스를 실행하는 동안, 알고리즘은 최대값을 최상단으로 올리기 위해 리스트의 각 원소를 개별적으로 비교해야 합니다.

첫 번째 패스를 완료한 후, 알고리즘은 두 번째 패스를 진행합니다. 두 번째 패스의 목표는 두 번째로 큰 값을 리스트의 두 번째로 높은 인덱스로 이동시키는 것입니다. 이를 위해 버블 정렬 알고리즘은 다시 인접한 값을 비교하며, 순서가 맞지 않으면 값을 교환합니다. 두 번째 패스에서는 첫 번째 패스에서 올바른 위치에 놓인 최상단 인덱스의 값은 제외합니다. 따라서 처리해야 할 데이터 요소의 개수가 하나 줄어듭니다.

두 번째 패스를 완료한 후, 알고리즘은 세 번째 패스와 그 이후의 패스를 계속 수행하여 리스트의 모든 데이터가 오름차순으로 정렬될 때까지 진행합니다. 결론적으로, 버블 정렬 알고리즘이 크기가 N인 리스트를 완전히 정렬하려면, 총 $N-1$번의 패스를 필요로 합니다.

```
[21, 22, 24, 23, 25, 26, 27]
```

3.1.2.2 버블 정렬 최적화하기

위에서 설명한 버블 정렬은 bubble_sort 함수로 구현된 단순한 정렬 방법으로, 인접한 원소를 반복적으로 비교하고 순서가 맞지 않으면 서로 교환합니다. 버블 정렬은 비교 및 맞바꾸기를 할 때, 최악의 경우 $O(N^2)$가 소요되며 여기서 N은 리스트의 요소 개수입니다. 이는 N개의 요소가 있는 리스트의 경우 초기 정렬 상태와 상관없이, 버블 정렬 알고리즘은 항상 $N-1$번의 패스를 수행하기 때문입니다.

다음은 버블 정렬을 최적화한 버전입니다.

```python
def optimized_bubble_sort(list):
    last_element_index = len(list) - 1
    for pass_no in range(last_element_index, 0, -1):
        swapped = False
        for idx in range(pass_no):
            if list[idx] > list[idx + 1]:
                list[idx], list[idx + 1] = list[idx + 1], list[idx]
                swapped = True
        if not swapped:
            break
    return list
```

```
list = [25, 21, 22, 24, 23, 27, 26]
optimized_bubble_sort(list)
```

```
[21, 22, 23, 24, 25, 26, 27]
```

optimized_bubble_sort 함수는 버블 정렬 알고리즘의 성능을 눈에 띄게 향상시킵니다. swapped 플래그를 추가하여 리스트의 정렬 여부를 조기에 감지할 수 있도록 최적화하였습니다. 특정 패스가 아무런 교환 없이 완료되면, 이는 리스트가 이미 정렬되었음을 나타내며 알고리즘은 나머지 $N-1$ 패스를 수행하지 않고 조기에 종료할 수 있습니다.

따라서 완전히 정렬되지 않거나 역순으로 정렬된 리스트에 대해서는 여전히 최악의 경우 시간 복잡도가 $O(N^2)$이지만, 이미 정렬된 리스트에 대한 최선의 경우 시간 복잡도는 $O(N)$으로 향상됩니다.

기본적으로 두 함수 모두 최악의 경우 시간 복잡도는 $O(N^2)$입니다. 하지만 optimized_bubble_sort는 데이터가 부분적이라도 정렬되었다면 더욱 빠르게 수행되기 때문에 기존의 버블 정렬 알고리즘보다 더 개선된 버전이라고 할 수 있습니다.

3.1.2.3 버블 정렬 알고리즘 성능 분석

버블 정렬은 두 단계의 루프를 포함합니다.

- **외부 루프**: 이 루프도 패스라고 합니다. 예를 들면 패스 1은 외부 루프의 첫 번째 반복에 해당합니다.
- **내부 루프**: 리스트에서 남아 있는 정렬되지 않은 요소들이 정렬되면서 가장 큰 값이나 가장 작은 값이 한쪽 끝으로 이동하는 과정입니다. 첫 번째 패스에서는 $N-1$번의 비교가 이루어지고, 두 번째 패스에서는 $N-2$번의 비교가 이루어집니다. 즉 이후 각 패스마다 비교 횟수가 한 번씩 줄어듭니다.

버블 정렬 알고리즘의 시간 복잡도는 다음과 같습니다.

- **최선의 경우**: 리스트가 이미 정렬된 경우(혹은 거의 모든 원소가 정렬된 경우), 시간 복잡도는 $O(N)$입니다.
- **최악의 경우**: 원소가 전혀 정렬되지 않았거나 거의 정렬되지 않은 경우, 버블 정렬 알고리즘이 내부 및 외부 루프를 모두 다 순환합니다. 따라서 시간 복잡도는 $O(N^2)$입니다.

이제 삽입 정렬 알고리즘에 대해 살펴봅시다.

3.1.3 삽입 정렬

삽입 정렬의 기본 아이디어는 데이터를 순차적으로 정렬된 부분과 정렬되지 않은 부분으로 나눈 뒤, 매 반복마다 정렬되지 않은 데이터 중 하나를 선택해 정렬된 부분의 올바른 위치에 삽입합니다. 이러한 과정에서 정렬된 부분은 점점 확장되며, 모든 데이터가 정렬될 때까지 이러한 작업이 반복됩니다. 이 알고리즘이 '삽입 정렬'이라는 이름을 가진 이유도 여기에 있습니다.

첫 번째 단계에서는 두 개의 데이터를 비교하여 정렬된 상태로 만듭니다. 다음 반복에서는 세 번째 데이터를 선택하여 정렬된 두 데이터 사이에서 적절한 위치를 찾아 삽입합니다. 이 과정은 모든 데이터가 정렬될 때까지 계속됩니다. 이러한 과정은 다음 그림에 나와 있습니다.

25	26	22	24	27	23	21	삽입 25
25	26	22	24	27	23	21	삽입 26
22	25	26	24	27	23	21	삽입 22
22	24	25	26	27	23	21	삽입 24
22	24	25	26	27	23	21	삽입 27
22	23	24	25	26	27	21	삽입 23
21	22	23	24	25	26	27	삽입 21

삽입 정렬

〈그림 3-2〉 삽입 정렬 알고리즘

삽입 정렬 알고리즘을 코드로 작성하면 다음과 같습니다.

```python
def insertion_sort(elements):
    for i in range(1, len(elements)):
        j = i - 1
        next_element = elements[i]
        # 정렬된 부분을 뒤에서부터 순회하며,
        # 'next_element'가 들어갈 적절한 위치를 찾습니다.
        while j >= 0 and elements[j] > next_element:
            elements[j + 1] = elements[j]
            j -= 1
        elements[j + 1] = next_element
    return elements

list = [25, 21, 22, 24, 23, 27, 26]
insertion_sort(list)
```

[21, 22, 23, 24, 25, 26, 27]

삽입 정렬 알고리즘의 핵심 루프에서 리스트의 두 번째 요소(인덱스 1)를 시작으로 리스트의 각 원소를 순회합니다. 각 원소에 대해 삽입 정렬 알고리즘은 선행 원소가 정렬된 하위 리스트에서 올바른 위치에 있는지 확인합니다. `elements[j] > next_element` 조건절에서 이를 확인하며, 현재의 `next_element`를 리스트의 정렬된 부분에서 올바른 위치에 배치합니다.

삽입 정렬 알고리즘의 성능을 살펴봅시다.

3.1.3.1 삽입 정렬 알고리즘 성능 분석

알고리즘 효율성을 이해하는 것은 다양한 활용처에 대한 적합성을 판단하기 위해 필수적입니다. 삽입 정렬의 성능의 특징을 자세히 살펴봅시다.

- **최선의 경우**

입력 데이터가 이미 정렬된 경우, 삽입 정렬의 성능은 최상으로 나타납니다. 이 경우 삽입 정렬 알고리즘은 선형 시간 동안 효율적으로 실행됩니다. 선형 시간은 $O(n)$으로 표기하며 여기서 n은 자료구조의 원소 개수 입니다.

- **최악의 경우**

입력값이 역순으로 정렬된 경우, 즉 가장 큰 값이 맨 앞에 있을 때, 삽입 정렬 알고리즘 성능은 크게 저하됩니다. 모든 원소 i에 대해(i는 루프에서 현재 원소의 인덱스), 내부 루프는 거의 모든 선행 원소를 이동시켜야 할 수 있습니다. 이 시나리오에서 삽입 정렬 성능은 다음과 같은 이차 함수 형태의 수학 공식으로 표현될 수 있습니다.

$$(\omega \times i^2) + (N \times i) + \epsilon$$

수식의 각 항은 다음을 뜻합니다.

- ω는 i^2의 효과를 조절하는 가중치입니다.
- N은 입력 값의 크기에 따라 변하는 계수를 나타냅니다.
- ϵ는 다른 항에서 고려되지 않은 사소한 오버헤드를 나타내는 상수입니다.

- **평균적인 경우**

일반적으로 삽입 정렬의 평균적인 성능은 2차 시간 복잡도를 가지므로 대규모 데이터셋인 경우 문제가 될 수 있습니다.

- **사용 사례(Use case) 및 추천**

삽입 정렬은 다음과 같은 경우에 효율적입니다.

- 작은 데이터셋
- 순서가 맞지 않는 원소가 몇 개 정도인 거의 정렬된 데이터셋

그러나 더 크고 무작위성이 높은 데이터셋의 경우, 병합 정렬이나 퀵 정렬처럼 평균 및 최악의 성능이 더 나은 알고리즘이 적합합니다. 삽입 정렬의 2차 시간 복잡도는 대량의 데이터에 대해 확장성이 떨어집니다.

3.1.4 병합 정렬

병합 정렬(merge sort)은 버블 정렬이나 삽입 정렬과 달리 독특한 접근 방식을 사용하는 정렬 알고리즘입니다. 역사적으로 이 기법은 1940년에 존 폰 노이만(John von Neumann)에 의해 소개되었습니다. 많은 정렬 알고리즘이 부분적으로 정렬된 데이터에서 더 나은 성능을 보이는 반면, 병합 정렬은 데이터의 초기 배열과 관계없이 성능이 일정하게 유지됩니다. 이러한 안정성 덕분에 병합 정렬은 대규모 데이터셋을 정렬할 때 선호되는 선택지입니다.

● **분할 정복: 병합 정렬의 핵심**

병합 정렬은 분할(splitting)과 병합(merging)이라는 두 가지 핵심 단계로 구성된 분할 정복 전략(divide and conquer strategy)를 사용합니다.

- **분할 단계:** 리스트를 직접 반복하는 대신, 이 단계에서는 재귀적으로 데이터셋을 반으로 분할합니다. 이러한 분할은 각 부분이 최소 크기(예를 들어, 단일 원소)에 이를 때까지 계속됩니다. 데이터를 이렇게 작은 수준으로 분할한다는 것이 직관적으로 이상해 보일 수 있지만, 이 분할은 다음 단계에서 체계적인 병합을 가능하게 합니다.
- **병합 단계:** 이전에 분할된 부분들이 체계적으로 병합되는 단계입니다. 병합 정렬 알고리즘은 이 부분들을 계속해서 처리하고 결합하여 전체 리스트가 정렬될 때까지 진행됩니다.

병합 정렬 알고리즘을 시각적으로 나타낸 그림 3-3을 참고합시다.

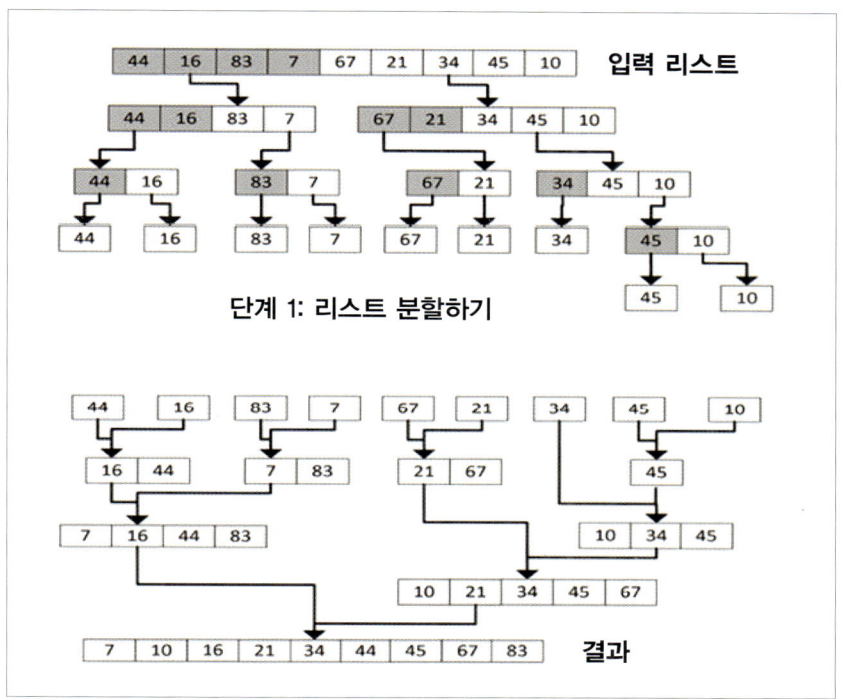

〈그림 3-3〉 병합 정렬 알고리즘

● 의사코드 살펴보기

실제 코드를 자세히 살펴보기 전에 의사코드로 병합 정렬의 로직을 이해해 봅시다.

```
merge_sort (elements, start, end)
    if(start < end)
        midPoint = (end - start) / 2 + start
        merge_sort (elements, start, midPoint)
        merge_sort (elements, midPoint + 1, end)
        merge(elements, start, midPoint, end)
```

이 의사코드는 병합 정렬 알고리즘의 각 단계의 스냅샷(snapshot)을 나타냅니다.

1. **midPoint**를 중심으로 리스트를 분할합니다.
2. 각 부분에 원소가 하나만 남을 때까지 재귀적으로 분할합니다.
3. 정렬된 부분을 체계적으로 병합하여 전체적으로 정렬된 리스트로 만듭니다.

● 파이썬 구현

다음은 파이썬으로 구현한 병합 정렬입니다.

```python
def merge_sort(elements):

    # 재귀를 끝내기 위한 종료 조건(base condition)
    if len(elements) <= 1:
        return elements

    mid = len(elements) // 2   # 리스트를 절반으로 분할하기
    left = elements[:mid]
    right = elements[mid:]

    merge_sort(left)    # 왼쪽 절반 정렬하기
    merge_sort(right)   # 오른쪽 절반 정렬하기

    a, b, c = 0, 0, 0
    # 양쪽 절반 병합하기
    while a < len(left) and b < len(right):
        if left[a] < right[b]:
            elements[c] = left[a]
            a += 1
        else:
            elements[c] = right[b]
            b += 1
        c += 1

    # 왼쪽 절반에 원소가 남은 경우
    while a < len(left):
        elements[c] = left[a]
        a += 1
        c += 1
    # 오른쪽 절반에 원소가 남은 경우
    while b < len(right):
        elements[c] = right[b]
        b += 1
```

```
        c += 1
    return elements

list = [27, 22, 25, 24, 23, 26, 21]
merge_sort(list)
```

3.1.5 셸 정렬

버블 정렬은 인접한 요소를 비교하여 순서가 잘못된 경우 교환합니다. 반면, 삽입 정렬은 한 번에 하나씩 요소를 옮겨가며 정렬된 리스트를 만들어 갑니다. 리스트가 부분적으로 정렬되어 있다면 삽입 정렬은 비교적 좋은 성능을 보입니다.

그러나 크기가 N인 완전히 무작위 리스트의 경우, 버블 정렬은 이를 완전히 정렬하기 위해 N-1번의 패스를 전부 수행해야 합니다.

도널드 셸(Donald Shell)은 이러한 접근을 재검토하며, 자신의 이름을 딴 셸 정렬을 제안했습니다. 셸 정렬은 비교와 교환 시 굳이 인접한 요소만 선택해야 하는지에 의문을 제기합니다.

첫 번째 패스에서는 인접한 요소 대신, 일정한 간격에 있는 요소를 선택하여 비교합니다. 이를 통해 두 개의 요소로 구성된 하위 리스트를 정렬합니다. 두 번째 패스에서는 네 개의 요소를 포함하는 하위 리스트를 정렬합니다(그림 3-4 참조).

이후의 패스가 진행될수록 하위 리스트 하나에 포함되는 요소의 수는 계속 증가하고, 하위 리스트의 개수는 계속 감소하여, 마지막에는 모든 요소로 이루어진 단 하나의 하위 리스트만 남게 됩니다. 이 시점에서 우리는 리스트가 정렬되었다고 볼 수 있습니다.

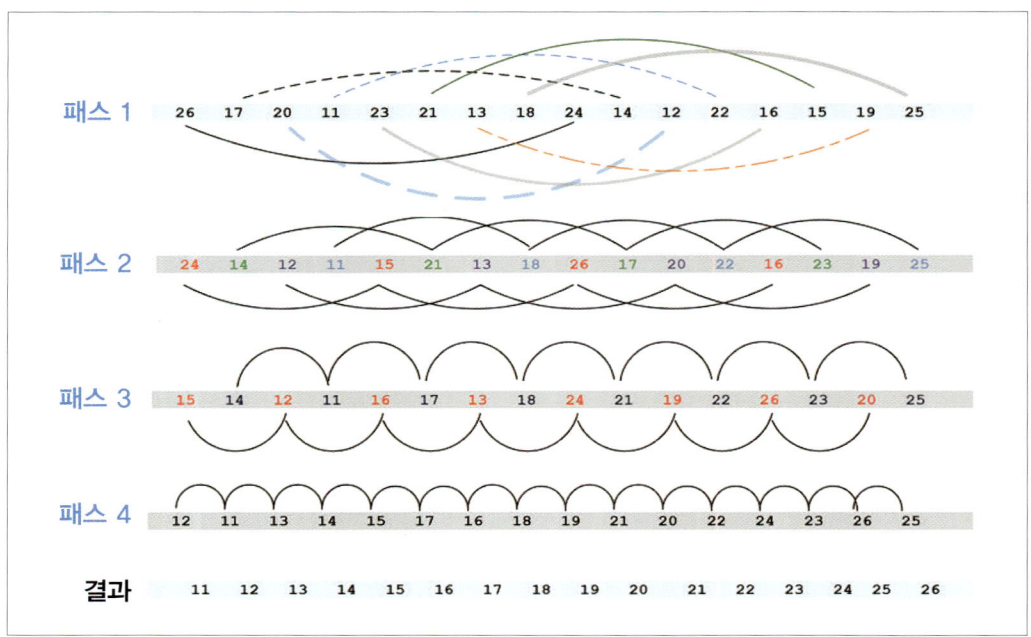

〈그림 3-4〉 셸 정렬 알고리즘의 패스

파이썬으로 셸 정렬 알고리즘을 구현한 코드는 다음과 같습니다.

```python
def shell_sort(elements):
    distance = len(elements) // 2
    while distance > 0:
        for i in range(distance, len(elements)):
            temp = elements[i]
            j = i
    # 거리(distance)에 대한 하위 리스트 정렬하기
            while j >= distance and elements[j - distance] > temp:
                list[j] = elements[j - distance]
                j = j-distance
            list[j] = temp
    # 다음 원소에 대한 거리 줄이기
        distance = distance // 2
    return elements
list = [27, 22, 25, 24, 23, 26, 21]
shell_sort(list)
```

```
[21, 22, 23, 24, 25, 26, 27]
```

3.1.5.1 셸 정렬 알고리즘 성능 분석

최악의 경우, 셸 정렬 알고리즘은 양쪽 반복문을 모두 돌아야 하므로 시간 복잡도는 $O(n^2)$입니다. 따라서 셸 정렬은 대규모 데이터가 아닌 중간 규모의 데이터셋에 사용됩니다. 대략 6,000개 원소까지는 성능이 괜찮습니다. 데이터가 부분적으로 올바르게 정렬된 경우라면 성능은 더욱 향상됩니다. 최선의 경우, 리스트가 이미 정렬되어 있다면, 순서를 검증하기 위해 N개의 원소를 한 번만 거치면 되므로 최선의 경우 성능은 $O(N)$입니다.

3.1.6 선택 정렬

앞에서 살펴본 것처럼, 버블 정렬은 가장 단순한 정렬 알고리즘 중 하나입니다. 선택 정렬은 버블 정렬을 개선한 방식으로, 알고리즘에서 필요한 전체 교환 횟수를 최소화하는 것을 목표로 합니다. 버블 정렬이 *N−1*번의 패스를 수행하는 동안 여러 번의 교환을 하는 것과 달리, 선택 정렬은 각 패스마다 단 한 번의 교환만 수행하도록 설계되었습니다.

버블 정렬이 가장 큰 값을 맨 위로 조금씩 옮기는 방식(결과적으로 *N−1*번의 교환 발생)을 사용하는 반면, 선택 정렬은 각 패스에서 가장 큰 값을 찾아 한 번에 맨 위로 이동시킵니다. 따라서 첫 번째 패스가 끝나면 가장 큰 값이 맨 위에 위치하고, 두 번째 패스가 끝나면 두 번째로 큰 값이 그 다음 위치에 놓입니다. 알고리즘이 진행됨에 따라 나머지 값들도 자신의 값에 맞는 올바른 위치로 이동하게 됩니다.

마지막 값은 *N−1*번째 패스가 끝난 후 제자리로 이동합니다. 따라서 선택 정렬은 N개의 항목을 정렬하는 데 *N−1*번의 패스를 수행합니다.

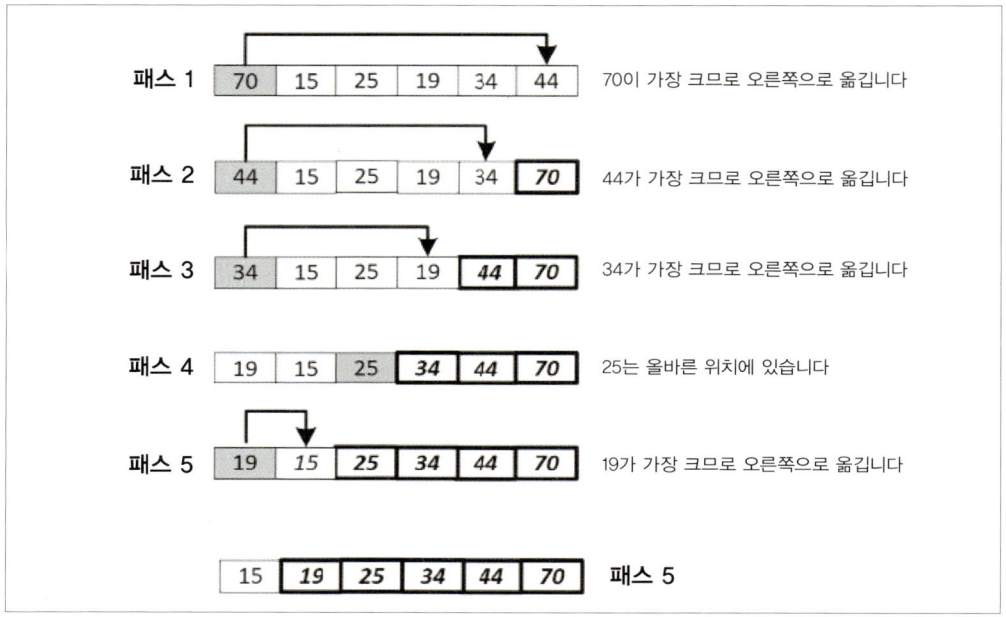

〈그림 3-5〉 선택 정렬 알고리즘

파이썬으로 선택 정렬을 구현한 내용은 다음과 같습니다.

```python
def selection_sort(list):
    for fill_slot in range(len(list) - 1, 0, -1):
        max_index = 0
        for location in range(1, fill_slot + 1):
            if list[location] > list[max_index]:
                max_index = location
        list[fill_slot], list[max_index] = list[max_index], list[fill_slot]
    return list

list = [27, 22, 25, 24, 23, 26, 21]
selection_sort(list)
```

[21, 22, 23, 24, 25, 26, 27]

3.1.6.1 선택 정렬 알고리즘 성능 분석

최악의 경우 선택 정렬의 성능은 $O(n^2)$입니다. 최악의 경우 성능은 버블 정렬과 비슷하므로, 대규모 데이터셋을 정렬하는 데는 적합하지 않습니다. 그러나 교환 횟수를 줄였기 때문에, 선택 정렬은 버블 정렬보다 알고리즘 구조가 더 효율적이며 평균 성능도 더 좋습니다.

3.1.7 정렬 알고리즘 선택하기

정렬 알고리즘에 있어 모든 상황에 적합한 단일 해결책은 존재하지 않습니다. 최적의 선택은 종종 데이터의 크기와 특정 상황에 따라 달라집니다. 여기에서는 올바른 선택을 내리기 위한 판단 기준을 살펴보고, 몇 가지 실제 사례를 소개하겠습니다.

- **규모가 작고 이미 정렬된 리스트**

데이터셋이 작고 이미 정렬된 경우에는 복잡한 알고리즘을 사용하는 것이 오히려 비효율적일 수 있습니다. 병합 정렬처럼 강력한 알고리즘이라도, 작은 데이터에서는 그 복잡성이 장점보다 부담이 될 수 있습니다.

실제 사례: 저자의 성(last name)을 기준으로 선반의 책 몇 권을 정렬한다고 상상해 봅시다. 적당히 훑어보고 (버블 정렬과 유사하게) 수동으로 다시 배치하는 편이 복잡한 정렬 방식을 사용하는 것보다 더 간단하고 빠를 것입니다.

- **부분적으로 정렬된 데이터**

이미 일부분이 정렬된 데이터를 다루는 경우, 삽입 정렬과 같은 알고리즘이 빛을 발합니다. 이러한 알고리즘은 기존의 정렬 상태를 활용하여 효율성을 높입니다.

실제 사례: 교실 상황을 생각해 봅시다. 학생들이 키 순서대로 줄을 서 있는데 몇 명만 조금 위치가 잘못되어 있다면, 선생님은 전체 줄을 다시 정렬하기보다 그 몇 명만 바로잡으면 됩니다. 이는 전체를 재정렬하는 대신 삽입 정렬 방식으로 작은 불일치를 수정하는 것과 비슷합니다.

- **대규모 데이터셋**

압도적으로 엄청난 양의 대규모 데이터에 대해서는 병합 정렬이 든든한 아군입니다. 병합 정렬의 분할 정복 전략은 대규모 리스트를 효율적으로 다루며, 이로 인해 빅데이터 산업에서 선호하는 알고리즘이 되었습니다.

실제 사례: 수천 권의 책을 받는 거대한 도서관을 생각해 봅시다. 이 책들을 발행일이나 저자별로 정렬하려면 체계적인 접근이 필요합니다. 이때 작업을 관리 가능한 조각으로 나누는 병합 정렬과 같은 방법이 매우 유용합니다.

3.2 탐색 알고리즘 소개

많은 계산 작업의 중심에는 복잡한 구조 속에서 특정 데이터를 찾아야 하는 근본적인 필요가 자리합니다. 겉보기에 가장 단순한 방법은 원하는 대상을 찾을 때까지 모든 데이터를 하나하나 훑어보는 것입니다. 하지만 쉽게 짐작할 수 있듯, 데이터의 양이 방대해질수록 이 방식은 매력을 잃게 됩니다.

탐색은 왜 그렇게 중요할까요? 사용자가 데이터베이스를 조회(query)하든, 시스템이 파일에 접근하든, 응용 프로그램이 특정 데이터를 가져오든(fetch), 효율적인 탐색은 작업의 속도와 반응성을 결정합니다. 즉 뛰어난 탐색 기법이 없다면 시스템은 느려질 것이고, 특히 급증하는 데이터를 다룰 경우 더욱 그렇습니다.

빠른 데이터 검색(retrieval)에 대한 요구가 부상함에 따라, 정교한 탐색 알고리즘의 역할이 중요해지고 있습니다. 이러한 알고리즘은 막대한 양의 데이터 속에서도 민첩성과 효율성을 제공하며, 시스템의 기민함을 유지하고 사용자 만족도를 향상시킵니다. 따라서 탐색 알고리즘은 디지털 세계의 길잡이 역할을 하며, 정보의 바다에서 우리가 찾는 데이터로 정확하게 안내합니다.

다음은 이번 절에서 소개할 탐색 알고리즘입니다.

- 선형 탐색(linear search)
- 이진 탐색(binary search)
- 보간 탐색(interpolation search)

각각을 더 자세히 들여다 봅시다.

3.2.1 선형 탐색

가장 간단한 데이터 탐색 전략 중 하나는 각 요소를 순차적으로 확인하며 목푯값을 찾는 것입니다. 각 데이터 포인트를 검사하여 일치하는 항목이 발견되면 결과를 반환하고 알고리즘은 반복문을 종료합니다. 그렇지 않으면, 알고리즘은 데이터 끝까지 탐색을 계속합니다. 선형 탐색의 명백한 단점은 본질적으로 완전 탐색(exhaustive search)을 수행하기 때문에 매우 느리다는 점입니다. 그러나 장점은 이 장에서 소개된 다른 알고리즘과 달리 데이터를 정렬할 필요가 없다는 것입니다.

선형 탐색에 대한 코드를 살펴봅시다.

```python
def linear_search(elements, item):
    index = 0
    found = False
    # 각 요소를 순차적으로 검사하여 값이 일치하는지 확인
    while index < len(elements) and found is False:
        if elements[index] == item:
            found = True
        else:
            index = index + 1
    return found
```

이제 앞선 코드의 출력 결과를 살펴보겠습니다.

```python
list = [12, 33, 11, 99, 22, 55, 90]
print(linear_search(list, 12))
print(linear_search(list, 91))
```

```
True
False
```

참고로 실행 중인 LinearSearch 함수는 데이터를 성공적으로 찾은 경우 True를 반환합니다.

3.2.1.1 선형 탐색 알고리즘 성능 분석

설명한대로, 선형 탐색은 완전 탐색(exhaustive search)을 수행하는 단순한 알고리즘이며, 최악의 경우 $O(N)$의 복잡도를 갖습니다.

3.2.2 이진 탐색

이진 탐색 알고리즘의 전제 조건은 데이터가 정렬되어 있어야 한다는 것입니다. 이 알고리즘은 리스트를 반복적으로 두 부분으로 나누고, 찾고자 하는 값을 발견할 때까지 최솟값과 최댓값 인덱스를 추적합니다.

```python
def binary_search(elements, item):
    first = 0
    last = len(elements) - 1
    while first <= last:
        midpoint = (first + last) // 2
        if elements[midpoint] == item:
            return True
        else:
            if item < elements[midpoint]:
                last = midpoint - 1
            else:
                first = midpoint + 1
    return False
```

출력은 다음과 같습니다.

```python
list = [12, 33, 11, 99, 22, 55, 90]
sorted_list = bubble_sort(list)
print(binary_search(list, 12))
print(binary_search(list, 91))
```

```
True
False
```

참고로 binary_search 함수를 호출하면 해당 값을 입력 리스트에서 발견한 경우 True를 반환합니다.

3.2.2.1. 이진 탐색 알고리즘 성능 분석

이진 탐색은 반복마다 데이터를 두 부분으로 분할하기 때문에 이진이라는 이름이 붙었습니다. 데이터에 N개의 항목이 있다면, 이진 탐색은 반복에 최대 $O(log\ n)$ 단계를 거칩니다. 이는 알고리즘이 $O(log\ n)$ 런타임 시간 복잡도를 가진다는 의미입니다.

3.2.3 보간 탐색

이진 탐색은 데이터의 중간 지점을 기준으로 탐색한다는 논리에 기반합니다. 반면 보간 탐색은 더 정교한 방식으로, 찾고자 하는 값 자체를 활용하여 정렬된 배열에서 해당 요소의 위치를 추정합니다.

예를 들어 영어 사전에서 'river'라는 단어를 탐색하고자 한다고 가정해 봅시다. 이 경우, 'r'로 시작하는 단어들을 탐색하는 것으로 보간(interpolation)을 시작할 수 있습니다. 보다 일반화된 보간 탐색은 다음과 같이 프로그래밍할 수 있습니다.

```python
def int_polsearch(list, x):
    idx0 = 0
    idxn = (len(list) - 1)
    while idx0 <= idxn and x >= list[idx0] and x <= list[idxn]:

        # 중간점 찾기
        mid = idx0 + int((((float(idxn - idx0) / (list[idxn] - list[idx0])) * (x - list[idx0])))

        # 탐색하는 값과 중간점 값 비교하기
        if list[mid] == x:
            return True
        if list[mid] < x:
            idx0 = mid + 1
    return False
```

출력은 다음과 같습니다.

```
list = [12, 33, 11, 99, 22, 55, 90]
sorted_list = bubble_sort(list)
print(int_polsearch(list, 12))
print(int_polsearch(list, 91))
```

True
False

int_polsearch 함수를 사용하기 전에, 배열은 반드시 정렬 알고리즘을 통해 먼저 정렬되어야 한다는 점에 유의해야 합니다.

3.2.3.1 보간 탐색 성능 분석

데이터가 균일하지 않게 분포되어 있다면 보간 탐색 알고리즘의 성능은 좋지 않습니다. 이 알고리즘의 최악의 경우 성능은 $O(n)$이며, 데이터가 어느 정도 균일한 상태라면 최선의 성능은 $O(log(logn))$입니다.

3.3 실용 예제

주어진 데이터 저장소에서 데이터를 효율적이고 정확하게 검색하는 능력은 다양한 분야에서 매우 중요합니다. 탐색 알고리즘에 따라 데이터를 먼저 정렬해야 할 수도 있습니다. 적합한 정렬 및 탐색 알고리즘의 선택은 데이터의 유형과 크기, 해결하려는 문제의 성격에 따라 달라집니다.

어떤 국가의 출입국 부서에서 과거 기록과 일치하는 신규 신청자를 찾는 문제를 해결하기 위해 이번 장에서 소개한 알고리즘을 사용해 봅시다. 누군가 이 나라에 입국하기 위해 비자를 신청하는 경우, 시스템은 해당 신청자와 일치하는 과거 기록이 있는지 확인합니다. 만약 하나 이상의 일치하는 데이터가 발견되면, 시스템은 과거에 해당 신청자가 승인되거나 거절된 횟수를 추가로 계산합니다. 한편, 일치하는 데이터를 찾지 못한 경우 시스템은 신청자를 신규 신청자로 분류하여 새로운 식별자를 발급합니다.

실제 시나리오에서 각 개인은 이름과 성이 약간 다른 방식으로 표기될 수 있으므로, 퍼지 탐색(fuzzy[1] search) 알고리즘을 사용한 보조 탐색을 통해 각 개인을 식별해야 합니다. 이러한 탐색 시에는 퍼지 탐색을 구현하기 위해 거리 알고리즘(distance algorithm)을 사용해야 할 수도 있습니다. 이 경우, 유사도가 정의된 임계값(threshold) 이상인 데이터 포인트는 서로 동일한 것으로 간주됩니다.

요약

이 장에서는 여러 정렬 및 탐색 알고리즘을 살펴보았습니다. 또한 각 알고리즘의 강점과 약점을 논의하였으며, 이들의 성능을 수치화하고 언제 사용해야 하는지도 배웠습니다.

다음 장에서는 동적 알고리즘을 학습할 것입니다. 더불어 알고리즘 설계의 실제 예시와 페이지 랭킹 알고리즘의 세부 내용을 살펴보겠습니다. 그리고 마지막으로 선형 계획법 알고리즘에 대해서도 알아보겠습니다.

---

[1] 역자 주 '모호한'이라는 뜻입니다. 애매한 것을 정량적으로 표현하여 다루는 경우 퍼지(fuzzy)라는 표현을 사용합니다.

4장 알고리즘 설계

이 장에서는 다양한 알고리즘의 핵심 설계 개념을 소개합니다. 알고리즘을 설계하는 여러 기법의 장단점을 다루며, 이러한 개념을 이해함으로써 효율적인 알고리즘을 설계하는 방법을 배웁니다.

먼저, 알고리즘을 설계할 때 선택할 수 있는 다양한 옵션을 살펴봅니다. 그다음, 우리가 해결하려는 특정 문제를 정확히 정의하는 것의 중요성을 설명합니다. 이어서 유명한 **순환 외판원 문제(Traveling Salesperson Problem, TSP)**를 예시로 이번 장에서 소개할 다양한 설계 기법을 적용해 보겠습니다.

이후 선형 계획법을 소개하고 그 활용 사례를 다룹니다. 마지막으로, 선형 계획법을 실제 문제 해결에 어떻게 적용할 수 있는지를 알아보겠습니다.

이 장에서는 다음 개념을 다룹니다.

- 알고리즘 설계의 다양한 방식
- 올바른 알고리즘 설계 선택 시, 트레이드오프(trade-off) 이해
- 실제 문제를 수식화(formulate)하는 모범 사례
- 실제 최적화 문제 해결

먼저 알고리즘 설계의 기본 개념을 살펴봅시다.

4.1 알고리즘 설계의 기본 개념 소개

알고리즘이란 아메리칸 헤리티지 사전(American Heritage Dictionary)에 따르면 다음과 같이 정의됩니다.

> 일정한 초기 조건이 주어졌을 때, 특정 목표를 달성하기 위해 정해진 순서대로 수행할 수 있으며, 명확하고 모호하지 않은 명령들의 유한 집합으로서, 종료 조건이 명확히 정의되어 있는 것.

알고리즘 설계란 명확하고 모호하지 않은 명령들의 유한집합으로 **특정 목표를 달성**하기 위한 가장 효율적인 방식을 고안하는 것입니다. 복잡한 현실 세계의 문제를 다룰 때 알고리즘을 설계하

는 것은 지루하고 까다로운 작업이 될 수 있습니다. 하지만 좋은 설계를 만들어내기 위해서는 해결하려는 문제를 명확히 이해하는 것이 우선입니다. 즉, 무엇을 해야 하는지(요구사항을 이해하는 것)를 먼저 파악한 후, 그것을 어떻게 할 것인지(알고리즘 설계)를 고려해야 합니다. 이때 문제를 이해하는 과정은 문제의 기능적 요구사항과 비기능적 요구사항 모두를 포함합니다.

- **기능적 요구사항**(functional requirement)은 해결하고자 하는 문제의 입력 및 출력 인터페이스와 그에 관련된 기능들을 공식적으로 명세합니다. 기능적 요구사항은 데이터 처리, 데이터 조작, 그리고 결과를 생성하기 위해 구현해야 할 계산 과정을 이해하는 데 도움을 줍니다.
- **비기능적 요구사항**(non-functional requirement)은 알고리즘의 성능 및 보안 측면에 대한 기대치를 설정합니다.

알고리즘을 설계한다는 것은 주어진 상황과 사용 가능한 자원을 고려하여, 기능적 요구사항과 비기능적 요구사항을 최선의 방식으로 충족시키는 것을 의미합니다. 이러한 요구사항을 만족하는 좋은 해법을 만들기 위해서는 **1장 알고리즘 개요**에서 언급했던 다음의 세 가지 고려사항을 반드시 반영해야 합니다.

- **정확성**: 이 알고리즘이 우리가 기대한 결과를 생성하고 있는가?
- **성능**: 이 알고리즘은 이러한 결과를 얻기 위한 최적의 방식인가?
- **확장성**: 이 알고리즘은 더 큰 데이터셋에서 어떻게 작동할 것인가?

이제 이러한 고려사항을 하나씩 살펴봅시다.

4.1.1 고려 1 - 정확성: 기대한 결과를 생성하고 있는가?

알고리즘은 실제 문제에 대한 수학적 해결 방법입니다. 알고리즘이 유용하려면 정확한 결과가 도출되어야 합니다. 알고리즘의 정확도를 어떻게 검증할 것인가는 알고리즘 설계 때부터 고려해야 할 사항입니다. 이 때 알고리즘을 어떻게 검증할지 전략을 세우기 전, 다음 두 가지 측면을 고려해야 합니다.

- **진실(truth) 정의하기**: 알고리즘을 검증하려면, 주어진 입력 집합에 대해 이미 정확하다고 알려진 결과가 필요합니다. 문제 해결 맥락에서 이러한 정확한 결과를 진실이라 부릅니다. 진실는 알고리즘을 더 나은 해법으로 발전시키는 과정에서 반복적으로 참조되는 기준이 되므로 매우 중요합니다.

- **지표 선택하기**: 정의된 정답과의 편차를 어떻게 수치화할지 고민해야 합니다. 올바른 지표를 선택하면 알고리즘의 품질을 정확히 측정할 수 있습니다. 예를 들어, 지도 학습 알고리즘의 경우 기존의 레이블이 지정된 데이터를 정답으로 삼을 수 있습니다. 정확도, 재현율, 정밀도와 같은 하나 이상의 지표를 활용해 정답과의 차이를 정량화할 수 있습니다. 어떤 경우에는 올바른 출력이 단일 값이 아니라 주어진 입력에 대한 결과 범위로 정의되기도 합니다. 알고리즘을 설계하고 개발하는 과정에서의 목표는 요구사항에 명시된 범위 안에 들 때까지 알고리즘을 반복적으로 개선하는 것입니다.
- **엣지 케이스(edge case) 고려하기**: 엣지 케이스는 알고리즘이 운영 매개변수의 극한 상황에서 작동할 때 발생하는 경우를 말합니다. 흔하지는 않지만, 알고리즘을 실패로 몰아갈 수 있기 때문에 반드시 잘 테스트해야 합니다.

    엣지 케이스가 아닌 정상 범위 내의 시나리오는 해피 패스(happy path)라고 부르며, 이는 운영 매개변수가 정상 범위일 때 일반적으로 발생하는 모든 시나리오를 포함합니다. 대부분의 경우 알고리즘은 해피 패스에서 동작합니다.

    안타깝게도, 주어진 알고리즘에 대해 발생 가능한 모든 엣지 케이스를 찾아내는 것은 불가능합니다. 그러나 가능한 많은 엣지 케이스를 고려해야 하며, 이를 전혀 고려하지 않으면 예기치 못한 문제가 발생할 수 있습니다.

4.1.2 고려 2 - 성능: 최적의 방식인가?

두 번째로 고려해야 할 사항은 다음 질문에 대한 답을 찾는 것입니다.

"이것이 최적의 해결책인가, 그리고 이 문제에 대해 우리의 해결책보다 더 나은 해결책이 존재하지 않는다는 것을 검증할 수 있는가?"

언뜻 보기에는 이 질문에 쉽게 답할 수 있을 것처럼 보입니다. 그러나 특정 부류의 알고리즘의 경우, 알고리즘이 생성한 특정 해답이 최선인지, 그리고 더 나은 성능을 제공할 수 있는 다른 해답이 존재하지 않는지를 검증하기 위해 연구자들이 수십 년 동안 노력했음에도 성공하지 못한 사례가 있습니다.

따라서 알고리즘을 설계하기 전에, 문제를 정확히 이해하고, 요구사항을 파악하며, 알고리즘을 실행할 수 있는 가용 자원을 먼저 고려하는 것이 중요합니다.

어떤 복잡한 문제에 최선의 해법을 제공하기 위해서는, 애초에 이 문제의 최적해를 반드시 찾아야 하는지를 근본적으로 물어야 합니다. 만약 최적해를 찾고 검증하는 과정이 지나치게 시간 소모적이고 복잡하다면, 최적해는 아니지만 현실적으로 사용할 수 있는 해법중 하나가 최선일 수 있습니다. 이러한 근사적인 실용 해법을 **휴리스틱(heuristic)** 이라고 합니다.

따라서 문제와 그 복잡성을 이해하는 일은 매우 중요하며, 이를 통해 필요한 자원 규모를 추정할 수 있게 됩니다.

더 자세히 살펴보기 전에 먼저 몇 가지 용어를 정의해 봅시다.

- **다항 시간 알고리즘(polynomial algorithm)**: 알고리즘의 시간 복잡도가 $O(n^k)$라면 이를 다항 시간 알고리즘이라 하며 여기서 k는 상수입니다.
- **증명(certificate)**: 한 반복이 끝나고 도출된 후보 답안을 증명이라 합니다. 특정 문제를 해결하는 과정에서 반복이 진행되면서 일련의 증명이 생성됩니다. 답안이 수렴하는 방향으로 나아간다면 각 반복에서 생성된 증명은 이전의 증명보다 더 나아질 것입니다. 그리고 어느 시점에서 증명이 요구사항을 충족하게 되면, 우리는 그 증명을 최종 해결책으로 선택합니다.

1장 알고리즘 개요에서 알고리즘의 시간 복잡도를 분석하는 데 사용할 수 있는 빅오(Big O) 표기법을 소개했습니다. 시간 복잡도를 분석하는 맥락에서 다음과 같은 서로 다른 시간 구간을 살펴봅시다.

- **후보 답안 생성 시간(tr)**: 알고리즘이 후보 답안을 도출하는 데 걸린 시간입니다.
- **후보 답안 검증 시간(ts)**: 후보 답안을 검증하는 데 걸린 시간입니다.

4.1.2.1 문제의 복잡도 분석하기

시간이 지나면서 연구자들은 문제를 복잡도에 따라 다양하게 분류했습니다.

일반적으로 문제의 유형은 다음 세 가지 유형으로 분류됩니다.

- 문제 해결에 사용할 수 있는 다항 시간 알고리즘이 존재한다고 보장할 수 있는 문제
- 다항 시간 알고리즘으로 해결할 수 없다고 증명할 수 있는 문제
- 다항 시간 알고리즘으로 해결할 수 있음을 증명할 수 없지만, 동시에 해당 문제에 대한 다항 시간 해법을 찾을 수 없음을 증명할 수 없는 문제

시간 복잡도에 따른 다양한 유형의 문제를 살펴봅시다.

- **비결정적 다항 시간**(NP, Non-deterministic Polynomial): 비결정적 컴퓨터에서 다항 시간 안에 풀 수 있는 문제들입니다. 즉, 최적해를 직접 찾으려 하기보다는 각 단계에서 합리적인 추정을 통해 후보 해를 제시하고, 이를 다항식 시간 안에 검증할 수 있는 문제들을 의미합니다. 공식적으로 이러한 문제는 **NP** 문제라 하며, 이는 반드시 **조건 A**라고 하는 조건을 충족해야 합니다.
  - **조건 A**: 후보 답안(증명)이 최적임을 검증하는 다항 시간 알고리즘이 반드시 존재해야합니다.

- **다항 시간**(P, Polynomial): 결정론적 컴퓨터로 다항 시간 내에 해결할 수 있는 문제입니다. 이러한 문제는 어떤 지수 k 에 대해 실행 시간 $O(n^k)$을 갖는 알고리즘으로 해결될 수 있으며, k가 아무리 크더라도 다항 시간 내에 해결이 가능합니다. P 문제는 NP 문제의 하위 집합으로 간주할 수 있습니다. NP 문제의 조건인 **조건 A**를 충족하는 것 외에도, P 문제는 추가적으로 **조건 B**를 만족해야 합니다.
  - **조건 A**: 후보 답안(증명)이 최적임을 검증하는 다항 시간 알고리즘이 반드시 존재해야합니다.
  - **조건 B**: 이 문제를 해결할 수 있는 최소한 하나의 다항 시간 알고리즘이 존재함을 보장해야 합니다.

4.1.2.2. P와 NP의 관계 탐색하기

P와 NP의 관계를 이해하는 작업은 아직 진행 중입니다. 확실히 알고 있는 것은 P는 NP의 하위 집합으로, $P \sqsubseteq NP$ 입니다. 이는 앞서 설명한대로 P가 충족해야 하는 조건 2개 중 NP는 조건 A만 충족하면 된다는 점에서 명확합니다.

P와 NP의 관계는 그림 4-1에 나와 있습니다.

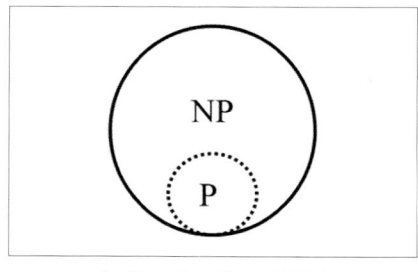

〈그림 4-1〉 P와 NP의 관계

하지만 "어떤 문제가 NP라면 이 문제는 또한 P인가?"에 대해서는 확실히 알지 못합니다. 이는 미해결 상태로 남은 컴퓨터 과학의 가장 큰 난제 중 하나입니다. 클레이 수학 연구소(Clay Mathematics Institute)는 이 문제를 밀레니엄 문제(Millennium Prize Problems)로 선정하였으며, 이에 대한 해답을 제시하는 사람에게 100만 달러의 상금을 수여한다고 발표했습니다. 이 문제의 해결은 인공지능(AI), 암호학, 이론(theoretical) 컴퓨터 과학과 같은 분야에 큰 영향을 미칠 것입니다.

정렬(sorting)과 같은 특정 문제들은 P에 속하는 것으로 알려져 있습니다. 반면, 배낭 문제(knapsack)와 순환 외판원 문제(TSP, Traveling Salesman Problem)는 NP에 속하는 것으로 알려져 있습니다.

이 문제에 대한 답을 찾기 위해 여러 연구가 진행 중입니다. 하지만 아직 배낭 문제나 순환 외판원 문제를 해결할 수 있는 다항 시간 결정론적 알고리즘을 발견하지 못했습니다. 이는 여전히 진행 중인 연구 과제이며, 그러한 알고리즘이 존재할 수 없음을 증명한 사람도 아직 없습니다.

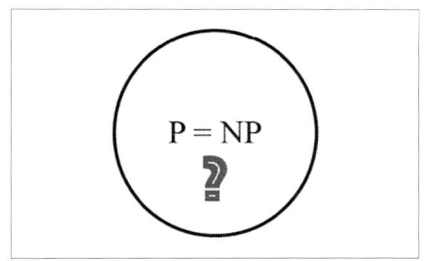

〈그림 4-2〉 P = NP인가? 우리는 아직 알지 못합니다.

4.1.2.3. NP-완전과 NP-난해 소개

계속해서 다른 종류의 문제도 살펴봅시다.

- **NP-완전(complete)**: NP-완전은 모든 NP 문제 가운데 가장 어려운 문제를 포함합니다. NP-완전 문제는 다음 두 가지 조건을 충족합니다.
  - 증명을 생성하는 다항 시간 알고리즘이 알려져 있지 않다.
  - 제안된 증명이 최적임을 검증할 수 있는 다항식 알고리즘은 존재한다.
- **NP-난해(hard)**: NP-난해는 NP에 속하는 문제만큼 어려운 문제들을 포함합니다. 그러나 이들 문제는 반드시 NP 범주에 속할 필요는 없습니다.

이제 이러한 종류의 문제를 나타내는 다이어그램을 그려봅시다.

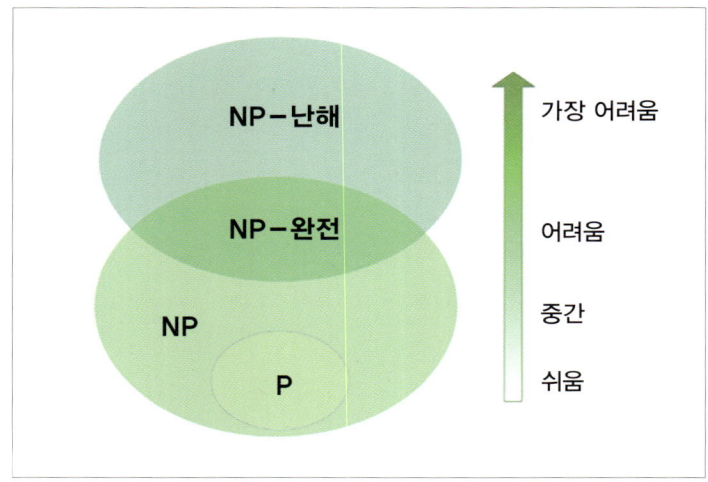

〈그림 4-3〉 P, NP, NP-완전, NP-난해의 관계

아직까지 P = NP인지 여부는 연구자들에 의해 증명되지 않았습니다. 비록 증명되지는 않았지만, $P \neq NP$일 가능성이 매우 높다고 여겨집니다. 만약 그렇다면, NP-완전 문제들에 대해서는 다항 시간 해법이 존재하지 않게 됩니다. 앞서 제시한 다이어그램은 이러한 가정을 기반으로 표현되었습니다.

● P, NP, NP-완전, NP-난해의 차이

안타깝게도 P, NP, NP-완전, NP-난해의 구분은 명확하게 떨어지지 않습니다. 이 절에서 다룬 개념들을 더 잘 이해하기 위해 예시를 살펴봅시다.

- P: 다항 시간 내에 해결 가능한 문제 유형입니다.
    - 해시테이블 룩업(hashtable lookup)
    - 다익스트라(Dijkstra) 알고리즘과 같은 최단 거리 알고리즘
    - 선형 및 이진 탐색 알고리즘
- NP 문제: 다항 시간에 해결할 수 없지만, 해법은 다항 시간 내에 검증할 수 있는 문제입니다.
    - RSA 암호화 알고리즘
- NP-난해: 아무도 해법을 찾지 못한 복잡한 문제이나, 해결할 경우 다항 시간 해법이 존재하는 문제입니다.

- K-평균 알고리즘(K-means algorithm)을 사용한 최적 클러스터링(optimal clustering)
- **NP-완전**: NP 문제 가운데 가장 어려운 문제입니다. NP-난해 및 NP 문제에 해당합니다.
  - 외판원 문제(TSP)에 대한 최적 해법 계산

 **MEMO** NP-난해 또는 NP-완전 문제 중 한 가지 해법을 찾는다는 것은 모든 NP-난해 및 NP-완전 문제에 대한 해법을 의미하게 됩니다.

4.1.3. 고려 3 - 확장성: 더 큰 데이터셋에서 어떻게 작동할 것인가?

알고리즘은 정의된 방식으로 데이터를 처리하여 결과를 만들어냅니다. 일반적으로 데이터의 크기가 커질수록 데이터를 처리하고 원하는 결과를 계산하는 데 더 많은 시간이 소요됩니다. 빅데이터라는 용어는 종종 데이터의 규모, 다양성, 속도 때문에 인프라와 알고리즘이 다루기 어려운 데이터를 지칭하는 데 사용됩니다.

잘 설계된 알고리즘은 확장성(scalability)을 갖추어야 합니다. 즉, 가능한 효율적으로 실행될 수 있도록 설계되어야 하며, 사용 가능한 자원을 잘 활용해 합리적인 시간 내에 올바른 결과를 생성해야 합니다. 특히 빅데이터를 다룰 때는 알고리즘 설계의 중요성이 더욱 커집니다.

알고리즘의 확장성을 정량화하기 위해 고려해야 할 두 가지 측면은 다음과 같습니다.

- **입력 데이터가 증가함에 따라 필요한 자원도 늘어나는가**: 이를 추정하는 과정을 공간 복잡도 분석이라 합니다.
- **입력 데이터가 증가함에 따라 실행 시간이 얼마나 늘어나는가**: 이를 추정하는 과정을 시간 복잡도 분석이라 합니다.

우리는 현재 데이터 폭발로 정의되는 시대에 살고 있다는 점에 주목해야 합니다. 빅데이터라는 용어는 현대 알고리즘이 처리해야 하는 데이터의 규모와 복잡성을 잘 나타내기 때문에 이미 주류 용어가 되었습니다.

개발 및 테스트 단계에서는 많은 알고리즘이 소량의 데이터 샘플만 사용합니다. 하지만 알고리즘을 설계할 때는 해당 알고리즘의 확장성 측면을 살펴보는 것이 중요합니다. 특히, 데이터셋의 크기가 증가함에 따라 알고리즘 성능에 어떤 영향이 미치는지 면밀히 분석(즉, 테스트하거나 예측)해야 합니다.

4.1.3.1. 클라우드의 유연성과 알고리즘의 확장성

클라우드 컴퓨팅은 알고리즘의 자원 요구사항에 대한 새로운 선택지가 되었습니다. 클라우드 컴퓨팅 인프라는 처리하는 요구사항이 증가함에 따라 더 많은 자원을 프로비저닝(provisioning)할 수 있습니다. 이러한 능력을 인프라의 유연성(elasticity)이라고 하며, 이는 알고리즘 설계에 더 많은 선택지를 제공합니다. 클라우드에 배포된 알고리즘은 처리해야 할 데이터 크기에 따라 추가적인 CPU 또는 VM[1]이 필요할 수도 있습니다.

전형적인 사례로 딥러닝 알고리즘이 있습니다. 좋은 딥러닝 모델을 훈련하려면 레이블이 지정된 많은 데이터가 필요합니다. 잘 설계된 딥러닝 알고리즘의 경우, 모델을 훈련하는 데 필요한 연산량은 예제 수에 비례하거나 거의 그 수에 근접합니다. 클라우드 환경에서 딥러닝 모델을 훈련할 때는 데이터 크기가 증가함에 따라 훈련 시간을 관리 가능한 수준으로 유지하기 위해 더 많은 자원을 프로비저닝해야 합니다.

4.2 알고리즘 전략 이해하기

잘 설계된 알고리즘은 문제를 가능한 더 작은 하위 문제로 분할함으로써 가용 자원을 더 효율적으로 사용하도록 최적화합니다. 이를 위한 여러 가지 알고리즘 전략이 있습니다. 알고리즘 전략에 대해서는 다음 세 가지 측면을 다루겠습니다.

- 분할 정복 전략(divide and conquer)
- 동적 프로그래밍 전략(dynamic programming)
- 탐욕 알고리즘 전략(greedy algorithm)

4.2.1. 분할 정복 전략 이해하기

분할 정복 전략은 큰 문제를 서로 독립적으로 해결할 수 있는 작은 문제로 나누는 방법입니다. 그리고 이렇게 분할된 하위 문제에서 생성된 부분 해답을 결합하여 전체 문제의 해결책을 도출합니다.

---

1 역자 주 가상 머신(Virtual Machine)

수학적으로, 입력이 n개인 문제 P가 데이터셋 d를 처리해야 한다고 가정해 봅시다. 우리는 이 문제를 k개의 하위 문제 P1부터 Pk로 나눕니다. 각 하위 문제는 데이터셋 d의 일부를 처리하게 되며, 일반적으로 P1부터 Pk는 각각 d1부터 dk를 처리합니다.

이제 실제적인 예를 살펴보겠습니다.

4.2.1.1. 실용 예제 - 아파치 스파크에 적용된 분할 정복

아파치 스파크(Apache Spark)는 복합 분산 문제를 해결하기 위해 사용하는 오픈소스 프레임워크입니다. 아파치 스파크는 문제 해결을 위해 분할 정복 전략을 사용합니다. 즉 문제를 하위 문제로 나누고 이를 각각 독립적으로 처리합니다. 이러한 하위 문제는 개별 머신에서 실행되기 때문에 수평 확장(horizontal scaling)이 가능합니다. 리스트에서 단어를 세는 간단한 예제를 통해 이를 설명하겠습니다.

다음과 같은 리스트가 있다고 가정해 봅시다.

`words_list = ["python", "java", "ottawa", "news", "java", "ottawa"]`

리스트에서 각 단어의 빈도를 계산하려고 합니다. 문제를 효율적으로 해결하기 위해 분할 정복 전략을 적용할 것입니다.

분할 정복을 구현한 내용은 다음 다이어그램에 나타나 있습니다.

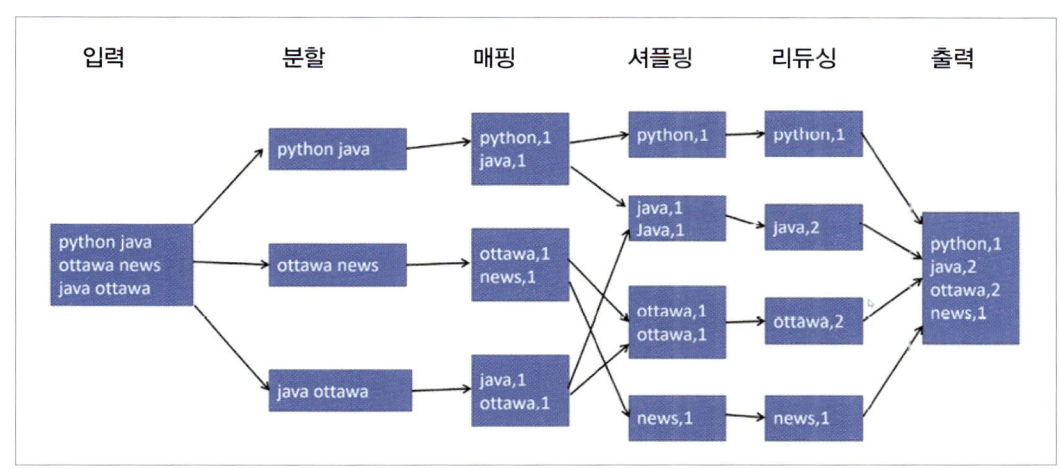

〈그림 4-4〉 분할 정복

그림 4-4의 다이어그램은 문제가 분할되는 단계를 나타냅니다.

1. **분할(Splitting)**: 입력 데이터는 서로 독립적으로 처리가능한 파티션(partition)으로 분할됩니다. 그림 4-4에서는 3개로 분할되었습니다.
2. **매핑(Mapping)**: 각 분할에서 독립적으로 실행할 수 있는 작업은 맵(map)이라고 합니다. 그림 4-4의 다이어그램에서 맵 작업은 파티션의 각 단어를 키-값 쌍으로 변환합니다. 3개의 분할에 해당하는 3개의 매퍼(mapper)가 병렬로 실행됩니다.
3. **셔플링(Shuffling)**: 셔플링은 유사한 키들을 모으는 과정입니다. 유사한 키들이 모아지면, 그 값들에 대해 집계 함수(aggregation function)를 실행할 수 있습니다. 셔플링은 원래 네트워크 전반에 분산되어 있던 유사한 키들을 한곳으로 모아야 하기 때문에 성능 부담이 큰 작업입니다.
4. **리듀싱(Reducing)**: 유사한 키들의 값에 집계 함수를 실행하는 과정을 말합니다. 앞선 예시 그림에서는 단어의 개수를 세는 작업이 이에 해당합니다.

이를 구현하는 코드를 작성해 보겠습니다. 분할 정복 전략을 구현하기 위해 분산 컴퓨팅 프레임워크가 필요합니다. 이를 위해 아파치 스파크에서 파이썬을 실행합니다.

1. 먼저, 아파치 스파크 사용을 위해 아파치 스파크의 런타임 컨텍스트(runtime context)를 생성합니다.

```python
import findspark
findspark.init()
from pyspark.sql import SparkSession
spark = SparkSession.builder.master("local[*]").getOrCreate()
sc = spark.sparkContext
```

2. 이제 몇 단어를 포함하는 샘플 리스트를 만들어 봅시다. 이 리스트를 **탄력적 분산 데이터셋(RDD, Resilient Distributed Dataset)**이라는 스파크 내장 분산 자료구조로 변환할 것입니다.

```python
wordsList = ['python', 'java', 'ottawa', 'ottawa', 'java', 'news']
wordsRDD = sc.parallelize(wordsList, 4)
# wordsRDD의 타입 출력
print(wordsRDD.collect())
```

3. 위 코드는 다음과 같이 출력됩니다.

    ['python', 'java', 'ottawa', 'ottawa', 'java', 'news']

4. 단어를 키-값 쌍으로 변환하는 map 함수를 사용해 봅시다.

```
wordPairs = wordsRDD.map(lambda w: (w, 1))
print(wordPairs.collect())
```

5. 출력은 다음과 같습니다.

```
[('python', 1), ('java', 1), ('ottawa', 1), ('ottawa', 1), ('java', 1), ('rews', 1)]
```

6. 함수를 사용하여 집계를 수행합니다.

```
wordCountsCollected = wordPairs.reduceByKey(lambda x,y: x+y)
print(wordCountsCollected.collect())
```

7. 다음과 같이 출력됩니다.

```
[('python', 1), ('java', 2), ('ottawa', 2), ('news', 1)]
```

이 예제는 단어의 개수를 세는 데 분할 정복 전략을 어떻게 활용할 수 있는지를 보여줍니다. 분할 정복은 문제를 더 작은 하위 문제로 나눌 수 있으며, 각 하위 문제가 다른 하위 문제들과 독립적으로 해결될 수 있을 때 유용합니다. 그러나 최적화 알고리즘(optimization algorithm)과 같이 집중적인 반복 처리가 필요한 알고리즘에는 적합하지 않습니다. 이러한 알고리즘에는 다음 절에서 소개할 동적 프로그래밍(dynamic programming)이 적합합니다.

> **MEMO** 마이크로소프트 애저(Microsoft Azure), 아마존 웹 서비스(Amazon Web Service), 구글 클라우드(Google Cloud)와 같은 현대적인 클라우드 컴퓨팅 인프라는 분할 정복 전략을 직·간접적으로 구현하여 여러 개의 CPU/GPU를 병렬로 활용하는 분산 인프라에서 확장성을 달성합니다.

4.2.2. 동적 프로그래밍 전략 이해하기

앞 절에서는 하향식(top-down) 전략인 분할 정복을 살펴봤습니다. 이와 대조적으로 동적 프로그래밍은 상향식(bottom-up) 전략입니다. 가장 작은 하위 문제부터 시작하여 해결된 결과를 계속 결합해 나갑니다. 이렇게 결합을 반복하여 최종 해결책에 도달합니다. 동적 프로그래밍은 분할 정복 방식과 마찬가지로 하위 문제들의 해결책을 조합하여 문제를 해결합니다.

동적 프로그래밍은 1950년 리처드 벨먼(Richard Bellman)이 특정 유형의 알고리즘을 최적화하기 위해 제안한 전략입니다. 여기서 '프로그래밍'이라는 단어는 표 형태의 방법(tabular method)을 사용하는 것을 의미하며, 코드 작성과는 무관하다는 점에 유의해야 합니다. 분할 정복 전략과 달리, 동적 프로그래밍은 하위 문제들이 서로 독립적이지 않을 때 적용할 수 있습니다. 일반적으로 각 하위 문제의 해결책이 특정 값을 가지는 최적화 문제에 사용됩니다.

우리의 목표는 최적의 값을 갖는 해결책을 찾는 것입니다. 동적 프로그래밍 알고리즘은 각 하위 문제를 한 번만 해결한 후, 그 답을 테이블에 저장하여 동일한 하위 문제가 다시 등장할 때마다 재계산하는 작업을 피합니다.

4.2.2.1. 동적 프로그래밍의 구성 요소

동적 프로그래밍은 다음 두 가지 주요 구성 요소를 기반으로 합니다.

- **재귀(recursion)**: 동적 프로그래밍은 하위 문제를 재귀적으로 풉니다.
- **메모이제이션(memoization)**: 메모이제이션 또는 캐싱(caching)은 계산 비용이 큰 연산의 결과를 재사용하려는 지능적인 캐싱 메커니즘을 의미합니다. 이 지능적인 캐싱 메커니즘을 메모이제이션이라고 합니다. 하위 문제들은 부분적으로 동일한 계산을 포함하는 경우가 많습니다. 따라서 이러한 계산을 한 번만 수행하고 다른 하위 문제에서 재사용하는 것이 핵심 아이디어입니다. 메모이제이션을 활용하면 동일한 입력값을 여러 번 계산할 가능성이 있는 재귀적 문제를 효과적으로 해결할 수 있습니다.

4.2.2.2. 동적 프로그래밍 사용 조건

동적 프로그래밍을 적용하기에 적합한 문제는 두 가지 특성을 가져야 합니다.

- **최적 구조**: 해결하려는 문제를 하위 문제들로 나눌 수 있을 때, 동적 프로그래밍은 좋은 성능 이점을 제공합니다.
- **중복되는 하위 문제**: 동적 프로그래밍은 자기 자신의 사본을 호출하여 원래 문제의 더 작은 하위 문제를 해결함으로써 특정 문제를 해결하는 **재귀** 함수를 사용합니다. 하위 문제의 해법을 계산한 결과는 테이블에 저장되므로 재계산할 필요가 없습니다. 따라서 중복되는 하위 문제가 존재하는 경우에 이 기법이 필요합니다.

동적 프로그래밍은 조합 최적화 문제(combinatorial optimization problem)에 가장 적합합니다. 조합 최적화 문제란 입력에 대한 최적의 조합을 구하는 문제이며, 예를 들면 다음과 같습니다.

- 페덱스(FedEx)나 UPS(United Parcel Service)와 같은 회사에서 물품을 운송하기 위한 최적 경로 찾기
- 최적 항로 및 공항 찾기
- 우버 이츠(Uber Eats)와 같은 온라인 음식 배달 시스템에서 기사를 할당하는 방식

4.2.3. 탐욕 알고리즘 이해하기

이름에서 알 수 있듯이, 탐욕 알고리즘(Greedy Algorithm)은 각 단계에서 지금 당장 가장 좋아 보이는(탐욕스러운) 선택을 하는 방식으로 해를 구합니다. 이 방법은 빠르게 괜찮은 해를 찾을 수 있지만, 항상 최적해를 보장하지는 않습니다. 동적 프로그래밍과 마찬가지로, 탐욕 알고리즘은 분할 정복 전략을 사용할 수 없는 최적화 문제를 해결하는 데 주로 사용됩니다. 탐욕 알고리즘에서는 일련의 단계를 따라 해를 계산하며, 각 단계마다 지역적으로 최적이라고 판단되는 선택을 합니다.

4.2.3.1. 탐욕 알고리즘 사용 조건

탐욕 알고리즘은 다음 두 가지 특성을 따르는 문제에 효과적인 전략입니다.

- **지역에서 전역으로**: 지역적으로 최적의 선택을 하면 전역적으로도 최적해에 도달할 수 있습니다.
- **최적 하위구조**: 하나의 문제에 대한 최적해는, 그 문제를 이루는 여러 하위 문제에 대한 최적해들로부터 구성됩니다.

탐욕 알고리즘을 이해하기 위해 먼저 두 가지 용어를 정의해 봅시다.

- **알고리즘 오버헤드**(algorithmic overhead): 어떤 문제에 대한 최적해를 찾으려 할 때는 항상 약간의 시간이 걸립니다. 최적화하려는 문제가 더 복잡할수록 최적해를 찾는 데 걸리는 시간도 증가합니다. 알고리즘 오버헤드는 $Ωi$로 나타냅니다.
- **최적에 대한 델타** (delta from optimal): 주어진 최적화 문제에는 항상 최적해가 존재합니다. 일반적으로, 선택한 알고리즘을 사용하여 반복적으로 해를 최적화합니다. 즉, 어떤 문제에 대해서는 이론적으로 완벽한 해(최적해)가 존재하지만, 문제의 유형에 따라 그 최적해

가 알려져 있지 않거나, 계산 및 검증에 비현실적으로 긴 시간이 걸릴 수도 있습니다. 최적해가 존재한다고 가정했을 때, i번째 반복에서 현재 해가 최적해와 얼마나 차이 나는지를 **최적에 대한 델타 (Δi)** 라고 합니다.

복잡한 문제에 대해서는 두 가지 전략을 사용할 수 있습니다.

- 더 많은 시간을 들여 최적해에 최대한 가까운 해를 찾아 Δi를 가능한 작게 만드는 방법
- 알고리즘적 오버헤드(Ωi)를 최소화하는 방법, 즉 빠르고 단순한 방식으로 쓸 만한 해를 얻는 방법

탐욕 알고리즘은 두 번째 전략에 기반합니다. 전역 최적해를 찾으려는 노력을 하지 않고, 대신 알고리즘 오버헤드를 최소화하는 것을 선택합니다. 탐욕 알고리즘은 다단계 문제에서 전역 최적값을 찾기 위한 빠르고 단순한 전략으로, 각 단계에서 지역적으로 최적이라고 판단되는 값을 선택합니다. 다만 이때 지역 최적값이 전역 최적값인지 여부를 확인하지 않습니다.

일반적으로 운이 좋지 않다면 탐욕 알고리즘으로는 전역 최적해를 얻기 어렵습니다. 그러나 전역 최적해를 찾는 과정은 많은 시간이 소요되므로, 분할 정복이나 동적 프로그래밍과 비교했을 때 탐욕 알고리즘은 훨씬 빠르게 동작한다는 장점이 있습니다.

일반적으로 탐욕 알고리즘은 다음과 같이 정의합니다.

1. 데이터셋 D가 있다고 합시다. 이 데이터셋에서 원소 k를 선택합니다.
2. 후보 해 또는 증명을 S라고 합시다. 이 S에서 k를 포함한다고 가정해 봅시다. 포함될 수 있다면 해는 $Union(S, e)$입니다.
3. S가 가득 차거나 D를 모두 사용할 때까지 이 과정을 반복합니다.

예를 들어, **분류 회귀 트리(CART, Classification And Regression Tree)** 알고리즘은 최상위 수준에서 최적 분할을 탐색하는 탐욕 알고리즘입니다. 이 알고리즘은 각 하위 수준에서도 이 과정을 반복합니다. 참고로 CART 알고리즘은 각 하위 수준에서 가장 불순도(impurity)가 낮은지 계산하거나 확인하지 않습니다. CART에서 최적의 트리를 찾는 것은 NP-완전 문제로 알려져 있기 때문에 탐욕 알고리즘을 사용합니다. 이 알고리즘의 시간 복잡도는 지수 시간 복잡도인 $O(exp(m))$입니다.

4.3 실제 응용 - 순회 외판원 문제(TSP) 해결

먼저 1930년대 제시된 난제인 TSP(순회 외판원 문제)를 봅시다. TSP는 NP-난해 문제입니다. 우선 최적해는 신경 쓰지 않고 모든 도시를 방문한다는 조건을 충족하는 경로를 무작위로 생성할 수 있습니다. 그리고 반복을 거치면서 해를 향상시킬 수 있습니다. 각 반복에서 생성된 경로는 후보 해(candidate solution) 또는 증명(certificate)이라 합니다. 이 해가 최적이라고 증명하는 데 걸리는 시간은 지수적으로(exponentially) 증가합니다. 대신, 다양한 휴리스틱 기반 해결책이 사용되며, 이는 최적해에 가까운 경로를 생성하지만 완전한 최적해는 아닙니다.

외판원은 일을 하기 위해 주어진 도시에 방문해야 합니다.

입력	n개의 도시 리스트(V)와 도시 간 거리 d_{ij} (1≤ i,j≤n)
출력	각 도시를 정확히 한 번 방문하는 최단 경로와 출발 도시를 반환

〈표 4-1〉 외판원 문제의 입출력

다음 조건을 기억합시다.

- 리스트의 도시 간 거리는 알려져 있습니다.
- 주어진 리스트의 각 도시는 **한 번만** 방문해야 합니다.

외판원의 여행 계획을 세울 수 있을까요? 순회하는 외판원이 이동할 전체 거리를 최소화할 수 있는 최적해는 무엇일까요?

다음은 TSP에 활용할 수 있는 캐나다의 5개 도시 간 거리입니다.

	오타와	몬트리올	킹스턴	토론토	서드베리
오타와	-	199	196	450	484
몬트리올	199	-	287	542	680
킹스턴	196	287	-	263	634
토론토	450	542	263	-	400
서드베리	484	680	634	400	-

〈표 4-2〉 외판원 문제에 활용할 수 있는 캐나다의 5개 도시 간 거리

참고로 여행의 목표는 출발지에서 여행이 시작되고 끝나야 한다는 것입니다. 예를 들면, 일반적인 여행 경로는 오타와 – 서드베리 – 몬트리올 – 킹스턴 – 토론토 – 오타와로 총 거리는 484 + 680 + 287 + 263 + 450 = 2,164입니다. 그런데 이 경로가 외판원이 이동하는 최소 거리일까요? 만약 아니라면, 외판원이 이동하는 총 거리를 최소화할 수 있는 최적해는 무엇일까요? 이는 여러분이 생각하고 계산할 거리로 남겨두겠습니다.

4.3.1. 무차별 대입 전략 사용하기

TSP를 해결하기 위해 가장 먼저 떠오르는 방법은 모든 도시를 정확히 한 번 방문하고 출발지로 돌아오는 최단 경로를 찾기 위해 무차별 대입(brute force)을 사용하는 것입니다. 즉, 무차별 대입은 다음과 같이 작동합니다.

- 모든 가능한 경로를 평가합니다.
- 최단 거리로 판명된 것을 선택합니다.

문제는 도시가 n개라면 가능한 경로가 (n–1)!개라는 것입니다. 즉 5개 도시에 대한 모든 경로는 4! = 24가지 이며, 이 중에서 최단 거리에 해당하는 경로를 선택할 것이라는 뜻입니다. 이 방식은 도시 수가 많지 않을 때만 동작이 가능하다는 것은 분명합니다. 도시 수가 증가하면, 이 접근 방식에서 생성되는 순열의 수가 기하급수적으로 늘어나 무차별 대입 전략은 현실적으로 사용 불가능합니다.

파이썬으로 무차별 대입 전략을 구현하는 방법을 살펴봅시다.

먼저 경로 {1, 2, 3}은 도시 1에서 출발하여 도시 2를 거쳐 도시 3으로 이동하는 경로를 의미합니다. 경로의 **총 거리**는 해당 경로에서 이동하는 총 거리를 의미합니다. 우리는 각 도시 간의 거리를 최단 거리(유클리드 거리)[2]라고 가정합니다.

세 가지 유틸리티 함수를 정의해 봅시다.

- **distance_points**: 두 지점의 절대 거리를 계산합니다.
- **disatance_tour**: 외판원이 주어진 경로를 이동할 때의 총 거리를 계산합니다.
- **generate_cities**: 가로 500, 세로 300인 직사각형 내에 n개의 도시를 무작위로 생성합니다.

---

[2] **역자 주** 두 점 사이의 거리를 계산하는 방식으로, 2차원에서 유클리드 거리 계산 수식은 $d = \sqrt{(x_2 - x_1)^2 + (y_2 - y_1)^2}$ 입니다.

다음 코드를 봅시다.

```python
import random
from itertools import permutations
```

generate_cities(n)을 호출하여 n개의 도시를 생성할 수 있습니다.

```python
def distance_tour(aTour):
    return sum(distance_points(aTour[i - 1], aTour[i])
               for i in range(len(aTour))
    )
aCity = complex

def distance_points(first, second):
    return abs(first - second)

def generate_cities(number_of_cities):
    seed=111
    width=500
    height=300
    random.seed((number_of_cities, seed))
    return frozenset(aCity(random.randint(1, width),
                           random.randint(1, height))
                     for c in range(number_of_cities))
```

이제 도시 간 모든 가능한 경로를 생성하는 brute_force 함수를 정의해 봅시다. 모든 경로를 생성하고, 그 중에서 최단 거리를 갖는 경로를 선택할 수 있습니다.

```python
def brute_force(cities):
    return shortest_tour(alltours(cities))


def shortest_tour(tours):
    return min(tours, key=distance_tour)
```

이제 도시를 시각화(plot)하는 데 도움이 되는 유틸리티 함수를 정의해 봅시다. 다음과 같은 함수를 정의합니다.

- **visualize_tour**: 모든 도시와 특정 경로의 링크(link)를 시각화합니다. 또한 경로를 시작하는 도시를 강조하여 나타냅니다.
- **visualize_segment**: visualize_tour 함수에서 사용되며, 도시와 링크를 세그먼트(segment)로 나타내는 역할을 합니다.

다음 코드를 봅시다.

```python
import matplotlib.pyplot as plt

def visualize_tour(tour, style='bo-'):
    if len(tour) > 1000:
        plt.figure(figsize=(15, 10))
    start = tour[0:1]
    visualize_segment(tour + start, style)
    visualize_segment(start, 'rD')

def visualize_segment(segment, style='bo-'):
    plt.plot([X(c) for c in segment], [Y(c) for c in segment], style, clip_on=False)
    plt.axis('scaled')
    plt.axis('off')

def X(city):
    "X axis"
    return city.real
def Y(city):
    "Y axis"
    return city.imag
```

이제 함수 tsp()를 구현하여 다음 작업을 수행하겠습니다.

1. 알고리즘과 요청된 도시의 수에 따라 경로를 생성합니다.
2. 해당 알고리즘이 실행되는 데 걸린 시간을 계산합니다.
3. 시각화합니다.

tsp()를 정의했다면 이 함수로 경로를 생성할 수 있습니다.

```python
from time import time
from collections import Counter

def tsp(algorithm, cities):
    t0 = time()
    tour = algorithm(cities)
    t1 = time()
    # 모든 도시는 경로에 정확히 한 번만 등장한다.
    assert Counter(tour) == Counter(cities)
    visualize_tour(tour)
    print("{}: {} cities => tour length {:.0f} (in {:.3f} sec)".format(
        name(algorithm), len(tour), distance_tour(tour), t1 - t0))

def name(algorithm):
    return algorithm.__name__.replace('_tsp', '')

tsp(brute_force, generate_cities(10))
```

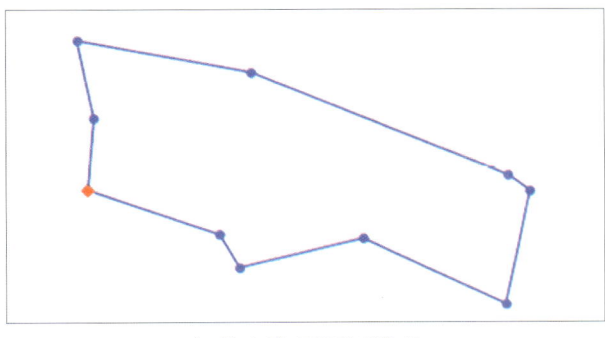

〈그림 4-5〉 TSP에 대한 해

이 예제에서 우리는 10개의 도시에 대한 경로를 생성했습니다. n=10이므로 (10-1)!=362,880개의 순열이 생성됩니다. n이 증가할수록 순열의 개수는 급격히 증가하므로, 무차별 대입 방식은 사용할 수 없게 됩니다.

4.3.2. 탐욕 알고리즘 사용하기

탐욕 알고리즘을 사용하여 TSP를 해결하면, 매 단계마다 전체 경로에서 최적이 될 도시를 찾는 대신, 그 시점에서 가장 합리적으로 보이는 도시를 선택합니다. 즉, 다음에 방문할 도시를 정할 때마다 가장 가까운 도시를 선택하며, 이 선택이 전역적으로 최적 경로가 될지 여부는 신경 쓰지 않습니다.

탐욕 알고리즘의 접근법은 간단합니다.

1. 아무 도시에서나 시작합니다.
2. 각 단계에서 아직 방문한 적이 없는 가장 가까운 이웃 도시로 이동하는 경로를 생성합니다.
3. 2단계를 반복합니다.

해당 로직을 구현할 수 있는 `greedy_algorithm` 함수를 정의해 봅시다.

```python
def greedy_algorithm(cities, start=None):
    city_ = start or first(cities)
    tour = [city_]
    unvisited = set(cities - {city_})
    while unvisited:
        city_ = nearest_neighbor(city_, unvisited)
        tour.append(city_)
        unvisited.remove(city_)
    return tour

def first(collection):
    return next(iter(collection))

def nearest_neighbor(city_a, cities):
    return min(cities, key=lambda city_: distance_points(city_, city_a))
```

greedy_algorithm를 사용하여 2,000개 도시에 대한 경로를 생성해 봅시다.

```
tsp(greedy_algorithm, generate_cities(2000))
```

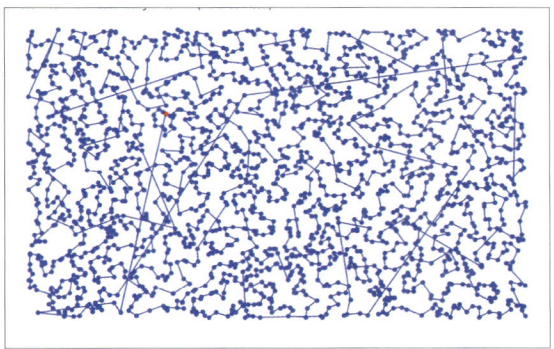

〈그림 4-6〉 주피터 노트북에 표시된 도시

2,000개 도시에 대한 경로를 생성하는 데 0.514초밖에 걸리지 않았습니다. 만약 무차별 대입 전략을 사용했다면 $(2000-1)! = 1.65e^{5732}$ 개, 즉 무한대에 가까운 순열이 생성되었을 겁니다.

탐욕 알고리즘은 휴리스틱을 기반으로 합니다. 따라서 도출된 해가 최적이라는 증거는 존재하지 않는다는 점에 주의하세요.

4.3.3. 두 가지 전략 비교

정리하자면, 탐욕 알고리즘은 계산 시간 측면에서 더 효율적인 결과를 제공하는 반면, 무차별 대입 방식은 전역 최적해를 제공합니다. 이는 계산 시간과 결과의 품질이 서로 다름을 의미합니다. 제안된 탐욕 알고리즘은 최적해를 보장하지는 않지만 계산 시간은 크게 줄이면서도 무차별 대입 방식에 근접한 수준의 결과를 얻을 수 있습니다. 이를 노력 기반(effort-based) 전략이라고도 합니다.

이제 페이지랭크 알고리즘의 설계를 살펴봅시다.

4.4 페이지랭크 알고리즘 소개

구글에서 사용자 질의에 대한 검색 결과의 순위를 매기는 페이지랭크(PageRank) 알고리즘을 살펴봅시다. 이 알고리즘은 사용자가 실행한 쿼리를 기반으로 검색 결과의 중요도를 나타내는 숫자를 생성합니다. 페이지랭크 알고리즘은 1990년대 후반 스탠퍼드 대학에서 박사 과정에 있던 래리 페이지(Larry Page)와 세르게이 브린(Sergey Brin)에 의해 설계되었으며, 이후 이들은 구글을 창립하였습니다. 참고로 페이지랭크 알고리즘은 래리 페이지의 이름에서 따온 것입니다.

이제 페이지랭크 알고리즘의 설계에 대해 살펴보겠습니다.

4.4.1. 문제 정의

웹에서 사용자가 검색 엔진에 질의를 입력하면, 일반적으로 매우 많은 결과가 표시됩니다. 이러한 결과를 최종 사용자에게 유용하게 만들기 위해서는 특정 기준에 따라 웹 페이지의 순위를 매겨야 합니다. 화면에 표시되는 결과는 이러한 순위에 따라 요약되어 제공되며, 이는 사용되는 기반 알고리즘이 정의한 기준에 따라 달라집니다.

4.4.2. 페이지랭크 알고리즘 구현하기

페이지랭크 알고리즘을 사용할 때 다음과 같은 표현 방식을 사용합니다.

- 웹 페이지는 유향 그래프(directed graph)의 노드(node)로 표현합니다.
- 그래프 간선(edge)는 하이퍼링크(hyperlink)를 나타냅니다.

페이지랭크 알고리즘에서 가장 중요한 부분은 검색 결과로 반환된 각 페이지의 중요도를 계산하는 방법을 결정하는 것입니다. 네트워크 내 특정 웹 페이지의 순위는 누군가 무작위로 간선을 순회(예: 링크 클릭)하여 해당 페이지에 도달할 확률로 계산됩니다. 또한, 이 알고리즘은 감쇠 계수 알파(damping factor alpha)라는 매개변수를 사용하며, 기본값은 0.85입니다. 감쇠 계수는 사용자가 계속해서 링크를 클릭할 확률을 나타냅니다. 페이지랭크 값이 가장 높은 페이지는 가장 매력적인 페이지이며, 사용자가 어디에서 시작하든 최종 목적지가 될 확률이 가장 높은 페이지입니다.

페이지랭크 알고리즘은 각 페이지의 중요도(페이지랭크 값)를 결정하기 위해 웹 페이지 모음(collection)을 여러 번 순회하고 거쳐야 합니다.

특정 페이지의 중요도를 0에서 1 사이의 숫자로 정량화하기 위해, 알고리즘은 다음 두 가지 요소를 활용합니다.

- **사용자가 입력한 질의와 관련된 정보:** 이 요소는 사용자가 입력한 질의의 맥락에서 해당 웹 페이지의 콘텐츠가 얼마나 관련성이 높은지를 추정합니다. 웹 페이지의 콘텐츠는 해당 페이지의 작성자에게 직접적으로 영향을 받습니다.
- **사용자가 입력한 질의와 무관한 정보:** 이 요소는 링크, 조회수 및 페이지의 이웃(neighborhood)을 기반으로 각 웹 페이지의 중요도를 정량화합니다. 웹 페이지의 이웃이란 특정 페이지와 직접 연결된 웹 페이지의 그룹을 의미합니다. 그러나 웹 페이지는 제각각이며, 웹 전체에 적용할 수 있는 기준을 수립하는 것이 어렵기 때문에 이 요소를 계산하는 것은 복잡한 작업입니다.

먼저 파이썬에서 페이지랭크 알고리즘 구현을 위해 필요한 라이브러리를 가져옵시다.

```python
import numpy as np
import networkx as nx
import matplotlib.pyplot as plt
```

참고로 networkx는 https://networkx.org 에서 가져왔습니다. 이 예제에서는 네트워크에 있는 다섯 개의 페이지만 분석한다고 가정해 봅시다. 이들 페이지 집합을 my_pages라 하고, 페이지는 my_web이라는 네트워크에 있다고 가정합니다.

```python
my_web = nx.DiGraph()
my_pages = range(1,6)
```

이제 실제 네트워크를 모방해서 이 페이지를 무작위로 연결해 봅시다.

```python
connections = [(1,3),(2,1),(2,3),(3,1),(3,2),(3,4),(4,5),(5,1),(5,4)]
my_web.add_nodes_from(my_pages)
my_web.add_edges_from(connections)
```

그리고 이 그래프를 시각화해 봅시다.

```
pos = nx.shell_layout(my_web)
nx.draw(my_web, pos, arrows=True, with_labels=True)
plt.show()
```

앞의 코드는 다음과 같이 네트워크를 시각적으로 표현합니다.

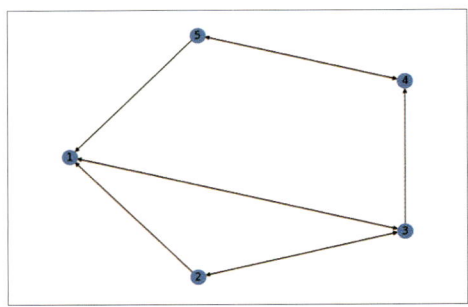

〈그림 4-7〉 네트워크의 시각적 표현

페이지랭크 알고리즘에서 웹 페이지의 패턴은 전이 행렬(transition matrix)이라는 행렬에 포함됩니다. 웹의 끊임없이 변화하는 상태를 반영하기 위해 전이 행렬을 지속적으로 업데이트하는 알고리즘도 존재합니다. 전이 행렬의 크기는 $n \times n$이며, n은 노드(웹 페이지)의 개수를 의미합니다. 행렬의 각 숫자는 방문자가 외부 연결된 링크(outbound link)를 따라 다음 페이지로 이동할 확률을 나타냅니다.

그림 4-7의 그래프는 정적인 웹을 나타냅니다. 전이 행렬을 만드는 함수를 정의해 봅시다.

```
def create_page_rank(a_graph):
    nodes_set = len(a_graph)
    M = nx.to_numpy_matrix(a_graph)
    outwards = np.squeeze(np.asarray (np. sum (M, axis=1)))
    prob_outwards = np.array([
        1.0 / count if count>0
        else 0.0
        for count in outwards
    ])
```

```
    G = np.asarray(np.multiply (M.T, prob_outwards))
    p = np.ones(nodes_set) / float (nodes_set)
    return G, p
```

참고로 이 함수는 G를 반환하는데, 이 값은 그래프의 전이 행렬을 나타냅니다.

그래프에 대한 전이 행렬을 생성해 봅시다.

```
G, p = create_page_rank(my_web)
print(G)
```

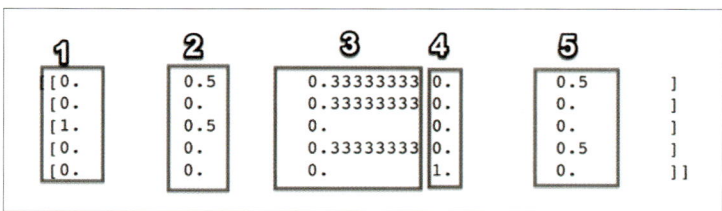

〈그림 4-8〉 전이 행렬

해당 그래프의 전이 행렬은 5 × 5 크기를 갖습니다. 각 열은 그래프의 각 노드에 해당합니다. 예를 들어, 두 번째 열은 두 번째 노드에 대한 정보를 나타내며 노드 2에서 노드 1 또는 노드 3으로 이동할 확률이 0.5입니다. 참고로 그래프에서 전이 행렬의 대각선 요소는 0입니다. 이는 노드에서 자기 자신으로 연결되는 외부 링크가 없기 때문입니다. 물론 실제 네트워크라면 있을 수도 있습니다.

이러한 전이 행렬은 희소 행렬(sparse matrix)이라는 점에 유의하세요. 노드의 수가 증가함에 따라 대부분의 값은 0이 될 것입니다. 그렇기 때문에 그래프의 구조를 전이 행렬로 추출할 수 있습니다. 전이 행렬에서 노드는 행과 열로 표현됩니다.

- **열**(column): 웹 페이지 방문자(surfer)가 현재 접속한 노드를 나타냅니다.
- **행**(row): 외부 링크로 인해 방문자가 다른 노드를 방문할 확률을 나타냅니다.

실제 웹에서 페이지랭크 알고리즘에 입력되는 전이 행렬은 스파이더(spider)[3]가 지속적으로 링크를 탐색함으로써 구축됩니다.

4.5 선형 계획법 이해하기

많은 현실 세계의 문제는 주어진 제약 조건에서 목표를 최대 또는 최소화하는 것으로 설정합니다. 한 가지 접근 방식은 목표를 일부 변수의 선형 함수로 지정하는 것입니다. 또한, 자원에 대한 제약을 이러한 변수들에 대한 등식 또는 부등식의 형태로 수식화합니다. 이러한 접근 방식은 선형 계획 문제(linear programming problem)라 합니다.

선형 계획법의 기본 알고리즘은 1940년대 초, 캘리포니아대학교 버클리캠퍼스에서 조지 댄치그(George Dantzig)에 의해 개발되었습니다. 그는 미국 공군에서 근무하면서 병력의 물류 공급 및 수용 능력 계획을 실험하기 위해 이 개념을 활용했습니다. 제2차 세계대전이 끝난 후, 댄치그는 국방부에서 근무하며 자신의 알고리즘을 발전시켜 선형 계획법(linear programming) 이라는 기법으로 정립했습니다. 그리고 이 기술은 군사 전투 계획에 활용되었습니다.

오늘날, 선형 계획법은 특정 제약 조건을 기반으로 변수를 최소화하거나 최대화해야 하는 중요한 현실 세계의 문제를 해결하는 데 사용됩니다. 이러한 문제의 예시는 다음과 같습니다.

- 정비소에서 사용 가능한 자원을 기반으로 자동차 수리 시간 최소화
- 분산 컴퓨팅 환경에서 사용 가능한 분산 자원을 할당하여 응답 시간 최소화
- 기업 내 자원의 최적 할당을 통해 회사의 이익 최대화

4.5.1. 선형 계획법 문제 공식화하기

선형 계획법을 사용하기 위한 조건은 다음과 같습니다.

- 일련의 방정식으로 문제를 공식화할 수 있어야 합니다.
- 방정식 변수의 차수는 1차여야 합니다.

---

[3] **역자 주** 페이지의 링크를 자동으로 탐색하며 데이터를 수집하는 프로그램으로, '웹 크롤러(web crawler)'라고도 합니다.

4.5.1.1. 목적 함수 정의하기

앞서 소개한 세 가지 예제의 목표는 **변수를 최소화하거나 최대화하는 것**입니다. 이러한 목표는 다른 변수들의 선형 함수로 수학적으로 공식화되며, 이를 **목적 함수(objective function)**라고 합니다. 선형 계획법의 목표는 지정된 제약조건을 준수하면서 목적 함수를 최소화 또는 최대화하는 것입니다.

4.5.1.2. 제약조건 지정하기

어떤 것을 최소화하거나 최대화하려 할 때, 현실 세계의 문제에는 반드시 준수해야 할 제약 조건이 존재합니다. 예를 들어, 자동차 수리 시간을 최소화하려면 이용 가능한 정비사의 수가 제한되어 있다는 점을 고려해야 합니다. 선형 방정식으로 제약 조건을 지정하는 일은 선형 계획법 문제를 공식화하는 데 있어 중요한 부분입니다.

4.5.2. 실용 예제 - 선형 계획법으로 공급능력 계획하기

이제 선형 계획법을 사용할 수 있는 실용적인 사례를 살펴봅시다.

두 종류의 로봇을 생산하는 최신식 공장의 이익을 극대화하고자 한다고 가정해 봅시다.

- 고급 모델(A): 모든 기능을 제공합니다. 고급 모델 한 유닛을 제조하면 $5,000 이익이 남습니다.
- 기본 모델(B): 기본 기능만 제공합니다. 기본 모델 한 유닛을 제조하면 $2,500 이익이 남습니다.

로봇을 생산하기 위해서는 세 가지 유형의 인력이 필요하며, 각 유형의 로봇을 제조하는 데 필요한 작업 일수는 다음과 같습니다.

로봇 종류	기술자	AI 전문가	엔지니어
로봇 A: 고급 모델	3일	4일	4일
로봇 B: 기본 모델	2일	3일	3일

〈표 4-3〉 로봇 종류 및 사람에 따라 필요한 생산일

다음 테이블은 공장에 있는 사람의 수를 나타냅니다.

	기술자	AI 전문가	엔지니어
사람 수	1	1	2
한 사이클 당 총 일수	1 x 20 = 20일	1 x 30 = 30일	2 x 22 = 44일

〈표 4-4〉 공장의 사람 수

공장은 30일 주기로 운영됩니다. AI 전문가는 한 주기에서 30일 동안 근무 가능합니다. 두 명의 엔지니어는 각각 30일 중 8일을 쉬므로, 엔지니어 한 명은 주기당 22일만 근무할 수 있습니다. 기술자는 한 명 있으며, 30일 중 20일 동안 근무할 수 있습니다.

이는 다음과 같이 모델링됩니다.

- 최대 이익 = $5000A + 2500B$
- 최대 이익은 다음에 따라 달라집니다.
    - $A \geq 0$: 고급 로봇 생산 수는 0 이상일 수 있습니다.
    - $B \geq 0$: 기본 로봇 생산 수는 0 이상일 수 있습니다.
    - $3A + 2B \leq 20$: 기술자 근무 가능일에 대한 제약조건입니다.
    - $4A + 3B \leq 30$: AI 전문가 근무 가능일에 대한 제약조건입니다.
    - $4A + 3B \leq 44$: 엔지니어 근무 가능일에 대한 제약조건입니다.

먼저 선형 계획법 구현에 사용되는 pulp라는 파이썬 패키지를 임포트합니다.

```
import pulp
```

이어서 문제 클래스를 인스턴스화하기 위해 이 패키지에서 LpProblem을 호출합니다.

인스턴스의 이름은 Profit maximising problem이라고 합시다.

```
# 문제 클래스 인스턴스화하기
model = pulp.LpProblem("Profit_maximising_problem", pulp.LpMaximize)
```

그 다음 두 변수 A와 B를 정의합니다. 변수 A는 생산되는 고급 로봇의 수, B는 기본 로봇의 수를 나타냅니다.

```python
A = pulp.LpVariable('A', lowBound=0, cat='Integer')
B = pulp.LpVariable('B', lowBound=0, cat='Integer')
```

목적 함수와 제약 조건은 다음과 같이 정의합니다.

```python
# 목적 함수
model += 5000 * A + 2500 * B, "Profit"

# 제약 조건
model += 3 * A + 2 * B <= 20
model += 4 * A + 3 * B <= 30
model += 4 * A + 3 * B <= 44
```

해를 생성하기 위해 solve 함수를 사용합니다.

```python
# 문제 풀기
model.solve()
pulp.LpStatus[model.status]
```

이어서 A, B, 목적 함수의 값을 출력합니다.

```python
# 결정 변수 값 출력하기
print(A.varValue)
print(B.varValue)
```

출력 결과는 다음과 같습니다.

```
6.0
1.0
```

이 코드의 출력은 다음과 같습니다.

```
# 목적 함수 값 출력하기
print(pulp.value(model.objective))
```

```
32500.0
```

 선형 계획법은 제조업에서 널리 사용되며, 사용 가능한 자원을 최적화하기 위해 생산해야 할 제품의 최적 개수를 찾는 데 활용됩니다.

요약

이번 장에서는 알고리즘을 설계하는 다양한 접근 방식을 알아보았습니다. 적절한 알고리즘 설계를 선택할 때 고려해야 할 트레이드오프를 살펴보고, 현실의 문제를 공식화하는 최선의 방법에 대해 배웠으며, 실제 최적화 문제를 해결하는 방법도 익혔습니다. 이번 장에서 배운 내용을 활용하면 잘 설계된 알고리즘을 구현할 수 있습니다.

다음 장에서는 그래프 기반 알고리즘을 알아봅니다. 먼저 그래프를 표현하는 다양한 방법을 살펴본 후, 특정 조사를 수행하기 위해 다양한 데이터 포인트 주위에 이웃 관계를 설정하는 기법을 살펴보겠습니다. 마지막으로, 그래프에서 정보를 최적의 방식으로 검색하는 방법도 살펴봅니다.

5장 그래프 알고리즘

그래프는 데이터를 표현하는 독특한 방식입니다. 특히 구조화된 데이터나 표 형식의 데이터와 비교했을 때 그 차이가 두드러집니다. 데이터베이스와 같은 구조화된 데이터는 정적이고 균일한 정보를 저장하고 조회하는 데 뛰어나지만, 그래프는 개체들 사이에 존재하는 복잡한 관계와 패턴을 포착하는 데 강점을 가집니다. 예를 들어 페이스북을 생각해 보면, 각 사용자는 하나의 노드가 되고, 친구 관계나 상호작용은 연결된 간선이 됩니다. 이러한 연결망은 그래프 구조를 통해 가장 잘 표현되고 분석될 수 있습니다.

컴퓨터 영역에서 관계와 연결을 포함한 문제는 그래프 알고리즘을 사용해서 보다 자연스럽게 해결할 수 있습니다. 본질적으로 이러한 알고리즘은 그래프의 구조를 이해하는 데 중점을 둡니다. 즉, 데이터 포인트(노드)가 링크(간선)를 통해 어떻게 연결되는지를 파악하고, 이러한 연결을 효과적으로 탐색하여 원하는 데이터를 검색하거나 분석하는 방법을 찾는 것이 핵심입니다.

이번 장에서는 다음과 같은 내용을 다룹니다.

- **그래프 표현:** 그래프를 포착하는 다양한 방식
- **네트워크 이론 분석:** 네트워크 구조의 기초 이론
- **그래프 순회:** 그래프를 효율적으로 탐색하는 기법
- **사례 연구:** 그래프 알고리즘을 사용하여 금융 사기 분석
- **이웃 기법:** 대규모 그래프 내에서 국소적인 영역을 파악하고 분석하는 방법

이 장을 마치면 그래프 자료구조를 확실하게 파악하게 될 것입니다. 유향(direct) 및 무향(undirect)을 모두 포함한 복잡한 관계를 정립할 수 있으며, 그래프 알고리즘을 활용해 복잡한 현실의 문제를 해결할 수 있는 능력을 갖추게 될 것입니다.

5.1 그래프 이해하기: 간단한 소개

현대 데이터의 거대한 상호연결 구조 속에서, 기존의 표 형식 모델이 지닌 한계를 넘어 그래프 구조는 복잡한 관계를 포착하는 강력한 도구로 부상했습니다. 이러한 흐름은 단순한 유행이 아니라, 디지털 세계의 얽히고설킨 구조가 제기하는 도전에 대한 필연적인 대응입니다. 그래프 이론의 역사적 발전을 돌아보면, 레온하르트 오일러가 쾨니히스베르크의 일곱 다리 문제를 해결한 사례가 그 출발점이라 할 수 있습니다. 오일러가 현실의 문제를 그래프적 표현으로 전환한 방식은 복잡한 관계를 이해하고 탐색하는 우리의 사고방식에 혁신적인 전환점을 마련했습니다.

5.1.1. 그래프: 현대 데이터 네트워크의 중추

그래프는 소셜 네트워크와 추천 엔진과 같은 플랫폼의 중추일 뿐만 아니라 도로망, 전기 회로, 유기 분자, 생태계, 심지어 컴퓨터 프로그램의 논리 흐름과 같은 서로 연관되어 있지 않은 듯 보이는 분야에서도 패턴을 밝히는 열쇠 역할을 합니다. 그래프의 핵심은 유무형의 상호작용을 표현할 수 있는 내재적 능력에 있습니다.

그런데 노드와 간선과 더불어 그래프 구조는 현대 컴퓨팅에서 왜 이렇게 중심이 되었을까요? 그 답은 그래프 알고리즘에 있습니다. 그래프 알고리즘은 관계를 이해하고 해석하는 데 초점이 맞춰져 있으며, 이러한 수학적 알고리즘은 관계를 처리하도록 정확히 설계되었습니다. 이 알고리즘은 그래프를 해독하는 명확한 단계를 설정하여 전반적인 특징 및 복잡한 세부사항을 밝혀냅니다.

그래프 표현 방법을 자세히 살펴보기 전에 그래프 알고리즘의 기본 원리에 대해 이해해야 합니다. 수학과 컴퓨터 과학이라는 풍요로운 토대에 뿌리를 둔 그래프 이론은 개체 간 관계를 시각적으로 묘사하는 수단을 제공합니다.

5.1.1.1. 실제 응용 분야

현대 데이터에서 관찰되는 점점 더 복잡해지는 패턴과 연결 관계는 그래프 이론을 통해 명확해집니다. 단순한 노드와 간선을 넘어서, 그래프 구조 속에는 세계에서 가장 복잡한 문제들에 대한 해답이 숨겨져 있습니다. 그래프 알고리즘의 수학적 정밀성이 현실 세계의 문제들과 결합할 때, 그 결과는 놀랍도록 혁신적일 수 있습니다.

- **사기 탐지**: 디지털 금융 세계에서 사기 거래는 복잡하게 연결되어 있으며, 종종 전통적인 탐지 시스템을 속이기 위한 정교한 네트워크를 형성합니다. 그래프 이론은 이러한 패턴을 식별하는 데 활용됩니다. 예를 들어, 하나의 출처에서 여러 계좌로 연결된 소규모 거래가 갑자기 급증하는 현상은 자금 세탁의 징후일 수 있습니다. 이러한 거래를 그래프로 시각화하면 분석가들은 비정상적인 패턴을 식별하고, 의심스러운 노드를 분리하며, 잠재적 사기의 출처를 추적할 수 있습니다. 이를 통해 디지털 경제의 안전성을 유지할 수 있습니다.
- **항공 교통 통제**: 하늘은 수많은 항공기의 이동으로 혼잡합니다. 각 항공기는 복잡한 경로를 따라 이동해야 하며, 동시에 안전 거리를 유지해야 합니다. 그래프 알고리즘은 하늘을 분석하여 각 항공기를 노드로, 비행 경로를 간선으로 매핑합니다. 과학자들은 2010년 미국 항공 데이터를 그래프 이론으로 분석하여 그래프 이론의 힘을 증명했습니다. 그들은 항공편

이 연쇄적으로 지연되는 현상을 분석하여 항공편 일정 최적화와 유사한 사태의 재발 방지에 필요한 통찰을 얻을 수 있었습니다.

- **질병 전파 모델링**: 전염성 질병의 경우, 무작위로 전파되지는 않습니다. 이러한 질병은 인간의 상호작용과 움직임이라는 보이지 않는 연결을 따라갑니다. 그래프 이론은 이러한 패턴을 모방하는 복잡한 모델을 생성합니다. 역학자(epidemiologist)는 개인을 노드, 상호작용을 간선으로 취급함으로써 질병의 전파를 성공적으로 예측하고 잠재적인 핫스팟(hotspot)을 식별하여 시의적절하게 개입할 수 있습니다. 예를 들어, 코로나(COVID-19) 팬데믹 초기에 그래프 알고리즘은 잠재적인 발병 클러스터를 예측하는 데 핵심적인 역할을 하여 지역봉쇄와 예방 조치에 대한 가이드를 제공했습니다.

- **소셜 미디어 추천**: 페이스북이나 트위터[1] 같은 플랫폼이 친구나 컨텐츠를 어떻게 추천하는지 궁금했던 적 있나요? 이러한 추천은 사용자의 상호작용, 관심, 행동을 나타내는 거대한 그래프에 기반을 두고 있습니다. 예를 들어 두 사용자가 여러 공통 친구가 있고 비슷한 참여 패턴을 나타낸다면, 두 사람은 서로 아는 사이거나 관심사가 잘 맞을 확률이 높습니다. 그래프 알고리즘은 이러한 관계를 해석하도록 돕고 플랫폼이 연관된 추천을 통해 사용자 경험을 향상시키도록 합니다.

5.1.2. 그래프 기초: 정점(혹은 노드)

그래프에는 개별 엔터티 또는 데이터 포인트(data point)가 있습니다. 페이스북 목록에 있는 친구 각각이 개별 정점(vertex)이라 해 봅시다.

- **간선(링크)**: 정점 간의 연결 또는 관계입니다. 페이스북에서 누군가와 친구가 될 때, 당신의 정점과 친구의 정점 사이에 간선이 형성됩니다.
- **네트워크**: 정점과 간선으로 서로 연결되어 형성된 더 큰 구조입니다. 예를 들어 페이스북의 모든 유저 및 그들의 친구 관계와 더불어 페이스북 전체를 거대한 네트워크로 간주할 수 있습니다.

---

[1] 역자 주 현재 X로 이름을 변경했습니다. https://x.com

그림 5-1에서 A, B, C는 정점을 나타내며 이들을 연결하는 선은 간선입니다. 이는 그래프를 단순하게 표현한 것이며 앞으로 탐색할 더 복잡한 구조와 작업의 기초적인 토대가 됩니다.

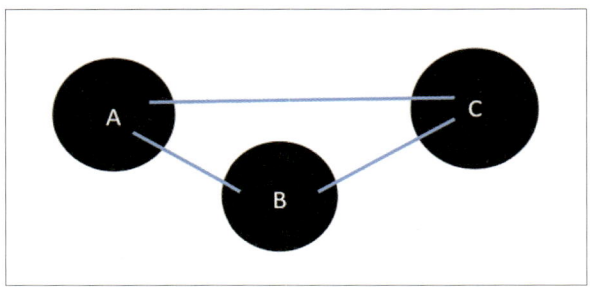

〈그림 5-1〉 단순한 그래프 표현

5.2 그래프 이론과 네트워크 분석

그래프 이론과 네트워크 분석은 서로 연관되어 있기는 하지만 복잡한 시스템을 이해하는 데 있어 서로 다른 역할을 합니다. 그래프 이론은 노드(개체)와 간선(관계)에 대한 기본적인 개념을 제공하는 이산 수학(discrete mathematics)의 한 분야인 한편, 네트워크 분석은 실제 네트워크를 연구하고 이해하기 위해 이러한 원리를 응용한 분야입니다. 가령 그래프 이론을 통해 개인은 노드, 친구 관계는 간선에 해당하는 소셜 미디어 플랫폼이라는 구조를 정의할 수 있는 한편, 네트워크 분석은 인플루언서 허브나 고립된 커뮤니티와 같은 패턴을 밝히기 위해 이러한 구조를 자세히 살펴봄으로써 사용자 행위나 플랫폼 역학에 대해 실천 가능한 지식을 제공합니다.

먼저 그래프를 수학적으로, 그리고 시각적으로 표현할 수 있는 방법을 알아보겠습니다. 그리고 이러한 표현을 기반으로 네트워크 분석의 강력한 도구인 그래프 알고리즘을 활용하여 그래프의 구조와 패턴을 탐구할 것입니다.

5.3 그래프 표현 방식

그래프는 데이터를 정점과 간선으로 표현하는 구조입니다. 그래프는 $a_{Graph} = (V,E)$로 나타내며, V는 정점, E는 간선을 나타냅니다. a_{Graph}는 $|V|$개의 정점과 $|E|$개의 간선을 갖습니다. 특별히 명시하지 않는 한 간선은 양방향(bidirectional)이며, 이는 연결된 정점 사이에 양방향 관계가 있다는 뜻입니다.

정점 $v \in V$는 사람, 컴퓨터, 활동과 같은 실제 세계의 객체를 나타냅니다.

간선 $e \in E$는 네트워크에서 두 정점을 연결하는 역할을 합니다.

$$e(v1, v2) \mid e \in E \ \& \ vi \in V$$

위 수식은 그래프에서 모든 간선이 집합 E에 속하며, 모든 정점은 집합 V에 속함을 나타냅니다. 여기서 |라는 표기는 해당 원소가 특정한 집합에 속한다는 기호로 사용되었으며, 간선, 정점, 그리고 각 집합의 관계를 명확히 나타냅니다.

정점은 개인이나 컴퓨터와 같은 실제 개체를 나타내는 반면, 두 정점을 연결하는 간선은 관계를 나타냅니다. 이러한 관계란 친구관계, 온라인 연결, 장치의 물리적 연결, 혹은 콘퍼런스 참석과 같은 참여적 연결일 수 있습니다.

5.4 그래프의 구조와 종류

그래프는 다양한 종류가 있으며, 각각은 고유한 속성을 가집니다.

- **단순 그래프**(simple graph): 평행한 간선 또는 루프가 없는 그래프
- **유향 그래프**(directed graph): 각 간선이 단방향 방향성을 나타내는 그래프
- **무향 그래프**(undirected graph): 간선에 특정 방향이 없고 상호적 관계를 나타내는 그래프
- **가중 그래프**(weighted graph): 각 간선이 거리, 비용 등의 값을 나타내는 가중치를 가지는 그래프

이번 장에서는 networkx 파이썬 패키지를 사용해 그래프를 표현합니다. 이 패키지는 https://networkx.org/ 에서 다운로드할 수 있습니다. 해당 패키지를 사용해 단순 그래프를 만들어 봅시다. 그래프 이론에서 단순 그래프란 평행한 간선 또는 루프가 없는 그래프입니다.

우선 정점(노드)이 없는 빈 그래프인 graph를 만들어 봅시다.

```python
import networkx as nx
graph = nx.Graph()
```

정점 하나를 추가해 봅시다.

```python
graph.add_node("Mike")
```

리스트로 여러 정점을 추가할 수도 있습니다.

```python
graph.add_nodes_from(["Amine", "Wassim", "Nick"])
```

또한 다음과 같이 기존 정점 사이에 간선을 추가할 수도 있습니다.

```python
graph.add_edge("Mike", "Amine")
```

간선과 정점을 출력해 봅시다.

```python
print(graph.nodes())
print(graph.edges())
```

```
['Mike', 'Amine', 'Wassim', 'Nick']
[('Mike', 'Amine')]
```

참고로 간선을 추가할 때 정점이 기존에 없었다면 간선에 연결된 정점이 추가됩니다.[2]

```
graph.add_edge("Amine", "Imran")
```

노드에 대한 리스트를 출력한 결과는 다음과 같습니다.

```
print(graph.edges())
```

[('Mike', 'Amine'), ('Amine', 'Imran')]

참고로 이미 존재하는 정점을 추가하는 요청은 보통 무시되지만, 이러한 요청이 무시될지 여부는 생성된 그래프의 유형에 따라 달라질 수 있습니다.

5.4.1. 자아 중심 네트워크

네트워크 분석의 핵심에는 자아 중심 네트워크(ego-centered network), 줄여서 egonet이라는 개념이 존재합니다. 이는 개별 노드뿐만 아니라 그 주변 환경까지 함께 분석하는 방법입니다.

5.4.1.1. egonet 기초

주어진 정점을 m이라 합시다. m을 기준으로 m과 직접 이웃하여 연결된 주변 노드가 있습니다. 이 때, m과 연결된 이웃 노드는 m의 egonet을 구성합니다.

- m은 자신(ego)를 나타냅니다.
- 직접 연결된 노드는 원-홉 이웃(one-hop neighbor)[3] 또는 타자(alter)[4]라고 합니다.

---

[2] 역자 주 add_node를 하지 않아도 add_edge를 사용하면 정점이 자동으로 추가됩니다.
[3] 역자 주 홉(hop)은 건너뛴다는 뜻입니다. 즉, '원 홉'은 한 번 건너뛰었다는 의미입니다.
[4] 역자 주 자아(ego)의 반대 개념입니다.

5.4.1.2. 원 홉, 투 홉, 그리고 그 너머

원 홉 이웃이란 관심 있는 정점과 **직접 연결된 노드**들을 의미합니다. 즉, 한 번의 이동(단일 홉)만으로 접근할 수 있는 정점들입니다. 두 단계 떨어진 노드는 **투 홉 이웃**이라고 할 수 있습니다. 이 개념은 확장되어 **n-홉 이웃**까지 정의할 수 있습니다.

특정 노드 3에 대한 자아 네트워크는 다음과 같은 그래프로 나타냅니다.

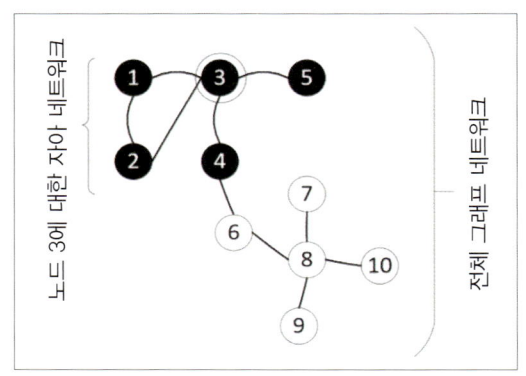

〈그림 5-2〉 노드 3의 egonet, 자아와 원 홉 이웃을 나타내는 그림

5.4.1.3. egonet 적용

egonet은 소셜 네트워크 분석에 널리 활용됩니다. 이는 대규모 네트워크의 지역 구조를 이해하는 데 핵심적 역할을 하며, 네트워크 환경 속에서 개인의 행동을 이해할 수 있도록 합니다.

예를 들어 온라인 소셜 플랫폼에서 egonet을 활용하여 영향력 있는 노드를 탐지하거나, 지역적 네트워크 영역 내에서 정보 전파 패턴을 분석할 수 있습니다.

5.5 네트워크 분석 이론 소개

네트워크 분석을 통해 상호 연결된 데이터를 자세히 살펴보고 이 데이터를 네트워크 형태로 표현할 수 있습니다. 이는 네트워크 형식으로 배열된 데이터를 연구하고 분석하는 다양한 방법론을 활용하는 과정입니다. 여기에서는 네트워크 분석의 핵심 요소와 개념을 살펴보겠습니다.

네트워크의 핵심에는 **정점**이 있고, 정점은 기본 단위의 역할을 합니다. 네트워크를 망(web)과 같은 그림으로 생각해 봅시다. 정점은 이 망에 있는 점이고, 이를 연결하는 링크는 여러 대상 간의 관계를 나타냅니다. 특히 두 정점 간에는 여러 관계가 존재할 수 있습니다. 즉 다양한 관계를 나타내기 위해 간선에 레이블을 붙일 수 있다는 뜻입니다. 예를 들어, 두 사람이 친구이면서 동시에 직장 동료일 수도 있는데, 이는 동일한 두 사람을 연결하는 서로 다른 관계를 의미합니다.

네트워크 분석의 잠재력을 최대한 활용하려면, 특정 문제와 관련하여 네트워크 내에서 정점의 중요성을 평가하는 것이 필수적입니다. 이를 돕기 위한 다양한 기법이 존재합니다.

다음은 네트워크 분석 이론에서 사용되는 몇 가지 중요한 개념을 살펴보겠습니다.

5.5.1. 최단 경로 이해하기

그래프 이론에서 경로(path)란 시작 노드에서 끝 노드까지 중간 노드를 중복 방문하지 않고 연결하는 일련의 노드들을 의미합니다. 본질적으로, 경로는 두 정점 간의 이동 경로(route)를 나타내며, 해당 경로의 길이는 포함된 간선의 개수로 결정됩니다. 여러 경로 중에서 가장 적은 간선을 포함하는 경로를 최단 경로라고 합니다.

최단 경로를 식별하는 일은 그래프 알고리즘에서 근본이 되는 작업입니다. 하지만 이를 결정하는 일은 결코 간단하지는 않습니다. 그간 이러한 문제를 다루기 위해 여러 알고리즘이 개발되었고, 이 가운데 1950년대 후반 등장한 **다익스트라(Dijkstra)** 알고리즘이 가장 유명합니다. 다익스트라 알고리즘은 그래프의 최단 거리를 정확히 파악하기 위해 고안되었고, 두 점 간 최소 거리를 추론해야 하는 GPS 분야에 활용되었습니다. 또한, 네트워크 라우팅에서도 다익스트라 알고리즘은 필수적인 역할을 합니다.

구글과 애플 같은 대형 IT 기업들은 지도 서비스의 품질을 높이기 위해 끊임없이 경쟁하고 있습니다. 이들의 목표는 단순히 최단 경로를 찾는 것뿐만 아니라, 이를 **빠르게** 계산하는 것입니다. 특히, 실시간 경로 탐색을 위해 몇 초 안에 최적의 경로를 찾아야 합니다.

이 장의 후반부에서 **너비 우선 탐색**(BFS, breadth-first search) 알고리즘을 다룰 예정입니다. BFS는 다익스트라 알고리즘의 기초가 되는 개념으로, 그래프의 모든 간선이 동일한 가중치를 가질 때 유용합니다. 반면, 다익스트라 알고리즘은 경로마다 다른 가중치를 고려하기 때문에, BFS를 다익스트라 알고리즘으로 확장하려면 이러한 가중치를 적용해야 합니다.

한편, 다익스트라 알고리즘은 한 개의 출발점에서 다른 모든 정점까지의 최단 경로를 찾는 데 집중하는 반면, 그래프 내 모든 정점 쌍 사이의 최단 경로를 찾고자 한다면 **플로이드-워셜(Floyd-Warshall)** 알고리즘이 더 적합합니다.

5.5.1.1. 이웃 만들기

그래프 알고리즘에는 **이웃(neighborhood)**이라는 용어가 자주 등장합니다. 여기서 이웃은 무엇을 의미할까요? 특정 노드를 중심으로 촘촘하게 짜인 커뮤니티를 생각해 봅시다. 이 커뮤니티는 해당 정점과 직접 연결된 노드 또는 가까운 관계를 가진 노드들로 구성됩니다. 즉, 특정 노드의 이웃은 해당 노드와 간선을 통해 직접 연결된 모든 정점의 집합을 의미합니다.

비유적으로 도시 지도를 떠올려 보면, 주요 랜드마크가 노드에 해당한다고 할 수 있습니다. 특정 랜드마크 주변에 위치한 다른 랜드마크들은 해당 랜드마크의 이웃을 형성합니다.

이러한 이웃을 구분하는 데 널리 사용되는 방식은 **k−순서** 전략입니다. 여기서는 특정 노드에서 k 홉 이내에 위치한 정점을 찾아 해당 노드의 이웃을 결정합니다. 이해를 돕자면 k=1인 경우를 보면, 이웃은 해당 노드와 직접 연결된 모든 노드로 구성됩니다. k=2가 되면, 이웃의 범위가 넓어져 직접 연결된 노드의 이웃까지 포함하게 되며, 이러한 패턴이 계속 반복됩니다.

이를 시각적으로 표현하여 원의 중심에 하나의 점이 있다고 가정해 봅시다. k=1일 때는 이 중심점과 직접 연결된 모든 점이 이웃이 되며, k 값이 증가할수록 원의 반지름이 확장되면서 더 먼 거리에 위치한 점들도 포함됩니다.

그래프 알고리즘에서 이웃을 활용하고 해석하는 것은 주요 분석 영역을 식별하는 데 핵심적인 역할을 합니다.

이웃을 만들기 위한 기준을 살펴봅시다.
   1. 삼각형
   2. 밀도

이에 대해 더 자세히 알아보겠습니다.

5.5.1.2. 삼각형

그래프 이론의 광대한 세계에서 강력한 상호 연결을 공유하는 정점을 집어내면 중요한 통찰을 얻을 수 있습니다. 고전적인 방법 중 하나는 삼각형을 찾는 것입니다. 삼각형이란 세 개의 노드가 서로 직접 연결된 작은 하위 그래프(subgraph)를 의미합니다.

이를 보다 구체적인 사례로 살펴봅시다. 이번 장의 사례 연구에서 자세히 다룰 사기 탐지를 예로 들겠습니다. 어떤 사람을 중심으로 형성된 연결망, 즉 egonet이 있다고 가정합시다. 이 egonet에서 중심 인물은 맥스이고, 그와 연결된 두 사람 앨리스와 밥이 있습니다. 이 세 사람은 서로 연결되어 있으므로 하나의 삼각형을 형성합니다. 여기서 맥스는 중심 인물 또는 자신(ego), 앨리스와 밥은 보조 인물 또는 타자(alter)가 됩니다.

여기가 바로 흥미로운 지점입니다. 앨리스와 밥이 사기 행위에 대한 기록이 있다면 맥스의 신뢰도에도 빨간불이 켜집니다. 이는 마치 여러분의 가까운 친구 두 명이 의심스러운 일에 연루되었다면 여러분 자신도 의심을 받게 되는 것과 같습니다. 하지만 둘 중 한 명만 과거가 의심스러운 경우라면 맥스의 상황은 애매해집니다. 맥스를 대놓고 의심할 수는 없지만 조사는 더 해봐야 합니다.

이를 시각적으로 떠올려 봅시다. 삼각형의 중심에 맥스가 있고, 다른 꼭짓점에 앨리스와 밥이 위치해 있습니다. 이들 사이의 관계, 특히 부정적인 의미를 지닌 관계는 맥스의 신뢰도에 대한 인식에 영향을 줄 수 있습니다.

5.5.1.3. 밀도

그래프 이론에서 밀도는 네트워크가 얼마나 촘촘히 연결되어 있는지 수치로 나타냅니다. 구체적으로는 밀도란 그래프에서 가능한 간선의 최댓값 대비 현재 존재하는 간선 수의 비율을 뜻합니다. 수학적으로 밀도는 단순 무향 그래프(simple undirected graph)에서 다음과 같이 정의합니다.

$$밀도 = \frac{2 \times 간선의\ 수}{정점의\ 수 \times (정점의\ 수 - 1)}$$

이를 예제로 살펴보겠습니다.

다섯 명의 멤버(앨리스, 밥, 찰리, 데이브, 이브)로 이루어진 독서 모임을 가정해 봅시다. 모든 멤버가 서로를 알고 교류한 상태라면, 총 10개의 연결(또는 간선)이 생기게 됩니다(앨리스-밥, 앨리스-찰리, 앨리스-데이브, 앨리스-이브, 밥-찰리 등). 이 경우 가능한 최대 연결(간선)의 수는 10입니다. 이 모든 연결이 존재한다면, 밀도(density)는 다음과 같습니다.

$$밀도 = \frac{2 \times 10}{5 \times 4} = 1$$

이는 완전히 밀집된, 혹은 완전히 연결된 네트워크를 나타냅니다.

하지만 다음과 같은 시나리오를 가정해봅시다.

- 앨리스는 밥과 찰리만 알고 있다.
- 밥은 앨리스와 데이브만 알고 있다.
- 찰리는 앨리스만 알고 있다.
- 데이브와 이브는 아직 누구와도 교류하지 않았다.

이 경우에는 실제 연결은 앨리스-밥, 앨리스-찰리, 밥-데이브 총 3개뿐입니다.

밀도를 계산하면 다음과 같습니다.

$$밀도 = \frac{2 \times 3}{5 \times 4} = 0.3$$

이 값이 1보다 작은 0.3이라는 것은 네트워크가 완전히 연결되지 않았음을 나타냅니다.

즉, 구성원 간의 많은 잠재적인 상호작용(간선)이 아직 이루어지지 않았다는 의미입니다.

즉, 밀도가 1에 가까우면 밀접하게 연결된 네트워크를 나타내며, 0에 가까운 값은 상호작용이 희소(sparse)함을 나타냅니다. 밀도를 분석하면 소셜 네트워크 분석, 인프라 최적화, 조직 내 협업 구조 이해 등 다양한 분야에서 시스템 내 요소들이 얼마나 상호 연결되어 있는지를 파악할 수 있습니다.

5.5.2. 중심성 지표 이해하기

중심성 지표(centrality measure)를 통해 그래프에 있는 개별 노드의 중요도를 파악할 수 있습니다. 중심성은 네트워크의 키 플레이어(key player)나 허브(hub)를 식별할 수 있습니다. 예를 들어 사회에서 영향력 있는 인플루언서나 중요한 인물을 찾아낼 수 있으며, 도시 계획에서는 교통 흐름이나 접근성에서 중요한 역할을 하는 주요 건물이나 교차로를 식별하는 데 도움이 될 수 있습니다. 중심성을 이해하는 것은 네트워크의 기능, 결속력, 또는 영향력을 결정하는 데 중요한 노드를 파악하는 데 필수적입니다

그래프 분석에서 중심성에 대한 주요 지표는 다음과 같습니다.

- **차수**(degree): 특정 노드가 갖는 직접적인 연결 수를 나타냅니다.
- **매개**(betweenness): 한 노드가 다른 두 노드 사이의 최단 경로에서 다리를 형성하는 빈도를 나타냅니다.
- **근접성**(closeness): 특정 노드가 네트워크의 다른 모든 노드에 얼마나 가까운지를 나타냅니다.
- **고유 벡터**(eigen vector): 연결의 수뿐만 아니라 질적인 측면에서도 노드의 영향성을 측정합니다.

중심성 지표는 모든 그래프에 적용될 수 있습니다. 그래프는 객체(정점 또는 노드)와 그 관계(간선)를 일반적으로 표현하는 구조이며, 중심성 척도는 이러한 그래프 내 노드의 중요성이나 영향을 평가하는 데 도움을 줍니다. 네트워크는 그래프의 구체적인 구현 또는 응용으로, 소셜 네트워크, 교통 시스템 또는 통신 네트워크와 같은 실제 시스템을 나타내는 경우가 많습니다. 따라서 중심성 지표는 모든 종류의 그래프에 보편적으로 적용할 수 있습니다. 뿐만 아니라 중심성 지표는 실제 시스템을 실용적으로 이해하고 최적화할 수 있다는 측면에서 네트워크 분야에서 강조됩니다.

이제 이러한 지표를 좀 더 깊이 탐구하여 그 유용성과 세부적인 차이를 살펴보겠습니다.

5.5.2.1. 차수

특정 정점에 연결된 간선의 수를 **차수**(dgree)라고 합니다. 차수는 특정 정점이 네트워크에서 얼마나 잘 연결되어 있는지를 나타내며, 네트워크 전반에 메시지를 빠르게 전파할 수 있는 능력을 평가하는 데 유용합니다.

$a_{Graph}=(V,E)$라고 해 봅시다. 여기서 V는 정점의 집합, E는 간선의 집합입니다. a_{Graph}는 $|V|$개의 정점과 $|E|$개의 간선을 갖습니다. 노드의 차수를 $|V|-1$로 나눈 값을 **차수 중심성**(degree centrality)이라 합니다.

$$C_{DC_a} = \frac{deg\ (a)}{|V|-1}$$

이제 구체적인 예제를 봅시다. 다음 그래프를 보세요.

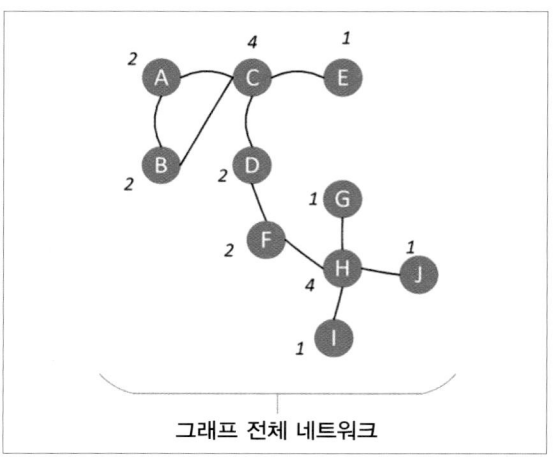

〈그림 5-3〉 차수 및 차수 중심성 개념을 표현한 단순 그래프

그림 5-3의 그래프에서 정점 C의 차수는 4입니다. 이 정점의 차수 중심성은 다음과 같이 계산합니다.

$$C_{DC_a} = \frac{deg(c)}{|V|-1} = \frac{4}{10-1} = 0.44$$

5.5.2.2. 매개(betweenness)

매개 중심성은 정점의 중요성을 측정하는 핵심 지표입니다. 소셜 미디어에서 매개 중심성은 특정 개인이 특정 하위 그룹 내에서 커뮤니케이션에 중요한 역할을 할 가능성을 평가하는 데 사용됩니다. 컴퓨터 네트워크 관점에서 정점이 컴퓨터를 나타낸다고 가정하면, 매개 중심성은 특정 컴퓨터(또는 정점)가 장애가 발생했을 때 노드 간 통신에 미치는 잠재적 영향을 분석하는 데 도움이 됩니다.

$a_{Graph} = (V,E)$에서 정점 a의 매개 중심성을 계산하는 방법은 다음과 같습니다.

1. a_{Graph}의 각 정점 쌍의 최단 거리를 계산합니다. 이 값은 $^n shortest_{Total}$로 나타냅니다.
2. $^n shortest_{Total}$로 정점 a를 거치는 최단 거리의 수를 집계합니다. 이 값은 $^n shortest_a$로 나타냅니다.
3. 매개 중심성을 다음과 같이 계산합니다.

$$^c betweeness_a = \frac{^n shortest_a}{^n shortest_{Total}}$$

5.5.2.3. 공정성과 근접성

그래프 이론에서 종종 특정 정점이 다른 정점들과 비교해 얼마나 중심적이거나 혹은 얼마나 떨어져 있는지를 파악하고자 합니다. 이를 수치화하는 한 가지 방법이 **공정성(fairness)**이라는 지표를 계산하는 것입니다.

예를 들어, 그래프 g에서 특정 정점 a가 있을 때, 공정성은 정점 a에서 그래프 내의 모든 다른 정점까지의 거리를 합산하여 구합니다. 이는 본질적으로 해당 정점이 이웃 정점들과 얼마나 "멀리 퍼져 있는지" 또는 "떨어져 있는지"를 보여줍니다. 이 개념은 정점의 중심성을 측정하는 기반이 됩니다. 즉 공정성은 정점이 다른 모든 정점으로부터 얼마나 떨어져 있는지를 전반적으로 나타내는 척도입니다.

근접성(closeness)은 공정성의 반대 개념으로 이해할 수 있습니다. 공정성이 거리의 합으로 정의되기 때문에, 그 반대 개념인 근접성은 거리 합의 음수로 생각할 수도 있지만, 실제로는 그렇지 않습니다. 중심성은 특정 정점이 그래프 내 다른 모든 정점과 얼마나 가까운지를 측정하며, 일반적으로 해당 정점에서 다른 모든 정점까지의 거리 합의 역수(reciprocal)로 계산됩니다.

공정성과 근접성은 모두 네트워크 분석의 핵심 지표입니다. 두 지표를 통해 네트워크에서 정보가 어떻게 흐르는지, 특정 노드가 얼마나 영향력이 있는지를 분석할 수 있습니다. 이러한 지표를 이해함으로써 네트워크 구조와 기반 역학에 대해 더 깊게 이해할 수 있습니다.

5.5.2.4. 고유벡터 중심성(eigenvector centrality)

고유벡터 중심성은 그래프에 있는 노드의 중요도를 계산한 지표입니다. 이때 노드에 직접 연결된 개수보다는 연결의 품질을 평가합니다. 즉 어떤 노드가 네트워크에서 중요한 다른 노드에 연결되어 있다면 해당 노드도 중요하다고 판단합니다.

수학적으로 조금 더 설명해 보겠습니다. 각 노드 v의 중심성 척도가 $X(v)$라고 해봅시다. 모든 노드 v에 대해, 고유벡터 중심성은 해당 노드의 이웃들이 가진 중심성 점수의 합을 기반으로 계산되며, 이는 계수 λ(고유벡터에 대응하는 고유값)로 합계됩니다.

$$X(V) = \frac{1}{\lambda} \sum_{U \in M(v)} X(U)$$

여기서 $M(v)$는 v의 이웃을 뜻합니다.

이웃을 기반으로 노드의 중요도에 대한 가중치를 부여한다는 개념은 구글에서 페이지랭크 알고리즘을 개발하는 기반이 되었습니다. 페이지랭크 알고리즘은 인터넷상의 모든 웹 페이지에 순위를 할당하여 중요도를 평가하는 방식으로 작동하며, 이 과정에서 고유벡터 중심성 개념이 큰 영향을 미쳤습니다.

이어서 나올 감시탑(watchtower) 예제를 이해하려면 고유벡터 중심성의 핵심 개념을 숙지하는 것이 중요합니다. 이를 통해 복잡한 네트워크 분석 기법이 어떻게 작동하는지 더 깊이 파악할 수 있습니다.

5.5.3. 파이썬으로 중심성 계산하기

네트워크를 만들고 네트워크의 중심성 지표를 계산해 봅시다.

5.5.3.1. 기초 설정: 라이브러리 및 데이터

여기서는 필수 라이브러리를 가져오고 사용할 데이터를 정의합니다.

```python
import networkx as nx
import matplotlib.pyplot as plt
```

정점과 간선에 대한 집합은 다음과 같습니다.

```python
vertices = range(1, 10)
edges = [(7, 2), (2, 3), (7, 4), (4, 5), (7, 3), (7, 5), (1, 6), (1, 7), (2, 8), (2, 9)]
```

여기서 정점은 네트워크의 개별 점 또는 노드를 나타냅니다. 간선은 노드 간의 관계 혹은 링크를 나타냅니다.

5.5.3.2. 그래프 만들기

기본 설정을 했으니 계속해서 그래프를 만들어 봅시다. 이 단계에서는 그래프 구조에 데이터(정점과 간선)를 추가합니다.

```
graph = nx.Graph()
graph.add_nodes_from(vertices)
graph.add_edges_from(edges)
```

여기서 Graph() 함수는 빈 그래프를 초기화합니다. 이후 add_nodes_from과 add_edges_from 메서드는 정의된 노드와 엣지로 이 그래프를 채웁니다.

5.5.3.3. 그림 그리기: 그래프 시각화

그래프를 사용하면 단순한 데이터보다 더 강력한 의미를 표현할 수 있습니다. 그래프에서 시각화는 이해를 도우며 그래프의 전반적 구조를 한 눈에 파악하도록 합니다.

```
nx.draw(graph, with_labels=True, node_color='y', node_size=800)
plt.show()
```

이 코드는 그래프를 그리는 코드입니다. with_labels=True는 각 노드에 라벨을 표시하도록 하며, node_color는 노드에 특정 색상을 지정하고, node_size는 노드의 크기를 조정하여 가독성을 높입니다.

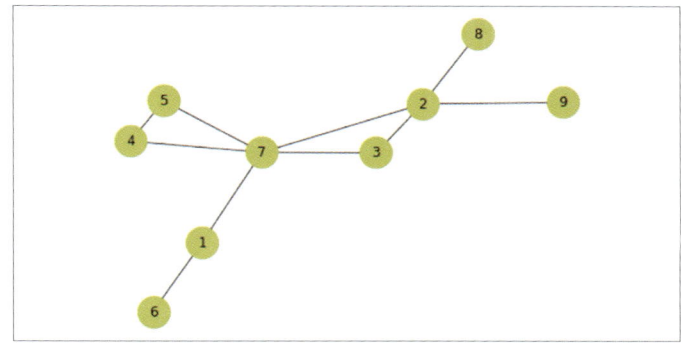

〈그림 5-4〉 노드와 노드의 상호 관계를 나타낸 그래프

그래프가 구축된 후 다음 중요한 단계는 각 노드의 중심성 척도를 계산하고 이해하는 것입니다. 앞서 논의했듯이 중심성 척도는 네트워크에서 노드의 중요도를 측정하는 기준입니다.

- **차수 중심성**: 이 지표는 노드와 연결된 비율을 나타냅니다. 간단히 말해 특정 노드 차수 중심성이 높다면 그래프에서 다른 노드에 많이 연결되었음을 의미합니다. `nx.degree_centrality(graph)` 함수는 노드를 키로, 해당 노드의 차수 중심성을 값으로 갖는 딕셔너리를 반환합니다.

    ```
    print("Degree Centrality:", nx.degree_centrality(graph))
    ```

    ```
    Degree Centrality: {1: 0.25, 2: 0.5, 3: 0.25, 4: 0.25, 5: 0.25, 6: 0.125, 7: 0.625,
    8: 0.125, 9: 0.125}
    ```

- **매개 중심성**: 이 지표는 특정 노드를 거치는 최단 경로의 수를 나타냅니다. 매개 중심성이 높은 노드는 그래프의 다른 부분을 연결하는 **다리 또는 병목**(bottleneck)으로 간주할 수 있습니다. `nx.betweenness_centrality(graph)`는 각 노드의 매개 중심성을 계산합니다.

    ```
    print("Betweenness Centrality:", nx.betweenness_centrality(graph))
    ```

    ```
    Betweenness Centrality: {1: 0.25, 2: 0.46428571428571425, 3: 0.0, 4: 0.0, 5: 0.0, 6:
    0.0, 7: 0.7142857142857142, 8: 0.0, 9: 0.0}
    ```

- **근접 중심성**: 이 척도는 특정 노드가 그래프 내 다른 노드와 얼마나 가까운지를 나타냅니다. 근접 중심성이 높은 노드는 다른 노드들과 빠르게 상호작용할 수 있어 중심에 위치한다고 볼 수 있습니다. 이 지표는 `nx.closeness_centrality(graph)`로 계산합니다.

    ```
    print("Closeness Centrality:", nx.closeness_centrality(graph))
    ```

    ```
    Closeness Centrality: {1: 0.5, 2: 0.6153846153846154, 3: 0.5333333333333333,
    4: 0.47058823529411764, 5: 0.47058823529411764, 6: 0.34782608695652173, 7:
    0.7272727272727273, 8: 0.4, 9: 0.4}
    ```

- **고유벡터 중심성**: 차수 중심성이 직접 연결된 노드의 수를 단순히 계산하는 것과 달리, 고유 벡터 중심성은 이러한 연결의 품질이나 강도를 고려합니다. 높은 점수를 가진 노드와 연

결된 노드는 더 높은 점수를 받게 되며, 이는 영향력 있는 노드를 측정하는 기준이 됩니다. 이해의 편의를 위해 이러한 중심성 값은 나중에 분류하겠습니다.

```python
eigenvector_centrality = nx.eigenvector_centrality(graph)
sorted_centrality = sorted(
    (vertex, '{:0.2f}'.format(centrality_val))
    for vertex, centrality_val in eigenvector_centrality.items()
)
print("Eigenvector Centrality:", sorted_centrality)
```

```
Eigenvector Centrality: [(1, '0.24'), (2, '0.45'), (3, '0.36'), (4, '0.32'), (5, '0.32'), (6, '0.08'), (7, '0.59'), (8, '0.16'), (9, '0.16')]
```

중심성 지표는 그래프나 하위 그래프 내에서 특정 정점의 중심성 정도를 나타내도록 설계되었습니다. 그래프를 살펴보면, 7번으로 표시된 정점이 가장 중심적인 위치를 차지하고 있는 것으로 보입니다. 정점 7은 네 가지 중심성 지표 모두에서 가장 높은 값을 가지며, 이는 해당 정점의 중요성을 반영합니다.

이제 그래프에서 정보를 검색(retrieve)하는 방법을 살펴보겠습니다. 그래프는 정점과 간선 모두에 다양한 속성과 관계 정보를 저장하는 복합 자료구조입니다. 그래프를 효율적으로 탐색하여 필요한 정보를 수집하고 질의에 답하는 몇 가지 방법을 알아보겠습니다.

5.5.4. 소셜 네트워크 분석

소셜 네트워크 분석(Social Network Analysis)은 그래프 이론에서 돋보이는 주요 응용 분야입니다. 본질적으로, 분석이 소셜 네트워크 분석으로 간주되려면 다음 기준을 충족해야 합니다.

- 그래프의 정점이 개인을 나타냅니다.
- 간선은 이러한 개인 간의 사회적 연결을 의미하며, 여기에는 친구 관계, 공통 관심사, 가족 관계, 의견 차이 등이 포함됩니다.
- 그래프 분석의 주요 목표는 뚜렷한 사회적 맥락을 이해하는 데 중점을 둡니다.

소셜 네트워크 분석의 흥미로운 측면 중에는 범죄 행위와 관련된 패턴을 밝히는 능력이 있습니다. 관계와 상호작용을 매핑하여 사기 행위를 나타내는 패턴 혹은 이상치(anomaly)를 집어낼 수 있습니다. 예를 들어 연결성(connectivity) 패턴을 분석하면 특정 상황에서 이상한 연결이나 빈도가 높은 상호작용을 파악할 수 있으며 이는 잠재적인 범죄 핫스팟이나 네트워크에 대한 힌트가 됩니다.

> **MEMO** 링크드인(LinkedIn)은 소셜 네트워크 분석에 관련된 새로운 기법을 연구하고 개발하는 데 많은 공헌을 했습니다. 실제로 링크드인은 이 분야에서 여러 알고리즘의 선구자라고 볼 수 있습니다.

따라서 본질적인 분산 구조와 상호 연결된 특성 덕분에 소셜 네트워크 분석은 그래프 이론의 가장 강력한 활용 사례 중 하나입니다. 그래프를 추상화하는 또 다른 방법은 이를 네트워크로 간주하고 네트워크를 위한 알고리즘을 적용하는 것입니다. 이 전체 영역을 네트워크 분석 이론이라고 하며, 다음에서 다루어 보겠습니다.

5.6 그래프 순회 이해하기

그래프를 활용하려면 그래프에서 정보를 추출해야 합니다. 그래프 순회(graph traversal)는 모든 정점과 간선을 일정한 순서로 방문하는 전략입니다. 이때 각 정점과 간선을 정확히 한 번씩만 방문하는 것이 중요합니다. 데이터를 탐색하기 위해 그래프를 순회하는 방법은 두 가지로 나눌 수 있습니다.

이 장의 앞에서 너비를 기준으로 탐색하는 방식을 너비 우선 탐색(BFS)이라고 하고, 깊이를 기준으로 탐색하는 방식을 깊이 우선 탐색(DFS)이라고 배웠습니다. 이제 각각에 대해 살펴보겠습니다.

5.6.1. BFS

BFS는 우리가 다루는 a_{Graph}에서 이웃 계층(layer or level) 개념이 존재할 때 가장 효과적으로 작동합니다. 예를 들면 링크드인에서 한 사람의 연결 관계를 그래프로 표현하면, 1차 연결이 있고 그다음 2차 연결이 있으며, 이는 곧 계층 구조로 해석될 수 있습니다.

BFS 알고리즘은 루트 정점에서 시작하여 이웃한 정점들을 탐색한 후, 다음 수준의 이웃 정점으로 이동하며 이 과정을 반복합니다.

먼저 다음과 같은 무향 그래프(undirected graph)를 기준으로 BFS 알고리즘을 살펴봅시다.

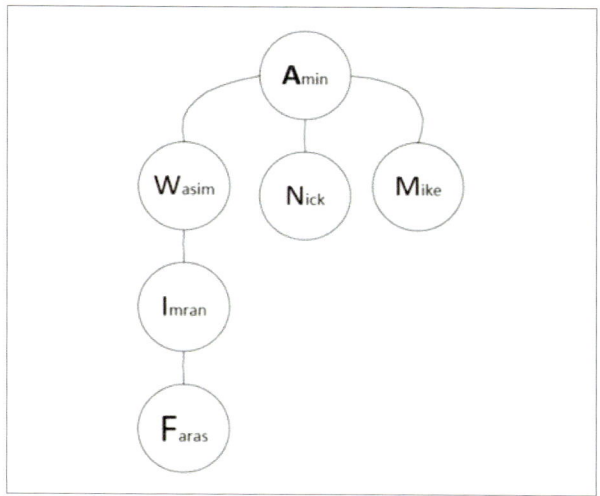

〈그림 5-5〉 개인 간 연결을 나타내는 무향 그래프

5.6.1.1. 인접 리스트 구축하기

파이썬에서 딕셔너리 자료구조를 사용하면 그래프의 인접 리스트(adjacency list)를 편리하게 나타낼 수 있습니다. 다음은 무향 그래프를 정의하는 방법입니다.

```
graph = {
    'Amin': {'Wasim', 'Nick', 'Mike'},
    'Wasim': {'Imran', 'Amin'},
    'Imran': {'Wasim', 'Faras'},
    'Faras': {'Imran'},
    'Mike': {'Amin'},
    'Nick': {'Amin'}
}
```

이를 파이썬에서 구현하기 위해 먼저 초기화 과정을 설명하고 메인 루프에 대해 살펴보겠습니다.

5.6.1.2. BFS 알고리즘 구현

BFS 알고리즘 구현에는 초기화 및 메인 루프 두 단계가 포함됩니다.

● 초기화(initialization)

그래프 순회는 두 가지 주요 자료구조를 기반으로 합니다.

- 방문 여부(visited): 탐색한 정점을 갖는 집합(Set)입니다. 시작할 때는 비어있습니다.
- 큐(queue): 탐색 중인 정점을 갖는 리스트입니다. 처음에는 시작 정점만 포함합니다.

● 메인 루프(main loop)

BFS의 핵심 로직은 노드를 계층별로 탐색하는 것입니다.

1. 큐에서 첫 번째 노드를 꺼내 현재 반복에서 탐색할 노드로 설정합니다.

```
node = queue.pop(0)
```

2. 해당 노드가 아직 방문되지 않았다면, 방문한 것으로 표기하고[5] 이웃 노드를 가져옵니다.

```
if node not in visited:
    visited.add(node)
    neighbours = graph[node]
```

3. 방문하지 않은 이웃 노드를 큐에 추가합니다.

```
for neighbour in neighbours:
    if neighbour not in visited:
        queue.append(neighbour)
```

4. 메인 루프가 완료되면 순회한 모든 노드가 담긴 `visited` 자료구조가 반환됩니다.

---

[5] 역자 주 방문한 노드에 대한 `visited` 집합에 이 노드를 추가합니다.

● BFS 코드 구현 완료하기

초기화와 메인 루프를 갖는 코드를 완성하면 다음과 같습니다.

```python
def bfs(graph, start):
    visited = set()
    queue = [start]
    while queue:
        node = queue.pop(0)
        if node not in visited:
            visited.add(node)
            neighbours = graph[node]
            unvisited_neighbours = [neighbour for neighbour in neighbours
                                    if neighbour not in visited]
            queue.extend(unvisited_neighbours)
    return visited
```

BFS 순회 메커니즘은 다음을 따릅니다.

1. 이 과정은 첫 번째 계층에서 시작합니다. 이 계층은 노드 'Amin'으로 표현됩니다.
2. 이어서 두 번째 계층으로 확장하여 'Wasim', 'Nick', 'Mike'를 방문합니다.
3. 계속해서 BFS는 다음 세 번째 그리고 네 번째 계층으로 이동하여 'Imran'과 'Faras'를 각각 방문합니다.

BFS가 순회를 마치면 모든 노드는 **visited** 집합에 있고 큐는 비게 됩니다.

5장 그래프 알고리즘 **163**

5.6.1.3. 특정 정보 탐색에 BFS 사용하기

BFS가 실제로 어떻게 동작하는지 이해하기 위해, 우리가 구현한 함수를 사용해 그래프에서 특정 인물로 가는 경로를 찾아보겠습니다.

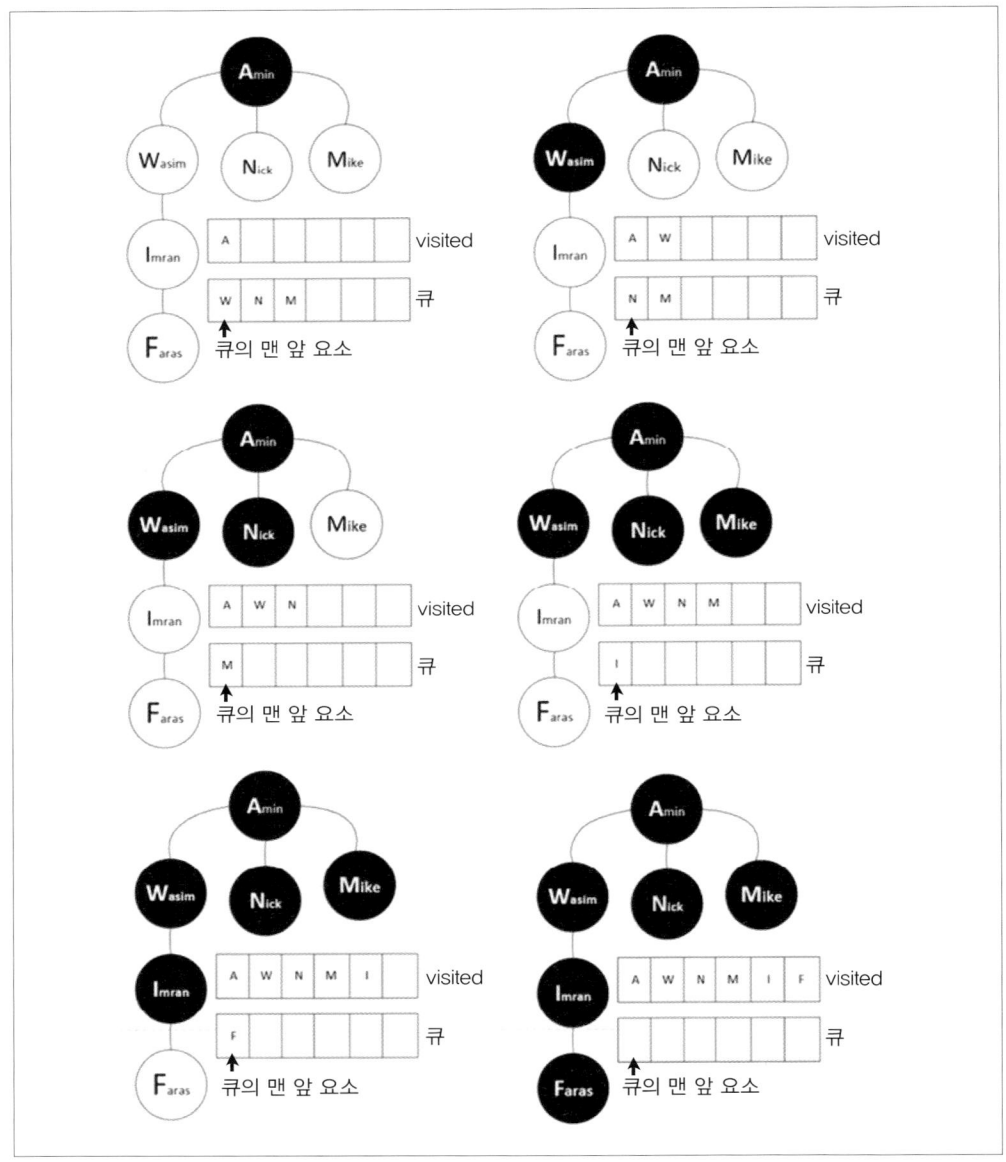

〈그림 5-6〉 BFS를 사용한 그래프의 계층별 순회

이제 BFS를 사용하여 그래프에서 특정 인물을 찾아보겠습니다. 탐색할 데이터를 지정하고 그 결과를 확인해 봅시다.

```
start_node = 'Amin'
print(bfs(graph, start_node))
```

{'Faras', 'Nick', 'Wasim', 'Imran', 'Amin', 'Mike'}

출력 결과는 BFS가 Amin에서 시작할 때 방문하는 노드의 순서를 나타냅니다.

이제 DFS 알고리즘을 살펴봅시다.

5.6.2. DFS

DFS는 BFS의 대안적인 그래프 순회 방식입니다. BFS가 그래프를 바로 이웃한 노드에 먼저 집중하여 계층 별로 탐색하는 반면, DFS는 백트래킹(backtracking)[6]하기 전 경로를 최대한 깊게 탐색하는 방식입니다.

트리(tree)를 떠올려 봅시다. 루트에서 시작하여 DFS는 가지(branch)에서 가장 먼 리프(leaf)로 뻗어나가며 해당 가지의 모든 노드를 'visited'로 표시한 다음, 동일한 방식으로 다른 가지를 탐색하기 위해 되돌아옵니다(backtrack). 다른 가지를 탐색하기 전에 현재 가지에서 가장 먼 리프 노드까지 도달한다는 개념입니다. 리프(leaf)는 트리에서 자식 노드가 없는 노드를 뜻하며, 그래프에서는 더 이상 방문하지 않은 인접 노드가 없는 노드를 의미합니다.

탐색이 무한 순환에 빠지지 않도록 순환 그래프에서 DFS는 불리언 플래그(boolean flag)를 사용합니다. 이 플래그는 특정 노드가 방문되었는지를 표시하여 알고리즘이 이미 방문한 노드를 다시 탐색하지 않도록 함으로써 무한 순환에 빠지는 것을 방지합니다.

DFS를 구현하기 위해 스택 자료구조를 사용합니다. 스택에 대한 자세한 내용은 **2장 알고리즘에 사용된 자료구조**에서 다루었습니다. 스택은 **후입선출**(LIFO, Last In, First Out) 원리를 따르며, 이는 BFS에 사용된 큐와 대조적입니다. 큐는 **선입선출**(FIFO, First In, First Out) 원리를 따릅니다.

---

[6] 역자 주 '퇴각검색'이라고도 합니다.

다음은 DFS에 사용된 코드입니다.

```python
def dfs(graph, start, visited=None):
    if visited is None:
        visited = set()
    visited.add(start)
    print(start)
    for next in graph[start] - visited:
        dfs(graph, next, visited)
    return visited
```

앞서 정의한 dfs 함수를 테스트하기 위해 다음 코드를 다시 사용해 봅시다.

```python
graph = {
    'Amin': {'Wasim', 'Nick', 'Mike'},
    'Wasim': {'Imran', 'Amin'},
    'Imran': {'Wasim', 'Faras'},
    'Faras': {'Imran'},
    'Mike': {'Amin'},
    'Nick': {'Amin'}
}
```

이 알고리즘을 실행한 결과는 다음과 같습니다.

```
Amin
Wasim
Imran
Faras
Nick
Mike
```

DFS를 사용해 그림 5-5의 그래프를 완전하게 탐색하는 패턴을 살펴봅시다.

1. 반복문은 최상위 노드 Amin에서 시작합니다.

2. 그런 다음 두 번째 계층인 Wasim으로 이동하고, 거기서부터 더 낮은 계층으로 내려가 Imran과 Faras 노드에 도달할 때까지 진행합니다.

3. 첫 번째 가지 탐색을 모두 완료한 다음, 되돌아와서 두 번째 계층으로 이동해 Nick과 Mike를 방문합니다.

이러한 순회 패턴은 그림 5-7에 있습니다.

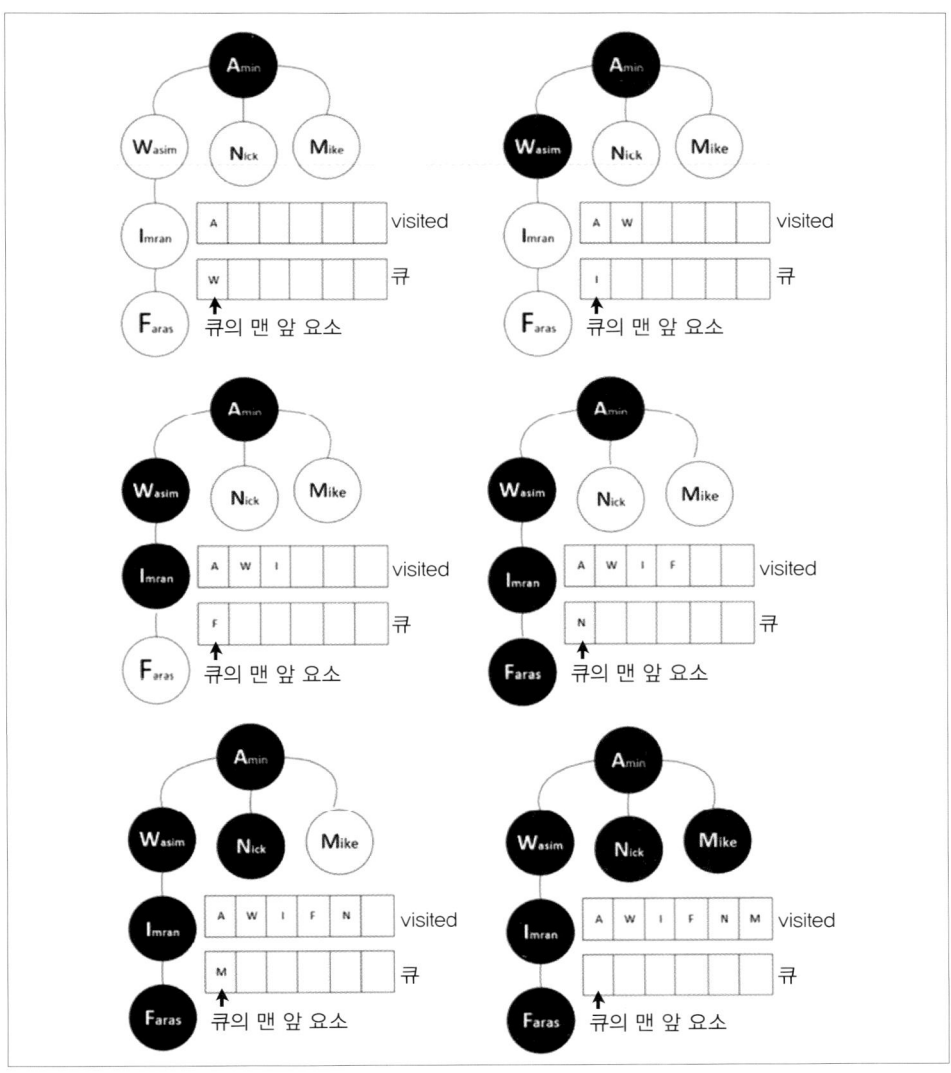

〈그림 5-7〉 DFS 순회의 시각적 표현

DFS는 트리에서도 사용할 수 있다는 점을 기억합시다.

이제 다양한 사례로 지금까지 논의한 개념들이 실제 문제 해결에 어떻게 활용될 수 있는지 살펴보겠습니다.

5.7 사례 연구: 소셜 네트워크 분석으로 사기 탐지하기

5.7.1. 도입

인간은 본질적으로 사회적 존재이며, 그들의 행동은 종종 함께하는 사람들에게 영향을 받습니다. 사기 분석(fraud analytics) 분야에서는 동질성(homophily)이라는 원칙이 있는데, 이는 공통된 속성이나 행동을 가진 사람들이 서로 관계를 맺을 가능성이 높다는 개념을 의미합니다. 예를 들어, 동질성 네트워크는 같은 고향 출신, 동일한 대학 졸업, 혹은 공통된 취미를 가진 사람들로 구성될 수 있습니다. 이 원칙의 핵심은 개인의 행동, 특히 사기와 같은 부정 행위가 가까운 사회적 연결망에 의해 영향을 받을 수 있다는 것입니다. 이는 연좌제(guilt by association)라고도 불립니다.

5.7.2. 사례 연구에서 사기란 무엇인가?

이 사례 연구에서 사기란 사칭, 신용카드 절도, 위조 수표 제출 등의 기망적 행위를 뜻합니다. 이러한 불법 행위는 관계 네트워크로 표현하여 분석할 수 있습니다. 분석 과정을 이해하기 위해 간단한 사례를 먼저 살펴봅시다. 이를 위해 9개의 정점과 8개의 간선이 있는 네트워크를 사용하겠습니다. 이 네트워크에서 정점 4개는 사기에 해당하며 **사기(Fraud, F)**로 분류합니다. 나머지 다섯은 사기 관련 이력이 없으며 **비사기(Non-Fraud, NF)**로 분류합니다.

이 그래프를 생성하기 위해 다음 단계를 통해 코드를 작성합니다.

1. 필요한 패키지를 임포트합니다.

```python
import networkx as nx
import matplotlib.pyplot as plt
```

2. 정점과 간선으로 구성된 자료구조를 정의합니다.

```
vertices = range(1, 10)
edges = [(7, 2), (2, 3), (7, 4), (4, 5), (7, 3), (7, 5), (1, 6), (1, 7), (2, 8), (2, 9)]
```

3. 그래프를 초기화합니다.

```
graph = nx.Graph()
```

4. 그래프에 노드와 간선을 추가하고, 레이아웃을 정의합니다.

```
graph.add_nodes_from(vertices)
graph.add_edges_from(edges)
positions = nx.spring_layout(graph)
```

5. 비사기(NF) 노드를 시각화합니다.

```
nx.draw_networkx_nodes(graph, positions,
                       nodelist=[1, 4, 3, 8, 9],
                       node_color='g',
                       node_size=1300)
```

6. 사기(F) 노드를 시각화합니다.

```
nx.draw_networkx_nodes(graph, positions,
                       nodelist=[2, 5, 6, 7],
                       node_color='r',
                       node_size=1300)
```

7. 마지막으로, 레이블과 간선을 시각화합니다.

```
labels = {
    1: '1 NF', 2: '2 F', 3: '3 NF', 4: '4 NF', 5: '5 F',
    6: '6 F', 7: '7 F', 8: '8 NF', 9: '9 NF'
}
nx.draw_networkx_labels(graph, positions, labels, font_size=16)
```

```
nx.draw_networkx_edges(graph, positions,
edges, width=3, alpha=0.5,
edge_color='b')
plt.show()
```

이 코드들을 실행하면 다음과 같은 그래프가 나타납니다.

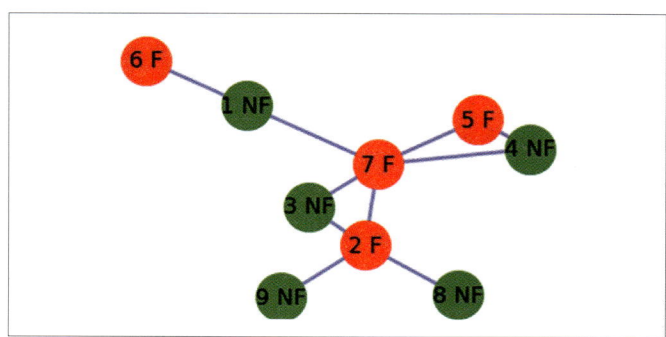

〈그림 5-8〉 사기 및 비사기 노드를 표현한 초기 네트워크

이미 각 노드를 그래프에 포함된 노드인지 아닌지 분석하여 분류했습니다. 이제 다음 그림과 같이 q라는 이름의 정점을 네트워크에 추가한다고 해봅시다. 이 사람에 대해서는 사전에 어떤 정보도 없으며, 이 사람이 사기에 연루되었는지 여부도 알 수 없습니다. 우리는 이 사람이 기존 소셜 네트워크 구성원들과의 연결 관계를 바탕으로 NF(비사기) 또는 F(사기)로 분류하고자 합니다.

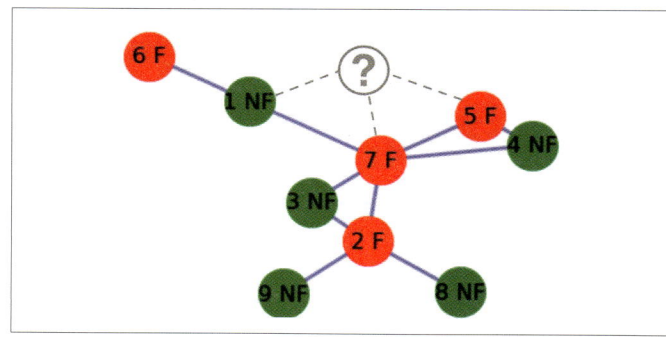

〈그림 5-9〉 기존 네트워크에 추가된 새 노드

노드 q로 표현되는 새로운 사람을 F 혹은 NF으로 분류하는 두 가지 방법이 있습니다.

- 중심성 지표나 사기의 종류에 대한 추가 정보를 활용하지 않는 단순한 방식
- 기존 노드의 중심성 지표와 사기의 종류에 대한 정보를 활용하는 고급 기법인 감시탑(watchtower) 방식

각 방식에 대해서 자세히 살펴보겠습니다.

5.7.3. 단순한 사기 분석 수행하기

단순한 사기 분석에서는 네트워크 안에서 개인의 행동은 연결된 사람들에 의해 영향을 받는다는 가정에 기반합니다. 즉, 네트워크에서 두 정점이 서로 연결되어 있을 경우, 이들이 유사한 행동을 보일 가능성이 높습니다.

이 가정을 바탕으로 단순한 분석 기법을 설계할 수 있습니다. 특정 노드 n이 F에 속할 확률은 $P(F/n)$로 나타내며 다음과 같이 계산합니다.

$$P(F/n) = \frac{1}{degree_n} \sum_{n_j \in Neighborhood_n | class(n_j)=F} W(n, n_j) DOS_{normalized_j}$$

- $Neighborhood_n$: 정점 n의 이웃 정점을 의미합니다.
- $W(n, n_j)$: 정점 n과 이웃 정점 n_j 사이의 연결 가중치를 나타냅니다.
- $DOS_{normalized}$: 의심 정도(degree of suspicion)를 0과 1 사이 값으로 정규화한 값입니다.
- $degree_n$: 노드 n의 차수입니다.

이 확률은 다음과 같이 계산합니다.

$$P(F/n) = \frac{1+1}{3} = \frac{2}{3} \approx 0.67$$

이 분석을 기반으로 해당 사람이 사기에 연루될 확률은 67%로 계산됩니다. 이때 사기 여부를 결정하기 위해 임계값(threshold)을 설정해야 합니다. 만약 임계값이 30%라면, 67%는 이를 초과하므로 해당 인물을 **사기(F)**로 분류할 수 있습니다.

이 과정은 네트워크에 새로 추가되는 각 노드마다 반복적으로 수행되어야 합니다. 이제, 사기 분석의 더 발전된 방법을 살펴보겠습니다.

5.7.4. 감시탑 사기 분석 방법 소개

앞에서 언급한 단순 사기 분석 기법은 두 가지 한계가 있습니다.

- 소셜 네트워크에서 각 정점의 중요성을 평가하지 않습니다. 사기에 연루된 중심 허브와의 연결은 고립된 사람과의 관계와는 다른 의미를 가질 수 있습니다.
- 기존 네트워크에서 누군가를 사기 연루 사례로 표시할 때, 범죄의 심각성은 고려하지 않습니다.

감시탑 사기 분석 방법론은 이러한 두 가지 제한을 해결합니다. 먼저 몇 가지 개념을 살펴보겠습니다.

5.7.4.1. 부정적 결과에 대한 점수 매기기

어떤 사람이 사기에 연루된 것으로 알려진 경우, 그 개인과 관련된 결과를 부정적 결과라고 합니다. 그러나 모든 부정적 결과가 동일한 심각성을 가지는 것은 아닙니다. 예를 들어, 다른 사람을 사칭하는 것으로 알려진 사람은 단순히 만료된 2만원 기프트 카드를 교묘히 사용해 유효하게 만들려는 사람보다 훨씬 더 심각한 부정적 결과를 갖게 됩니다.

1점에서 10점까지의 점수를 사용하여 부정적인 결과를 다음과 같이 평가해 보겠습니다.

부정적 결과	부정적 결과 점수
사칭	10
신용 카드 절도 연루	8
위조 수표 제시	7
범죄 기록	6
기록 없음	0

〈표 5-1〉 부정적 결과 점수 매기기

이 점수는 과거에 발생한 사기 사례와 그로 인한 영향을 분석한 데이터를 바탕으로 산정된 것입니다.

5.7.4.2. 의심 정도

의심 정도(DOS, Degree of Suspicion)는 특정 사람이 사기에 연루되었을 가능성에 대한 의심 수준을 수치화한 것입니다. DOS 값이 0이면 저위험 인물을 의미하고, DOS 값이 9이면 고위험 인물을 의미합니다.

과거 데이터 분석에 따르면, 전문적인 사기범들은 자신이 속한 소셜 네트워크에서 중요한 위치를 차지하고 있음을 알 수 있습니다. 이를 반영하기 위해, 먼저 네트워크 내 각 정점의 네 가지 중심성 지표를 모두 계산합니다. 이후 이 지표들의 평균을 구하여, 해당 인물이 네트워크에서 가지는 중요성을 나타냅니다.

만약 특정 정점과 연결된 인물이 사기에 연루된 경우, 우리는 앞서 제시된 표의 사전 정의된 값들을 활용해 이 부정적 결과를 점수화합니다. 이렇게 함으로써 범죄의 심각성이 각 개인의 DOS 값에 반영됩니다.

마지막으로, 중심성 지표의 평균과 부정적 결과 점수를 곱하여 DOS 값을 산출합니다. 그런 다음 네트워크에서 나타나는 DOS 값의 최댓값으로 나누어 DOS를 정규화합니다.

이제 앞선 네트워크에서 아홉 개 노드 각각에 대한 DOS를 계산해 보겠습니다.

	노드 1	노드 2	노드 3	노드 4	노드 5	노드 6	노드 7	노드 8	노드 9
차수 중심성	0.25	0.5	0.25	0.25	0.25	0.13	0.63	0.13	0.13
매개	0.25	0.47	0	0	0	0	0.71	0	0
근접성	0.5	0.61	0.53	0.47	0.47	0.34	0.72	0.4	0.4
고유 벡터	0.24	0.45	0.36	0.32	0.32	0.08	0.59	0.16	0.16
중심성 지표 평균	0.31	0.51	0.29	0.26	0.26	0.14	0.66	0.17	0.17
부정적 결과 점수	0	6	0	0	7	8	10	0	0
DOS	0	3	0	0	1.82	1.1	6.625	0	0
정규화된 DOS	0	0.47	0	0	0.27	0.17	1	0	0

〈표 5-2〉 노드 9개에 대한 DOS 값

각 노드와 정규화된 DOS는 다음 그림과 같습니다.

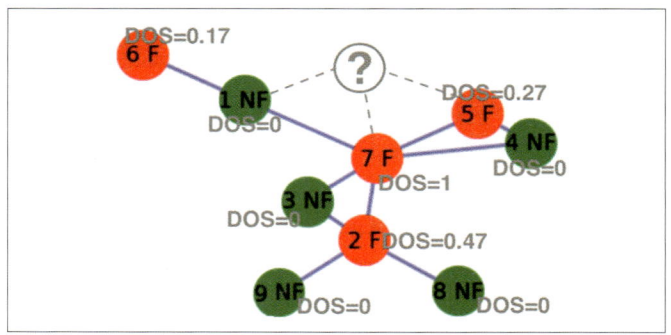

〈그림 5-10〉 계산한 DOS 값으로 노드 시각화하기

추가된 신규 노드 K의 DOS를 계산하기 위해 다음 공식을 사용합니다.

$$DOS_k = \frac{1}{degree_k} \sum_{n_j \in neighborhood_k | class(n_j)=F} W(k, n_j) DOS_{normalized_j}$$

관련된 값을 사용하여 다음과 같이 DOS를 계산합니다.

$$DOS_k = \frac{(0+1+0.27)}{3} \approx 0.42$$

이는 시스템에 추가된 신규 노드와 관련된 사기 위험을 나타냅니다. 0부터 1 사이의 범위에서 이 인물의 DOS 값은 0.42로 나타납니다. 다음과 같이 DOS에 대한 위험 구간을 나눌 수 있습니다.

DOS 값	위험도 분류
$DOS=0$	위험도 없음
$0<DOS<=0.10$	위험도 낮음
$0.10<DOS<=0.3$	위험도 중간
$DOS>0.3$	위험도 높음

〈표 5-3〉 DOS 값에 따른 위험 구간 분류

이 기준에 따르면 새로운 인물은 고위험 인물로 분류되며 위험 대상으로 표시되어야 합니다.

일반적으로 이러한 분석을 수행할 때 시간 요소는 고려되지 않습니다. 그러나 최근에는 시간이 지남에 따른 그래프의 성장 패턴을 분석하는 고급 기법들이 개발되고 있습니다. 이를 통해 연구자들은 진화하는 네트워크에서 정점 간 관계를 분석할 수 있습니다. 그래프에 대한 이러한 시계열 분석(time-series analysis)은 복잡성이 크게 증가하지만, 기존 방법으로는 발견할 수 없었던 추가적인 사기 증거를 발견할 수 있습니다.

요약

이 장에서는 그래프 기반 알고리즘에 대해 살펴보았습니다. 그래프 형태로 표현된 데이터를 나타내고, 탐색하며, 처리하는 다양한 기법을 다루었습니다. 또한 두 정점 사이의 최단 거리를 계산하는 방법을 익혔고, 문제 공간에서 이웃 관계를 구성해 보았습니다. 이러한 지식은 사기 탐지와 같은 문제를 그래프 이론으로 해결하는 데 도움이 될 것입니다.

다음 장에서는 다양한 비지도 학습 알고리즘에 초점을 맞출 예정입니다. 이번 장에서 다룬 여러 활용 기법들은 비지도 학습 알고리즘과 상호 보완적인 관계에 있으며, 이에 대해서는 다음 장에서 자세히 설명하겠습니다.

개발자를 위한 AI 알고리즘

2부

머신러닝 알고리즘

2부에서는 비지도 머신러닝 알고리즘과 전통적인 지도 학습 알고리즘 등 다양한 종류의 머신러닝 알고리즘을 자세히 설명하고, 자연어 처리에 사용되는 알고리즘도 소개합니다.

6장	비지도 머신러닝 알고리즘
7장	전통적인 지도 학습 알고리즘
8장	신경망 알고리즘
9장	자연어 처리 알고리즘
10장	순차 모델 이해하기
11장	고급 순차 모델 알고리즘

6장 비지도 머신러닝 학습 알고리즘

이 장은 비지도 학습의 기본 알고리즘과 방법론을 이해하고, 이를 현실 세계의 문제에 효과적으로 적용하는 방법을 목표로 합니다.

이 장에서는 다음 주제를 다룹니다.

- 비지도 학습 개요
- 클러스터링 알고리즘[1]
- 차원 축소
- 연관 규칙 마이닝

6.1 비지도 학습 개요

데이터가 무작위로 생성되지 않았다면, 다차원 공간에 존재하는 요소 간에는 특정한 패턴이나 관계가 나타나기 마련입니다. 비지도 학습은 이러한 패턴을 데이터셋 내에서 찾아내고 활용하여 데이터를 보다 체계적으로 구조화하여 이해하는 과정입니다. 이 과정에서 비지도 학습 알고리즘은 발견된 패턴을 바탕으로 데이터셋의 전반적인 구조를 파악하며, 그 결과 데이터를 더 깊게 이해하고 표현할 수 있습니다. 즉, 원시 데이터(raw data)에서 패턴을 추출하여 원시 데이터에 대한 이해를 높일 수 있습니다.

이 개념은 그림 6-1에 나타나 있습니다.

〈그림 6-1〉 레이블되지 않은 원시 데이터에서 패턴을 추출하기 위한 비지도 학습의 활용

---

1 역자 주 군집화 알고리즘이라고도 합니다.

이어지는 내용에서는 머신러닝 프로세스에 널리 사용되는 CRISP-DM 생명 주기를 살펴보겠습니다. 이 과정에서 비지도 학습이 어느 단계에 해당하는지도 짚어볼 것입니다. 비유하자면 비지도 학습은 마치 탐정이 최종 결과를 모른 채 단서를 조합해 패턴이나 그룹을 만들어가는 과정과 비슷합니다. 탐정의 통찰력이 사건 해결에 중요한 역할을 하듯, 비지도 학습 역시 머신러닝 생명 주기에서 핵심적인 역할을 합니다.

6.1.1. 데이터 마이닝 생명 주기에서 비지도 학습

먼저 일반적인 머신러닝 처리 과정의 여러 단계를 살펴봅시다. 이에 대한 이해를 돕기 위해 머신러닝을 활용한 데이터 마이닝 처리 사례를 살펴보겠습니다. 데이터 마이닝이란 주어진 데이터셋에서 의미 있는 상관관계(correlation), 패턴(pattern), 경향(trend)을 찾아내는 과정입니다. 머신러닝을 활용한 데이터 마이닝의 여러 단계를 설명하기 위해 이 책에서는 **데이터 마이닝에 대한 업계 간 표준 프로세스(CRISP-DM, Cross-Industry Standard Process for Data Mining)**를 사용합니다. CRISP-DM은 크라이슬러(Chrysler)와 IBM 같은 여러 유명 기업의 데이터 마이닝 그룹에서 고안됐습니다.[2]

CRISP-DM 생명 주기는 다음 그림과 같이 여섯 단계로 구성됩니다.

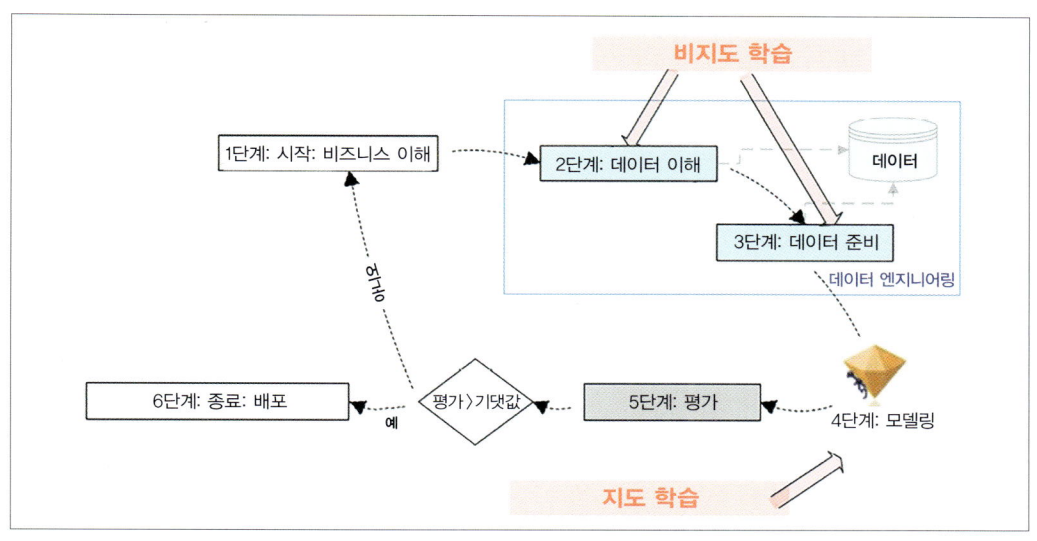

〈그림 6-2〉 CRISP-DM 생명 주기의 여러 단계

---

[2] 역자 주 더 자세한 내용은 https://www.ibm.com/docs/en/spss-modeler/saas?topic=dm-crisp-help-overview 에서 찾아볼 수 있습니다.

각 단계를 세분화하여 하나씩 살펴봅시다.

6.1.1.1. 1단계: 비즈니스 이해

이 단계에서는 요구사항을 수집하고 비즈니스 관점에서 문제를 이해하는 데 집중합니다. 문제의 범위를 명확히 정의하고, 이를 머신러닝 관점에 맞게 재구성하는 것도 중요한 과정입니다. 아울러 프로젝트의 목표를 식별하고, 이해관계자의 요구사항을 파악하는 작업도 포함합니다.

MEMO CRISP-DM 생명 주기의 1단계는 비즈니스 이해에 관한 단계라는 점을 명확히 인식해야 합니다. 이 단계에서는 '무엇을 해야 하는가'에 초점을 맞추며, '어떻게 할 것인가'는 이 단계의 핵심이 아닙니다.

6.1.1.2. 2단계: 데이터 이해

이 단계에서는 데이터 마이닝에 활용될 데이터를 이해하는 과정입니다. 앞서 1단계에서 정의한 문제를 해결하는 데 필요한 정보가 주어진 데이터셋에 모두 포함되어 있는지를 확인합니다. 데이터를 파악하기 위해 데이터 시각화, 대시보드, 요약 보고서 등의 도구를 사용할 수 있습니다. 또한 이 장의 후반부에서 설명할 비지도 머신러닝 알고리즘을 활용하여 데이터 내 패턴을 발견하고 그 구조를 세밀하게 분석함으로써 데이터를 더 깊이 이해할 수 있습니다.

6.1.1.3. 3단계: 데이터 준비

추후 4단계에서 학습할 머신러닝 모델을 위한 데이터를 준비하는 단계입니다. 사용 사례 및 요구사항에 따라 데이터 준비 단계에는 데이터 이상치(outlier) 제거, 정규화, null 값 제거, 차원 축소가 포함됩니다. 이에 대해서는 다른 장에서 더 자세히 설명하겠습니다. 데이터를 처리하고 준비한 후에는 보통 7:3의 비율로 데이터를 나눕니다. 7은 **훈련 데이터(training data)**라 하며, 다양한 패턴으로 모델을 학습하는 데 사용합니다. 한편 3은 **테스트 데이터(testing data)**라 하며 5단계에서 모델의 성능을 평가하기 위해 남겨둡니다. 또한 검증(validating)을 위한 데이터나 과적합(overfitting)을 방지하기 위해 모델을 파인튜닝(fine-tuning)할 데이터도 별도로 설정할 수 있습니다.

6.1.1.4. 4단계: 모델링

이 단계에서는 모델을 학습시켜 데이터 내의 패턴을 수식으로 만드는 과정입니다. 모델 학습에는 3단계에서 준비한 훈련 데이터를 사용합니다. 준비된 데이터를 머신러닝 알고리즘에 입력하고 반복 학습을 수행하면, 알고리즘은 데이터에 내재된 고유한 패턴을 식별합니다. 이 과정의 목적은 데이터셋 내의 다양한 변수 간 관계와 의존성을 나타내는 패턴을 수식화하는 것입니다. 이러한 수학적 수식의 복잡도와 특성은 선택한 알고리즘에 따라 크게 달라지며, 이에 대해서는 이후 장에서 자세히 설명합니다. 예를 들어, 선형 회귀 모델은 선형 방정식을 생성하고, 결정 트리 모델은 의사 결정 구조를 트리 형태로 모델링합니다.

모델 훈련뿐만 아니라 모델 튜닝(model tuning)도 CRISP-DM 생명 주기의 4단계를 구성하는 또 다른 요소입니다. 모델 튜닝은 모델의 성능을 높여 더 정확하게 예측하도록 학습 알고리즘의 매개변수를 최적화하는 과정입니다. 이때, 검증 세트(validation set)를 선택적으로 활용하여 모델을 파인튜닝합니다. 파인튜닝 과정에서 데이터 학습과 새로운 데이터에 대한 일반화 사이의 균형을 찾기 위해 모델의 복잡도를 조정합니다. 머신러닝에서 검증 세트는 예측 모델을 미세 조정하기 위해 사용하는, 데이터셋의 하위 집합을 의미합니다.

이 과정은 모델의 복잡도를 조절하여, 이미 알려진 데이터로부터의 학습과 새로운 데이터에 대한 일반화 사이에서 최적의 균형을 찾는 데 도움을 줍니다. 이 균형은 모델이 훈련 데이터에 지나치게 맞춰져 새로운 데이터에서는 성능이 저하되는 과적합(overfitting)을 방지하는 데 중요합니다. 따라서 모델 튜닝은 단순히 예측력을 향상시키는 것에 그치지 않고, 모델의 견고함과 신뢰성을 확보하는 데에도 핵심적인 역할을 합니다.

6.1.1.5. 5단계: 평가

이 단계에서는 3단계에서 준비한 테스트 데이터를 사용하여 훈련된 모델을 평가합니다. 모델의 성능은 1단계에서 설정한 기준선(baseline)과 비교하여 측정합니다. 머신러닝에서 기준선은 성능 평가를 위한 참조 지침을 의미하며, 다양한 방법으로 설정할 수 있습니다. 예를 들어, 간단한 규칙 기반 시스템, 기본 통계 모델, 무작위 예측 결과 또는 인간 전문가의 평가 등이 기준선이 될 수 있습니다. 기준선의 목적은 머신러닝 모델이 최소한으로 넘어야 할 성능 임계점을 제공하는 것입니다. 이는 비교를 위한 벤치마크 역할을 하며, 우리가 기대하는 성능 수준을 명확히 보여줍니다. 평가 결과가 1단계에서 정의한 기대치와 일치하면 다음 단계로 진행하고, 그렇지 않으면 1단계로 돌아가 전체 과정을 다시 반복해야 합니다.

6.1.1.6. 6단계: 배포

5단계인 평가가 완료되면, 학습된 모델의 성능이 설정한 기대치를 충족하거나 초과했는지 확인합니다. 하지만 성공적인 평가 결과가 곧바로 모델의 배포 준비 완료를 의미하지는 않는다는 점을 유념해야 합니다. 모델이 테스트 데이터에서 좋은 성능을 보였다고 해서, 그것만으로 실제 1단계에서 정의한 현실 세계의 문제를 해결할 준비가 되었다고 단정할 수는 없습니다. 모델이 이전에 본 적 없는 새로운 데이터에 대해 어떻게 작동할지, 기존 시스템과 어떻게 통합될지, 예상치 못한 극단적인 상황(edge case)을 어떻게 처리할 수 있을지도 고려해야 합니다. 이러한 다양한 평가 기준을 충분히 충족한 경우에만, 모델을 실제 운영 환경에 배포하고 정의된 문제에 대해 실질적인 해결책을 제공할 수 있게 됩니다.

 CRISP-DM 생명 주기의 2단계(데이터 이해)와 3단계(데이터 준비)는 데이터를 이해하고 모델 학습에 적합한 형태로 준비하는 데 초점을 맞춥니다. 이 두 단계는 데이터 처리 과정으로 구성되어 있으며, 일부 조직에서는 이러한 데이터 엔지니어링 단계를 전문적으로 수행하는 인력을 따로 두기도 합니다.

문제에 대한 해결책을 제시하는 과정이 전적으로 데이터 기반이라는 점은 분명합니다. 실용적인 해결책을 도출하기 위해서는 지도 학습과 비지도 학습을 함께 활용하게 됩니다. 이 장에서는 비지도 학습에 해당하는 부분에 중점을 두고 설명합니다.

 데이터 엔지니어링은 2단계와 3단계로 구성되며, 머신러닝에서 가장 시간이 많이 소요되는 단계입니다. 일반적인 머신러닝 프로젝트에서는 시간과 자원의 약 70% 가량이 소요됩니다.

다음 절에서 비지도 학습 알고리즘에 대해 더 자세히 설명하겠습니다.

6.1.2. 비지도 학습의 현재 연구 경향

머신러닝 연구 분야는 상당한 변화를 겪어왔습니다. 과거에는 주로 지도 학습 기법에 초점이 맞추어져 있었습니다. 지도 학습은 추론 작업에 즉시 활용할 수 있으며, 시간 절약, 비용 절감, 예측 정확도의 뚜렷한 향상과 같은 분명한 이점을 제공했습니다.

반대로, 비지도 머신러닝 알고리즘의 고유한 역량은 비교적 최근에서야 주목을 받기 시작했습니다. 지도 학습과 달리 비지도 기법은 직접적인 지시나 사전 가정을 필요로 하지 않습니다. 이 기법들은 데이터의 더 넓은 차원이나 다양한 측면을 탐색하는 데 능숙하여, 데이터셋을 더욱 포괄적으로 분석할 수 있게 해줍니다.

여기서 머신러닝 용어를 명확히 하자면, **특징(feature)**은 관찰된 현상에서 개별적으로 측정 가능한 속성 혹은 특성에 해당합니다. 예를 들어 고객 정보와 관련된 데이터셋에서 특징은 고객의 나이, 구매 이력, 탐색 행위와 같은 측면일 수 있습니다. 한편, **레이블(label)**은 이러한 특징들을 기반으로 모델이 예측하고자 하는 결과값을 뜻합니다.

지도 학습은 주로 다양한 특징들과 특정 레이블 간의 관계를 설정하는 데 중점을 두는 반면, 비지도 학습은 사전에 정의된 레이블에 얽매이지 않습니다. 대신 다양한 특징 간의 복잡한 패턴을 더 깊이 탐색할 수 있으며, 이는 지도 학습 방식으로는 간과되기 쉬운 부분일 수 있습니다. 이러한 특성 덕분에 비지도 학습은 보다 확장 가능하고 다양한 응용 분야에 활용될 수 있는 잠재력을 지닙니다.

하지만 이러한 비지도 학습의 유연성은 동시에 몇 가지 도전 과제를 동반합니다. 탐색 가능한 공간이 넓기 때문에 계산 자원이 더 많이 요구되며, 이는 더 높은 비용과 긴 처리 시간으로 이어질 수 있습니다. 또한 비지도 학습은 탐색적인 특성을 가지므로 범위(scope)를 관리하는 것이 더 복잡할 수 있습니다. 그럼에도 불구하고, 비지도 학습은 데이터 내에 숨겨진 패턴이나 상관관계를 발견할 수 있는 능력이 있어 데이터 기반 통찰을 얻는 강력한 도구가 되었습니다.

오늘날의 연구 동향은 지도 학습과 비지도 학습을 통합하는 방향으로 나아가고 있습니다. 이러한 통합 전략의 목적은 두 방식의 장점을 모두 활용하는 데 있습니다.

이제 실용 예제를 살펴봅시다.

6.1.3. 실용 예제

현재 비지도 학습은 데이터를 더 깊이 이해하고 구조화하기 위해 사용됩니다. 예를 들어, 시장 세분화(marketing segmentation), 데이터 분류(data categorization), 사기 탐지(fraud detection), 그리고 이번 장 후반부에서 설명할 장바구니 분석(market basket analysis)에서 사용됩니다. 이 중 비지도 학습을 시장 세분화에 적용한 사례를 먼저 살펴봅시다.

6.1.3.1. 비지도 학습을 사용한 시장 세분화

비지도 학습은 시장 세분화를 위한 강력한 도구로 활용됩니다. 시장 세분화란 목표 시장을 공통된 특성을 기반으로 여러 그룹으로 나누어, 기업이 특정 고객 집단에 맞는 마케팅 전략과 메시지를 효과적으로 전달하고 소통할 수 있도록 하는 과정입니다.

세분화에 활용되는 특성으로는 인구통계학적 요인, 행동 양식, 지리적 유사성 등이 있을 수 있습니다. 알고리즘과 통계 기법을 활용하면 기업은 고객 데이터에서 의미 있는 통찰을 도출하고, 숨겨진 패턴을 찾아내며, 고객을 행동, 선호도, 특성의 유사성을 기준으로 명확한 세그먼트로 구분할 수 있습니다.

이와 같은 데이터 기반 접근 방식은 마케터들이 맞춤형 전략을 수립하고, 고객 타겟팅을 개선하며, 전체적인 마케팅 효과를 높일 수 있도록 돕습니다.

6.2 클러스터링 알고리즘 이해하기

비지도 학습에서 사용되는 가장 간단하면서도 강력한 기법 중 하나는 유사한 패턴을 묶는 클러스터링 알고리즘입니다. 이 기법은 해결하려는 문제와 관련된 데이터의 특정 측면을 이해하는 데 활용됩니다.

클러스터링 알고리즘은 데이터 항목에서 자연스러운 그룹화를 찾아냅니다. 이러한 그룹화는 특정 목표나 사전 가정에 기반하지 않기 때문에, 비지도 학습 기법으로 분류됩니다.

예를 들어 책으로 가득한 거대한 도서관을 떠올려 봅시다. 책은 각각 장르, 저자, 출판연도 등과 같은 다양한 속성을 포함한 데이터 포인트를 나타냅니다. 이제 이 책을 정리해야 하는 사서(클러스터링 알고리즘)를 상상해 봅시다. 사서는 책의 속성을 살펴보며 미스터리 소설은 미스터리끼리, 고전 문학은 고전끼리, 같은 작가의 책은 함께 묶는 식으로 분류합니다. 이것이 바로 데이터 항목 간의 **자연스러운 그룹(natural group)**을 찾는다는 의미이며, 유사한 특성을 가진 항목들이 하나의 클러스터로 묶이게 됩니다.

다양한 클러스터링 알고리즘이 생성하는 그룹은 문제 공간의 데이터 포인트 사이에서 찾은 유사성을 기반으로 형성됩니다. 머신러닝에서 **데이터 포인트**란 다차원 공간에 존재하는 하나의 측정값 또는 관측값의 집합을 의미합니다. 쉽게 말해, 머신이 주어진 작업을 학습하는 데 사용하는 하나의 정보 단위라 할 수 있습니다. 데이터 포인트 간의 유사성을 판단하는 가장 좋은 방법은 문제의 특성에 따라 달라집니다. 이제 이러한 유사성을 계산하는 데 사용할 수 있는 다양한 방법들을 살펴보겠습니다.

6.2.1. 유사도 계산하기

클러스터링 알고리즘과 같은 비지도 학습 기법은 주어진 문제 공간 내 다양한 데이터 포인트 간의 유사성을 파악함으로써 효과적으로 작동합니다. 이러한 알고리즘의 성능은 유사성을 얼마나 정확하게 측정하는지에 따라 크게 좌우됩니다. 머신러닝에서는 이러한 유사성 측정 방법을 흔히 **거리 측정법**(distance measure)이라 합니다. 그런데 거리 측정법이란 정확히 무엇일까요?

본질적으로 거리 측정법은 두 데이터 포인트 간 **거리** 혹은 유사도를 계산하는 수학 공식 또는 방법입니다. 여기서 거리는 물리적 거리가 아니라 데이터 포인트의 특징에 따른 유사성 또는 차이를 뜻합니다.

클러스터링에서 거리는 크게 두 가지로 나눌 수 있습니다. 군집 간 거리(intercluster distance)와 군집 내 거리(intracluster distance)입니다. 군집 간 거리는 서로 다른 클러스터(데이터 그룹) 간의 거리를 의미하고 군집 내 거리는 동일한 클러스터 내의 데이터 포인트 사이의 거리입니다. 좋은 클러스터링 알고리즘은 이 두 거리 개념을 기반으로 합니다. 이때 클러스터 간 거리는 최대화하여 클러스터가 명확히 구분되도록 하고, 클러스터 내 거리는 최소화하여 하나의 클러스터 내부에서는 최대한 유사한 데이터가 모이도록 해야 합니다. 다음은 이러한 유사성을 수치로 나타내는 대표적인 세 가지 방법입니다.

- 유클리드 거리 측정법
- 맨해튼 거리 측정법
- 코사인 거리 측정법

이러한 거리 측정법에 대해 더 자세히 살펴봅시다.

6.2.1.1. 유클리드 거리

서로 다른 지점 간의 거리는 두 데이터 포인트 간의 유사성을 수치화하는 데 사용되며, 클러스터링과 같은 비지도 학습 기법에서 널리 활용됩니다. 유클리드 거리는 가장 보편적이며 단순한 거리 측정법입니다. 여기서 **거리**라는 용어는 다차원 공간에서 두 데이터 포인트가 얼마나 유사한지를 수치로 나타내며, 이는 데이터 포인트의 그룹화를 이해하는 데 매우 중요합니다. 이러한 거리 측정법 가운데 가장 간단하고 널리 사용되는 것이 유클리드 거리 측정법입니다.

유클리드 거리는 3차원 공간에서 두 지점 사이의 직선 거리로 생각할 수 있으며, 이는 현실에서 거리를 측정하는 방식과 유사합니다. 예를 들어, 지도 위의 두 도시를 생각해 보면, 유클리드 거리는 도시 A에서 도시 B까지의 직선 거리, 즉 장애물(산이나 강 등)을 무시하고 **직선으로 날아가는 까마귀**가 이동하는 거리라고 할 수 있습니다.

이와 비슷한 방식으로 데이터의 다차원 공간에서 **유클리드 거리는 두 데이터 포인트 간 최단 직선 거리**를 계산합니다. 이를 통해 각 포인트의 특성이나 속성에 기반하여 데이터 포인트들이 얼마나 가까이 있거나 멀리 떨어져 있는지를 정량적으로 측정할 수 있습니다. 예를 들어, 이차원 공간에서 두 점 A(1,1)와 B(4,4)를 생각해 보겠습니다. 이들은 다음 그림과 같이 표현됩니다.

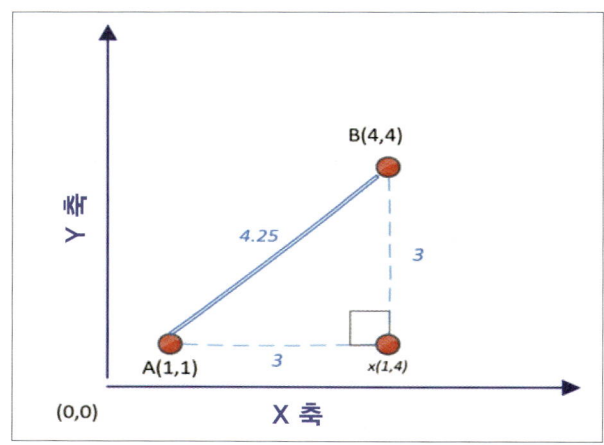

〈그림 6-3〉 주어진 두 점의 유클리드 거리 계산하기

A와 B 사이의 거리, 즉 d(A, B)를 계산하기 위해 다음과 같은 피타고라스 공식을 사용할 수 있습니다.

$$d(A, B) = \sqrt{(a_2 - b_2)^2 + (a_1 - b_1)^2} = \sqrt{(4-1)^2 + (4-1)^2} = \sqrt{9+9} = 4.25$$

참고로 이는 2차원 공간에 대한 계산입니다.

n차원 문제 공간에 대해서는 다음과 같이 두 점 A와 B 간의 거리를 계산할 수 있습니다.

$$d(A, B) = \sqrt{\sum_{i=1}^{n} (a_i - b_i)^2}$$

6.2.1.2. 맨해튼 거리

많은 상황에서 유클리드 거리는 두 지점의 유사성이나 근접성을 정확히 나타내지 못할 수 있습니다. 예를 들어, 두 데이터 포인트가 지도상의 위치를 나타낸다고 할 때, 자동차나 택시와 같은 지상 교통수단을 이용하여 A 지점에서 B 지점까지 이동하는 실제 거리는 유클리드 거리로 계산한 거리보다 더 길 수 있습니다. 붐비는 도시를 격자(grid) 모양으로 생각해 봅시다. 여기서 한 점에서 다른 점으로 이동할 때는 (유클리드 거리처럼) 빌딩을 통과해서 직선으로 갈 수 없습니다. 반드시 격자 모양의 길을 따라가야 합니다. 맨해튼 거리는 이러한 실제 세상의 길 찾기 방식을 반영합니다. 즉, A 지점에서 B 지점까지 격자 구조를 따라 이동한 전체 거리를 계산합니다.

이런 상황에서는 맨해튼 거리를 사용합니다. 맨해튼 거리를 사용하여 출발점에서 목적지까지 격자형 도시 거리를 따라 이동한 거리를 추정합니다. 유클리드 거리와 같은 직선 거리 측정법과는 달리 맨해튼 거리는 두 장소 간 실제 거리를 더욱 정확하게 반영합니다. 맨해튼 거리와 유클리드 거리를 비교하여 시각화한 내용은 다음과 같습니다.

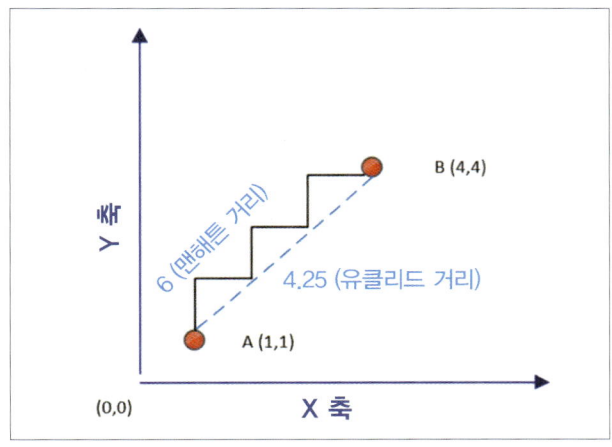

〈그림 6-4〉 두 점 간 맨해튼 거리 계산하기

그림에서 맨해튼 거리는 격자선을 따라 직각으로 이동하는 지그재그 경로로 표현됩니다. 반면, 유클리드 거리는 A 지점에서 B 지점까지의 직선 경로로 나타납니다. 맨해튼 거리는 유클리드 거리보다 같거나 큽니다.

6.2.1.3. 코사인 거리

유클리드 거리와 맨해튼 거리는 단순하고 저차원적인 공간에서는 좋지만 더 복잡한 **고차원**으로 가면 그 효과가 감소합니다. 여기서 고차원 공간이란 특징이나 변수가 많은 데이터셋을 의미합니다. 차원(특징)의 수가 증가하면 유클리드나 맨해튼 방식으로 거리를 계산하는 의미가 없어지게 되며[3] 계산도 더 많이 해야 합니다.

이 문제를 해결하기 위해 고차원 환경에서는 **코사인 거리** 측정법을 사용합니다. 이 방식은 두 데이터 포인트가 원점을 기준으로 이루는 각도의 코사인 값을 통해 유사성을 측정합니다. 여기서 중요한 것은 두 점 사이의 물리적 거리 자체가 아니라, 두 점이 이루는 각도입니다.

다차원 공간의 데이터 포인트가 서로 가까이 있다면 차원의 수와 상관없이 더 작은 각을 형성할 것입니다. 반대로 데이터 포인트가 멀리 떨어져 있다면 두 점이 이루는 각은 더 커질 것입니다. 따라서 코사인 거리는 고차원 데이터에서 유사성을 보다 정교하게 측정할 수 있도록 도와주며, 복잡한 데이터 패턴을 이해하는 데 유용한 지표가 됩니다.

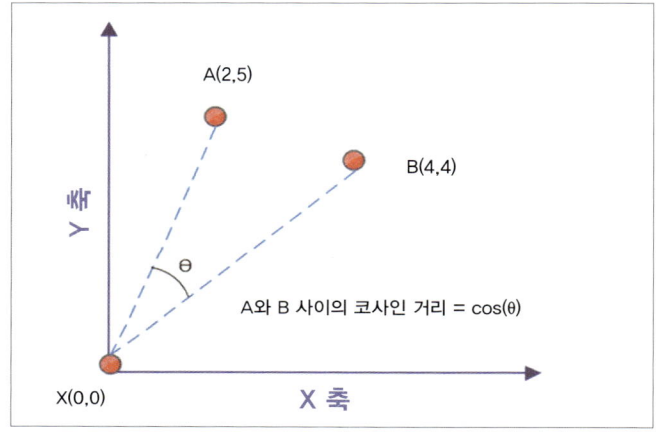

〈그림 6-5〉 코사인 거리 계산하기

---

[3] 역자 주 고차원 공간에서는 데이터 간 거리가 서로 비슷해지기 때문입니다. 이는 집중 효과(concentration effect) 또는 거리 집중 현상이라 합니다.

 **MEMO** 텍스트 데이터는 거의 고차원 공간이라고 볼 수 있습니다. 이는 텍스트 데이터의 고유한 특성에서 비롯되는데, 각 고유한 단어가 하나의 차원 또는 특징으로 간주될 수 있기 때문입니다. 코사인 거리 측정법은 고차원 공간에서 매우 효과적이므로, 텍스트 데이터를 다룰 때 적절한 선택이 될 수 있습니다.

그림 6-5에 나타난 것처럼, 점 A(2, 5)와 B(4, 4)가 이루는 각도의 코사인 값이 바로 θ로 표시된 코사인 거리입니다. 이때 두 점의 기준점은 원점, 즉 X(0, 0)입니다. 하지만 실제로는 문제 공간 내의 어떠한 지점이라도 기준점이 될 수 있으며, 반드시 원점일 필요는 없습니다.

이제 가장 널리 쓰이는 비지도 학습 기법 한 가지를 살펴보겠습니다. 바로 **k-평균 클러스터링 알고리즘**입니다.

6.2.2. k-평균 클러스터링 알고리즘

k-평균 클러스터링 알고리즘은 데이터 포인트들을 'k'개의 클러스터로 나누고, 평균값을 이용해 데이터 간의 **가까움**(closeness)을 판별하는 절차에서 이름을 얻었습니다. 여기서 **평균**(means)이란 각 클러스터의 중심점(centroid)을 계산한 것으로, 이는 클러스터 내 모든 데이터 포인트의 평균값으로 정의됩니다. 다시 말해, 알고리즘은 클러스터 내 각 특징(feature)의 평균값을 계산하여 새로운 데이터 포인트(즉, 중심점)를 만들고, 이 중심점을 기준으로 다른 데이터 포인트와의 거리를 측정하게 됩니다.

k-평균 알고리즘이 널리 사용되는 이유는 확장성과 속도에 있습니다. 이 알고리즘은 단순한 반복 절차를 사용하여 클러스터의 중심점을 계속 조정하고, 그 결과 중심점이 해당 클러스터의 대표성을 갖추게 됩니다. 이러한 단순성이 알고리즘을 매우 빠르고, 대규모 데이터셋에서도 잘 작동하도록 만듭니다.

그러나 k-평균 알고리즘에는 뚜렷한 한계도 있습니다. 바로 최적의 클러스터 개수 'k'를 스스로 결정할 수 없다는 점입니다. 이상적인 'k'값은 주어진 데이터셋의 자연스러운 그룹화에 따라 달라집니다. 이 제약은 알고리즘을 단순하고 빠르게 유지하기 위한 설계 철학에 따른 것이며, 따라서 'k' 값은 외부적으로 계산되어야 한다고 가정합니다.

문맥에 따라 'k'는 직접 정해질 수 있습니다. 예를 들어, 데이터 사이언스 강의 수강생 집단을 두 그룹(데이터 사이언스 역량 중심, 프로그래밍 역량 중심)으로 나누고자 한다면, 자연스럽게

'k=2'가 됩니다. 하지만 데이터셋에서 'k' 값이 명확하지 않을 경우, 시행착오를 통한 반복적 접근이나, 휴리스틱에 기반한 방법을 활용하여 가장 적절한 클러스터 개수를 추정해야 할 수도 있습니다.

6.2.2.1. k-평균 클러스터링의 작동 원리

이번에는 k-평균 클러스터링 알고리즘이 실제로 어떻게 작동하는지 단계별로 살펴보고 활용 방법에 대해서도 명확하게 이해할 수 있도록 설명하겠습니다. 그럼 이제 k-평균 알고리즘의 작동 원리를 살펴봅니다.

6.2.2.2. 초기 단계

k-평균 알고리즘은 데이터를 그룹화하기 위해 거리를 측정하여 데이터 포인트 간의 유사성 또는 근접성을 판단합니다. 알고리즘을 적용하기 전에, 데이터 특성에 가장 적합한 거리 측정 방식을 선택해야 합니다. 기본적으로는 유클리드 거리가 사용되지만, 데이터의 성격이나 목적에 따라 맨해튼 거리나 코사인 거리와 같은 방식이 더 적합할 수도 있습니다. 또한, 데이터셋에 이상치가 포함되어 있다면, 이를 식별하고 제거할 수 있는 기준을 마련해야 합니다. 이상치는 클러스터링 결과에 큰 영향을 줄 수 있기 때문에, 사전에 적절한 방식으로 처리해야 합니다. 이상치를 탐지하기 위해서는 Z-점수(Z-score)[4]나 사분범위(IQR, Interquartile Range)[5]와 같은 다양한 통계 방법을 사용할 수 있습니다.

이제 k-평균 알고리즘의 여러 단계를 살펴보겠습니다.

---

[4] 역자 주 Z-점수 = (원점수 - 평균) / 표준편차입니다. Z-점수는 각 데이터가 평균에서 얼마나 떨어져 있는지를 나타냅니다.

[5] 역자 주 IQR = Q3 - Q1입니다. Q1(첫 번째 사분위수)은 데이터의 하위 25% 지점에 해당하는 값이고, Q3(세 번째 사분위수)은 상위 25% 지점에 해당하는 값입니다. 사분범위를 활용하면 이상치를 판별하고 제거할 수 있습니다.

6.2.2.3. k-평균 알고리즘의 단계

k-평균 클러스터링 알고리즘에 속한 단계는 다음과 같습니다.

1단계	클러스터 개수인 k를 선택합니다.
2단계	데이터 포인트 중에서 임의로 k개의 점을 선택하여 초기 클러스터 중심으로 설정합니다.
3단계	선택한 거리 측정 방법에 따라, 문제 공간에 있는 각 점과 k개의 클러스터 중심 간의 거리를 반복하여 계산합니다. 이 단계에서는 데이터셋의 크기에 따라 시간이 오래 걸릴 수 있습니다. 예를 들어, 클러스터에 10,000개의 점이 있고 k = 3이라면, 총 30,000개의 거리를 계산해야 합니다.
4단계	문제 공간에 있는 각 데이터 포인트를 자신과 가장 가까운 클러스터 중심이 있는 그룹에 할당합니다.
5단계	이제 모든 데이터 포인트가 클러스터에 배정되었습니다. 하지만 초기 클러스터 중심이 무작위로 선택되었기 때문에, 현재 클러스터 중심이 실제 각 클러스터의 중심인지 확인해야 합니다. 따라서 각 클러스터를 구성하는 데이터 포인트의 평균을 계산하여 클러스터의 중심을 다시 산출합니다. 바로 이 단계 때문에 이 알고리즘을 'k-평균'이라고 합니다.
6단계	5단계에서 클러스터 중심이 이동되었다면, 각 데이터 포인트가 할당될 클러스터를 다시 계산해야 합니다. 이를 위해 3단계로 돌아가 거리 계산을 반복합니다. 클러스터 중심이 이동되지 않았거나, 미리 정한 정지 조건(예: 최대 반복 횟수 도달)을 충족하면 알고리즘은 종료됩니다.

〈표 6-1〉 k-평균 알고리즘의 단계

다음 그림은 2차원 문제 공간에서 k-평균 알고리즘을 실행한 결과입니다.

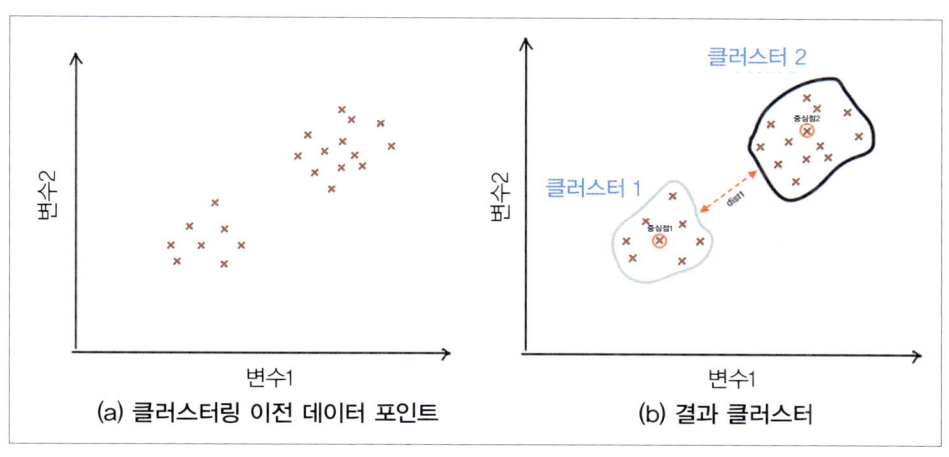

〈그림 6-6〉 k-평균 클러스터링 알고리즘 실행 결과

k-평균으로부터 산출된 두 클러스터는 제대로 구분되어 있습니다. 이제 k-평균 알고리즘의 중단 조건을 살펴봅시다.

6.2.2.4. 중단 조건

k-평균과 같은 비지도 학습 알고리즘에서 중단 조건(stop condition)은 알고리즘이 반복 과정을 언제 멈출지 결정하는 역할을 합니다. k-평균 알고리즘의 기본 중단 조건은 5단계에서 클러스터 중심이 더 이상 이동하지 않을 때입니다. 그러나 다른 많은 알고리즘과 마찬가지로, k-평균 알고리즘도 특히 고차원 문제 공간에서 대규모 데이터셋을 처리할 때는 최종 중심점으로 수렴하는 데 오랜 시간이 걸릴 수 있습니다.

알고리즘이 수렴할 때까지 기다리는 대신, 다음과 같이 명시적으로 중단 조건을 정의할 수도 있습니다.

- 최대 실행 시간 지정하기 (중단 조건: $t > t_{max}$)

  t는 현재 실행 시간이며 t_{max}는 알고리즘에 대해 설정한 최대 실행 시간입니다.

- 최대 반복 횟수 지정하기 (중단 조건: $m > m_{max}$)

  m은 현재 반복 횟수이며 m_{max}는 알고리즘에 대해 설정한 최대 반복 횟수입니다.

6.2.2.5. k-평균 알고리즘 코드 작성하기

두 가지 특징 `x`, `y`가 있는 단순한 2차원 데이터셋에서 k-평균 클러스터링을 수행해 봅시다. 밤에 정원에서 날아다니는 한 무리의 반딧불이를 떠올려 보세요. 여러분의 작업은 이 반딧불이를 서로 얼마나 가까운지(근접성, proximity)에 따라 그룹으로 묶는 일입니다. 이것이 바로 비지도 학습 알고리즘인 k-평균 클러스터링의 핵심입니다.

데이터 포인트가 2차원 공간에 표현된 데이터셋이 주어져 있습니다. 각 데이터 포인트는 x와 y 좌표로 나타냅니다.

```
import pandas as pd
dataset = pd.DataFrame({
    'x': [11, 21, 28, 17, 29, 33, 24, 45, 45, 52, 51, 52, 55, 53, 55, 61, 62, 70, 72, 10],
    'y': [39, 36, 30, 52, 53, 46, 55, 59, 63, 70, 66, 63, 58, 23, 14, 8, 18, 7, 24, 10]
})
```

우리의 과제는 k-평균 알고리즘을 사용하여 이 데이터 포인트들을 묶는 것입니다.

먼저, 필요한 라이브러리를 가져옵니다.

```
from sklearn import cluster
import matplotlib.pyplot as plt
```

이어서 클러스터 개수(k)를 지정하여 KMeans 클래스를 초기화합니다. 이 예제에서는 데이터를 2개의 클러스터로 나눈다고 가정하겠습니다.

```
kmeans = cluster.KMeans(n_clusters= 2)
```

이제 KMeans 모델을 이 데이터셋으로 학습시켜봅시다. 여기서 중요한 점은, k-평균이 비지도 학습 알고리즘이므로 대상 벡터(y)는 필요 없고, 특징 행렬(x)만 사용된다는 점입니다.

```
kmeans.fit(dataset)
```

이제 레이블과 클러스터 중심을 살펴봅시다.

```
labels = kmeans.labels_
centers = kmeans.cluster_centers_
print(labels)
```

[0 0 0 0 0 0 0 0 1 1 1 1 1 1 1 1 1 1 0]

```
print(centers)
```

[[16.77777778 48.88888889]
 [57.09090909 15.09090909]]

마지막으로, 클러스터를 시각화하기 위해 데이터 포인트들을 클러스터마다 다른 색으로 표현합니다. 클러스터의 중심(centroid)도 함께 표시합니다.

```
plt.scatter(dataset['x'], dataset['y'], c=labels)
plt.scatter(kmeans.cluster_centers_[:, 0], kmeans.cluster_centers_[:, 1], s=300, c='red')
plt.show()
```

그래프에서 색칠된 점은 데이터 포인트와 클러스터를 나타내며, 붉은 점은 각 클러스터의 중심점을 나타냅니다.

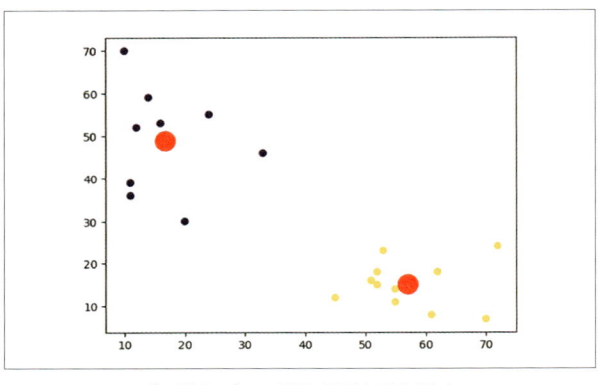

〈그림 6-7〉 k-평균 클러스터링 결과

6.2.2.6. k-평균 클러스터링의 한계

k-평균 알고리즘은 단순하고 빠르게 동작하도록 설계된 알고리즘입니다. 이러한 의도적인 단순성 때문에 다음과 같은 한계가 존재합니다.

- k-평균 클러스터링의 가장 큰 한계는 클러스터의 개수를 사전에 정해야 한다는 점입니다.
- 클러스터 중심은 초기에 무작위로 할당됩니다. 따라서 알고리즘이 실행될 때마다 클러스터링 결과가 다소 달라질 수 있습니다.
- 각 데이터 포인트는 하나의 클러스터에만 할당됩니다.
- k-평균 클러스터링은 이상치에 민감합니다.

이제 또 다른 비지도 학습 기법인 계층적 클러스터링을 살펴봅시다.

6.2.2.7. 계층적 클러스터링

k-평균 클러스터링은 클러스터 중심이라는 가장 중요한 데이터 포인트에서 시작하기 때문에 하향식(top-down)입니다. 이와 반대로, 문제 공간의 각 개별 데이터 포인트, 즉 **아래(bottom)**에서부터 클러스터링을 시작하는 방식도 있습니다. 이 방식은 유사한 데이터 포인트를 그룹으로 묶어 클러스터 중심으로 나아가는 과정을 거칩니다. 계층적 클러스터링 알고리즘에서는 이러한 상향식(bottom-up) 접근법을 사용하며, 다음 절에서 그 내용을 설명하겠습니다.

6.3 계층적 클러스터링의 단계

계층적 클러스터링은 다음과 같은 단계로 이루어집니다.

1. 문제 공간에 있는 각 데이터 포인트마다 별도의 클러스터를 생성합니다. 예를 들어, 데이터 포인트가 100개라면 처음에는 100개의 클러스터로 시작합니다.
2. 서로 가장 가까운 점들만 그룹으로 묶습니다.
3. 중단 조건을 확인합니다. 중단 조건을 아직 만족하지 않았다면 2단계를 반복합니다.

이 과정을 통해 만들어지는 클러스터 구조를 덴드로그램(dendrogram)이라 합니다.

덴드로그램에서는 수직선의 높이가 항목들 간의 가까운 정도를 결정합니다.

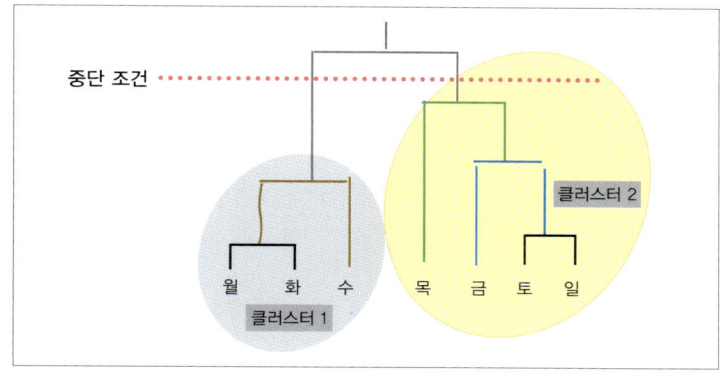

〈그림 6-8〉 계층적 클러스터링

참고로 중단 조건은 그림 6-8에서 점선으로 표시되었습니다.

6.4 계층적 클러스터링 알고리즘 코드 작성하기

이번에는 파이썬으로 계층적 클러스터링 알고리즘 코드를 작성해 보겠습니다.

1. 먼저 sklearn.cluster 라이브러리에서 AgglomerativeClustering을 불러오고, pandas와 numpy 패키지도 함께 불러옵니다.

```python
from sklearn.cluster import AgglomerativeClustering
import pandas as pd
import numpy as np
```

2. 그 다음 2차원 문제 공간에서 20개의 데이터 포인트를 생성합니다.

```python
dataset = pd.DataFrame({
    'x': [11, 11, 20, 12, 16, 33, 24, 14, 45, 52, 51, 52, 55, 53, 55, 61, 62, 70, 72, 10],
    'y': [39, 36, 30, 52, 53, 46, 55, 59, 12, 15, 16, 18, 11, 23, 14, 8, 18, 7, 24, 70]
})
```

3. 이어서 하이퍼파라미터(hyperparameter)를 지정하여 계층적 클러스터를 생성합니다. 하이퍼파라미터란 머신러닝 모델이 훈련을 시작하기 전 모델을 설정하는 매개변수(configuration parameter)이며, 이는 모델의 행동과 성능에 영향을 미칩니다. 지정된 하이퍼파라미터로 모델을 초기화한 후, fit_predict 함수를 호출하여 알고리즘을 실행합니다.

```python
cluster = AgglomerativeClustering(n_clusters=2, affinity='euclidean', linkage='ward')
cluster.fit_predict(dataset)
```

4. 이제 생성된 2개의 클러스터에 각 데이터 포인트가 어떻게 할당되었는지 봅시다.

```python
print(cluster.labels_)
```

[0 0 0 0 0 0 0 0 1 1 1 1 1 1 1 1 1 1 1 0]

계층적 클러스터링과 k-평균 알고리즘의 클러스터 할당 결과가 매우 유사하다는 것을 확인할 수 있습니다.

계층적 클러스터링 알고리즘은 k-평균 클러스터링 알고리즘과 비교할 때 고유한 장점과 단점을 가지고 있습니다. 가장 큰 장점 중 하나는, k-평균과는 달리 **사전에 클러스터 개수를 지정할 필요가 없다는 점**입니다. 이 특징은 데이터에서 최적의 클러스터 개수가 명확하지 않을 때 매우 유용합니다.

또한 계층적 클러스터링은 덴드로그램을 제공하는데, 이는 데이터의 중첩된 그룹 구조를 시각화하고 계층적인 관계를 이해하는 데 직관적인 도구가 될 수 있습니다. 하지만 계층적 클러스터링에도 단점은 존재합니다. 계산량이 많아 k-평균보다 연산 비용이 크기 때문에 대규모 데이터셋에는 적합하지 않을 수 있습니다.

6.5 DBSCAN 이해하기

DBSCAN(Density-Based Spatial Clustering of Applications with Noise, 밀도 기반 클러스터링)[6]은 점들의 밀도에 기반해 클러스터링을 수행하는 비지도 학습 기법입니다. 기본 아이디어는 데이터 포인트들이 밀집한 공간(고밀도 영역)에 함께 존재한다면, 그것들을 그룹으로 묶어 의미 있는 클러스터를 만들 수 있다는 가정에 기반합니다.

기본 아이디어는 데이터 포인트들이 밀집된 고밀도 영역을 하나의 그룹으로 묶으면 의미 있는 클러스터링이 가능하다는 가정에 기반합니다.

이 클러스터링 접근 방식은 다음 두 가지 중요한 특징이 있습니다.

- 데이터 포인트의 형태나 패턴에 상관없이 밀집된 점들을 하나의 클러스터로 묶고, 임의의 형태(arbitrary shapes)를 갖는 클러스터를 생성합니다. 여기서 **형태란 다차원 공간에서 데이터 포인트가 분포한 패턴이나 구조**를 뜻합니다. 현실 세계의 데이터는 복잡하고 비선형적인 경우가 많기 때문에, 이렇게 임의의 형태로 클러스터를 생성하면 데이터를 정확하게 이해하는 데 큰 도움이 됩니다.
- k-평균 알고리즘과는 달리 클러스터 개수를 사전에 지정할 필요가 없습니다. 알고리즘이 데이터를 분석하면서 적절한 클러스터 개수를 자동으로 결정합니다.

---

6   역자 주 직역하면 '잡음이 있는 데이터에 적용하는 밀도 기반 공간적 군집화'라 할 수 있습니다.

다음은 DBSCAN 알고리즘의 단계입니다.

1. 알고리즘은 각 데이터 포인트 주위에 이웃(neighborhood)을 설정합니다. 이웃이란, 관심 있는 특정 점과의 근접성을 확인하기 위해 다른 데이터 포인트들을 검사하는 영역을 의미합니다. 이는 보통 eps라는 변수를 사용하여 거리 내의 점들을 세는 방식으로 이루어집니다. 여기서 eps는 두 데이터 포인트가 같은 이웃에 속한다고 간주하기 위한 최대 거리를 의미하며, 기본적으로 유클리드 거리로 계산됩니다.

2. 이후 알고리즘은 각 데이터 포인트의 밀도를 정량화합니다. 이를 위해 min_samples라는 변수를 사용합니다. min_samples는 특정 데이터 포인트가 **코어 인스턴스(core instance)**로 간주되기 위해, 해당 포인트의 eps 거리 내에 최소 몇 개의 다른 데이터 포인트가 있어야 하는지를 나타냅니다. 간단히 말해, 코어 인스턴스란 주변에 데이터 포인트가 밀집해 있는 점을 의미합니다. 따라서 데이터 포인트의 밀도가 높은 영역일수록 코어 인스턴스의 수도 많아집니다.

3. 이렇게 식별된 각 이웃은 하나의 클러스터를 형성합니다. 여기서 중요한 점은, 하나의 코어 인스턴스(즉, eps 거리 안에 최소 개수 이상의 다른 데이터 포인트가 존재하는 점)를 둘러싼 이웃이 다른 코어 인스턴스까지 포함할 수 있다는 사실입니다. 이는 코어 인스턴스가 단일 클러스터에만 속하는 것이 아니라, 여러 데이터 포인트와의 근접성 때문에 여러 클러스터의 형성에 기여할 수 있음을 의미합니다. 그 결과 클러스터의 경계가 서로 겹치게 되어 복잡하고 상호 연결된 클러스터 구조가 만들어질 수 있습니다.

4. 코어 인스턴스가 아니거나, 코어 인스턴스의 이웃에도 속하지 않는 데이터 포인트는 이상치로 간주됩니다.

6.6 파이썬으로 DBSCAN을 사용하여 클러스터 생성하기

먼저, sklearn 라이브러리에서 필요한 함수를 가져옵니다.

```
from sklearn.cluster import DBSCAN
from sklearn.datasets import make_moons
```

DBSCAN으로 더 복잡한 클러스터링 문제를 살펴보겠습니다. 2개의 초승달(half-moon)[7] 모양의 데이터 포인트 집합(클러스터)이 있는 데이터셋을 봅시다. 이 데이터셋은 직선으로 그룹을 구분할 수 없습니다. 즉 선형적으로 분리하지 못하기 때문에 클러스터링이 쉽지 않습니다.

바로 여기가 **비선형 클래스 경계**(nonlinear class boundary)라는 개념이 등장하는 지점입니다. 직선으로 표현할 수 있는 선형 클래스 경계와는 달리, 비선형 클래스 경계는 더 복잡하며 클래스나 클러스터를 정확하게 분리하기 위해 종종 곡선이나 다차원 표면이 필요합니다.

반달 모양 데이터셋을 생성하려면 make_moons() 함수를 사용합니다. 이 함수는 두 개의 초승달 모양이 서로 마주보는 패턴을 생성합니다. 달 모양의 노이즈 정도와 생성할 샘플 수는 필요에 따라 조정할 수 있습니다.

생성된 데이터셋은 다음과 같은 모양입니다.

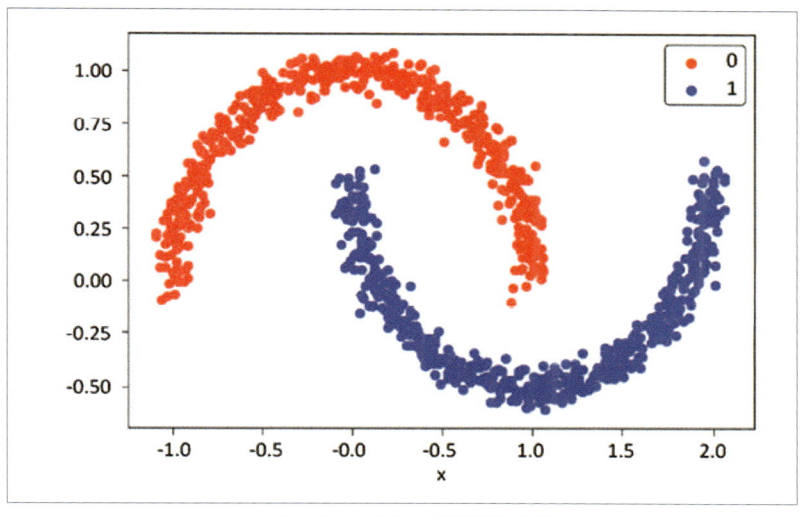

〈그림 6-9〉 DBSCAN을 사용한 데이터

DBSCAN을 사용하려면 설명한 대로 매개변수 eps와 min_samples를 제공해야 합니다.

---

7 **역자 주** 원문에서는 'half-moon'이라는 표현을 사용했으나, 여기서는 상현달이나 하현달이 아니라 초승달(crescent) 형태의 곡선 구조를 의미합니다.

```
from matplotlib import pyplot
from pandas import DataFrame
# 2차원 분류 데이터셋 생성하기
X, y = make_moons(n_samples=1000, noise=0.05)
# 클래스 값에 따라 점에 색상을 부여한 산점도
df = DataFrame(dict(x=X[,0], y=X[,1], label=y))
colors = {0: 'red', 1: 'blue'}
fig, ax = pyplot.subplots()
grouped = df.groupby('label')
for key, group in grouped:
    group.plot(ax=ax, kind='scatter', x='x', y='y', label=key, color=colors[key])
pyplot.show()
```

6.7 클러스터 평가하기

클러스터링의 목표는 각 클러스터에 속한 데이터 포인트를 구분할 수 있어야 한다는 데 있습니다. 이는 다음과 같습니다.

- 같은 클러스터에 속한 데이터 포인트는 가능한 비슷해야 합니다.
- 다른 클러스터에 속한 데이터 포인트는 가능한 달라야 합니다.

클러스터를 시각화하여 직관적으로 클러스터링 결과를 평가할 수도 있지만, 클러스터 품질을 수치화할 수 있는 수학적인 방법도 존재합니다. 이러한 방법은 각 클러스터의 밀집도(tightness) 혹은 응집도(cohesion)와 클러스터 간의 분리도(separation)를 측정할 뿐만 아니라, 클러스터링의 품질을 객관적으로 평가할 수 있는 정량적인 기준을 제공합니다.

실루엣 분석(Silhouette analysis)은 이러한 기법 중 하나로, k-평균 알고리즘이 생성한 클러스터의 밀집도와 분리도를 비교합니다. 실루엣 분석은 일반적으로 k-평균 알고리즘과 함께 사용되지만, 실제로는 일반화가 가능하여 k-평균뿐만 아니라 다른 클러스터링 알고리즘의 결과를 평가하는 데에도 사용할 수 있습니다.

실루엣 분석은 각 데이터 포인트에 **실루엣 계수**(Silhouette coefficient)라고 불리는 점수를 부여하며, 이 점수는 −1에서 1 사이의 값을 가집니다.[8] 이 점수는 하나의 클러스터에 속한 각 데이터 포인트가 인접한 클러스터의 데이터 포인트들과 얼마나 가까운지를 측정합니다.

6.7.1. 클러스터링 응용 분야

클러스터링은 데이터셋에 내재된 패턴을 찾으려는 목적으로 사용합니다.

정부에서는 다음과 같이 클러스터링을 사용할 수 있습니다.

- **범죄 핫스팟 분석:** 클러스터링은 위치 정보, 사건 보고서, 그리고 그 밖에 관련된 다른 특징 데이터를 분석하는 데 활용됩니다. 이를 통해 범죄 발생률이 높은 지역을 식별할 수 있으며, 경찰 기관은 순찰 경로를 최적화하고 인력을 보다 효율적으로 배치할 수 있습니다.
- **인구통계학적 사회 분석:** 클러스터링은 연령, 소득, 교육, 직업과 같은 인구통계학적 데이터를 분석할 수 있습니다. 이를 통해 지역별 사회·경제적 구성을 이해할 수 있으며, 공공 정책 수립과 사회 서비스 제공에 유용한 정보를 제공합니다.

시장 분석에서는 다음과 같이 클러스터링을 사용할 수 있습니다.

- **시장 세분화:** 기업은 소비 습관, 제품 선호도, 라이프스타일 지표를 포함한 소비자 데이터를 클러스터링하여 시장을 세분화할 수 있습니다. 이를 통해 맞춤형 제품 및 마케팅 접근 방식을 개발할 수 있습니다.
- **타겟 광고:** 클러스터링으로 고객의 브라우징 패턴, 클릭률(click-through rate), 구매 이력을 포함한 고객의 온라인 행동을 분석할 수 있습니다. 이를 통해 기업은 고객 클러스터에 개인화된 광고를 만들어 고객의 참여율과 전환율을 높일 수 있습니다.
- **고객 분류:** 클러스터링을 통해 기업은 제품이나 서비스와의 상호작용, 피드백, 충성도를 기반으로 고객을 분류할 수 있습니다. 이는 고객 행동을 이해하고, 트렌드를 예측하며, 유지 전략을 개발하는 데 도움이 됩니다.

---

8   **역자 주** 실루엣 계수가 음수인 경우, 데이터 포인트가 잘못된 클러스터에 할당되었다는 뜻입니다.

일반적으로 PCA(principal component analysis, **주성분 분석**)로도 주식 시장 트레이딩과 같은 실시간 데이터에서 데이터를 탐색하고 노이즈를 제거할 수 있습니다. 여기서 노이즈란 데이터의 패턴이나 추세를 제대로 파악하지 못하게 만드는 무작위적이거나 불규칙적인 데이터의 오르내림(fluctuation)을 뜻합니다. PCA는 이러한 불규칙한 변동을 걸러내어 더 명확한 데이터 분석과 해석이 가능하도록 돕습니다.

6.8 차원 축소

데이터의 각 특징은 문제 공간의 한 차원에 해당합니다. 문제 공간을 더 단순하게 만들기 위해 특징의 수를 최소화하는 방법을 **차원 축소**(dimensionality reduction)라 합니다. 이는 다음 두 가지 방식 중 하나로 수행할 수 있습니다.

- **특징 선택**(feature selection): 해결하려는 문제와 관련하여 중요한 특징을 선택하는 것
- **특징 통합**(feature aggregation): 둘 이상의 특징을 결합하여 차원을 줄이는 방법으로, 다음과 같은 알고리즘을 사용할 수 있습니다.
  - PCA: 선형 비지도 학습 알고리즘
  - LDA (Linear Discriminant Analysis, 선형 판별 분석): 선형 지도 학습 알고리즘
  - KPCA[9]: 비선형 알고리즘

이제 보편적으로 사용하는 차원 축소 알고리즘 가운데 PCA에 대해 더 자세히 살펴봅시다.

6.8.1. 주성분 분석

보통 PCA는 선형 변환(linear transformation)이라는 과정을 통해 데이터셋의 차원을 축소하는 데 사용됩니다. 간단히 말해, 분산(variance)에 따라 가장 중요하다고 식별된 부분에 집중하여 데이터를 단순화하는 방식입니다.

---

9 역자 주 커널 주성분 분석(Kernel Principal Component Analysis)

데이터셋을 그래프로 표현해 각 데이터 포인트를 다차원 공간에 배치한다고 생각해 봅시다. PCA는 데이터가 가장 크게 변동하는 방향을 찾아내며, 이를 **주성분**(principal components)이라고 합니다. 그림 6-10에서는 두 가지 주성분, 즉 PC1과 PC2를 볼 수 있습니다. 이러한 주성분들은 데이터 포인트 분포의 전체적인 **형태**를 보여줍니다.

각 주성분은 가능한 많은 정보를 담아내는 새로운 축소 차원에 해당합니다. 실제로 이러한 주성분은 원래의 데이터를 요약하는 지표로 간주할 수 있으며 이를 통해 데이터 관리 및 분석이 더 쉬워집니다. 예를 들어 고객 행동에 관한 대규모 데이터셋에서 PCA를 통해 대부분의 고객 행동을 정의하는 주요 요인(주성분)을 파악할 수 있습니다.

이러한 주성분의 계수(coefficient)를 결정하려면 데이터 공분산 행렬(data covariance matrix)의 고유 벡터(eigenvector)와 고윳값(eigenvalue)을 계산해야 합니다. 이에 대해서는 다른 절에서 더 자세히 살펴보겠습니다. 이러한 계수는 새로운 성분 공간(component space)에서 각 특징이 주성분에 기여하는 정도를 결정하는 가중치가 됩니다.

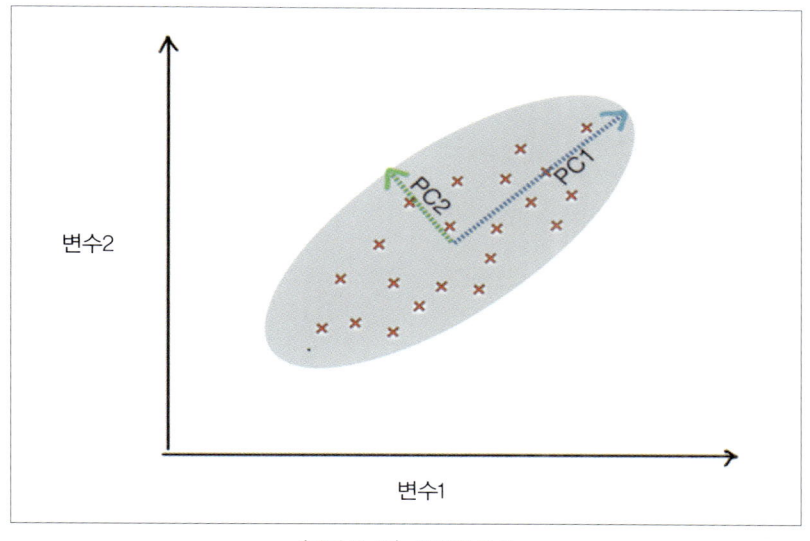

〈그림 6-10〉 주성분 분석

더 자세한 설명을 위해 GDP, 고용률, 인플레이션 등 국가 경제의 다양한 측면을 포함한 방대하고 다차원적인 데이터셋이 있다고 가정해 봅시다. 여기서 PCA를 통해 여러 차원을 두 가지 주요 성분 PC1과 PC2로 축소할 수 있습니다. 이러한 주성분은 가장 중요한 정보를 포함하면서 노이즈나 중요하지 않은 세부 사항은 버립니다.

PC1과 PC2를 축으로 하는 결과 그래프를 통해 이러한 경제 데이터를 이해하기 쉽게 시각화할 수 있습니다. 여기서 각 데이터 포인트는 GDP나 고용률 혹은 다른 요인의 결합에 따른 경제 상태를 나타냅니다.

그러므로 PCA는 고차원 데이터를 단순화하고 해석하는 데 있어 매우 유용한 도구가 됩니다.

다음 코드를 봅시다.

```python
from sklearn.decomposition import PCA
import pandas as pd
url = "https://storage.googleapis.com/neurals/data/iris.csv"
iris = pd.read_csv(url)

iris
X = iris.drop('Species', axis=1)

pca = PCA(n_components=4)
pca.fit(X)
```

```
     Sepal.Length  Sepal.Width  Petal.Length  Petal.Width  Species
0         5.1          3.5          1.4          0.2      setosa
1         4.9          3.0          1.4          0.2      setosa
2         4.7          3.2          1.3          0.2      setosa
3         4.6          3.1          1.5          0.2      setosa
4         5.0          3.6          1.4          0.2      setosa
..        ...          ...          ...          ...         ...
145       6.7          3.0          5.2          2.3   virginica
146       6.3          2.5          5.0          1.9   virginica
147       6.5          3.0          5.2          2.0   virginica
148       6.2          3.4          5.4          2.3   virginica
149       5.9          3.0          5.1          1.8   virginica
```

```python
X = iris.drop('Species', axis=1)
pca = PCA(n_components=4)
pca.fit(X)
```

```
PCA(n_components=4)
```

PCA 모델의 계수를 출력해 봅시다.

```
pca_df=(pd.DataFrame(pca.components_,columns=X.columns))
pca_df
```

	Sepal.Length	Sepal.Width	Petal.Length	Petal.Width	
0	0.361387	-0.084523	0.856671	0.358289	← PC1에 대한 계수
1	0.656589	0.730161	-0.173373	-0.075481	← PC2에 대한 계수
2	-0.582030	0.597911	0.076236	0.545831	← PC3에 대한 계수
3	-0.315487	0.319723	0.479839	-0.753657	← PC4에 대한 계수

〈그림 6-11〉 주성분 분석 모델의 계수를 강조한 도표

원래의 데이터프레임에는 Sepal.Length, Sepal.Width, Petal.Length, Petal.Width 네 가지 특징이 있습니다. 제시된 데이터프레임은 네 개의 주성분(PC1, PC2, PC3, PC4)의 계수를 보여주는데, 예를 들어 첫 번째 행은 PC1의 계수를 나타내며 이는 원래 네 변수를 대체하는 데 사용할 수 있습니다.

여기서 중요한 점은 주성분의 개수(이 경우 네 개: PC1, PC2, PC3, PC4)가 반드시 이전의 경제 예제처럼 두 개일 필요는 없다는 것입니다. 주성분의 개수는 우리가 데이터의 복잡성을 어느 정도까지 감당할 수 있는지에 따라 달라집니다. 주성분을 더 많이 선택할수록 원래 데이터의 분산을 더 많이 보존할 수 있지만, 그만큼 복잡성이 증가합니다.

이러한 계수에 따라 입력 값인 데이터프레임 X에 대해 PCA 성분을 계산해 봅시다.

```
X['PC1'] = X['Sepal.Length']* pca_df['Sepal.Length'][0] + X['Sepal.Width']* pca_df['Sepal.Width'][0]+ X['Petal.Length']* pca_df['Petal.Length'][0]+X['Petal.Width']* pca_df['Petal.Width'][0]

X['PC2'] = X['Sepal.Length']* pca_df['Sepal.Length'][1] + X['Sepal.Width']* pca_df['Sepal.Width'][1]+ X['Petal.Length']* pca_df['Petal.Length'][1]+X['Petal.Width']* pca_df['Petal.Width'][1]

X['PC3'] = X['Sepal.Length']* pca_df['Sepal.Length'][2] + X['Sepal.Width']* pca_df['Sepal.Width'][2]+ X['Petal.Length']* pca_df['Petal.Length'][2]+X['Petal.Width']* pca_df['Petal.Width'][2]
```

```
X['PC4'] = X['Sepal.Length']* pca_df['Sepal.Length'][3] + X['Sepal.Width']* pca_df['Sepal.
Width'][3]+ X['Petal.Length']* pca_df['Petal.Length'][3]+X['Petal.Width']* pca_df['Petal.
Width'][3]

X
```

PCA 성분을 계산한 다음 X를 출력해 봅시다.

	Sepal.Length	Sepal.Width	Petal.Length	Petal.Width	PC1	PC2	PC3	PC4
0	5.1	3.5	1.4	0.2	2.818240	5.646350	-0.659768	0.031089
1	4.9	3.0	1.4	0.2	2.788223	5.149951	-0.842317	-0.065675
2	4.7	3.2	1.3	0.2	2.613375	5.182003	-0.613952	0.013383
3	4.6	3.1	1.5	0.2	2.757022	5.008654	-0.600293	0.108928
4	5.0	3.6	1.4	0.2	2.773649	5.653707	-0.541773	0.094610
...	...	...	...	...	...	...	...	...
145	6.7	3.0	5.2	2.3	7.446475	5.514485	-0.454028	-0.392844
146	6.3	2.5	5.0	1.9	7.029532	4.951636	-0.753751	-0.221016
147	6.5	3.0	5.2	2.0	7.266711	5.405811	-0.501371	-0.103650
148	6.2	3.4	5.4	2.3	7.403307	5.443581	0.091399	-0.011244
149	5.9	3.0	5.1	1.8	6.892554	5.044292	-0.268943	0.188390

〈그림 6-12〉 주성분 분석 성분을 계산한 결과

이제 분산비(variance ratio)를 출력하여 PCA 사용이 어떤 의미를 갖는지 이해해봅시다.

```
print(pca.explained_variance_ratio_)
```

[0.92461872 0.05306648 0.01710261 0.00521218]

이 분산비는 다음을 뜻합니다.

- 원본의 4가지 특징을 PC1로 대체한다면 원본 변수의 분산 중 92.3%를 포착할 수 있습니다. 원래의 4개 특징에 대한 분산을 100%로 포착하지 않으므로 근삿값을 도입할 것입니다.
- 원본의 4가지 특징을 PC1와 PC2로 대체한다면 원본 변수의 분산 중 5.3%를 추가로 포착할 수 있습니다.

- 원본의 4가지 특징을 PC1, PC2, PC3으로 대체한다면 원본 변수의 분산 중 1.7%를 추가로 포착할 수 있습니다.
- 원본의 4가지 특징을 네 개의 주성분으로 대체한다면 원본 변수의 100%를 포착(92.4 + 5.3 + 1.7 + 0.5)할 수 있습니다. 하지만 이는 차원을 전혀 축소하지 않는 것이므로 무의미합니다. 이어서 PCA의 한계를 살펴봅시다.

6.8.1.1. 주성분 분석의 한계

여러 이점이 있지만 PCA는 다음과 같은 한계도 있습니다.

- PCA는 기본적으로 수치 데이터를 다루도록 설계된 수학적 원리에 기반하기 때문에 연속형 변수를 다룰 때 가장 효과적입니다. 그러나 성별, 국적, 제품 유형과 같은 범주형 변수에는 적합하지 않습니다. 예를 들어, 설문 데이터에서 연령이나 소득과 같은 수치형 응답 또는 선호도나 선택 항목과 같은 범주형 응답이 섞여 있다면, PCA는 범주형 데이터에는 부적절합니다.
- PCA는 고차원 데이터를 저차원 공간에서 근사화하여 표현합니다. 이러한 차원 축소는 데이터 처리와 분석을 단순화하지만, 그 대가로 일부 정보가 손실됩니다. 이 트레이드오프는 각 사용 사례에 맞추어 신중히 평가해야 합니다. 예를 들어, 생물의학 데이터셋에서 각 특징이 특정 유전적 마커를 나타낸다면, PCA를 적용할 경우 특정 질병의 진단이나 치료와 관련된 중요한 정보를 잃을 위험이 있습니다.

따라서 PCA는 상호 연관된 수치형 변수를 포함한 대규모 데이터셋에서 차원 축소에 유용한 도구이지만, 그 한계를 충분히 고려하여 특정 응용에 적합한 선택인지 신중히 판단해야 합니다.

6.8.1.2. 연관 규칙 마이닝

데이터셋에서 패턴이란 정보를 얻기 위해 발견하여 캐내야(mine)하는 보물과도 같습니다. 주어진 데이터셋의 패턴 분석에 중점을 둔 주요 알고리즘 가운데, 가장 보편적으로 사용하는 것은 **연관 규칙 마이닝**(association rules mining) 알고리즘입니다. 이 알고리즘을 활용하면 다음과 같은 작업을 수행할 수 있습니다.

- 패턴의 발생 빈도를 측정하는 능력
- 패턴 간의 인과관계를 규명하는 능력
- 패턴의 유용성을 무작위 추측과의 정확도를 비교함으로써 정량화하는 능력

이제 연관 규칙 마이닝의 몇 가지 사례를 살펴보겠습니다.

6.8.1.3. 예

연관 규칙 마이닝은 데이터셋의 여러 변수 간 인과관계를 조사할 때 사용합니다. 다음은 연관 규칙 마이닝을 통해 답할 수 있는 예시 문제입니다.

- 습도, 구름의 양, 기온 중 어느 값이 다음 날 강우를 유발하는가?
- 보험 청구 방식 중 어떤 유형이 사기에 해당하는가?
- 어떤 약물의 조합이 환자에게 합병증을 유발하는가?

이러한 예시에서 알 수 있듯, 연관 규칙 마이닝은 비즈니스 인텔리전스[10]에서부터 의료, 환경 연구에 이르기까지 광범위하게 응용될 수 있으며, 복잡한 패턴을 다양한 분야에서 실행 가능한 인사이트로 전환할 수 있게 해줍니다.

6.8.1.4. 장바구니 분석

이 책의 **12장 추천 엔진**에서 자세히 다루는 추천 엔진은 사용자 경험을 개인화하는 강력한 도구입니다. 하지만 이보다 더 단순하면서도 효과적인 추천 생성 방법이 있는데, 이를 장바구니 분석(market basket analysis)이라고 합니다.

장바구니 분석은 어떤 상품들이 함께 자주 구매되는지에 대한 정보를 기반으로 작동합니다. 더 정교한 추천 엔진과 달리, 이 방법은 개별 사용자의 추가적인 데이터나 선호도를 고려하지 않습니다.

여기서 중요한 구분이 있습니다. 추천 엔진은 일반적으로 사용자의 과거 행동, 선호도, 그리고 다양한 사용자 고유 정보를 기반으로 개인화된 제안을 만듭니다. 반면, 장바구니 분석은 누가

---

10 역자 주 비즈니스 인텔리전스란 데이터 수집 및 분석을 통한 기업의 효율적인 의사결정을 돕는 일련의 과정 혹은 도구 등을 뜻합니다.

구매했는지 또는 개인적 취향이 무엇인지는 고려하지 않고, 오직 상품들의 동시 구매 조합에만 집중합니다.

장바구니 분석의 주요 장점 중 하나는 데이터 수집이 상대적으로 용이하다는 점입니다. 사용자 선호도를 포괄적으로 수집하는 일은 복잡하고 많은 시간이 소요될 수 있습니다. 하지만 함께 구매된 상품에 대한 데이터는 거래 기록에서 쉽게 추출할 수 있으므로, 장바구니 분석은 기업이 추천 시스템을 구현할 때 가장 쉬운 출발점이 됩니다. 예를 들어, 우리가 월마트에서 쇼핑할 때 이러한 데이터가 생성되며, 이를 얻기 위해 특별한 기법이 필요하지 않습니다.

여기서 '특별한 기법'이라 함은 사용자 설문 조사, 추적 쿠키 사용, 복잡한 데이터 파이프라인 구축과 같은 추가적인 절차를 의미합니다. 반대로, 장바구니 데이터는 판매 과정의 부산물로서 손쉽게 확보할 수 있습니다. 이러한 데이터가 일정 기간 동안 축적되면 이를 **거래 데이터**(transactional data) 라고 부릅니다.

편의점, 슈퍼마켓, 패스트 푸드 체인점에서 사용하는 쇼핑 카트의 거래 데이터셋에 연관 규칙 마이닝을 적용하는 경우를 **장바구니 분석**(market basket analysis)이라 합니다. 이 기법은 여러 항목이 함께 구매될 조건부 확률을 측정하며, 이를 통해 다음과 같은 질문에 답할 수 있습니다.

- 선반의 항목을 최적으로 배치하는 방법은 무엇인가?
- 홍보 카탈로그에 품목을 어떻게 나타내야 하는가?
- 사용자의 구매 패턴에 따라 무엇을 추천해야 하는가?

장바구니 분석을 통해 항목이 서로 어떻게 연관되었는지 추정할 수 있으므로 슈퍼마켓이나 편의점, 드러그스토어(drug store)[11], 패스트 푸드 체인점과 같은 대규모 소매업에서 장바구니 분석을 자주 활용합니다. 이 분석 결과는 대부분 자기 설명적(self-explanatory)인데, 기업 입장에서 직관적으로 쉽게 이해 가능하다는 의미입니다.

전형적인 슈퍼마켓을 살펴봅시다. 가게에서 살 수 있는 모든 물건은 집합 $\pi=\{item_1, item_2, ..., item_m\}$로 나타낼 수 있습니다. 만약 슈퍼에서 500개의 물건을 판매한다면 π는 크기가 500인 집합이 됩니다.

---

11 역자 주 드러그스토어는 의사 처방 없이 구매할 수 있는 일반의약품 및 미용 관련 상품, 식품 등을 판매하는 소매점입니다.

사람들은 이 매장에서 상품을 구매합니다. 누군가 상품을 구매하고 계산대에서 결제할 때마다, 해당 거래에 포함된 상품들이 모여 하나의 집합을 이루며 이를 **항목집합**(itemset)이라고 합니다. 일정 기간 동안 발생한 거래들은 하나의 집합 Δ에 모이는데, Δ = {t1, t2, ⋯ , tn}으로 표현됩니다.

단 4개의 거래로 구성된 간단한 거래 데이터를 봅시다. 이 거래는 다음과 같은 표로 요약됩니다.

t_1	Wickets[12] , pads
t_2	Bats, wickets, pads, helmets
t_3	Helmets, balls
t_4	Bats, pads, helmets

〈표 6-2〉 4건의 거래 데이터

예제를 조금 더 자세히 살펴봅시다.

π={bat, wickets, pads, helmets, balls}는 가게에서 구매할 수 있는 모든 개별 항목을 나타냅니다.

집합 Δ의 거래 중 t_3을 봅시다. 참고로 t_3에서 구매한 항목은 항목집합에서 t_3={helmet, ball}로 나타낼 수 있습니다. 이는 고객이 두 개의 항목을 구매했음을 나타냅니다. 이 집합은 단일 거래에서 구매한 모든 항목을 포함하기 때문에 항목집합(itemset)이라고 이름 붙였습니다. 이 항목집합에 2개의 항목이 있다면 항목집합 t_3의 크기는 2라고 할 수 있습니다. 이러한 표현을 통해 패턴을 더 효과적으로 분류하고 분석할 수 있습니다.

6.9 연관 규칙 마이닝

연관 규칙은 다양한 거래에 포함된 항목의 관계를 수학적으로 설명합니다. 이는 $X \Rightarrow Y$의 형태, 즉 $X \subset \pi$, $Y \subset \pi$인 두 항목집합의 관계를 조사하여 수행합니다. 추가로 X와 Y는 항목집합이 서로 겹치지 않습니다. 다시 말해, $X \cap Y = \emptyset$입니다.[13]

---

[12] 역자 주 크리켓에서 위켓(wicket)은 3개의 세로 막대(스텀프)와 2개의 가로 막대(베일)로 구성되어 있으며 야구의 베이스와 비슷합니다.
[13] 역자 주 ∅는 원소가 아무 것도 없는 공집합을 뜻합니다.

연관 규칙은 다음의 형태로 서술할 수 있습니다.

$$\{helmets, balls\} \Rightarrow \{bicycle\}$$

여기서 $\{helmets, balls\}$은 X, $\{bicycle\}$는 Y입니다.

이제 여러 종류의 연관 규칙을 살펴봅시다.

6.9.1. 규칙의 종류

연관 분석 알고리즘을 실행하면, 일반적으로 거래 데이터셋에서 많은 수의 규칙이 생성됩니다. 이 중 대부분은 쓸모가 없습니다. 유용한 정보를 도출할 수 있는 규칙을 고르기 위해 다음 세 가지 종류 중 한 가지로 이러한 규칙을 분류할 수 있습니다.

- 사소한 규칙(trivial)
- 설명 불가능한 규칙(inexplicable)
- 실행 가능한 규칙(actionable)

이러한 세 종류의 규칙을 더 자세히 살펴봅시다.

6.9.1.1. 사소한 규칙

생성되는 수많은 규칙들 가운데 상당수는 이미 잘 알려진 사실을 단순히 요약하는 데 그쳐 실질적으로 쓸모가 없습니다. 이러한 규칙을 **사소한 규칙**이라고 부릅니다. 사소한 규칙은 신뢰도(confidence)가 높더라도 여전히 무의미하며, 데이터 기반 의사결정에 활용될 수 없습니다. 여기서 말하는 **신뢰도**란 연관 분석에서 사용하는 지표로, 특정 사건(A)이 발생했을 때 다른 사건(B)가 발생할 확률을 수치로 나타낸 것입니다. 따라서 이러한 사소한 규칙들은 모두 무시해도 무방합니다.

다음은 사소한 규칙의 예입니다.

- 고층 빌딩에서 뛰어내린 사람은 죽음에 이른다.
- 열심히 공부하면 더 높은 시험 점수를 받는다.
- 기온이 낮아지면 히터 판매량이 증가한다.
- 고속도로에서 제한 속도를 초과하여 운전하면 사고가 발생할 확률이 높아진다.

6.9.1.2. 설명 불가능한 규칙

연관 규칙 알고리즘을 실행한 후 생성되는 규칙들 가운데 명확한 설명이 불가능한 규칙들은 활용하기 가장 까다롭습니다. 어떤 규칙이 유용하려면 새로운 패턴을 발견하고 이해하는 데 도움을 주어야 하며, 그 결과가 특정한 행동으로 이어질 수 있어야 합니다. 그러나 사건 X가 사건 Y로 이어진 이유를 설명할 수 없다면, 해당 규칙은 설명 불가능한 규칙(inexplicable rule)입니다. 이는 단순히 두 사건 간의 무의미하고 독립적인 관계를 수학적 공식으로 억지스럽게 연결해 놓은 것에 불과하기 때문입니다.

다음은 설명 불가한 규칙의 예입니다.
- 빨간 셔츠를 입은 사람이 시험 점수가 더 높다.
- 초록 자전거는 도둑맞기 쉽다.
- 피클을 사는 사람은 기저귀도 곧잘 구매한다.

6.9.1.3. 실행 가능한 규칙

실행 가능한 규칙(Actionable rules)은 우리가 찾고자 하는 **황금 규칙**입니다. 이러한 규칙은 비즈니스적으로 이해될 수 있으며 통찰을 제공합니다. 또한 비즈니스 도메인에 익숙한 사람들에게 제시되었을 때 특정 사건의 원인을 발견하는 데 도움을 줄 수 있습니다. 예를 들어, 실행 가능한 규칙은 현재 구매 패턴을 기반으로 특정 상품을 매장에서 가장 적절히 배치할 위치를 제안할 수 있습니다. 또한 사용자가 함께 구매하는 경향의 상품들을 나란히 배치하여 판매 가능성을 극대화하는 방법을 제시하기도 합니다.

다음은 실행 가능한 규칙과 그에 따른 실행 방법의 예입니다.
- **규칙 1:** 사용자의 소셜 미디어 계정에 광고를 노출하면 구매 가능성이 높아진다.
- **실행 방안:** 제품을 홍보하는 다양한 광고 방식을 제안한다.
- **규칙 2:** 가격대가 다양해지면 판매 가능성이 높아진다.
- **실행 방안:** 한 품목은 할인 광고를 진행하는 한편, 다른 품목의 가격은 높인다.

이제 실행 가능한 규칙에 순위를 매기는 방식도 살펴봅시다.

6.9.1.4. 순위 매기기

실행 가능한 규칙은 세 가지 방식으로 측정할 수 있습니다.

- 항목에 대한 지지도(빈도)
- 신뢰도
- 향상도

더 자세히 살펴봅시다.

6.9.1.5. 지지도

지지도(support)는 우리가 찾고자 하는 패턴이 데이터셋 안에서 얼마나 자주 등장하는지를 수치로 나타낸 것입니다. 이는 관심 패턴의 수를 먼저 집계한 다음 이를 총 거래 횟수로 나누어 계산합니다.

어떤 $itemset_a$에 대한 수식을 봅시다.

$$numItemset_a = itemset_a\text{를 포함한 거래 횟수}$$

$$num_{total} = \text{총 거래 횟수}$$

$$support(itemset_a) = \frac{numItemset_a}{num_{total}}$$

지지도만으로도 패턴의 발생 빈도를 알 수 있습니다. 지지도가 낮다는 것은 우리가 찾는 패턴이 드문 사건임을 의미합니다. 비즈니스 맥락에서 이러한 드문 사건은 예외적인 사례나 이상치일 수 있으며, 이는 중요한 의미를 가질 수 있습니다. 예를 들어, 비정상적인 고객 행동이나 독특한 판매 추세를 나타낼 수 있으며, 이는 잠재적인 기회나 위협 요인으로 전략적 주의가 필요할 수 있습니다.

가령 6회의 거래 중 2번이 $itemset_a = \{helmet, ball\}$이라 한다면 지지도는 $(itemset_a) = 2/6 = 0.33$입니다.

6.9.1.6. 신뢰도

신뢰도(confidence)는 좌변(X)과 우변(Y)이 얼마나 강하게 연관되어 있는지 조건부 확률을 계산하여 얻은 수치입니다. 이 조건부 확률이란 사건 X가 발생했을 때 사건 Y가 발생할 확률을 뜻합니다.

규칙 $X \Rightarrow Y$를 수학적으로 고려해 봅시다.

이 규칙의 신뢰도는 $confidence(X \Rightarrow Y)$로 나타내며, 다음과 같이 계산합니다.

$$confidence(X \Rightarrow Y) = \frac{support(X \cap Y)}{support(X)}$$

예제를 봅시다. 다음 규칙을 생각해 봅시다.

$$\{helmet, ball\} \Rightarrow \{wickets\}$$

이 규칙의 지지도는 다음과 같은 수식으로 계산합니다.

$$confidence(helmet, ball \Rightarrow wickets) = \frac{support(helmet, ball \cap wickets)}{support(helmet, ball)} = \frac{\frac{1}{6}}{\frac{2}{6}} = 0.5$$

이는 장바구니에 helmet과 ball이 있다면, 이 품목들과 함께 위켓을 구매할 확률은 50%라는 뜻입니다.

6.9.1.7. 향상도

규칙의 품질을 평가하는 또 다른 방식으로 향상도(lift)가 있습니다. 향상도는 규칙이 결과를 예측하는 데 있어, 단순히 결과 Y가 발생할 확률만 고려했을 때보다 얼마나 예측력이 향상되었는지 나타내는 수치입니다. 여기서 **향상도(improvement)** 란 기준선(baseline) 혹은 기본적인(default) 접근법과 비교하여 결과를 예측하는 능력이 향상된 정도를 뜻합니다. 즉, 향상도는 규칙 $X \Rightarrow Y$에서 X가 발생했을 때 Y가 발생할 가능성이 평소보다 얼마나 더 높아졌는지를 더 정확하고 통찰력 있게 예측하는 정도를 나타냅니다. 항목집합의 X와 Y가 독립적일 때, 향상도는 다음과 같이 계산합니다.[14]

---

[14] **역자 주** 향상도가 1이면 X와 Y는 독립적이며, 1보다 크면 X가 발생했을 때 Y가 발생할 확률이 평소보다 증가합니다(양의 상관관계). 반대로 1보다 작으면 X가 발생했을 때 Y가 발생할 확률이 평소보다 감소합니다(음의 상관관계).

$$Lift(X \Rightarrow Y) = \frac{support(X \cap Y)}{support(X) \times support(Y)}$$

6.9.2. 연관 규칙 마이닝을 위한 알고리즘

이 절에서는 연관 규칙 마이닝에 사용할 수 있는 다음 두 가지 알고리즘을 탐색해 봅니다.

- **선험적 알고리즘**: 1994년 아그라왈(Agrawal, R)과 스리칸트(Srikant)가 제안했습니다.
- **빈발 패턴 성장 알고리즘**: 2001년 한(Han)을 포함한 몇 명이 제안한 개선된 알고리즘입니다.

알고리즘 각각을 살펴봅시다.

6.9.2.1. 선험적 알고리즘

선험적 알고리즘(Apriori algorithm)은 연관 규칙을 생성하는 데 사용하는 반복(iterative)인 다단계(multiphase) 알고리즘입니다.[15] 이는 생성 및 테스트(generation and test) 방식을 따릅니다.

선험적 알고리즘을 실행하기 전에 두 변수 $support_{threshold}$와 $confidence_{threshold}$를 정의해야 합니다.

이 알고리즘은 다음 두 단계로 구성됩니다.

- **후보 생성 단계**: $support_{threshold}$ 임계값 이상인 모든 항목집합을 포함하는 후보 항목집합을 생성합니다.
- **필터 단계**: 예상하는 $confidence_{threshold}$ 이하의 모든 규칙을 걸러냅니다.

필터링한 결과로 얻은 규칙은 해답이 됩니다.

---

15 역자 주 선험적(A priori)이란 철학자 칸트의 인식론에서 비롯한 표현으로, '경험에 의존하지 않고 논리적으로 추론하여 얻는 지식'이라는 뜻입니다.

6.9.2.2. 선험적 알고리즘의 한계

선험적 알고리즘에서 후보 규칙을 생성하는 1단계는 병목 현상(bottleneck)[16]을 일으키는 주요 원인입니다. 가령, $\pi = \{item_1, item_2, ..., item_m\}$은 2^m가지의 항목집합을 생성할 수 있습니다. 이 알고리즘은 다단계로 설계되었기 때문에, 먼저 항목집합을 생성한 다음 빈번한 항목집합을 탐색합니다. 따라서 항목이 많은 경우, 빈번한 항목을 찾기 전에 너무 많은 항목집합을 생성하게 되어 처리 시간이 크게 증가합니다. 이러한 한계로 인해 선험적 알고리즘은 성능 병목이 발생하여 대규모 항목집합 처리에는 적합하지 않습니다.

이제 FP-성장 알고리즘을 살펴봅시다.

6.9.2.3. FP 성장 알고리즘

빈발 패턴 성장(FP-growth, frequent pattern growth) 알고리즘은 선험적 알고리즘의 개선된 버전입니다. 이 알고리즘은 먼저 빈번한 거래를 정렬된 트리인 FP-트리로 나타냅니다. 이 알고리즘은 다음 두 단계로 구성됩니다.

- FP-트리 생성(populating the FP-tree)
- 빈발 패턴 탐색(mining frequent patterns)

각 단계를 하나씩 살펴봅시다.

6.9.2.4. FP 트리 생성하기

다음 표의 거래 데이터를 봅시다. 먼저 이를 희소행렬(sparse matrix)로 나타내 봅시다.

ID	Bat	Wickets	Pads	Helmet	Ball
1	0	1	1	0	0
2	1	1	1	1	0
3	0	0	0	0	1
4	1	0	1	1	0

〈표 6-3〉 거래 데이터

---

[16] 역자 주 성능이나 용량이 어떠한 요소로 제한 받는 현상입니다. 길이 좁아지는 구간에 차량이 정체되는 것에 비유할 수 있습니다.

각 항목의 빈도를 계산하고 빈도에 따라 내림차순으로 정렬해 봅시다.

항목	빈도
pads	3
helmets	3
bats	2
wickets	2
balls	1

〈표 6-4〉 빈도 순 정렬

이제 빈도에 따라 거래 기반 데이터를 재정렬 해봅시다.

ID	기존 항목	재정렬된 항목
t1	Wickets, pads	Pads, wickets
t2	Bat, wickets, pads, helmets	Helmets, pads, wickets, bats
t3	Helmets, balls	Helmets, balls
t4	Bats, pads, helmets	Helmets, pads, bats
balls	1	1

〈표 6-5〉 빈도에 따른 거래 데이터 재정렬

FP-트리를 생성하기 위해 먼저 FP-트리의 첫 번째 가지(branch)부터 시작합시다. FP-트리는 루트 노드가 Null로 시작합니다. 트리를 생성할 때 각 항목은 다음 그림과 같이 노드로 나타낼 수 있습니다. (여기서는 t_1에 대한 트리를 표현했습니다.)

참고로 각 노드의 레이블은 항목의 이름이며, 해당 항목의 빈도는 콜론 뒤에 표시됩니다. 따라서 그림에서 **패드(pads)** 항목은 빈도가 1입니다.

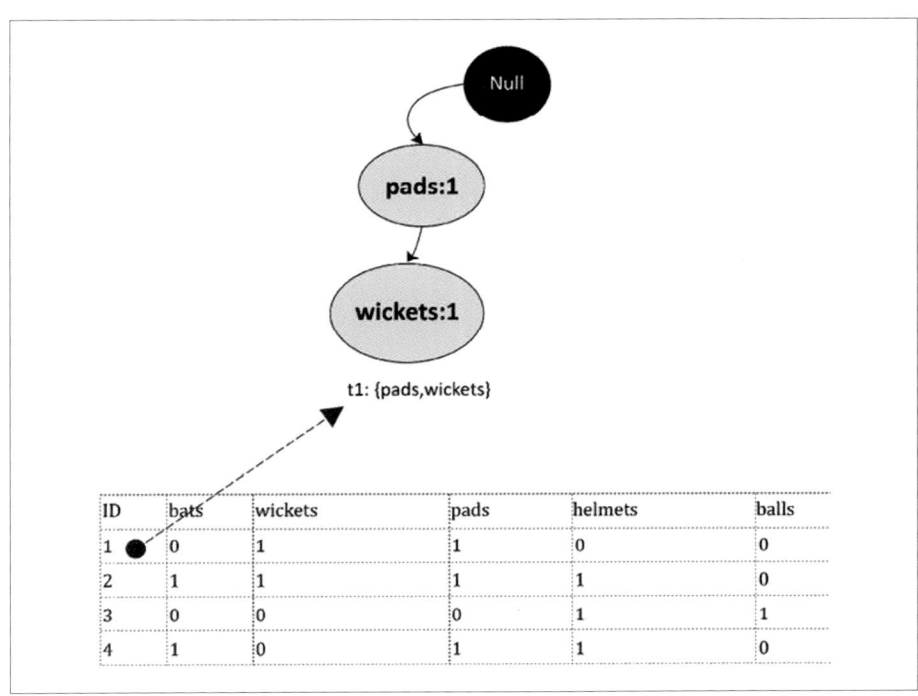

〈그림 6-13〉 첫 번째 거래를 표현한 FP-트리

같은 방식으로 네 개의 거래를 모두 그려서 완전한 FP-트리를 만들어봅시다. 이 FP-트리는 4개의 리프 노드가 있고, 이들 각각은 4개의 거래와 연관된 항목집합을 나타냅니다. 우리는 각 항목의 빈도를 집계하여 항목이 사용될 때마다 빈도를 증가시켜야 합니다. 예를 들어 t_2를 FP-트리에 추가할 때 'Helmets'의 빈도는 2로 증가합니다. 마찬가지로 t_4를 추가할 때 'Helmets'의 빈도는 다시 3으로 증가합니다.

그 결과로 얻은 트리는 다음 그림과 같습니다.

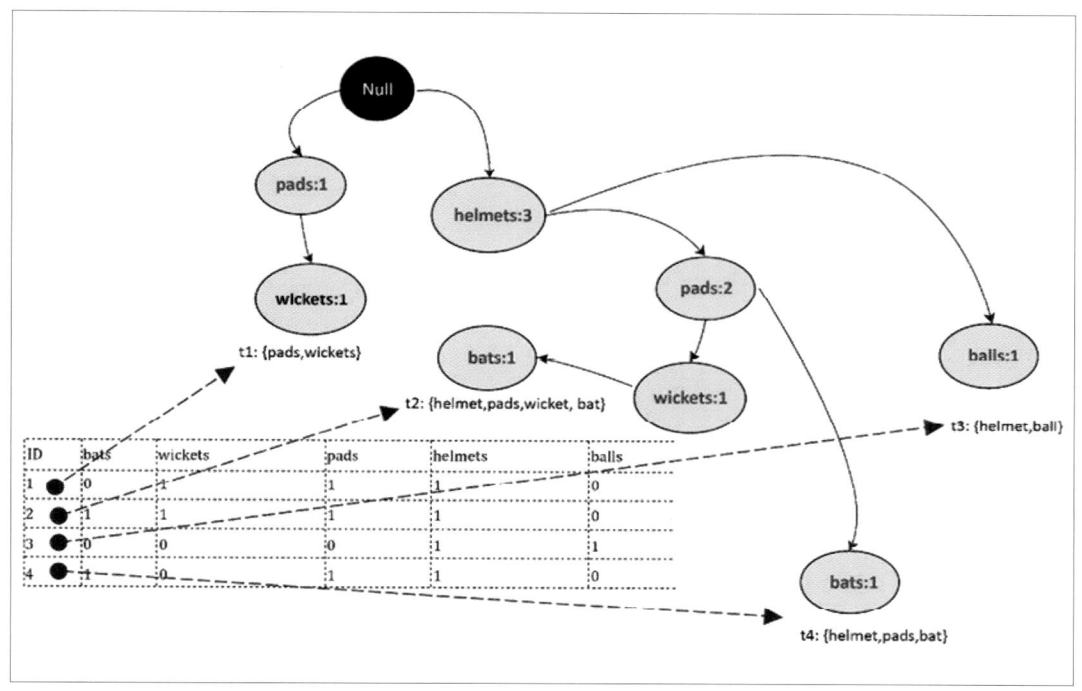

〈그림 6-14〉 전체 거래를 표현한 FP-트리

위 그림에서 생성된 FP-트리는 정렬된 트리입니다. 이제 FP-성장 트리의 두 번째 단계인 빈발 패턴 탐색으로 넘어갑시다.

6.9.2.5. 빈발 패턴 탐색

FP-성장 알고리즘의 두 번째 단계는 FP-트리에서 빈발 패턴을 탐색하는 데 중점을 둡니다. 이러한 빈발 패턴을 탐색할 때 쉽고 효율적인 탐색이 가능한 자료구조를 생성하고자 정렬된 트리를 만들었습니다.

탐색은 리프 노드(leaf node), 즉 종단 노드(end node)부터 시작하여 윗 방향으로 거슬러 올라갑니다. 예제에서는 리프 노드 항목인 'bat'에서 시작합니다. 그 다음은 'bat'에 따른 조건부 패턴 베이스를 탐색합니다. 조건부 패턴 베이스(conditional pattern base)라는 말은 복잡해 보이지만 단순히 특정 리프 노드 항목에서 트리의 루트로 나아가는 모든 경로의 집합을 의미합니다. 이 예제에서 항목 'bat'에 대한 조건부 패턴 베이스는 'bat' 노드에서 트리의 최상위 노드로 나아가는 모든 경로로 구성됩니다. 이때, 정렬된 트리와 정렬되지 않은 트리의 차이를 이해해야 합니다. FP-트리와 같은 정렬된 트리는 항목의 순서가 고정되어 있기 때문에 빈발 패턴 탐색 과정이 단순합니다. 하지만 정렬되지 않은 트리는 이렇게 구조화되어 있지 않으므로, 빈발 패턴을 찾기가 더 어렵습니다.

'bat'에 대한 조건부 패턴 베이스를 계산할 때 기본적으로 'bat' 노드에서 루트 노드로 가는 모든 경로를 매핑(mapping)해야 합니다. 이러한 경로는 'bat'에 대한 거래가 이루어질 때 자주 함께 거래되는 항목을 나타냅니다. 즉, 'bat'와 다른 항목 간의 관계를 이해하기 위해 'bat'에 연관된 트리의 가지를 따라가는 것입니다. 이를 시각적으로 나타내면 FP-트리가 거래 데이터의 빈발 패턴을 밝히는 데 어떠한 도움이 되는지가 명확해집니다. 'bat'에 대한 조건부 패턴 베이스는 다음과 같습니다.

Wicket: 1	Pads: 1	Helmet: 1
Pad: 1	Helmet: 1	

〈표 6-6〉 bat에 대한 조건부 패턴 베이스

bat의 빈발 패턴은 다음과 같습니다.

$$\{wickets, pads, helmet\}: bat$$
$$\{pads, helmet\}: bat$$

6.9.2.6. FP 성장을 활용하여 코드 작성하기

파이썬에서 FP-성장 알고리즘을 사용하여 연관 규칙을 생성하는 방법을 살펴봅시다. 이를 위해 `pyfpgrowth` 패키지를 사용합니다.

```
!pip install pyfpgrowth
```

다음으로 이 알고리즘을 구현하기 위해 필요한 패키지를 가져옵니다.

```
import pandas as pd
import numpy as np
import pyfpgrowth as fp
```

이제 transactionSet의 형태로 입력 데이터를 생성합니다.

```
dict1 = {
    'id':[0,1,2,3],
    'items':[["wickets","pads"],
             ["bat","wickets","pads","helmet"],
             ["helmet","pad"],
             ["bat","pads","helmet"]]
}
transactionSet = pd.DataFrame(dict1)
```

```
   id  items
0  0   [wickets, pads]
1  1   [bat, wickets, pads, helmet]
2  2   [helmet, pad]
3  3   [bat, pads, helmet]
```

입력 데이터를 생성하고 나면 find_frequent_patterns()에 전달한 매개변수에 따라 패턴을 생성합니다. 참고로 이 함수에 전달한 두 번째 매개변수는 최소 지지도이며, 여기서는 1에 해당합니다.

```
patterns = fp.find_frequent_patterns(transactionSet['items'], 1)
```

패턴을 생성했습니다. 이제 패턴을 출력해 봅시다. 패턴은 아이템의 조합과 해당 조합에 대한 지지도가 나열된 목록입니다.

```
patterns
```

```
{('pad',): 1,
 ('helmet', 'pad'): 1,
 ('wickets',): 2,
 ('pads', 'wickets'): 2,
 ('bat', 'wickets'): 1,
 ('helmet', 'wickets'): 1,
 ('bat', 'pads', 'wickets'): 1,
```

```
  ('helmet', 'pads', 'wickets'): 1,
  ('bat', 'helmet', 'wickets'): 1,
  ('bat', 'helmet', 'pads', 'wickets'): 1,
  ('bat',): 2,
  ('bat', 'helmet'): 2,
  ('bat', 'pads'): 2,
  ('bat', 'helmet', 'pads'): 2,
  ('pads',): 3,
  ('helmet',): 3,
  ('helmet', 'pads'): 2}
```

이제 규칙을 생성합시다.

```
rules = fp.generate_association_rules(patterns, 0.3 )
rules
```

```
{('helmet',): (('pads',), 0.6666666666666666),
 ('pad',): (('helmet',), 1.0),
 ('pads',): (('helmet',), 0.6666666666666666),
 ('wickets',): (('bat', 'helmet', 'pads'), 0.5),
 ('bat',): (('helmet', 'pads'), 1.0),
 ('bat', 'pads'): (('helmet',), 1.0),
 ('bat', 'wickets'): (('helmet', 'pads'), 1.0),
 ('pads', 'wickets'): (('bat', 'helmet'), 0.5),
 ('helmet', 'pads'): (('bat',), 1.0),
 ('helmet', 'wickets'): (('bat', 'pads'), 1.0),
 ('bat', 'helmet'): (('pads',), 1.0),
 ('bat', 'helmet', 'pads'): (('wickets',), 0.5),
 ('bat', 'helmet', 'wickets'): (('pads',), 1.0),
 ('bat', 'pads', 'wickets'): (('helmet',), 1.0),
 ('helmet', 'pads', 'wickets'): (('bat',), 1.0)}
```

각 규칙은 콜론(:)으로 좌항과 우항을 구분하며, 우변에는 입력 데이터셋의 각 규칙에 대한 지지도가 있습니다.

> **요약**

이 장에서는 다양한 비지도 학습 기법을 살펴봤습니다. 해결하려는 문제의 차원을 축소하는 경우와 이를 위한 여러 가지 방법을 살펴봤습니다. 또한 장바구니 분석을 포함하여 비지도 학습이 유용한 실용 예제도 학습했습니다.

다음 장에서는 다양한 지도 학습 기법을 알아보겠습니다. 먼저 선형 회귀부터 시작해서 결정 트리 기반 알고리즘, SVM, XGBoost와 같은 복잡한 지도 학습 기법을 살펴봅니다. 또한 비정형 텍스트 데이터(unstructured textual data)에 가장 적합한 나이브 베이즈(Naive Bayes) 알고리즘도 학습합니다.

7장 전통적인 지도 학습 알고리즘

> 인공지능은 새로운 전기다.
>
> 앤드류 응(Andrew Ng)

7장에서는 지도 학습 알고리즘에 집중할 것입니다. 이러한 알고리즘은 모델 학습을 위해 레이블이 지정된 데이터에 의존한다는 특성이 있으며, 특징도 활용도도 다양합니다. 대표적인 예로는 결정 트리, 서포트 벡터 머신(SVM), 선형 회귀 등이 있으며, 모두 지도 학습의 범주에 속합니다.

이 분야를 더 깊이 탐구하기 전에, 본 장에서는 신경망(neural network)을 다루지 않는다는 점을 짚고 넘어가야 합니다. 신경망은 지도 학습의 중요한 범주에 속하지만, 그 복잡성과 빠른 발전 속도를 고려할 때, 심도 있는 별도의 탐구가 필요합니다. 따라서 신경망은 뒤이어 나올 세 개의 장에서 집중적으로 다룰 예정입니다.

이번 장에서는 분류 및 회귀 모델을 중심으로 지도 학습의 핵심 내용을 다룹니다. 실제 사례를 활용해 이들이 어떤 능력을 발휘하는지 살펴보고, 여섯 가지 분류 알고리즘과 세 가지 회귀 알고리즘을 소개합니다. 마지막으로, 이들의 결과를 비교하여 핵심적인 논점을 정리할 것입니다.

이 장의 전체적인 목표는 다양한 종류의 지도 학습 기법을 이해하고, 특정 문제 유형에 가장 적합한 지도 학습 기법이 무엇인지 알 수 있도록 하는 것입니다.

이 장에서는 다음과 같은 개념들을 다룹니다.

- 지도 학습 이해하기
- 분류 알고리즘 이해하기
- 분류 모델 성능 평가 방법
- 회귀 알고리즘 이해하기
- 회귀 알고리즘 성능 평가 방법

지도 학습의 기본 개념부터 먼저 살펴보겠습니다.

7.1 지도 학습 이해하기

머신러닝은 데이터 기반 접근 방식을 활용하여 인간의 감독 유무와 관계없이 의사 결정을 도와주는 자율적인 시스템(autonomous system)을 만드는 데 초점을 둡니다. 이러한 자율 시스템을 만들기 위해 머신러닝에서는 데이터에서 반복되는 패턴을 발견하고 공식화하는 알고리즘과 방법론을 사용합니다. 이 중 가장 널리 사용되면서 강력한 방법론은 지도 학습입니다. 지도 학습에서는 특징이라고 불리는 입력 값들과 이에 대응하는 레이블(labels)이라는 출력 값들이 알고리즘에 주어집니다.

특징(feature)은 사용자 프로필, 과거 판매 수치, 센서 측정값과 같은 정형 데이터(structured data)로 구성되어 있으며, **레이블(label)**은 일반적으로 고객의 구매 습관이나 제품 품질 평가와 같이 우리가 예측하고자 하는 특정한 결과를 나타냅니다. 지도 학습 알고리즘은 특징과 레이블 사이의 복잡한 관계를 수식으로 나타내는 모델을 학습하는 데 사용됩니다. 이렇게 학습된 모델은 예측을 수행하는 기본 수단이 됩니다.

MEMO 지도 학습에서 기존 데이터로 학습하는 능력은 인간의 뇌가 경험을 통해 학습하는 능력과 비슷합니다. 이러한 학습 능력은 인간 뇌의 특성을 활용한 것으로, 기계에 의사 결정 능력과 지능을 부여하는 근본적인 수단이 됩니다.

이메일을 스팸과 정상 메일로 분류하는 모델을 훈련하기 위해 지도 학습 기법을 사용하는 예제를 봅시다. 모델 훈련을 시작하기 위해서는 스팸으로 분류되어야 하는 이메일의 내용이 어떤 종류인지 학습할 수 있도록 과거의 사례가 필요합니다.

이처럼 텍스트 데이터를 기반으로 이메일의 내용을 분석해 학습하는 작업은 복잡한 과정이며, 지도 학습 알고리즘 중 하나를 통해 이루어집니다. 이 예제에서 모델을 학습시키는 데 사용할 수 있는 지도 학습 알고리즘에는 결정 트리(decision tree)와 나이브 베이즈 분류기(Naive Bayes classifier) 등이 있으며, 이에 대해서는 이 장의 뒷부분에서 다룰 예정입니다.

지금부터는 지도 학습 문제를 어떻게 수식화할 수 있는지에 초점을 맞춰보겠습니다.

7.2 지도 학습 문제 공식화하기

지도 학습 알고리즘을 자세히 살펴보기 전에 기본적인 지도 학습 용어를 정의해 봅시다.

용어	설명
레이블(label)	레이블은 모델이 예측하고자 하는 변수입니다. 지도 학습 모델은 단 하나의 레이블만 있습니다.
특징(feature)	레이블을 예측하기 위해 사용하는 입력 변수들의 집합입니다.
특징 공학	선택한 지도 학습 알고리즘에 맞게 특징을 변형하고 준비하는 과정을 말합니다.
특징 벡터	입력 값을 지도 학습 알고리즘에 입력하기 전, 모든 특징은 특징 벡터라는 자료구조의 형태로 묶입니다.
과거 데이터	레이블과 특징 간의 관계를 공식으로 나타내기 위해 사용하는 과거의 데이터입니다. 이는 예제와 함께 제공됩니다.
훈련/테스트 데이터	과거 데이터는 예제와 함께 두 부분으로 나뉩니다. 데이터가 더 많은 부분은 훈련 데이터(training data), 나머지 더 적은 부분은 테스트 데이터(testing data)라고 합니다.
모델	레이블과 특징의 관계를 가장 잘 포착하는 패턴에 대한 수식입니다.
훈련	훈련 데이터를 이용해 모델을 생성하는 과정입니다.
테스트	테스트 데이터를 이용해 훈련된 모델의 성능을 평가하는 과정입니다.
예측	훈련된 모델을 사용하여 레이블을 추론하는 행위입니다. 여기서 '예측(prediction)'이란 모델의 최종 출력, 즉 정확한 결과를 뜻합니다. 이는 각 결과가 잠재적으로 발생할 통계적 가능성을 제공하는 '예측 확률(prediction probability)'과는 다릅니다.

〈표 7-1〉 지도 학습 관련 용어

머신러닝 기법을 설명하기 위해 이 장에서 사용할 표기법을 소개합니다.

변수	의미
y	실제 레이블
$\acute{y}$	예측한 레이블
d	예제의 총 개수
b	훈련 예제 개수
c	테스트 예제 개수
X_train	훈련용 특징 벡터

〈표 7-2〉 사용 변수 및 의미

여기서 '예제(example)'는 데이터셋의 단일 인스턴스를 뜻합니다. 각 예제는 일련의 특징(입력 데이터)와 그에 대응하는 레이블(예측하고자 하는 결과)로 구성됩니다.

설명한 용어를 실제로 적용한 사례를 살펴봅시다. 우선 특징 벡터를 생각해 봅시다. 본질적으로 특징 벡터는 모든 특징을 포함하는 자료구조입니다.

예를 들어, 특징이 n개이고 훈련용 예제가 b개라면, 이 훈련용 특징 벡터를 X_train이라고 표현합니다. 만약 훈련 데이터셋에 예제가 5개, 변수 또는 특징이 5개 있다면, X_train은 5개의 행을 가지며, 총 25개의 요소(5개의 예제 × 5개의 특징)를 포함합니다.

여기서 X_train은 훈련 데이터셋을 구체적으로 나타냅니다. 이 데이터셋의 각 예제는 특징과 그에 연관된 레이블이 조합된 것입니다. 예제의 행 번호를 나타낼 때는 위첨자(superscript)를 사용하여 ($X^{(1)}, y^{(1)}$)처럼 표기합니다. 여기서 $X^{(1)}$은 첫 번째 예제의 특징을, $y^{(1)}$은 그에 대응하는 레이블을 의미합니다.

따라서 레이블로 지정된 데이터셋 D 전체는 $D = \{(X^{(1)}, y^{(1)}), (X^{(2)}, y^{(2)}), \ldots, (X^{(d)}, y^{(d)})\}$로 나타낼 수 있으며 여기서 d는 전체 예제의 수를 뜻합니다.

데이터셋 D는 D_{train}과 D_{test}로 나뉩니다. 훈련 데이터셋인 D_{train}는 $D_{train} = \{(X^{(1)}, y^{(1)}), (y^{(2)}, y^{(2)}), \ldots, (X^{(b)}, y^{(b)})\}$로 나타내며, b는 훈련 예제의 개수입니다.

모델을 훈련하는 주된 목표는 훈련 데이터셋의 모든 i번째 예제에 대해 예측된 목표 값($\hat{y}$)이 실제 레이블(y)과 가능한 거의 근접하도록 하는 것입니다. 이를 통해 모델의 예측이 예제의 실제 결과를 잘 반영하도록 합니다.

즉, 다음과 같습니다.

$$\hat{y}(i) \approx y(i), \ 1 \leq i \leq b \text{ 일 때}$$

따라서 테스트 데이터셋은 $D_{test} = \{(X^{(1)}, y^{(1)}), (y^{(2)}, y^{(2)}), \ldots, (X^{(c)}, y^{(c)})\}$로 나타냅니다.

레이블의 값은 다음과 같이 벡터 Y로 나타냅니다.

$$Y = \{y^{(1)}, y^{(2)}, \ldots, y^{(m)}\}$$

예제를 통해 앞서 소개한 개념들을 구체적으로 살펴보겠습니다.

침실의 수, 집의 크기(제곱 피트(feet))[1], 집의 연식과 같은 다양한 특징에 따라 주택의 가격을 예측하는 프로젝트를 진행 중이라고 상상해 봅시다. 이 예시를 통해 머신러닝 용어를 이러한 실제 상황에 적용하는 방법을 살펴보겠습니다.

여기서 **특징**은 침실의 수, 집의 크기, 연식에 해당합니다. 이러한 정보와 함께 실제 가격이 알려진 주택이 50채 있다고 해봅시다. 이 50개의 예제를 훈련용 특징 벡터 X_train에 담을 수 있습니다.

X_train은 50개의 행(각각 하나의 주택)과 3개의 열(각각 하나의 특징: 침실 수, 집의 크기, 연식)로 구성된 표 형태이며, 이는 50×3 크기의 행렬로 모든 특징 데이터를 포함합니다.

각 주택의 특징 집합과 가격은 $(X^{(i)}, y^{(i)})$로 나타내며, 여기서 $X^{(i)}$는 i번째 집의 특징을, $y^{(i)}$는 실제 가격을 뜻합니다.

전체 데이터셋 D는 따라서 $D = \{(X^{(1)}, y^{(1)}), (X^{(2)}, y^{(2)}), \ldots, (X^{(50)}, y^{(50)})\}$라고 볼 수 있습니다.

이 중 40개의 주택 정보를 훈련용으로, 나머지 10개는 테스트용으로 나누었다고 가정하면, 훈련 데이터셋 D_{train}은 다음과 같습니다.

$$D_{train} = \{(X^{(1)}, y^{(1)}), (X^{(2)}, y^{(2)}), \ldots, (X^{(40)}, y^{(40)})\}$$

모델을 훈련한 다음 목표는 실제 주택 가격인 $y(i)$에 근접하게 일치하도록 $\hat{y}(i)$를 예측하는 것입니다.

그리고 테스트 데이터셋 D_{test}는 나머지 10개 예제를 포함하며 다음과 같이 표현됩니다.

$$D_{test} = \{(X^{(41)}, y^{(41)}), (X^{(42)}, y^{(42)}), \ldots, (X^{(50)}, y^{(50)})\}$$

마지막으로, 다음과 같이 모든 실제 주택 가격으로 구성된 벡터 Y가 있습니다.

$$Y = \{y^{(1)}, y^{(2)}, \ldots, y^{(50)}\}$$

이처럼 주택 가격 예측이라는 구체적인 예를 통해, 앞서 설명한 용어들과 수식이 실제로 어떻게 적용되는지 확인할 수 있습니다.

---

[1] 역자 주 1제곱 피트는 반올림하면 약 0.093제곱미터, 약 0.028평에 해당합니다.

7.2.1. 가능 조건 이해하기

지도 학습 알고리즘은 가능 조건(enabling condition)을 충족해야 수행할 수 있습니다. 가능 조건은 지도 학습 알고리즘의 효과를 보장하는 특정한 전제 조건입니다. 이러한 가능 조건은 다음과 같습니다.

- **충분한 예**: 지도 학습 알고리즘은 모델을 훈련하기 위해 충분한 예시가 필요합니다. 예제가 충분하다고 말하려면, 우리가 관심을 갖는 패턴이 데이터셋에 뚜렷하게 나타나 있다는 근거가 필요합니다.
- **과거 데이터의 패턴**: 모델을 훈련하는 데 사용되는 예제들은 일정한 패턴이 있어야 합니다. 우리가 예측하고자 하는 사건은 특정한 패턴, 경향, 또는 사건들의 조합에 따라 발생할 가능성이 달라져야 합니다. 모델 내에서 레이블은 예측하려는 결과(관심 사건)를 수학적으로 표현합니다. 만약 이러한 패턴이 없다면, 이는 무작위 데이터일 가능성이 높으며, 그럴 경우 모델을 훈련시킬 수 없습니다.
- **유효한 가정**: 예제를 통해 지도 학습 모델을 훈련할 때, 해당 예제에 적용하는 가정이 미래에도 유효하리라 기대합니다. 실제 사례를 봅시다. 정부에서 사용하기 위한 학생 비자 발급 여부의 가능성을 예측하는 지도 학습 모델을 훈련하는 경우, 모델을 사용하여 예측할 때 해당 법률과 정책이 변하지 않는다고 봅니다. 만약 모델 훈련 이후 새로운 정책이나 법률이 시행된다면 이 모델은 새로운 정보를 반영하도록 다시 훈련해야 할 수 있습니다.

이어서 분류 모델과 회귀 모델의 차이를 어떻게 구분할 수 있는지 살펴보겠습니다.

7.2.2. 분류 모델과 회귀 모델 차이 구분하기

머신러닝 모델에서 레이블은 **범주형 변수**(category variable) 또는 **연속형 변수**(continuous variable)입니다. 연속형 범주는 두 값 사이의 무한한 수의 값을 갖는 숫자형 변수이며, 범주형 변수는 명확한 범주로 분류되는 질적 변수입니다. 레이블의 종류는 지도 학습 모델의 종류를 결정합니다. 기본적으로 지도 학습 모델의 종류는 두 가지입니다.

- **분류 모델**(classifier): 레이블이 범주형 변수인 경우, 머신러닝 모델은 분류 모델이라 합니다. 분류 모델은 다음과 같은 비즈니스 질문에 답할 수 있습니다.
  - 이 비정상적으로 증식하는 조직은 악성 종양인가요?
  - 현재 날씨 조건을 바탕으로 내일 비가 올까요?
  - 특정 지원자의 프로필을 바탕으로 주택담보대출을 승인해야 할까요?

- **회귀 모델**(regressor): 레이블이 연속형 변수인 경우, 회귀 모델을 훈련합니다. 회귀 모델은 다음과 같은 비즈니스 질문에 답할 수 있습니다.
  - 현재 날씨 조건을 바탕으로 내일 얼마나 비가 올까요?
  - 주어진 특성을 가진 특정 주택의 가격은 얼마일까요?

이제 분류 모델 및 회귀 모델에 대해 좀 더 자세히 살펴보겠습니다.

7.3 분류 알고리즘 이해하기

지도 학습에서 레이블이 범주형 변수인 경우, 해당 모델은 분류 모델이라 합니다. 모델은 본질적으로 훈련 데이터로부터 학습된 수학적 표현이라는 점을 기억합시다.

- 과거 데이터는 **레이블이 지정된 데이터**(labeled data)라 합니다.
- 레이블이 예측해야 하는 프로덕션 데이터(production data)는 **레이블이 지정되지 않은 데이터**(unlabeled data)라 합니다.

> 훈련된 모델로 레이블이 지정되지 않은 데이터에 대해 정확히 레이블을 예측하는 능력이야말로, 분류 알고리즘의 실제 성능을 드러냅니다. 분류 모델은 특정 비즈니스 질문에 답하기 위해 이러한 데이터의 레이블을 예측합니다.

분류 알고리즘에 대해 자세히 설명하기 전에 먼저 분류 모델이 해결해야 할 비즈니스 문제를 소개하겠습니다. 이어서 해당 문제에 답하기 위해 여섯 가지 알고리즘을 사용하고 이를 통해 각 알고리즘의 방법론, 접근법, 성능을 비교하겠습니다.

7.3.1. 분류 모델 과제 소개

먼저 여섯 가지 분류 알고리즘을 검증할 공통 문제를 소개하겠습니다. 이 문제를 이번 장에서 분류 모델 과제라 하겠습니다. 여섯 가지 분류 모델로 하나의 동일한 문제를 해결하는 방식은 다음 두 가지 방식으로 도움이 됩니다.

- 모든 입력 변수는 특징 벡터라는 복합 자료구조로 처리하고 조합해야 합니다. 동일한 특징 벡터를 사용하면 여섯 가지 알고리즘을 위해 데이터를 반복해서 준비하지 않아도 됩니다.
- 입력으로 동일한 특징 벡터를 사용하므로 여러 알고리즘의 성능을 정확히 비교할 수 있습니다.

분류 모델 과제는 고객의 구매 가능성을 예측하는 것입니다. 장사를 할 때 고객의 행동의 이해는 매출의 극대화로 이어집니다. 이러한 이해는 과거 데이터에서 발견되는 패턴을 분석함으로써 얻을 수 있습니다.

7.3.1.1. 문제 정의

주어진 과거 데이터를 바탕으로, 특정 사용자가 **향후 제품을 구매할지 여부**를 예측할 수 있는 이진 분류 모델(binary classifier)을 훈련할 수 있을까요?

먼저 이 문제를 해결하기 위해 사용할 수 있는 레이블이 지정된 데이터셋을 살펴봅시다.

$$x \in \mathbb{R}^b, y \in \{0,1\}$$

x는 실수 집합의 원소입니다. $\mathbb{R}^b$는 b개의 실수 값을 갖는 벡터 공간을 나타냅니다. $y \in \{0,1\}$은 우리가 이진 분류 문제를 다루므로 이진수 변수를 나타냅니다. 출력은 0이나 1일 수 있으며, 각 숫자는 서로 다른 클래스를 나타냅니다.

이 예제에서 y=1일 때 양성(positive) 클래스, y=0일 때 음성(negative) 클래스라 합니다. 더 구체적으로 설명하면 y가 1인 양성 클래스는 사용자가 구매하는 경우를 의미입니다. 반대로 y가 0인 음성 클래스는 사용자가 아무것도 구매하지 않는 경우를 뜻합니다. 이 모델은 사용자의 과거 행동에 따라 미래 행동을 예측할 수 있도록 합니다.

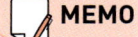 양성 및 음성 클래스의 수준은 마음대로 선택할 수는 있지만, 양성 클래스는 관심 대상 사건으로 정의해야 합니다. 은행에서 사기 거래를 식별하려 할 때 양성 클래스(y=1)는 사기 거래를 의미해야 하고, 그 반대여서는 안됩니다.

이제 다음을 살펴봅시다.

- y로 나타낸 실제 레이블
- $\acute{y}$로 나타낸 예측한 레이블

분류 모델 과제에서, 이 예제의 레이블의 실제 값은 y로 나타냅니다. 예제의 경우, 누군가 항목을 구매했다면 y=1이라 할 수 있습니다. 예측한 값은 $\acute{y}$로 나타냅니다. 입력 특징 벡터인 x는 입력 변수[2]의 개수와 동일한 차원을 갖습니다.

우리는 주어진 특정 입력에 대해 사용자가 구매할 확률을 결정하고자 합니다. 즉, 특징 벡터 x에 대해 주어진 특정 값에서 y=1일 때의 확률을 결정하고자 합니다. 수학적으로는 다음과 같이 나타낼 수 있습니다.

$$\acute{y} = P(y=1|x), x \in \mathbb{R}^{n_x}$$

P(y=1|x)은 사건 x가 발생했을 때, 사건 y가 1이 되는 조건부 확률을 나타냅니다. 즉, 이 수식은 주어진 특정 조건 x에 대해 알고 있거나 해당 조건이 존재할 경우에 따라 결과 y가 양성일 확률을 나타냅니다.

---

[2] 역자 주 여기서 '입력 변수'란 예측에 활용되는 개별적인 특징을 뜻합니다. 즉, 이러한 특징의 개수 n은 입력 특징 벡터 x의 차원과 같습니다.

이제 특징 벡터 x에서 다양한 입력 변수를 처리하고 결합하는 방법을 살펴보겠습니다. 데이터 처리 파이프라인(data processing pipeline)을 통해 여러 개별 특징을 전처리하여 하나의 통합된 입력 벡터 x로 만드는 과정은 다음 절에서 더 자세히 설명하겠습니다.

7.3.1.2. 데이터 처리 파이프라인을 활용한 특징 공학

선택한 머신러닝 알고리즘을 위해 데이터를 준비하는 과정은 **특징 공학**(feature engineering)이라 하며 이는 머신러닝 생명 주기에서 매우 중요한 단계입니다. 특징 공학은 여러 단계에 걸쳐 수행됩니다. 이때 데이터를 처리하기 위한 여러 단계를 한데 묶어 **데이터 파이프라인**(data pipeline)이라 합니다. 최대한 표준화된 처리 단계를 통해 데이터 파이프라인을 구축하면 재사용이 가능하여 모델 훈련에 필요한 비용을 줄일 수 있습니다. 또한, 검증이 잘 된 소프트웨어 모듈을 사용할수록 코드의 품질도 향상됩니다.

데이터 처리 과정에서는 특징 공학 뿐만 아니라 데이터 정제(data cleaning) 역시 중요합니다. 데이터 정제 과정에는 이상치(outlier) 탐지나 결측값(missing value) 처리와 같은 단계가 포함됩니다. 예를 들면, 이상치 탐지를 통해 모델의 성능에 부정적인 영향을 미칠 수 있는 이상치 데이터 포인트(anomalous data point)를 식별하고 처리할 수 있습니다. 마찬가지로 결측값 처리는 데이터셋에서 누락된 데이터 포인트를 채우거나 처리하여 모델의 완전한 데이터 학습을 보장합니다. 이러한 단계는 데이터 파이프라인에 포함되어야 하는 중요한 단계로, 머신러닝 모델의 신뢰도와 정확도를 향상하는 데 기여합니다.

분류 모델 문제를 위해 재사용 가능한 데이터 처리 파이프라인을 설계해 봅시다. 설명한 대로 데이터를 한 번만 준비한 다음, 모든 분류 모델에서 이를 사용할 것입니다.

- 라이브러리 불러오기

먼저 필요한 라이브러리를 불러옵니다.

```
import numpy as np
import sklearn,sklearn.tree
import matplotlib.pyplot as plt
import pandas as pd
import sklearn.metrics as metrics
from sklearn.model_selection import train_test_split
from sklearn.preprocessing import OneHotEncoder, StandardScaler
```

참고로 파이썬에서 pandas 라이브러리를 사용합니다. 이 라이브러리는 고성능 자료구조 및 데이터 분석 도구를 제공하는 강력한 오픈 소스 데이터 조작 및 분석 도구입니다. 또한 sklearn도 사용합니다. 이는 다양한 머신러닝 작업을 위한 포괄적인 도구 및 알고리즘을 제공합니다.

● 데이터 불러오기

이 문제의 예제들을 포함한 레이블된 데이터는 Social_Network_Ads.csv에 CSV[3] 포맷으로 저장되어 있습니다. 먼저 이 파일을 읽어 봅시다.

```
# 데이터셋 불러오기
dataset = pd.read_csv('https://storage.googleapis.com/neurals/data/Social_Network_Adscsv')
```

이 파일은 https://storage.googleapis.com/neurals/data/Social_Network_Ads.csv 에서 다운로드 할 수 있습니다.

● 특징 선별

해결하고자 하는 문제의 맥락과 연관된 특징을 선택하는 과정은 **특징 선별**(feature selection)이라 합니다. 이는 특징 공학에서 필수적인 부분입니다.

파일을 가져온 다음 User ID 열을 드롭(drop)합니다. 사람을 식별하는 데 사용되는 User ID 열은 모델을 훈련할 때는 제외해야 합니다. 일반적으로 User ID는 각 개인을 고유하게 나타내는 식별자지만, 우리가 모델링하려는 패턴이나 추세에는 아무 의미가 없습니다.

따라서 일반적으로 머신러닝 모델을 훈련하기 전에 이러한 열은 드롭합니다.

```
dataset = dataset.drop(columns=['User ID'])
```

---

[3] 역자 주 CSV 포맷은 필드를 쉼표로 구분한 텍스트 데이터 파일입니다.

이제 head 명령어를 사용해 데이터셋을 미리 살펴봅시다. 이 명령어는 데이터셋의 처음 5개 행을 출력합니다.

```
dataset.head(5)
```

데이터셋은 다음과 같습니다.

	Gender	Age	EstimatedSalary	Purchased
0	Male	19	19000	0
1	Male	35	20000	0
2	Female	26	43000	0
3	Female	27	57000	0
4	Male	19	76000	0

〈그림 7-1〉 예제 데이터셋

이제 입력 데이터셋을 처리하는 추가 과정을 살펴봅시다.

● 원 핫 인코딩

여러 머신러닝 모델은 모든 특징이 연속형 변수로 표현될 때 가장 잘 동작합니다. 따라서 범주형 특징을 연속형 변수로 변환할 수 있는 방법이 필요합니다. 이를 위한 대표적인 기법 중 하나가 바로 원-핫 인코딩(one-hot encoding)입니다.

예제의 Gender(성별) 특징은 범주형 변수이며, 이를 원-핫 인코딩을 통해 연속형 변수로 변환하겠습니다. 그렇다면 원-핫 인코딩이란 정확히 무엇일까요?

원-핫 인코딩은 범주형 변수를 머신러닝 알고리즘이 더 잘 이해할 수 있는 형식으로 변환하는 과정입니다. 구체적으로는 원래 특징의 각 범주에 대해 새로운 이진 특징(binary feature)을 생성합니다.

예를 들어, Gender에 원-핫 인코딩을 적용하면 Male(남성)과 Female(여성)이라는 두 개의 새로운 특징이 생성됩니다. 성별이 남성이라면 Male 특징은 1(참), Female은 0(거짓)으로 표시되며, 성별이 여성인 경우에는 그 반대가 됩니다.

원-핫 인코딩을 성별 특징에 적용하여 모델을 준비해 봅시다.

```
enc = sklearn.preprocessing.OneHotEncoder()
```

drop='first' 매개변수는 성별(Gender) 특징의 첫 번째 항목을 드롭해야 한다는 의미입니다.

먼저, 원-핫 인코딩을 Gender에 대해 수행해 봅시다.

```
enc.fit(dataset.iloc[:,[0]])
onehotlabels = enc.transform(dataset.iloc[:,[0]]).toarray()
```

여기서 fit_transform으로 원-핫 인코딩을 Gender 열에 적용합니다. reshape(-1, 1) 함수는 인코더가 기대하는 올바른 2차원 형식의 데이터를 보장하기 위해 사용합니다. toarray() 함수는 희소행렬(sparse matrix)형태의 출력을 나중에 더 다루기 쉬운 조밀한 numpy 배열로 변환하기 위해 사용합니다.

이어서 인코딩된 Gender를 다시 데이터프레임에 추가합시다.

```
genders = pd.DataFrame({'Female': onehotlabels[:, 0], 'Male':onehotlabels[:, 1]})
```

이 코드는 drop='first'를 설정했으며 Male을 첫 번째 범주로 간주하므로, 새로운 열인 Female 은 성별이 여성인 경우 값이 1이고, 남성이면 0입니다.

이어서 원래의 Gender 열을 데이터프레임에서 드롭합니다. 이제 이 열은 새로운 Female 열로 대체되었기 때문입니다.

```
result = pd.concat([genders,dataset.iloc[:,1:]], axis=1, sort=False)
```

변환한 다음, 데이터셋을 다시 살펴봅시다.

```
result.head(5)
```

	Female	Male	Age	Estimated Salary	Purchased
0	0.0	1.0	19	19,000	0
1	0.0	1.0	35	20,000	0
2	1.0	0.0	26	43,000	0
3	1.0	0.0	27	57,000	0
4	0.0	1.0	19	76,000	0

〈그림 7-2〉 실행 결과

변수를 범주형에서 연속형으로 변환하기 위해 원 핫 인코딩을 사용한 결과, Gender변수는 2개의 열 Male과 Female로 변환되었습니다.

이제 특징과 레이블을 지정하는 방법을 살펴봅시다.

● 특징 및 레이블 지정하기

특징과 레이블을 지정해 봅시다. 이 책에서는 항상 특징 집합은 X, 레이블은 y로 나타냅니다.

```
y=result['Purchased']
X=result.drop(columns=['Purchased'])
```

특징 벡터 X는 모델을 훈련하기 위해 필요한 모든 입력 변수를 포함합니다.

● 데이터셋을 테스트와 훈련 용으로 분할하기

다음으로, 데이터셋을 두 부분으로 나눌 것입니다. 70%는 훈련용, 30%는 테스트용으로 사용할 예정입니다. 이와 같은 비율로 나누는 이유는 머신러닝 실무에서 일반적으로 모델이 다양한 예시를 효과적으로 학습할 수 있도록 충분한 양의 데이터를 훈련에 사용하는 것이 좋다고 여겨지기 때문입니다. 이때 큰 비중인 70%가 훈련용으로 사용됩니다. 하지만 모델이 단순히 훈련 데이터를 외운것이 아니라, 신규 데이터에 대해서도 잘 작동하는지 확인해야 합니다. 이를 위해 전체 데이터 중 30%를 훈련 과정에서 제외하고 테스트용으로 따로 보관합니다. 이 데이터는 훈련 과정에 사용하지 않으며, 훈련된 모델의 성능과 본 적 없는 새로운 데이터에 대한 예측 능력을 평가하기 위한 기준(benchmark)으로 활용합니다.

```
X_train, X_test, y_train, y_test = train_test_split(X, y, test_size = 0.25, random_state = 0)
```

이 코드는 다음과 같은 네 가지 자료구조를 생성합니다.

- X_train: 훈련 데이터의 특징을 포함하는 데이터셋
- X_test: 테스트 데이터의 특징을 포함하는 데이터셋
- y_train: 훈련 데이터의 레이블 값 벡터
- y_test: 테스트 데이터의 레이블 값 벡터

이제 데이터셋의 특징을 정규화(normalization)해 봅시다.

7.2.1.3. 특징 정규화

머신러닝 모델을 위한 데이터셋을 준비하는 과정에서 중요한 단계는 **특징 정규화(feature normalization)**입니다. 이는 피처 스케일링(feature scaling)이라고도 합니다. 많은 머신러닝 알고리즘에서는 변수들의 값을 일정한 범위(일반적으로 0에서 1 사이)로 맞추는(scaling) 것이 성능 향상에 도움이 됩니다. 이렇게 하면 특정 특징이 다른 특징보다 값의 크기(scale)가 커서 모델에 과도한 영향을 미치는 일을 방지할 수 있습니다.

이제 최적의 결과를 위해 데이터셋에 이러한 변환을 적용해 봅시다.

먼저 StandardScaler 클래스 인스턴스를 초기화합니다. 이 인스턴스는 스케일링 작업을 수행하는 데 사용합니다.

```
# 특징 정규화
sc = StandardScaler()
```

이어서 fit_transform 메서드를 사용합니다. 이 변환을 통해 특징은 평균이 0이고 표준 편차가 1이 되도록 정규화됩니다. 이것이 표준화의 핵심입니다. 변환된 데이터는 X_train_scaled 변수에 저장됩니다.

```
X_train = sc.fit_transform(X_train)
```

이어서 transform 메서드를 적용하여 테스트 데이터셋 X_test을 동일한 방식으로 변환합니다.

```
X_test = sc.transform(X_test)
```

이렇게 데이터 정규화를 마치면 다음 절에서 설명할 다양한 분류 모델을 위한 입력으로 사용할 준비가 완료되었습니다.

7.2.1.4. 분류 모델 평가하기

모델의 훈련을 완료하면 성능 평가를 진행해야 합니다. 이를 위해 다음 과정을 따릅니다.

1. 레이블이 지정된 데이터셋을 훈련용과 테스트용 두 부분으로 나눕니다. 훈련된 모델은 테스트용 데이터셋을 사용하여 평가합니다.
2. 테스트 데이터셋의 특징으로 각 행에 대한 예측 레이블을 생성합니다.
3. 예측한 레이블과 실제 레이블을 비교하여 모델을 평가합니다.

아주 간단한 문제를 푸는 경우가 아니라면 모델을 평가할 때 약간의 오분류(misclassification)는 발생할 수 있습니다. 모델의 품질을 판단하기 위해 이러한 오분류를 해석하는 방법은 선택한 성능 지표에 따라 달라집니다.

실제 레이블과 예측한 레이블 집합을 모두 확보하면 다양한 성능 지표를 활용해 모델을 평가할 수 있습니다.

모델 평가에 가장 알맞은 지표는 해결하고자 하는 비즈니스 문제의 요구 조건 뿐만 아니라 훈련 데이터셋의 특징에 따라 달라집니다.

이제 혼동 행렬을 살펴봅시다.

7.3.2. 혼동 행렬

혼동 행렬(confusion matrix)는 분류 모델을 평가한 결과를 요약하는 데 사용합니다. 이진 분류 모델에 대한 혼동 행렬은 다음과 같은 모양입니다.

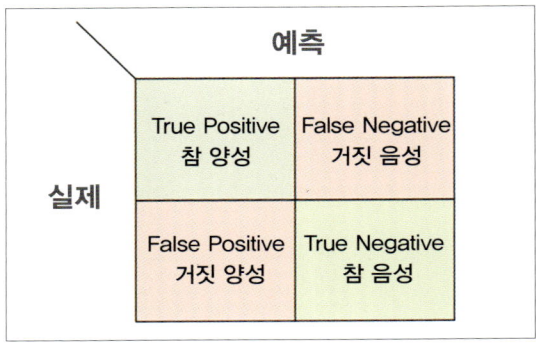

〈그림 7-3〉 혼동 행렬

 **MEMO** 훈련한 분류 모델의 레이블 수준이 두 가지라면 **이진 분류 모델**(binary classifier)이라 합니다. 지도 학습의 처음 사용 사례에 해당하는 이진 분류 모델은 제1차 세계 대전 당시 항공기와 날아다니는 새를 구별하는 데 사용되었습니다.

이 분류는 다음 네 가지 범주로 나눌 수 있습니다.

- **참 양성**(TP, True Positive): 실제로 참인 것을 올바르게 참으로 분류한 것
- **참 음성**(TN, True Negative): 실제로 거짓인 것을 올바르게 거짓으로 분류한 것
- **거짓 양성**(FP, False Positive): 실제로 거짓이지만 참으로 잘못 분류한 것
- **거짓 음성**(FN, False Negative): 실제로 참이지만 거짓으로 잘못 분류한 것

다양한 성능 지표를 생성하기 위해 이 네 가지 범주를 어떻게 사용하는지 살펴봅시다.

혼동 행렬은 모델의 성능을 한눈에 파악할 수 있게 해주는 도구로, 올바른 예측과 잘못된 예측의 개수를 구체적으로 보여줍니다. 혼동 행렬은 TP, TN, FP, FN 네 가지 값을 포함합니다. 이 중 올바른 분류는 모델이 실제 클래스를 정확히 예측한 경우를 의미하며, TP와 TN이 여기에 해당합니다. 모델의 정확도(accuracy)는 전체 예측 중에서 올바르게 분류된 비율을 의미하며, 혼동 행렬

의 값들을 통해 계산할 수 있습니다. 즉, 혼동 행렬은 TP, TN, FP, FN의 개수를 통해 모델이 얼마나 정확히 분류했는지(정확도)와 어느 부분에서 오분류가 발생했는지를 직관적으로 보여줍니다.

데이터에서 양성과 음성 예시의 개수가 대체로 비슷한 경우를 **균형 잡힌 클래스(balanced classes)**라고 합니다. 이러한 상황에서는 **정확도(accuracy)** 지표가 모델의 성능을 평가하는 데 유용한 척도가 될 수 있습니다. 즉, 정확도는 모델이 전체 예측 중에서 얼마나 올바르게 분류했는가를 나타내는 비율입니다. 예를 들어, 모델이 100개의 테스트 데이터 중 90개를 정확히 예측했다면, 그 정확도는 90%가 됩니다. 정확도는 양성과 음성 두 클래스 모두에서 모델이 얼마나 잘 작동하는지를 전반적으로 이해하는 데 도움을 줍니다. 따라서 데이터가 균형 잡힌 클래스(즉, 양성 예시의 수와 음성 예시의 수가 거의 동일한 경우)라면, 정확도는 학습된 모델의 품질을 판단하는 데 유용한 통찰을 제공합니다.

$$정확도 = \frac{올바른\ 분류}{총\ 분류의\ 수} = \frac{TP+TN}{TP+FP+FN+TN}$$

7.3.2.1. 재현율과 정밀도 이해하기

정확도를 계산할 때는 TP와 TN을 구분하지 않습니다. 모델을 정확도로 평가하면 간단하지만, 데이터가 **불균형한 클래스(imbalanced class)**인 경우, 정확도만으로는 훈련된 모델의 품질을 제대로 나타낼 수 없습니다. 데이터가 불균형한 클래스라면, 훈련된 모델의 품질은 **재현율(recall)**과 **정밀도(precision)**라는 두 지표로 더 잘 나타낼 수 있습니다. 이러한 두 지표의 개념을 설명하기 위해 널리 알려진 다이아몬드 채굴 예제를 활용하겠습니다.

수 세기 동안, 강바닥의 모래 충적층(alluvial)에서 다이아몬드를 채굴하는 방식은 전세계적으로 가장 보편적인 다이아몬드 채굴 방식이었습니다. 수천 년에 걸친 침식 작용으로 인해 다이아몬드가 원래의 매장지에서 강바닥으로 이동하게 되었고, 전 세계 다양한 지역에서 이러한 방식으로 다이아몬드를 채굴해 왔습니다. 이 과정에서 사람들은 강가의 모래를 대규모 노천 채굴장으로 퍼올렸고, 이를 세척하면 채굴장에는 다량의 암석이 남게 됩니다.

세척된 암석들 대부분은 평범한 일반 돌일 뿐이며, 그 중 다이아몬드를 발견하는 일은 매우 드물지만 매우 중요한 사건입니다. 이 시나리오에서 광산의 운영자들은 컴퓨터 비전 기술을 활용하여, 세척된 암석들 중 어떤 것이 일반 돌이고 어떤 것이 다이아몬드인지를 구분해내는 실험을 하고 있습니다. 이들은 암석의 형태, 색상, 반사 정도 등의 특징을 바탕으로 컴퓨터 비전을 통해 분류 작업을 수행합니다.

이 예시를 바탕으로 다음과 같이 분류할 수 있습니다.

TP	다이아몬드를 정확히 다이아몬드로 판별한 경우
TN	일반 돌을 정확히 돌로 판별한 경우
FP	일반 돌을 다이아몬드로 잘못 판별한 경우
FN	다이아몬드를 일반 돌로 잘못 판별한 경우

〈표 7-3〉 다이아몬드 추출 과정의 정밀도와 재현율 관련 지표

이 다이아몬드 추출 과정을 염두에 두고 재현율과 정밀도를 설명하겠습니다.

- **재현율(recall)**: 재현율은 적중률(hit rate)이라고도 하며, 전체 사건 중 식별된 관심 사건의 비율을 의미합니다. 즉, 중요한 사건(이 경우 다이아몬드)을 얼마나 많이 찾았고, 얼마나 적게 놓쳤는지를 측정하는 지표입니다. 다이아몬드 채굴 예시에서는 특정 채굴장에서 세척된 돌 가운데 실제로 다이아몬드를 몇 개나 찾아냈는지를 나타냅니다. 공식은 다음과 같습니다.

$$재현율 = \frac{올바르게\ 식별된\ 다이아몬드의\ 수}{채굴장에\ 있는\ 다이아몬드의\ 총\ 개수} = \frac{TP}{TP+FN}$$

채굴장에 10개의 다이아몬드가 있었고, 각 가치는 $1,000라고 합시다. 우리의 머신러닝 알고리즘은 이 가운데 9개를 식별했습니다. 따라서 재현율은 9/10=0.90입니다. 금전적 가치로 환산하면, 총 10,000달러 중에서 9,000달러어치의 보물을 찾아낸 것입니다.

- **정밀도(precision)**: 정밀도에서는 훈련된 모델이 양성(positive)으로 표시한 데이터 포인트에만 집중하고, 나머지는 모두 제외합니다. 모델이 양성으로 판단한 사례들(즉, TP와 FP)만 필터링한 후 정확도를 계산하는 것이 바로 정밀도입니다.

이제 다이아몬드 채굴 예시를 통해 정밀도를 살펴보겠습니다. 세척된 돌무더기에서 컴퓨터 비전을 활용해 다이아몬드를 식별하고, 이를 고객에게 발송하는 자동화된 과정을 가정해 봅시다. 이때 최악의 시나리오는 알고리즘이 일반 돌을 다이아몬드로 잘못 분류하여, 고객이 이를 택배로 받고 비용까지 청구되는 상황입니다. 따라서 이러한 자동화 프로세스가 현실적으로 가능하려면, 반드시 정밀도가 높아야 합니다. 다이아몬드 예제에서 정밀도는 다음과 같습니다.

$$정밀도 = \frac{올바르게\ 식별된\ 다이아몬드의\ 수}{다이아몬드로\ 식별된\ 돌의\ 총\ 개수} = \frac{TP}{TP+FP}$$

7.3.3. 재현율과 정밀도 간의 트레이드오프 이해하기

분류 모델을 이용한 의사 결정은 두 단계로 이루어집니다. 먼저, 분류 모델은 0부터 1까지 범위의 **결정 점수(decision score)**를 생성합니다. 그 다음, **결정 임계값(decision threshold)**를 적용하여 각 데이터 포인트의 클래스를 결정합니다. 점수가 임계값을 넘는 데이터 포인트는 양성 클래스, 점수가 임계값 아래인 데이터 포인트는 음성 클래스로 할당됩니다. 이 두 단계는 다음과 같이 설명할 수 있습니다.

1. 분류 모델은 0에서 1사이의 결정 점수를 도출합니다.
2. 분류 모델은 결정 임계값이라는 매개변수를 사용하여 현재 데이터포인트에 두 클래스 중 한 가지 클래스를 할당합니다. 점수가 임계값보다 크면 양성으로, 점수가 임계값보다 작으면 음성으로 예측합니다.

다이아몬드 광산을 운영하는 상황을 상상해 봅시다. 여러분의 임무는 평범한 돌 무더기에서 값비싼 다이아몬드를 식별하는 일입니다. 이 과정을 수월하게 하기 위해 여러분은 머신러닝 분류 모델을 개발했습니다. 분류 모델은 돌을 각각 검토하여 0에서 1사이의 결정 점수를 부여하며, 이 점수와 사전에 정의한 결정 임계값에 따라 돌을 분류합니다.

결정 점수는 특정 암석이 실제로 다이아몬드일 가능성에 대해 분류 모델이 얼마나 확신하는지를 나타내는 신뢰도(confidence)입니다. 점수가 1에 가까우면 다이아몬드일 가능성이 높습니다. 반면, 결정 임계값은 사전에 정해진 기준점으로, 이 점수를 기준으로 암석을 최종 분류합니다. 임계값보다 점수가 높으면 해당 암석은 다이아몬드(양성 클래스)로, 점수가 낮으면 일반 암석(음성 클래스)으로 분류됩니다.

이제 그림 7-4와 같이 결정 점수에 따라 오름차순으로 돌이 정렬된 상황을 상상해 봅시다. 가장 왼쪽의 돌은 점수가 가장 낮은 반면, 가장 오른쪽의 돌은 점수가 가장 높고 다이아몬드일 가능성도 가장 높습니다. 이상적인 상황이라면, 임계값의 오른쪽에 있는 모든 돌은 다이아몬드이고, 왼쪽에 있는 모든 돌은 일반 돌이어야 합니다.

또한 그림 7-4에서 결정 임계값이 중앙에 있는 상황을 고려해 봅시다. 결정 경계(decision boundary)의 우측에는 3개의 실제 다이아몬드(TP)와 다이아몬드라고 잘못 표기된 평범한 돌(FP) 하나가 있습니다. 좌측에는 돌이라고 올바르게 식별된 돌(TN) 2개와 일반 돌로 잘못 분류된 2개의 다이아몬드(FN)가 있습니다.

따라서 결정 임계값의 왼쪽에는 2개의 올바른 분류와 2개의 잘못된 분류가 있습니다. 이는 2TN과 2FN에 해당합니다.

그림 7-4의 재현율과 정밀도를 계산해 봅시다.

$$재현율 = \frac{올바르게 \; 식별된 \; 다이아몬드의 \; 수}{채굴장에 \; 있는 \; 다이아몬드의 \; 총 \; 개수} = \frac{TP}{TP+FN} = \frac{3}{6} = 0.5$$

$$정밀도 = \frac{올바르게 \; 식별된 \; 다이아몬드의 \; 수}{다이아몬드로 \; 표기된 \; 돌의 \; 총 \; 개수} = \frac{TP}{TP+FP} = \frac{3}{4} = 0.75$$

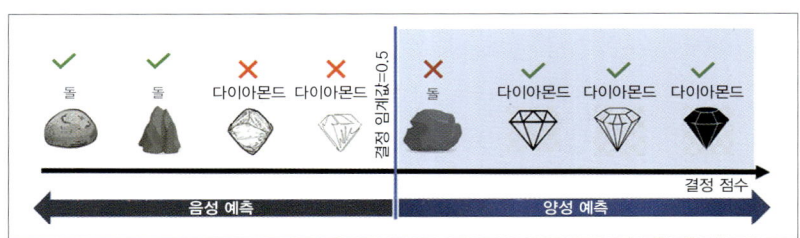

〈그림 7-4〉 정밀도와 재현율 트레이드오프: 분류 모델로 점수가 매겨진 돌

결정 임계값을 상회하는 것은 다이아몬드로 간주합니다.

임계값이 높을 수록 정밀도는 높아지지만 재현율은 낮아진다는 점에 주의하세요.

결정 임계값을 조정하면 정밀도와 재현율 간의 트레이드오프에 영향을 미칩니다. 그림 7-5처럼 임계값을 오른쪽으로 옮기면 돌을 다이아몬드로 분류할 기준을 올리게 되므로 정밀도는 높아지지만 재현율은 감소합니다.

〈그림 7-5〉 정밀도와 재현율 트레이드오프: 분류 모델로 점수가 매겨진 돌

그림 7-6에서는 결정 임계값을 내립니다. 즉, 돌을 다이아몬드라고 분류하는 기준을 낮추었습니다. 따라서 FN(다이아몬드를 돌로 잘못 분류하는 경우)는 감소하지만 FP(돌을 다이아몬드라고 잘못 분류하는 경우)는 증가합니다. 그러므로 임계값을 그림 7-6처럼 감소시키면 다이아몬드 분류 기준을 느슨하게 만드는 것이며, 재현율은 높아지지만 정밀도는 낮아집니다.

〈그림 7-6〉 정밀도와 재현율 트레이드오프: 분류 모델로 점수가 매겨진 돌

그러므로 결정 경계(decision boundary)를 조정하는 일은 재현율과 정밀도 간 트레이드오프를 조절하는 일에 해당합니다. 결정 경계를 높이면 정밀도가 향상되지만 재현율은 감소할 것으로 예상할 수 있습니다. 반대로 결정 경계를 낮추면 재현율은 높아지지만 정밀도는 낮아진다고 예상할 수 있습니다.

정밀도와 재현율 간의 트레이드오프를 직관적으로 이해하기 위해 그래프를 그려봅시다.

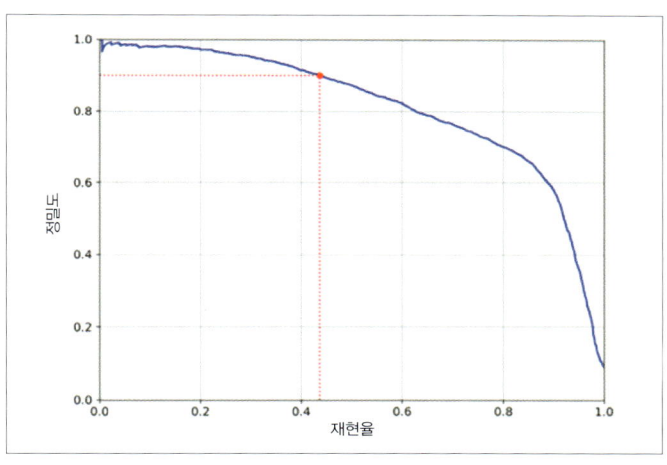

〈그림 7-7〉 정밀도 vs. 재현율

재현율과 정밀도에 대해 올바른 선택이란 무엇일까요?

데이터 포인트를 양성이라 식별하는 기준을 낮추면 재현율이 증가합니다. 그러면 정밀도가 감소하는데, 그림 7-7에서 정밀도는 0.8 부근에서 급격히 떨어집니다. 바로 이 지점에서 적절한 재현율과 정밀도를 선택할 수 있습니다. 그림 7-7의 그래프에서 0.8을 재현율로 선택하면, 정밀도는 0.75가 됩니다. 이는 모든 관심 데이터 포인트의 80%를 양성으로 판별할 수 있다고 해석할 수 있습니다. 이 정밀도 수준에 따르면 데이터 포인트의 75%가 실제 양성임을 의미합니다. 특정한 비즈니스 요구사항이 없고 일반적인 경우라면 이는 합리적인 타협점일 수 있습니다.

정밀도와 재현율 간의 본질적인 트레이드오프를 나타내는 또 다른 방법에는 **수신자 조작 특성 곡선**(ROC Curve, Receiver Operating Characteristics Curve)을 사용하는 방법이 있습니다. 이를 위해 두 가지 용어, **참 양성률**(TPR, True Positive Rate)과 **거짓 양성률**(FPR, False Positive Rate)을 정의하겠습니다.

ROC 곡선을 살펴봅시다. TPR과 FPR을 계산하려면 채굴장의 다이아몬드를 확인해야 합니다.

$$TPR = \frac{올바르게\ 식별된\ 다이아몬드}{채굴장에\ 있는\ 다이아몬드\ 총\ 개수} = \frac{TP}{TP+FN}$$

$$TNR = \frac{올바르게\ 식별된\ 돌}{채굴장에\ 있는\ 돌의\ 총\ 개수} = \frac{TN}{TN+FP}$$

$$FPR = \frac{잘못\ 식별된\ 다이아몬드}{채굴장에\ 있는\ 돌의\ 총\ 개수} = \frac{FP}{TN+FP}$$

참고로,

- TPR은 재현율 또는 명중률(hit rate)과 같습니다.
- TNR은 음성 사건에 대한 재현율 또는 명중률이라고 간주할 수 있습니다. TNR은 음성 사건을 정확하게 식별하는 정도를 나타냅니다. 이는 **특이도**(specificity)라고도 합니다.
- FPR = 1 − TNR = 1 − 특이도 입니다.

각 그림에 대한 TPR과 FPR은 다음과 같이 계산할 수 있습니다.

그림	TPR	FPR
7-4	3/5=0.6	1/3=0.33
7-5	2/5=0.4	0/3=0
7-6	5/5=1	1/3=0.33

〈표 7-4〉 각 그림 별 TPR과 FPR

TPR 혹은 재현율은 결정 임계값을 낮추면 증가합니다. 광산에서 가능한 많은 다이아몬드를 얻기 위해 세척된 돌이 다이아몬드로 분류될 기준을 낮추면, 더 많은 돌이 다이아몬드로 잘못 분류되어 FPR이 증가합니다.

좋은 품질의 분류 알고리즘은 채굴장에 있는 각 돌의 결정 점수를 제공할 수 있어야 하고, 이는 돌이 다이아몬드일 가능성과 대략적으로 일치해야 합니다. 이 알고리즘의 출력 결과는 그림 7-8에 있습니다. 다이아몬드는 임계값의 오른쪽, 돌은 왼쪽에 있어야 합니다. 그림 7-8에서 결정 임계값을 0.8에서 0.2로 낮추면, TPR은 크게 증가하고, FPR도 함께 증가할 것으로 예상됩니다. 실제로 TPR은 급격히 증가하는 반면 FPR은 약간 증가하게 되는데, 이는 이진 분류 모델의 성능이 뛰어나다는 좋은 신호입니다. 이는 분류 알고리즘이 돌이 다이아몬드일 가능성과 직접적으로 연관된 결정 점수를 생성할 수 있었기 때문입니다. 하지만 반대로, 다이아몬드와 일반 돌이 결정 점수 축에 무작위로 섞여 있다면, 임계값을 낮추면 돌이나 다이아몬드를 잘못 식별할 가능성이 똑같이 증가합니다. 이는 최악의 이진 분류 모델인, 무작위 분류 모델(randomizer)이라고 합니다.

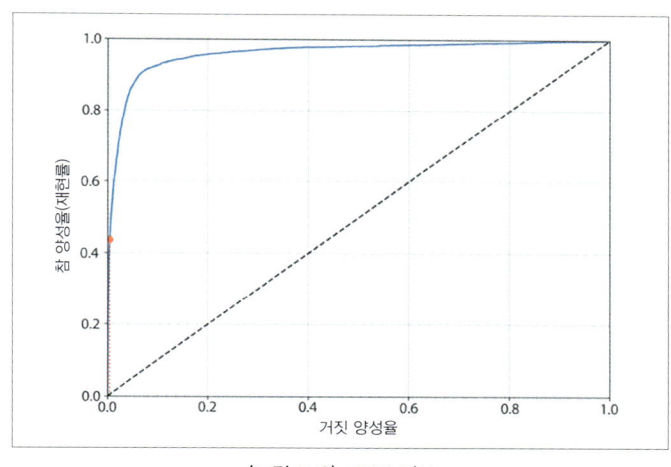

〈그림 7-8〉 ROC 커브

7.3.3.1. 과적합 이해하기

머신러닝 모델이 개발 환경에서는 좋은 성능을 보이지만 프로덕션 환경에서는 성능이 눈에 띄게 저하된다면, 이 모델은 **과적합(overfit)**되었다고 합니다. 이는 훈련된 모델이 훈련 데이터셋에 지나치게 맞춰졌다는 의미입니다. 즉, 모델이 만든 규칙이 너무 세세한 부분까지 반영한다는 뜻입니다. 이러한 현상은 모델의 분산(variance)과 편향(bias) 사이의 균형 문제로 설명할 수 있습니다.

머신러닝 모델을 개발할 때, 우리는 종종 모델이 다루어야 할 현실 세계의 현상에 대해 몇 가지 단순화된 가정을 하게 됩니다. 이러한 가정은 모델링 과정을 보다 수월하고 덜 복잡하게 만들기 위해 필수적입니다. 하지만 이러한 단순함은 모델에 일정 수준의 **편향(bias)**을 유발합니다.

조금 더 자세히 살펴보겠습니다. 편향이란, 예측값이 실제 값으로부터 평균적으로 얼마나 벗어나는지를 나타내는 개념입니다. 간단히 말해, 편향이 크다는 것은 모델의 예측이 실제 값과 크게 차이가 난다는 의미이며, 이는 훈련 데이터에서 높은 오류율로 이어집니다.

예를 들어 선형 회귀(linear regression) 모델을 생각해봅시다. 이 모델은 입력 변수와 출력 변수 사이에 선형 관계가 있다고 가정합니다. 하지만 실제 현실에서는 선형 관계가 아닐 수 있으며, 비선형이거나 훨씬 복잡할 수 있습니다. 이러한 선형 가정은 모델을 단순화하는 데 도움이 되지만, 실제 변수 간의 관계를 충분히 반영하지 못하고 높은 편향으로 이어질 수 있습니다.

이제 분산(variance)에 대해서도 알아보겠습니다. 머신러닝에서 분산은 훈련 데이터가 달라질 때 모델의 예측이 얼마나 달라지는지를 의미합니다. 분산이 큰 모델은 훈련 데이터의 세부 사항이나 노이즈까지 지나치게 학습하려는 경향이 있습니다. 이로 인해 훈련 데이터에서는 좋은 성능을 보이지만, 새로운 데이터(테스트 데이터)에서는 성능이 급격히 떨어지게 됩니다. 이러한 성능 차이가 과적합입니다.

편향과 분산의 개념은 과녁 그림(bullseye diagram)을 통해 시각화할 수 있습니다(그림 7-9 참고). 과녁의 중심은 예측이 완벽하게 맞은 이상적인 모델을 나타냅니다. 예측값이 과녁 중심에서 멀리 떨어져 있다면 편향이 크다는 의미이고, 예측값이 널리 흩어져 있다면 분산이 크다는 뜻입니다. 이상적인 경우는 편향과 분산이 모두 낮아, 모든 예측이 과녁 중심에 집중되어 있는 상태입니다. 하지만 현실에서는 두 요소 간에 트레이드오프가 존재합니다. 편향을 낮추면 분산이 커지고, 분산을 낮추면 편향이 커지는 경향이 있습니다.

이는 편향-분산 트레이드오프라고 하며 머신러닝 모델을 설계할 때 고려해야 할 핵심적인 측면입니다.

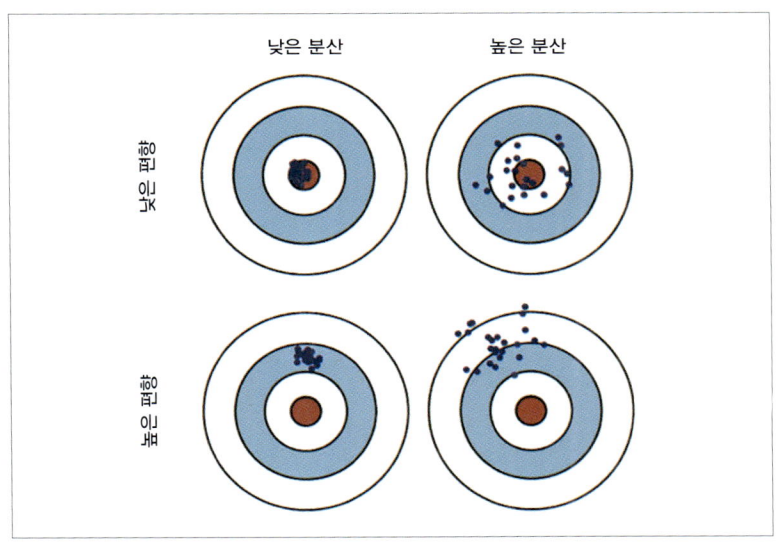

〈그림 7-9〉 편향과 분산을 시각화한 그래프

머신러닝 모델에서 일반화 수준을 알맞게 조율하는 일은 섬세한 과정입니다. 이러한 균형(혹은 불균형)은 편향-분산 트레이드오프(bias-variance trade-off)로 설명됩니다. 머신러닝에서 일반화란, 훈련 데이터와 동일한 분포에서 추출된 새로운 데이터에 잘 적응하는 모델의 능력을 뜻합니다. 즉, 일반화가 잘 된 모델은 훈련 데이터에서 학습한 규칙을 새로운 데이터에 효과적으로 적용할 수 있습니다. 보다 일반화된 모델은 더 단순한 가정을 통해 만들어지며, 이런 단순한 가정은 보다 포괄적인 규칙을 생성하여 모델이 훈련 데이터의 작은 변화에 덜 민감하게 만듭니다. 즉, 모델의 분산이 낮아져 다른 훈련 데이터를 사용하더라도 예측 결과가 크게 변하지 않습니다.

하지만 여기에는 단점이 있습니다. 가정이 더 단순할수록 모델은 데이터 내의 모든 복잡한 관계를 완전히 파악하지 못할 수 있습니다. 그 결과, 모델의 예측은 실제 결과에서 계속 멀어지게 되어 편향이 더 커지게 됩니다.

따라서 더 일반화할수록 분산은 낮아지지만 편향은 높아집니다. 이것이 바로 편향-분산 트레이드오프의 핵심입니다. 너무 일반화된 모델(높은 편향)은 문제를 과하게 단순화하고 중요한 패턴을 놓치는 반면, 거의 일반화되지 않은 모델(낮은 편향)은 훈련 데이터에 과적합되어 노이즈까지 학습하게 됩니다.

이 두 극단 사이에서 균형을 잡는 것은 머신러닝의 핵심적인 과제 중 하나이며, 이 절충을 얼마나 잘 관리하느냐가 좋은 모델과 뛰어난 모델을 가르는 요인이 되곤 합니다. 편향과 분산 사이의 이러한 트레이드오프는 선택한 알고리즘, 데이터의 특성, 그리고 다양한 하이퍼파라미터에 의해 결정됩니다. 따라서 해결하려는 특정 문제의 요구사항에 맞추어 적절한 절충점을 찾는 것이 중요합니다.

이제 분류 모델의 다양한 단계를 구체적으로 살펴보겠습니다.

7.3.3.2. 분류 모델 단계 살펴보기

레이블이 지정된 데이터가 준비되면, 분류 모델 개발은 훈련, 평가, 배포의 세 단계로 이루어집니다. 분류 모델을 구현하는 이러한 세 단계는 다음 그림에서 **데이터 마이닝에 대한 업계 간 표준 프로세스(CRISP-DM)** 생명 주기에 나타나 있습니다. (CRISP-DM 생명 주기는 **6장 비지도 학습 알고리즘**에서 상세히 설명했습니다.)

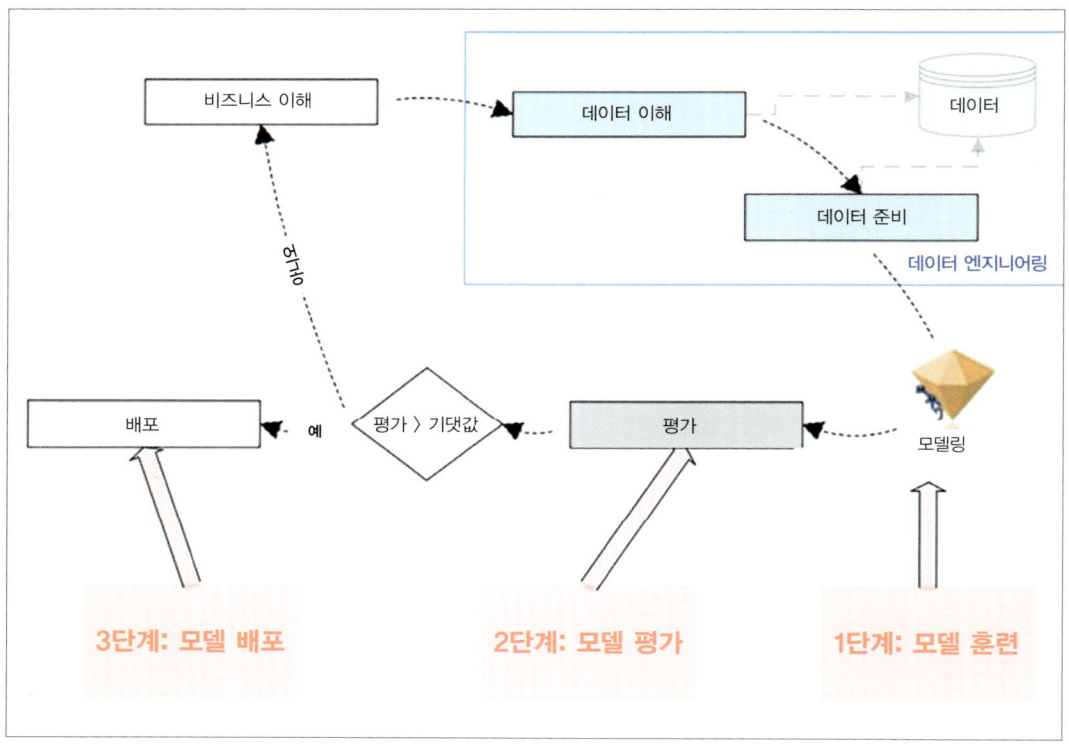

〈그림 7-10〉 CRISP DM 생명 주기

분류 모델을 구현할 때는 여러 단계를 고려해야 하며, 그 시작은 해결하고자 하는 비즈니스 문제를 철저히 이해하는 것입니다. 이를 위해서는 문제 해결에 필요한 데이터를 파악하고, 해당 데이터가 수집된 실제 맥락을 이해해야 합니다.

문제와 관련된 레이블이 지정된 데이터를 수집한 후에는, 데이터셋을 훈련용과 테스트용으로 나누는 단계로 넘어갑니다. 일반적으로 더 큰 비중을 차지하는 훈련 데이터셋은 모델이 데이터 내 패턴과 관계를 학습하는 데 사용됩니다. 반면, 테스트 데이터셋은 모델이 신규 데이터에 대해 얼마나 잘 작동하는지를 평가하는 데 사용됩니다.

전체 데이터 분포가 훈련용과 테스트용 데이터셋 모두에 잘 반영되도록, 무작위 샘플링(random sampling) 기법을 사용합니다. 이를 통해 전체 데이터셋의 패턴이 두 데이터셋에 고르게 분포되리라 기대할 수 있습니다.

그림 7-10에서 볼 수 있듯이, 먼저 훈련 데이터를 사용하여 모델을 학습시키는 훈련 단계가 진행됩니다. 훈련이 완료되면, 테스트 데이터를 사용하여 모델 평가 단계로 넘어갑니다. 이때 다양한 성능 지표를 사용해 모델의 성능을 수치화합니다. 모델이 평가를 통과하면, 배포 단계로 넘어갑니다. 이 단계에서는 훈련된 모델을 실제 환경에 적용하여, 레이블이 없는 데이터를 분류하는 등의 문제 해결에 활용합니다.

그럼 이제 다음과 같은 분류 알고리즘을 알아봅니다.

- 결정 트리 알고리즘
- XGBoost 알고리즘
- 랜덤 포레스트 알고리즘
- 로지스틱 회귀 알고리즘
- SVM 알고리즘
- 나이브 베이즈 알고리즘

결정 트리 알고리즘부터 시작해 봅시다.

7.4 결정 트리 분류 알고리즘

결정 트리(decision tree)는 분할 정복(divide and conquer) 방식에 기반한 재귀적 분할(recursive partitioning) 기법을 사용하여 레이블을 예측하는 일련의 규칙을 생성합니다. 트리는 루트 노드에서 시작하여 여러 가지로 분기되며, 트리의 내부 노드는 특정 속성에 대한 테스트를 나타냅니다. 이 테스트의 결과에 따라 다음 단계로 연결되는 분기(branch)가 생성되고, 결정 트리는 결정을 담은 리프 노드에서 종료됩니다. 이 과정은 더 이상 분기해도 성능이 향상되지 않을 때 종료됩니다.

이제 결정 트리 알고리즘을 자세히 살펴봅시다.

7.4.1. 결정 트리 분류 알고리즘 이해하기

결정 트리 분류의 가장 큰 특징은 사람이 이해할 수 있는 규칙들의 계층 구조를 생성하여, 실행 시점에 이를 바탕으로 레이블을 예측한다는 점입니다. 이러한 모델의 투명성은 큰 장점으로, 각 예측이 어떻게 도출되었는지를 명확히 이해할 수 있게 해줍니다. 이러한 계층 구조는 일련의 단계를 따르는 재귀 알고리즘을 통해 형성됩니다.

단순화된 예시로 이를 설명해 보겠습니다. 특정 사람이 어떤 영화를 즐길지를 예측하는 결정 트리 모델을 생각해 봅시다. 트리의 최상위 규칙은 "이 영화가 코미디인가 아닌가?"일 수 있습니다. 만약 '예'라면 다음 규칙으로 넘어가는데, 예를 들어 "이 영화에 그 사람이 좋아하는 배우가 출연하는가?"와 같은 질문입니다. 만약 '아니오'라면 또 다른 규칙으로 이어집니다. 이렇게 각 결정 포인트는 추가적인 세분화를 만들어내며, 최종적인 예측에 도달할 때까지 트리 형태의 구조를 형성합니다.

이 과정을 통해 결정 트리는 일련의 이해하기 쉽고 논리적인 단계를 거쳐 예측에 도달하게 합니다. 바로 이러한 명확성이 다른 머신러닝 모델과 구분되는 결정 트리 분류의 장점입니다.

이 알고리즘은 본질적으로 **재귀적**으로 동작합니다. 이러한 규칙의 계층 구조를 생성하는 과정은 다음과 같은 단계로 이루어집니다.

1. **가장 중요한 특징 찾기:** 결정 트리 알고리즘은 모든 특징 가운데 레이블과 관련하여 훈련 데이터셋에서 데이터 포인트를 가장 잘 구분하는 특징을 찾아냅니다. 이 과정은 정보 이득(information gain)이나 지니 불순도(Gini impurity)와 같은 지표에 따라 계산합니다.

2. **분기 생성**: 결정 트리 알고리즘은 가장 중요하다고 판단된 특성으로 분기 기준을 생성합니다. 이 기준을 바탕으로 훈련 데이터셋을 두 갈래로 나눕니다.
   - 기준을 통과한 데이터 포인트
   - 기준을 통과하지 못한 데이터 포인트
3. **리프 노드 확인**: 분기된 가지 중 어느 한 쪽에서 대부분 클래스 레이블을 하나만 포함하고 있다면, 해당 가지는 더 이상 분기되지 않고 최종 리프 노드로 설정됩니다.
4. **중단 조건 확인 및 반복**: 중단 조건을 충족하지 못한 경우, 결정 트리 알고리즘은 1단계로 돌아가 다음 반복을 수행합니다. 반대로, 중단 조건이 충족되면 모델은 훈련이 완료된 것으로 간주하며, 생성된 결정 트리의 최하위 노드는 각각 리프 노드로 레이블됩니다. 중단 조건은 단순히 반복 횟수를 지정한 형태일 수도 있고, 각 리프 노드가 일정 수준 이상의 동질성(homogeneity)에 도달하면 자동으로 중단되는 조건일 수도 있습니다.

결정 트리 알고리즘은 다음 그림으로 설명할 수 있습니다.

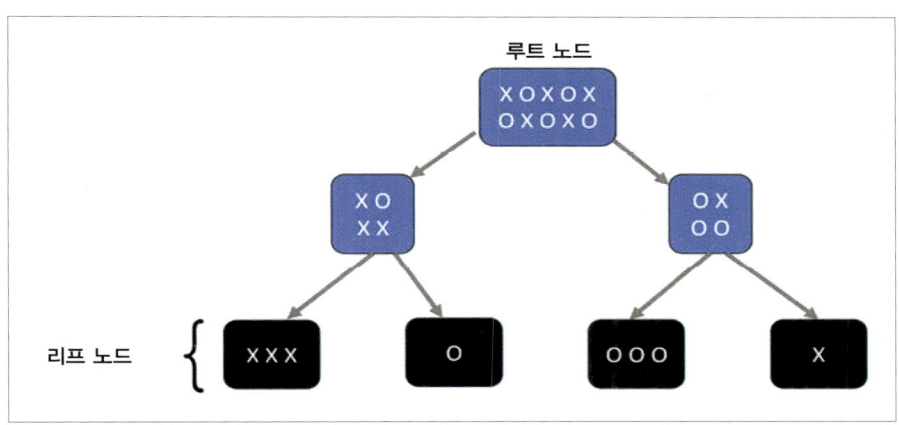

〈그림 7-11〉 결정 트리

그림 7-11에서 루트 노드는 여러 개의 O와 ×를 포함하고 있습니다. 이는 단지 어떠한 특징에 대한 두 가지 범주를 나타낼 뿐입니다. 결정 트리 알고리즘은 O와 ×를 구분하는 기준을 생성합니다. 각 단계에서 결정 트리는 데이터를 분할하고, 1단계부터 시작해 단계가 올라갈수록 분할된 데이터는 점점 더 동질적인 데이터가 될 것으로 예상합니다. 완벽한 분류 모델은 O나 ×만 포함한 리프 노드를 갖습니다. 하지만 실제 현실의 데이터셋은 내재된 예측 불가능성과 노이즈로 인해 분류 모델을 완벽하게 훈련하기란 보통 어렵습니다.

결정 트리의 가장 큰 매력은 결정 트리의 해석 가능성(interpretability)에 있습니다. 다른 여러 모델과는 달리, 결정 트리는 투명한 'if-then' 규칙을 제공합니다. 이 규칙은 의사 결정 과정을 이해할 수 있고 감사할 수 있도록(auditable) 합니다. 이는 특히 헬스케어나 재정 분야에서 유용한데, 예측에 사용된 논리를 이해하는 것이 예측 만큼이나 중요한 분야이기 때문입니다.

뿐만 아니라 결정 트리는 데이터 규모에 덜 민감하며, 범주형 변수와 숫자형 변수가 혼합된 데이터도 다룰 수 있습니다. 따라서 결정 트리는 다양한 자료형에도 다재다능한 도구입니다.

따라서 '완벽한' 결정 트리 분류 모델을 훈련하기가 어렵더라도, 결정 트리의 단순성, 투명성, 유연성과 같은 장점은 이러한 어려움을 상쇄합니다.

이제 결정 트리 분류 알고리즘을 분류 모델 과제에 사용해 보겠습니다.

고객의 제품 구매 여부를 예측하기 위해 앞서 정의한 공통 문제에 대해 결정 트리 분류 알고리즘을 사용해 봅시다.

1. 먼저, 결정 트리 분류 알고리즘을 초기화하고, 분류 모델용으로 준비한 훈련 데이터를 사용해 모델을 학습시킵니다.

   ```
   classifier = sklearn.tree.DecisionTreeClassifier(criterion = 'entropy', random_state = 100, max_depth=2)
   ```

   ```
   DecisionTreeClassifier(criterion = 'entropy', random_state = 100, max_depth=2)
   ```

2. 이제 학습된 모델로 레이블이 지정된 데이터에 대한 테스트 데이터셋의 레이블을 예측해 봅시다. 학습된 모델의 성능을 요약하여 나타낼 수 있는 혼동 행렬을 생성합시다.

   ```
   y_pred = classifier.predict(X_test)
   cm = metrics.confusion_matrix(y_test, y_pred)
   ```

3. 이를 통해 다음 출력을 얻습니다.

   ```
   cm
   ```

   ```
   array([[64, 4],
          [2, 30]])
   ```

4. 이제 결정 트리 분류 알고리즘으로 생성한 분류 모델에 대한 **accuracy**, **recall**, **precision** 값을 계산해 봅시다.

```
accuracy= metrics.accuracy_score(y_test,y_pred)
recall = metrics.recall_score(y_test,y_pred)
precision = metrics.precision_score(y_test,y_pred)
print(accuracy,recall,precision)
```

5. 코드를 실행하면 다음 결과가 출력됩니다.

```
0.94 0.9375 0.8823529411764706
```

이러한 성능 지표는 서로 다른 모델 훈련 기법을 비교하는데 유용합니다.

7.4.2. 결정 트리 분류 모델의 장단점

이 절에서는 결정 트리 분류 알고리즘의 장단점을 살펴봅시다.

결정 트리 분류 모델의 가장 중요한 장점은 내재된 투명성에 있습니다. 모델을 형성하는 규칙을 인간이 읽을 수 있고 이해할 수 있으므로, 의사 결정 과정을 명확하게 이해해야 하는 상황에 이상적입니다. 이러한 유형의 모델은 화이트 박스 모델이라 하며, 편향은 최소화하고 투명성은 최대화해야 하는 상황에 필수적입니다. 이는 특히 책임과 추적 가능성이 중요한 정부나 보험 산업에 특히 중요합니다.

게다가 결정 트리 분류 모델은 범주형 변수를 다루는 데 아주 적합합니다. 결정 트리 모델은 이산 문제 공간(discrete problem space)에서 정보를 추출하는 데 본질적으로 적합하며, 따라서 대부분의 특징이 특정한 범주에 속하는 데이터셋에서 탁월한 선택이 됩니다.

반면, 결정 트리 분류 알고리즘은 몇 가지 한계를 가집니다. 가장 큰 문제는 과적합되는 경향입니다. 결정 트리가 너무 깊어지면 세부 사항을 지나치게 반영하는 규칙을 생성할 위험이 있습니다. 그 결과 훈련 데이터에 대해 과도하게 일반화된 모델이 생성되어, 신규 데이터에 대한 성능이 낮을 수 있습니다. 따라서 과적합을 방지하기 위해 가지치기(pruning)와 같은 전략을 구현해야 합니다.

결정 트리 분류 모델의 또 다른 한계는 비선형 관계를 다루기 어렵다는 점입니다. 결정 트리 모델의 규칙은 주로 선형적이므로, 본질적으로 비선형인 관계의 미세한 차이를 포착하지 못할 수 있습니다. 따라서 결정 트리는 인상적인 장점이 있지만, 데이터에 적합한 모델을 선택할 때 이러한 약점도 신중하게 고려해야 합니다.

7.4.3. 사용 사례

결정 트리 분류 모델은 데이터 분류를 위해 다음과 같은 사례에서 사용될 수 있습니다.

- **주택담보대출 심사**: 이진 분류 모델을 학습시켜 신청자의 파산 가능성 판단하기
- **고객 세분화**: 고객 그룹마다 마케팅 전략을 세분화하기 위해 높은 가치, 중간 가치, 낮은 가치로 고객을 분류하기
- **의학적 진단**: 양성 또는 악성 종양을 분류할 수 있는 분류 모델 훈련하기
- **치료 효과 분석**: 특정 치료법에 긍정적으로 반응한 환자를 식별할 수 있는 분류 모델 훈련하기
- **특징 선별을 위해 결정 트리 사용하기**: 결정 트리 모델에 주목할 만한 또 하나의 측면은 특징 선별(features selection)입니다. 규칙을 생성하는 과정에서 결정 트리는 데이터셋에 포함된 특징 중 일부만을 선택하는 경향이 있습니다. 이러한 결정 트리의 고유한 특성은 특히 특징의 수가 많은 데이터셋을 다룰 때 유용하게 작용할 수 있습니다.

왜 특징 선별이 중요한 걸까요? 머신러닝에서는 수많은 특징들을 다루는 것이 큰 도전 과제가 될 수 있습니다. 특징이 지나치게 많으면 모델이 복잡해지고 해석이 어려워질 뿐 아니라, **차원의 저주**(curse of dimensionality)로 인해 오히려 성능이 저하될 수도 있습니다. 결정 트리는 중요한 특징을 자동으로 선별함으로써 모델을 단순화하고, 가장 관련성 높은 예측값에 집중할 수 있게 합니다.

특히 주목할 점은, 결정 트리 내에서 이루어지는 특징 선별 과정이 해당 모델 개발에만 국한되지 않는다는 것입니다. 이 과정을 통해 얻은 결과는 다른 머신러닝 모델을 위한 사전 특징 선별 단계로도 활용될 수 있습니다. 이를 통해 어떤 특징이 중요한지를 미리 파악할 수 있으며, 다른 머신러닝 모델의 개발 과정 또한 보다 효율적으로 진행할 수 있습니다.

이어서 앙상블 기법을 살펴봅시다.

7.5 앙상블 기법 이해하기

머신러닝에서 앙상블(ensemble)은 여러 모델을 생성하고 결합하여 합성(composite) 혹은 집계(aggregate) 모델을 만드는 기법을 뜻합니다. 앙상블을 구성하는 모델은 서로 약간 다르게 구성되는데, 모델 매개변수나 데이터의 하위 집합 또는 머신러닝 알고리즘을 다르게 사용하여 만들어집니다.

그렇다면 여기서 말하는 '약간 다른' 모델이란 무엇을 의미할까요? 앙상블을 구성하는 각 개별 모델은 서로 유사하지만 완전히 동일하지는 않도록 설계됩니다. 예를 들어 하이퍼파라미터를 다르게 설정하거나, 각 모델을 훈련할 때 데이터의 서로 다른 하위 집합이나 알고리즘을 사용하는 방식입니다. 이러한 접근의 목적은 각 모델이 데이터의 서로 다른 측면이나 미묘한 패턴을 포착하도록 하여, 최종적으로 결합했을 때 전체적인 예측력을 향상시키는 데 있습니다.

그렇다면 이러한 모델은 어떻게 결합될까요? 앙상블 기법은 집계(aggregation)라는 의사 결정 과정을 포함합니다. 이러한 의사 결정 과정은 사용한 앙상블 기법에 따라 단순 평균, 다수결 투표, 혹은 더 복잡한 방법이 될 수 있습니다.

그렇다면 언제, 왜 앙상블 기법이 필요한가에 대해 살펴보겠습니다. 단일 모델만으로는 충분한 정확도를 달성하기 어려운 경우, 앙상블 기법이 특히 유용합니다. 여러 모델을 결합함으로써 데이터의 복잡한 특성을 더 잘 포착할 수 있으며, 일반적으로 더 나은 성능을 기대할 수 있습니다. 이는 앙상블이 각 모델의 편향을 상쇄하고, 분산을 줄이며, 훈련 데이터에 과적합될 가능성을 낮춰주기 때문입니다.

마지막으로 앙상블의 효과를 평가하는 방식은 단일 모델을 평가하는 것과 비슷합니다. 문제의 본질에 따라 정확도, 정밀도, 재현율, F1-점수 같은 지표를 사용할 수 있습니다. 주요한 차이점은 이러한 지표가 단일 모델의 예측이 아니라 앙상블에서 집계한 예측에 적용된다는 점입니다.

앙상블 알고리즘 몇 가지를 살펴보겠습니다. XGBcost부터 봅시다.

7.5.1. XGBoost 알고리즘으로 그라디언트 부스팅 구현하기

2014년 도입된 XGBoost는 그라디언트 부스팅(gradient boosting) 원리에 기반한다는 점에서 인기를 얻은 앙상블 분류 알고리즘입니다. 그런데 그라디언트 부스팅은 무엇일까요? 이는 기본적으로 여러 모델을 순차적으로 만드는 머신러닝 기법입니다. 순차적으로 만들어진 새 모델은 이전 모델에서 생긴 오류를 수정합니다. 이 과정은 오차율이 눈에 띄게 감소하거나 사전에 정의된 모델 수에 도달할 때까지 계속 진행됩니다.

XGBoost의 경우, 서로 연관된 여러 결정 트리들을 사용하고 경사 하강법(gradient descent)을 활용해 그 예측값을 최적화합니다. 경사 하강법은 함수의 최솟값을 찾기 위한 대표적인 최적화 알고리즘으로, 여기서는 잔차 오차(residual error)를 최소화하는 것을 목표로 합니다. 간단히 말해, 경사 하강법은 모델의 예측값과 실제 값 사이의 차이를 줄이기 위해 반복적으로 모델을 조정합니다.

XGBoost는 분산 컴퓨팅 환경에 적합하도록 설계되었습니다. 대규모 데이터 처리를 위한 플랫폼인 아파치 스파크(Apache Spark), 구글 클라우드(Google Cloud), 아마존 웹 서비스(AWS)와 같은 클라우드 컴퓨팅 플랫폼에도 호환됩니다. 이러한 플랫폼은 특히 대규모 데이터셋에서 XGBoost를 효율적으로 실행하는 데 필요한 컴퓨터 자원을 제공합니다.

이제 XGBoost 알고리즘을 사용하여 그라디언트 부스팅을 구현하는 과정을 살펴봅시다. 이 과정에는 데이터 준비, 모델 훈련, 예측 생성, 모델 성능 평가가 포함됩니다. 먼저 XGBoost 알고리즘을 제대로 사용하려면 데이터 준비가 중요합니다. 원시 데이터에는 데이터가 종종 일관적이지 않고, 결측값이나 알고리즘에 맞지 않는 변수 타입이 있습니다. 따라서 필요에 따라 데이터의 전처리(preprocess)와 정제(clean) 과정을 통해 숫자형 필드는 정규화하고 범주형 변수는 인코딩해야 합니다. 데이터가 알맞게 준비되면 모델 훈련으로 넘어갑니다. 모델을 학습(fit)시키는 데 사용할 XGBClassifier 인스턴스를 생성하겠습니다. 다음 단계를 봅시다.

1. 각각 특징과 레이블을 나타내는 **X_train**과 **y_train**이라는 데이터 하위 집합으로 훈련합니다.

```
from xgboost import XGBClassifier
classifier = XGBClassifier()
classifier.fit(X_train, y_train)
```

```
XGBClassifier(base_score=None, booster=None, callbacks=None,
              colsample_bylevel=None, colsample_bynode=None,
              colsample_bytree=None, early_stopping_rounds=None,
              enable_categorical=False, eval_metric=None, feature_types=None,
              gamma=None, gpu_id=None, grow_policy=None, importance_type=None,
              interaction_constraints=None, learning_rate=None, max_bin=None,
              max_cat_threshold=None, max_cat_to_onehot=None,
              max_delta_step=None, max_depth=None, max_leaves=None,
              min_child_weight=None, missing=nan, monotone_constraints=None,
              n_estimators=100, n_jobs=None, num_parallel_tree=None,
              predictor=None, random_state=None, ...)
```

2. 이어서 새로 훈련한 모델로 예측을 생성합니다.

```
y_pred = classifier.predict(X_test)
cm = metrics.confusion_matrix(y_test, y_pred)
```

3. 출력 결과는 다음과 같습니다.

```
cm
```

```
array([[64, 4],
       [4, 28]])
```

4. 마지막으로 모델의 성능을 측정합니다.

```
accuracy = metrics.accuracy_score(y_test,y_pred)
recall = metrics.recall_score(y_test,y_pred)
precision = metrics.precision_score(y_test,y_pred)
print(accuracy,recall,precision)
```

5. 출력 결과는 다음과 같습니다.

```
0.92 0.875 0.875
```

이제 랜덤 포레스트(Random Forest) 알고리즘을 살펴봅시다.

랜덤 포레스트 알고리즘은 수많은 결정 트리의 출력을 결합하여 편향과 분산을 줄이는 앙상블 학습법입니다. 랜덤 포레스트 알고리즘은 배깅(bagging) 또는 부트스트랩-집계(bootstrap-aggregating)라는 기법을 사용합니다. 이 기법은 훈련 데이터셋에서 N개의 하위 집합을 생성하는데, 각 하위 집합은 입력 데이터의 행과 열을 무작위로 선택하여 생성됩니다. 이러한 선별 처리를 통해 모델에 무작위성(randomness)이 도입되므로 '랜덤 포레스트'라는 이름이 붙었습니다.

훈련 시, 각 하위 집합은 독립적인 결정 트리를 훈련하는 데 사용되며, 이로써 $C_1, C_2, ..., C_m$으로 표현되는 트리 집합이 생깁니다. 이 트리들은 일반적으로 이진 트리 구조이며, 각 노드는 하나의 특징을 기준으로 데이터를 분할합니다.

예측 과정에서는 다수결 투표 방식을 사용합니다. 새로운 데이터 인스턴스가 주어지면, 랜덤 포레스트에 포함된 각 결정 트리는 각각의 예측 결과(레이블)를 생성합니다. 그리고 모든 트리의 예측 중 가장 표를 많이 받은 레이블이 최종 예측 결과로 결정됩니다.

이는 그림 7-12에 나타나 있습니다.

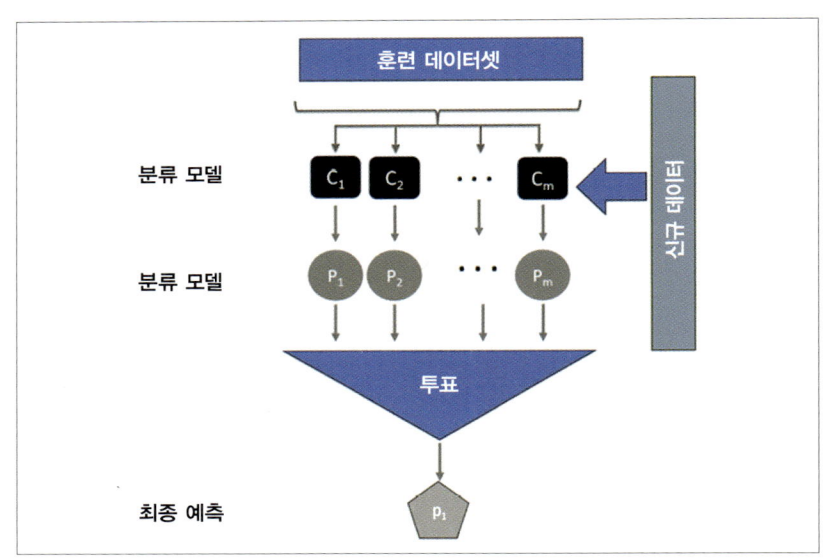

〈그림 7-12〉 랜덤 포레스트

그림 7-12에서 m개의 트리가 훈련되며, 이는 C_1에서 C_m로 표현됩니다. 즉, *트리* = $\{C_1, ..., C_m\}$입니다.

각 트리는 예측을 생성하며 이는 집합으로 표현됩니다. *개별 예측* = P = $\{P_1, ..., P_m\}$

최종 예측은 P_f로 나타냅니다. 이는 각 예측에 대한 다수결 투표로 결정됩니다. 이때 mode 함수를 사용하여 다수에 해당하는 값을 찾을 수 있습니다. mode는 가장 자주 반복된 숫자이며 다수에 해당하는 값입니다. 개별 예측과 최종 예측은 다음과 같이 연결됩니다.

```
PF = mode(P)
```

이러한 앙상블 기법은 몇 가지 이점이 있습니다. 첫째, 데이터 선별 시 무작위성이 도입되고 과적합을 줄이는 결정 트리가 구축되어 모델의 강건성(robustness)[4]이 향상됩니다. 둘째, 각 트리가 독립적으로 작동한다는 점에서 랜덤 포레스트 모델은 병렬 작동이 가능하므로 대규모 데이터셋에 적합합니다. 셋째, 랜덤 포레스트 모델은 회귀 및 분류 작업을 모두 처리할 수 있고 결측치나 이상치를 효과적으로 다룰 수 있으므로 다양하게 활용할 수 있습니다.

하지만 랜덤 포레스트 모델의 효과는 포함된 트리의 개수에 크게 좌우된다는 점을 기억해야 합니다. 트리의 수가 너무 적으면 모델이 약해질 수 있고, 반대로 너무 많으면 불필요한 연산이 발생할 수 있습니다. 따라서 구체적인 요구사항에 맞추어 이러한 매개변수를 적절히 파인튜닝(fine-tuning)[5]하는 것이 중요합니다.

7.5.2. 앙상블 부스팅과 랜덤 포레스트 알고리즘의 차이 구분하기

랜덤 포레스트와 앙상블 부스팅은 더 강건한(robust) 모델 생성과 정확한 예측을 위해 여러 모델을 결합하는 머신러닝의 강력한 앙상블 접근 방식입니다.

랜덤 포레스트 알고리즘에서 결정 트리는 각각 독립적으로 작동하며 다른 트리의 성능이나 구조에 영향 받지 않습니다. 각 트리는 데이터의 다른 하위 집합을 기반으로 구축되며, 의사결정을 위해 또 다른 특징의 하위 집합을 사용함으로써 앙상블 전체의 다양성을 높입니다. 최종 출력은 모든 트리의 예측을 집계하여 결정되며, 일반적으로 다수결 방식이 사용됩니다.

반면 앙상블 부스팅은 일련의 모델을 생성하는데, 각 후속 모델은 앞선 모델의 오류를 교정하는 데 초점을 맞춥니다. 이는 학습 집합에서 잘못 분류된 인스턴스에 더 높은 가중치(weight)를 부

---

[4] 역자 주 이상치에 덜 민감하다는 뜻입니다. '견고함'이라고 옮길 수도 있습니다.
[5] 역자 주 직역하면 '미세 조정'이라는 뜻입니다.

여하여, 다음 모델이 이 부분을 더 잘 학습할 수 있게 만듭니다. 최종 예측은 모든 모델의 예측을 가중합(weighted sum)하여 산출되며, 이때 더 정확한 모델일수록 더 큰 영향력을 갖게 됩니다.

요약하자면, 랜덤 포레스트는 독립성과 다양성의 힘을 활용하는 반면, 앙상블 부스팅은 과거 오류를 수정하고 개선하는 데 집중합니다. 각각의 접근 방식은 고유한 강점을 지니며, 모델링되는 데이터의 특성과 구조에 따라 더 효과적일 수 있습니다.

7.5.3. 분류 모델 과제에 랜덤 포레스트 알고리즘 활용하기

랜덤 포레스트 알고리즘을 초기화하여 훈련 데이터를 사용해 모델을 훈련해 봅시다.

여기서 살펴볼 두 가지 주요 하이퍼파라미터가 있습니다.

- n_estimators
- max_depth

`n_estimators`는 앙상블에서 생성할 결정 트리의 숫자를 결정합니다. 본질적으로 이는 **숲(forest)**의 크기를 나타냅니다. 트리의 수가 많아지면 결정 경로의 다양성과 모델의 일반화 능력이 향상되므로 예측이 더욱 강건해집니다. 하지만 트리를 더 많이 추가하면 연산 복잡도가 증가하며, 특정 지점을 넘어가면 정확도가 향상되는 수준이 미미할 수 있으므로 주의해야 합니다.

`max_depth`는 개별 트리가 도달할 수 있는 최대 깊이를 지정합니다. 결정 트리에서 **깊이(depth)**는 루트 노드(트리의 최상단의 시작점)에서 리프 노드(트리 최하단의 최종 결정 출력)에 이르는 가장 긴 경로를 뜻합니다. 최대 깊이를 제한함으로써 학습한 구조의 복잡도를 조절하고 과소적합(underfitting)과 과대적합(overfitting) 간의 트레이드오프를 조정합니다. 너무 얕은 트리는 중요한 결정 규칙을 놓칠 수 있고, 너무 깊은 트리는 훈련 데이터에서 노이즈와 이상치까지 포착하여 과적합될 수 있습니다.

이러한 두 가지 하이퍼파라미터를 파인튜닝하는 일은 예측 능력과 연산 효율성 간의 균형을 맞춤으로써 결정 트리 기반 모델의 성능을 최적화하는 데 필수적인 역할을 합니다.

랜덤 포레스트 알고리즘으로 분류 모델을 훈련하려면 다음과 같이 할 수 있습니다.

```
classifier = RandomForestClassifier(n_estimators = 10, max_depth = 4, criterion = 'entropy', random_state = 0)
classifier.fit(X_train, y_train)
```

```
RandomForestClassifier(n_estimators = 10, max_depth = 4,criterion = 'entropy', random_state = 0)
```

랜덤 포레스트 모델을 훈련하고 예측에 사용해 봅시다.

```
y_pred = classifier.predict(X_test)
cm = metrics.confusion_matrix(y_test, y_pred)
cm
```

출력은 다음과 같습니다.

```
array ([[64, 4],
       [3, 29]])
```

이제 모델의 품질을 측정해 봅시다.

```
accuracy= metrics.accuracy_score(y_test,y_pred)
recall = metrics.recall_score(y_test,y_pred)
precision = metrics.precision_score(y_test,y_pred)
print(accuracy,recall,precision)
```

다음과 같이 출력됩니다.

```
0.93 0.90625 0.8787878787878788
```

랜덤 포레스트는 분류와 회귀 양측 작업에서 사용할 수 있는 활용도 높은 머신러닝 알고리즘입니다. 이 알고리즘은 단순성, 강건성, 유연성 덕분에 다양한 분야에 폭넓게 적용할 수 있습니다.

다음으로 로지스틱 회귀를 살펴봅시다.

7.6 로지스틱 회귀

로지스틱 회귀는 이진 분류에 사용하는 분류 알고리즘입니다. 입력 특징과 레이블 간의 상호 작용을 수식으로 나타내는 로지스틱 함수를 사용합니다. 이는 이진 종속 변수(binary dependent variable)를 모델링하는 데 사용하는 가장 간단한 분류 기법 중 하나입니다.

7.6.1. 가정

로지스틱 회귀는 다음과 같이 가정합니다.
- 훈련 데이터셋에는 결측값이 없습니다.
- 레이블은 이진 범주형 변수입니다.
- 레이블은 정렬되어 있습니다. 즉, 정렬된 범주형 변수입니다.
- 모든 특징 혹은 입력 변수는 각각에 독립적입니다.

7.6.2. 관계 설정하기

로지스틱 회귀에서 예측 값은 다음과 같이 계산합니다.

$$\hat{y} = \sigma(wX+j)$$

다음과 같다고 해 봅시다.

$$z = wX+j$$

그러면 이제 이렇게 됩니다.

$$\sigma(Z) = \frac{1}{1+e^{-z}}$$

이 관계를 그래프로 나타내면 다음과 같습니다.

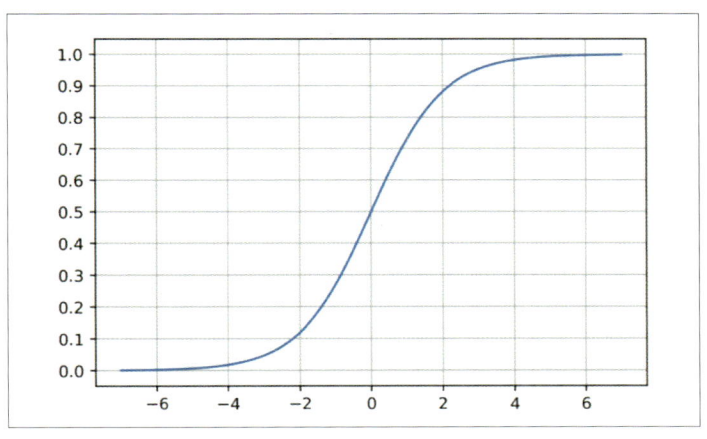

〈그림 7-13〉 시그모이드 함수 그래프

z가 크면 σ(z)는 1이 됩니다. 반대로 z가 아주 작거나 큰 음수라면 σ(z)은 0이 됩니다. 또한 z가 0이면 σ(z)는 0.5가 됩니다. 시그모이드(sigmoid)는 0과 1사이에만 있으므로 확률을 나타내기에 자연스러운 함수입니다. 여기서 '자연스럽다'는 뜻은 본질적인 속성으로 확률을 나타내기에 적합하고 효과적이라는 뜻입니다. 시그모이드 함수는 항상 0과 1사이의 값을 출력하며 이는 확률의 범위와 일치합니다. 따라서 로지스틱 회귀에서 확률을 모델링하기 좋은 도구가 됩니다. 로지스틱 모델을 훈련하는 목표는 올바른 w와 j의 값을 찾는 데 있습니다.

 **MEMO** 로지스틱 회귀는 로지스틱(logistic) 또는 시그모이드 함수(sigmoid function)로 수식을 표현하기 때문에 로지스틱 회귀라는 이름이 붙었습니다.

7.6.3. 손실 함수와 비용 함수

손실(loss) 함수는 훈련 데이터에서 특정한 예제에 대한 오류를 계산하는 방식을 정의합니다. 비용(cost) 함수는 전체 훈련 데이터에서 오류를 최소화하는 방식을 정의합니다. 따라서 손실 함수는 훈련 데이터셋의 개별 예제에 사용하며 비용 함수는 전반적인 비용, 즉 실제값과 예측값의 전반적인 차이를 계산하는 데 사용합니다. 손실 및 비용 함수의 결과는 w와 b에 따라 달라집니다.

다음과 같이, 로지스틱 회귀에서 손실 함수는 훈련 데이터셋에서 특정 예제 i에 대해 사용합니다.

$$Loss(\hat{y}^{(i)}, y^{(i)}) = -\left(y^{(i)} \log \hat{y}^{(i)} + (1 - y^{(i)}) \log(1 - \hat{y}^{(i)})\right)$$

참고로 $y^{(i)}=1$일때, $Loss(\hat{y}^{(i)}, y^{(i)}) = -\log \hat{y}^{(i)}$가 됩니다. 손실을 최소화하면 $\hat{y}^{(i)}$값이 커집니다. 이는 시그모이드 함수의 값이므로 최댓값은 1이 됩니다.

$y^{(i)}=0$이면, $Loss(\hat{y}^{(i)}, y^{(i)}) = -\log(1 - \hat{y}^{(i)})$가 됩니다.

이 때, 손실을 최소화하면 $y^{(i)}$도 최소화되며, 이 값은 0이 될 수 있습니다.

로지스틱 회귀의 비용 함수는 다음과 같습니다.(m은 전체 학습 데이터셋 개수, b는 편향 또는 절편)

$$Cost(w, b) = \frac{1}{m} \sum Loss(\hat{y}^{(i)}, y^{(i)})$$

이제 로지스틱 회귀에 대해 자세히 살펴봅시다.

7.6.4. 로지스틱 회귀를 사용해야 하는 경우

로지스틱 회귀는 이진 분류 문제에 매우 적합합니다. 여기서 이진 분류란 두 가지 가능한 결과 중 하나를 예측하는 과정을 의미합니다. 예를 들어, 이메일이 스팸인지 아닌지를 예측하는 문제는 가능한 결과가 '스팸'과 '스팸 아님' 두 가지뿐이므로 전형적인 이진 분류 문제입니다.

그러나 로지스틱 회귀에는 몇 가지 한계가 있습니다. 특히 품질이 낮은 대규모 데이터셋을 다룰 때 어려움을 겪을 수 있습니다. 예를 들어, 결측치가 많거나 이상치 혹은 무관한 특징이 가득한 데이터셋에서는 로지스틱 회귀 모델이 정확한 예측을 내기 힘들 수 있습니다.

또한 로지스틱 회귀는 입력 특징과 대상 변수 간의 선형 관계를 효과적으로 처리할 수 있지만, 복잡하고 비선형적인 관계를 다루는 데에는 한계가 있습니다. 예측 변수와 대상 변수 간의 관계가 직선이 아니라 곡선 형태일 경우, 로지스틱 회귀 모델은 제대로 성능을 발휘하지 못할 수 있습니다.

이러한 한계에도 불구하고 로지스틱 회귀는 분류 작업의 출발점으로 활용하기 좋은 경우가 많습니다. 복잡한 모델의 성능을 비교하기 위한 기준선(benchmark)을 제공할 수 있으며, 최고의 정확도를 보장하지는 않더라도 해석 가능성과 단순성을 제공하기 때문에 특정 상황에서는 가치가 있습니다.

7.6.5. 분류 모델 과제에 로지스틱 회귀 알고리즘 활용하기

이번 절에서는 분류 모델 과제에 로지스틱 회귀 알고리즘을 사용해 보겠습니다.

1. 먼저 로지스틱 회귀 모델을 초기화하고 훈련 데이터로 학습시켜 봅시다.

```
from sklearn.linear_model import LogisticRegression
classifier = LogisticRegression(random_state = 0)
classifier.fit(X_train, y_train)
```

2. `test` 데이터의 값을 예측하고 혼동 행렬을 생성합시다.

```
y_pred = classifier.predict(X_test)
cm = metrics.confusion_matrix(y_test, y_pred)
cm
```

3. 실행한 결과는 다음과 같습니다.

```
array ([[65, 3],
        [6, 26]])
```

4. 이제 성능 지표를 봅시다.

```
accuracy= metrics.accuracy_score(y_test,y_pred)
recall = metrics.recall_score(y_test,y_pred)
precision = metrics.precision_score(y_test,y_pred)
print(accuracy,recall,precision)
```

5. 실행한 결과는 다음과 같습니다.

```
0.91 0.8125 0.8996551724137931
```

다음으로 SVM을 살펴봅시다.

7.7 SVM 알고리즘

서포트 벡터 머신(SVM) 은 머신러닝 도구 중 강력한 기법으로, 두 클래스를 명확히 구분하는 최적의 결정 경계, 즉 초평면(hyperplane)을 찾아내는 방식으로 작동합니다. 쉽게 말해, 이 초평면은 2차원에서는 선, 3차원에서는 면, 고차원에서는 다양체(manifold)[6]로서, 특징 공간(feature space)에서 서로 다른 클래스를 가장 잘 구분하는 경계를 의미합니다.

SVM의 핵심적인 특징은 최적화 목표에 있습니다. SVM은 결정 경계와 각 클래스에서 가장 가까운 데이터 포인트(이를 '서포트 벡터'라고 함) 사이의 거리를 최대화하려고 합니다. 다시 말해, 단순히 두 클래스를 구분하는 선을 찾는 것이 아니라, **양쪽 클래스의 가장 가까운 점들로부터 가능한 한 멀리 떨어진 선**을 찾아 분리 간격을 최대화하는 것이 목표입니다.

예를 들어, 2차원 평면에서 O와 +를 구분하는 문제를 생각해봅시다. SVM의 목표는 단순히 이 둘을 나누는 선을 찾는 것이 아니라, O와 + 중에서 결정 경계에 가까운 점들로부터 최대한 멀리 떨어진 선을 찾는 것입니다.

SVM은 고차원 데이터, 복잡한 도메인, 혹은 단순 직선으로 쉽게 분리되지 않는 클래스 문제에서 매우 유용합니다. 비선형적으로 분리되는 데이터 상황에서, 로지스틱 회귀가 한계를 보일 때 SVM은 탁월한 성능을 발휘할 수 있습니다.

여기서 마진(margin)은 분리 초평면(결정 경계)과 그 초평면에 가장 가까운 훈련 샘플들(**서포트 벡터, Support vectors**) 사이의 거리로 정의됩니다. 따라서 가장 간단한 예시로, 두 개의 차원 X_1와 X_2만 고려해 보겠습니다. 우리는 O와 +를 구분하는 선을 찾고자 하며, 이는 다음 그림에서 보여집니다.

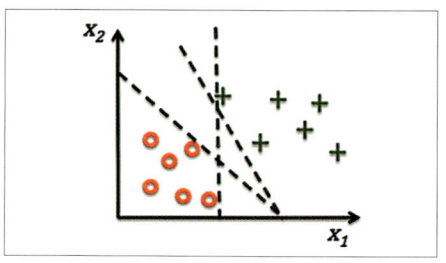

〈그림 7-14〉 SVM 알고리즘

---

6   역자 주 다양체는 고차원 공간에서 국소적으로 저차원 공간의 특성을 나타내는 공간을 뜻합니다. 예를 들면 지구 표면은 3차원이지만 지표면의 한 점에서는 2차원의 평면으로 보일 수 있습니다.

우리는 두 개의 선을 그렸고, 두 선 모두 O와 +를 완벽하게 분리합니다. 하지만 추가될 예시들을 가장 정확하게 분류할 수 있는 최적의 선, 즉 결정 경계가 반드시 있어야 합니다. 합리적인 선택은 두 클래스 사이에 균등하게 간격을 두어, 각 클래스에 약간의 여유 공간(buffer)을 제공하는 선일 것입니다. 이는 다음 그림과 같이 표현됩니다.

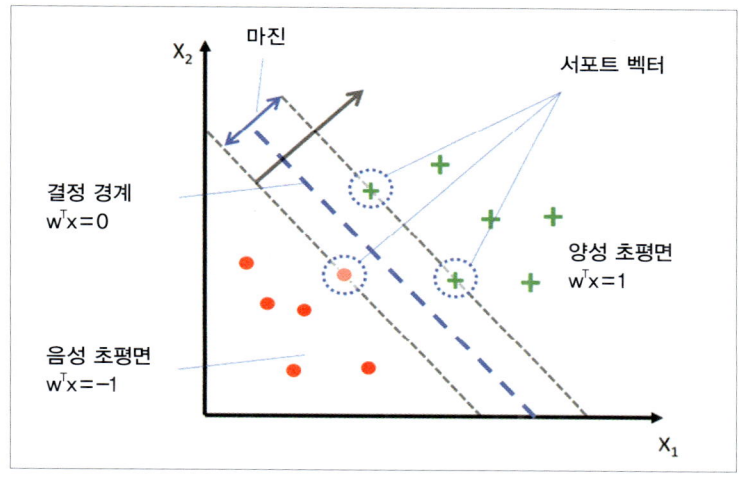

〈그림 7-15〉 SVM 관련 개념

뿐만 아니라 로지스틱 회귀와는 달리 SVM은 더 작고 정제된 데이터셋을 다루기 적합하며, 대규모 데이터가 없어도 복잡한 관계를 파악하는 데 뛰어납니다. 하지만 여기서의 트레이드오프는 해석 가능성에 있습니다. 로지스틱 회귀는 모델의 의사 결정 과정을 쉽게 이해할 수 있는 반면, SVM은 본질적으로 더 복잡하므로 해석이 쉽지 않습니다.

이제 SVM을 사용하여 분류 모델을 훈련해 봅시다.

7.7.1. 분류 모델 과제에 SVM 알고리즘 활용하기

먼저 SVM 분류 모델을 초기화하고 모델을 훈련하기 위해 레이블이 지정된 데이터를 사용합시다. kernel이라는 하이퍼파라미터는 입력 데이터를 선형적으로 분리할 수 있도록 어떤 변환을 적용할지를 결정합니다.

```
from sklearn.svm import SVC
classifier = SVC(kernel = 'linear', random_state = 0)
classifier.fit(X_train, y_train)
```

1. 훈련한 다음에는 예측을 생성하고 혼동 행렬을 살펴봅시다.

```
y_pred = classifier.predict(X_test)
cm = metrics.confusion_matrix(y_test, y_pred)
cm
```

2. 다음 결과를 봅시다.

```
array ([[66, 2],
        [9, 23]])
```

3. 이제 여러 가지 성능 지표를 봅시다.

```
accuracy= metrics.accuracy_score(y_test,y_pred)
recall = metrics.recall_score(y_test,y_pred)
precision = metrics.precision_score(y_test,y_pred)
print(accuracy,recall,precision)
```

코드를 실행하면 다음과 같은 결과를 얻습니다.

```
0.89 0.71875 0.92
```

7.7.2. 나이브 베이즈 알고리즘 이해하기

확률 이론에 기반한 나이브 베이즈(Naive Bayes)는 가장 단순한 분류 알고리즘 중 하나입니다. 올바르게 사용하면 상당히 정확한 예측을 도출할 수 있습니다. 나이브 베이즈라는 이름은 다음 두 가지 이유에서 붙여졌습니다.

- 특징과 입력 변수 간에 독립성이 존재한다는 '나이브한(naive) 가정'[7]을 바탕으로 합니다.

---

7 역자 주 수학에서 '나이브한 가정'이란 문제를 단순화하기 위한 이상적인 가정을 의미합니다. 이는 일반적인 상황에서는 성립하지 않을 수 있지만, 문제 해결과 모델링을 보다 쉽게 하기 위한 접근 방식입니다.

- 베이즈 정리(Bayes' theorem)를 기반으로 합니다. 베이즈 정리는 관측된 특징이 주어졌을 때 특정 클래스나 결과가 발생할 확률을 계산하는 데 사용됩니다.

이 알고리즘은 각 특징이 완전히 독립적이라고 가정하고 각 특징의 확률에 따라 인스턴스를 분류합니다.

한편, 사건의 유형은 3가지가 있습니다.

- **독립 사건**(independent event)은 다른 사건이 발생할 확률에 영향을 주지 않습니다.
  (무료 기술 행사 초대 이메일을 받는 것과 회사에서 조직 개편이 일어나는 것은 서로 영향을 주지 않는 독립적인 사건입니다.)
- **종속 사건**(dependent event)은 다른 사건이 발생할 확률에 영향을 미칩니다. 즉, 어떠한 방식으로 사건이 연결되었다는 뜻입니다.
  (회의에 제시간에 도착할 확률은 항공사 직원의 파업이나 비행기 연착에 영향 받을 수 있습니다.)
- **배반 사건**(mutually exclusive event)은 동시에 발생할 수 없습니다.
  (주사위를 한 번 굴려서 3과 6을 동시에 얻을 확률은 0입니다. 이 두 사건은 동시에 발생할 수 없습니다.)

7.8 베이즈 정리

베이즈 정리는 두 사건 A와 B의 조건부 확률을 계산하는 데 사용합니다. 사건 A와 사건 B가 발생할 확률은 P(A)와 P(B)로 나타냅니다. 조건부 확률은 P(B|A)로 나타내며, 이는 사건 A가 발생했을 때 사건 B가 발생할 확률입니다.

$$P(A|B) = \frac{P(B|A)P(A)}{P(B)}$$

나이브 베이즈를 적용하는 경우, 이 알고리즘은 입력의 차원(특징의 개수)이 높을 때 특히 효과적입니다. 따라서 스팸 탐지나 정서 분석(sentiment analysis)과 같은 텍스트 분류 작업에 가장 적합합니다.

이 알고리즘은 연속형 데이터 및 이산형 데이터 모두 다룰 수 있으며, 연산도 효율적이므로 실시간 예측에도 유용합니다. 나이브 베이즈는 계산 자원이 제한된 경우나 구현을 쉽고 빠르게 해야 하는 경우에 좋은 선택지가 됩니다. 하지만 특징이 독립적이라는 '나이브'한 가정으로 인해 특정 상황에서는 제한이 있을 수 있습니다.

7.8.1. 확률 계산하기

나이브 베이즈는 확률의 기본 원리를 따릅니다. 단일 사건이 발생할 확률(관측 확률)은 발생한 사건의 횟수를 해당 사건을 야기한 사건의 총 횟수로 나눕니다. 예를 들어, 어떤 콜센터에서는 매일 100건 이상의 문의 전화를 받는데, 이 중 한 달 동안 관측한 횟수는 50회라고 합시다. 그리고 이전 응답 시간에 따라 어떤 콜이 3분 내에 응답될 확률을 알고자 합니다. 콜센터에서 이와 일치하는 27건의 기록을 찾았다면, 50통의 전화 중 3분 이내에 응답되는 사건에 대한 관측 확률은 다음과 같습니다.

$$P(50통의\ 전화가\ 3분\ 이내\ 응답될\ 확률) = (27/50) = 0.54\ (54\%)$$

과거 50건의 기록으로 보아 3분 이내에 응답될 수 있는 통화는 50건 중 약 절반에 해당합니다.

이제 AND 사건에 대한 곱셈 법칙을 살펴봅시다.

7.8.2. 곱셈 법칙과 AND 사건

두 개 이상의 사건이 동시에 발생할 확률을 계산하려면 사건의 독립 및 종속 여부를 고려해야 합니다. 독립 사건이라면 단순한 곱셈 법칙을 사용합니다.

$$P(결과\ 1\ AND\ 결과\ 2) = P(결과\ 1) * P(결과\ 2)$$

예를 들어, 기술 관련 행사에 무료 입장을 제공하는 이메일을 수신할 확률과 직장에서 조직 개편이 일어날 확률을 계산할 때는 단순한 곱셈 법칙을 사용합니다. 각 사건의 발생은 다른 사건이 발생할 확률에 영향을 주지 않으므로 두 사건은 독립적입니다.

기술 관련 행사 이메일을 수신할 확률이 31%이고 조직 개편의 확률이 82%라면 두 사건이 모두 발생할 확률은 다음과 같이 계산합니다.

$$P(이메일\ AND\ 조직개편) = P(이메일) * P(조직개편) = (0.31) * (0.82) = 0.2542\ (25\%)$$

7.8.3. 일반적인 곱셈 법칙

두 개 이상의 사건이 종속적인 경우, 일반적인 곱셈 법칙을 사용합니다. 이 공식은 두 사건이 독립적이든 종속적이든 모두 유효합니다.

$$P(결과\ 1\ AND\ 결과\ 2) = P(결과\ 1) * P(결과\ 2 | 결과\ 1)$$

참고로 $P(결과\ 2 | 결과\ 1)$는 결과 1이 이미 발생한 상황에서 결과 2가 발생할 조건부 확률을 나타냅니다. 이 공식은 사건 간의 종속성을 반영합니다. 사건이 독립적이라면 한 사건이 다른 사건이 발생할 확률에 영향을 주지 않으므로 조건부 확률은 무관한 값이 되며 $P(결과\ 2 | 결과\ 1)$는 단순히 $P(결과\ 2)$와 같아집니다. 이 경우 공식은 단순한 곱셈 법칙과 같아집니다.

쉬운 예제를 통해 이를 생각해 봅시다. 덱에서 두 장의 카드를 뽑을 때, 먼저 에이스를 뽑고 이어서 킹을 뽑을 확률을 알고자 합니다. 에이스를 뽑는 첫 번째 사건은 킹을 뽑는 두 번째 사건의 조건을 수정합니다. 에이스를 덱에 다시 돌려놓지 않기 때문입니다. 일반적인 곱셈 법칙에 따르면 이를 $P(에이스) * P(킹|에이스)$로 계산할 수 있고, $P(킹|에이스)$는 이미 에이스를 뽑은 상황에서 킹을 뽑을 확률에 해당합니다.

7.8.4. OR 사건에 대한 덧셈 법칙

배반 사건이 발생할 확률을 계산할 때는 단순한 덧셈 법칙을 사용합니다.

$$P(결과\ 1\ OR\ 결과\ 2) = P(결과\ 1) + P(결과\ 2)$$

예를 들어 주사위를 굴려 6 또는 3이 나올 확률은 얼마일까요? 우선 두 결과가 동시에 발생할 수 없다는 점에 유의해야 합니다. 6이 나올 확률은 $\frac{1}{6}$이며 3이 나올 확률도 동일합니다.

$$P(6\ OR\ 3) = (1/6) + (1/6) = 0.33\ (33\%)$$

사건이 동시에 발생할 수 있는 경우는 다음의 일반적인 덧셈 법칙을 사용합니다. 다음 수식은 독립 사건과 배반 사건 둘 다 유효합니다.

$$P(결과\ 1\ OR\ 결과\ 2) = P(결과\ 1) + P(결과\ 2) - P(결과\ 1\ AND\ 결과\ 2)$$

7.8.5. 분류 모델 과제에 나이브 베이즈 알고리즘 활용하기

이제 나이브 베이즈 알고리즘으로 분류 모델 과제를 해결해 봅시다.

1. 우선 **GaussianNB()** 함수를 가져와서 모델을 훈련해 봅시다.

```python
# 훈련 데이터셋으로 결정 트리 분류 학습시키기
from sklearn.naive_bayes import GaussianNB
classifier = GaussianNB()
classifier.fit(X_train, y_train)
```

```
GaussianNB()
```

2. 훈련한 모델로 결과를 예측해 봅시다. **X_test**로 분할한 테스트 데이터의 레이블을 예측합니다.

```python
# 테스트 데이터셋 결과 예측하기
y_pred = classifier.predict(X_test)
cm = metrics.confusion_matrix(y_test, y_pred)
```

3. 이제 혼동 행렬을 출력해 봅시다.

```
cm
```

```
array([[66, 2],
       [6, 26]])
```

4. 훈련한 모델의 성능을 나타내는 성능 지표를 출력해 봅시다.

```python
accuracy= metrics.accuracy_score(y_test,y_pred)
recall = metrics.recall_score(y_test,y_pred)
precision = metrics.precision_score(y_test,y_pred)
print(accuracy,recall,precision)
```

5. 출력 결과는 다음과 같습니다.

```
0.92 0.8125 0.9285714285714286
```

7.9 분류 알고리즘의 승자는...

지금까지 설명한 다양한 알고리즘의 성능 지표를 비교할 차례입니다. 하지만 이러한 지표는 예제에서 사용한 데이터에 크게 좌우되므로 데이터셋이 달라지면 이러한 지표도 달라질 수 있다는 점에 유의합시다.

모델의 성능은 데이터의 특징, 품질, 데이터에 대해 모델이 얼마나 적절한 가정을 했는지와 같은 요인에 영향을 받습니다.

다음은 지금까지 확인한 지표를 요약한 것입니다.

알고리즘	정확도	재현율	정밀도
결정 트리	0.94	0.93	0.88
XGBoost	0.92	0.88	0.88
랜덤 포레스트	0.93	0.90	0.87
로지스틱 회귀	0.91	0.81	0.89
SVM	0.89	0.71	0.92
나이브 베이즈	0.92	0.81	0.92

〈표 7-5〉 알고리즘 성능 지표 요약

위 표에서 볼 수 있듯이, 이번 맥락에서는 결정 트리 분류 모델이 정확도와 재현율에서 가장 높은 성능을 보입니다. 정밀도의 경우에는 SVM과 나이브 베이즈 알고리즘이 동점을 기록했습니다.

그러나 이러한 결과는 **데이터에 의존적**이라는 점을 기억해야 합니다. 예를 들어, SVM은 데이터가 선형적으로 분리 가능하거나 커널 변환(kernel transformations)을 통해 그렇게 만들 수 있는 경우에 뛰어난 성능을 발휘할 수 있습니다. 반면, 나이브 베이즈는 특징들 간에 독립성이 보장되는 상황에서 좋은 성능을 냅니다. 결정 트리와 랜덤 포레스트는 복잡한 비선형 관계가 존재할 때 선호될 수 있습니다. 로지스틱 회귀는 이진 분류 작업에서 탄탄한 선택지로, 벤치마크 모델로 활용하기에 적합합니다. 마지막으로 XGBoost는 앙상블 기법으로, 다양한 데이터 유형을 다룰 때 강력하며 여러 작업에서 종종 최고의 성능을 보여줍니다.

따라서 모델을 선택하기 전에 **데이터의 특성과 작업의 요구 사항**을 이해하는 것이 매우 중요합니다. 이 결과는 어디까지나 출발점일 뿐이며, 각 구체적인 사용 사례에 대해서는 더 깊은 탐구와 검증이 수행되어야 합니다.

7.9.1. 회귀 알고리즘 이해

지도 학습 모델에서 레이블이 연속형 변수인 경우 회귀 알고리즘을 사용하며, 이러한 지도 학습 모델을 회귀 모델(regressor)이라 합니다.

더 구체적으로 이해할 수 있도록 몇 가지 예제를 들겠습니다. 과거 데이터에 따라 다음 주의 기온을 예측하거나, 소매점의 다음 몇 달 간 판매량을 예측하고자 한다고 해 봅시다.

기온과 판매 수치는 모두 연속형 변수이며, 이는 가짓수가 고정된 범주형 변수와는 달리 특정 범위 내에서 어떠한 값이든 취할 수 있다는 뜻입니다. 이러한 경우는 분류 모델보다는 회귀 모델을 사용합니다.

이번 절에서는 지도 학습 회귀 모델을 훈련하기 위해 사용할 수 있는 다양한 알고리즘을 소개하겠습니다. 자세히 살펴보기 전에 먼저, 모델의 성능, 능력, 효과를 검증하기 위한 과제를 정의해 봅시다.

7.9.2. 회귀 모델 과제 소개

분류 알고리즘에서 사용했던 방식과 유사하게, 먼저 모든 회귀 알고리즘이 해결해야 할 하나의 문제를 제시하겠습니다. 우리는 이 공통 문제를 **회기 모델 문제**라고 부르겠습니다. 이후 세 가지 서로 다른 회귀 알고리즘을 사용하여 이 문제를 해결해 보겠습니다.

- 데이터를 한 번만 준비하여 세 가지 회귀 알고리즘 모두에 활용할 수 있습니다.
- 동일한 문제에 세 가지 회귀 알고리즘을 적용하여 의미 있는 성능 비교를 할 수 있습니다.

과제에 대한 설명을 봅시다.

7.9.3. 회귀 모델 문제 정의

다양한 자동차의 연비를 예측하는 일은 중요합니다. 연비가 좋은 자동차는 환경에도 좋고 비용 효율적이기도 합니다. 연비는 엔진의 마력과 자동차의 여러 특징으로 계산할 수 있습니다. 자동차의 특징에 따라 **갤런 당 마일**(MPG, Miles per Gallon)[8]을 예측하는 회귀 모델을 훈련해 보겠습니다.

먼저 회귀 모델을 훈련할 과거 데이터셋을 살펴봅시다.

7.9.4. 과거 데이터셋 탐색하기

다음은 우리가 갖고 있는 과거 데이터셋의 특징입니다.

이름	종류	설명
NAME(이름)	범주형	차종을 식별함
CYLINDERS(실린더)	연속형	실린더 개수 (4개에서 8개 사이)
DISPLACEMENT(배기량)	연속형	엔진 배기량 (입방 인치 단위)
HORSEPOWER(마력)	연속형	엔진의 마력
ACCELERATION(가속)	연속형	시속 0에서 60마일[9]까지 가속하는데 걸린 시간(초)

〈표 7-6〉 데이터셋의 특징

이 문제의 레이블은 연속형 변수인 MPG이며 이는 각 자동차의 갤런 당 마일(MPG)을 나타냅니다.

먼저 이 문제를 위한 데이터 처리 파이프라인을 설계해 봅시다.

7.9.5. 데이터 처리 파이프라인을 활용한 특징 공학

회귀 모델 문제를 다루기 위해 재사용 가능한 데이터 처리 파이프라인을 어떻게 설계하는지 살펴봅시다. 앞서 말한 대로 데이터는 한 번만 준비해서 모든 회귀 알고리즘에서 사용할 것입니다.

---

8 **역자 주** 갤런 당 마일(mile per gallon), 1갤런은 미국은 약 3.785L, 영국은 4.546L입니다.
9 **역자 주** 시속 60마일은 약 96km/h에 해당합니다.

다음 단계를 따라 가봅시다.

1. 다음과 같이 데이터셋을 가져와서 시작합니다.

```
dataset = pd.read_csv('https://storage.googleapis.com/neurals/data/data/auto.csv')
```

2. 이제 데이터셋을 먼저 살펴봅시다.

```
dataset.head(5)
```

3. 데이터셋은 다음과 같습니다.

	NAME	CYLINDERS	DISPLACEMENT	HORSEPOWER	WEIGHT	ACCELERATION	MPG
0	chevrolet chevelle malibu	8	307.0	130	3504	12.0	18.0
1	buick skylark 320	8	350.0	165	3693	11.5	15.0
2	plymouth satellite	8	318.0	150	3436	11.0	18.0
3	amc rebel sst	8	304.0	150	3433	12.0	16.0
4	ford torino	8	302.0	140	3449	10.5	17.0

〈그림 7-16〉 코드 7-38 실행 결과

4. 이어서 특징을 선택합시다. `NAME` 열은 차종을 식별하는 데만 필요하니 드롭(drop)합시다. 데이터셋에서 각 행을 구분하는 데만 사용되는 식별자 열은 모델 훈련에 도움이 되지 않습니다. 따라서 제거(drop) 하는 것이 일반적입니다.

5. 입력 변수를 모두 변환하여 결측값(**null**)을 대체합시다.

```
dataset=dataset.drop(columns=['NAME'])
dataset.head(5)
dataset= dataset.apply(pd.to_numeric, errors='coerce')
dataset.fillna(0, inplace=True)
```

결측치 대체(Imputation)는 데이터의 품질을 개선하고, 모델 훈련에 사용할 수 있도록 준비하는 과정입니다.

6. 데이터를 테스트와 훈련 데이터로 분할합시다.

```
y=dataset['MPG']
X=dataset.drop(columns=['MPG'])
```

```python
# 데이터셋을 훈련 데이터셋과 테스트 데이터셋으로 분할하기
from sklearn.model_selection import train_test_split
X_train, X_test, y_train, y_test = train_test_split(X, y, test_size = 0.25, random_state = 0)
```

이는 다음과 같은 네 가지 자료구조를 생성합니다.

- **X_train**: 훈련 데이터의 특징을 포함하는 자료구조
- **X_test**: 테스트 데이터의 특징을 포함하는 자료구조
- **y_train**: 훈련 데이터의 레이블 값을 포함하는 벡터
- **y_test**: 테스트 데이터의 레이블 값을 포함하는 벡터

이제 준비한 데이터를 세 가지 회귀 모델에 사용하여 이들의 성능을 비교할 수 있도록 합시다.

7.10 선형 회귀

지도 학습 알고리즘 가운데 보통 선형 회귀가 가장 이해하기 쉽습니다. 먼저 단순 선형 회귀를 살펴보고, 이어서 다중 선형 회귀까지 설명의 범위를 넓히겠습니다.

선형 회귀는 접근성이 좋고 구현하기 쉽지만, 모든 상황에 항상 '최선의' 선택은 아닙니다. 지금까지 설명한 알고리즘을 포함하여, 머신러닝 알고리즘은 각각의 장점과 한계가 있습니다. 그리고 알고리즘의 효과는 데이터의 타입과 구조에 따라 달라집니다.

예를 들어, 결정 트리와 랜덤 포레스트는 범주형 데이터를 처리하고 복잡한 비선형 관계를 포착하는 데 뛰어나며, SVM은 고차원 데이터에서도 잘 작동하고 이상치에 강인한 특성을 갖습니다. 로지스틱 회귀는 이진 분류 문제에 특히 효과적입니다.

반면, 선형 회귀 모델은 연속형 결과를 예측하는 데 적합하며, 개별 특징이 결과에 미치는 영향을 이해하는데 유용한 해석 가능성(interpretability)을 제공합니다.

7.10.1. 단순 선형 회귀

가장 기본적인 수준에서 선형 회귀는 두 변수 간의 관계를 설정합니다. 일반적으로 하나의 독립 변수와 하나의 종속 변수로 표현됩니다. 선형 회귀는 종속 변수(y)가 독립 변수(x)의 변화에 따라 어떻게 영향을 받는지 분석하는 기법입니다. 이는 다음과 같은 수식으로 표현됩니다.

$$y=(X)w+\alpha$$

이 식은 다음과 같이 설명할 수 있습니다.

- y은 종속 변수입니다.
- X는 독립 변수입니다.
- w는 X에 대한 직선의 증가율을 나타내는 기울기(slope)입니다.
- α는 $X=0$일 때의 y값을 나타내는 y절편(intercept)입니다.

선형 회귀는 다음 가정을 전제로 합니다.

- **선형성**(linearity): 독립 변수와 종속 변수 간 관계가 선형적이어야 합니다.
- **독립성**(independence): 각 관찰은 서로 독립적이어야 합니다.
- **비 다중공선성**(no multicollinearity): 독립 변수의 상관관계가 너무 높지 않아야 합니다.

하나의 연속형 종속 변수와 하나의 연속형 독립 변수 관계의 예입니다.

- 사람의 체중과 섭취하는 칼로리
- 특정 지역에서 주택의 가격과 면적
- 공기 습도와 강우 확률

선형 회귀에서 입력(독립) 변수와 대상(종속) 변수는 반드시 숫자형(numeric)이어야 합니다. 두 변수 간의 최적의 관계는 각 데이터 점과 직선 사이의 수직 거리 제곱의 합을 최소화하는 방식으로 찾습니다.

예를 들어 특정 제품에 대한 마케팅 지출과 매출 간의 관계를 수식으로 표현해보려 합니다. 이 둘은 서로 직접적인 관계를 갖습니다. 마케팅 지출과 매출 데이터를 2차원 그래프에 그리면 파란 다이아몬드 모양의 점들로 나타납니다. 이 관계는 다음 그래프와 같이 직선을 그려 가장 잘 근사할 수 있습니다.

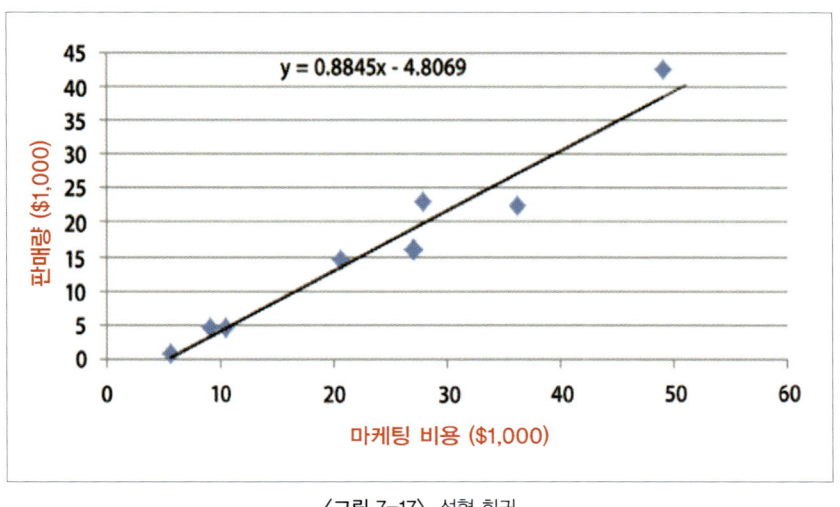

〈그림 7-17〉 선형 회귀

직선을 통해 마케팅 비용과 판매량 간의 수학적 관계를 확인할 수 있습니다.

7.10.2. 회귀 모델 평가하기

그래프에서 직선은 종속 변수와 독립 변수 간 관계를 잘 근사합니다. 하지만 가장 좋은 직선도 다음 그림과 같이 실제 값과는 어느 정도 편차가 발생할 것입니다.

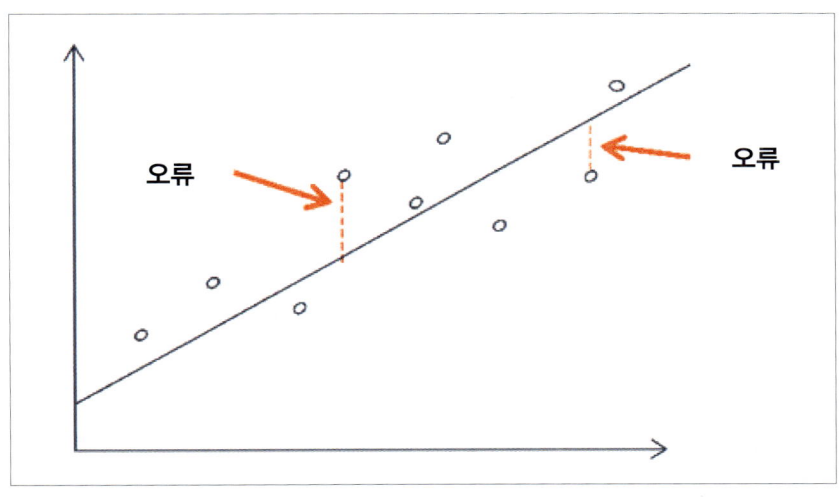

〈그림 7-18〉 회귀 모델 평가하기

따라서 선형 회귀 모델의 성능을 수치로 나타내기 위해서 **평균 제곱근 오차**(RMSE, Root Mean Square Error)방식을 일반적으로 사용합니다. 이는 훈련된 모델에서 발생한 오류의 표준 편차를 계산합니다. 예를 들어 훈련 데이터셋에서 loss 함수는 다음과 같이 계산합니다.

$$Loss(\hat{y}^{(i)}, y^{(i)}) = \frac{1}{2}(\hat{y}^{(i)} - y^{(i)})^2$$

훈련 데이터의 모든 예제에서의 손실을 최소화하는 cost 함수는 다음과 같습니다.[10]

$$\sqrt{\frac{1}{n}\sum_{i=1}^{n}(\hat{y}^{(i)} - y^{(i)})^2}$$

이번에는 RMSE를 해석해 봅시다. 만약 제품의 가격을 예측하는 모델에서 RMSE가 50달러라면, 이는 예측값 중 약 68.2%가 실제 값에서 ±50달러 이내에 위치한다는 의미입니다(즉, ±α 범위). 또한 예측값의 약 95%는 실제 값에서 ±100달러(±2α) 이내에 위치하며, 약 99.7%는 ±150달러(±3α) 이내에 위치합니다.

이제 다중 회귀 분석에 대해 살펴보겠습니다.

7.10.3. 다중 회귀

사실 대부분의 실제 분석에서는 하나 이상의 독립 변수가 존재합니다. 다중 회귀는 단순 선형 회귀의 확장입니다. 주요 차이점은 추가된 예측 변수들에 대해 추가적인 베타 계수가 존재한다는 점입니다.

모델 훈련의 목표는 선형 방정식의 오차를 최소화하는 베타 계수들을 찾는 것입니다. 이제 종속 변수와 독립 변수 집합(특징 집합) 간의 관계를 수학적으로 표현해 봅시다.

예를 들어, 주택 시장에서 주택 가격(종속 변수)은 주택의 크기, 위치, 연식 등 다양한 요소(독립 변수)에 따라 달라질 수 있습니다.

---

10 역자 주 이 수식은 평균 제곱근 오차(RMSE, Root Mean Squared Error)입니다. 루트 내부의 식은 평균 제곱 오차(MSE, Mean Squared Error)입니다.

단순 선형 방정식과 마찬가지로 종속 변수 y는 각 항의 합계로 계산합니다. i개의 특징에 대한 각 항은 계수 β를 x값에 곱하여 얻습니다.

$$y = \alpha + \beta_1 x_1 + \beta_2 x_2 + \cdots + \beta_i x_i + \varepsilon$$

오류는 ε로 나타내며 이는 예측이 완벽하지 않음을 나타냅니다.

계수 β를 통해 각 특징은 y의 값에 개별적인 영향을 줄 수 있습니다. x_i단위 만큼 증가할 때마다 β_i만큼 y가 변하기 때문입니다. 뿐만 아니라 절편 α는 독립 변수가 모두 0일 때 y에 대한 기댓값을 나타냅니다.

참고로 이 방정식의 변수는 모두 벡터로 나타낼 수 있습니다. 대상 변수(종속 변수)와 예측 변수(독립 변수)는 한 개의 행을 갖는 벡터가 되고, 회귀 계수 β 및 오류 ε도 마찬가지로 벡터가 될 수 있습니다.

이어서 회귀 모델 문제에서 선형 회귀를 어떻게 사용하는지 살펴봅시다.

7.10.4. 회귀 모델 과제에 선형 회귀 알고리즘 활용하기

이제 훈련 데이터셋을 사용하여 모델을 훈련합시다. 앞서 설명한 것과 동일한 데이터와 데이터 공학 논리를 그대로 적용할 것입니다.

1. 먼저 선형 회귀 패키지를 가져옵니다.

```
from sklearn.linear_model import LinearRegression
```

2. 이어서 선형 회귀 모델을 초기화하고 훈련 데이터셋으로 훈련합니다.

```
regressor = LinearRegression()
regressor.fit(X_train, y_train)
```

```
LinearRegression()
```

3. 데이터셋의 테스트 데이터로 결과를 예측합시다.

```
y_pred = regressor.predict(X_test)
from sklearn.metrics import mean_squared_error
sqrt(mean_squared_error(y_test, y_pred))
```

4. 실행한 결과는 다음과 같습니다.

```
19.02827669300187
```

앞서 설명한 바와 같이, RMSE는 오차의 표준 편차를 의미합니다. 그리고 실행한 결과는 예측값의 68.2%가 실제 값에서 ±19.03 범위 내에 위치함을 나타냅니다.

7.10.5. 선형 회귀는 언제 사용하는가?

선형 회귀는 다양한 현실의 문제를 해결하는 데 사용합니다.

- 판매량 예측
- 제품 최적 가격 예측
- 임상 약물 시험, 엔지니어링 안전성 테스트, 마케팅 조사 등에서 어떤 사건과 그에 대한 반응 사이의 인과 관계를 수치화할 때
- 보험 청구 건수, 자연재해 피해 규모, 선거 결과, 범죄율 예측과 같이 알려진 기준을 바탕으로 미래의 행동을 예측하기 위한 패턴을 식별할 때

7.10.6. 선형 회귀의 약점

선형 회귀의 약점은 다음과 같습니다.

- 숫자형 특징만 사용할 수 있습니다.
- 범주형 데이터는 전처리해야 합니다.
- 결측값을 잘 처리하지 못합니다.
- 데이터에 대해 가정을 합니다.

7.10.7. 회귀 트리 알고리즘

범주형 결과에 사용하는 분류 트리와 마찬가지로, 회귀 트리도 결정 트리에 속합니다. 하지만 회귀 트리는 대상(레이블)이 범주형이 아닌 연속형 변수일 때 사용합니다. 이러한 차이는 회귀 트리 알고리즘이 데이터를 처리하고 학습하는 방식에 영향을 미칩니다.

분류 트리는 데이터 포인트가 속한 범주를 식별합니다. 하지만 회귀 트리는 주택의 가격, 회사의 미래 주가, 내일 기온과 같은 구체적이고 연속적인 값을 예측할 때 사용합니다.

분류 트리와 회귀 트리는 사용하는 알고리즘도 다릅니다. 분류 트리에서는 일반적으로 지니 불순도(Gini impurity)나 엔트로피(entropy) 같은 지표를 사용하여 최적 분할을 찾습니다. 이와 달리 회귀 트리는 **평균 제곱 오차**(MSE, Mean Squared Error)와 같은 지표를 사용하여 실제 값과 예측한 연속 값 사이의 차이를 최소화합니다.

7.10.8. 회귀 모델 문제에 회귀 트리 알고리즘 활용하기

이 절에서는 회귀 모델 문제에 회귀 트리 알고리즘을 어떻게 사용하는지 살펴보겠습니다.

1. 먼저 회귀 트리 알고리즘으로 모델을 훈련합니다.

```python
from sklearn.tree import DecisionTreeRegressor
regressor = DecisionTreeRegressor(max_depth=3)
regressor.fit(X_train, y_train)
```

```
DecisionTreeRegressor(max_depth=3)
```

2. 훈련이 완료된 회귀 트리 모델로 값을 예측합니다.

```python
y_pred = regressor.predict(X_test)
```

3. 이어서 모델의 성능을 RMSE로 계산합니다.

```python
from sklearn.metrics import mean_squared_error
from math import sqrt
sqrt(mean_squared_error(y_test, y_pred))
```

4. 출력 결과는 다음과 같습니다.

```
4.464255966462035
```

7.10.9. 그래디언트 부스팅 회귀 알고리즘

이제 관심을 그래디언트 부스팅 회귀(gradient boosting regression) 알고리즘으로 돌려봅시다. 이 알고리즘은 데이터셋에 내재된 패턴을 공식으로 만들기 위해 결정 트리의 앙상블을 사용합니다.

그래디언트 부스팅 회귀는 기본적으로 결정 트리들의 **팀**을 구성하여 작동합니다. 이 팀의 각 구성원은 이전 트리들이 저지른 실수를 점진적으로 학습합니다. 즉, 순차적으로 이어지는 각 결정 트리는 앞선 트리가 만든 예측 오차를 보정하려고 시도하며, 이렇게 만들어진 **앙상블**은 모든 개별 트리들의 집단 지성을 바탕으로 최종 예측을 수행합니다. 이 알고리즘의 진정한 강점은 매우 다양한 형태의 데이터를 처리할 수 있는 능력과 과적합에 대한 강한 저항력입니다. 이러한 유연성 덕분에, 다양한 데이터셋과 문제 상황에서도 뛰어난 성능을 발휘할 수 있습니다.

7.10.10. 회귀 모델 과제에 그래디언트 부스팅 회귀 알고리즘 활용하기

이제 회귀 모델 과제에 그래디언트 부스팅 회귀 알고리즘을 사용하는 방법을 살펴보겠습니다. 이 과제는 연속형 변수인 자동차의 연비(MPG)를 예측하므로, 전형적인 회귀 문제에 해당합니다. 독립 변수에는 실린더(CYLINDERS), 배기량(DISPLACEMENT), 마력(HORSEPOWER), 중량(WEIGHT), 가속력(ACCELERATION)과 같은 특징이 포함되었다는 점을 기억합시다.

영향을 미치는 요인 간의 다층적인 관계를 면밀하게 고려한다면, 연비 예측은 간단하지 않습니다. 예를 들어 배기량이 높은 자동차는 일반적으로 연료를 더 소모하므로 연비가 낮아지지만, 이러한 관계는 중량과 마력과 같은 요인으로 상쇄될 수 있습니다. 이러한 정교하고 복잡한 관계는 선형 회귀나 단순 결정 트리와 같은 단순한 모델에서 놓칠 수 있는 부분입니다.

바로 여기가 그래디언트 부스팅 회귀 알고리즘이 유용한 지점입니다. 이전 트리의 오차를 학습하는 방식으로 결정 트리의 앙상블을 구성함으로써, 이 모델은 데이터 속의 복잡한 패턴을 파악합니다. 각 트리는 데이터에 대한 자신의 해석을 더해 예측을 점점 더 정확하고 신뢰할 수 있도록 다듬어 나갑니다.

예를 들어, 하나의 결정 트리는 배기량(DISPLACEMENT) 값이 큰 자동차는 대체로 낮은 연비(MPG)를 가진다는 사실을 학습할 수 있습니다. 그리고 그다음 트리는 같은 배기량을 가진 자동차라도 무게(WEIGHT)가 더 가벼우면 더 높은 연비를 달성할 수 있다는 차이를 포착할 수 있습니다. 이러한 반복적인 학습 과정을 통해 모델은 변수들 사이에 존재하는 복잡한 관계의 층위를 드러냅니다.

1. 파이썬 스크립트의 첫 단계에서는 필요한 라이브러리를 가져옵니다.

```python
from sklearn import ensemble
```

2. 먼저 **sklearn** 라이브러리에서 **ensemble** 모듈을 가져옵니다.

```python
params = { 'n_estimators': 500, 'max_depth': 4,
           'min_samples_split': 2, 'learning_rate': 0.01,
           'loss': 'squared_error'}
regressor = ensemble.GradientBoostingRegressor(**params)
regressor.fit(X_train, y_train)
```

```
GradientBoostingRegressor(learning_rate=0.01, max_depth=4, n_estimators=500)
```

```python
y_pred = regressor.predict(X_test)
```

3. 마지막으로 모델의 성능을 RMSE로 계산합니다.

```python
from sklearn.metrics import mean_squared_error
from math import sqrt
sqrt(mean_squared_error(y_test, y_pred))
```

4. 이를 실행하면 다음과 같은 출력값을 얻을 수 있습니다.

```
4.039759805419003
```

7.11 회귀 알고리즘의 승자는...

동일한 데이터와 예시로 알아본 세 가지 회귀 알고리즘의 성능을 살펴보겠습니다.

알고리즘	RMSE
선형 회귀	19.02827669300187
회귀 트리	4.464255966462035
그라디언트 부스팅 회귀	4.039759805419003

〈표 7-7〉 세 가지 회귀 알고리즘의 성능 평가

그라디언트 부스팅 회귀의 성능이 가장 뛰어납니다. RMSE가 가장 낮기 때문입니다. 그 다음은 회귀 트리입니다. 선형 회귀 알고리즘은 이 문제에서 가장 성능이 낮습니다.

7.12 실용 예제: 날씨 예측하기

이제 이론에서 실제 적용으로 넘어가 보겠습니다. 이번 장에서 다룬 개념들을 활용하여, 특정 도시의 1년치 날씨 데이터를 바탕으로 내일의 강수량을 예측해 보겠습니다.

이 작업을 수행할 수 있는 알고리즘은 매우 다양하지만, 가장 적합한 알고리즘을 선택하려면 문제와 데이터의 구체적인 특성을 고려해야 합니다. 각 알고리즘은 고유한 장점이 있으며, 특정 상황에서 뛰어난 성능을 발휘합니다. 예를 들어, 명확한 수치적 상관관계가 있는 경우에는 선형 회귀가 이상적일 수 있고, 범주형 변수나 비선형 관계를 다룰 때는 결정 트리가 더 효과적일 수 있습니다.

이번 예측 과제에서는 로지스틱 회귀를 선택했습니다. 예측 대상이 두 가지 범주(즉, 내일 비가 올지 안 올지)이기 때문에 로지스틱 회귀는 뛰어난 성능을 보입니다. 이 알고리즘은 0과 1 사이의 확률 점수를 제공하므로 명확한 예 또는 아니오 형태의 예측이 가능하며, 이는 강수 예측 시나리오에 매우 적합합니다.

모델 훈련에 사용될 데이터는 **weather.csv** 파일에 있습니다.

1. 판다스(pandas) 데이터프레임(DataFrame)으로 데이터를 가져옵니다.

```python
import numpy as np
import pandas as pd
df = pd.read_csv("weather.csv")
```

2. 데이터프레임의 열을 살펴봅시다.

```python
df.columns
```

```
Index(['Date', 'MinTemp', 'MaxTemp', 'Rainfall',
       'Evaporation', 'Sunshine', 'WindGustDir',
       'WindGustSpeed', 'WindDir9am', 'WindDir3pm',
       'WindSpeed9am', 'WindSpeed3pm', 'Humidity9am',
       'Humidity3pm', 'Pressure9am', 'Pressure3pm',
       'Cloud9am', 'Cloud3pm', 'Temp9am', 'Temp3pm',
       'RainToday', 'RISK_MM', 'RainTomorrow'],
      dtype='object')
```

3. 도시의 일반적인 날씨를 나타내는 **weather.csv**의 첫 13개 열의 헤더를 살펴봅시다.

```python
df.iloc[:,0:12].head()
```

	날짜	최저 기온	최고 기온	강수량	증발량	일조량	돌풍의 풍향	돌풍의 풍속	오전 9시 풍향	오후 3시 풍향	오전 9시 풍속	오후 3시 풍속
0	2007-11-01	8.0	24.3	0.0	3.4	6.3	7	30.0	12	7	6.0	20
1	2007-11-02	14.0	26.9	3.6	4.4	9.7	1	39.0	0	13	4.0	17
2	2007-11-03	13.7	23.4	3.6	5.8	3.3	7	85.0	3	5	6.0	6
3	2007-11-04	13.3	15.5	39.8	7.2	9.1	7	54.0	14	13	30.0	24
4	2007-11-05	7.6	16.1	2.8	5.6	10.6	10	50.0	10	2	20.0	28

〈그림 7-19〉 도시의 날씨 데이터

4. 이제 **weather.csv**의 마지막 10개 열을 봅시다.

```python
df.iloc[:,12:25].head()
```

	오전 9시 습도	오후 3시 습도	오전 9시 기압	오후 3시 기압	오전 9시 구름의 양	오후 3시 구름의 양	오전 9시 기온	오후 3시 기온	오늘 강수 여부	다음날 강수량 (mm)	다음날 강수 여부
0	68	29	1019.7	1015.0	7	7	14.4	23.6	0	3.6	1
1	80	36	1012.4	1008.4	5	3	17.5	25.7	1	3.6	1
2	82	69	1009.5	1007.2	8	7	15.4	20.2	1	39.8	1
3	62	56	1005.5	1007.0	2	7	13.5	14.1	1	2.8	1
4	68	49	1018.3	1018.5	7	7	11.1	15.4	1	0.0	0

〈그림 7-20〉 weather.csv 데이터의 마지막 10개 열

5. 입력 특징은 x로 표현하겠습니다. Date 필드는 예측 시 활용도가 낮기 때문에 특징 리스트에서 드롭합니다. RainTomorrow 레이블도 드롭합니다.

```
x = df.drop(['Date','RainTomorrow'], axis=1)
```

6. y로 레이블을 나타냅니다.

```
y = df['RainTomorrow']
```

7. 이제 데이터를 **train_test_split**으로 분할합니다.

```
from sklearn.model_selection import train_test_split
train_x, train_y, test_x, test_y = train_test_split(x, y, test_size = 0.2, random_state = 2)
```

8. 레이블이 이진 변수이므로 분류 모델을 학습시킵니다. 따라서 이 경우 로지스틱 회귀가 좋은 선택이 될 수 있습니다. 먼저 로지스틱 회귀 모델을 초기화 합시다.

```
model = LogisticRegression()
```

9. 이제 **train_x**와 **test_x**로 모델을 훈련할 수 있습니다.

```
model.fit(train_x , test_x)
```

10. 모델을 훈련한 후, 이를 사용하여 예측을 수행해 봅시다.

```
predict = model.predict(train_y)
```

11. 이제 훈련한 모델의 정확도를 봅시다.

```
predict = model.predict(train_y)
from sklearn.metrics import accuracy_score
accuracy_score(predict , test_y)
```

0.9696969696969697

이러한 과정을 통해 이진 분류 모델로 내일 강수 여부를 예측할 수 있습니다.

요약

지금까지 지도 학습의 다면적인 세계를 포괄적으로 탐험하였습니다. 분류와 회귀 알고리즘의 주요 구성 요소를 중심으로 그 작동 원리와 활용 방식을 자세히 살펴보았습니다. 또한 여러 알고리즘을 실제 사례와 함께 다룸으로써, 이러한 기법들이 실제 상황에서 어떻게 적용되고 동작하는지를 이해하였습니다.

그리고 여러 알고리즘 성능을 나란히 비교하고 최적의 머신러닝 전략을 선택할 때 데이터의 특성과 맥락이 얼마나 중요한지도 확인했습니다. 데이터의 크기, 특징의 복잡도, 예측의 목적 등은 알고리즘 선택에 있어 매우 중요한 요소입니다.

이번 장에서 얻은 지식은 다음 장으로 나아갈 때 강력한 기반이 될 것입니다. 실제 상황에서 지도 학습 기법을 적용하는 능력은 머신러닝이라는 방대한 영역에서 필수적입니다. 이 통찰들을 잘 기억하고 이제 신경망이라는 더욱 깊고 흥미로운 AI의 세계로 들어갈 준비를 함께 해봅시다.

8장 신경망 알고리즘

> 유머를 위한 알고리즘은 없다.
>
> 로버트 맨코프(Robert Mankoff)[1]

신경망(neural networks)은 70여 년 전부터 연구되어 왔지만, 당시에는 계산 능력의 한계와 디지털화된 데이터 부족으로 인해 활용이 제한되었습니다. 그러나 오늘날은 상황이 크게 달라졌습니다. 복잡한 문제를 해결해야 하는 수요가 증가하고, 데이터 생산이 폭발적으로 늘어나며, 클라우드 컴퓨팅과 같은 기술의 발전으로 강력한 연산 능력이 제공되고 있기 때문입니다. 이러한 변화는 과거에는 실현 불가능하다고 여겨졌던 복잡한 문제들을 해결하기 위해 정교한 알고리즘을 개발하고 적용할 수 있는 가능성을 열어주었습니다. 실제로 이 연구 분야는 빠르게 진화하고 있으며 로보틱스, 엣지 컴퓨팅, 자연어 처리, 자율주행 자동차 등 첨단 기술 분야에서의 주요 성과 대부분을 이끌어내고 있습니다.

이번 장에서는 먼저 전형적인 신경망의 주요 개념과 구성 요소를 소개합니다. 그다음, 다양한 종류의 신경망과 신경망에서 사용되는 여러 활성화 함수(activation function)를 설명합니다. 이어서 신경망 훈련에 가장 널리 사용되는 역전파 알고리즘(backpropagation)에 대해 자세히 다룹니다. 이후, 모델 훈련을 크게 단순화하고 부분적으로 자동화할 수 있는 전이 학습(transfer learning) 기법을 설명합니다. 마지막으로, 실제 사례로서 딥러닝을 활용해 위조 문서를 탐지하는 방법을 소개합니다.

다음은 이번 장에서 설명할 주요 개념입니다.

- 신경망 이해
- 신경망의 진화
- 신경망 학습
- 도구 및 프레임워크
- 전이 학습
- 사례 연구: 사기 탐지에 딥러닝 활용하기

먼저, 신경망의 기초부터 살펴봅시다.

---

[1] 역자 주 뉴요커의 전 시사만화 편집장. 참고: https://en.wikipedia.org/wiki/Bob_Mankoff

8.1 신경망의 진화

신경망은 가장 기본적으로 뉴런이라 불리는 개별 단위들로 구성되어 있습니다. 이 뉴런들은 신경망의 핵심 구성 요소로, 각각 고유한 역할을 수행합니다. 신경망의 진정한 힘은 이러한 개별 뉴런들이 구조화된 층으로 조직되어 복잡한 정보 처리가 가능할 때 비로소 발휘됩니다. 각 신경망은 이 층들이 복잡하게 얽혀 연결된 형태의 네트워크로 구성됩니다.

정보나 신호(signal)는 이러한 층들을 거치며 단계적으로 처리됩니다. 각 층은 신호를 변형하여 전체 출력에 기여합니다. 구체적으로, 처음 층은 입력 신호를 받아 처리한 후 다음 층에 전달하고, 그 다음 층은 전달받은 신호를 추가로 처리하여 다시 다음 층으로 넘깁니다. 이러한 릴레이 과정은 최종 층에 도달할 때까지 반복되며, 마지막 층에서 원하는 출력이 생성됩니다.

이러한 신경망의 **은닉층(hidden layer)** 또는 **중간층(intermediate layer)**이 바로 딥러닝을 가능하게 만드는 핵심입니다. 이 층들은 원시 입력 데이터를 점진적으로 유용한 형태로 변환하여 추상화된 표현의 계층 구조를 만들어냅니다. 이로 인해 원시 데이터로부터 더 높은 수준의 특징을 추출할 수 있게 됩니다.

이러한 딥러닝 능력은 아마존 알렉사[2]가 음성 명령을 이해하도록 하거나, 구글 이미지 검색과 구글 포토 정리에 활용되는 등 매우 광범위한 응용 사례를 가지고 있습니다.

8.1.1. 역사적 배경

신경망의 개념은 인간 뇌의 뉴런 작동 방식에서 영감을 받아 1957년 프랭크 로젠블랫(Frank Rosenblatt)에 의해 제안되었습니다. 이 아키텍처를 온전히 이해하기 위해서는 인간 뇌에서 뉴런이 층 구조로 어떻게 배열되어 있는지를 살펴보는 것이 도움이 됩니다. 그림 8-1을 봅시다.

인간의 뇌에서 가지돌기(dendrite)는 신호를 감지하는 센서 역할을 합니다. 가지돌기는 뉴런의 핵심 구성 요소로, 외부에서 들어오는 신호를 감지하는 주된 감각 기관입니다. 감지된 신호는 신경세포의 길고 가느다란 돌기인 축삭(axon)으로 전달됩니다. 축삭은 이 신호를 근육, 분비샘, 또는 다른 뉴런으로 전달하는 역할을 합니다.

---

[2] **역자 주** 아마존에서 개발한 인공지능 플랫폼

그리고 이 신호는 시냅스(synapse)라고 불리는 연결 조직을 거쳐 다른 뉴런으로 전달됩니다. 이 유기적인 전달 경로를 통해 신호는 계속 이동하여 궁극적으로 목표 근육이나 분비샘에 도달하게 되고, 그곳에서 필요한 동작을 일으킵니다. 일반적으로 신호가 뉴런의 연쇄를 따라 이동하여 목적지에 도달하는 데에는 약 7~8밀리초가 소요됩니다.

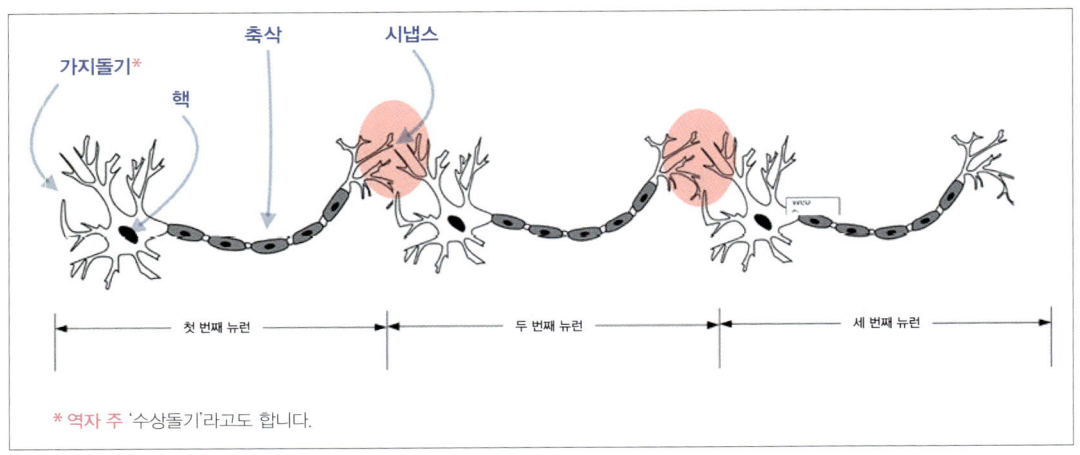

〈그림 8-1〉 인간의 뇌에서 연쇄적으로 연결된 뉴런

이러한 자연의 신호 처리 구조에서 영감을 받은 프랭크 로젠블랫은 디지털 정보를 여러 계층으로 처리하여 복잡한 수학적 문제를 해결할 수 있는 기법을 고안했습니다. 그의 초기 신경망 설계는 매우 단순했으며 선형 회귀 모델과 유사한 형태였습니다. 이 단순한 신경망은 은닉층이 전혀 없었고, **퍼셉트론**(perceptron)이라는 이름이 붙었습니다.

이처럼 층이 없는 단순한 신경망인 퍼셉트론은 신경망의 기본 단위가 되었으며, 본질적으로 퍼셉트론은 생물학적 뉴런의 수학적 유사체라 할 수 있습니다. 따라서 퍼셉트론은 더 복잡한 신경망을 구성하는 근본적인 블록 역할을 하게 되었습니다.

이제 **인공 지능**(AI, Artificial Intelligence)이 어떻게 진화해왔는지 살펴보겠습니다.

8.1.2. AI 겨울과 AI 봄의 시작

퍼셉트론이라는 획기적인 개념에 대한 초기의 열광은 그 한계가 드러나면서 곧 식었습니다. 1969년, 마빈 민스키(Marvin Minsky)와 시모어 페퍼트(Seymour Papert)는 퍼셉트론의 학습 능력에 대한 심층 연구를 수행했고, 퍼셉트론이 복잡한 논리 함수를 학습하고 처리하는 데 제한이 있다는 사실을 밝혀냈습니다. 퍼셉트론은 XOR[3]과 같은 간단한 논리 연산조차도 처리하지 못했습니다.

이러한 사실은 머신러닝(machine learning)과 신경망에 대한 관심을 급격히 떨어뜨렸으며, 이 시기는 흔히 **AI 겨울(AI Winter)**로 불립니다. 이는 전 세계 연구계가 AI의 잠재력이 미흡하다고 평가하며, 복잡한 문제를 해결하기에는 부족하다고 여긴 시기였습니다.

되돌아보면, 이 AI 겨울은 당시 제한적인 하드웨어 성능의 영향도 컸습니다. 이 시기의 하드웨어는 필요한 계산 성능을 갖추지 못했거나 너무 비싸서 연구 및 응용에 큰 제약이 있었습니다. 이러한 한계로 AI 발전은 정체되었고 이에 따른 실망감은 AI에 대한 전반적인 회의감으로 이어졌습니다.

1990년대 말에 접어들면서 인공지능의 이미지와 그 잠재력에 대한 인식에 큰 전환점이 찾아왔습니다. 이러한 변화를 촉발한 것은 분산 컴퓨팅의 발전이었는데, 이는 손쉽고 저렴하게 이용할 수 있는 인프라를 제공했습니다. 그 잠재력을 본 당시 새롭게 부상한 구글과 같은 IT 거인들은 연구개발의 초점을 AI에 맞추었습니다. AI에 대한 관심의 부활은 소위 AI 겨울을 해빙시키는 결과를 가져왔습니다. 이 해빙은 AI 연구에 다시 활력을 불어넣었고, 결국 오늘날과 같이 AI와 신경망에 대한 관심이 폭발적인 시대, 즉 **AI 봄(AI Spring)**이라고 부를 수 있는 시대로 이어지게 되었습니다.

8.2 신경망 이해하기

먼저 신경망의 핵심인 **퍼셉트론**부터 살펴보겠습니다. 하나의 퍼셉트론은 신경망의 가장 단순한 형태로, 현대의 복잡하고 다층적인 신경망을 구성하는 기본 요소입니다. 이제 퍼셉트론이 어떻게 작동하는지를 이해해 봅시다.

---

[3] 역자 주 배타적 논리합

8.2.1. 퍼셉트론 이해하기

하나의 퍼셉트론은 **여러 개의 입력을 받아 하나의 출력**을 생성합니다. 이 출력은 **활성화 함수**(activation function)에 의해 제어되거나 활성화됩니다. 아래 그림을 봅시다.

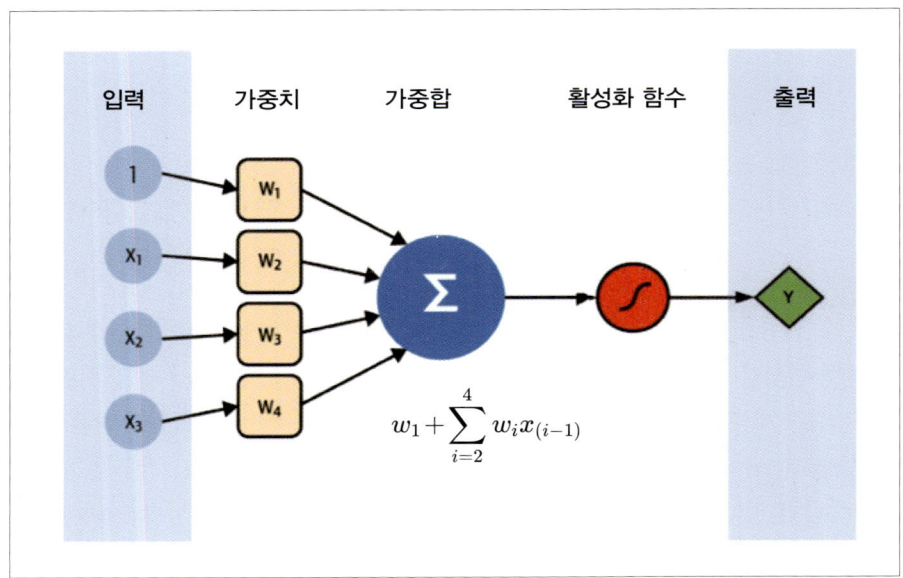

〈그림 8-2〉 단순 퍼셉트론

그림 8-2에 나타난 퍼셉트론에는 세 개의 입력 특징, x_1, x_2, x_3이 있습니다. 그리고 편향(bias)이라는 상수 입력(1에 해당)도 있습니다. 편향은 데이터를 학습할 때 유연성을 제공하여 신경망 모델에서 중요한 역할을 합니다. 편향은 선형 방정식의 절편과 비슷한데, 활성화 함수의 출력을 '이동'시켜 입력 값이 0일 때도 데이터를 잘 학습할 수 있도록 합니다. 입력 특징과 편향은 각각 가중치가 곱해지고, 이 값은 가중합 $w_1 + \sum_{i=2}^{4} w_i x_{(i-1)}$으로 합산됩니다. 이 가중합은 활성화 함수로 전달되어 출력값 y를 생성합니다. 신경망의 장점은 바로 특징과 레이블 간의 복잡한 관계를 다양한 활성화 함수를 통해 수식으로 표현할 수 있다는 것입니다.

다양한 활성화 함수는 하이퍼파라미터(hyperparameter)를 통해 선택할 수 있습니다. 이 중 대표적으로 시그모이드 함수(sigmoid function)가 있는데, 이 함수는 값을 0과 1의 범위로 압축하므로 이진 분류 문제에 적합합니다. 그리고 쌍곡 탄젠트(tanh function)는 값의 범위가 −1에서 1까지로 출력의 중앙값은 0입니다.

그리고 벡터의 음수 값을 모두 0으로 설정하는 ReLU(Rectified Linear Unit)[4] 함수가 있습니다. ReLU는 벡터의 음수 값을 모두 0으로 만들어 음수의 영향을 효과적으로 제거하며 합성곱 신경망(CNN, convolutional neural network)에서 주로 사용합니다. 이러한 활성화 함수는 이 장의 뒷부분에서 더 자세히 설명합니다.

8.2.2. 신경망 직관적으로 이해하기

7장에서는 전통적인 ML 알고리즘에 대해 설명했습니다. 이러한 알고리즘은 다양한 사용 사례에서 훌륭하게 작동하지만, 한계도 있습니다. 훈련 데이터셋에 내재된 패턴이 비선형적이고 다차원적으로 복잡해질 때, 전통적인 ML 알고리즘은 특징과 레이블 사이의 복잡한 관계를 정확히 파악하기 어려워집니다. 이처럼 복잡한 패턴을 불완전하거나 단순화된 수식으로 모델링하면, 그 결과 학습된 모델이 최적화된 성능을 발휘하지 못하게 됩니다.

현실 세계에서는 특징과 레이블 간의 관계가 선형적이지 않거나 단순하지 않은 복잡한 패턴이 자주 등장합니다. 바로 이런 상황에서 신경망이 진가를 발휘하는데, 신경망은 이러한 복잡한 관계를 모델링할 수 있는 강력한 도구입니다.

신경망은 고차원 데이터를 다루거나 특징과 결과 사이의 관계가 비선형일 때 특히 효과적입니다. 예를 들어, 이미지 인식이나 음성 인식과 같은 분야에서는 입력 데이터(픽셀 또는 음파)가 복잡하고 계층적인 구조를 가집니다. 이때 전통적인 ML 알고리즘이 이러한 복잡성과 비선형성 때문에 어려움을 겪는 반면, 신경망은 탁월한 성능을 나타냅니다.

신경망은 매우 강력한 도구이지만, 한계가 전혀 없는 것은 아닙니다. 이 장의 후반부에서 자세히 다루겠지만, 이러한 제약들을 이해하는 것은 신경망을 실제 문제 해결에 효과적이고 실질적으로 활용하기 위해 반드시 중요합니다.

이제 간단한 ML 알고리즘(예: 선형 회귀)을 사용할 때 나타날 수 있는 일반적인 패턴과 그에 따른 문제점을 그림을 통해 살펴보겠습니다. 예를 들어, '교육 기간(연수)'을 기준으로 데이터 과학자의 연봉을 예측한다고 가정해 봅시다. 우리는 서로 다른 두 조직에서 수집된 두 개의 데이터셋을 가지고 있습니다.

---

[4] 역자 주 직역하면 수정(조정)된 선형 함수라는 뜻입니다.

먼저, 데이터셋 1을 소개하겠습니다. 이는 그림 8-3(a)에 나와 있으며, 입력 특징(교육 연수)과 레이블(연봉) 간의 관계가 비교적 단순하고 선형적인 형태를 나타냅니다. 그러나 이런 단순한 패턴조차도 선형 알고리즘을 통해 수학적으로 모델링하면 몇 가지 난관에 부딪히게 됩니다.

- 우리는 연봉이 음수가 될 수 없다는 사실을 알고 있습니다. 교육에 소요된 연수가 얼마이든 연봉(y)은 **절대 0보다 작을 수 없습니다.**
- 어떤 주니어 데이터 과학자는 이제 막 졸업했을 수도 있으며, x_1년간 교육을 받았지만 현재 인턴이라서 **연봉이** 0일 수 있습니다. 따라서 x값의 범위가 0부터 x_1사이일 때, 연봉 y는 계속해서 0으로 유지됩니다. 이는 그림 8-3(a)에 나타나 있습니다.

이처럼 특징과 레이블의 관계가 구간별로 다른 복잡한 관계는 신경망에서 제공하는 ReLU 활성화 함수를 통해 효과적으로 포착할 수 있습니다. 이 개념은 뒤에서 더 자세히 다룰 예정입니다.

다음으로, 그림 8-3(b)의 데이터셋 2를 살펴보겠습니다. 이 데이터셋은 특징과 레이블의 관계가 비선형적입니다.

1. 급여 y는 교육 기간 x가 0에서 x_1일때 계속 0입니다.
2. 급여는 x가 x_2에 근접하면 급격히 상승합니다.
3. 그러나 x가 x_2를 초과하면 급여가 고점에 도달하여 상승세가 꺾여 평평해집니다.

이 책의 후반부에서 살펴보겠지만 이러한 관계는 신경망 프레임워크에서 시그모이드 활성화 함수를 사용해 모델링할 수 있습니다. 패턴을 파악하고 어떤 도구를 적용할 수 있는지 이해하는 것은 신경망의 힘을 효과적으로 활용하는 데 필수적입니다.

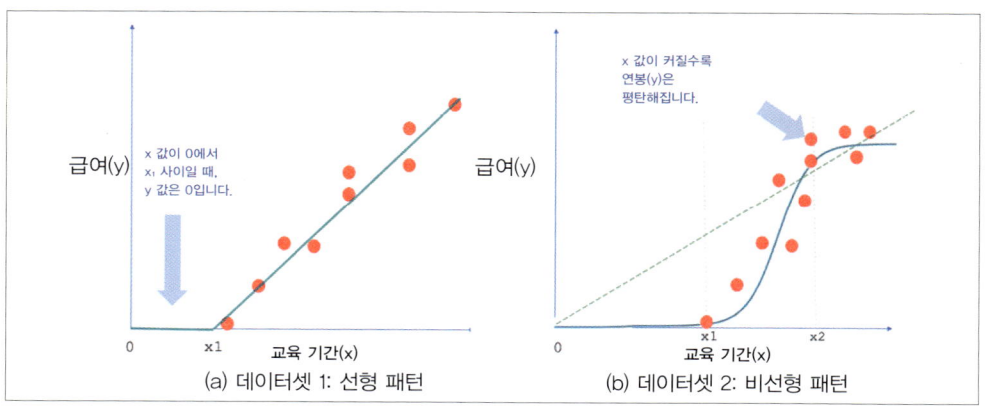

〈그림 8-3〉 급여와 교육 기간

8.2.3. 딥러닝의 층 구조 이해하기

보다 복잡한 문제를 해결하기 위해, 연구자들은 다층 퍼셉트론(multilayer perceptron)이라는 다층 신경망을 개발했습니다. 다층 신경망은 다음과 같이 여러 개의 층으로 구성됩니다.

- **입력층**(input layer): 첫 번째 층으로, 여기에서 특징 값들이 신경망에 입력됩니다.
- **은닉층**(hidden layer): 입력층 뒤에는 하나 이상의 은닉층이 이어집니다. 각 은닉층은 유사한 활성화 함수들이 배열된 구조로 이루어져 있습니다.
- **출력층**(output layer): 마지막 층은 출력층이라 불립니다.

> **MEMO** 단순 신경망은 하나의 은닉층을 가지고 있습니다. 반면, 심층 신경망은 두 개 이상의 은닉층을 가진 신경망을 의미합니다. 그림 8-4를 참고하세요.

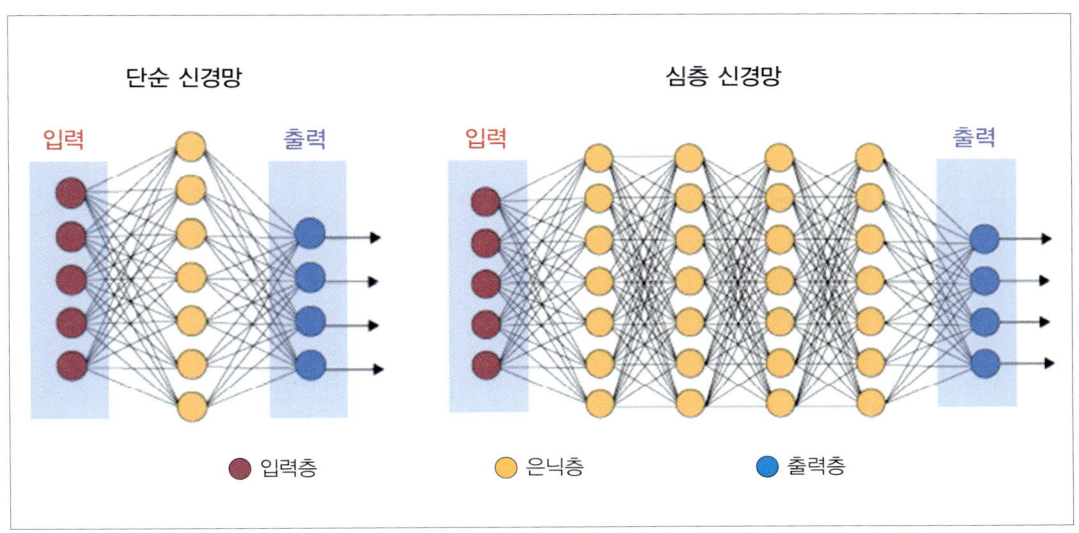

〈그림 8-4〉 단순 신경망과 심층 신경망

8.2.3.1. 은닉층 직관적으로 이해하기

신경망에서 은닉층은 입력층을 해석하는 데 중요한 역할을 합니다. 은닉층은 신경망 내에 계층 구조로 조직되어 있으며 각 은닉층은 입력 데이터를 비선형 데이터로 변환합니다. 이러한 구조 덕분에 입력으로부터 점차 더 추상적이고 세밀한 특징을 추출할 수 있습니다.

예를 들어, 이미지 처리에 특화된 신경망의 한 종류인 합성곱 신경망(CNN)을 생각해 봅시다. 이 경우, 하위 은닉층은 이미지 내의 모서리나 윤곽선과 같은 단순하고 국소적인 특징을 감지하는 데 집중합니다. 이러한 특징들은 기본 요소이기는 하지만, 그 자체로는 큰 의미를 가지지 않습니다.

은닉층을 더 깊이 따라가다 보면, 이 층들은 말 그대로 **점들을 연결하는** 역할을 하기 시작합니다. 하위 층에서 감지한 기본적인 패턴들을 통합하여 더 복잡하고 의미 있는 구조로 조립해 나가는 것입니다. 그 결과, 처음에는 무의미하게 흩어진 윤곽선과 모서리들이 점차 인식 가능한 형태와 패턴으로 변환되며, 신경망은 일종의 시각을 갖게 됩니다.

이러한 점진적인 변환 과정을 통해 가공되지 않은 픽셀 값들이 복잡한 특징과 패턴으로 매핑되며, 지문 인식과 같은 고급 응용도 가능해집니다. 지문 인식 분야에서는 신경망으로 지문의 융선(ridge)과 골(valley)의 독특한 배열을 파악하여 원본 시각 데이터를 고유한 식별자로 변환할 수 있습니다. 즉, 은닉층은 원시 데이터를 유용한 통찰로 정제하고 변환하는 역할을 합니다.

8.2.3.2. 몇 개의 은닉층을 사용해야 하는가?

은닉층의 최적 개수는 문제에 따라 달라집니다. 어떤 문제의 경우에는 은닉층 하나만으로도 충분할 수 있습니다. 이런 문제들은 구조가 비교적 단순하여, 최소한의 신경망 설계만으로도 패턴을 쉽게 파악하고 수식화할 수 있습니다. 하지만 이미지 인식이나 자연어 처리와 같이 복잡한 문제를 다룰 때에는, 여러 개의 은닉층과 각 층마다 더 많은 노드 수를 갖춘 신경망이 필요할 수 있습니다. 신경망 설계는 결국 데이터에 내재된 패턴의 복잡도에 크게 좌우됩니다.

예를 들어, 단순한 문제에 지나치게 복잡한 신경망을 사용하면 과적합(overfitting)이 발생할 수 있습니다. 이는 모델이 훈련 데이터에 과도하게 맞춰져서, 새로운 데이터에 대해서는 성능이 저하되는 현상입니다. 반대로, 복잡한 문제에 너무 단순한 모델을 적용하면 과소적합(underfitting)이 발생하여 데이터의 중요한 패턴을 제대로 포착하지 못합니다.

또한, 활성화 함수의 선택도 매우 중요합니다. 예를 들어, 출력이 이진형(예 또는 아니오)인 경우에는 시그모이드 함수가 적합하고, 다중 클래스 분류 문제(multi-class classification)에서는 소프트맥스(softmax) 함수가 더 나은 선택입니다.

궁극적으로 신경망 구조를 선택하는 과정은 문제에 대한 세심한 분석과 함께 실험과 파인튜닝(fine-tuning)을 필요로 합니다. 이때 기본 실험 모델을 먼저 구성해두고, 이를 점진적으로 조정해 나가면서 신경망 설계를 향상하여 최적의 성능을 이끌어낼 수 있습니다.

8.2.3.3. 신경망의 수학적 토대

신경망의 수학적 토대를 이해하는 것은 그 잠재력을 활용하는 데 핵심적입니다. 비록 복잡해 보일 수 있으나, 그 원리는 선형대수, 미적분, 확률과 같은 익숙한 수학 개념에 기초하고 있습니다. 신경망의 진정한 매력은 데이터를 통해 학습하고 시간이 지남에 따라 개선할 수 있는 능력에 있으며, 이는 바로 그 수학적 구조에 뿌리를 두고 있습니다.

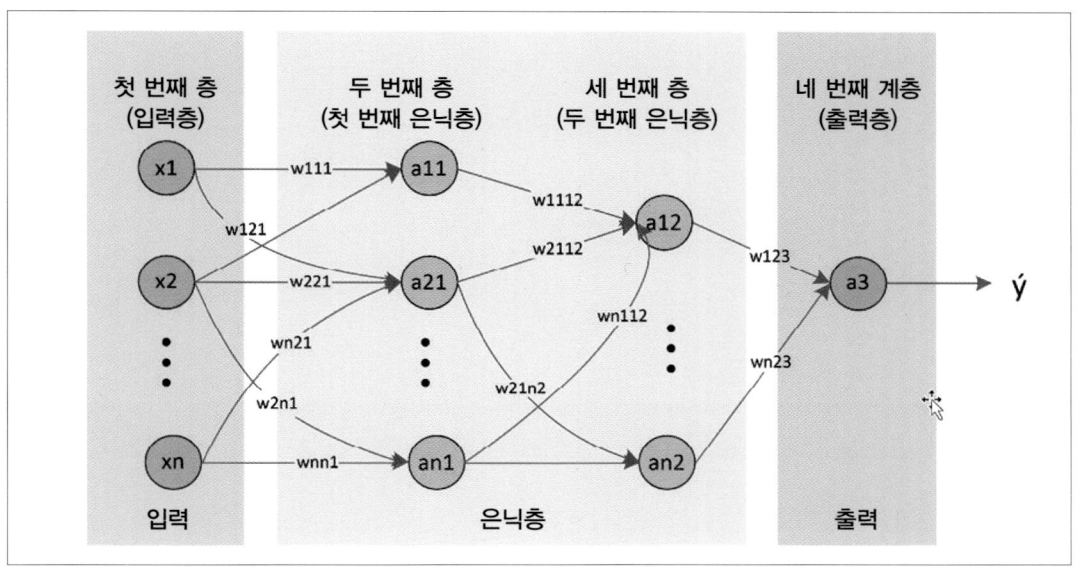

〈그림 8-5〉 다층 퍼셉트론

그림 8-5는 4계층 신경망을 나타냅니다. 이 신경망에서 주목할 점은, 뉴런이 신경망의 기본 단위이며, 각 층의 모든 뉴런은 다음 층의 모든 뉴런과 연결된다는 점입니다. 복잡한 신경망일수록 이러한 연결 수가 기하급수적으로 증가하는데, 성능 저하를 최소화하면서 연결 수를 줄이는 다양한 방법들도 이어서 살펴보게 될 것입니다.

우선, 우리가 풀고자 하는 문제를 수식으로 정리해 봅시다.

입력은 차원 수가 n인 특징 벡터 x입니다.

우리는 신경망이 값을 예측하길 원하며, 예측된 값은 $\acute{y}$로 나타냅니다.

예를 들어, 주어진 입력에 대해 해당 거래가 사기일 확률을 수학적으로 구하려고 한다고 합시다. 즉, 주어진 x값에 대해 $y=1$일 확률이 얼마인지 알고자 합니다. 이는 수식으로 표현하면 다음과 같습니다.

$$\acute{y} = P(y=1|x), 단\ x \in R^{n_x}$$

참고로 x는 n_x차원의 벡터이며, n_x는 입력 변수의 개수입니다.

그림 8-6에 나타난 신경망은 4개의 계층으로 구성되어 있으며, 입력층과 출력층 사이에 위치한 층들을 은닉층(hidden layers)이라고 합니다.

첫 번째 은닉층의 뉴런 개수는 $n_h^{[l]}$로 나타냅니다. 각 뉴런 간 연결에는 **가중치(weight)**라는 매개변수를 곱합니다. 신경망의 학습은 본질적으로 이 가중치들의 최적값을 찾는 과정입니다. 이러한 가중치들을 조정함으로써 신경망은 계산 결과를 미세 조정(fine-tune)하여 성능을 점차 향상시킬 수 있습니다.

8.3 신경망 훈련시키기

주어진 데이터셋으로 신경망을 구성하는 과정을 신경망 훈련(학습)이라고 합니다. 이제 일반적인 신경망의 구조를 살펴보겠습니다. 신경망을 훈련시킨다는 것은 곧, **가중치에 대한 최적값을 계산하는 것**을 의미합니다. 신경망은 훈련 데이터로 반복 훈련됩니다. 훈련 데이터의 각 예제는 다양한 입력 조합에 대한 정답 출력값(예상값)을 포함합니다. 신경망의 훈련 방식은 7장에서 설명한 전통적인 지도 학습 알고리즘의 훈련 방식과는 다릅니다.

8.4 신경망의 구조 이해하기

신경망이 무엇으로 구성되어 있는지 봅시다.

- **층(layer)**: 층은 신경망의 핵심 구성 요소로, 데이터를 처리하는 모듈이자 일종의 필터 역할을 합니다. 층은 하나 이상의 입력을 받아 특정 방식으로 처리한 후, 하나 이상의 출력을 생성합니다. 데이터가 층을 통과하면서 처리될 때마다 우리가 구하려는 비즈니스 문제와 연관된 패턴이 점차 드러납니다.

- **손실 함수(loss function)**: 손실 함수는 학습 과정의 반복마다 사용되는 피드백 신호를 제공합니다. 손실 함수는 단일 예제에 대한 예측값과 실제값 사이의 편차(deviation)를 나타냅니다.
- **비용 함수(cost function)**: 비용 함수는 전체 예제에 대한 손실 함수에 해당합니다.
- **옵티마이저(optimizer)**[5]: 옵티마이저는 손실 함수로부터 전달된 피드백 신호를 어떻게 해석하고 반영할지를 결정하는 역할을 합니다.
- **입력 데이터(input data)**: 입력 데이터는 신경망 학습에 사용되는 데이터입니다. 이 데이터는 예측하려는 대상 변수(레이블)을 포함합니다.
- **가중치(weight)**: 가중치는 신경망 훈련을 통해 계산되며, 각 입력의 중요도를 나타냅니다. 예를 들어, 어떤 입력이 다른 입력보다 더 중요하다면, 훈련 이후 해당 입력에는 더 큰 가중치가 부여됩니다. 이때 가중치는 곱셈 인자처럼 작용하며, 중요도가 높은 입력은 미약한 신호라도 큰 가중치를 통해 영향을 강화시킬 수 있습니다. 결국 가중치는 각 입력의 중요도에 따라 해당 입력을 조정하는 역할을 합니다.
- **활성화 함수(activation function)**: 입력 값들은 서로 다른 가중치와 곱해진 후 합산됩니다. 이 값들이 어떻게 합쳐지고 해석될지는 선택한 활성화 함수의 종류에 따라 결정됩니다.

이제 신경망 훈련에서 매우 중요한 측면을 살펴보겠습니다.

신경망을 훈련할 때는 훈련 데이터를 하나씩 처리합니다. 각 예제에 대해, 현재 훈련 중인 모델을 사용하여 출력을 생성합니다. 여기서 '훈련 중(under-training)'이라는 표현은 모델이 여전히 데이터를 통해 조정되고 훈련하는 상태, 즉 아직 최적의 성능에 도달하지 못한 상태를 의미합니다. 이 단계에서는 가중치와 같은 모델의 매개변수가 예측 성능을 개선하기 위해 지속적으로 업데이트되고 조정됩니다.

이때 기대 출력과 예측 출력 간의 차이를 계산하는데, 각 개별 예제에 대한 이 차이를 손실(loss)이라고 합니다. 전체 훈련 데이터셋에서의 손실을 합쳐 표현한 것을 비용(cost) 이라고 부릅니다. 모델을 훈련해 나가면서, 손실이 가장 작아지도록 하는 적절한 가중치 값을 찾는 것이 목표입니다. 훈련이 진행되는 동안 우리는 가중치 값을 계속 조정하며, 전체 비용이 가능한 한 최소가 되는 지점을 찾을 때까지 이 과정을 반복합니다. 비용이 최소에 도달하면, 그 시점에서 **모델의 훈련이 완료**되었다고 합니다.

---

[5] 역자 주 '최적화기' 혹은 '최적화 알고리즘'이라고도 합니다.

8.5 경사 하강법 정의하기

신경망을 훈련시키는 핵심 목표는 모델의 예측값과 실제 값 사이의 차이를 최소화하기 위해 노브(knob)처럼 작동하는 가중치의 올바른 값을 찾아내는 것입니다.

훈련이 시작되면 이 가중치들을 무작위 값 또는 기본값으로 초기화합니다. 그리고 최적화 알고리즘(가장 널리 사용되는 방법은 경사 하강법)을 사용하여 모델의 예측 성능을 점진적으로 향상시키도록 가중치를 조정해 나갑니다.

경사 하강 알고리즘을 좀 더 깊이 살펴보겠습니다. 경사 하강의 여정은 설정한 가중치의 초기 무작위 값에서부터 시작됩니다. 이 출발점에서 우리는 반복을 수행하며, 매 단계마다 가중치를 조정하여 최소 비용에 더 가까워지도록 합니다.

조금 더 명확히 설명하기 위해, 데이터의 특징들을 입력 벡터 X라고 가정해 보겠습니다. 목표 변수의 실제 값은 Y이고, 모델이 예측한 값은 Ŷ입니다. 실제 값과 예측값 사이의 차이, 즉 편차를 측정합니다. 그리고 이 차이는 손실(loss)을 의미합니다

그 다음, 가중치를 업데이트할 때 두 가지 핵심 요소를 고려합니다. 바로 이동할 방향과 걸음의 크기(학습률)입니다. **방향**은 손실 함수의 최솟값을 찾기 위해 어디로 이동해야 하는지를 알려줍니다. 언덕을 내려가는 상황을 떠올리면 이해하기 쉽습니다. 가장 가파른 경사를 따라 내려가야 가장 빠르게 바닥(즉, 최소 손실)에 도달할 수 있습니다.

학습률은 선택한 방향으로 내딛는 걸음의 크기를 결정합니다. 언덕을 내려갈 때 걸을지, 뛰어갈지를 정하는 것과 같습니다. 학습률이 크면 큰 걸음(달리기)이고, 작으면 작은 걸음(걷기)입니다.

이 반복적인 과정의 목표는 더 이상 **내려갈 수 없는** 지점에 도달하는 것입니다. 이는 최소 비용을 찾았음을 의미하며, 곧 가중치가 최적화되어 모델이 잘 훈련되었음을 뜻합니다.

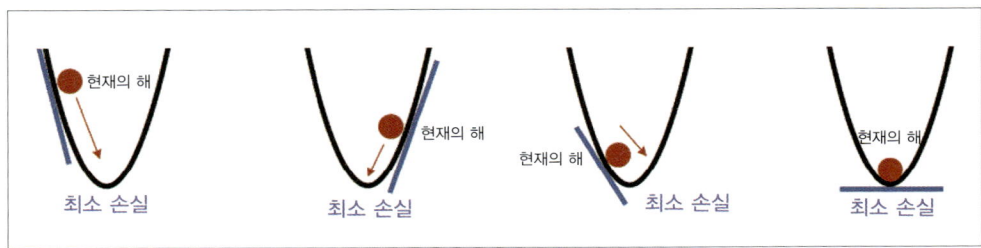

〈그림 8-6〉 최솟값을 찾는 경사 하강 알고리즘

그림 8-6은 가중치를 변화시키며 경사 하강에서 최소 비용을 찾는 방식을 나타냅니다. 학습률과 선택한 방향은 그래프에서 다음 탐색 지점을 결정합니다.

올바른 학습률을 선택하는 것은 중요합니다. 학습률이 너무 작으면 수렴하는 데 시간이 너무 많이 걸릴 수 있습니다. 학습률이 너무 높으면 문제는 수렴하지 못합니다. 그림 8-6에서 현재의 해를 나타내는 점이 그래프의 두 반대 방향의 선 사이에서 계속 진동하게 됩니다.

이제 경사를 최소화하는 방법을 알아봅시다. 두 가지 변수 x와 y만 고려해 봅시다. x와 y의 경사는 다음과 같이 계산합니다.

$$gradient = \frac{\Delta y}{\Delta x}$$

경사를 최소화하기 위해 다음과 같은 방식을 사용할 수 있습니다.

```python
def adjust_position(gradient):
    while gradient != 0:
        if gradient < 0:
            print("Move right")
            # 이 부분은 오른쪽으로 이동해야 하는 로직에 해당함
        elif gradient > 0:
            print("Move left")
            # 이 부분은 왼쪽으로 이동해야 하는 로직에 해당함
```

이 알고리즘은 신경망에서 가중치의 최적값 혹은 최적에 가까운 값을 찾는데 사용할 수도 있습니다.

참고로 경사 하강에 대한 계산은 신경망의 역방향으로 전파됩니다. 먼저 마지막 층의 경사를 계산하고, 그다음으로 끝에서 두 번째 층, 이런 식으로 첫 번째 층에 도달할 때까지 거슬러 갑니다. 이를 역전파(backpropagation)라 하며 제프리 힌턴(Geoffrey Hinton), 로날드 윌리엄스(Ronald Williams), 데이비드 러멜하트(David Rumelhart)가 1985년 도입했습니다.

이어서 활성화 함수를 살펴봅시다.

8.6 활성화 함수

활성화 함수는 특정 뉴런에 입력된 값들이 어떻게 처리되어 출력으로 생성될지를 정의합니다.

그림 8-7에서 볼 수 있듯이, 신경망의 각 뉴런은 입력을 어떻게 처리할지를 결정하는 활성화 함수를 가지고 있습니다.

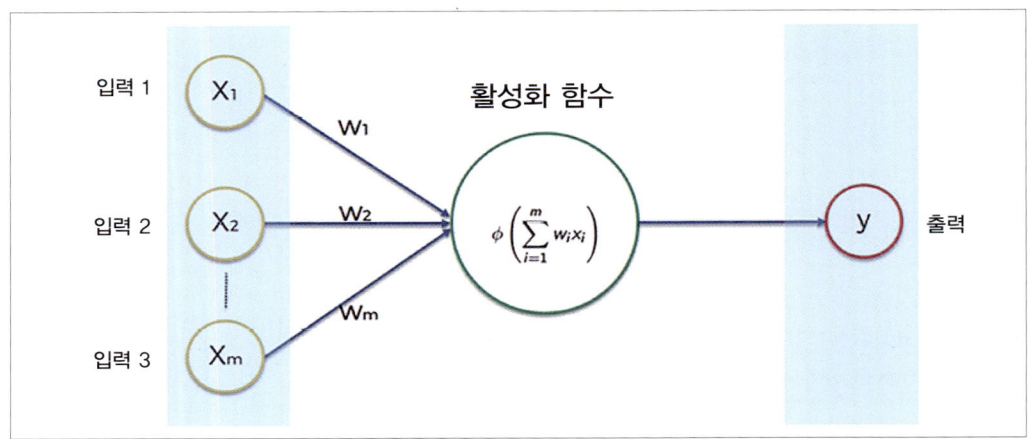

〈그림 8-7〉 활성화 함수

앞선 그림에서 볼 수 있듯이, 활성화 함수에 의해 생성된 결과는 출력으로 전달됩니다. 활성화 함수는 입력값들을 어떤 기준으로 해석하여 출력을 생성할지를 정의합니다.

같은 입력값이라 하더라도, 활성화 함수에 따라 서로 다른 출력이 만들어집니다. 따라서 신경망을 사용해 문제를 해결할 때는 올바른 활성화 함수를 선택하는 방법을 이해하는 것이 중요합니다.

이제 이러한 활성화 함수들을 하나씩 살펴보겠습니다.

8.6.1. 계단 함수

활성화 함수 중 가장 단순한 것은 임계값 함수(threshold function)입니다. 임계값 함수의 출력은 이진수인 0과 1입니다. 입력이 1보다 크다면 출력값은 1이 됩니다. 이는 그림 8-8에 나타나 있습니다.

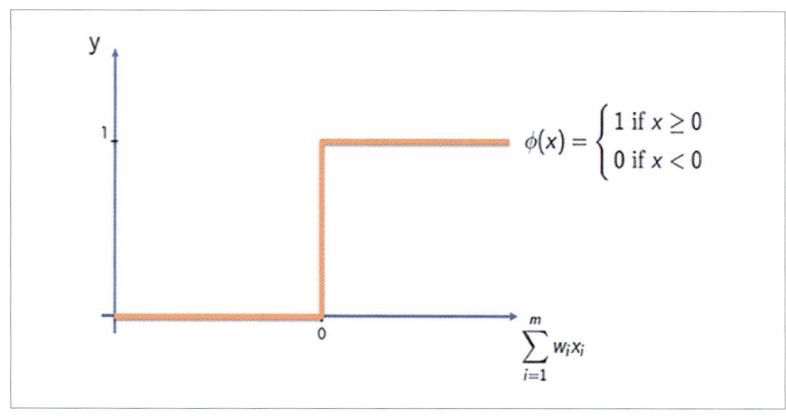

〈그림 8-8〉 임계값 함수(계단 함수)

임계값 활성화 함수는 단순하지만 중요한 역할을 합니다. 특히 출력값의 경계를 명확히 구분해야 하는 경우에 유용합니다. 이 함수를 사용하면, 입력의 가중합이 0이 아닌 순간 출력값 y는 1이 됩니다. 하지만 이러한 단순함에는 단점도 따릅니다. 이 함수는 너무 민감하게 반응하기 때문에, 입력에 포함된 아주 작은 신호나 노이즈에도 잘못 작동할 수 있습니다.

예를 들어, 신경망이 이 함수를 사용하여 이메일을 '스팸' 또는 '스팸 아님'으로 분류한다고 가정해 봅시다. 이때 출력이 1이면 '스팸', 0이면 '스팸 아님'을 의미합니다. 입력에 스팸 단어가 아주 조금만 포함되어 있어도, 이 함수는 해당 이메일을 곧바로 '스팸'으로 분류해 버릴 수 있습니다. 따라서 특정 상황에서는 유용한 도구지만, 입력 데이터에 노이즈나 미세한 변동이 자주 발생하는 환경에서는 과도한 민감도로 인해 잘못된 판단이 이루어질 수 있다는 점을 고려해야 합니다. 이제 다음으로, 시그모이드 함수를 살펴보겠습니다.

8.6.2. 시그모이드 함수

시그모이드 함수는 임계값 함수의 개선된 형태로 볼 수 있습니다. 이 함수에서는 활성화 함수의 민감도를 조절할 수 있습니다.

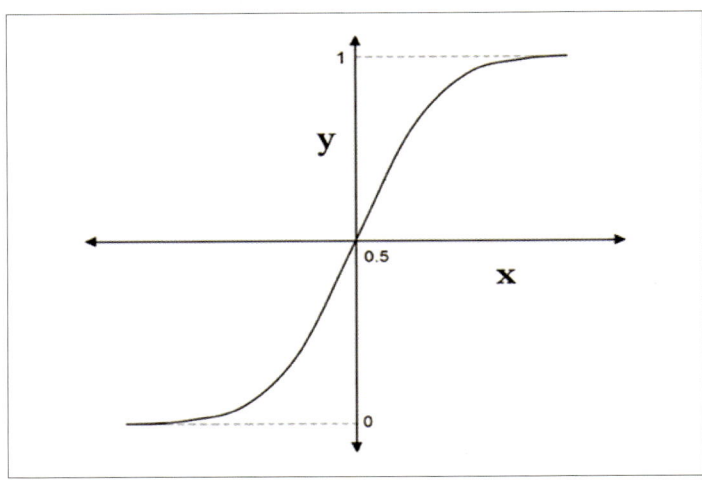

〈그림 8-9〉 시그모이드 활성화 함수

시그모이드 함수에서 y는 다음 수식과 같이 정의되며, 이는 그림 8-9에 나타나 있습니다.

$$y = f(x) = \frac{1}{1 + e^{-x}}$$

파이썬으로 구현하면 다음과 같습니다.

```
def sigmoidFunction(z):
    return 1/ (1+np.exp(-z))
```

여기서 **np.exp(-z)**는 지수 함수 e^{-z}이며, 이 항에 1을 더하고 방정식의 분모로 사용합니다. 이 결과로 0과 1사이의 값이 나옵니다.

시그모이드 함수로 활성화 함수의 민감도를 줄이면 갑작스러운 이상치나 노이즈에 덜 민감해집니다. 하지만 출력은 여전히 0과 1 사이의 값입니다.

시그모이드 함수는 출력값이 0이나 1이어야 하는 이진 분류 문제에 널리 사용됩니다. 가령 이메일이 스팸(1)이거나 스팸이 아닌(0) 경우를 예측하기 위해 모델을 개발한다면 시그모이드 함수가 적합한 선택입니다.

이제 ReLU 활성화 함수를 자세히 살펴봅시다.

8.6.3. ReLU

앞서 소개한 두 가지 활성화 함수는 출력이 이진(binary) 값이었습니다. 즉, 입력을 받아 이를 0 또는 1과 같은 이진 출력으로 변환했습니다.[6] 반면 ReLU는 입력값을 하나의 연속적인 실수 값으로 변환합니다. 신경망에서 ReLU는 가장 널리 쓰이는 활성화 함수로, 은닉층에서 주로 사용됩니다. 은닉층에서는 연속형 변수를 범주형 변수로 변환하지 않기 때문입니다.

다음 그림은 ReLU 활성화 함수를 요약하여 나타낸 것입니다.

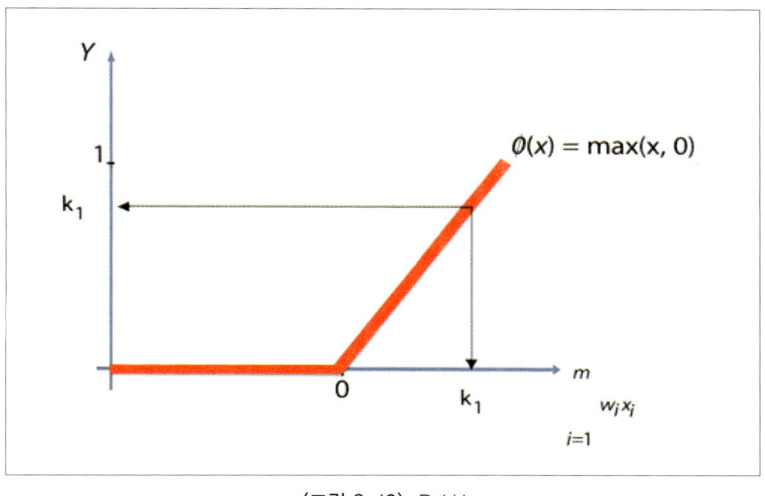

〈그림 8-10〉 ReLU

참고로 $x<0$이면 $y=0$ 입니다. 이는 입력값이 0보다 작을 경우, 출력값은 0이라는 의미입니다.

$$y=f(x)=0;\ (x<0)$$
$$y=f(x)=x;\ (x\geq 0)$$

즉, x가 0보다 크거나 같을 때, 출력값은 x 그 자체입니다.

---

[6] 역자 주 시그모이드 함수의 출력은 0과 1 사이의 연속적인 값이지만, 이를 확률로 해석하여 일정 임계값을 기준으로 분류하면 이진 분류에 사용할 수 있습니다. 저자는 이러한 맥락에서 계단(임계값) 함수와 시그모이드 함수의 출력이 이진 값이라고 서술하고 있습니다.

ReLU 함수는 신경망에서 가장 많이 사용하는 활성화 함수 중 하나입니다. 파이썬으로 이를 구현하면 다음과 같습니다.

```
def relu(x):
    if x < 0:
        return 0
    else:
        return x
```

이제 ReLU을 기반으로 한 Leaky ReLU를 살펴봅시다.

8.6.3.1. Leaky ReLU

ReLU에서 x가 음수이면 y값은 0이었습니다. 이는 처리 과정 중 어떠한 정보가 손실되면 훈련 주기가 길어진다는 뜻입니다. 특히 훈련 초반에서 그렇습니다. Leaky ReLU 활성화 함수는 이 문제를 해결합니다. 다음은 Leaky ReLU에 적용되는 사항입니다.

$$y = f(x) = \beta x; \ (x < 0)$$

$$y = f(x) = x; \ (x \geq 0)$$

이는 다음 그림에 나타나 있습니다.

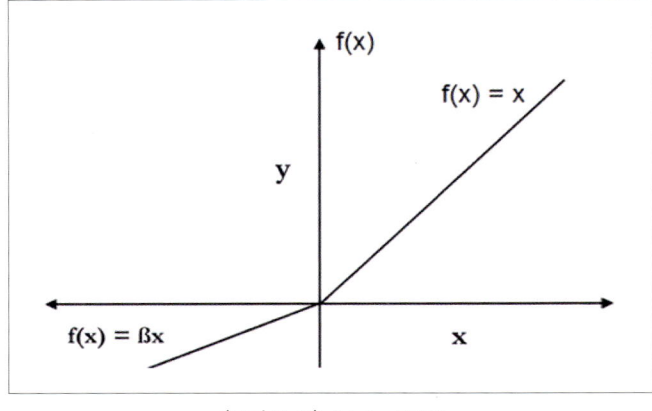

〈그림 8-11〉 Leaky ReLU

여기서 β는 0보다 크고 1보다 작은 값을 갖는 매개변수입니다.

파이썬으로 다음과 같이 구현할 수 있습니다.

```python
def leaky_relu(x, beta=0.01):
    if x < 0:
        return beta * x
    else:
        return x
```

β값을 정하는 방법은 다양합니다.

- **기본값**: β의 기본값으로 보통 0.01을 할당합니다. 이 방법은 가장 간단하며, 복잡하게 튜닝하지 않고 빠르게 구현하고자 하는 경우에 유용합니다.
- **파라메트릭 ReLU(Parametric ReLU)**: 신경망 모델에서 β를 조정 가능한 매개변수로 두는 방식입니다. 이 경우 β의 최적값은 훈련 과정에서 자동으로 학습됩니다. 이 방법은 활성화 함수를 데이터 내 특정 패턴에 맞추고자 하는 경우에 유용합니다.
- **랜덤화된 ReLU(Randomized ReLU)**: β에 임의의 값을 할당할 수도 있습니다. 이는 정규화의 일종으로, 모델에 무작위성을 도입해 과적합을 방지하는 데 도움을 줍니다. 이 방법은 패턴이 복잡한 대규모 데이터셋을 다루는 상황에서 모델이 훈련 데이터에 과적합되는 것을 막고자 할 때 유용합니다.

8.6.4. 쌍곡 탄젠트(tanh)

쌍곡 탄젠트(hyperbolic tangent) 함수는 시그모이드 함수와 밀접한 연관이 있지만, 중요한 차이점이 있습니다. 이 함수는 음수를 출력할 수 있기 때문에 출력값의 범위가 −1에서 1 사이로 더 넓습니다. 이러한 특성은 양수와 음수가 모두 영향을 미치는 현상을 모델링하고자 할 때 유용합니다. 이 함수의 그래프는 그림 8-12에 나타나 있습니다.

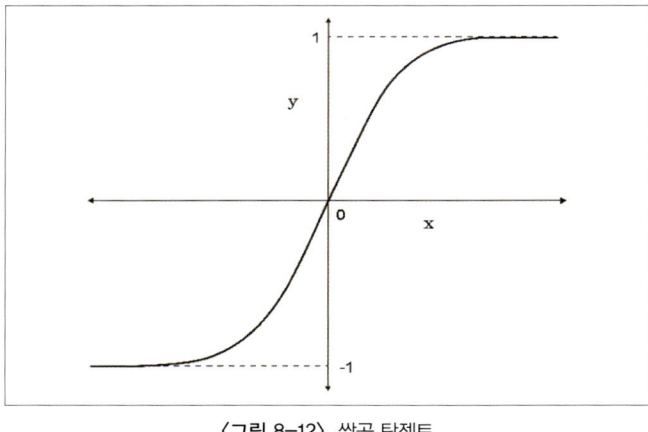

〈그림 8-12〉 쌍곡 탄젠트

y 함수는 다음과 같습니다.[7]

$$y = f(x) = \frac{1 - e^{-2x}}{1 + e^{-2x}}$$

이를 다음과 같이 파이썬 코드로 구현할 수 있습니다.

```
import numpy as np

def tanh(x):
    numerator = 1 - np.exp(-2 * x)
    denominator = 1 + np.exp(-2 * x)
    return numerator / denominator
```

파이썬에서는 수학 연산을 처리하기 위해 numpy 라이브러리를 사용하며, 이는 보통 np라고 표기합니다. sigmoid와 마찬가지로 tanh 함수는 모델에 비선형성을 추가하기 위해 신경망에서 사용하는 활성화 함수입니다. tanh 함수는 신경망의 은닉층에서 시그모이드 함수보다 더 자주 사용되는데, 이는 출력의 평균을 0으로 만들어 데이터를 중심에 가깝게 분포하도록 하여 다음 층의 학습을 더 용이하게 하기 때문입니다. 하지만 tanh, sigmoid, 혹은 다른 활성화 함수 중 어떤 함수를 선택할지는 요구사항이나 모델의 복잡도에 따라 달라집니다.

---

7 역자 주 이 수식은 $tanh(x) = \frac{e^x - e^{-x}}{e^x + e^{-x}}$에서 분모를 e^x로 나누어 유도할 수 있습니다.

8.6.5. 소프트맥스

때로는 활성화 함수 출력으로 두 종류 이상이 필요할 때가 있습니다. 소프트맥스는 여러 개의 출력을 제공합니다. 따라서 이 함수는 다중 클래스 분류(multiclass classification) 문제에 가장 적합합니다. n개의 클래스가 있다고 가정해 봅시다. 입력값은 다음과 같이 각 클래스에 매핑됩니다.

$$x = \{x^{(1)}, x^{(2)}, ..., x^{(n)}\}$$

소프트맥스는 확률 이론을 기반으로 작동합니다. 이진 분류 모델에서 마지막 층의 활성화 함수로 시그모이드를 사용하지만, 다중 클래스 분류 모델에서는 소프트맥스를 사용합니다. 예를 들어, 과일의 이미지를 사과, 바나나, 체리, 포도로 분류한다고 해 봅시다. 소프트맥스 함수는 이미지가 각 클래스에 속할 확률을 계산하며, 그중 가장 높은 확률을 가진 클래스를 최종 예측으로 간주합니다.

파이썬 코드로 이를 더 자세히 살펴봅시다.

```python
import numpy as np

def softmax(x):
    return np.exp(x) / np.sum(np.exp(x), axis=0)
```

해당 코드에서는 numpy 라이브러리를 사용하여 연산을 수행합니다. 소프트맥스 함수는 입력으로 배열 x를 받고, 각 원소에 지수 함수를 적용한 뒤 그 결과들을 정규화하여 전체 합이 1이 되도록 만듭니다. 이는 모든 클래스에 대한 총 확률이 1이 되도록 보장합니다.

이제 신경망에 관련된 다양한 도구와 프레임워크를 살펴봅시다.

8.7 도구 및 프레임워크

신경망 개발을 위해 고안된 다양한 도구와 프레임워크를 자세히 살펴보겠습니다. 이러한 프레임워크는 각각 고유한 장점과 한계가 있습니다.

수많은 선택지 중에서, 여기서는 텐서플로(TensorFlow) 위에서 실행할 수 있는 고수준 신경망 API인 케라스(Keras)를 소개하고자 합니다. 왜 케라스와 텐서플로일까요? 이 두 가지를 함께 사용하면 실무자들 사이에서 널리 쓰이게 만든 몇 가지 주목할 만한 장점들을 얻을 수 있기 때문입니다.

첫째, 케라스는 사용자 친화적이고 모듈화된 특성을 가지고 있어 신경망 모델을 설계하고 구축하는 과정을 단순화합니다. 따라서 초보자뿐만 아니라 경험이 많은 사용자에게도 적합합니다.

둘째, 강력한 오픈소스 머신러닝 종합 플랫폼인 텐서플로와의 호환성은 견고함과 다양성을 보장합니다. 또한 텐서플로가 제공하는 높은 연산 성능은 또 다른 중요한 장점입니다.

이 둘을 함께 사용하면 사용 편의성과 기능성을 균형 있게 충족시킬 수 있어, 신경망 모델을 개발하고 배포하는 데 훌륭한 선택이 됩니다.

다음 절에서는 텐서플로를 백엔드로 활용하여 케라스를 통해 신경망을 구축하는 방법을 더 자세히 살펴보겠습니다.

8.7.1. 케라스

케라스(https://www.tensorflow.org/guide/keras)는 가장 인기 있고 사용하기 쉬운 신경망 라이브러리 중 하나로, 파이썬으로 개발되었습니다. 케라스는 사용자 편의를 우선으로 개발되었고 딥러닝을 가장 빠르게 구현할 수 있는 방법을 제공합니다. 케라스는 고수준의 구성 요소만을 제공하기 때문에 모델 수준에서 주로 활용됩니다.

이제 케라스의 다양한 백엔드 엔진(backend engine)을 살펴봅시다.

8.7.1.1. 케라스의 백엔드 엔진

케라스는 텐서 수준의 조작을 수행하기 위해 저수준 딥러닝 라이브러리가 필요합니다. 이러한 기반 계층을 **백엔드 엔진(backend engine)**이라 합니다.

더 쉽게 말하면, 텐서 수준의 조작이란 신경망에서 주로 사용되는 자료구조인 다차원 배열(텐서)에 대한 계산과 변환을 의미합니다. 이러한 연산을 처리하는 저수준 딥러닝 라이브러리가 바로 백엔드 엔진입니다. 케라스에서 사용할 수 있는 백엔드 엔진은 다음과 같습니다.

- **텐서플로(TensorFlow)**: 텐서플로는 가장 인기 있는 프레임워크이며 구글이 제공하는 오픈 소스입니다.(www.tensorflow.org)
- **테아노(Theano)**: 테아노는 몬트리올 대학의 MILA 연구소에서 개발했습니다.[8]
- **CNTK(Microsoft Cognitive Toolkit)**: CNTK는 마이크로소프트가 개발했습니다.[9] (https://learn.microsoft.com/en-us/previous-versions/cognitive-toolkit/)

이 모듈형 딥러닝 기술 스택 구조는 다음 그림에 나타나 있습니다.

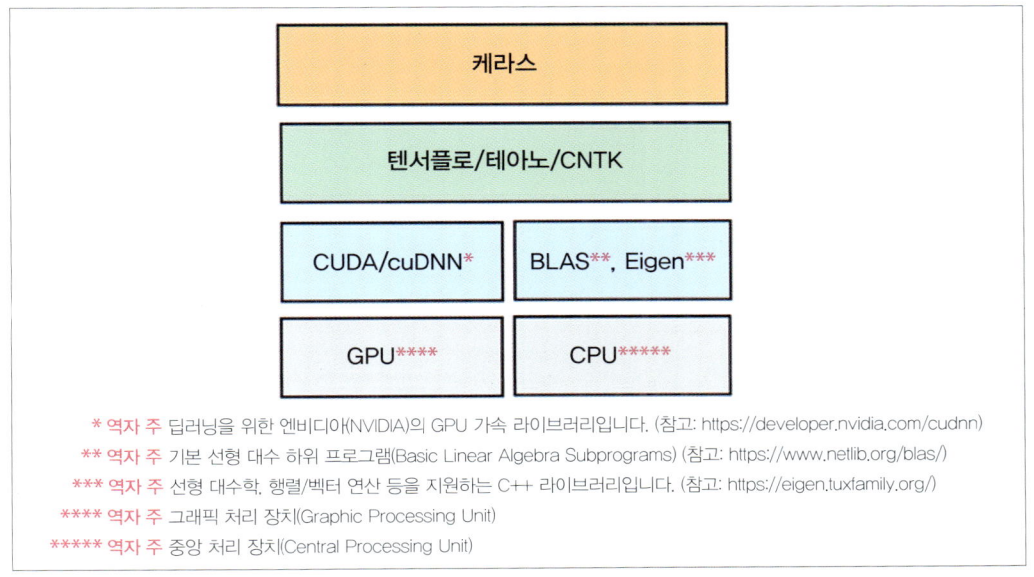

〈그림 8-13〉 케라스 구조

이러한 모듈형 딥러닝 아키텍처의 장점은 케라스의 백엔드를 코드 수정 없이 변경할 수 있다는 점입니다. 예를 들어, 특정 작업에 대해 테아노보다 텐서플로가 더 적합하다고 판단되면, 코드를 다시 작성할 필요 없이 백엔드만 텐서플로로 간단히 변경하면 됩니다.

이어서 딥러닝 기술 스택의 저수준 계층을 살펴봅시다.

---

8 역자 주 테아노는 2017년을 끝으로 더 이상 개발되지 않습니다.(참고: https://groups.google.com/g/theano-users/c/7Poq8BZutbY/m/rNCIfvAEAwAJ?pli=1) 하지만 파이텐서(PyTensor)라는 새로운 프로젝트로 포크(fork)되어 지금도 활발히 개발 중입니다. (참고: https://github.com/pymc-devs/pytensor)

9 역자 주 CNTK는 메이저 버전 2.7(2019/04/01)을 끝으로 더 이상 개발되지 않습니다. 참고: https://learn.microsoft.com/en-us/previous-versions/cognitive-toolkit/releasenotes/cntk_2_7_release_notes

8.7.1.2. 딥러닝 기술 스택의 저수준 계층

앞서 설명한 세 가지 백엔드 엔진은 저수준의 기술 스택을 사용하여 CPU와 GPU에서 모두 작동합니다. CPU에서는 텐서 연산을 위한 저수준 라이브러리인 **아이겐(Eigen)**을 사용합니다. GPU에서는 텐서플로가 엔비디아의 **CUDA 심층 신경망(cuDNN, CUDA Deep Neural Network)** 라이브러리를 사용합니다. 이때 머신러닝에서 GPU가 자주 선호되는 이유가 궁금할 것입니다.

CPU는 다재다능하고 강력하지만, GPU는 여러 연산을 동시에 처리하도록 특별히 설계되어 있어 대규모 데이터를 다루는 데 유리합니다. 이는 머신러닝 작업에서 흔히 발생하는 상황입니다. GPU의 이러한 특성과 더 높은 메모리 대역폭은 머신러닝 연산을 크게 가속화할 수 있으며, 그 결과 GPU는 이러한 작업에 널리 사용되는 선택지가 되었습니다.

다음으로, 하이퍼파라미터에 대해 설명하겠습니다.

8.7.1.3. 하이퍼파라미터 정의하기

6장 비지도 학습 알고리즘에서 설명했듯 하이퍼파라미터(hyperparameter)는 학습이 시작되기 전에 설정하는 매개변수입니다. 일반적으로 상식적인 수준의 값으로 시작한 뒤 최적화해 나갑니다. 신경망에서 중요한 하이퍼파라미터는 다음과 같습니다.

- 활성화 함수
- 학습률
- 은닉층 개수
- 각 은닉층의 뉴런 개수

이어서 케라스 모델을 정의하는 방식에 대해 알아봅시다.

8.7.1.4. 케라스 모델 정의하기

케라스 모델을 정의하는 전체 과정은 세 단계로 이루어져 있습니다.

1. 층 정의하기
2. 학습 과정 정의하기
3. 모델 검증하기

그리고 다음 두 가지 방법으로 Keras 모델을 만들 수 있습니다.

- **함수형** API(functional API): 비순환 그래프(acyclic graph) 형태의 계층 구조로 모델을 설계할 수 있어, 더 복잡한 모델을 만들 수 있습니다.
- **순차적** API(sequential API): 선형 스택 계층 구조로 모델을 설계할 수 있으며, 상대적으로 단순한 모델이나 기초 모델을 만들 때 유용합니다.

우선 순차적 API로 케라스 모델을 정의하는 방식을 살펴봅시다.

1. 먼저 **tensorflow** 라이브러리를 가져와서 시작합시다.

```python
import tensorflow as tf
```

2. 이어서 케라스 데이터셋에서 MNIST 데이터셋을 로드합니다.

```python
mnist = tf.keras.datasets.mnist
```

3. 그 다음으로 데이터를 훈련 및 테스트 데이터셋으로 분할합니다.

```python
(train_images, train_labels), (test_images, test_labels) = mnist.load_data()
```

4. 픽셀 값을 255로 나누어 1로 정규화합니다.

```python
train_images, test_images = train_images / 255.0, test_images / 255.0
```

5. 이어서 모델의 구조를 정의합니다.

```python
model = tf.keras.models.Sequential([
    tf.keras.layers.Flatten(input_shape=(28, 28)),
    tf.keras.layers.Dense(128, activation='relu'),
    tf.keras.layers.Dropout(0.15),
    tf.keras.layers.Dense(128, activation='relu'),
    tf.keras.layers.Dropout(0.15),
    tf.keras.layers.Dense(10, activation='softmax'),
])
```

이 코드는 MNIST 데이터셋에서 이미지를 분류하는 모델을 훈련합니다. MNIST는 미국 인구조사국(US Census Bureau) 직원과 고등학생이 손으로 쓴 작은 숫자 이미지 70,000장으로 구성된 데이터셋입니다.

모델은 케라스의 `Sequential` 메서드를 사용해 정의되며, 이는 모델이 다음과 같은 선형 스택 계층으로 구성되어 있음을 의미합니다.

1. 첫 번째 층은 `Flatten` 층입니다. 이 층에서는 이미지 데이터를 2차원 배열에서 1차원 배열로 변환합니다.
2. 두 번째 층은 `Dense` 층입니다. 128개의 노드(뉴런)가 완전하게 연결된(fully connected) 신경망 층입니다. 여기서는 `relu`(ReLU) 활성화 함수를 사용했습니다.
3. `Dropout` 층은 훈련 시 각 단계에서 설정한 비율(rate)에 따라 입력 단위를 무작위로 0으로 만들어 과적합을 방지합니다.
4. 그 다음 `Dense` 층이 추가됩니다. 이전 `Dense` 층과 마찬가지로 `relu` 활성화 함수를 사용합니다.
5. 같은 비율을 설정하여 `Dropout`층을 다시 추가합니다.
6. 마지막 층은 10개의 노드로 구성된, 소프트맥스 활성화 함수를 사용한 `Dense` 층입니다. 이 층은 총합이 1인 10개의 확률 점수 배열을 반환하며, 각 노드는 현재 이미지가 10개의 숫자 중 하나에 속할 확률을 나타냅니다.

정리하면 3개의 `Dense`층 가운데 처음 두 층에서는 `relu` 활성화 함수를 사용했고, 마지막 층에서는 `softmax`를 사용했습니다.

이제 케라스 모델을 함수형 API로 정의하는 방식을 살펴봅시다.

1. 먼저 `tensorflow` 라이브러리를 가져옵시다.

```
# TensorFlow 2.x를 사용하는지 확인하세요
%tensorflow_version 2.x
import tensorflow as tf
from tensorflow.keras.datasets import mnist
```

2. MNIST 데이터셋으로 작업하려면, 먼저 데이터를 메모리에 로드해야 합니다. 데이터셋은 이미지와 그에 해당하는 레이블이 있으며, 다음과 같이 훈련 및 테스트 데이터셋으로 편리하게 나누어져 있습니다.

```python
# MNIST 데이터셋 로드하기
(train_images, train_labels), (test_images, test_labels) = mnist.load_data()

# 픽셀 값을 0과 1 사이 값으로 정규화하기
train_images, test_images = train_images / 255.0, test_images / 255.0
```

3. `MNIST` 데이터셋의 이미지 크기는 28x28 픽셀입니다. 텐서플로를 사용하여 신경망 모델을 설정할 때는 입력값의 형태를 지정해야 합니다. 여기서 모델의 입력 텐서를 설정합니다.

```python
inputs = tf.keras.Input(shape=(28,28))
```

4. 다음으로 `Flatten` 층은 간단한 데이터 전처리 단계입니다. 이 과정에서 2차원의 128×128 픽셀 입력 데이터를 '평탄화'하여 1차원 배열로 변환합니다. 이는 이후에 이어질 밀집층(`Dense layer`)을 위한 데이터를 준비하는 단계입니다.

```python
x = tf.keras.layers.Flatten()(inputs)
```

5. 그다음에는 첫 번째 `Dense` 층, 즉 완전 연결 층이 등장합니다. 이 층에서 각 입력 노드(뉴런)는 출력 노드와 모두 연결됩니다. 해당 층은 512개의 출력 노드를 가지고 있으며, `relu` 활성화 함수를 사용합니다. ReLU는 널리 사용되는 활성화 함수로, 입력이 양수일 경우 그대로 출력하고, 그렇지 않으면 0을 출력합니다.

```python
x = tf.keras.layers.Dense(512, activation='relu', name='d1')(x)
```

6. `Dropout` 층은 훈련에서 업데이트 마다 입력 노드의 일부(이 경우 0.2, 즉 20%)를 무작위로 0으로 설정하여 과적합을 방지합니다.

```python
x = tf.keras.layers.Dropout(0.2)(x)
```

7. 마지막은 출력 층입니다. 이 층은 10개의 출력 노드가 있는 또 다른 밀집(`Dense`) 층으로, 각 노드는 하나의 클래스를 나타냅니다. 이 층에는 소프트맥스 활성화 함수를 적용하여 10개의 클래스에 대한 확률 분포를 출력합니다. 즉, 값의 총합이 1이 되는 10개의 값을 출력하며, 이 값들은 각각 입력 이미지가 해당 클래스일 확률을 나타냅니다.

```python
predictions = tf.keras.layers.Dense(10, activation=tf.nn.softmax, name='d2')(x)
model = tf.keras.Model(inputs=inputs, outputs=predictions)
```

신경망 모델은 순차적 API와 함수형 API 중 어떤 API로도 정의할 수 있습니다. 다만, 성능 면에서 두 방식 간에 차이는 없습니다.

숫자형의 `train_labels`와 `test_labels`를 원-핫 인코딩(one-hot encode)된 벡터로 변환해 봅시다. 다음 코드에서 각 레이블은 10개의 원소로 이루어진 이진 배열로 변환됩니다. 그리고 이 배열에서는 이미지가 각 숫자에 대응하는 인덱스(위치)에는 1이, 나머지는 0이 할당됩니다.

```
# 레이블을 원-핫 인코딩하기
train_labels_one_hot = tf.keras.utils.to_categorical(train_labels, 10)
test_labels_one_hot = tf.keras.utils.to_categorical(test_labels, 10)
```

이제 학습 단계를 정의해야 합니다.

이 단계에서는 세 가지를 정의합니다.

- 옵티마이저(optimizer)
- loss 함수
- 모델의 성능을 수치로 나타낼 지표

```
optimizer = tf.keras.optimizers.RMSprop()
loss = 'categorical_crossentropy'
metrics = ['accuracy']

model.compile(optimizer=optimizer, loss=loss, metrics=metrics)
```

해당 코드에서는 `model.compile` 함수를 사용하여 옵티마이저, 손실 함수, 지표를 정의했습니다.

모델 구조를 정의한 다음에는 모델을 훈련시킬 차례입니다.

```
history = model.fit(train_images, train_labels_one_hot, epochs=10, validation_data=(test_images, test_labels_one_hot))
```

해당 코드에서 `batch_size`와 `epochs`는 설정 가능한 매개변수, 즉 하이퍼파라미터입니다.

이제 순차적 모델과 함수형 모델 중 어떤 것을 선택할지 알아봅시다.

8.8 순차적 모델 또는 함수형 모델 선택하기

신경망을 구성할 때, 순차적 모델을 사용할지 함수형 모델을 사용할지는 신경망 구조의 성격에 따라 결정됩니다. 순차적 모델은 단순한 선형 스택(stacks) 계층 구조에 적합합니다. 구현이 복잡하지 않고 간단하기 때문에 초보자나 비교적 단순한 작업에 좋은 선택입니다. 하지만 이 모델에는 중요한 제약이 있는데, 각 층은 정확히 하나의 입력 텐서와 하나의 출력 텐서만을 가질 수 있다는 점입니다.

반면, 신경망 구조가 더 복잡하여 입력, 출력, 은닉층 등 어느 단계에서든 다중 입력이나 다중 출력을 필요로 한다면 순차적 모델만으로는 부족합니다. 이런 복잡한 구조에는 함수형 모델이 더 적합합니다. 함수형 모델은 높은 유연성을 제공하여 다중 입력과 출력이 포함된 복잡한 신경망 구조를 설계할 수 있게 해줍니다. 이제 텐서플로에 대해 더 깊이 이해해 봅시다.

8.8.1. 텐서플로 이해하기

텐서플로는 신경망 작업에 있어 가장 널리 사용되는 라이브러리 중 하나입니다. 앞서 살펴본 것처럼, 케라스의 백엔드 엔진으로도 활용할 수 있습니다. 텐서플로는 오픈 소스이자 고성능 수치 연산용 라이브러리로, 다양한 형태의 수치 계산에 사용됩니다.

텐서플로의 구조를 살펴보면, 파이썬이나 C++과 같은 고수준 언어로 작성된 코드가 텐서플로의 분산 실행 엔진(distributed execution engine)에 의해 해석되어 실행됩니다. 이러한 구조 덕분에 개발자들이 효율적으로 사용할 수 있으며, 높은 인기를 얻고 있습니다.

텐서플로는 **유향 그래프(Directed Graph)**를 활용하여 연산을 구현합니다. 이 그래프에서 각 노드는 수학적 연산을 나타내며, 노드 사이를 잇는 간선은 해당 연산들의 입력과 출력을 의미합니다. 뿐만 아니라 간선은 데이터 배열을 표현하기도 합니다.

텐서플로는 케라스의 백엔드 엔진 역할 뿐만 아니라, 다양한 환경에서 폭넓게 활용됩니다. 복잡한 머신러닝 모델을 개발하거나, 대규모 데이터셋을 처리하거나, AI 응용 프로그램을 다양한 플랫폼에 배포하는 작업에 모두 적합합니다. 예를 들어 추천 시스템, 이미지 분류 모델, 자연어 처리 도구 등을 만들 때 텐서플로는 매우 효과적으로 활용될 수 있습니다.

8.8.2. 텐서플로의 기본 개념 소개

이제 텐서플로의 기본 개념 중 스칼라(scalar), 벡터(vector), 행렬(matrix)에 대해 간략히 살펴보겠습니다. 전통적인 수학에서는 3이나 5처럼 단순한 수를 **스칼라**라고 합니다. 물리학에서 벡터는 크기와 방향을 모두 가진 개념이지만, 텐서플로에서는 1차원 배열을 **벡터**라고 합니다. 이 개념을 확장하여 2차원 배열은 **행렬**, 3차원 배열은 **3D 텐서**라고 합니다.

자료구조의 차원을 표현할 때는 **랭크(rank)**라는 용어를 사용합니다. **스칼라는 랭크 0, 벡터는 랭크 1, 행렬은 랭크 2**에 해당하는 자료구조입니다. 이러한 다양한 차원의 자료구조를 통틀어 텐서라고 하며, 이 텐서들은 텐서플로에서 핵심적으로 사용됩니다.

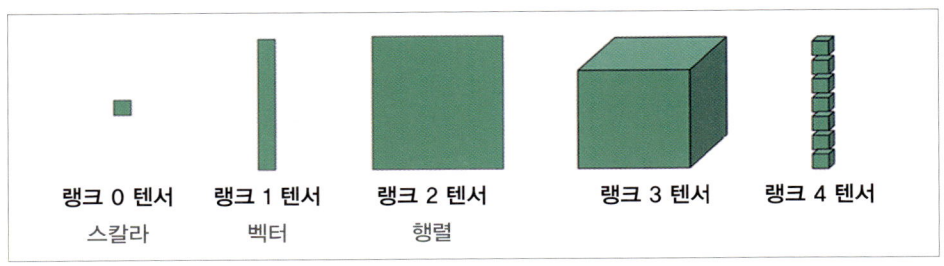

〈그림 8-14〉 다차원 구조 혹은 다차원 텐서

그림 8-14에서 볼 수 있듯 랭크는 텐서의 차원을 정의합니다.

이제 또 하나의 중요한 매개변수인 shape에 대해 살펴보겠습니다. shape는 각 차원에서 배열의 길이를 나타내는 정수 튜플입니다.

다음 다이어그램은 shape 개념을 설명합니다.

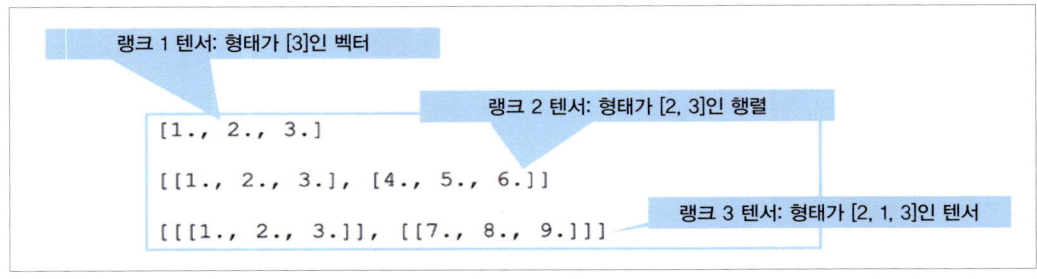

〈그림 8-15〉 텐서의 shape(형태) 개념

이처럼 shape과 rank를 사용하면, 텐서의 구체적인 특성을 정의할 수 있습니다.

8.8.3. 텐서에 대한 수학적 이해

이제 텐서를 사용한 다양한 수학 연산을 살펴봅시다.

- 텐서플로를 사용해 두 스칼라를 정의하고, 덧셈과 곱셈을 수행해 봅시다.

```python
print("define constant tensors")
a = tf.constant(2)
print("a = %i" % a)
b = tf.constant(3)
print("b = %i" % b)
```
[10]

```
define constant tensors
a = 2
b = 3
```

- 덧셈과 곱셈의 결과는 다음과 같이 나타낼 수 있습니다.

```python
print("Running operations, without tf.Session")
c = a + b
print("a + b = %i" % c)
d = a * b
print("a * b = %i" % d)
```

```
Running operations, without tf.Session
a + b = 5
a * b = 6
```

- 두 텐서를 더하여 새로운 스칼라 텐서를 만들 수도 있습니다.

```python
c = a + b
print("a + b = %s" % c)
```

```
a + b = tf.Tensor(5, shape=(), dtype=int32)
```

---

10 역자 주 파이썬의 print 구문에서 큰 따옴표 내에 %i, %s로 표기한 부분은 문자열 포맷팅에 해당합니다. %i는 정수, %s는 문자열을 대체합니다.

- 복잡한 텐서 연산도 수행할 수 있습니다.

```
d = a*b
print("a * b = %s" % d)
```

```
a * b = tf.Tensor(6, shape=(), dtype=int32)
```

8.9 신경망 종류 이해하기

신경망은 뉴런들이 어떻게 연결되어 있는지에 따라 다양한 방식으로 설계될 수 있습니다. 밀집(dense) 신경망 또는 완전 연결(fully connected) 신경망에서는 한 층에 있는 모든 뉴런이 다음 층의 모든 뉴런과 연결됩니다. 즉, 이전 층의 모든 출력이 다음 층의 모든 뉴런에 입력으로 전달되어 정보의 흐름을 극대화합니다.

하지만 모든 신경망이 항상 완전 연결 구조를 갖는 것은 아닙니다. 어떤 신경망은 문제의 특성에 따라 특정한 연결 패턴을 가질 수 있습니다. 예를 들어, 이미지 처리를 위해 설계된 합성곱 신경망(convolutional neural network)에서는 각 층의 뉴런이 이전 층의 일부 영역에만 연결됩니다. 이는 인간의 시각 피질(visual cortex)에서 뉴런들이 조직된 방식과 유사하며, 시각 정보를 효율적으로 처리할 수 있도록 합니다.

이처럼 신경망의 구조, 즉 뉴런들이 연결된 방식은 신경망의 기능과 성능에 큰 영향을 미칩니다.

8.9.1. 합성곱 신경망

합성곱 신경망(Convolutional neural network, CNN)은 일반적으로 멀티미디어 데이터를 분석하는 데 사용합니다. CNN으로 이미지 기반 데이터를 분석하는 방법을 더 자세히 학습하려면 다음 과정을 이해해야 합니다.

- 합성곱
- 풀링

하나씩 알아봅시다.

8.9.1.1. 합성곱

합성곱 과정에서는 원본 이미지를 **필터(filter)** 또는 **커널(kernel)**이라는 더 작은 이미지를 이용해 처리함으로써 탐지하려는 시각적 패턴을 강조합니다.

예를 들어, 이미지에서 물체의 윤곽선(edge)을 찾아내고 싶다면, 해당 이미지에 특정 필터를 적용해 합성곱을 수행하여 윤곽선이 강조된 새로운 이미지를 얻을 수 있습니다. 이러한 윤곽선 검출(edge detection)은 물체 인식, 분류 등 다양한 분야에서 유용하게 활용됩니다.

즉, 합성곱이란 이미지 속의 특징과 특성을 찾아내는 과정이며, 이때 사용되는 패턴 탐지 방식은 여러 데이터에 반복적으로 재사용 가능한 패턴을 기반으로 합니다. 이러한 재사용 가능한 패턴이 바로 필터 또는 커널입니다.

8.9.1.2. 풀링

머신러닝을 위한 멀티미디어 데이터 처리에서 중요한 과정 중 하나는 **다운샘플링**입니다.

다운샘플링이란 데이터의 해상도, 즉 복잡도나 차원을 줄이는 작업을 의미합니다. 이 과정에서 사용되는 대표적인 기법이 풀링(pooling)이며, 풀링은 다음과 같은 두 가지 주요 장점이 있습니다.

- 데이터의 복잡도를 줄임으로써 모델의 훈련 시간을 크게 단축시키고, 계산 효율성을 높일 수 있습니다.
- 멀티미디어 데이터에서 불필요한 세부 정보를 추상화하고 요약하여 보다 일반화된 표현을 만들어냅니다. 이 덕분에 모델은 유사한 문제에 더 잘 대응할 수 있습니다.

다운샘플링은 다음과 같이 수행됩니다.

〈그림 8-16〉 다운샘플링

다운샘플링 과정에서는 여러 픽셀로 이루어진 영역을 하나의 대표 픽셀로 축소합니다. 예를 들어, 2×2 픽셀 블록을 하나의 픽셀로 줄인다면, 원래 데이터는 4분의 1 크기로 다운샘플링됩니다.

이때 새로운 픽셀의 대표 값을 선택하는 방법에는 여러 가지가 있습니다. 대표적인 방법 중 하나는 **맥스 풀링**(max pooling)으로, 원래 픽셀 블록에서 가장 큰 값을 선택하여 새로운 픽셀의 값으로 사용하는 방식입니다.

한편, 픽셀 블록의 평균값을 취하는 방식은 **평균 풀링**(average pooling)이라 합니다.

맥스 풀링과 평균 풀링의 선택은 다루는 문제에 따라 달라집니다. 맥스 풀링은 이미지에서 가장 뚜렷한 특징을 보존하고자 할 때 유용합니다. 블록 내에서 최대값을 선택하여 해당 영역에서 가장 눈에 띄는 정보를 유지할 수 있기 때문입니다.

이와는 달리 평균 풀링은 전체적인 맥락을 보존하고 노이즈를 줄이고자 할 때 효과적입니다. 블록 내의 모든 값을 고려해 평균을 계산하므로, 픽셀 값의 작은 변화나 노이즈에 덜 민감한 보다 균형 잡힌 대표값을 만들어 냅니다.

8.9.2. 생성적 적대 신경망

생성적 적대 신경망(Generative Adversarial Networks, GAN)은 합성 데이터를 생성할 수 있는 독특한 종류의 신경망입니다. 2014년 이안 굿펠로우(Ian Goodfellow)와 그의 팀이 처음 제안했으며, 원본 훈련 데이터와 유사한 새로운 데이터를 만들어내는 혁신적인 접근 방식으로 주목을 받았습니다.

GAN의 대표적인 활용 사례 중 하나는 실제로 존재하지 않는 사람의 얼굴 이미지를 매우 현실감 있게 생성할 수 있다는 점입니다. 이는 GAN의 정교한 세부 표현 능력을 드러냅니다. 그러나 GAN의 더 중요한 활용처는 합성 데이터를 생성하여 기존 훈련 데이터셋을 증강(augmenting)하는 데 있습니다. 이는 특히 실제 데이터가 부족한 상황에서 매우 유용합니다.

다만 GAN에는 한계도 존재합니다. 훈련 과정이 매우 까다로워 모드 붕괴(mode collapse)[11]와 같은 문제가 발생할 수 있습니다. 또한 생성된 데이터의 품질은 입력 데이터의 품질과 다양성에

---

11 **역자 주** 생성적 적대 신경망에서 생성자(Generator)와 판별자(Discriminator)는 서로 경쟁하며 학습합니다. 모드 붕괴란, 생성자가 특정 유형의 데이터만 생성하여 다양성이 부족해지는 현상입니다.

크게 의존하기 때문에, 대표성이 떨어지거나 편향된 데이터를 사용하면 효과적이지 않거나 왜곡된 합성 데이터를 만들 위험이 있습니다.

다음 절에서는 전이 학습이 무엇인지 알아보겠습니다.

8.10 전이 학습 활용하기

수많은 기업, 연구 기관, 오픈소스 커뮤니티의 기여자(contributor)는 다양한 용도의 작업을 위한 정교한 사전 학습 모델들을 개발해 왔습니다. 이 모델들은 대량의 데이터를 기반으로 훈련되었고, 오랜 기간에 걸쳐 최적화되어 다양한 분야에 활용될 수 있습니다. 대표적인 예시는 다음과 같습니다.

- 이미지나 영상에서의 객체 탐지(detecting object)
- 오디오 전사(transcribe)
- 텍스트의 감성 분석(sentiment analyzing)

새로운 머신러닝 모델을 훈련할 때, "처음부터 완전히 새롭게 시작하는 대신 이미 구축된 사전 학습 모델을 수정해 사용할 수는 없을까?"라는 질문을 던져볼 필요가 있습니다.

다시 말해, 기존 모델이 학습한 내용을 바탕으로 목적에 맞는 맞춤형 모델을 만들 수 있는지 살펴봐야 합니다. 이러한 방식을 전이 학습(transfer learning)이라 하며, 다음과 같은 여러 가지 이점이 있습니다.

- 모델 훈련을 더 빠르게 시작할 수 있습니다.
- 이미 검증된 모델을 기반으로 하기 때문에, 모델 품질 향상에 도움이 됩니다.
- 특히 데이터가 충분하지 않은 문제의 경우 사전 학습 모델을 이용한 전이 학습은 큰 도움이 됩니다.

전이 학습이 유용하게 활용될 수 있는 실제 사례는 다음과 같습니다.

- **로봇 훈련의 경우:** 신경망 모델을 먼저 시뮬레이션 게임을 통해 학습시킬 수 있습니다. 이러한 통제된 환경에서는 현실에서 재현하기 어려운 희귀한 사건들을 만들어낼 수 있습니다. 이렇게 모델이 훈련된 후, 전이 학습을 적용하여 실제 환경에 맞게 적응시킬 수 있습니다.

- **노트북 구분 모델 구축의 경우:** 영상 속에서 애플(Apple)과 윈도우(Windows) 노트북을 구분하는 모델을 만들고자 한다고 가정해 보겠습니다. 다양한 객체를 정확하게 분류할 수 있는 기존의 오픈소스 객체 탐지 모델들이 이상적인 출발점이 될 수 있습니다. 전이 학습을 활용하면, 먼저 이러한 모델을 이용해 영상 속 객체를 '노트북'으로 식별하게 하고, 이후 애플과 윈도우 노트북을 구분하도록 모델을 세밀하게 조정할 수 있습니다.

시각적 비유를 들어보자면, 사전 학습된 모델은 이미 많은 가지(층)를 가진 잘 자란 나무라고 볼 수 있습니다. 이 가지들 중 일부는 이미 열매(특징을 인식하는 능력)를 맺고 있습니다. 전이 학습을 적용한다는 것은 이러한 잘 훈련된 가지들을 **고정(freeze)** 하여 그대로 보존하고, 새로운 가지가 자라 열매를 맺을 수 있도록 새로운 층을 훈련시키는 것입니다. 즉, 일부 층은 보존하고 나머지는 훈련하는 이 과정이 바로 전이 학습의 핵심입니다.

다음 절에서는 지금까지 배운 원리를 실제로 적용하여 위조 문서 분류를 위한 신경망 모델을 구현해 보겠습니다.

8.11 사례 연구: 위조 문서 탐지에 딥러닝 활용하기

머신러닝으로 위조 문서를 식별하는 것은 활발하면서도 도전 과제가 많은 연구 분야입니다. 연구자들은 위조 문서 탐지를 위해 신경망의 패턴 인식 능력을 어느 정도까지 활용할 수 있는지 탐구하고 있습니다. 기존에는 사람이 수작업으로 위조 여부를 판단했지만, 딥러닝에서는 원본 픽셀 데이터를 직접 활용하여 문서의 진위를 판단할 수 있습니다.

8.11.1. 방법론

이 절에서는 **샴 신경망(Siamese neural network)** 구조를 소개합니다. 샴 신경망은 두 개의 가지(branch)로 구성되며, 이 두 가지는 동일한 구조와 매개변수를 공유합니다.

샴 신경망을 사용하여 위조 문서를 탐지하는 과정은 다음 그림에 나와 있습니다.

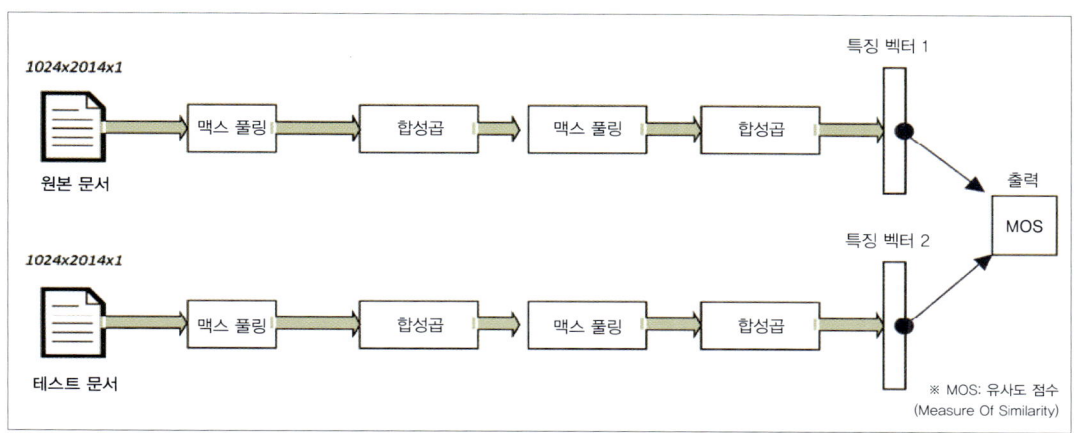

〈그림 8-17〉 샴 신경망(Siamese neural networks)

특정 문서의 진위 여부를 확인해야 할 때, 먼저 해당 문서를 레이아웃과 종류에 따라 분류하고 예상 템플릿과 패턴에 대해 비교합니다. 만약 임계값을 초과하면 해당 문서는 위조된 것으로 분류하고 그렇지 않으면 진본으로 간주합니다. 중요한 문서라면, 알고리즘이 문서의 진위 여부를 확실히 분류하기 어려운 애매한 상황일 때 수작업 검토 절차를 추가할 수 있습니다.

샴 신경망 구조에서는 문서를 예상 템플릿과 비교하기 위해 두 개의 동일한 CNN을 사용했습니다. CNN은 이미지 내에서 중요한 특징을 찾아내며, 특히 이미지가 변형되거나 내부 요소가 약간 이동하더라도 이러한 특징을 일관적으로 인식할 수 있습니다. 이러한 CNN의 능력을 이동 불변 국소 특징 검출(shift-invariant local feature detection)이라 합니다. 본 사례에서는 진본 문서와 테스트 문서의 유사성을 비교하기 때문에 CNN이 적합합니다.

한 문서의 위조 여부를 판별한다고 할 때, 문서의 종류마다 다음 단계를 따라야 합니다.

1. 저장된 진본 문서 이미지를 가져옵니다. 테스트 문서는 진본과 비슷한 형태여야 합니다.
2. 진본 문서의 패턴을 수학적으로 나타내는 특징 벡터를 생성하기 위해 신경망 층에 진본을 통과시켜야 합니다. 이러한 벡터는 그림 8-17에서 설명한 대로 **특징 벡터 1**이라 합니다.
3. 검증해야 하는 테스트 문서는 특징 벡터를 생성하는 데 사용했던 진본과 마찬가지로 신경망에 통과시킵니다.
4. **특징 벡터 1**과 **특징 벡터 2**의 유사도를 계산하기 위해 유클리드 거리를 사용합니다. 이러한 거리 기반 유사도 점수는 MOS(Measure Of Similarity)라고 하며, 0과 1 사이의 값을 가집니다. 값이 높을수록 두 문서 간의 거리는 짧고 비슷할 확률이 높습니다.
5. 이 유사도 점수가 사전에 정의된 임계값보다 낮으면, 해당 문서를 위조 문서로 판단합니다.

이제 이러한 샴 신경망을 파이썬으로 어떻게 구현할 수 있는지 살펴보겠습니다.

파이썬을 사용하여 샴 신경망을 구현하는 방법을 설명하기 위해, 전체 과정을 더 간단하고 관리하기 쉬운 단계로 나누어 보겠습니다. 이러한 접근 방식은 PEP8 스타일 가이드[12]를 따르고 코드의 가독성과 유지보수성을 높이는 데 도움이 됩니다.

1. 먼저 필요한 파이썬 패키지를 가져옵니다.

```python
import random
import numpy as np
import tensorflow as tf
```

2. 이어서 샴 신경망의 각 가지(branch)를 처리할 신경망 모델을 정의합니다. 과적합을 줄이기 위해 드롭아웃 비율(dropout rate)은 0.15로 설정했습니다.

```python
def createTemplate():
    return tf.keras.models.Sequential([
        tf.keras.layers.Flatten(),
        tf.keras.layers.Dense(128, activation='relu'),
        tf.keras.layers.Dropout(0.15),
        tf.keras.layers.Dense(128, activation='relu'),
        tf.keras.layers.Dropout(0.15),
        tf.keras.layers.Dense(64, activation='relu'),
    ])
```

3. 이 예제에서는 샴 신경망의 효과를 테스트하기에 적합한 MNIST 이미지를 사용합니다. 각 샘플에는 두 개의 이미지와 함께, 두 이미지가 동일한 클래스에 속하는지를 나타내는 이진 유사도 플래그가 포함되도록 데이터를 준비합니다.

```python
def prepareData(inputs: np.ndarray, labels: np.ndarray):
    classesNumbers = 10
    digitalIdx = [np.where(labels == i)[0] for i in range(classesNumbers)]
```

---

12 역자 주 파이썬 개선 제안 8(Python Enhancement Proposal 8). 참고: https://peps.python.org/pep-0008/

4. **prepareData** 함수는 MNIST 데이터셋의 모든 숫자에 대해 샘플 수가 동일함을 보장합니다. 먼저, **np.where** 함수를 사용하여 각 숫자가 데이터셋에서 위치한 인덱스를 생성합니다.

   이어서 비교할 이미지 쌍을 준비하고 이에 대한 레이블을 할당합니다.

   ```python
   pairs = list()
   labels = list()
   n = min([len(digitalIdx[d]) for d in range(classesNumbers)]) - 1
   for d in range(classesNumbers):
       for i in range(n):
           z1, z2 = digitalIdx[d][i], digitalIdx[d][i + 1]
           pairs += [[inputs[z1], inputs[z2]]]
           inc = random.randrange(1, classesNumbers)
           dn = (d + inc) % classesNumbers
           z1, z2 = digitalIdx[d][i], digitalIdx[dn][i]
           pairs += [[inputs[z1], inputs[z2]]]
           labels += [1, 0]
   return np.array(pairs), np.array(labels, dtype=np.float32)
   ```

5. 이어서 훈련 및 테스트 데이터를 준비합니다.

   ```python
   input_a = tf.keras.layers.Input(shape=input_shape)
   encoder1 = base_network(input_a)
   input_b = tf.keras.layers.Input(shape=input_shape)
   encoder2 = base_network(input_b)
   ```

6. 마지막으로, 비교 대상인 두 이미지 간의 거리를 수치로 나타낸 MOS를 계산합니다.

   ```python
   distance = tf.keras.layers.Lambda(
       lambda embeddings: tf.keras.backend.abs(
           embeddings[0] - embeddings[1]
       )
   ) ([encoder1, encoder2])
   measureOfSimilarity = tf.keras.layers.Dense(1, activation='sigmoid')(distance)
   ```

7. 이제 모델을 훈련해 봅시다. 모델 훈련에는 10 에포크(epoch)를 사용합니다.

```
# 모델 빌드하기
model = tf.keras.models.Model([input_a, input_b], measureOfSimilarity)
# 훈련하기
model.compile(loss='binary_crossentropy', optimizer=tf.keras.optimizers.Adam(),metrics=['accuracy'])

model.fit([train_pairs[:, 0], train_pairs[:, 1]], tr_labels,
          batch_size=128, epochs=10, validation_data=([test_pairs[:, 0], test_pairs[:, 1]], test_labels))
```

```
Epoch 1/10
847/847 [==============================] - 6s 7ms/step - loss: 0.3459 - accuracy: 0.8500 - val_loss: 0.2652 - val_accuracy: 0.9105
Epoch 2/10
847/847 [==============================] - 6s 7ms/step - loss: 0.1773 - accuracy: 0.9337 - val_loss: 0.1685 - val_accuracy: 0.9508
Epoch 3/10
847/847 [==============================] - 6s 7ms/step - loss: 0.1215 - accuracy: 0.9563 - val_loss: 0.1301 - val_accuracy: 0.9610
Epoch 4/10
847/847 [==============================] - 6s 7ms/step - loss: 0.0956 - accuracy: 0.9665 - val_loss: 0.1087 - val_accuracy: 0.9685
Epoch 5/10
847/847 [==============================] - 6s 7ms/step - loss: 0.0790 - accuracy: 0.9724 - val_loss: 0.1104 - val_accuracy: 0.9669
Epoch 6/10
847/847 [==============================] - 6s 7ms/step - loss: 0.0649 - accuracy: 0.9770 - val_loss: 0.0949 - val_accuracy: 0.9715
Epoch 7/10
847/847 [==============================] - 6s 7ms/step - loss: 0.0568 - accuracy: 0.9803 - val_loss: 0.0895 - val_accuracy: 0.9722
Epoch 8/10
847/847 [==============================] - 6s 7ms/step - loss: 0.0513 - accuracy: 0.9823 - val_loss: 0.0807 - val_accuracy: 0.9770
Epoch 9/10
847/847 [==============================] - 6s 7ms/step - loss: 0.0439 - accuracy: 0.9847 - val_loss: 0.0916 - val_accuracy: 0.9737
```

```
Epoch 10/10
847/847 [==============================] - 6s 7ms/step - loss: 0.0417 - accuracy: 0.9853 - val_loss: 0.0835 - val_accuracy: 0.9749

<tensorflow.python.keras.callbacks.History at 0x7ff1218297b8>
```

요약

이 장에서는 신경망의 발전 과정을 살펴보며 신경망의 다양한 유형과 활성화 함수 같은 핵심 구성 요소, 그리고 주요 경사하강법 알고리즘을 다루었습니다. 또한 전이 학습 개념과 이를 활용한 위조 문서 탐지의 실제 적용 사례를 간단히 소개했습니다.

다음 장에서는 자연어 처리(NLP)로 넘어가 워드 임베딩(word embedding), 순환 신경망(RNN)을 비롯한 다양한 주제를 탐구하고, 감성 분석 구현 방법도 학습할 예정입니다. 매력적인 신경망의 세계는 계속해서 펼쳐집니다.

9장 자연어 처리 알고리즘

> 언어는 사고를 위한 가장 중요한 도구이다.
>
> 로버트 맨코프(Robert Mankoff)

9장에서는 **자연어 처리**(NLP, natural language processing) 알고리즘을 소개합니다. 먼저 자연어 처리의 기초를 알아봅니다. 그다음 텍스트 데이터를 벡터화하는 개념과 워드 임베딩(word embedding)을 설명하고, 마지막으로 구체적인 활용 사례를 다룹니다.

9장의 구성은 다음과 같습니다.

- 자연어 처리 소개
- 단어 빈도(bag-of-words)[1] 기반 자연어 처리
- 워드 임베딩 소개
- 사례 연구: 레스토랑 리뷰 감성 분석(sentiment analysis)

이 장을 마칠 때쯤이면 NLP에 사용되는 기본 기법들을 이해하게 될 것입니다. 또한 NLP가 어떻게 실제 흥미로운 문제들을 해결하는 데 활용될 수 있는지도 알게 될 것입니다.

그럼 기본 개념부터 시작해봅시다.

9.1 자연어 처리 개론

자연어 처리는 컴퓨터와 인간 언어 간의 상호작용을 다루는 머신러닝이 활용되는 한 분야입니다. 자연어 처리는 컴퓨터가 인간의 언어를 분석하고 처리하여 인간의 의사소통을 이해하고 응답할 수 있도록 합니다. 자연어 처리라는 주제는 매우 포괄적이며 복잡한 비정형 데이터(unstructured data)를 처리하기 위해 컴퓨터 언어학 알고리즘과 인간-컴퓨터 상호작용 기술 및 방법론을 포함합니다.

---

1 **역자 주** 단어를 모아둔 가방 안에서 특정 단어가 출현하는 빈도를 세어본다고 생각할 수 있습니다.

자연어 처리에서는 언어를 단어, 구, 문장 등의 구성 요소로 분해하여 처리합니다. 그 목적은 컴퓨터가 텍스트의 의미를 이해하고 적절하게 반응하도록 하는 데 있습니다. 자연어 처리 알고리즘은 방대한 자연어 데이터를 분석하고 처리하기 위해 통계 모델, 머신러닝, 딥러닝 등의 다양한 기법을 활용하며, 복잡한 문제의 경우 이러한 기법을 조합해 사용하기도 합니다.

자연어 처리에서 가장 큰 도전 과제 중 하나는 언어의 복잡성과 모호성을 다루는 것입니다. 언어는 매우 다양하며 복잡한 문법 구조와 관용 표현을 포함하고 있고 동일한 단어나 문장도 맥락에 따라 의미가 달라질 수 있습니다. 자연어 처리 알고리즘은 이러한 복잡성을 효과적으로 처리할 수 있어야 합니다.

이제 자연어 처리를 논의할 때 사용되는 주요 용어부터 살펴보겠습니다.

9.2 자연어 처리 용어 이해

자연어 처리는 방대한 연구 분야입니다. 이 절에서는 자연어 처리와 관련된 몇 가지 기본 용어를 살펴보겠습니다.

- **말뭉치(Corpus)**: 말뭉치는 자연어 처리 알고리즘에 사용되는, 구조화된 텍스트 또는 음성 데이터로 구성된 대규모 데이터셋입니다. 작성된 문서, 구어체 언어, 전사된 대화, 소셜 미디어 게시물 등 다양한 유형의 텍스트 데이터가 포함될 수 있습니다. 일반적으로 말뭉치는 온라인과 오프라인을 포함한 다양한 출처에서 데이터를 의도적으로 수집하고 정리하여 구성됩니다. 인터넷은 데이터 수집의 풍부한 원천이 될 수 있지만, 어떤 데이터를 말뭉치에 포함시킬지는 목적에 따라 신중히 선택해야 합니다.

  말뭉치에는 품사 태그(part-of-speech tag)와 개체명(named entity)과 같이 텍스트의 추가적인 정보를 주석으로 달 수 있습니다. 이렇게 주석이 달린 말뭉치는 자연어 처리 알고리즘의 훈련과 평가에 필요한 구체적인 정보를 제공하므로 해당 연구 분야에서 소중한 자원이 됩니다.

- **정규화(Normalization)**: 이 과정은 텍스트를 표준 형태로 변환하는 것을 의미합니다. 예를 들어, 모든 문자를 소문자로 변환하거나 문장 부호를 제거하여 텍스트가 분석하기 더 적합한 형태가 되도록 합니다.

- **토큰화(Tokenization)**: 텍스트를 토큰이라는 더 작은 부분으로 나누는 과정입니다. 토큰은 일반적으로 단어 또는 하위 단어(subword)에 해당하며, 토큰화를 거치면 더 구조적으로 분석할 수 있습니다.
- **개체명 인식(NER, Named Entity Recognition)**: 텍스트에서 사람의 이름, 지역, 조직 등과 같은 개체명을 식별하고 분류합니다.
- **불용어(Stop words)**: and, the, is 같이 자주 사용되지만 중요한 의미가 없는 단어로, 텍스트 처리 과정에서 대개 제거됩니다.
- **어간 추출(Stemming) 및 표제어 추출(Lemmatization)**: 어간 추출과 표제어 추출은 모두 단어의 핵심 뜻을 분석하는 데 도움을 줍니다. 어간 추출은 단어를 어근(root form)으로 줄이는 한편, 표제어 추출은 단어를 기본형(base form) 또는 사전형(dictionary form)으로 변환합니다.

이어서 자연어 처리에서 사용하는 다양한 텍스트 전처리 기법을 알아봅시다.

- **워드 임베딩(Word embedding)**: 워드 임베딩은 단어를 수치화하여 다차원 공간의 벡터로 변환합니다. 여기서 **고차원 벡터(high-dimensional vector)**란 수백에서 수천 개의 차원(성분)에 이르는 숫자 배열을 뜻합니다. 고차원 벡터를 사용하는 이유는 단어들 간의 복잡한 관계를 포착하기 위함입니다. 의미가 비슷한 단어일수록 이 다차원 공간에서 더 가까이 위치하게 됩니다. 벡터의 차원이 많을수록 단어들 간의 관계를 더 세밀하게 표현할 수 있습니다.

  따라서 워드 임베딩에서는 의미적으로 연관된 단어들이 이 고차원 공간에서 서로 가까이 위치하게 되며, 이를 통해 알고리즘이 인간의 이해 방식과 유사하게 언어를 이해하고 처리할 수 있게 됩니다.
- **언어 모델링(Language modeling)**: 주어진 텍스트 말뭉치에서 발견되는 패턴과 구조를 바탕으로 단어나 문자의 시퀀스를 예측하거나 생성하는 통계적 모델을 개발하는 과정입니다.
- **기계 번역(Machine translation)**: 자연어 처리 기법과 모델을 활용하여 한 언어를 다른 언어로 번역하는 과정입니다.
- **감성 분석(Sentiment analysis)**: 텍스트에 표현된 태도나 감성을 판별하는 과정으로, 보통 문맥 속 단어나 구를 분석하여 이루어집니다.

9.2.1. 자연어 처리의 텍스트 전처리

텍스트 전처리는 자연어 처리에서 매우 중요한 단계로, 비정형의 원본 텍스트 데이터를 머신러닝 알고리즘에 알맞은 형태로 변환하는 과정입니다. 이때 정돈되지 않고 불필요한 요소가 섞인 텍스트를 구조화된 형식(structured format)으로 변환하여, 데이터를 보다 체계적으로 예측 가능한 패턴으로 정리합니다. 이 과정에는 토큰화(tokenization), 어간 추출(stemming), 불필요한 문자 제거 등의 기법이 포함됩니다.

이러한 단계들은 텍스트를 정제하여 불필요한 정보나 '노이즈'를 줄이고, 데이터가 머신러닝 모델이 이해하기 쉬운 방식으로 배열되도록 도와줍니다.

이 과정을 거치면 불일치나 불규칙성이 있는 원본 텍스트가 더 정확하고 효율적으로 처리될 수 있는 형태로 변환되며, 결과적으로 이후 NLP 작업의 정확성, 성능, 효율성이 향상됩니다. 본 절에서는 이러한 구조화된 형식을 달성하기 위해 사용되는 다양한 텍스트 전처리 기법들을 살펴보겠습니다.

9.2.1.1. 토큰화

토큰화는 텍스트를 더 작은 단위인 토큰(token)으로 나누는 핵심적인 과정입니다. 이 토큰은 단어일 수도 있고, 경우에 따라 하위 단어(subword)일 수도 있습니다. 일반적으로 자연어 처리에서는 토큰화를 텍스트 데이터를 분석하기 위한 첫 준비 단계로 간주합니다. 언어의 특성상 텍스트를 이해하고 처리하기 위해서는 일정한 단위로 나눠야 하기 때문입니다. 연속된 문자열을 개별 토큰으로 분할하면 사람이 자연스럽게 언어를 읽고 이해하는 방식과 유사한 구조를 만들 수 있습니다. 이렇게 구조화된 텍스트는 머신러닝 모델이 텍스트를 명확하고 체계적으로 분석할 수 있도록 돕고, 데이터 내의 패턴과 관계를 파악하는 데도 기여합니다. 이처럼 토큰화된 형식은 이후 다양한 전처리 및 분석 단계의 중요한 기반이 됩니다.

다음 파이썬 코드 예시는 nltk(Natural Language Toolkit) 라이브러리를 사용해 텍스트를 토큰화하는 방법을 나타냅니다. nltk는 파이썬에서 자연어 데이터를 처리하기 위해 널리 사용되는 라이브러리로, 분류, 토큰화, 어간 추출, 품사 태깅, 구문 분석 등 다양한 작업을 손쉽게 수행할 수 있도록 지원합니다.

파이썬 프로젝트에서 nltk 라이브러리를 사용하려면 명령어 pip install nltk를 통해 **파이썬 패키지 인덱스(PyPI)**에서 직접 다운로드하여 설치할 수 있습니다. nltk를 활용하면 다양한 자연어 처리 작업을 보다 효율적으로 개발하고 실행할 수 있어, 컴퓨터 언어학 분야의 연구자, 교육자, 개발자들 사이에서 널리 사용되고 있습니다. 이제 관련 함수들을 불러와서 사용해보겠습니다.

```python
from nltk.tokenize import word_tokenize

corpus = 'This is a book about algorithms.'

tokens = word_tokenize(corpus)
print(tokens)
```

다음과 같은 리스트가 출력됩니다.

```
['This', 'is', 'a', 'book', 'about', 'algorithms', '.']
```

위 코드에서 각 토큰은 하나의 단어에 해당합니다. 토큰의 단위는 목적에 따라 다를 수 있는데, 예를 들면 단어, 문장, 문단 등으로 구성될 수 있습니다.

문장 기반으로 텍스트를 토큰화하려면 `nltk.tokenize` 모듈에서 `sent_tokenize` 함수를 사용할 수 있습니다.

```python
from nltk.tokenize import sent_tokenize
corpus = 'This is a book about algorithms. It covers various topics in depth.'
```

위 코드에서 `corpus` 변수는 문장 두 개를 포함합니다. `sent_tokenize` 함수는 말뭉치를 입력으로 받아서 문장으로 된 리스트를 반환합니다. 수정한 코드를 실행한 출력은 다음과 같습니다.

```python
sentences = sent_tokenize(corpus)
print(sentences)
```

```
['This is a book about algorithms.', 'It covers various topics in depth.']
```

경우에 따라 긴 텍스트를 문단 단위로 나눠야 할 때가 있습니다. 이때도 nltk를 활용할 수 있으며, 특히 문서 요약처럼 문단 단위로 구조를 이해해야 하는 경우에 유용합니다. 텍스트를 문단 단위로 토큰화하는 작업은 겉보기에는 단순해 보일 수 있지만, 텍스트의 구성이나 형식에 따라 생각보다 복잡할 수 있습니다. 가장 간단한 방법은 줄 바꿈 문자(\n)를 기준으로 텍스트를 나누는 것입니다. 특히 일반 텍스트 파일에서는 문단이 두 개의 줄 바꿈 문자로 구분되는 경우가 일반적이며 이 방식을 활용하면 텍스트를 문단 단위로 나눌 수 있습니다.

```python
def tokenize_paragraphs(text):
    # 두 개의 줄 바꿈 문자로 분할하기
    paragraphs = text.split('\n\n')
    return [p.strip() for p in paragraphs if p]
```

이어서 데이터를 어떻게 정제하는지 살펴봅시다.

9.2.1.2. 데이터 정제

자연어 처리에서 데이터 정제는 매우 중요한 단계입니다. 원본 텍스트 데이터에는 노이즈나 분석에 불필요한 정보가 포함된 경우가 많아, 자연어 처리 모델의 성능이 저하될 수 있습니다. 데이터 정제의 목적은 이러한 불필요한 요소를 제거하고, 자연어 처리에 적합한 형태로 텍스트를 변환하는 것입니다. 일반적으로 데이터 정제는 토큰화 이후에 수행되는데, 정제 작업 중에는 토큰화된 구조가 있어야 더 정확한 연산이 가능한 경우가 많기 때문입니다. 예를 들어, 특정 단어를 제거하거나 단어의 형태를 변환하는 작업은 텍스트가 개별 토큰으로 나뉜 후에 더 정밀하게 수행될 수 있습니다.

이제 머신러닝 작업에 알맞게 데이터를 정제할 때 자주 사용되는 기법들을 살펴보겠습니다.

● 대소문자 변환

대소문자 변환(case conversion)은 텍스트를 대문자에서 소문자로, 또는 제목 형식(title case)[2]을 대문자로 통일하는 것과 같은 작업입니다. 예를 들어, 제목 형식인 'Natural Language Processing'을 모두 소문자인 'natural language processing'으로 변환할 수 있습니다.

---

[2] 역자 주 각 단어의 첫 글자를 대문자로 표현하는 형식입니다.

이 과정은 간단하지만 효과적인 정제 작업으로, 텍스트를 표준화하여 대소문자 차이로 인한 불필요한 중복이나 혼란을 줄이고, 자연어 처리 알고리즘이 텍스트를 보다 일관되게 처리할 수 있도록 돕습니다.

● 문장 부호 제거

문장 부호 제거(punctuation removal)는 분석 전에 원본 텍스트에서 문장 부호를 제거하는 작업입니다. 문장 부호에는 마침표(.), 쉼표(,), 물음표(?), 느낌표(!) 등이 포함되며 문어체에서 의미 전달이나 억양 표현에 중요한 역할을 하지만, 자연어 처리 모델에는 노이즈로 작용할 수 있습니다. 따라서 문장 부호를 제거함으로써 데이터의 복잡성을 줄이고 모델의 성능을 향상시킬 수 있습니다.

문장 부호를 제거하면 문장의 의미가 달라질 수 있다는 우려는 충분히 타당합니다.

예를 들어 다음 두 문장을 비교해 보겠습니다.

"She's a cat."

"She's a cat??"

문장 부호가 없으면 두 문장은 모두 **"She's a cat"**으로 동일하게 처리되어, 물음표가 주는 당황스러움이나 강조 같은 미묘한 뉘앙스가 사라질 수 있습니다.

하지만 많은 자연어 처리 작업, 예를 들어 주제 분류나 감성 분석과 같은 과제에서는 문장 부호가 전체적인 의미 이해에 영향을 주지 않는 경우도 많습니다. 이러한 경우 모델은 텍스트의 구조, 단어 선택, 문맥 등 다른 요소들을 바탕으로 의미를 파악할 수 있습니다. 물론, 문장 부호의 뉘앙스가 중요한 역할을 하는 과제라면 해당 정보를 보존할 수 있는 특화된 전처리 방식이나 모델 설계가 필요합니다.

● 자연어 처리에서 숫자 처리

자연어 처리에서 텍스트 데이터 내의 숫자는 분석을 어렵게 만들 수 있습니다. 따라서 기존에는 보통 이러한 숫자를 제거했지만, 최근에는 숫자를 표준화하여 유지하는 방식도 대안으로 제시되고 있습니다. 여기서는 이 두 가지 방식을 모두 살펴보겠습니다.

먼저, 일부 자연어 처리 작업에서는 숫자가 노이즈로 간주되기도 합니다. 특히 단어 빈도 분석이나 감성 분석처럼 단어에 중점을 두는 작업에서는 다음과 같은 이유로 숫자를 제거하기도 합니다.

- **관련성 부족**: 숫자 자체가 분석의 목적과 크게 관련 없는 경우가 많습니다.
- **빈도 수 왜곡**: 숫자가 많이 포함되면, 토픽 모델링(topic modeling)과 같은 작업에서 단어 빈도가 왜곡될 수 있습니다.
- **복잡성 감소**: 숫자를 제거하면 텍스트가 간결해지고, 모델의 처리 효율이 향상될 수 있습니다.

그러나 또 다른 접근 방식은 숫자를 버리는 대신 표준화된 표현으로 변환하는 것입니다. 이 방법은 숫자가 중요한 정보를 담고 있을 수 있음을 인정하고, 그 가치를 일관된 형식으로 유지하도록 합니다. 이는 텍스트 의미에서 숫자 데이터가 중요한 역할을 하는 맥락에서 특히 유용할 수 있습니다.

숫자를 제거할지 유지할지를 결정하려면 해결하려는 문제에 대한 이해가 필요합니다. 알고리즘은 텍스트의 맥락과 특정 NLP 작업에 따라 숫자가 중요한지 아닌지를 구분하도록 맞춤화될 수 있습니다. 텍스트 도메인 내에서 숫자의 역할과 분석 목표를 살펴보는 것이 이러한 의사 결정 과정에 도움이 됩니다.

NLP에서 숫자를 다루는 방법은 일률적으로 정해져 있지 않습니다. 숫자를 제거할지, 표준화할지, 세밀하게 분석할지는 당면한 작업의 요구 사항마다 달라질 수 있습니다. 이러한 선택지와 그에 따른 영향을 이해하면 텍스트 분석 목표에 부합하는 현명한 결정을 내리는 데 도움이 됩니다.

● **공백 제거**

공백 제거(white space removal)란 여러 개의 연속된 공백이나 탭 문자와 같은 불필요한 공백 문자를 제거하는 과정을 의미합니다. 공백은 띄어쓰기뿐만 아니라 텍스트 내에 존재하는 보이지 않는 문자들도 포함합니다. 자연어 처리에서는 이러한 불필요한 공백을 제거하여 데이터를 정제합니다. 이 작업은 텍스트 데이터의 크기를 줄여 더 쉽게 처리하고 분석할 수 있게 합니다.

다음은 간단한 공백 제거 예시입니다.

- **입력 텍스트**: "The quick brown fox \tjumps over the lazy dog."
- **처리된 텍스트**: "The quick brown fox jumps over the lazy dog."

위 예시에서는 탭 문자(\t)를 제거하여 더 깔끔하고 표준화된 문자열로 정리하였습니다.

- **불용어 제거**

불용어(stop word)라는 공통 단어를 말뭉치에서 제거하는 과정입니다. 불용어는 텍스트에 자주 나타나지만 텍스트를 전반적으로 이해하는 데 중요한 의미를 갖지는 않는 단어입니다. 영어에서 불용어의 예로는 'the', 'is', 'in', 'for'가 있습니다. 불용어를 제거하면 데이터의 차원을 줄일 수 있고 알고리즘의 효율성을 향상시킬 수 있습니다. 분석 시 중요한 의미가 없는 단어를 제거함으로써 컴퓨터 자원은 중요한 단어에 집중할 수 있고 다양한 자연어 처리 알고리즘의 효율성을 향상시킬 수 있습니다.

불용어 제거는 텍스트의 크기만 줄이는 것이 아닌, 분석을 수행할 때 정말로 중요한 단어에 초점을 맞추는 과정입니다. 불용어가 언어 구조 상 중요한 역할을 하더라도, 감성 분석과 같이 텍스트에 담긴 감성이나 의견을 파악하는 것이 핵심인 작업에서는 불용어를 제거함으로써 분석의 효율성과 집중도를 높일 수 있습니다.

- **어간 추출 및 표제어 추출**

텍스트 데이터에서 대부분의 단어는 약간씩 다른 형태로 표현됩니다. 각 단어를 어간(stem)으로 축소하는 과정은 **어간 추출(stemming)**이라고 합니다. 어간 추출은 의미가 비슷한 단어를 그룹으로 묶어 분석해야 할 단어의 수를 줄여서 분석의 복잡성을 낮춥니다. 영어의 어간 추출 알고리즘으로 가장 보편적인 것은 포터(Porter) 알고리즘입니다.

다음 두 가지 예시를 살펴봅시다.

- 예시 1: {use, used, using, uses} => use
- 예시 2: {easily, easier, easiest} => easi

어간 추출은 간단하고 빠른 처리 방식이지만, 항상 올바른 결과를 생성하는 것은 아닙니다. 예를 들어, 예시 2에서 easi처럼 철자가 맞지 않거나, 실제 단어가 아닌 잘못된 형태가 추출될 수 있습니다.

정확한 철자가 필요한 경우에는 표제어 추출(lemmatization)이 더 적절한 방법입니다.

표제어 추출은 문맥을 고려하여 단어를 기본 형태(base form)로 변환합니다. 이 기본 형태는 표제어(lemma)라고도 하며, 사전에 등재된 가장 단순하고 의미 있는 형태를 의미합니다.

표제어 추출은 굴절 형태(복수형, 과거형 등)[3]를 제거하고 문맥에 맞는 정확한 단어를 결과로 제공하여 더 정확하고 의미 있는 단어의 어근을 얻을 수 있습니다.

>  알고리즘이 유사성을 인식하도록 하는 과정은 정밀하고 신중한 작업입니다. 인간에게는 명확해 보이는 연관성에 대해서도, 알고리즘은 명시적인 규칙과 기준이 필요합니다. 이러한 차이를 이해하고 필요한 지침을 제공하는 것은 알고리즘을 개발하고 조정하는 데 필수적인 능력입니다.

9.3 파이썬으로 데이터 정제하기

파이썬으로 텍스트를 정제하는 방법을 살펴봅시다.

먼저, 필요한 라이브러리를 불러옵니다.

```python
import string
import re
import nltk
from nltk.corpus import stopwords
from nltk.stem import PorterStemmer

# NLTK 리소스를 꼭 다운로드하세요
nltk.download('punkt')
nltk.download('stopwords')
```

다음은 텍스트를 정제하는 메인 함수입니다.

```python
def clean_text(text):
    """
    대소문자 변환, 문장 부호, 숫자, 공백, 불용어 제거 및
```

---

[3] 역자 주 영어는 굴절어로, 단어의 어미 변화를 통해 의미가 변합니다. 반면, 한국어는 교착어로 어근과 접사의 구분이 비교적 명확합니다.

```python
    어간 추출을 통해 입력 텍스트를 정제
    """
    # 소문자로 변환
    text = text.lower()

    # 문장 부호 제거
    text = text.translate(str.maketrans('', '', string.punctuation))

    # 숫자 제거
    text = re.sub(r'\d+', '', text)

    # 공백 제거
    text = text.strip()

    # 불용어 제거
    stop_words = set(stopwords.words('english'))
    tokens = nltk.word_tokenize(text)
    filtered_text = [word for word in tokens if word not in stop_words]
    text = ' '.join(filtered_text)

    # 어간 추출
    ps = PorterStemmer()
    tokens = nltk.word_tokenize(text)
    stemmed_text = [ps.stem(word) for word in tokens]
    text = ' '.join(stemmed_text)

    return text
```

함수 **clean_text()**를 확인해 봅시다.

```python
corpus="7- Today, Ottawa is becoming cold again "
clean_text(corpus)
```

결과는 다음과 같을 것입니다.

```
today ottawa becom cold
```

출력 결과에 나타난 **becom**에 주목해봅시다. 어간 추출을 했기 때문에, 이처럼 출력된 결과는 올바른 영어 단어가 아닐 수도 있습니다.

앞서 설명한 모든 전처리 단계들은 일반적으로 필요한 과정이지만, 실제로 어떤 단계를 수행할지는 해결하려는 문제에 따라 달라질 수 있습니다. 예를 들어, 텍스트에 포함된 숫자가 문제 해결에 중요한 의미를 가진다면, 정규화 단계에서 숫자를 제거하지 않을 수도 있습니다.

데이터 정제 과정이 끝나면, 그 결과를 자연어 처리에 적합한 자료구조에 저장해야 합니다. 이러한 자료구조는 **단어 문서 행렬**(TDM, Term Document Matrix)이라고 하며, 이어서 설명하겠습니다.

9.4 단어 문서 행렬 이해

단어 문서 행렬(TDM, Term Document Matrix)은 자연어 처리에서 사용되는 수학적 구조로, 여러 문서에서 단어(용어)의 출현 빈도를 표 형태로 나타낸 것입니다. 이 구조에서 각 행은 고유한 단어를, 각 열은 개별 문서를 나타내며, 각 셀에는 해당 단어가 해당 문서에서 얼마나 자주 등장하는지가 기록됩니다. TDM은 다양한 텍스트에서 각 단어의 사용 빈도를 확인할 수 있는 텍스트 분석의 핵심적인 도구입니다.

단어 cat과 dog을 포함하는 문서를 봅시다.

- 문서 1: cat cat dog
- 문서 2: dog dog cat

	문서 1	문서 2
cat	2	1
dog	1	2

〈표 9-1〉 cat과 dog을 포함하는 문서

이 행렬 구조는 대규모 텍스트 데이터를 효율적으로 저장하고, 체계적으로 구성하며, 분석할 수 있도록 도와줍니다. 파이썬에서 sklearn 라이브러리의 CountVectorizer 모듈로 다음과 같이 문서–단어 행렬[4]을 만들 수 있습니다.

```python
from sklearn.feature_extraction.text import CountVectorizer

# 문서 리스트 정의
documents = ["Machine Learning is useful", "Machine Learning is fun", "Machine Learning is AI"]

# CountVectorizer 인스턴스 생성
vectorizer = CountVectorizer()

# 문서-단어 행렬로 변환
dtm= vectorizer.fit_transform(documents)

# 문서-단어 행렬 출력
print(dtm.toarray())
```

출력 결과는 다음과 같은 문서–단어 행렬(DTM, Document–Term Matrix)입니다.

```
[[0 0 1 1 1 1]
 [0 1 1 1 1 0]
 [1 0 1 1 1 0]]
```

각 문서는 행, 단어는 열에 해당합니다. 출력 결과에는 3개의 문서와 6개의 단어가 있으므로 차원이 3×6인 행렬이 됩니다.

---

[4] 역자 주 단어–문서 행렬(TDM, Term–Document Matrix)과 문서–단어 행렬(DTM, Document–Term Matrix)은 서로 행과 열이 반대인 전치(transpose) 관계입니다. 앞서 cat과 dog를 설명할 때는 단어가 행, 문서가 열에 위치한 TDM 행렬을 소개했으나, CountVectorizer 인스턴스의 transform 메서드를 실행한 결과는 DTM입니다. 따라서 출력 결과 9-1을 보면 문서는 행, 단어는 열에 해당합니다. transform 메서드 참고: https://scikit-learn.org/stable/modules/generated/sklearn.feature_extraction.text.CountVectorizer.html#sklearn.feature_extraction.text.CountVectorizer.transform

이 행렬에서 숫자는 각 단어(열)가 해당 문서(행)에서 나타나는 빈도를 나타냅니다. 예를 들어 1행 1열의 숫자가 1이라면 이는 첫 번째 문서에서 첫 번째 단어가 한 번 등장했다는 뜻입니다.

단어-문서 또는 문서-단어 행렬은 기본적으로 각 단어의 빈도를 사용하여 문서마다 해당 단어의 중요도를 정량화합니다. 단어의 중요도를 보다 더 정교하게 정량화하는 방법은 TF-IDF가 있으며, 다음 절에서 설명하겠습니다.

9.4.1. TF-IDF 사용하기

단어 빈도-역문서 빈도(TF-IDF, Term Frequency-Inverse Document Frequency)는 문서 내 단어의 중요도를 수치로 나타내는 방법입니다. TF-IDF는 각 단어의 가중치를 결정하기 위해 두 가지 주요 요소, 단어 빈도(TF)와 역문서 빈도(IDF)를 함께 고려합니다. TF는 특정 단어가 하나의 문서에서 얼마나 자주 등장하는지를 나타내며, IDF는 해당 단어가 전체 문서 집합, 즉 말뭉치에서 얼마나 드물게 나타나는지를 측정합니다. 예를 들어, 책 리뷰를 분석하는 경우, 말뭉치는 분석 대상인 모든 리뷰에 해당합니다.

- TF: 특정 단어가 문서에서 얼마나 자주 등장하는지를 측정합니다. 이는 해당 단어의 등장 횟수를 문서 내 전체 단어 수로 나눈 비율로 계산합니다. 즉, 단어가 자주 등장할수록 TF 값은 높아집니다.
- IDF: 특정 단어가 전체 문서 집합에서 얼마나 희소한지를 측정합니다.[5] 이는 전체 문서 수를 해당 단어를 포함한 문서 수로 나눈 뒤, 그 값에 로그를 취해 계산합니다. 말뭉치 전체에서 드물게 나타나는 단어일수록 IDF 값은 더 높아집니다.

파이썬에서 TF-IDF를 계산하려면 다음과 같은 방법을 사용할 수 있습니다.

```
from sklearn.feature_extraction.text import TfidfVectorizer

# 문서 리스트 정의
documents = ["Machine Learning enables learning", "Machine Learning is fun", "Machine Learning is useful"]
```

---

[5] **역자 주** 전체 문서에서 자주 등장하는 단어는 중요하지 않을 가능성이 큽니다(예: 불용어). 따라서 IDF는 특정 단어가 전체 문서에서 얼마나 희소한지를 반영하여 그 단어의 상대적 중요도를 평가합니다. 즉, TF-IDF는 한 문서에서 빈도가 높으면서도 전체 문서에서는 드물게 나타나는 단어를 중요한 단어로 간주합니다.

```python
# TfidfVectorizer 인스턴스 생성
vectorizer = TfidfVectorizer()

# 문서를 TF-IDF 행렬로 변환
tfidf_matrix = vectorizer.fit_transform(documents)

# 특징 이름 얻기
feature_names = vectorizer.get_feature_names_out()

# 특징 이름을 순회하여 각 단어의 TF-IDF 점수 출력
for i, term in enumerate(feature_names):
    tfidf = tfidf_matrix[:, i].toarray().flatten()
    print(f"{term}: {tfidf}")
```

다음과 같은 결과가 출력됩니다.

```
enables:  [0.60366655 0.         0.        ]
fun:      [0.         0.66283998 0.        ]
is:       [0.         0.50410689 0.50410689]
learning: [0.71307037 0.39148397 0.39148397]
machine:  [0.35653519 0.39148397 0.39148397]
useful:   [0.         0.         0.66283998]
```

출력 결과의 각 열은 문서에 해당하며, 행은 단어의 TF-IDF 값을 나타냅니다. 예를 들어 `fun`이라는 단어는 두 번째 문서에만 존재하므로 예상대로 두 번째 열에서만 0이 아닌 값을 갖습니다.

9.4.2. 결과 요약 및 논의

TF-IDF는 개별 문서와 전체 말뭉치 내에서 단어의 중요도를 가중치를 사용하여 효과적으로 표현하는 방법입니다. TF-IDF 값은 특정 문서 내 단어 빈도와 전체 문서에서의 희소성을 함께 고려하여, 각 단어가 문서에서 얼마나 중요한지를 나타냅니다.

앞선 예시에서는 단어별로 서로 다른 TF-IDF 점수가 계산되어, 특정 문서에 고유한 단어와 여러 문서에서 흔히 사용되는 단어를 구별할 수 있었습니다. 이러한 구별 능력은 텍스트 분류, 정보 검색, 특징 선택 등 다양한 응용 분야에서 활용될 수 있으며, 텍스트 데이터의 이해와 처리 수준을 한층 향상시킬 수 있습니다.

9.5 워드 임베딩 개론

자연어 처리의 중요한 발전 중 하나는 단어를 의미 있는 숫자 배열, 즉 밀집 벡터(dense vector) 형태로 변환하는 기법입니다. 이 기법을 워드 임베딩(word embedding)이라 합니다. 워드 임베딩은 요슈아 벤지오(Yoshua Bengio)의 논문인 Neural Probabilistic Language Model[6]에서 처음 소개했습니다.

그런데 밀집 벡터란 정확히 무엇일까요? apple이라는 단어가 있다고 합시다. 워드 임베딩에서 apple은 [0.5, 0.8, 0.2] 같은 일련의 숫자로 표현되는데, 여기서 각 숫자는 연속적인 다차원 공간의 좌표를 뜻합니다. 여기서 '밀집(dense)'하다는 말은 대부분 또는 모든 요소가 0이 아니라는 뜻으로, 많은 요소가 0인 희소 벡터(sparse vector)와 구별됩니다.

간단히 말해, 워드 임베딩은 텍스트 내의 각 단어를 다차원 공간 속 고유한 점으로 변환하는 방식입니다. 이렇게 하면 의미가 비슷한 단어들은 이 공간에서 서로 가까운 위치에 놓이게 되어, 알고리즘이 단어들 간의 관계를 이해할 수 있게 됩니다.

워드 임베딩에서는 각 단어의 '이웃'을 정의하고, 이를 기반으로 단어의 의미와 중요도를 수치화합니다. 이 때 '이웃'이란 특정 단어를 둘러싼 주변 단어들의 집합을 의미합니다.

워드 임베딩 개념을 보다 잘 이해하기 위해, 네 가지 익숙한 과일인 apple, banana, orange, pear로 구성된 단어 집합을 예로 들어보겠습니다. 목표는 이 단어들을 밀집 벡터, 즉 단어의 특정 특징이나 속성을 반영하는 숫자 배열로 표현하는 것입니다.

그렇다면 왜 단어를 이렇게 표현할까요? NLP에서는 단어를 밀집 벡터로 변환함으로써 알고리즘이 서로 다른 단어들 간의 관계를 정량화할 수 있습니다. 본질적으로 추상적인 언어를 수학적으로 측정할 수 있는 형태로 바꾸는 것입니다.

---

6 역자 주 '신경 확률 언어 모델'로 옮길 수 있습니다.

과일 단어들에 대해 단맛, 산도, 과즙 함량 이라는 세 가지 특징을 고려해봅시다. 각 특징에 대해 0에서 1까지의 척도로 점수를 매길 수 있으며, 여기서 0은 해당 특징이 전혀 없음을, 1은 매우 강하게 나타남을 의미합니다. 이러한 평가는 다음과 같이 나타낼 수 있습니다.

```
"apple":  [0.5, 0.8, 0.2] - 적당히 달고, 산미가 강하며, 과즙은 적음
"banana": [0.2, 0.3, 0.1] - 단맛은 약하고, 산미는 보통이며, 과즙이 거의 없음
"orange": [0.9, 0.6, 0.9] - 매우 달고, 다소 산미가 있으며, 과즙이 많음
"pear":   [0.4, 0.1, 0.7] - 적당히 달고, 산미는 거의 없으며, 과즙이 많은 편
```

이 수치는 주관적이며, 미각 테스트나 전문가 의견, 기타 방법 등을 통해서도 도출할 수 있습니다. 하지만 이러한 수치를 활용하면, 단어를 알고리즘이 이해하고 처리할 수 있는 형식으로 변환할 수 있습니다.

이를 시각화하면, 각 축이 단맛, 산도, 과즙 함량을 나타내는 3차원 공간을 떠올릴 수 있습니다. 각 과일의 벡터는 이 공간 안의 특정 지점에 해당하며, 맛이 비슷한 과일일수록 서로 가까운 위치에 놓이게 됩니다.

그렇다면 왜 길이가 3인 밀집 벡터를 사용하는 걸까요? 우리가 표현하려는 특징이 세 가지였기 때문입니다. 다양한 경우에서 표현하려는 특징 수에 따라 벡터의 길이가 달라질 수 있습니다.

이 예시는 워드 임베딩이 단어를 현실 세계의 의미를 담은 벡터로 어떻게 변환하는지 보여줍니다. 이는 기계가 인간의 언어를 이해하고 처리할 수 있도록 하는 중요한 단계입니다.

9.6 Word2Vec으로 워드 임베딩 구현하기

Word2Vec은 단어의 벡터 표현, 즉 워드 임베딩을 얻기 위해 널리 사용되는 대표적인 방법입니다. 이 알고리즘은 **단어를 생성하는 것이 아니라, 각 단어의 의미를 수치적으로 표현한 벡터를 생성**합니다.

Word2Vec의 기본 아이디어는 주어진 텍스트 말뭉치에서 각 단어의 맥락(context)을 예측하기 위해 신경망을 사용하는 것입니다. 신경망은 단어와 그 주변 문맥 단어들을 입력으로 받아 훈련되며, 입력된 단어에 대해 주변 단어들의 확률 분포를 출력하도록 학습합니다.

이렇게 학습된 신경망의 가중치(weight)가 바로 워드 임베딩으로 사용되며, 이후 다양한 자연어 처리 작업에 활용될 수 있습니다.

```
import gensim

# 텍스트 말뭉치 정의
corpus = [['apple', 'banana', 'orange', 'pear'],
          ['car', 'bus', 'train', 'plane'],
          ['dog', 'cat', 'fox', 'fish']]

# 말뭉치로 word2vec 모델 훈련
model = gensim.models.Word2Vec(corpus, window=5, min_count=1, workers=4)
```

`Word2Vec()` 함수의 주요 매개변수를 자세히 살펴봅시다.

- **문장**(sentence): 모델의 입력 데이터입니다. 이 데이터는 전체 말뭉치를 구성하는 문장들이 각각 단어 리스트로 구성되어 있습니다. 즉, 리스트의 각 원소가 리스트인 중첩 리스트입니다.
- **크기**(size): 워드 임베딩의 차원을 설정하는 값입니다. 이는 단어를 나타내는 벡터 값, 즉 특징의 개수를 의미합니다. 일반적인 값은 100이나 300이며, 어휘의 복잡성에 따라 달라질 수 있습니다.
- **윈도우**(window): 윈도우는 문장 내에서 예측에 사용할 대상 단어와 주변 단어의 최대 거리를 설정합니다. 예를 들어 윈도우 크기를 5로 설정하면 알고리즘은 훈련 중 대상 단어 바로 앞뒤의 5개 단어를 고려하게 됩니다.
- **최소 빈도**(min_count): 말뭉치에서 빈도가 낮은 단어는 최소 빈도를 설정하여 모델에서 제외합니다. 가령 `min_count`를 2로 설정하면 전체 문장에서 2번 미만 등장하는 단어는 훈련 과정에서 무시됩니다.
- **워커**(worker): 훈련 중 사용할 처리 스레드의 개수입니다. 이 값을 높이면 멀티 코어 컴퓨터에서 병렬 컴퓨팅이 가능하게 되어 훈련 속도가 빨라집니다.

Word2Vec 모델을 훈련한 후, 이를 제대로 활용하는 방법 중 하나는 바로 임베딩 공간에서 단어들 간의 유사도, 즉 '거리'를 측정하는 것입니다. 이러한 유사도 점수를 통해 모델이 단어 간의 관계를 어떻게 인식하는지 이해할 수 있습니다. 이제 `car`와 `train` 사이의 거리를 살펴보면서 모델을 검증해 봅시다.

```python
print(model.wv.similarity('car', 'train'))
```

```
-0.057745814
```

이제 car와 apple의 유사도를 봅시다.

```python
print(model.wv.similarity('car', 'apple'))
```

```
0.11117952
```

출력 결과에서 모델이 학습한 워드 임베딩에 따른 단어 간 유사도 점수를 확인할 수 있습니다.

9.6.1. 유사도 점수 해석

유사도 점수 해석 방법은 다음과 같습니다.

- **매우 유사함**: 1에 가까운 점수는 강한 유사도를 의미합니다. 이러한 단어는 맥락이나 의미를 공유합니다.
- **적당히 유사함**: 0.5 정도의 점수는 어느 정도 유사함을 의미하며, 공통된 속성이나 주제를 갖습니다.
- **거의 유사하지 않거나 유사하지 않음**: 0에 가깝거나 음수라면 단어가 유사하지 않거나 오히려 뜻이 대조적인 경우입니다.

따라서 이러한 유사도 점수를 통해 단어의 관계를 정량화하여 이해할 수 있으며, 말뭉치의 의미 구조를 보다 깊이 분석하고 다양한 자연어 처리 작업에서 활용할 수 있습니다.

Word2Vec은 단어 간의 의미적 관계를 잘 포착하면서도, 차원을 줄여 후속 자연어 처리 작업의 정확도를 높이는 효율적이고 강력한 텍스트 표현 방법을 제공합니다. 이제 Word2Vec의 장점과 단점을 살펴보겠습니다.

9.6.2. Word2Vec의 장단점

다음은 Word2Vec의 장점입니다.

- **의미 관계 파악**: Word2Vec에서 생성된 임베딩 벡터는 벡터 공간 내에서 의미가 연관된 단어들이 서로 가까운 위치에 배치되도록 구성됩니다. 이러한 공간적 배치는 동의어, 유의어, 유사 표현, 유추 관계 등 문법적 관계 또는 의미 관계를 효과적으로 반영하며, 정보 검색이나 의미 분석과 같은 작업에서 더 나은 성능을 발휘할 수 있도록 돕습니다.
- **차원 축소**: 전통적인 원-핫 인코딩 방식은 단어 수가 많을수록 매우 희소하고 고차원적인 벡터 공간을 생성하게 됩니다. 반면, Word2Vec은 이를 더 조밀하고 낮은 차원의 연속적인 벡터 공간으로 압축합니다(보통 100~300차원). 이러한 압축된 표현은 언어적 패턴을 잘 유지하면서도 계산 효율성을 크게 높일 수 있다는 장점이 있습니다.

Word2Vec 사용 시 단점을 살펴봅시다.

- **복잡한 훈련**: Word2Vec 모델은 특히 어휘 규모가 크고 벡터 차원이 높을수록 많은 계산 자원을 필요로 하며, 학습에 시간이 오래 걸릴 수 있습니다. 이러한 경우 네거티브 샘플링(negative sampling)이나 계층적 소프트맥스(hierarchical softmax)와 같은 최적화 기법을 활용해야 효율적으로 확장할 수 있습니다.
- **해석의 어려움**: Word2Vec에서 생성된 벡터는 연속적이고 밀집된 수치적 표현이기 때문에 사람이 직관적으로 해석하기 어렵습니다. 전통적인 언어학적 특징은 명사 또는 동사처럼 무엇을 나타내는지 의미가 명확하지만, 벡터의 차원은 이 숫자가 어떤 의미를 갖는지 파악하기 어렵다는 한계가 있습니다.
- **텍스트 전처리에 민감함**: Word2Vec 임베딩의 품질과 효과는 텍스트 전처리 방식에 따라 크게 달라질 수 있습니다. 예를 들어 토큰화, 어간 추출, 표제어 추출, 불용어 제거 등의 전처리 방식이 벡터 공간 내 단어 간의 상대적 위치에 영향을 줄 수 있으며, 결국 후속 작업의 성능에도 영향을 미칠 수 있습니다. 따라서 전처리 단계는 신중하게 설계해야 합니다.

이어서 이번 9장에서 소개한 모든 개념을 종합하는 레스토랑 리뷰에 대한 사례 연구를 살펴봅시다.

9.7 사례 연구: 레스토랑 리뷰 감성 분석

옐프(Yelp)[7] 리뷰 데이터셋을 활용하겠습니다. 이 데이터셋은 리뷰의 레이블을 긍정(별 5개) 또는 부정(별 1개)으로 매깁니다. 이번 예제에서는 레스토랑의 리뷰를 긍정 또는 부정으로 분류할 수 있는 모델을 훈련하겠습니다.

이러한 처리 파이프라인을 다음 단계에 따라 구현해봅시다.

9.7.1. 필요 라이브러리 및 데이터셋 가져오기

먼저, 필요한 패키지를 가져옵니다.

```python
import numpy as np
import pandas as pd
import re
from nltk.stem import PorterStemmer
from nltk.corpus import stopwords
```

그다음 .csv 파일에서 데이터셋을 가져옵니다.

```python
url = 'https://storage.googleapis.com/neurals/data/2023/Restaurant_Reviews.tsv'
dataset = pd.read_csv(url, delimiter='\t', quoting=3)
dataset.head()
```

```
                                              Review  Liked
0                              Wow... Loved this place.      1
1                                  Crust is not good.      0
2            Not tasty and the texture was just nasty.      0
3   Stopped by during the late May bank holiday of...      1
4   The selection on the menu was great and so wer...      1
```

---

[7] 역자 주 Yelp는 음식점 등 지역 상점에 대한 리뷰와 별점을 남길 수 있는 플랫폼입니다.

9.7.2. 정제된 말뭉치 구축: 텍스트 데이터 전처리

다음으로 각 리뷰에 어간 추출과 불용어 제거를 적용해 텍스트를 정제합니다.

```python
def clean_text(text):
    text = re.sub('[^a-zA-Z]', ' ', text)
    text = text.lower()
    text = text.split()
    ps = PorterStemmer()
    text = [
        ps.stem(word) for word in text
        if not word in set(stopwords.words('english'))]
    text = ' '.join(text)
    return text

corpus = [clean_text(review) for review in dataset['Review']]
```

이 코드는 데이터셋의 각 리뷰('Review' 열)에 clean_text 함수를 적용해 전처리한 뒤, 결과를 corpus 리스트에 저장합니다.

9.7.3. 텍스트 데이터를 숫자 특징으로 변환하기

이제 특징(X)과 레이블(y)을 정의해봅시다. 특징은 예측을 위한 입력값으로 사용되는 독립 변수 또는 데이터 속성을 의미합니다. **레이블**은 모델이 예측하도록 훈련되는 종속 변수 또는 목표값으로, 특징에 대응하는 결과를 나타냅니다.

```python
vectorizer = CountVectorizer(max_features=1500)
X = vectorizer.fit_transform(corpus).toarray()
y = dataset.iloc[:, 1].values
```

데이터를 훈련 및 테스트 데이터로 분할합시다.

```python
X_train, X_test, y_train, y_test = train_test_split(X, y, test_size=0.20, random_state=0)
```

모델을 훈련을 위해 7장에서 학습한 나이브 베이즈 알고리즘을 사용합니다.

```
classifier = GaussianNB()
classifier.fit(X_train, y_train)
```

테스트 데이터셋의 결과를 예측해봅시다.

```
y_pred = classifier.predict(X_test)
```

다음으로 혼동 행렬을 출력합니다. 혼동 행렬은 분류 모델의 성능을 시각적으로 보여주는 표(table)라는 점을 기억합시다.

```
cm = confusion_matrix(y_test, y_pred)
print(cm)
```

```
[[55 42]
 [12 91]]
```

9.7.4. 결과 분석하기

모델이 잘못 분류한 결과는 혼동 행렬로 확인할 수 있습니다. 이 예제에서의 결과는 다음과 같습니다.

- 55개의 참 음성(부정 리뷰를 올바르게 예측한 경우)
- 42개의 거짓 양성(부정 리뷰를 긍정으로 잘못 예측한 경우)
- 12개의 거짓 음성(긍정 리뷰를 부정으로 잘못 예측한 경우)
- 91개의 참 양성(긍정 리뷰를 올바르게 예측한 경우)

91개의 참 양성과 51개의 참 음성은 모델이 긍정적 리뷰와 부정적 리뷰를 구분하는 데 어느 정도 합리적인 성능을 보임을 나타냅니다. 그러나 42개의 거짓 양성과 12개의 거짓 음성은 아직 개선할 부분이 있음을 보여줍니다.

레스토랑 리뷰라는 맥락에서 이러한 수치를 이해하는 것은 업주와 고객 모두에게 유용합니다.

참 양성과 참 음성 비율이 높다는 것은 모델이 전반적인 감성을 비교적 정확하게 파악할 수 있다는 것을 의미하며, 이는 서비스 개선을 원하는 레스토랑이나 솔직한 리뷰를 찾는 잠재 고객에게 매우 가치 있는 정보가 될 수 있습니다. 반대로 거짓 양성과 거짓 음성의 존재는 모델은 오분류를 줄이고 더 정확한 통찰을 제공하기 위해 미세 조정이 필요하다는 점을 시사합니다.

9.8 자연어 처리 응용 분야

자연어 처리 기술의 지속적인 발전은 컴퓨터와 상호작용하는 방식에 혁신을 일으켰습니다. 특히 최근 몇 년간 괄목할 만한 진보를 이루며, 다음과 같은 여러 분야에서 인상 깊은 성과를 거두었습니다.

- **주제 식별**: 텍스트 데이터에서 주제를 찾아내고, 해당 주제에 따라 문서를 분류합니다.
- **감성 분석**: 텍스트에 담긴 감성을 긍정 또는 부정으로 분류합니다.
- **기계 번역**: 서로 다른 언어 간 번역을 수행합니다.
- **음성 인식**: 음성으로 말한 내용을 텍스트로 변환합니다.
- **질의 응답**: 주어진 정보를 기반으로 질문을 이해하고 적절한 답변을 제공합니다. 질문을 명확히 이해하고 기존 지식이나 데이터를 바탕으로 관련 있는 답을 제시합니다.
- **개체 인식**: 텍스트에서 사람, 장소, 사물 등의 개체를 식별합니다.
- **가짜 뉴스 탐지**: 콘텐츠 내용을 기반으로 가짜 뉴스를 식별합니다.

요약

9장에서는 말뭉치, 워드 임베딩, 언어 모델링, 기계 번역, 감성 분석과 같은 자연어 처리에 관련된 기본 용어를 설명했습니다. 텍스트를 토큰이라는 더 작은 단위로 나누는 토큰화, 어간 추출 및 불용어 제거 등 자연어 처리에서 필수적인 다양한 텍스트 전처리 방법도 다루었습니다.

또한 워드 임베딩을 설명하고 레스토랑 리뷰 감성 분석 사례를 살펴보았습니다. 이제 여러분은 자연어 처리의 기본 이론과 실제 문제에 적용하는 방법을 보다 깊이 이해하게 되었습니다.

다음 장에서는 순차 데이터(sequential data)에 대해 신경망을 훈련하는 방법을 알아봅니다. 또한 딥러닝을 통해 이번 장에서 다룬 자연어 처리 기법을 한층 더 향상시킬 수 있는 방법도 살펴보겠습니다.

10장 순차 모델 이해하기

> 시퀀스는 컬렉션으로는 절대 불가능한 방식으로 작동합니다.
>
> 조지 머리(George Murray)

이 장에서는 머신러닝의 주요 모델 가운데 순차 모델(sequential model)을 다룹니다. 순차 모델의 핵심적인 특징은 각 층의 출력이 다음 층의 입력으로 연결되도록 구성되어 있다는 점입니다. 이러한 구조는 순차 데이터를 처리하는 데 매우 적합합니다. 순차 데이터는 문서의 문장이나 주가와 같은 시계열 데이터 등 요소들이 일정한 순서에 따라 배열된 데이터를 의미합니다.

이번 장에서는 먼저 순차 데이터의 특성에 대해 살펴본 후, RNN(Recurrent Neural Network, 순환 신경망)의 작동 원리와 이를 활용한 순차 데이터 처리 방법을 설명합니다. 이어서, 정확도를 떨어뜨리지 않으면서 RNN의 한계를 보완할 수 있는 GRU(Gated Recurrent Unit, 게이트 순환 유닛)에 대해 살펴보고, LSTM(Long Short-Term Memory, 장단기 메모리)의 구조도 다룹니다. 마지막으로, 다양한 순차 모델 구조를 비교하고, 각각을 어떤 상황에서 사용하는 것이 적절한지에 대한 권장 사항을 제시합니다.

앞으로 살펴볼 주요 개념은 다음과 같습니다.

- 순차 데이터
- RNN의 순차 데이터 처리 방식
- GRU를 통한 순환 RNN 한계 극복
- LSTM

먼저 순차 데이터의 특성을 살펴봅시다.

10.1 순차 데이터 이해

순차 데이터는 요소의 순서가 중요한 데이터입니다. 순차 데이터에서 각 요소는 선행 요소와의 관계에 영향을 받습니다. 이러한 **순차적 동작**(sequential behavior)은 개별 요소뿐만 아니라 요소가 발생하는 패턴이나 순서 자체를 통해서도 정보를 전달한다는 특징이 있습니다. 순차 데이터에서 현재 관측한 값은 외부 요인뿐만 아니라 이전 관측 값에 따라서도 영향 받습니다. 이러한 요소 간 관계성이 바로 순차 데이터의 핵심적인 특징입니다.

순차 데이터가 다양한 분야에서 어떻게 활용되는지 이해하려면, 먼저 그 유형을 파악할 필요가 있습니다. 다음은 순차 데이터의 주요 유형입니다.

- **시계열 데이터(time series data)**: 시간 순으로 나열된 일련의 데이터 포인트입니다. 어떤 시점의 어떠한 값이든 이전 값에 영향을 받습니다. 시계열 데이터는 경제학, 재무, 헬스케어를 포함하는 다양한 분야에서 널리 사용됩니다.
- **텍스트 데이터(textual data)**: 텍스트 데이터도 단어, 문장, 단락의 순서로 의미를 전달할 수 있다는 점에서 사실상 순차 데이터입니다. **자연어 처리(NLP)** 에서는 인간의 언어를 분석하고 이해하기 위해 이러한 순차적 특징을 활용합니다.
- **시공간 데이터(spatial-temporal data)**: 시간과 공간적 관계를 모두 포착하는 데이터로, 예를 들면 특정 지리적 영역의 시간에 따른 날씨 패턴이나 교통 흐름 같은 데이터가 있습니다.

이러한 순차 데이터가 현실에서 나타나는 모습은 다음과 같습니다.

- **시계열 데이터**: 시계열 데이터는 금융 시장의 활발한 변화에 따라 지속적으로 변동되는 주가의 양상을 잘 드러냅니다. 또한 사회학 연구에서는 경제적 상황이나 사회 정책과 같은 요인에 따라 연도별로 변화하는 출산율을 분석하는 데 활용할 수 있습니다.
- **텍스트 데이터**: 텍스트의 순차적 특성은 문학 작품과 저널리즘에서 매우 중요합니다. 소설, 뉴스 기사, 수필 등에서 단어, 문장, 단락의 순서는 서사와 논지를 구성하여 개별 단어 이상의 의미를 전달합니다.
- **시공간 데이터**: 시공간 데이터는 도시 개발과 환경학 연구에 필수적입니다. 예를 들어, 경제 동향을 파악하기 위해 여러 지역의 주택 가격을 시간에 따라 추적할 수 있고, 기상 연구에서는 특정 지점의 날씨 변화를 모니터링하여 날씨 패턴이나 자연 현상을 예측할 수 있습니다.

이러한 실제 사례들은 다양한 데이터에 내재된 순차적 동작(sequential behavior)을 활용하여 여러 분야에서 통찰을 얻고 의사 결정을 내리는 방식의 좋은 예시입니다.

딥러닝에서 순차 데이터를 처리하려면 순차 모델(sequential model)과 같은 특화된 신경망 구조가 필요합니다. 이러한 순차 모델은 순차 데이터 요소 사이에 내재된 시간적 의존성을 파악하고 활용하도록 설계되었습니다. 순차 모델은 이러한 시간 의존성을 인식하여 세밀한 의미를 파악하는 효과적인 머신러닝 모델을 만드는 견고한 프레임워크를 제공합니다.

요약하자면 순차 데이터는 다양한 분야에서 활용되는 풍부하고 복합적인 데이터입니다. 데이터 과학자들은 이러한 순차 데이터의 특성과 종류를 이해하고 이에 특화된 모델을 활용함으로써 더 강력한 예측 도구를 만들 수 있습니다. 기술적인 내용을 살펴보기 전에, 먼저 다양한 순차 모델의 종류를 알아봅시다.

10.1.1. 순차 모델의 종류

순차 모델은 입출력 데이터에 따라 다양한 종류로 나뉩니다. 텍스트 정보, 수치 데이터, 시간에 따른 패턴 등 데이터의 고유 특성뿐만 아니라, 해당 데이터가 처리 과정 전반에서 변화하는 방식도 고려하여 모델을 분류할 수 있습니다. 이러한 특징에 따라, 순차 모델의 주요 유형은 다음 세 가지로 나눌 수 있습니다.

10.1.1.1. 일대다

일대다(one-to-many) 순차 모델에서는 하나의 입력이나 사건으로 전체 시퀀스를 생성할 수 있습니다. 이러한 독특한 특성 덕분에 일대다 모델은 매우 다양하게 응용할 수 있지만, 동시에 훈련과 구현 과정이 복잡해지기도 합니다. 생성형 AI 기술이 계속해서 발전함에 따라 이러한 모델의 활용 가능성은 더욱 커지고 있으며, 그 잠재력을 제대로 활용하기 위해서는 모델의 능력을 이해하고, 훈련 및 구현의 복잡성을 인식하는 것이 핵심입니다.

일대다 순차 모델은 그림 10-1에 나와 있습니다.

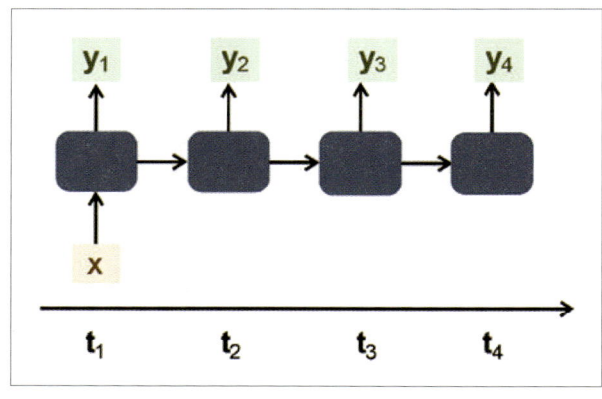

〈그림 10-1〉 일대다 순차 모델

일대다 모델의 특징, 능력, 도전 과제에 대해 자세히 살펴봅시다.

- **폭넓은 응용:** 하나의 입력을 의미 있는 시퀀스로 변환하는 능력 덕분에, 일대다 모델은 활용도가 높은 강력한 도구입니다. 이 모델은 시를 쓰거나, 그림이나 회화 같은 예술을 창작하거나, 맞춤형 자기소개서 작성까지도 활용될 수 있습니다.
- **생성형 AI의 한 유형:** 일대다 모델은 생성형 AI의 범주에 속합니다. 빠르게 성장하는 생성형 AI 분야의 목표는 일관적이면서 맥락에 부합하는 새로운 콘텐츠를 만드는 데 있습니다. 그렇기 때문에 일대다 모델은 다양한 분야에 폭넓게 활용될 수 있습니다.
- **고비용 훈련 과정:** 일대다 모델의 훈련은 다른 순차 모델에 비해 일반적으로 시간이 많이 소요되며 계산 비용도 비쌉니다. 그 이유는 하나의 입력을 여러 가능한 출력 결과로 변환하는 복잡성 때문인데, 모델이 입출력의 관계뿐만 아니라 생성된 시퀀스에 내재된 복잡한 패턴과 구조도 학습해야 하기 때문입니다.

일대일 모델은 단일 입력이 단일 출력으로, 다대다 모델은 순차적 입력이 순차적 출력으로 이어지는 것과 달리, 일대다 모델은 단일 시작점으로부터 풍부하면서도 구조화된 시퀀스를 추측(extrapolate)[1] 하도록 학습해야 합니다. 이를 위해 기본 패턴에 대해 깊이 이해해야 하며, 더 정교한 훈련 알고리즘이 필요할 수 있습니다.

일대다 모델도 넘어야 할 산은 있습니다. 생성된 시퀀스가 일관적이고 연관성이 있으며 창의적이려면, 섬세한 설계와 파인튜닝이 필요합니다. 이 때문에 모델 훈련을 위해 방대한 데이터셋과 특정 분야에 대한 전문 지식이 필요한 경우가 많습니다.

10.1.1.2. 다대일

다대일 순차 모델은 순차적인 입력을 하나의 출력으로 변환하는 데이터 분석에 특화된 도구입니다. 여러 입력을 합성(synthesizing)하여 응축된 하나의 출력으로 만드는 과정이 다대일 모델의 핵심이며, 이를 통해 데이터의 본질적인 특징을 추출할 수 있습니다.

다대일 모델은 감성 분석과 같은 다양한 분야에서 활용할 수 있습니다. 감성 분석에서는 리뷰나 게시물 같은 순차적으로 나열된 단어를 분석하여 긍정, 부정, 중립 같은 전반적인 감성을 판단합

---

[1] **역자 주** 외삽 또는 보외법이라고도 하며, 주어진 데이터 범위를 벗어난 변수 값을 다른 변수와의 관계를 통해 예측하는 방법입니다.

니다. 이러한 다대일 순차 모델은 그림 10-2에 나타나 있습니다.

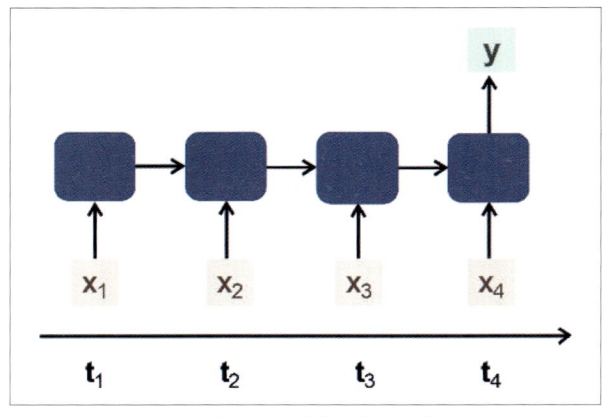

〈그림 10-2〉 다대일 순차 모델

다대일 모델의 훈련 과정은 복잡하지만 모델의 핵심 기능을 위해 매우 중요합니다. 이는 하나의 입력에서 시퀀스를 생성하는 일대다 모델과 대조적입니다. 다대일 모델은 정보를 효율적으로 압축해야 하므로 알고리즘을 신중하게 선택하고 매개변수를 정확하게 조정해야 합니다.

다대일 모델의 훈련은 입력 시퀀스의 핵심 특성을 파악하고 이를 정확히 출력할 수 있도록 학습하는 과정입니다. 이 과정에서 불필요한 정보는 버리는데, 이는 섬세하게 균형을 맞춰야 하는 작업입니다. 또한 훈련 과정에서 입력 데이터의 특징에 특화된 전처리 및 특징 공학이 필요한 경우도 많습니다.

앞서 설명했듯이 다대일 모델의 훈련은 다른 모델보다 넘어야 할 산이 더 많습니다. 데이터에 내재된 관계를 보다 깊게 이해해야 하기 때문입니다. 성공적인 모델을 위해서는 훈련 시 모델의 성능을 지속적으로 모니터링하면서 데이터와 하이퍼파라미터(hyperparameter)를 체계적으로 선택해야 합니다.

다대일 모델은 복잡한 데이터를 이해 가능한 정보로 단순화하는 능력이 뛰어납니다. 따라서 요약, 분류, 예측과 같은 다양한 산업 분야에 활용될 수 있습니다. 설계와 훈련이 까다롭더라도, 순차 데이터를 해석하는 능력을 통해 데이터 분석에서 복잡하고 어려운 문제에 대한 창조적인 해결 방법을 제공합니다.

따라서 다대일 순차 모델은 현대 데이터 분석에서 매우 중요한 도구이며, 이 모델의 훈련 과정을 정확히 이해하는 것은 그 잠재력을 온전히 활용하기 위해 필수적입니다. 이 모델의 훈련 과정은 알고리즘 선택, 매개변수 조정, 도메인 전문성에서 다른 모델보다 한층 더 세심한 접근이 요구된다는 점이 특징입니다. 앞으로 이 분야가 발전함에 따라, 다대일 모델은 데이터 해석과 응용 측면에서 계속해서 유의미한 기여를 할 것입니다.

10.1.1.3. 다대다

이 모델은 순차 데이터를 입력으로 받아 처리한 뒤, 다시 순차 데이터를 출력하는 순차 모델입니다. 대표적으로 기계 번역이 있으며, 이는 한 언어의 단어 시퀀스를 다른 언어의 시퀀스로 변환하는 작업입니다. 예를 들면, 영어 문장을 프랑스어로 번역하는 경우가 이에 해당합니다.

수많은 기계 번역 모델이 이 유형에 속하지만, 그 중 가장 유명한 것은 특히 LSTM(Long Short-Term Memory, 장단기 메모리) 신경망을 갖는 **Seq2Seq(Sequence-to-Sequence)** 모델입니다. Seq2Seq 모델은 영어-프랑스어 번역과 같은 작업에서 표준이 되었고, 다양한 자연어 처리 프레임워크와 도구로 구현되어 왔습니다. 다대다 순차 모델은 그림 10-3에 나와 있습니다.

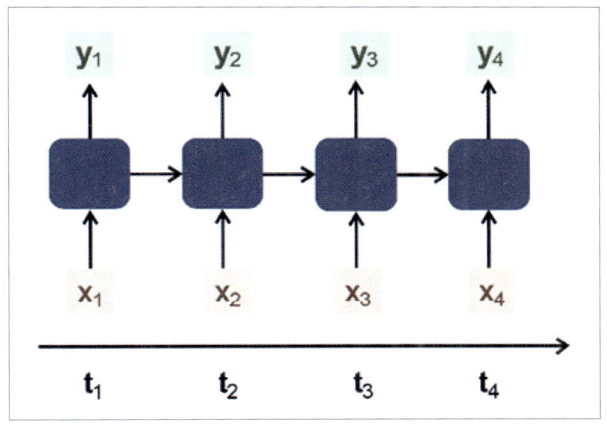

〈그림 10-3〉 다대다 순차 모델

지난 수년간 머신러닝의 처리와 훈련을 위해 순차 데이터를 활용한 다양한 알고리즘이 개발되어 왔습니다. 이제 순차 데이터를 3차원 데이터 구조로 표현하는 방법을 살펴보겠습니다.

10.2 순차 모델의 데이터 표현

타임스텝(timestep)은 **데이터에 깊이(depth)를 더해 3차원 구조를 형성**합니다. 순차 데이터에서 차원의 단위(unit)나 인스턴스를 **타임스텝**이라 합니다. 중요한 것은 이 차원 자체가 타임스텝일 뿐만 아니라, 그 차원 안의 각 개별 데이터 포인트도 타임스텝이라는 점입니다. 그림 10-4는 RNN 훈련에 사용된 3차원 데이터를 나타내며, 타임스텝이 추가되는 방식이 명확하게 표현되어 있습니다.

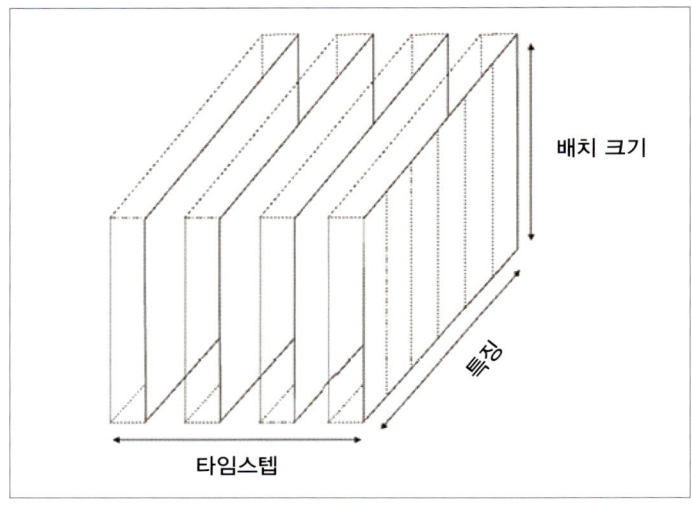

〈그림 10-4〉 RNN 훈련에 사용된 3D 자료구조

타임스텝이라는 개념이 새로 도입되었으므로 이를 효과적으로 표현할 특별한 표기법을 사용합니다. 변수의 위첨자에 꺾쇠괄호로 타임스텝을 감싸 표시하는 방식입니다. 예를 들어, stock_price$^{<1>}$과 stock_price$^{<2>}$는 각각 타임스텝 t_1과 t_2에서의 stock_price 값을 의미합니다.

데이터를 배치(batch)로 나누는 선택, 즉 **길이(length)를 정하는 과정**은 의도적인 설계 결정일 수도 있고 외부 도구나 라이브러리에 의해 영향을 받을 수도 있습니다. 머신러닝 프레임워크는 종종 데이터를 자동으로 배치하는 기능을 제공하지만, 최적의 배치 크기를 결정하려면 실험과 도메인 지식이 함께 필요합니다.

이제 순차 모델링 기법에 대한 논의를 RNN부터 시작하겠습니다.

10.3 RNN 개론

RNN(Recurrent Neural Network, 순환 신경망)은 순차 데이터를 처리하기 위해 특별히 설계된 신경망의 한 종류입니다. 다음은 RNN의 주요 특징입니다.

순환(recurrent)이라는 용어는 RNN의 독특한 피드백 루프에서 유래합니다. 기존의 일반적인 신경망은 상태를 기억하지 않고 현재 입력만을 기반으로 출력을 생성하는 반면, RNN은 시퀀스의 한 단계에서 다음 단계로 상태(state)를 전달합니다.

RNN에서 실행(run)이라는 표현은 시퀀스 내 개별 요소를 한 번 처리하는 과정을 의미합니다. RNN은 시퀀스의 각 요소를 처리할 때마다, 즉, 각 실행마다 이전 단계에서 얻은 정보 일부를 기억합니다.

RNN의 핵심은 바로 이러한 기억 유지 능력에 있습니다. 이는 이전 실행에서 전달된 상태, 즉 메모리를 추가 입력으로 받아들이는 구조를 통해 이루어집니다. 이 메커니즘 덕분에 RNN은 시퀀스 내 요소 간의 의존성(예를 들어 문장 내 연속된 단어들 간의 관계)을 인식하고 학습할 수 있습니다.

이제 RNN의 구조를 자세히 학습해봅시다.

10.3.1. RNN 구조 이해

먼저, 몇 가지 변수를 정의합시다.

- $x^{<t>}$: 타임스텝 t에서의 입력
- $y^{<t>}$: 타임스텝 t에서의 실제 출력(ground truth)[2]
- $\hat{y}^{<t>}$: 타임스텝 t에서 예측한 출력

---

[2] 역자 주 'ground truth'란 추론한 결과와 대비되는 개념으로, 직접 관측하거나 측정하여 얻은 실제 값 또는 참인 정보입니다. (참고: https://en.wikipedia.org/wiki/Ground_truth)

10.3.1.1. 메모리 셀과 은닉 상태

RNN은 여러 타임스텝을 거치며 발전함에 따라 맥락을 기억하고 유지하는 능력 덕분에 다른 모델과 차별화됩니다. 특정 타임스텝 t의 상태는 $h^{<t>}$로 나타내며, 여기서 h는 은닉(hidden) 상태를 의미합니다. 이는 특정 타임스텝까지 학습한 정보를 요약한 값입니다.

그림 10-5에서 볼 수 있듯이, RNN은 각 타임스텝마다 은닉 상태를 갱신하며 계속해서 학습을 이어갑니다. RNN은 이렇게 갱신된 은닉 상태를 통해 각 타임스텝에서의 맥락을 보존합니다.

여기서 말하는 맥락(context)이란 이전 타임스텝들로부터 RNN이 보존하고 있는 정보의 집합을 의미합니다. 이를 통해 RNN은 각 타임스텝의 상태를 기억하고 이를 다음 타임스텝으로 전달하면서 시퀀스를 따라 진행합니다. 이러한 은닉 상태 덕분에 RNN은 상태를 가지는(stateful) 모델이 됩니다.

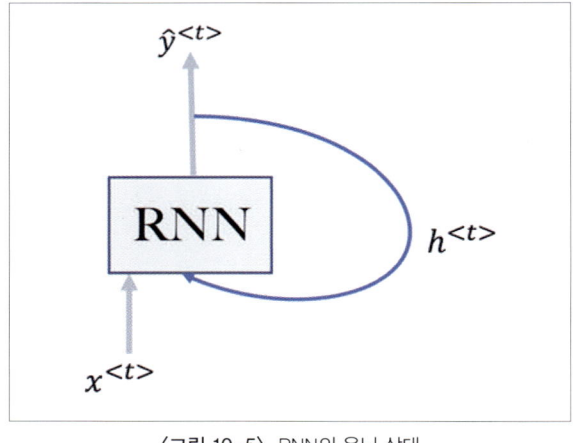

〈그림 10-5〉 RNN의 은닉 상태

예를 들어, RNN을 사용해 영어 문장을 프랑스어로 번역한다고 가정해보겠습니다. 이때 각 입력 문장은 순차 데이터로 정의되어야 합니다. 올바른 번역을 위해 RNN은 각 단어를 하나 하나 번역하는 것이 아닌 지금까지 번역한 단어들의 맥락을 파악해야 문장 전체를 정확하게 번역할 수 있습니다. 이러한 맥락은 각 타임스텝마다 계산되고 저장되는 은닉 상태(hidden state)를 통해 형성되며, 이 은닉 상태는 다음 타임스텝으로 계속 전달됩니다.

 **MEMO** RNN이 후속 타임스텝에서 활용하기 위해 상태를 기억하는 전략은 새로운 연구 과제를 동반합니다. 예를 들어, 무엇을 기억하고 무엇을 잊을 것인지, 그리고 아마도 가장 까다로운 문제인 언제 잊을 것인지에 대한 질문들입니다. GRU나 LSTM과 같은 RNN의 변형 모델들은 이러한 문제에 대해 서로 다른 방식으로 해답을 제시합니다.

10.3.1.2. 입력 변수의 특징

이제 입력 변수 $x^{<t>}$에 대해 더 깊이 이해하고, RNN에서 이를 어떻게 인코딩하는지 살펴보겠습니다. RNN의 핵심 응용 분야 중 하나는 자연어 처리(NLP)이며, 이 경우 순차 데이터는 **문장**으로 구성됩니다. 각 문장은 **단어들의 시퀀스**로 구성되며, 다음과 같이 표현할 수 있습니다.

$$\{x^{<1>}, x^{<2>}, \ldots, x^{<T>}\}$$

여기서 $x^{<t>}$는 문장 내 개별 단어를 의미합니다. 혼동을 피하기 위해 덧붙이자면 $x^{<t>}$은 전체 문장이 아니라 문장 내의 하나의 단어입니다.

각 단어 $x^{<t>}$는 원-핫 벡터로 인코딩됩니다. 이 벡터의 길이는 $|V|$로 정의되며 다음과 같은 의미를 가집니다.

- V는 중복되지 않는 단어의 집합입니다.
- $|V|$는 V에 포함된 단어의 총 개수입니다.

일반적인 응용 사례에서는 V를 일반적인 영어 사전에 수록된 전체 단어 집합으로 생각할 수 있으며, 이는 대략 15만 개 정도의 단어에 이를 수 있습니다. 그러나 실제 NLP 작업에서는 이 방대한 단어 중 일부만 필요합니다.

참고로 V와 $|V|$는 반드시 구분해야 합니다. V는 어휘집(vocabulary), 즉 중복되지 않은 단어 집합을 의미하고, $|V|$는 그 어휘집의 크기(단어 수)를 나타냅니다.

여기서 사전이라는 표현은 일반적인 영어 사전의 개념을 바탕으로 한 것이지만, 실제로는 커먼 크롤(Common Crawl)[3]처럼 수천만 개 이상의 단어를 포함하는 훨씬 방대한 말뭉치(corpus)도 존재합니다.

---

3 **역자 주** 커먼 크롤은 웹 상의 데이터를 자동으로 크롤링하여 저장한 데이터셋을 오픈 소스로 제공하는 비영리 조직입니다.

대부분의 분야에서는 커먼 크롤에 있는 단어 중 일부(subset)만 사용해도 충분합니다. 이를 수식으로 나타내면 다음과 같습니다.

$$x^{<t>} \in R^{|V|}$$

RNN의 작동 방식을 이해하기 위해 첫 번째 타임스텝, t1을 살펴봅시다.

10.3.2. 첫 번째 타임스텝에서 RNN 훈련하기

RNN은 시퀀스를 한 타임스텝씩 순차적으로 분석하며 작동합니다. 이 과정의 초기 단계를 살펴보겠습니다. 첫 번째 타임스텝 t1에서 신경망은 $x^{<1>}$으로 표현되는 입력을 받습니다. 이 입력을 바탕으로 RNN은 첫 번째 예측값 $\hat{y}^{<1>}$을 생성합니다. RNN은 각 타임스텝 t마다 이전 타임스텝에서 얻은 은닉 상태 $h^{<t-1>}$을 활용하여 맥락 정보를 제공합니다.

하지만 t1은 이제 막 시작했기 때문에 참조할 은닉 상태가 없습니다. 따라서 은닉 상태 $h^{<0>}$는 0으로 시작합니다.

10.3.2.1 활성화 함수의 작동

그림 10-6에는 A로 표시된 요소가 있습니다. 이는 신경망에서 매우 중요한 구성요소인 활성화 함수를 나타냅니다. 활성화 함수는 다음 계층에 어느 정도의 신호를 전달할지 결정하는 역할을 합니다. 첫 번째 타임스텝에서 활성화 함수는 입력 $x^{<1>}$과 이전 은닉 상태 $h^{<0>}$를 둘 다 받습니다.

8장에서 설명한 대로 신경망의 활성화 함수는 입력을 바탕으로 뉴런의 출력을 결정하는 수식입니다. 활성화 함수의 주된 역할은 신경망에 비선형성(non-linearity)을 도입함으로써 오류로부터 학습하고 조정(adjustment)할 수 있도록 합니다. 이는 복잡한 패턴을 학습하는 데 필수적입니다.

많은 신경망에서 자주 선택하는 활성화 함수 중 하나는 바로 tanh[4]입니다. 그렇다면 이 함수를 선호하는 이유는 무엇일까요?

---

4   역자 주 하이퍼볼릭 탄젠트 함수

신경망의 세계 역시 넘어야 할 산이 있습니다. 이 가운데에는 **기울기 소실 문제**(vanishing gradient problem)가 있습니다. 간단히 말해 모델을 계속 훈련하다 보면 가중치를 조정하는 경사 값(gradient value)이 점점 작아지는 경향이 있으며, 이 상태가 이어지면 신경망의 가중치에 대한 변화가 거의 무시될 수 있습니다. 이렇게 너무 미세한 조정은 학습 과정을 아주 느리게 만들고, 때로는 멈추게 만들기도 합니다. 바로 여기서 'tanh' 함수가 빛을 발합니다. tanh 함수는 이러한 기울기 소실 문제를 어느 정도 완화시켜 훈련 과정을 보다 일관되고 효율적으로 이끌어 주는 역할을 합니다.

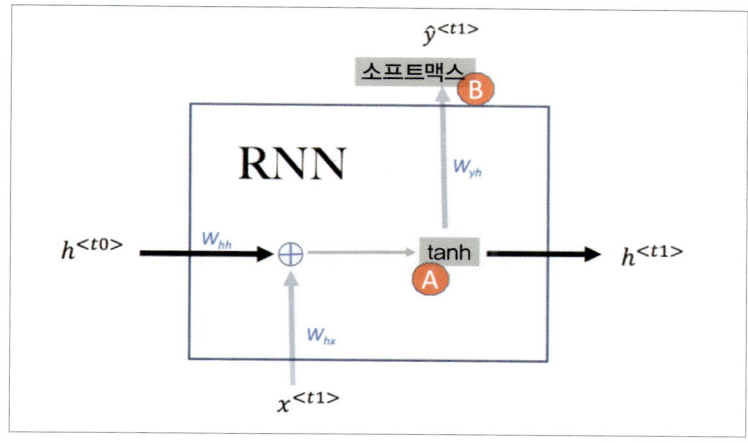

〈그림 10-6〉 타임스텝 t1에서 훈련 중인 RNN

그림에서 활성화 함수의 출력을 따라가면 은닉 상태 $h^{<t1>}$의 값으로 이어집니다. 수학적으로 이러한 관계는 다음과 같이 표현할 수 있습니다.

〈수식 10-1〉

$$h^{<t1>} = tanh(W_{hh} h^{<t0>} + W_{hx} x^{<t1>} + b_h)$$

이러한 은닉 상태는 단순한 전달 단계가 아닙니다. 다음 타임스텝 t2로 넘어갈 때 값을 유지하도록 합니다. 마치 바통을 전달하는 계주 선수처럼, 한 타임스텝에서 그다음 타임스텝으로 맥락을 이어줌으로써 시퀀스 내에서 연속성을 보장하는 역할을 합니다.

그림 10-7에서 B로 표시된 두 번째 활성화 함수는 타임스텝 t1에서 예측한 출력 $\hat{y}^{<t1>}$을 생성하는 데 사용됩니다. 이러한 활성화 함수의 선택은 출력 변수의 종류에 따라 달라집니다. 예를 들

어 RNN을 주가 예측에 활용할 경우, 출력 변수가 연속적이므로 ReLU 함수를 적용할 수 있습니다. 반면 여러 게시물에서 감성 분석을 수행하는 경우, 활성화 함수는 시그모이드가 될 수 있습니다. 그림 10-7에서는 다중 클래스 출력 값을 추정하므로 소프트맥스 활성화 함수를 사용합니다.

다중 클래스 출력 변수는 예측 결과가 여러 클래스 중 하나에 속하는 상황을 의미합니다. 이는 머신러닝 분류 문제에서 흔히 다루는 유형으로, 입력을 사전에 정의한 여러 범주로 분류하고자 하는 경우에 해당합니다. 예를 들어 어떤 대상을 자동차, 자전거, 버스로 구분하는 경우 출력 변수는 여러 개의 클래스가 될 수 있으므로 이를 **다중 클래스(multiclass)**라 합니다. 수학적으로는 다음과 같이 나타낼 수 있습니다.

〈수식 10-2〉

$$\hat{y}^{<t>} = softmax(W_{yh} h^{<t>} + b_y)$$

수식 10-1과 10-2를 보면 RNN을 훈련하는 목표는 3개의 가중치 행렬(W_{hx}, W_{hh}, W_{yh})과 2개의 편향(b_h, b_y)에 대한 최적 값을 찾는 것임이 분명합니다. 이러한 가중치와 편향은 훈련이 진행됨에 따라 모든 타임스텝에서 일관되게 유지됩니다.

10.3.2.2. RNN에 전체 시퀀스 학습시키기

앞서 첫 번째 타임스텝 t1의 은닉 상태에 대한 수식을 알아보았습니다. 이제 그림 10-7과 같이 여러 타임스텝을 거치며 전체 시퀀스를 훈련하는 RNN의 작동 방식을 살펴보겠습니다.

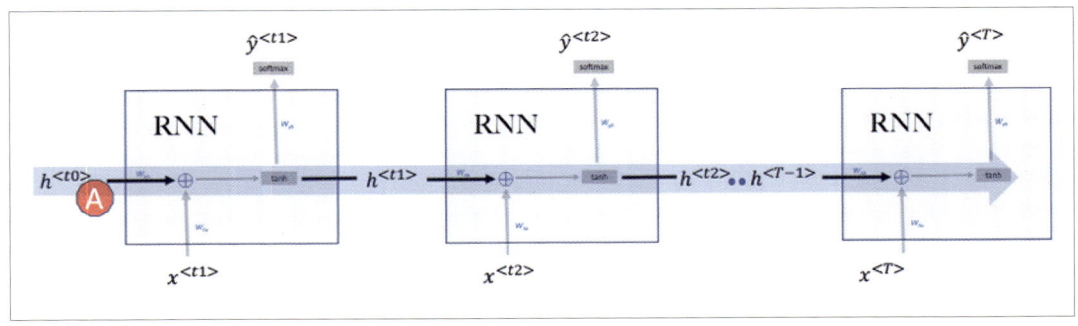

〈그림 10-7〉 RNN의 순차 처리

 **MEMO** 그림 10-7에서 은닉 상태가 화살표 A 방향으로 맥락을 전달하면서 왼쪽에서 오른쪽으로 이동하는 것을 볼 수 있습니다. RNN 및 변형 모델들이 정보를 시간에 따라 전파하는 이러한 '정보 고속도로(information highway)'를 만드는 능력은 RNN의 핵심 특징입니다.

수식 10-1에서는 타임스텝 t1에 대해 계산했습니다. 모든 타임스텝 t에 대해서는 다음과 같이 일반화할 수 있습니다.

〈수식 10-3〉

$$h^{<t>} = tanh(W_{hh}\, h^{<t-1>} + W_{hx}\, x^{<t>} + b_h)$$

자연어 처리에서 입력 벡터 $x^{<t>}$는 원-핫 벡터로 인코딩됩니다. 이때 $x^{<t>}$의 차원은 $|V|$이며, 여기서 V는 어휘집(vocabulary), 즉 중복되지 않은 단어 집합을 나타내는 벡터입니다. 은닉 상태 값 $h^{<t>}$는 원래 입력인 $x^{<t>}$에 대한 저차원 표현입니다. 입력 변수 $x^{<t>}$의 차원을 대폭 줄여서 의도적으로 은닉 층이 입력값에서 핵심 정보만 파악하도록 합니다. $h^{<t>}$의 차원은 D_h로 나타냅니다.

일반적으로 $h^{<t>}$의 차원은 $|V|$보다 500배 이상 작습니다. 수식으로 나타내면 다음과 같습니다.

$$D_h < \frac{|V|}{500}$$

이처럼 $h^{<t>}$의 차원이 낮으므로 가중치 행렬 W_{hh}는 상대적으로 크기가 작습니다. 즉, $W_{hh} \in R^{D_h \times D_h}$입니다. 반면, 입력값 $x^{<t>}$의 차원이 커지면 W_{hx}는 $W_{hx} \in R^{D_h \times D_x}$만큼 커집니다.

● 가중치 행렬 결합하기

수식 10-3에서 은닉 상태 $h^{<t>}$를 계산할 때 가중치 행렬 W_{hh}와 W_{hx}를 둘 다 사용했습니다. 더 간단히 분석하기 위해, 이 두 행렬을 W_h 하나로 결합하면 유용합니다. 이러한 표현 방식은 이 장 후반부에서 다룰 RNN의 복잡한 변형 구조를 이해할 때도 도움이 됩니다.

가중치 행렬 W_h는 W_{hh}와 W_{hx}를 가로 방향으로 결합하여 하나로 만듭니다.

$$W_h = [W_{hh} \mid W_{hx}]$$

단순히 가로로 결합했으므로 W_h의 행 수는 그대로 유지되며, 열 수는 $D_h + D_x$가 됩니다.

$$W_h \in R^{D_h \times (D_h + D_x)}$$

수식 10-3에 W_h를 적용하면 다음과 같습니다.

⟨수식 10-4⟩

$$h^{<t>} = tanh(W_h[h^{<t-1>}, x^{<t>}] + b_h)$$

여기서 $[h^{<t-1>}, x^{<t>}]$은 두 벡터를 수직으로 쌓았다는 것을 의미합니다.

$$[h^{<t-1>}, x^{<t>}] = \begin{bmatrix} h_T^{<t-1>} \\ x_T^{<t>} \end{bmatrix}$$

여기서 $h_T^{<t-1>}$와 $x_T^{<t>}$는 각각 전치된(transposed) 벡터입니다.

구체적인 예시를 봅시다.

자연어 처리에서 RNN을 사용한다고 가정해봅시다. 어휘집의 크기는 50,000 단어입니다. 이 경우, 입력 $x^{<t>}$는 각각 50,000개의 차원을 갖는 원-핫 벡터로 인코딩됩니다. $h^{<t>}$의 차원은 50이라고 합시다. 이는 $x^{<t>}$의 차원보다 낮습니다.

이 예제에서 W_h의 차원은 다음과 같이 $50 \times (50,000 + 50) = 50 \times 50,050$이 됩니다.

$$W_h \in R^{(50 \times 50,050)}$$

10.3.2.3. 각 타임스텝의 출력 계산하기

우리 모델에서 타임스텝 t에서 생성된 출력은 $\hat{y}^{<t1>}$로 표기합니다. 모델에서 정규화하기 위해 소프트맥스 함수를 사용하므로 모든 타임스텝 t에 대한 출력은 다음 수식으로 일반화할 수 있습니다.

⟨수식 10-5⟩

$$\hat{y}^{<t>} = softmax(W_{yh}h^{<t>} + b_y)$$

각 타임스텝마다 출력이 계산되는 방식을 이해하는 것은 훈련 이후 모델의 성능 평가를 위한 기반이 됩니다.

이제 타임스텝마다 출력을 생성하는 방식을 이해했으니 예측 출력과 실제 목표값의 차이를 확인해야 합니다. 이 차이는 **손실(loss)**이라 하며, 모델의 오류를 측정하는 지표로 사용됩니다. 다음 절에서는 RNN에서 손실을 계산하는 방법을 자세히 살펴봅니다. 이를 통해 모델의 정확성을 측정하고, 가중치와 편향을 조정할 수 있습니다. 이 과정은 모델이 보다 정확한 예측을 하도록 훈련하는 데 필수적이며, 궁극적으로 모델의 전반적인 성능을 향상시키는 데 중요한 역할을 합니다.

- RNN 손실 계산하기

설명한 대로 RNN을 훈련하는 목표는 3개의 가중치 행렬(W_{hx}, W_{hh}, W_{yh})과 2개의 편향(b_h, b_y)에 대해 최적의 값을 찾는 데 있습니다. 초기 타임스텝 $t1$에서 이 값들은 무작위로 초기화됩니다.

훈련이 진행되면서, 경사 하강법 알고리즘에 따라 가중치와 편향이 조정됩니다.

RNN의 순전파(forward propagation) 단계에서는 타임스텝마다 손실을 계산해야 합니다.

다음은 손실을 계산하는 과정을 단계별로 나눈 설명입니다.

- 1. 타임스텝 별 손실 계산

타임스텝 $t1$에서 모델이 예측한 결과는 $\hat{y}^{<t1>}$이고, 기대하는 실제 답은 $y^{<t1>}$입니다. 사용되는 손실 함수는 훈련 중인 모델의 유형에 따라 달라집니다. 예를 들어 분류 모델을 훈련하고 있다면, $t1$에서 손실 함수는 다음과 같이 계산됩니다.

$$Loss^{<t1>} = -\sum_i y_i \log(\hat{y}_i^{<t1>})$$

- 2. 전체 시퀀스에 대한 손실 합산

여러 타임스텝으로 구성된 전체 시퀀스에 대해 각 타임스텝 $\{t_1, t_2, ... t_t\}$에 대한 손실을 계산합니다. 타임스텝이 T개의 전체 시퀀스에 대한 총 손실은 각 타임스텝의 손실을 집계(aggregate)한 것으로, 다음과 같이 계산합니다.

$$Loss = aggregate(loss^{<1>}, loss^{<2>}, ..., loss^{<T>})$$

- 3. 배치 내 여러 시퀀스에 대한 손실 계산

배치에 둘 이상의 시퀀스가 있는 경우, 먼저 각 개별 시퀀스에 대해 손실을 계산합니다. 그런 다음 특정 배치에 포함된 모든 시퀀스에 대한 총 손실을 계산하고, 이를 역전파 단계에서 사용합니다.

이렇게 구조화된 방식으로 손실을 계산함으로써, 모델이 원하는 결과에 더 가깝도록 가중치와 편향을 조정할 수 있습니다. 이러한 과정을 여러 배치와 에포크(epoch)에 걸쳐 반복하면서, 모델이 데이터로부터 학습하고 더 정확한 예측을 할 수 있도록 합니다.

10.3.3. 시간에 따른 역전파

8장에서 설명한 대로 역전파(backpropagation)는 훈련 예제를 통해 점진적으로 학습하는 신경망에 사용합니다. RNN은 훈련 데이터에 또 하나의 차원, 즉 타임스텝을 추가합니다. **시간에 따른 역전파(BPTT, Backpropagation through time)**는 훈련 과정에서 타임스텝을 따라 순차 데이터를 처리하도록 설계되었습니다.

역전파는 순전파에서 배치의 마지막 타임스텝의 손실을 계산할 때 시작됩니다. 그런 다음 이 손실의 미분값(변화율 또는 기울기)을 적용해 RNN의 가중치와 편향을 조정합니다. RNN은 3개의 가중치 행렬(W_{hx}, W_{hh}, W_{yh})과 2개의 편향(b_h, b_y)을 갖습니다. 가중치와 편향을 조정하고 나면 모델 훈련을 위해 경사 하강법을 계속 적용합니다.

> MEMO
> 여기서 언급된 시간에 따른 역전파는 우리를 중세 시대로 데려가는 타임머신을 의미하는 것이 아닙니다. 대신, 순전파 과정을 통해 손실을 계산하고 각 타임스텝을 거슬러 올라가며 가중치와 편향을 갱신해야 한다는 사실에서 비롯된 명칭입니다.

역전파 과정은 모델의 매개변수를 조정하는 데 매우 중요합니다. 그렇다면 모델 훈련이 완료된 후에는 무엇을 해야 할까요? 손실을 최소화하기 위해 역전파를 거치고 나면 예측을 수행할 준비가 된 모델이 완성됩니다. 다음 절에서는 훈련된 RNN 모델을 사용해 새로운 데이터에 대해 어떻게 예측하는지 살펴보겠습니다. 입력 데이터를 훈련된 RNN이 처리하여 예측을 생성한다는 점에서, RNN을 통한 예측은 완전 연결 신경망(fully connected neural network)을 사용한 것과 비슷합니다. 이렇게 훈련에서 예측으로 넘어가는 과정을 살펴보면, RNN을 현실의 문제에 어떻게 적용할 수 있는지 자연스럽게 이해할 수 있습니다.

10.3.3.1. RNN을 활용한 예측

모델 훈련이 완료된 후, RNN을 통한 예측은 완전 연결 신경망과 유사합니다. 훈련된 RNN에 데이터를 입력하면 예측 결과를 얻습니다. 이러한 작동 방식은 다음과 같습니다.

1. **입력 준비:** 일반적인 신경망과 마찬가지로, 먼저 입력 데이터를 준비합니다. RNN에서 입력값은 일반적으로 순차 데이터이며, 이는 처리 과정의 타임스텝 또는 시계열 데이터(series)에 해당합니다.
2. **모델 사용:** 이어서 준비된 데이터를 훈련된 RNN 모델에 전달합니다. 학습한 가중치와 편향은 훈련 단계에서 최적화되며, 모델은 이를 사용해 신경망의 각 층에서 입력을 처리합니다. RNN은 이전 타임스텝의 정보를 다음 타임스텝으로 전달하는 순환 연결(recurrent connection)을 통해 데이터를 전달합니다.
3. **활성화 함수:** 다른 신경망과 마찬가지로 RNN의 활성화 함수는 데이터가 각 층을 통과하면서 변환되도록 합니다. RNN의 설계 방식에 따라 단계마다 서로 다른 활성화 함수를 사용할 수 있습니다.
4. **예측 생성:** RNN의 출력은 마지막 층에서 처리되며, 분류 작업 시에는 일반적으로 소프트맥스 활성화 함수로 각 입력 시퀀스에 대한 최종 예측을 생성합니다.
5. **해석:** 마지막으로, 생성된 예측은 해당 작업의 특성에 따라 해석됩니다. 텍스트 시퀀스 분류, 시계열 데이터의 다음 값 예측, 그 밖의 순차 데이터를 활용한 다양한 작업에서 이러한 예측을 사용할 수 있습니다.

따라서 RNN으로 예측하는 과정은 완전 연결 신경망과 비슷하지만, 순차 데이터를 처리하는 방식에 주된 차이가 있습니다. RNN은 데이터의 시간적 관계를 파악할 수 있으므로, 다른 신경망 구조로 다루기 힘든 고유한 통찰과 예측을 제공할 수 있습니다.

10.3.4. 기본 RNN의 한계

앞에서는 기본 RNN을 소개했습니다. 기본 RNN을 **플레인 바닐라(plain vanilla) RNN**이라고도 하는데, 이는 추가로 덧붙인 것이 없는 순수한 기본 구조를 뜻합니다. 기본 RNN은 RNN의 중요한 토대가 되지만, 눈에 띄는 한계가 있습니다.

1. **기울기 소실 문제:** 이 문제는 RNN이 데이터 내의 장기 의존성(long-term dependency)을 학습하고 유지하기 어렵게 만듭니다.
2. **시퀀스 예측 불가:** 전통적인 RNN은 시퀀스를 시작부터 끝까지 순서대로 처리하기 때문에, 시퀀스 안에서 미래의 맥락을 이해하는 데 한계가 있습니다.

이제 이러한 문제를 하나씩 살펴보겠습니다.

10.3.4.1. 기울기 소실 문제

RNN은 한 번에 한 타임스텝씩 입력 데이터를 처리합니다. 따라서, 입력 시퀀스가 길어지면 RNN이 장기 의존성을 파악하기 힘들어집니다. 장기 의존성이란, 시퀀스 내에서 서로 멀리 떨어진 요소 간의 관계를 뜻합니다. 예를 들어, 소설과 같은 긴 텍스트를 분석한다고 가정해봅시다. 첫 장에서 어떤 인물의 행동이 마지막 장의 사건에 영향을 주는 경우, 이를 장기 의존성이라 합니다. 이처럼 전체 내용을 완전하게 이해하려면 텍스트 시작 부분의 정보를 끝까지 기억해야 합니다.

RNN은 연결이 길 때 어려움을 겪습니다. 이전 타임스텝의 정보를 유지하도록 설계된 RNN의 은닉 상태 메커니즘이 이렇게 복잡한 관계를 파악하기에는 너무 단순할 수 있습니다. 서로 연관된 요소 간의 거리가 멀어질수록 RNN은 이 연결을 추적하지 못할 수 있습니다. 메모리에 언제 무엇을 기억하고 잊을지 알 만큼 똑똑하지는 않기 때문입니다.

순차 데이터의 여러 사용 사례에서는 최신 정보만 중요할 때가 많습니다. 예를 들어, 이메일을 쓸 때 입력할 다음 단어를 추천하는 텍스트 예측 응용 프로그램을 생각해봅시다.

만약 사용자가 다음과 같이 입력한다면,

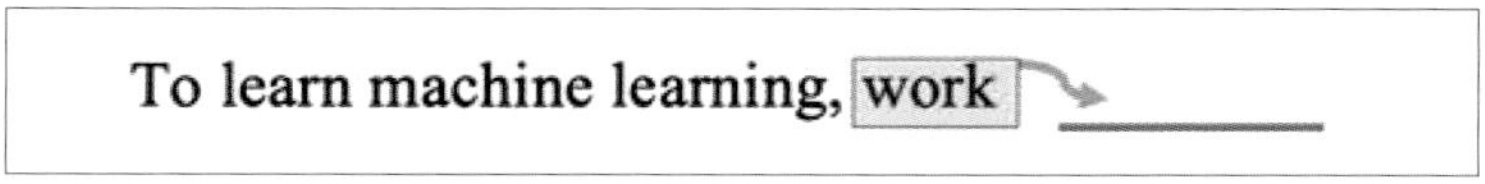

〈그림 10-8〉 텍스트 예측 예

텍스트 예측 프로그램에서는 다음 단어로 'hard'를 쉽게 제안할 수 있습니다. 이 경우, 이전 문장의 문맥을 기억하지 않아도 다음 단어를 예측할 수 있기 때문에, 장기 기억이 불필요한 프로그램에는 RNN이 가장 적합한 선택이 됩니다. RNN은 정확도를 해치지 않으면서도 구조를 과도하게 복잡하게 만들지 않기 때문입니다.

한편, 다른 사용 사례에서는 장기적인 의존성을 유지하는 것이 중요할 수 있습니다. 하지만 RNN은 이러한 장기 의존성을 다루는 데 어려움을 겪습니다. 예를 들어보겠습니다.

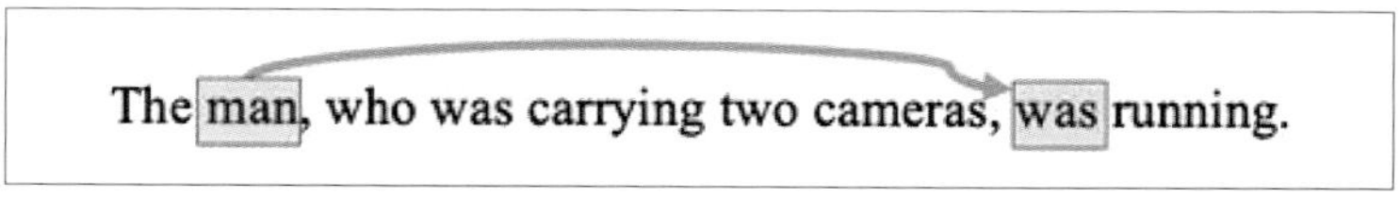

〈그림 10-9〉 장기 의존성이 포함된 예측 텍스트 예시

이 문장을 왼쪽에서 오른쪽으로 읽다 보면 문장의 끝 부분에 있는 'was'가 'man'을 가리키고 있음을 알 수 있습니다. 하지만 기본 RNN은 여러 타임 스텝을 거치는 과정에서 초기의 은닉 상태를 제대로 전달하지 못합니다. RNN에서는 매 타임스텝마다 은닉 상태를 계산하여 다음 타임스텝으로 전달하기 때문입니다.

이렇게 현재 상태를 계산하기 위해 이전 상태를 참조하는 재귀적인 특성 때문에, 타임스텝이 진행됨에 따라 정보가 일찍 사라져버리는 문제가 발생합니다. 이 현상을 바로 **기울기 소실 문제 (vanishing gradient problem)**라 합니다. 이 문제를 어느 정도 해결하기 위해 활성화 함수로 tanh를 선택하는 경우가 많습니다. tanh 함수의 기울기는 0으로 매우 천천히 수렴하기 때문에, 기울기 소실이 어느 정도 완화될 수 있습니다.

하지만 이러한 문제를 보다 근본적으로 해결하려면, GRU나 LSTM과 같은 보다 정교한 구조가 필요합니다. 이들에 대해서는 다음 절에서 설명하겠습니다.

10.3.4.2. 시퀀스에서 미래를 미리 내다볼 수 없음

RNN은 시퀀스 내에서 정보가 흐르는 방향에 따라 두 가지 유형으로 나눌 수 있습니다. 바로 단방향 RNN과 양방향 RNN입니다.

- **단방향 RNN**: 이 신경망은 입력 데이터를 한 방향으로만 처리하며, 보통 시퀀스의 시작부터 끝까지 순차적으로 진행합니다. 이 방식은 이전의 맥락을 앞으로 전달하면서 단어 하나하나를 처리하며 전체 맥락을 이해해 나갑니다. 하지만 단점이 있습니다. 단방향 RNN은 시퀀스의 미래를 미리 볼 수 없기 때문에, 아직 도달하지 않은 요소를 맥락에 반영할 수 없습니다. 마치 복잡한 문장을 한 단어씩 읽으면서도 앞으로 어떤 단어가 올지 전혀 알 수 없는 상황과 같습니다. 이 경우 문장의 미묘한 의미를 놓치거나 전체 의미를 오해할 수 있습니다.
- **양방향 RNN**: 반대로, 양방향 RNN은 시퀀스를 과거에서 미래로, 동시에 미래에서 과거로 처리합니다. 이렇게 하면 과거와 미래 정보를 모두 활용할 수 있어 문맥을 더 풍부하게 이해할 수 있습니다.

다음 두 문장을 살펴봅시다.

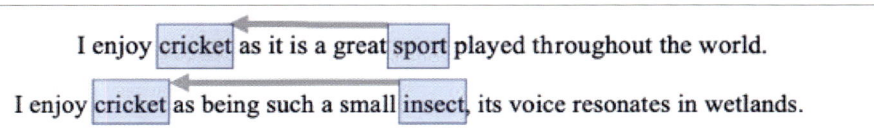

〈그림 10-10〉 문장의 앞부분을 확인해야 하는 RNN의 예[5]

두 문장 모두 'cricket'이라는 단어를 사용하고 있습니다. 만약 단방향 RNN처럼 왼쪽에서 오른쪽으로만 문맥을 쌓는다면, 'cricket'이라는 단어의 의미를 제대로 파악하기 어렵습니다. 해당 단어의 의미를 결정짓는 중요한 정보가 미래 시점에 위치하기 때문입니다. 이 문제를 해결하기 위해 11장에서 양방향 RNN을 살펴볼 것입니다.

이제 GRU의 작동 방식과 그 구조에 대해 자세히 알아보겠습니다.

10.4 GRU(게이트 순환 유닛)

GRU은 기본 RNN 구조가 진화한 대표적인 형태이며, 기울기 소실 문제와 같은 기존 RNN의 한계를 해결하기 위해 설계되었습니다. GRU의 구조는 그림 10-11과 같습니다.

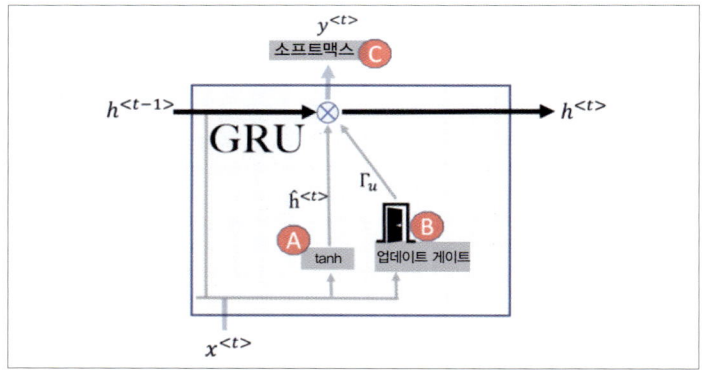

〈그림 10-11〉

---

[5] 역자 주 (크리켓은 배트와 공을 사용하는 구기 스포츠입니다.)
  나는 크리켓(cricket)을 좋아한다. 왜냐하면 이것은 전 세계적으로 사랑받는 훌륭한 스포츠(sport)이기 때문이다.
  나는 귀뚜라미(cricket)를 좋아한다. 이렇게 작은 곤충(insect)이면서도 그 울음소리가 습지에서 울려 퍼지기 때문이다.

먼저 GRU의 첫 번째 활성화 함수, 즉 그림에서 A로 표시된 부분부터 살펴보겠습니다. 각 타임 스텝 t에서 GRU는 먼저 tanh 활성화 함수를 사용하여 은닉 상태를 계산합니다. 이때 입력으로는 현재 입력 $x^{<t>}$와 이전 은닉 상태 $h^{<t-1>}$을 사용합니다. 이 계산 방식은 앞서 설명한 기본 RNN에서 은닉 상태를 결정하는 방식과 크게 다르지 않습니다.

하지만 중요한 차이점이 하나 있습니다. GRU에서는 이 계산의 결과가 최종 은닉 상태가 아니라, 후보 은닉 상태(candidate hidden state)로 사용된다는 점입니다. 이 후보 은닉 상태는 〈수식 10-6〉과 같이 계산됩니다.

〈수식 10-6〉

$$\hat{h}^{<t>} = tanh(W_{hh}[h^{<t-1>}, x^{<t>}] + b_h)$$

여기서 $\hat{h}^{<t>}$는 은닉 층의 후보 값입니다.

이제 GRU는 후보 은닉 상태를 곧바로 사용하는 대신, 잠시 멈추어 그것을 사용할지 말지 결정합니다. 마치 어떤 사람이 결정을 내리기 전에 잠시 생각하는 것처럼 말입니다. 이러한 '멈추고 생각하는' 단계가 바로 GRU의 핵심인 **게이팅 메커니즘(gating mechanism)**입니다. 게이팅 메커니즘은 정보를 살펴본 뒤, 어떤 내용을 다음 단계로 기억하고 어떤 내용을 잊을지 결정합니다. 이는 마치 노이즈를 걸러내고 중요한 정보만 골라내는 과정과도 같습니다. 이 과정에서 이전 은닉 상태(기존 정보)와 후보 은닉 상태(새로운 정보)를 적절히 혼합함으로써, GRU는 긴 이야기나 긴 시퀀스도 잘 따라갈 수 있습니다.

이처럼 후보 은닉 상태를 도입함으로써, GRU의 유연성은 한층 더 강화됩니다. GRU는 후보 상태 중에서 어느 부분을 실제로 반영할지 스스로 조절하는 능력을 갖추고 있습니다. 이러한 차별점 덕분에 GRU는 기존 RNN이 자주 겪는 기울기 소실 문제를 보다 능숙하게 처리할 수 있습니다. 간단히 말해, 기존 RNN이 긴 이야기를 잘 기억하지 못하는 산만한 아이라면 GRU는 집중력 좋은 학생처럼 중요한 내용을 잘 기억합니다.

 **MEMO** LSTM은 1997년에, GRU는 2014년에 제안되었습니다. 이를 다루는 대부분의 책들은 연대순에 따라 LSTM을 먼저 소개하는 편입니다. 하지만 이 책에서는 복잡도 순서에 따라 알고리즘을 소개하기로 하였습니다. GRU는 LSTM을 단순화하기 위해 만들어졌기 때문에, 먼저 더 단순한 GRU를 공부하는 것이 좋습니다.

10.4.1. 업데이트 게이트 소개

일반적인 RNN에서는 각 타임스텝의 **은닉 값**(hidden value)이 계산되고, 이것이 자동으로 메모리 셀의 새로운 상태가 됩니다. 반면, GRU는 더 정교한 접근 방식을 도입합니다. GRU 모델은 메모리 셀의 상태를 언제 업데이트할지를 제어할 수 있도록 하여, 처리 과정에 더 큰 유연성을 부여합니다. 이러한 유연성은 **업데이트 게이트**(update gate)라는 메커니즘을 통해 구현됩니다.

업데이트 게이트의 역할은 후보 은닉 상태 $\hat{h}^{<t>}$에 담긴 정보가 현재 메모리 셀의 은닉 상태를 업데이트할 만큼 충분히 의미 있는지 평가하는 것입니다.

만약 중요하다고 판단되면, 메모리 셀의 기존 상태를 새로운 정보로 덮어씌웁니다. 반면, 중요하지 않다고 판단되면, 기존의 은닉 값을 유지합니다. 이 결정 과정은 모델이 정보를 보다 선택적으로 관리할 수 있도록 도와줍니다. 즉, 새롭게 얻은 통찰을 반영할지, 아니면 이전에 얻은 정보를 계속 유지할지를 스스로 판단하는 구조입니다.

이러한 고유한 게이팅 메커니즘은 GRU를 기존 RNN과 구분 짓는 핵심 요소이며, 복잡한 시간적 관계를 가진 순차 데이터를 더 효과적으로 학습할 수 있게 해줍니다.

10.4.2. 업데이트 게이트 구현

메모리 셀의 상태를 선택적으로 업데이트하는 구조, 즉, 현재 은닉 상태를 후보 은닉 상태로 업데이트할지 여부를 결정하는 메커니즘이 바로 GRU의 핵심 특징입니다. 이러한 결정을 내리기 위해 사용하는 함수가 바로 그림 10-11에서 B로 표시된 두 번째 활성화 함수입니다. 이 활성화 함수는 업데이트 게이트를 구현하고 있습니다.

업데이트 게이트는 현재 입력과 이전 은닉 상태를 입력으로 받는 시그모이드 층으로 구현합니다. 시그모이드 층의 출력 결과는 0과 1 사이의 값으로, 변수 Γ_u로 나타냅니다. 업데이트 게이트의 출력 Γ_u는 다음 시그모이드 함수에 따라 결정됩니다.

$$\Gamma_u = sigmoid(W_u[h^{<t-1>}, x^{<t>}] + b_u)$$

Γ_u는 시그모이드 함수의 출력값으로, 보통 0이나 1에 가까운 값입니다. 이 값에 따라 업데이트 게이트가 열릴지 닫힐지 결정됩니다. 업데이트 게이트가 열려 있으면 후보 은닉 상태 $\hat{h}^{<t>}$가 새

로운 은닉 상태로 선택됩니다. 훈련 과정에서 GRU는 언제 게이트를 열고 닫아야 하는지 스스로 학습하게 됩니다.

10.4.3. 은닉 셀 업데이트하기

타임스텝 t에서 그 다음 은닉 상태는 다음 수식의 계산을 통해 결정됩니다.

$$h^{<t>} = \Gamma_u * \hat{h}^{<t>} + (1 - \Gamma_u) * h^{<t-1>}$$

Γ_u는 시그모이드 함수의 출력으로, 그 값은 0과 1 사이입니다. 이러한 값의 의미는 다음과 같습니다.

$$If\ (\Gamma_u \approx 1): h^{<t>} = \hat{h}^{<t>}$$
$$If\ (\Gamma_u \approx 0): h^{<t>} = h^{<t-1>}$$

즉, 게이트가 열려 있으면 $\hat{h}^{<t>}$ 값을 업데이트하고, 게이트가 닫혀 있으면 그대로 과거 상태를 유지합니다.

이제 여러 타임스텝 동안 GRU를 실행하는 방법에 대해 살펴봅시다.

10.4.3.1. 여러 타임스텝에서 GRU 실행하기

GRU를 여러 타임스텝에 걸쳐 적용하는 과정은 그림 10-12처럼 시각화할 수 있습니다. 앞서 살펴본 기본 RNN과 마찬가지로, GRU도 시퀀스의 처음부터 끝까지 맥락을 전달하는 **정보 고속도로**를 형성합니다. 이 고속도로는 시퀀스의 처음부터 끝까지 맥락을 효과적으로 전달하며, 이는 그림 10-12에서 A로 표시된 $\hat{h}^{<t>}$에 해당합니다.

GRU와 기존 RNN의 차이는 이 정보 고속도로에서 정보가 어떻게 흐를지를 결정하는 방식에 있습니다. GRU는 타임스텝마다 무조건 정보를 전달하지 않고, 관련성을 평가하기 위해 잠시 멈춥니다.

간단한 예로 책을 읽는다고 상상해봅시다. 각 문장은 하나의 정보 조각입니다. 하지만 모든 문장의 세부 내용을 다 기억하는 대신, 마치 GRU처럼 우리의 머리는 가장 인상 깊거나 감정적인 문장만을 선택적으로 기억합니다. 이러한 선택적 기억은 GRU의 업데이트 게이트가 작동하는 방식과 유사합니다.

이 업데이트 게이트는 매우 중요한 역할을 합니다. 이 메커니즘은 이전 정보(즉, 이전 은닉 상태)의 어느 부분을 유지하고 어느 부분을 버릴지를 결정합니다. 결국 이 게이트는 가장 관련성이 높은 정보만을 선별하고 시퀀스를 따라 전달되는 맥락이 최대한 의미 있고 정확하게 유지되도록 합니다.

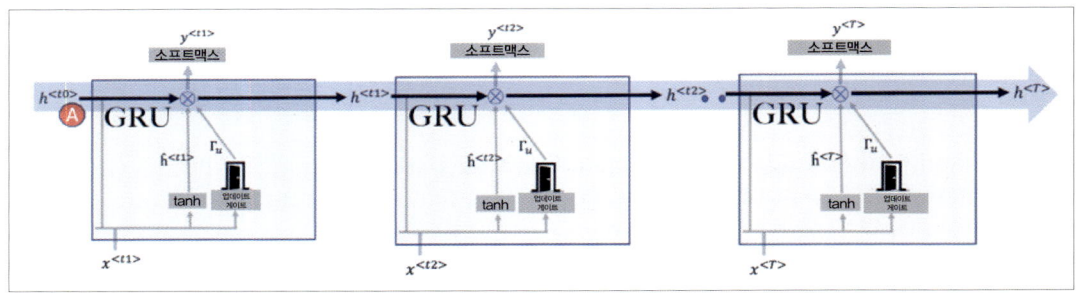

〈그림 10-12〉 RNN의 순차적 처리

10.5 LSTM(장단기 메모리) 소개

RNN이 순차 모델 작업에 널리 사용되기는 하지만 데이터의 장기 의존성을 파악하는 데는 한계가 있습니다. 이러한 한계를 극복하고자 개발된 것이 바로 RNN의 진보된 버전인 LSTM(Long Short-Term Memory, 장단기 메모리)입니다. 단순한 RNN과는 달리, LSTM은 문맥을 관리하는 보다 정교한 메커니즘을 갖추고 있어 시퀀스 내 패턴을 더 효과적으로 파악할 수 있습니다.

앞 절에서 설명한 GRU에서 은닉 상태 $h^{<t>}$는 타임스텝을 거치며 맥락을 전달하는데 사용되었습니다. 한편, LSTM은 맥락을 관리하는 더 복잡한 메커니즘을 갖추고 있습니다. LSTM은 타임스텝마다 맥락을 전달하기 위해 두 개의 변수, 셀 상태와 은닉 상태를 사용합니다.

1. **셀 상태(cell state, $c^{<t>}$)**: 입력 데이터에 대한 장기 의존성을 유지하는 역할을 합니다. 이는 다음 타임스텝으로 전달되며, 장기간 정보를 유지하는 데 사용합니다. 곧 살펴보겠지만, 셀 상태에 어떤 정보가 포함되어야 할지는 망각 게이트(forget gate)와 업데이트 게이트(update gate)가 신중하게 결정합니다. 셀 상태는 LSTM의 '영속 계층(persistence layer)' 또는 '메모리'로 볼 수 있습니다. 정보를 장기간 유지할 수 있기 때문입니다.

2. **은닉 상태**(hidden state, $a^{<t>}$): 은닉 상태는 현재 타임스텝에 초점을 맞춥니다. 이 정보는 장기 의존성 측면에서 중요할 수도 있고 그렇지 않을 수도 있습니다. 은닉 상태는 특정 타임스텝에 대한 LSTM의 유닛의 출력에 해당하며, 다음 타임스텝의 입력으로 전달됩니다. 그림 10-13에서 은닉 상태 $a^{<t>}$는 타임스텝 t에서 출력 $y^{<t>}$를 생성하는 데 사용됩니다.

이제 이 메커니즘에 대해 더 자세히 알아봅시다. 먼저, 현재 셀 상태가 어떻게 업데이트되는지 살펴봅시다.

10.5.1. 망각 게이트

LSTM 신경망에서 망각 게이트(forget gate)는 이전 상태에서 어느 정보를 버리고 유지할지 결정하는 역할을 합니다. 그림 10-13에서 망각 게이트는 A로 표시되어 있습니다. 망각 게이트는 현재 입력과 이전 은닉 상태를 입력으로 받는 시그모이드 층으로 구현됩니다. 이 시그모이드 층의 출력은 0과 1 사이의 벡터 값이며, 각각의 값은 LSTM의 단일 셀에 해당합니다.

$$\Gamma_f = sigmoid(W_f[a^{<t-1>}, x^{<t>}] + b_f)$$

이 함수는 시그모이드입니다. 따라서, Γ_f는 0이나 1에 가까워질 수 있습니다.

Γ_f이 1이라면 이전 상태 $c^{<t-1>}$의 값을 그대로 사용하여 $c^{<t>}$를 계산해야 한다는 뜻입니다. 만약 Γ_f가 0인 경우, 이전 상태 $c^{<t-1>}$의 값은 잊어야 합니다.

 일반적으로 이진 값은 1일 때 활성 값으로 간주합니다. 망각 게이트에서 $\Gamma_f=0$일 때 이전 값을 잊는다는 점은 직관적으로 다소 어색하게 느껴질 수 있으나 이는 원래 논문에서 제시된 논리에 따른 것이며, 연구자들 또한 일관성을 위해 이를 따르고 있습니다.

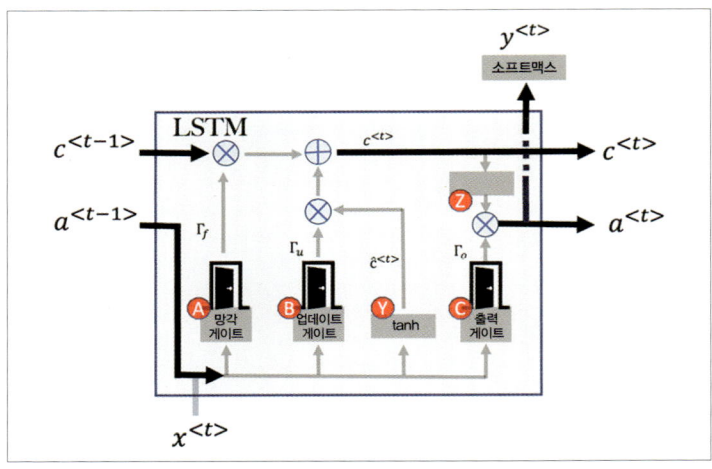

〈그림 10-13〉 LSTM 구조

10.5.2. 후보 셀 상태

LSTM에서는 타임스텝마다 후보 셀 상태 $\hat{c}^{<t>}$를 계산하며, 이 값은 그림 10-13에서 Y에 해당합니다. 후보 셀 상태는 메모리 셀의 새로운 상태를 제안합니다. 이는 현재 입력 $x^{<t>}$와 이전 은닉 상태 $a^{<t-1>}$를 사용하여 다음과 같이 계산합니다.

$$\hat{c}^{<t>} = tanh(W_c[a^{<t-1>}, x^{<t>}] + b_c)$$

10.5.3. 업데이트 게이트[6]

업데이트 게이트는 입력 게이트라고도 합니다. LSTM에서 업데이트 게이트는 신경망이 새로운 정보를 현재 상태에 선택적으로 통합하여, 메모리가 가장 관련성이 높은 정보에 집중하도록 합니다. 이는 그림 10-13에서 B로 표시된 부분입니다.

업데이트 게이트는 후보 셀 상태 $\hat{c}^{<t>}$가 $c^{<t>}$에 얼마나 반영되어야 할지 결정하는 역할을 합니다. 이 게이트는 현재 입력 $x^{<t>}$와 이전 은닉 상태를 입력으로 받는 시그모이드 층으로 구현됩니다.

---

6 역자 주 LSTM에서는 일반적으로 입력 게이트라고 합니다. GRU의 업데이트 게이트와는 구분해야 합니다.

$$\Gamma_u = sigmoid(W_u[a^{<t-1>}, x^{<t>}] + b_u)$$

시그모이드 함수의 출력 결과 Γ_f는 0과 1 사이의 벡터 값이며, 이 값은 각각 LSTM의 단일 셀에 대응합니다. 이 값이 0이라면 계산된 $\hat{c}^{<t>}$를 무시해야 한다는 뜻이며, 반대로 1이라면 후보 상태 $\hat{c}^{<t>}$가 현재 상태 $c^{<t>}$에 반영되기에 충분하다는 뜻입니다. 0과 1 사이의 값을 갖는다면 $\hat{c}^{<t>}$에서 얻은 정보의 일부만 $c^{<t>}$에 반영되어야 한다는 뜻입니다.

업데이트 게이트는 현재 상태로 새로운 정보를 선택적으로 통합하여 메모리가 무관한 데이터로 넘치지 않도록 합니다. 메모리 상태에 추가되는 새로운 정보의 양을 제어함으로써 업데이트 게이트는 LSTM이 이전 상태의 보존과 새로운 정보의 반영 사이에서 균형을 유지하도록 합니다.

10.5.4. 메모리 상태 계산하기

GRU와 비교하면, 가장 큰 차이는 GRU는 업데이트 게이트가 하나인 반면, LSTM은 은닉 상태 관리를 위해 업데이트와 망각 게이트로 분리했다는 점입니다. 현재 셀의 장기 메모리 $c^{<t>}$와 현재의 은닉 상태 $a^{<t>}$를 최적으로 계산하기 위해, 두 게이트는 다양한 상태를 어떻게 적절히 섞을지 결정합니다. 메모리 상태는 다음과 같이 계산합니다.

$$c^{<t>} = \Gamma_u * \hat{c}^{<t>} + \Gamma_f * c^{<t-1>}$$

Γ_u와 Γ_f는 시그모이드 함수의 출력이므로 0이나 1 사이의 값이 될 수 있습니다. 즉, 다음과 같습니다.

$$If\ (\Gamma_u \approx 1): h^{<t>} = \hat{h}^{<t>}$$
$$If\ (\Gamma_u \approx 0): h^{<t>} = h^{<t-1>}$$

게이트가 열려 있으면 $h^{<t>}$ 값을 업데이트합니다. 닫혀 있으면 이전 상태를 그대로 유지합니다.

따라서 LSTM의 업데이트 게이트는 신경망이 이전 은닉 상태에서 정보를 선택적으로 폐기하여 은닉 상태가 가장 관련성이 높은 정보에 집중할 수 있도록 합니다. 이는 왼쪽에서 오른쪽으로 상태가 이동하는 방식을 설명한 그림 10-13에 나와있습니다.

10.5.5. 출력 게이트

LSTM 신경망의 출력 게이트는 그림 10-13에서 C로 표시한 부분입니다. 출력 게이트는 현재 메모리 상태에서 어떤 정보를 LSTM의 출력으로 전달할지 결정하는 역할을 합니다. 이는 현재의 입력과 이전 은닉 상태를 입력값으로 받는 시그모이드 층으로 구현됩니다. 시그모이드 층의 출력은 0과 1 사이의 벡터 값이며, 여기서 각 값은 LSTM의 단일 셀에 해당합니다.

시그모이드 함수이므로 Γ_u는 0 또는 1이 될 수 있습니다.

$$a^{<t>} = \Gamma_o * tanh(c^{<t>})$$

출력 게이트의 값이 0이면 해당 셀이 출력에 기여하지 않아야 함을 의미하고, 값이 1이라면 셀이 출력에 완전히 기여해야 함을 의미합니다. 0과 1 사이의 값은 셀이 자신의 값을 일부만 출력에 기여해야 함을 나타냅니다.

LSTM에서는 출력 게이트를 처리한 후, 현재 상태를 tanh 함수에 전달합니다. tanh 함수는 값을 -1과 1 사이로 조정합니다. 이는 LSTM의 출력을 정규화하여 값이 지나치게 커지는 것을 방지하기 위함입니다. 그렇지 않으면 훈련 과정에서 값이 너무 커져 기울기 폭주(exploding gradients)와 같은 문제가 발생할 수 있습니다.

값을 -1과 1 사이로 조정한 뒤, 출력 게이트의 결과는 이 정규화된 상태와 곱해집니다. 이 곱셈의 결과가 해당 시점에서 LSTM의 최종 출력이 됩니다.

간단한 비유로 설명하자면, 음악 소리를 너무 크지도 작지도 않게 적절한 볼륨으로 조절하는 것과 비슷합니다. tanh 함수는 출력이 다음 처리 과정에 적합하도록 최적화하여 조정하는 역할을 합니다.

출력 게이트는 LSTM이 현재 메모리 상태로부터 관련된 정보만을 선택적으로 출력으로 전달하는 중요한 역할을 합니다. 또한 관련 없는 정보가 출력으로 전달되는 것을 막는 역할도 합니다.

이러한 출력 게이트는 변수 Γ_o를 생성하며, 이 값은 셀 상태가 은닉 상태의 출력에 어느 정도 영향을 미칠지 결정합니다.

$$\Gamma_o = sigmoid(W_o[a^{<t-1>}, x^{<t>}] + b_o)$$

요약하면, LSTM 신경망의 출력 게이트는 현재 메모리 상태에서 관련된 정보만을 선택적으로 출력으로 전달하는 메커니즘입니다. 이를 통해 LSTM은 메모리에 저장된 중요한 정보를 바탕으로 적절한 출력을 생성할 수 있습니다.

10.5.6. 모두 합치기

여러 타임스텝을 거치는 동안 LSTM이 작동하는 방식을 자세히 살펴봅시다. 이는 그림 10-14에서 A로 표시된 부분입니다.

LSTM은 게이트 순환 유닛과 마찬가지로, 연속적인 타임스텝을 거치며 맥락을 전달하는 '정보 고속도로'를 만듭니다. 이는 그림 10-14에 나타나 있습니다. LSTM의 매력은 이 맥락을 전달하는 데 장기 메모리를 활용할 수 있다는 점입니다.

한 타임스텝에서 다음 타임스텝으로 이동할 때, LSTM은 어떤 정보를 장기 메모리 $c^{<t>}$에 유지할지 스스로 학습합니다. 각 타임스텝의 시작 시점에 $c^{<t>}$는 망각 게이트와 상호작용하여 일부 정보를 버리게 됩니다. 이후 업데이트 게이트(입력 게이트)를 통해 새로운 데이터가 추가됩니다. 이 과정을 통해 $c^{<t>}$는 타임스텝을 거치며 두 게이트의 판단에 따라 정보를 지속적으로 얻고 또 버리게 됩니다.

이제부터 점점 더 복잡해집니다. 각 타임스텝이 끝날 때, 장기 기억 $c^{<t>}$의 사본은 tanh 함수를 통해 변환됩니다. 이렇게 처리된 데이터는 출력 게이트에서 마치 체를 치듯 걸러지며, 단기 기억이라 할 수 있는 은닉 상태 $a^{<t>}$에 도달하게 됩니다. 이 단기 메모리는 두 가지 역할을 수행합니다. 그림 10-14에 묘사된 대로, 해당 타임스텝의 출력을 결정하고, 다음 타임스텝의 기반이 됩니다.

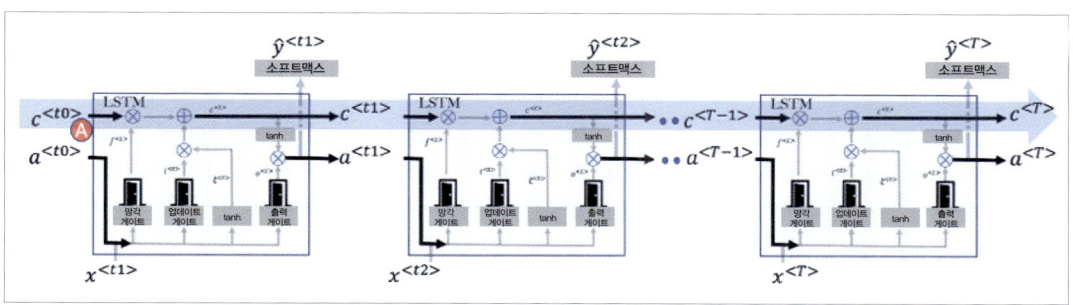

〈그림 10-14〉 여러 타임스텝이 있는 LSTM

10.5.7. 순차 모델 코딩하기

LSTM를 더 탐구하기 위해, 널리 알려진 IMDB[7] 영화 리뷰 데이터셋으로 수행한 감성 분석을 살펴보겠습니다. 여기서 모든 리뷰는 긍정 및 부정으로 태그되어 있으며, 이진 값(긍정은 True, 부정은 False)으로 인코딩되어 있습니다. 목표는 리뷰 텍스트의 내용만으로 감성을 예측할 수 있는 이진 분류기를 만드는 것입니다.

IMDB 데이터셋은 총 5만 개의 영화 리뷰로 유명합니다. 데이터셋은 목적에 따라 모델 훈련용으로 25,000개, 나머지 25,000개는 성능 평가용으로 나뉩니다.

데이터셋을 더 자세히 살펴보고 싶다면 스탠포드 IMDB 데이터셋에서 더 많은 정보를 찾아볼 수 있습니다.[8]

10.5.7.1. 데이터셋 불러오기

먼저 데이터셋을 로드해야 합니다. 이 데이터셋은 `keras.datasets`를 통해 가져옵니다. `keras.datasets`를 통해 데이터셋을 가져오는 장점은 머신러닝에 바로 사용할 수 있도록 이미 전처리되어 있다는 점입니다. 예를 들어, 리뷰는 개별적으로 단어 인덱스 리스트로 인코딩되어 있습니다. 특정 단어의 전체 출현 빈도가 인덱스로 선택되며, 만약 어떤 단어의 인덱스가 '7'이라면 이는 해당 단어가 일곱 번째로 많이 등장한 단어임을 의미합니다. 이렇게 사전에 준비된 데이터를 사용하면 데이터 준비에 시간을 쓰는 대신 RNN 알고리즘에 집중할 수 있습니다.

```
import tensorflow as tf
from tensorflow.keras.datasets import imdb
vocab_size = 50000
(x_train,y_train),(x_test,y_test) = tf.keras.datasets.imdb.load_data(num_words= vocab_size)
```

`num_words=50000` 이라는 인자는 상위 50,000개의 단어만 선택하겠다는 의미입니다. 단어의 빈도를 인덱스로 사용하므로, 인덱스가 50,000 미만인 단어는 남기고, 인덱스가 이보다 더 큰 단어, 즉 빈도가 낮은 단어는 걸러집니다.

---

7 역자 주 미국의 영화 정보 모음 사이트
8 역자 주 https://ai.stanford.edu/~amaas/data/sentiment/

```
"I watched the movie in a cinema and I really like it"
[13, 296, 4, 20, 11, 6, 4435, 5, 13, 66, 447,12]
```

시퀀스의 길이가 서로 다를 때, 일정한 길이로 맞추면 유용합니다. 특히 일정한 입력 크기를 요구하는 신경망에 데이터를 제공할 때 특히 중요합니다. 이를 위해 패딩(padding)을 사용합니다. 패딩이란 지정한 길이가 될 때까지 문장의 시작 혹은 끝 부분에 0을 추가하는 것입니다.

다음은 텐서플로를 사용하여 이를 구현하는 방법입니다.

```
# 시퀀스에 패딩 추가하기
max_review_length = 500
x_train = tf.keras.preprocessing.sequence.pad_sequences(x_train, maxlen=max_review_length)
x_test = tf.keras.preprocessing.sequence.pad_sequences(x_test, maxlen=max_review_length)
```

인덱스는 알고리즘이 다루기에는 적합하지만, 사람이 읽기에는 어렵습니다. 따라서 사람이 이해할 수 있도록 다음과 같이 인덱스를 다시 단어로 변환할 수 있습니다.

```
word_index = tf.keras.datasets.imdb.get_word_index()
reverse_word_index = dict([(value, key) for (key, value) in word_index.items()])
def decode_review(padded_sequence):
    return " ".join([reverse_word_index.get(i - 3, "?") for i in padded_sequence])
```

참고로 단어의 인덱스는 0이나 1이 아니라 3부터 시작합니다. 그 이유는 처음 3개의 인덱스가 예약되어 있기 때문입니다.

다음으로 데이터를 준비하는 방법에 대해 살펴봅시다.

10.5.7.2. 데이터 준비하기

예제에서는 50,000개의 단어로 된 어휘집을 사용합니다. 이는 입력 시퀀스 $x^{<t>}$의 각 단어가 차원이 50,000인 원-핫 벡터로 인코딩된다는 의미입니다. 원-핫 벡터는 해당 단어에 대응하는 인덱스 위치에만 1이 있고, 나머지에는 0이 있는 이진 벡터입니다. 다음은 텐서플로에서 어휘집의 크기를 지정하여 IMDB 데이터셋을 불러오는 코드입니다.

```
vocab_size = 50000
(x_train, y_train), (x_test, y_test) = tf.keras.datasets.imdb.load_data(num_words=vocab_size)
```

`vocab_size`가 50,000이므로, 데이터는 가장 빈도가 높은 50,000개의 단어만 포함하여 로드된다는 점에 유의합시다. 나머지 단어는 폐기되거나, 보통 알 수 없음(unknown)을 뜻하는 `<UNK>`라는 특수한 토큰으로 대체됩니다. 이렇게 하면 입력 데이터가 관리 가능한 수준으로 유지되며, 모델에 가장 관련성 높은 정보만 포함되도록 보장합니다. 변수 `x_train`과 `x_test`에는 각각 학습 및 테스트 입력 데이터가 저장되며, `y_train`과 `y_test`에는 그에 대응하는 레이블이 저장됩니다.

10.5.7.3. 모델 만들기

먼저 빈 스택을 정의하겠습니다. 한 층씩 신경망을 구축하기 위해 이러한 스택을 사용합니다.

```
model = tf.keras.models.Sequential()
```

이어서 모델에 `Embedding` 층을 추가합니다. 9장에서 다룬 워드 임베딩을 기억해봅시다. 우리는 단어를 연속적인 벡터 공간에 표현할 때 이 층을 사용했습니다. `Embedding` 층은 신경망에서도 동일한 역할을 수행하는데, 어휘집에 포함된 각 단어를 연속적인 벡터로 매핑합니다. 이 벡터 공간에서 가까운 위치의 단어는 비슷한 문맥이나 의미를 공유할 가능성이 높습니다.

선택한 어휘집의 크기를 고려하여, 50차원 벡터 $h^{<t>}$에 각 단어가 매핑되도록 `Embedding` 층을 정의해보겠습니다.

```
model.add(
    tf.keras.layers.Embedding(
        input_dim = vocab_size,
        output_dim = 50,
        input_length = max_review_length
    )
)
```

Dropout 층은 과적합을 방지하고 학습 단계에서 무작위로 뉴런을 비활성화함으로써 모델이 동일한 데이터에 대해 다양한 표현을 학습하도록 강제합니다. 과적합을 해결하기 위해 뉴런의 25%를 무작위로 비활성화해 보겠습니다.

```
model.add(
    tf.keras.layers.Dropout(
        rate=0.25
    )
)
```

다음으로, LSTM 층을 추가하겠습니다. LSTM은 RNN의 특수한 형태로, 기본 RNN이 장기 의존성을 학습하는 데 어려움을 겪는 반면, LSTM은 이러한 의존성을 기억하도록 설계되어 있어 본 과제에 적합합니다. 이 LSTM 층은 리뷰에 포함된 단어들의 시퀀스를 분석하여, 해당 리뷰의 감성을 판단하는 데 필요한 정보를 학습합니다. 이 층에는 32개의 유닛을 사용할 예정입니다.

```
model.add(
    tf.keras.layers.LSTM(
        units=32
    )
)
```

과적합을 줄이기 위해 뉴런의 25%를 제거하는 두 번째 Dropout 층을 추가합니다.

```
model.add(
    tf.keras.layers.Dropout(
        rate=0.25
    )
)
```

LSTM의 모든 셀은 Dense 층의 단일 노드에 연결됩니다. 시그모이드 활성화 함수는 이 노드의 출력을 0에서 1 사이의 값으로 결정합니다. 0에 가까운 값은 부정 리뷰, 1에 가까운 값은 긍정 리뷰입니다.

```python
model.add(
    tf.keras.layers.Dense(
        units=1,
        activation='sigmoid'
    )
)
```

이제 모델을 컴파일해 봅시다. 손실 함수로 binary_crossentropy를 사용하고, 최적화기로 Adam을 사용하겠습니다.

```python
model.compile(
    loss=tf.keras.losses.binary_crossentropy,
    optimizer=tf.keras.optimizers.Adam(),
    metrics=['accuracy'])
```

모델 구조를 요약해봅시다.

```python
model.summary()
```

```
_____
Layer (type)                 Output Shape              Param #
=================================================================
embedding (Embedding)        (None, 500, 50)           2500000
dropout (Dropout)            (None, 500, 50)           0
lstm (LSTM)                  (None, 32)                10624
dropout_1 (Dropout)          (None, 32)                0
dense (Dense)                (None, 1)                 33
=================================================================
Total params: 2,510,657
Trainable params: 2,510,657
Non-trainable params: 0
```

10.5.7.4. 모델 훈련

이제 훈련 데이터를 사용해 LSTM 모델을 훈련시키겠습니다. 모델을 훈련하는 과정에는 다음과 같은 핵심 요소가 포함됩니다.

- **훈련 데이터**: 모델이 학습할 특징(리뷰)과 레이블(긍정 또는 부정)입니다.
- **배치 크기**: 모델의 매개변수를 한 번 업데이트할 때 사용되는 샘플 수를 의미합니다. 배치 크기가 클수록 더 많은 메모리가 필요합니다.
- **에포크(epochs)**: 전체 훈련 데이터를 완전히 한 번 훈련하는 것을 한 에포크라 합니다. 에포크 수가 클수록 전체 데이터를 여러 번 훈련하게 됩니다.
- **테스트 데이터 분할**: 데이터 중 일정 비율을 훈련에 사용하지 않고 테스트용으로 따로 분리합니다. 이를 통해 모델의 성능을 평가할 수 있습니다.
- **상세 내용 출력(verbose)**: 이 매개변수는 훈련 과정에서 모델이 출력하는 정보량을 조절합니다. 1로 설정하면 다음과 같이 훈련 진행률이 표시됩니다.

```
history = model.fit(
    x_train, y_train,      # 훈련 데이터
    batch_size=256,
    epochs=3,
    validation_split=0.2,
    verbose=1
)
```

```
Epoch 1/3
79/79 [==============================] - 75s 924ms/step - loss: 0.5757 - accuracy: 0.7060 - val_loss: 0.4365 - val_accuracy: 0.8222
Epoch 2/3
79/79 [==============================] - 79s 1s/step - loss: 0.2958 - accuracy: 0.8900 - val_loss: 0.3040 - val_accuracy: 0.8812
Epoch 3/3
79/79 [==============================] - 73s 928ms/step - loss: 0.1739 - accuracy: 0.9437 - val_loss: 0.2768 - val_accuracy: 0.8884
```

10.5.7.5. 잘못된 예측 검토하기

이제 모델이 잘못 분류한 리뷰 일부를 살펴보겠습니다.

```python
predicted_probs = model.predict(x_test)
predicted_classes_reshaped = (predicted_probs > 0.5).astype("int32").reshape(-1)
incorrect = np.nonzero(predicted_classes_reshaped != y_test)[0]
```

잘못 분류된 리뷰 중 처음 20개를 출력해 봅니다.

```python
class_names = ["Negative", "Positive"]
for j, incorrect_index in enumerate(incorrect[0:20]):
    predicted = class_names[predicted_classes_reshaped[incorrect_index]]
    actual = class_names[y_test[incorrect_index]]
    human_readable_review = decode_review(x_test[incorrect_index])
    print(f"Incorrectly classified Test Review [{j+1}]")
    print(f"Test Review #{incorrect_index}: Predicted [{predicted}] Actual [{actual}]")
    print(f"Test Review Text: {human_readable_review.replace('<PAD> ','')}\n")
```

> **요약**

이 장에서는 순차 모델의 기본 개념을 설명하여, 관련 기법과 방법론에 대해 알아보았습니다. 그리고 순차 데이터를 다루기에 적합한 RNN을 살펴보았고, 이어서 GRU를 소개했습니다. GRU는 LSTM 신경망의 더 단순한 대안으로 고안된 RNN의 한 종류입니다.

LSTM과 마찬가지로 GRU는 순차 데이터에서 장기 의존성을 학습하도록 설계되었지만, 다른 접근 방식을 사용합니다. LSTM이 세 개의 게이트를 사용하는 반면, GRU는 더 단순한 게이트 메커니즘만으로 은닉 상태로 들어오고 나가는 정보의 흐름을 제어합니다. 이로 인해 훈련이 더 쉽고 필요한 매개변수의 수가 적어 효율성이 높습니다.

다음 장에서는 순차 모델과 관련된 몇 가지 고급 기법을 소개합니다.

11장 고급 순차 모델 알고리즘

> 알고리즘이란 문제를 해결하기 위해 따라야 하는 일련의 지침이다.
>
> — 출처 미상

10장에서는 순차 모델의 핵심 원리를 살펴보고, 이러한 기술과 방법론에 대한 기초적인 개요를 소개했습니다. 지난 장에서 다룬 순차 모델 알고리즘에는 두 가지 기본적인 제약이 있었습니다. 첫째, 출력 시퀀스는 입력 시퀀스와 요소의 개수가 같아야 했습니다. 둘째, 이러한 알고리즘은 입력 시퀀스의 요소를 한 번에 하나씩만 처리할 수 있었습니다. 입력 시퀀스가 문장일 경우, 지금까지 살펴본 순차 알고리즘은 한 번에 한 단어만 **주목**(attend to)하거나 처리할 수 있다는 의미입니다.

그러나 인간 두뇌의 처리 능력을 보다 잘 모방하기 위해서는 이보다 훨씬 더 정교한 방식이 필요합니다. 입력과 길이가 다른 출력을 처리할 수 있고, 문장의 여러 단어를 동시에 주목할 수 있어 정보 병목 현상을 해소할 수 있는 복잡한 순차 모델이 필요합니다.

이번 장에서는 순차 모델의 고급 개념을 더 깊이 탐구하고 그 복잡한 구조를 이해하고자 합니다. 먼저 **오토인코더**(autoencoder)와 Seq2Seq(Sequence-to-Sequence) 모델 같은 핵심 요소를 자세히 살펴보고, 그다음으로 대규모 언어 모델(Large Language Model, LLM) 발전에 중요한 역할을 한 **어텐션**(attention) **메커니즘**과 **트랜스포머**(transformer)를 살펴보겠습니다.

이 장이 끝날 때쯤이면, 고급 순차 모델의 구조와 고급 순차 모델이 머신러닝 분야에서 가지는 중요성에 대해 폭넓게 이해할 수 있을 것입니다. 또한 이 모델들의 실제 응용 사례도 알아볼 예정입니다.

이번 장에서는 다음과 같은 주제를 다룹니다.

- 오토인코더
- Seq2Seq 모델
- 어텐션 메커니즘
- 트랜스포머
- 대규모 언어 모델(LLM)
- 딥 앤 와이드 구조

먼저 고급 순차 모델의 개요부터 살펴보겠습니다.

11.1 고급 순차 모델 기법의 발전

10장 순차 모델 이해하기에서는 순차 모델의 기초 개념을 살펴보았습니다. 이러한 모델은 다양한 분야에 적합하지만, 인간 언어의 복잡한 뉘앙스를 파악하고 생성하는 데는 한계가 있습니다.

이번 장에서는 **오토인코더(autoencoder)**에 대한 설명으로 여정을 시작하겠습니다. 오토인코더는 2010년대 초반에 처음 등장해 데이터 표현 방식에 신선한 접근법을 제시했습니다. 이는 자연어 처리(NLP) 분야에서 중요한 진전을 이룬 계기가 되었고, 데이터 인코딩과 디코딩 방식에 대한 우리의 사고를 바꾸었습니다.

하지만 NLP 분야의 발전은 거기서 멈추지 않았습니다. 2010년대 중반에는 **Seq2Seq 모델**이 등장하며 언어 번역 같은 작업을 위한 혁신적인 방법론이 제시되었습니다. 이 모델은 하나의 순차 데이터를 다른 형태의 순차 데이터로 변환하는 데 능숙하여, 고급 순차 처리 시대의 문을 열었습니다.

그러나 데이터의 복잡성이 점점 높아지면서, NLP 분야에서는 더 정교한 도구가 필요해졌습니다. 이에 따라 2015년에는 **어텐션 메커니즘**이 등장했습니다. 이 정교한 기법은 모델이 입력 데이터의 특정 부분에 선택적으로 집중하게 해, 더 긴 순차 데이터를 효과적으로 처리할 수 있도록 했습니다. 즉, 데이터의 여러 부분에 가중치를 부여해 더 중요한 정보는 강조하고 덜 중요한 정보는 줄이는 방식이 가능해졌습니다.

이러한 기반 위에서 2017년에는 **트랜스포머(transformer)** 구조가 등장했습니다. 어텐션 메커니즘의 기능을 완전히 활용한 트랜스포머는 자연어 처리 분야에서 새로운 기준을 제시했습니다.

이러한 발전은 결국 **대규모 언어 모델(LLM, Large Language Model)**의 개발로 이어졌습니다. 방대한 양의 다양한 텍스트 데이터로 훈련된 LLM은 인간 언어의 미묘한 표현을 이해하고 생성하는 능력을 갖추게 되었습니다. 이처럼 뛰어난 성능은 헬스케어 진단부터 금융 분야의 알고리즘 트레이딩에 이르기까지 다양한 분야에서 폭넓게 활용되며 입증되고 있습니다.

다음 절부터 오토인코더의 초기 형태부터 오늘날 고급 순차 모델에서 중심적인 역할을 맡기까지 그 세부 내용을 하나하나 살펴보겠습니다. 오토인코더의 작동 원리, 응용 사례, 발전 과정을 깊이 있게 다루며 이 혁신적인 도구에 대해 본격적으로 탐구해보겠습니다.

11.2 오토인코더 탐색

오토인코더(autoencoder)는 신경망 구조 중 독특한 위치를 차지하며 고급 순차 모델의 발전 과정에서 중요한 역할을 해왔습니다. 본질적으로 오토인코더는 입력 데이터를 출력에서 그대로 재현하도록 설계된 신경망으로, 입력 데이터를 더 간결한 저차원 **잠재 표현**(latent representation)으로 압축합니다.

오토인코더의 구조는 인코딩과 디코딩이라는 두 단계 과정으로 이해할 수 있습니다.

다음 다이어그램을 봅시다.

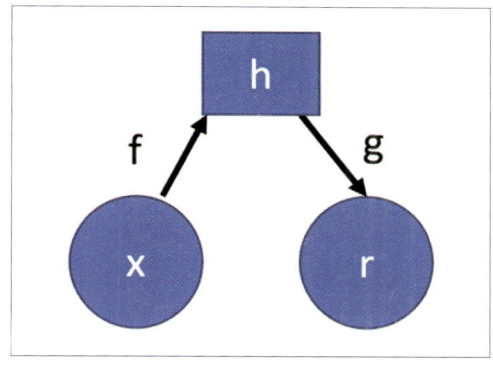

〈그림 11-1〉 오토인코더 구조

이 다이어그램에서는 다음과 같이 가정합니다.

- x는 입력 데이터를 의미합니다.
- h는 데이터를 압축한 형태입니다.
- r은 출력 데이터를 의미하며, x를 재구성하거나 근사한 결과입니다.

이 두 단계는 f와 g로 표현되며, 자세히 살펴보면 다음과 같습니다.

- **인코딩**(f): $h=f(x)$로 나타냅니다. 이 단계에서는 입력 x는 압축된 은닉 표현 h로 변환됩니다.
- **디코딩**(g): $r=g(h)$로 나타내며, 압축된 h를 다시 풀어 원래 입력값을 재현하는 것을 목표로 합니다.

오토인코더 훈련의 목표는 h를 완벽하게 만들어 입력 데이터의 핵심을 압축하는 것입니다. h의 품질이 높을수록, 재구성된 출력 r은 원래 입력 x와 거의 유사해지고 손실이 최소화됩니다. 이때 단순히 x를 재현하는 것뿐만 아니라, 이 과정에서 간결하고 효율적인 h를 학습하는 것도 중요합니다.

11.2.1. 오토인코더 코드 작성하기

수정된 국립 표준 기술 연구소(MNIST, Modified National Institute of Standards and Technology) 데이터셋[1]은 손으로 쓴 숫자 이미지로 구성된 유명한 데이터베이스로, 0부터 9까지의 숫자를 나타내는 28×28 픽셀의 흑백 이미지로 이루어져 있습니다. 이 데이터셋은 머신러닝 알고리즘의 성능을 평가하는 벤치마크로 널리 사용되어 왔습니다. 자세한 정보와 데이터셋은 MNIST 공식 웹사이트에서 확인할 수 있고, 얀 르쿤(Yann Lecun)이 호스팅하는 공식 저장소(yann.lecun.com/exdb/mnist/)에서도 다운로드할 수 있습니다.[2]

이 절에서는 오토인코더를 사용해 손글씨 숫자를 재생성하겠습니다. 오토인코더의 독특한 특징은 훈련 메커니즘에 있는데, 바로 입력과 대상 출력이 동일한 이미지라는 점입니다. 이를 자세히 살펴봅시다.

첫째, **훈련 단계(training phase)** 에서는 다음 과정이 진행됩니다.

1. MNIST 이미지가 오토인코더에 입력됩니다.
2. 인코더는 이 이미지를 압축된 잠재 표현(latent representation)으로 변환합니다.
3. 디코더는 이 표현으로부터 원래 이미지를 복원합니다. 이 과정을 반복함으로써 오토인코더는 더 정밀하게 압축하고 복원하는 방법을 학습하며, 손글씨 숫자의 핵심 패턴을 포착하게 됩니다.

---

1 **역자 주** '수정된(Modified)'이라는 표현이 붙은 이유는 미국 국립 표준 기술 연구소(NIST)의 원래 손글씨 데이터셋에서 모델 학습에 더 적합하도록 이미지 크기 및 색조 등을 수정했기 때문입니다.
2 **역자 주** 2025년 11월 현재는 해당 사이트에서 다운로드 불가합니다. TensorFlow(Keras), PyTorch, Scikit-learn 등의 라이브러리를 통해 받을 수 있습니다.

둘째, **재구성 단계(reconstruction phase)**입니다.

1. 모델이 훈련된 상태에서 새로운 손글씨 숫자 이미지를 입력하면 오토인코더는 먼저 이를 내부 표현(internal representation)[3]으로 인코딩합니다.
2. 그리고 이 내부 표현을 디코딩해 재구성된 이미지를 생성합니다. 훈련이 잘 되었다면 이 이미지는 원본과 매우 유사할 것입니다.

MNIST 데이터셋으로 충분히 학습한 오토인코더는 손글씨 숫자 이미지를 처리하고 재구성하는 데 있어 강력한 도구가 됩니다.

11.2.2. 환경 준비

코드를 작성하기에 앞서 필수 라이브러리를 먼저 임포트해야 합니다. 여기서는 텐서플로가 주요 도구로 사용되며 데이터 처리를 위해 넘파이(NumPy) 같은 라이브러리도 중요하게 활용됩니다.

```python
import tensorflow as tf
```

11.2.2.1. 데이터 준비

다음으로 데이터셋을 훈련용과 테스트용으로 나눈 뒤 정규화 과정을 진행하겠습니다.

```python
# 데이터셋 로드
(x_train, _), (x_test, _) = tf.keras.datasets.mnist.load_data()

# [0, 1] 범위로 데이터 정규화하기
x_train, x_test = x_train / 255.0, x_test / 255.0
```

255.0으로 나누는 것은 흑백 이미지 데이터를 정규화하기 위한 과정으로, 이를 통해 학습 과정을 최적화할 수 있습니다.

---

[3] **역자 주** 이 과정에서 '내부 표현'이란 입력을 압축적으로 요약한 정보에 해당합니다.

11.2.2.2. 모델 구조

오토인코더 설계 과정에서는 층, 층의 크기, 활성화 함수를 결정합니다. 여기서 모델은 텐서플로의 Sequential과 Dense 클래스를 사용해 정의했습니다.

```python
model = tf.keras.Sequential([
    tf.keras.layers.Flatten(input_shape=(28, 28)),
    tf.keras.layers.Dense(32, activation='relu'),
    tf.keras.layers.Dense(784, activation='sigmoid'),
    tf.keras.layers.Reshape((28, 28))
])
```

28×28 이미지를 평탄화(flatten)하면, 784개의 요소를 갖는 1차원 배열이 되고, 이것이 입력 형태(input shape)가 됩니다.

11.2.2.3. 컴파일

모델을 정의하고 나면 특화된 손실 함수와 최적화기(optimizer)로 컴파일합니다. MNIST의 그레이 스케일 이미지를 0과 1 사이로 정규화했으므로 이진 교차 엔트로피(binary cross-entropy)를 선택합니다.

```python
model.compile(loss='binary_crossentropy', optimizer='adam')
```

11.2.2.4. 훈련

훈련 단계는 fit 메서드로 시작합니다. 여기서 모델은 MNIST 손글씨 숫자의 미세한 차이를 학습합니다.

```python
model.fit(x_train, x_train, epochs=10, batch_size=128, validation_data=(x_test, x_test))
```

11.2.2.5. 예측

훈련된 모델을 사용하여 인코딩 및 디코딩에 대한 예측을 다음과 같이 수행합니다.

〈코드 11-6〉[4]

```
encoded_data = model.predict(x_test)
decoded_data = model.predict(encoded_data)
```

11.2.2.6. 시각화

이제 원본 이미지와 재구성된 이미지를 시각적으로 비교해 보겠습니다. 다음 코드는 이 이미지들을 2개 행으로 나타내는 과정입니다.

```
n = 10 # 표시할 이미지 개수
plt.figure(figsize=(20, 4))
for i in range(n):
    # 원본 이미지
    ax = plt.subplot(2, n, i + 1)
    plt.imshow(x_test[i].reshape(28, 28) , cmap='gray')
    ax.get_xaxis().set_visible(False)
    ax.get_yaxis().set_visible(False)

    # 재구성된 이미지
    ax = plt.subplot(2, n, i + 1 + n)
    plt.imshow(decoded_data[i].reshape(28, 28) , cmap='gray')
    ax.get_xaxis().set_visible(False)
    ax.get_yaxis().set_visible(False)

plt.show()
```

---

4 역자 주 일반적으로는 모델에서 인코더와 디코더를 분리하여 각각 예측을 수행하지만, 코드 11-6에서는 이러한 과정이 생략되었습니다.

다음 그림은 출력된 재구성된 이미지입니다.

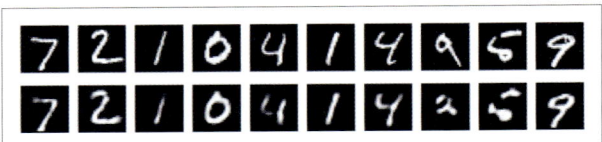

〈그림 11-2〉 원본 테스트 이미지(1행)와 오토인코더가 재구성한 이미지(2행)

맨 위 행에는 원본 테스트 이미지가, 아래 행에는 오토인코더가 재구성한 이미지가 표시됩니다. 이렇게 나란히 비교하면 모델이 데이터의 핵심 특징을 얼마나 잘 보존했는지 그 성능을 확인할 수 있습니다.

이제 Seq2Seq 모델을 살펴보겠습니다.

11.3 Seq2Seq 모델 이해하기

오토인코더에 이어 고급 순차 모델 분야의 또 다른 혁신적인 구조인 Seq2Seq 모델을 살펴보겠습니다. 최신 자연어 처리 작업의 핵심인 Seq2Seq 모델은 입력 시퀀스를 길이가 다른 출력 시퀀스로 변환하는 독특한 능력이 있습니다. 이러한 유연성 덕분에 원문과 번역문의 길이가 달라질 수밖에 없는 번역 같은 영역에서 뛰어난 성능을 발휘합니다.

그림 11-3은 Seq2Seq 모델의 핵심 구성요소를 나타냅니다.

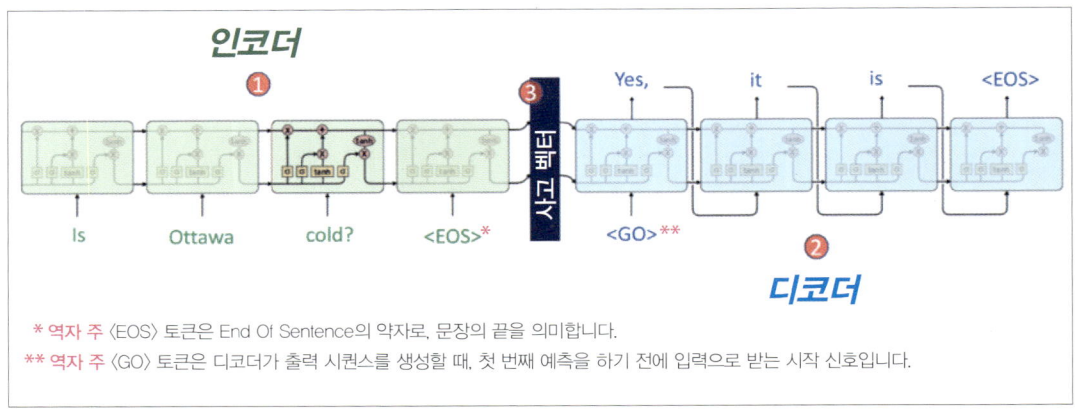

〈그림 11-3〉 Seq2Seq 모델 구조

Seq2Seq 모델은 세 가지 주요 요소가 있습니다.

- **인코더**(encoder): 입력 시퀀스를 처리합니다.
- **사고 벡터**(thought vector): 인코더와 디코더를 연결하는 다리 역할을 합니다.
- **디코더**(decoder): 출력 시퀀스를 생성합니다.

하나씩 이를 살펴봅시다.

11.3.1. 인코더

인코더는 그림 11-3에 나타난 것과 같습니다. 인코더는 입력 시퀀스를 처리하는 입력 RNN입니다. 이 경우 입력 문장은 "Is Ottawa cold?"라는 세 단어로 이루어진 문장입니다. 이는 다음과 같이 표현할 수 있습니다.

$$X = \{x^{<1>}, x^{<2>}, \ldots \ldots x^{<L1>}\}$$

인코더는 입력이 끝났음을 나타내는 문장 종료 토큰 〈EOS〉을 만날 때까지 입력 시퀀스를 처리합니다. 문서 종료 토큰은 타임스텝 L1에 위치합니다.

11.3.2. 사고 벡터

인코더는 입력 시퀀스를 처리하는 동안 계속해서 은닉 상태 $h^{<t>}$를 업데이트합니다. 시퀀스의 마지막에서 얻은 최종 은닉 상태 $h^{<L1>}$은 디코더로 전달됩니다. 이 최종 상태는 2015년 제프리 힌턴(Geoffrey Hinton)이 명명한 '사고 벡터(thought vector)'라고 하며 입력 시퀀스의 핵심을 간결하게 표현합니다. 그림 11-3에서 사고 벡터는 3번에 해당합니다.

11.3.3. 디코더

인코딩이 완료되면 〈GO〉 토큰이 디코더에 시작 신호를 보냅니다. RNN의 출력인 디코더는 인코더의 마지막 은닉 상태 $h^{<L1>}$를 초기 입력으로 받아 출력 시퀀스 $Y = \{y^{<1>}, y^{<2>}, \ldots \ldots y^{<L1>}\}$를 생성해 나갑니다. 그림 11-3에서 이 출력 시퀀스는 "Yes, it is"라는 문장으로 변환됩니다.

11.3.4. Seq2Seq의 특수 토큰

⟨EOS⟩와 ⟨GO⟩는 Seq2Seq 모델의 필수 토큰이지만, 그 외에도 주목할 만한 토큰들이 있습니다.

- ⟨UNK⟩: 'unknown(알 수 없음)'을 의미하며, 자주 나타나지 않는 단어를 대체해 어휘 크기를 관리하기 쉽게 만듭니다.
- ⟨PAD⟩: 짧은 시퀀스에 패딩(padding)으로 사용하며, 이 토큰은 훈련 중 시퀀스 길이를 통일(standardize)해 모델의 효율성을 높입니다.

Seq2Seq 모델의 두드러진 특징은 가변적인 시퀀스 길이를 처리하는 능력입니다. 즉, 입출력 시퀀스의 크기가 근본적으로 다를 수 있다는 의미입니다. 이러한 유연성이 순차적 속성과 결합되어 Seq2Seq는 고급 순차 모델링 분야에서 중요한 위치를 차지하게 되었고, 오토인코더에서 더 나아가 복잡하고 미세한 차이를 파악하는 순차 처리 시스템으로 이어지는 다리가 되었습니다.

오토인코더의 기초를 다지고 Seq2Seq 모델을 깊게 살펴봤으니, 이제 인코더-디코더 프레임워크의 한계를 알아보겠습니다.

11.3.5. 정보 병목 딜레마

학습한 대로 통상적인 Seq2Seq 모델의 핵심에는 사고 벡터 $h^{<U>}$이 있습니다. 이는 인코더의 마지막 은닉 상태이며 디코더로 이어지는 다리 역할을 합니다. 이 벡터는 전체 입력 시퀀스 X를 압축합니다. 이 단순한 메커니즘은 장점이자 단점으로, 시퀀스가 길어질수록 약점이 두드러집니다. 방대한 양의 정보를 고정된 크기의 표현으로 압축하기가 점점 더 힘들어지기 때문입니다. 이를 **정보 병목**(information bottleneck)이라 합니다. 입력이 아무리 풍부하고 복잡하더라도 메모리 크기의 제약으로 인코더에서 디코더로 전달할 수 있는 정보의 양이 제한된다는 뜻입니다.

이 문제를 해결하기 위해서는 Seq2Seq 모델에서 어텐션 메커니즘으로 초점을 옮겨야 합니다.

11.4 어텐션 메커니즘 이해

기존 Seq2Seq 모델의 고정 길이 메모리 한계를 극복하기 위해 2014년에는 획기적인 발전이 이루어졌습니다. 드미트리 바다나우, 조경현, 요슈아 벤지오는 어텐션 메커니즘이라는 혁신적인 해법을 제안했습니다. 초기 모델들이 전체 시퀀스를 제한된 메모리 공간에 억지로 압축하려 했던 것과 달리, 어텐션 메커니즘은 디코딩 과정에서 입력 시퀀스 중 특정하고 중요한 부분에 집중하게 합니다. 이는 마치 디코딩 단계마다 가장 중요한 정보에 돋보기를 대고 들여다보는 것과 같습니다.

11.4.1. 신경망에서 어텐션이란?

쉽게 말해, 주의(attention)가 향하는 곳에 집중이 있습니다. NLP, 특히 LLM(대규모 언어 모델) 훈련 분야에서 어텐션은 매우 중요한 역할을 차지합니다. 전통적인 신경망은 입력 데이터를 고정된 순서로 처리했기 때문에 문맥의 중요성을 놓칠 수 있었습니다. 하지만 어텐션 메커니즘은 각 입력 데이터의 중요도를 계산해 관련성 높은 정보에 더 집중하게 합니다.

11.4.1.1. 기본 개념

사람이 이미지나 텍스트를 볼 때 중요한 부분에 주의를 기울이듯, 어텐션 메커니즘은 신경망이 입력 데이터 가운데 더 중요한 부분에 집중하도록 합니다. 이는 모델에게 다음에 어디를 **주목할지** 알려주는 역할을 합니다.

11.4.1.2. 예시

필자는 최근 이집트 여행에서 마치 시간 여행을 다녀온 듯한 경험을 한 뒤, 고대 이집트의 상형문자라는 상징적이고 표현력 있는 언어 체계를 다시금 떠올려 보게 되었습니다. 상형문자는 단순한 기호 그 이상이었습니다. 예술과 언어가 정교하게 결합된 체계로 다층적인 의미를 담고 있었습니다. 수많은 기호로 구성된 이 시스템은 신경망에서 어텐션 메커니즘의 핵심 원리를 잘 보여주는 사례이기도 합니다.

〈그림 11-4〉 고대 이집트 상형 문자가 새겨진 기자의 대표 피라미드, 쿠푸와 카프라(저자가 촬영한 사진)

예를 들어, 한 이집트 서기관이 나일강 대축제 소식을 전하고자 한다고 가정해 봅시다. 수많은 상형 문자 중 사용할 수 있는 것은 다음과 같습니다.

- ☥: 생명을 상징하는 앙크(Ankh) 문자는 축제의 활기와 축제 분위기를 담아냅니다.
- ↑: 지팡이 모양의 와스(Was) 기호는 권위를 상징하며 파라오가 이 축제에서 맡은 중심적인 역할을 드러냅니다.
- 〰: 이집트 문화의 중심인 나일강을 형상화한 것으로 축제 장소를 정확히 가리킵니다.

그런데 축제의 위엄과 중요성을 전할 때 모든 기호의 중요도가 동일하지는 않습니다. 서기관은 특정 문자를 강조하거나 반복하여 메시지에서 가장 중요한 부분에 주목(attention)하게 할 것입니다.

이러한 선택적 강조는 신경망의 어텐션 메커니즘과 유사합니다.

11.4.2. 어텐션 메커니즘의 세 가지 주요 측면

신경망, 특히 자연어 처리 작업에서 어텐션 메커니즘은 관련 정보를 걸러내고 집중하는 데 중요한 역할을 합니다. 어텐션의 주요 측면을 맥락 연관성, 상징화 능력, 우선순위에 따른 집중이라는 세 가지 요소로 나누어 설명하겠습니다.

- 맥락 연관성

  개요: 어텐션의 핵심 목적은 현재 수행 중인 작업과 관련성이 높은 입력 데이터의 특정 부분에 더 높은 중요도를 부여하는 것입니다.

  상세: 예를 들어, 'The grand Nile festival'라는 문장이 있다고 가정해 봅시다. 이 경우 어텐션 메커니즘은 'Nile'과 'grand'라는 단어에 더 높은 가중치를 부여할 수 있습니다. 이는 이 단어들이 절대적으로 중요해서가 아니라, 특정 작업(예: 축제 정보 추출)과 관련해 더 중요한 의미를 갖기 때문입니다. 어텐션은 모든 단어나 입력을 똑같이 취급하지 않고 문맥에 따라 모델의 집중도를 상황에 맞게 조정합니다.

  예: 무대 위 스포트라이트와 비슷합니다. 스포트라이트가 중요한 장면에서 특정 배우만 비추듯, 어텐션은 문맥상 중요한 입력 데이터만 집중 조명합니다.

- 상징화 능력

  개요: 어텐션이 방대한 양의 정보를 이해하기 쉬운 핵심 단위로 압축하는 능력입니다.

  상세: 이집트 상형 문자는 복잡한 서사나 개념을 하나의 기호로 압축할 수 있습니다. 마찬가지로 어텐션 메커니즘은 다양한 가중치를 부여해 데이터의 어느 부분이 가장 많은 정보를 담고 있어 우선 처리해야 하는지 결정합니다.

  예: 대량의 문서를 간결하게 요약하는 상황을 떠올려 봅시다. 요약에서는 가장 중요한 정보만 포함해야 합니다. 이는 방대한 입력 데이터에서 가장 관련성이 높은 부분을 추출하고 우선순위를 매기는 어텐션 메커니즘의 기능과 닮아있습니다.

- 우선순위에 따른 집중

  개요: 어텐션 메커니즘은 입력 데이터 전체에 동일하게 집중하지 않습니다. 주어진 과제와 관련성이 높다고 판단되는 특정 구간에 우선적으로 집중하도록 설계되어 있습니다.

  상세: 고대 이집트의 상형문자 예시에서 영감을 얻어 보면, 이집트 서기관이 생명이나 축제를 표현하고자 할 때 '앙크(Ankh)' 기호를 강조하는 것처럼, 어텐션 메커니즘도 더 관련성이 높은 입력의 특정 부분에 집중(가중치 부여)합니다.

예: 연구 논문을 읽는 것과 유사합니다. 연구자는 현재의 연구 필요에 맞추어 초록, 결론, 혹은 특정 데이터 지점에 더 집중하게 됩니다.

따라서 신경망의 어텐션 메커니즘은 인간이 정보를 처리할 때 자연스럽게 선택적으로 집중하는 방식을 모방합니다. 어텐션이 데이터의 우선순위를 매기고 처리하는 섬세한 방식을 이해함으로써 우리는 신경망 모델을 더 잘 설계하고 해석할 수 있습니다.

11.4.3. 어텐션 메커니즘 더 깊이 들여다보기

어텐션 메커니즘은 고대 이집트 상형문자처럼 진화한 소통 방식으로 볼 수 있습니다. 기존 인코더 방식에서는 전체 입력 시퀀스를 하나의 은닉 상태로 압축하려고 했습니다. 이는 마치 이집트 서기관이 상형문자 하나만으로 사건 전체를 표현하려는 것과 같습니다. 물론 가능은 하지만, 사건의 본질을 온전히 담아내기는 어렵습니다.

하지만 이제 인코더-디코더 방식이 향상된 덕분에 입력의 각 단계마다 은닉 상태를 생성할 수 있어 디코더에 훨씬 풍부한 정보를 제공합니다. 그렇다고 모든 상형문자(또는 은닉 상태)를 한꺼번에 참조하면 오히려 혼란스러워질 것입니다. 마치 서기관이 나일강에서 일어난 사건 하나를 표현하기 위해 모든 상형문자를 다 사용해버리는 것처럼 말입니다.

그래서 어텐션이 필요합니다. 어텐션은 디코더가 어떤 정보에 우선순위를 둘지 선택하도록 합니다. 서기관이 생명과 활력을 상징하는 '앙크(Ankh)' 상형문자에 주목하거나, 권력을 나타내는 '와스(Was)' 지팡이에 집중하거나, 혹은 나일강 자체를 그려 특정 위치를 지시하듯, 디코더는 각 인코더 상태에 서로 다른 가중치를 부여합니다. 예를 들어 "Transformers are great!"이라는 문장을 독일어 "Transformatoren sind großartig!"으로 번역할 때, 어텐션 메커니즘은 영어 단어 'great'과 독일어 'großartig'의 대응 관계에 주목하여 핵심 의미가 유지되도록 합니다.

이러한 선택적 집중 방식을 통해 어텐션 메커니즘과 상형문자를 활용한 이야기 방식 모두에서 메시지를 더 정확하고 명료하게 전달할 수 있습니다.

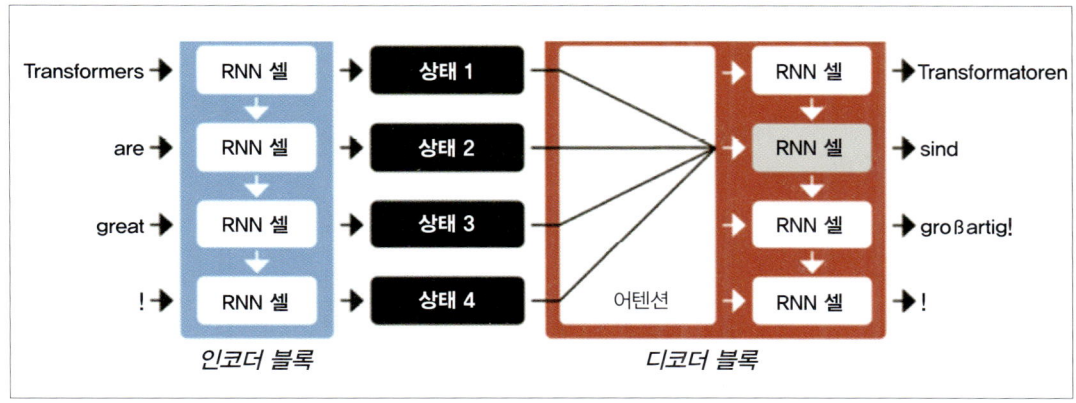

〈그림 11-5〉 어텐션 메커니즘으로 향상된 인코더-디코더 구조를 사용하는 RNN

11.4.4. 어텐션 메커니즘의 문제

RNN에 어텐션을 결합하면 분명한 개선 효과가 있지만, 모든 문제를 해결해 주는 만능 열쇠는 아닙니다. 가장 큰 문제 중 하나는 계산 비용입니다. 인코더에서 디코더로 여러 은닉 상태를 전달하는 과정은 상당한 처리 능력을 요구합니다.

하지만 모든 기술 발전이 그렇듯, 이를 해결하기 위한 방법도 계속 등장하고 있습니다. 그중 하나가 바로 셀프 어텐션(self-attention)이며, 이는 트랜스포머 아키텍처의 핵심 구성 요소입니다. 이 혁신적인 방식은 어텐션 과정을 더욱 효율적이고 확장 가능하게 개선합니다.

11.5 셀프 어텐션 자세히 살펴보기

다시 고대 상형문자를 떠올려 보겠습니다. 상형문자는 복잡한 메시지를 전달하기 위해 의도적으로 선택되었습니다. 셀프 어텐션도 이와 비슷하게 작동하여, 시퀀스에서 어떤 부분이 중요한지, 그리고 어떤 부분이 강조되어야 하는지를 결정합니다.

그림 11-6은 순차 모델에 셀프 어텐션을 통합했을 때의 구조적 아름다움을 보여줍니다. 피라미드의 기초석처럼, 맨 아래 층의 양방향 RNN은 끊임없이 작동하며 **맥락 벡터**(context vector, C_2)를 생성합니다. 이는 사건을 하나의 상형문자로 요약하는 것과 같습니다.

시퀀스의 각 단계나 단어에는 α로 표시되는 **가중치**가 주어집니다. 이 가중치들은 맥락 벡터와 상호작용하며, 특정 요소를 다른 요소보다 더 두드러지게 강조합니다.

입력 X_k는 특정 문장 k를 나타내고 문장의 길이는 $L1$이라고 가정해봅시다. 이는 다음과 같이 수학적으로 표현할 수 있습니다.

$$X_k = \{X_k^{<1>}, X_k^{<2>}, \ldots \ldots X_k^{<L1>}\}$$

여기서 각 요소 $X_k^{<t>}$는 문장 k의 단어 또는 토큰을 나타냅니다. 위 첨자 <t>는 해당 문장에서 특정 위치 또는 타임스텝을 가리킵니다.

11.5.1. 어텐션 가중치

셀프 어텐션 영역에서 어텐션 가중치는 핵심적인 역할을 합니다. 이 가중치는 마치 나침반처럼 어떤 단어가 중요한지 가리키며, 맥락 벡터를 생성할 때 각 단어에 **중요도 점수**를 부여합니다.

이 개념을 더 직관적으로 이해하기 위해, 앞서 언급한 번역 예시를 다시 살펴보겠습니다. 예를 들어 "Transformers are great!"라는 문장이 "Transformatoren sind großartig!"로 번역될 때, 'Transformers'라는 단어에 집중하면 어텐션 가중치는 다음과 같이 나눠볼 수 있습니다.

- $\alpha_{2,1}$: 'Transformers'와 문장 시작 부분의 관계를 측정합니다. 값이 높을수록 'Transformers'가 맥락을 이해할 때 문장 시작 부분에 크게 영향을 받는다는 의미입니다.
- $\alpha_{2,2}$: 'Transformers'라는 단어 본래의 의미를 얼마나 강조하는지 반영합니다.
- $\alpha_{2,3}$ 및 $\alpha_{2,4}$: 각각 'Transformers'가 'are'와 'great!'라는 단어를 맥락에 얼마나 포함할지 나타냅니다. 여기서 점수가 높다면 'Transformers'가 이러한 주변 단어에 크게 영향을 받는다는 뜻입니다.

훈련하는 동안 이 어텐션 가중치는 계속 조정되고 파인튜닝됩니다. 이와 같은 지속적인 정제 과정을 통해 모델은 문장 내 단어 사이의 복잡한 관계를 점점 더 잘 이해하게 됩니다. 그 결과 단어들의 명시적인 관계는 물론, 쉽게 드러나지 않는 미세한 연결성까지도 파악할 수 있게 됩니다.

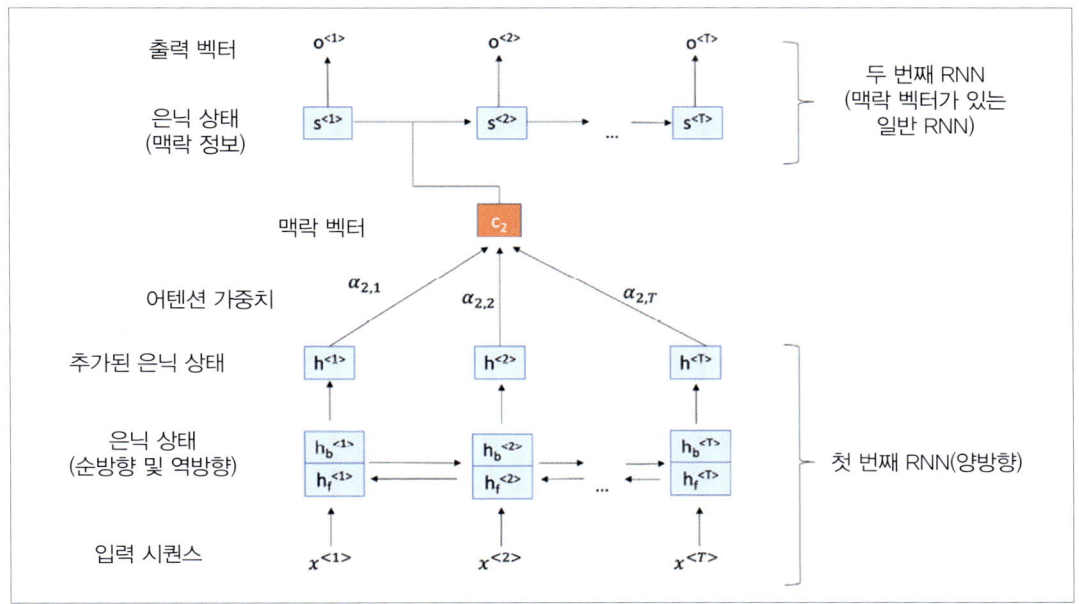

〈그림 11-6〉 순차 모델에 셀프 어텐션 적용하기

셀프 어텐션 메커니즘을 본격적으로 살펴보기 전에 먼저 그림 11-6에 나온 주요 요소를 이해해야 합니다.

11.5.2. 인코더: 양방향 순환 신경망

10장에서는 단방향 RNN과 그 변형들의 핵심 구성 요소를 살펴보았습니다. 단방향 RNN은 맥락을 한 방향으로만 전달할 수 있다는 한계가 있었고 이를 해결하기 위해 양방향 RNN이 고안되었습니다(슈스터와 팔리왈, 1997)[5].

양방향 RNN은 우선 입력 시퀀스 X를 시작부터 끝까지 읽고, 다시 끝에서 처음으로 읽습니다. 이러한 양방향 처리 방식을 통해 선행 요소와 후행 요소에 따른 정보를 파악할 수 있게 됩니다. 이에 따라 타임스텝마다 두 가지 은닉 상태를 얻습니다. $h_f^{<t>}$은 전방, $h_b^{<t>}$은 후방 은닉 상태입니다. 이 은닉 상태들은 해당 타임스텝에서 하나로 합쳐지며 다음과 같이 표현됩니다.

$$h^{<t>} = h_f^{<t>} \mid h_b^{<t>}$$

---

[5] 역자 주 마이크 슈스터(Mike Schuster), 쿨딥 K. 팔리왈(Kuldip K. Paliwal)

예를 들어 $h_f^{<t2>}$와 $h_b^{<t2>}$가 64차원 벡터라면, 결합된 값 $h^{<t2>}$는 128차원입니다. 이렇게 결합된 은닉 상태는 양방향으로 얻은 시퀀스의 맥락을 상세하게 나타냅니다.

11.5.3. 사고 벡터

사고 벡터는 여기서 기호 C_k로 나타내며, 입력 X_k에서 핵심 정보를 요약한 것입니다. 앞서 살펴본 대로, 사고 벡터는 시퀀스의 패턴, 맥락, 각 요소 X_k의 상태를 파악하기 위한 것입니다.

그림 11-6의 내용은 다음과 같이 정의할 수 있습니다.

$$C_k = (\alpha_k^{<1>} h^{<1>} + \alpha_k^{<2>} h^{<2>}, \ldots \ldots \alpha_k^{<L1>} h^{<L1>})$$

여기서 $\alpha_k^{<t>}$는 타임스텝 t에 대한 어텐션 가중치이며, 훈련 과정 동안 계속 정제됩니다.

이는 다음과 같이 합의 표기법(summation notation)으로 표현할 수 있습니다.

$$C_k = \sum_{t=1}^{L1} \alpha_k^{<t>} h^{<t>}$$

11.5.4. 디코더: 일반 RNN

그림 11-6은 사고 벡터를 통해 인코더와 연결된 디코더를 보여줍니다.

특정 문장 k에 대한 디코더의 출력 결과는 다음과 같이 표현됩니다.

$$O_k = \{o_k^{<1>}, o_k^{<2>}, \ldots \ldots o_k^{<L2>}\}$$

출력 결과의 길이는 $L2$이며, 이는 입력 시퀀스의 길이 $L1$과 다른 값이라는 점에 주의해야 합니다.

11.5.5. 훈련 대 추론

특정 입력 시퀀스 k에 대한 훈련 데이터에서 정답(ground truth)에 해당하는 출력 벡터는 Y_k이며 다음과 같습니다.

$$Y_k = \{y_k^{<1>}, y_k^{<2>}, \ldots \ldots y_k^{<L2>}\}$$

각 타임스텝에서 디코더의 RNN은 세 가지 입력을 받습니다.

- $s_k^{<i-1>}$: 이전 은닉 상태
- C_k: 시퀀스 k에 대한 사고 벡터
- $y_k^{<i-1>}$: 정답 벡터 Y_k에 있는 이전 단어

하지만 추론 과정에서는 이전 타임스텝에 대한 실제 정답이 없으므로, 디코더의 RNN은 이전 스텝의 출력 결과 단어 $o_k^{<i-1>}$를 대신 사용합니다.

지금까지 어텐션 메커니즘의 문제를 셀프 어텐션으로 어떻게 해결했는지 학습했습니다. 셀프 어텐션의 기본 작동 방식을 알았으니, 순차 모델링에서 그 다음 중요한 발전인 트랜스포머로 관심을 옮겨보도록 하겠습니다.

11.6 트랜스포머: 셀프 어텐션 이후 신경망의 진화

지금까지 셀프 어텐션이 시퀀스 데이터를 재해석하여 각 단어의 맥락을 다른 단어와의 관계에 따라 이해하는 능력을 살펴봤습니다. 이 원리는 신경망 설계의 혁신적 도약인 **트랜스포머**(**transformer**) 구조로 이어졌습니다.

트랜스포머는 구글 브레인 팀의 2017년 논문 **Attention is All You Need**[6]에서 소개됐으며, 셀프 어텐션 개념을 핵심 기반으로 삼습니다. 트랜스포머가 등장하기 전까지는 RNN이 주로 사용되었는데, RNN을 영어 문장을 독일어로 번역하기 위해 단어 하나하나를 순서대로 읽으면서 맥락을 전달하는 부지런한 사서(librarian)에 비유할 수 있습니다. 짧은 문장에는 신뢰할 만하지만, 문장이 길어지면 앞부분의 의미를 잃어버리고 놓치는 경우가 생기곤 했습니다.

---

6 역자 주 '당신에게 필요한 것은 오직 어텐션(관심)'이라는 뜻입니다. (https://arxiv.org/abs/1706.03762)

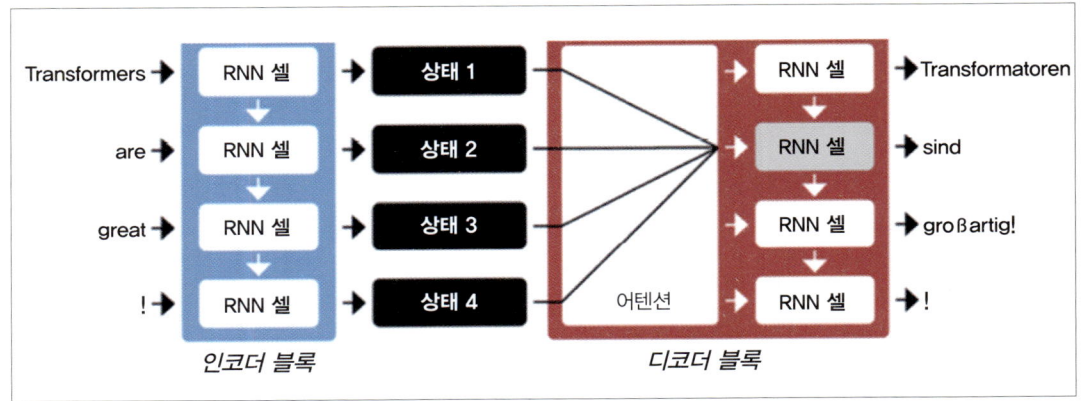

〈그림 11-7〉 최초의 트랜스포머의 인코더-디코더 구조

트랜스포머는 시퀀스 데이터를 처리하는 새로운 접근 방식입니다. 단어 하나하나를 순차적으로 처리하는 기존 방식과 달리, 트랜스포머는 고도화된 어텐션 메커니즘을 활용해 전체 시퀀스를 한눈에 파악합니다. 이는 단어를 하나씩 조합해 문장의 감정을 이해하는 것이 아니라, 단번에 전체 문단의 감정을 파악하는 방식입니다. 이러한 전체적 관점 덕분에 단어 사이의 미묘한 관계까지 포괄적으로 이해할 수 있게 되어 더 풍부하고 깊이 있는 해석이 가능합니다.

셀프 어텐션은 트랜스포머에서 핵심적인 역할을 합니다. 신경망의 각 계층은 셀프 어텐션을 통해 입력 데이터의 다른 모든 부분과 상호작용할 수 있습니다. 그림 11-7에서 볼 수 있듯 트랜스포머 구조는 인코더와 디코더 모두에서 셀프 어텐션을 활용하며, 그 결과는 **순방향 신경망(FFNN, Feed Forward Neural Network)**으로 전달됩니다. 이러한 구조는 단순히 학습 효율만 높이는 데 그치지 않고 최근 자연어 처리 분야의 다양한 혁신을 촉진하는 원동력이 되었습니다.

예를 들어, 빌리 웰먼의 〈고대 이집트: 매력적인 이집트 역사 개요〉[7]라는 책을 생각해 봅시다. 이 책에서는 클레오파트라나 람세스 같은 초기 파라오와 피라미드 건설 사이의 관계가 방대하고 복잡하게 서술되어 있습니다. 트랜스포머 이전 모델은 이렇게 방대한 내용을 처리하는 데 분명한 한계가 있었습니다.

---

[7] 역자 주 Billy Wellman, 〈Ancient Egypt: An Enthralling Overview of Egyptian History〉, 2023

11.6.1. 트랜스포머가 빛나는 이유

트랜스포머 아키텍처는 셀프 어텐션 메커니즘을 통해 이러한 문제에 대한 효과적인 해결책을 제시합니다. 예를 들어 '피라미드'라는 단어를 마주했을 때, 모델은 셀프 어텐션을 활용해 람세스나 클레오파트라와의 연관성을 문장 내 위치와 상관없이 판단할 수 있습니다. 입력의 다양한 부분을 자유롭게 **주목(attend to)**할 수 있는 이러한 능력 덕분에, 트랜스포머는 현대 자연어 처리의 핵심 기술로 자리 잡게 되었습니다.

11.6.2. 파이썬 코드 분석

다음은 셀프 어텐션 메커니즘을 단순화해 구현한 예시입니다.

```python
import numpy as np

def self_attention(Q, K, V):
    """
    Q: 쿼리 행렬(Query matrix)
    K: 키 행렬(Key matrix)
    V: 값 행렬(Value matrix)
    """

    # 어텐션 가중치 계산
    attention_weights = np.matmul(Q, K.T)

    # 소프트맥스를 적용하여 확률 구하기
    attention_probs = np.exp(attention_weights) / np.sum(np.exp(attention_weights), axis=1, keepdims=True)

    # 값 행렬에 확률을 곱해 출력 얻기
    output = np.matmul(attention_probs, V)

    return output
```

```python
# 예시
Q = np.array([[1, 0, 1], [0, 2, 0], [1, 1, 0]]) # 예시 쿼리
K = np.array([[1, 0, 1], [0, 2, 0], [1, 1, 0]]) # 키 행렬
V = np.array([[0, 2, 0], [1, 0, 1], [0, 1, 2]]) # 값 행렬
output = self_attention(Q, K, V)
print(output)
```

```
[[0.09003057 1.57521038 0.57948752]
 [0.86681333 0.14906291 1.10143419]
 [0.4223188  0.73304361 1.26695639]]
```

이 코드는 기본적인 표현일 뿐이며, 실제 트랜스포머 모델은 더 최적화된 정교한 방식을 사용합니다. 특히 더 긴 시퀀스를 처리할 때는 그러합니다. 그러나 본질은 시퀀스 내의 서로 다른 단어들에 가중치를 동적으로 부여하여, 모델이 맥락적 이해를 반영할 수 있도록 한다는 점에 있습니다.

11.6.3. 출력 결과 이해하기

- 첫 번째 행 [0.09003057 1.57521038 0.57948752]은 쿼리의 첫 번째 단어(행렬 Q의 첫 번째 행)에 해당하는 V 행렬의 가중 조합(weighted combination) 결과입니다. 즉, 모델이 해당 단어를 처리할 때 V 행렬의 첫 번째 단어에는 9%, 두 번째 단어에는 57.5%, 세 번째 단어에는 57.9%의 비중을 두고 문맥을 파악한다는 뜻입니다.
- 두 번째 행 [0.86681333 0.14906291 1.10143419]은 쿼리의 두 번째 단어에 대한 처리 결과입니다. 행렬 V의 첫 번째 단어는 86.8%, 두 번째 단어는 14.9%, 세 번째 단어는 110.1%의 비중을 두고 주목합니다.
- 세 번째 행 [0.4223188 0.73304361 1.26695639]은 쿼리의 세 번째 단어에 해당하며, V 행렬의 세 단어에 대해 각각 42.2%, 73.3%, 126.7%의 가중치를 부여해 문맥을 구성합니다.

트랜스포머의 구조, 시퀀스 모델링에서의 역할, 코드와 출력 결과를 살펴봤으니 이제 자연어 처리 분야의 다음 주요 발전인 대규모 언어 모델(LLM)을 살펴보겠습니다.

11.7 대규모 언어 모델

대규모 언어 모델(LLM) 은 트랜스포머 이후 자연어 처리 분야의 다음 진화 단계로, 단순한 기존 모델의 확장을 넘어선 일종의 양자 도약(quantum leap)[8]이라고 할 수 있습니다. 대규모 언어 모델은 방대한 양의 텍스트 데이터를 처리할 수 있으며, 이전에는 인간만 할 수 있다고 여겨졌던 작업들까지 수행할 수 있습니다.

간단히 말해, LLM은 텍스트를 생성하고, 질문에 답하며, 심지어 코드를 작성할 수도 있습니다. 소프트웨어가 사람처럼 응답하고 미묘한 뉘앙스를 파악하며 이전 대화 내용까지 기억하는 모습을 떠올려 보십시오. 이것이 바로 LLM이 제공하는 기능입니다.

언어 모델(Language Model, LM) 은 기계 번역부터 최신 텍스트 분류 작업까지 다양한 자연어 처리 분야에서 사용되는 핵심 기반이었습니다. 초기 언어 모델은 RNN과 LSTM 같은 구조에 의존했지만, 오늘날 자연어 처리 분야의 성과는 주로 딥러닝 기법, 특히 트랜스포머 덕분에 가능해졌습니다.

LLM의 핵심 특징은 방대한 양의 텍스트를 읽고 학습하는 능력입니다. 이 모델을 처음부터 훈련시키는 것은 매우 방대한 작업이며, 고성능 컴퓨팅 자원과 많은 시간이 필요합니다. 이때 모델의 크기와 훈련 데이터의 양(예: 위키피디아, Common Crawl 데이터셋 등)에 따라 훈련에는 수 주에서 수개월까지 걸릴 수 있습니다.

긴 시퀀스를 다루는 것은 LLM에게 익숙한 과제입니다. 초기의 RNN과 LSTM 기반 모델들은 긴 시퀀스에서 중요한 세부 정보를 잃어버리는 경우가 많아 성능에 제약이 있었습니다. 이 지점에서 어텐션의 역할이 드러나기 시작합니다. 어텐션 메커니즘은 마치 손전등처럼 긴 입력 속에서 핵심적인 부분을 비추어 줍니다. 예를 들어 자동차 기술 발전에 관한 글에서, 어텐션은 주요 혁신이 텍스트 어디에 등장하든 그것을 인식하고 집중할 수 있도록 보장합니다.

---

8 역자 주 '양자 도약'이란 단기간의 큰 도약이나 성장을 뜻합니다.

11.7.1. LLM에서의 어텐션 이해하기

어텐션 메커니즘은 신경망 분야에서 핵심적인 요소로 자리 잡았으며, 특히 LLM에서 그 중요성이 두드러집니다. 본질적으로 어텐션은 긴 텍스트 속에서 핵심을 강조하는 형광펜과 같아, 모델이 전체 흐름을 이해하면서도 중요한 이정표를 놓치지 않도록 돕습니다. 예를 들어, NLP의 발전사를 다룬 방대한 글에서도 어텐션 덕분에 LLM은 중요한 전환점을 나타내는 문장을 분명하게 짚어낼 수 있습니다. 트랜스포머는 이러한 어텐션의 강점을 활용하여, 방대한 텍스트를 처리하면서도 맥락적 일관성을 유지할 수 있게 합니다.

LLM에게 맥락(context)은 곧 전부라 할 수 있습니다. 예를 들어, 고양이로 시작하는 이야기를 만들어낼 때 어텐션은 문맥이 흐트러지지 않도록 보장합니다. 따라서 이야기가 진행되는 동안 불필요하게 '멍멍(barking)' 같은 고양이와 무관한 표현이 등장하는 대신, 자연스럽게 '갸르릉(purring)'이나 '야옹(meowing)'과 같은 관련된 표현이 이어집니다.

이처럼 맥락을 유지하려면 LLM은 방대한 훈련 과정을 거쳐야 합니다. 실제로는 초고성능 컴퓨터를 몇 달 동안 연속으로 가동해 최대한 텍스트를 처리해야 하며, 초기 훈련이 끝났다고 해서 모든 것이 끝나는 것도 아닙니다. 고급 차량이 꾸준한 정비를 필요로 하듯, LLM 역시 새로운 데이터를 바탕으로 지속적인 업데이트와 개선이 요구됩니다.

훈련이 끝난 뒤에도 학습은 계속되어야 합니다. 예를 들어, 누군가에게 영어 문법을 가르쳐 준 뒤, 곧바로 속어나 관용구로 말을 건다고 생각해 보십시오. 영어의 완전한 이해를 위해서는 이런 불규칙한 표현에도 적응할 수 있어야 합니다.

역사적으로는 2017년과 2018년 사이가 전환점이었습니다. 이 시기 OpenAI를 비롯한 여러 기업들이 **비지도 사전 훈련**(unsupervised pretraining)을 도입하면서, 감성 분석 같은 다양한 과제를 더 효율적으로 해결할 수 있는 길이 열렸습니다.

11.7.2. NLP의 대표 주자 탐색: GPT와 BERT

보편 언어 모델 파인튜닝(ULMFiT, Universal Language Model Fine-Tuning)은 NLP의 새로운 시대를 연 전환점이라 할 수 있습니다. 이 기법은 사전 훈련된 LSTM 모델을 다양한 자연어 처리 작업에 재활용하는 방식을 개척했고, 이를 통해 연산 자원과 시간을 크게 절약할 수 있게 되었습니다. 그 과정을 단계별로 살펴보면 다음과 같습니다.

1. **사전 훈련(Pretraining):** 이 단계는 아이에게 언어의 기초를 가르치는 것과 비슷합니다. 위키피디아 같은 방대한 데이터셋을 활용해 모델은 언어의 기본 구조와 문법을 익히게 됩니다. 마치 학생이 교과서를 통해 기초 소양을 쌓는 것과 같은 단계입니다.
2. **도메인 적용:** 이제 모델은 특정 주제나 장르에 특화된 내용을 학습합니다. 첫 번째 단계가 문법을 익히는 것이라면, 이 단계는 추리소설부터 학술지까지 다양한 장르의 글을 접하는 것과 같습니다. 여전히 다음 단어를 예측하는 방식으로 훈련되지만, 이제는 특정한 맥락 속에서 예측하게 됩니다.
3. **파인튜닝(Fine-tuning):** 마지막 단계에서는 모델이 특정 작업을 수행할 수 있도록 정밀하게 조정됩니다. 예를 들어 주어진 텍스트에서 감정이나 정서를 감지하는 작업을 수행하도록 훈련됩니다. 이는 학생이 논술을 쓰거나 문학 작품을 분석하는 훈련을 받는 것과 유사합니다.

11.7.2.1. 2018년의 대규모 언어 모델 선구자: GPT와 BERT

2018년은 **GPT**와 **BERT**라는 두 대표 모델이 등장해 자연어 처리의 흐름을 근본적으로 바꾼 해입니다. 이 두 모델을 더 자세히 들여다보겠습니다.

- **GPT(생성형 사전 훈련 트랜스포머, Generative Pre-trained Transformer)**

GPT는 ULMFiT에서 영감을 받아 탄생한 모델로, 트랜스포머 아키텍처의 디코더(decoder)에 기반한 구조를 갖습니다. 기존 모델이 한정된 책으로 훈련된다면, GPT는 방대한 도서관 전체에 접근할 수 있는 학자와도 같습니다. 실제로 초기 GPT는 북 코퍼스(BookCorpus)라는 다양한 미출간 서적으로 구성된 대규모 데이터셋으로 훈련되었고, 소설부터 역사에 이르기까지 폭넓은 장르에서 통찰을 얻을 수 있었습니다.

비유하자면 전통적인 모델이 셰익스피어의 희곡 줄거리를 아는 수준이라면 GPT는 셰익스피어의 작품 구성뿐 아니라 당시의 문화적 맥락, 인물의 뉘앙스, 그리고 셰익스피어의 문체가 시대에 따라 어떻게 변해왔는지까지 이해하는 수준입니다. GPT는 디코더에 집중한 구조 덕분에 일관되고 맥락에 맞는 텍스트를 생성하는 데 매우 능숙합니다. 마치 노련한 작가가 소설을 쓰듯 GPT는 의미 있고 자연스러운 문장을 만들어 낼 수 있습니다.

- **BERT(Bidirectional Encoder Representations from Transformers, 트랜스포머의 양방향 인코더 표현)**

BERT는 기존의 언어 모델링 방식을 혁신한 모델로, **마스킹 언어 모델링**(masked language modeling) 기법을 도입해 문맥 이해 능력을 한층 끌어올렸습니다.

기존 모델이 단순히 다음 단어를 예측하는 데 초점을 맞췄다면, BERT는 문장 내 일부 단어를 의도적으로 가린(masked) 상태에서 그 빈칸에 들어갈 적절한 단어를 예측하여 문맥을 양방향으로 파악할 수 있습니다.

예를 들어 "She went to Paris to visit the ___"라는 문장이 주어졌을 때, BERT 이전 모델은 'the' 다음에 어떤 단어가 올지 예측해 'museum' 같은 보편적인 단어를 제시할 수 있습니다. 반면, BERT는 "She went to Paris to visit the [MASK]"라는 문장을 받아들이고 전체 맥락을 고려해 'Eiffel Tower'처럼 더 정밀하고 상황에 맞는 단어를 예측합니다.

BERT의 방식은 언어를 더 입체적으로 바라보게 해줍니다. 단어 앞뒤의 문맥을 모두 활용해 단어의 본질적인 의미를 정확히 파악하고, 이를 통해 언어 이해 능력을 크게 향상시킵니다.

LLM을 성공적으로 훈련하는 핵심은 **깊이 있는 학습**(deep learning)과 **넓은 범위의 학습**(wide learning)을 결합하는 것입니다. **깊이**는 특정 주제에 집중해 깊게 파고드는 전문가와 같고, **넓이**는 다양한 주제를 두루 아는 다재다능한 제너럴리스트와도 같습니다.

11.7.3. 강력한 LLM을 만들기 위한 딥 앤 와이드 모델(deep and wide model) 활용

LLM은 시퀀스 내에서 다음 단어를 예측하는 작업에 뛰어나도록 정교하게 설계되었습니다. 처음에는 단순해 보일 수 있지만, 이를 높은 정확도로 수행하기 위해 종종 인간이 학습하는 방식에서 영감을 얻습니다.

인간의 두뇌는 주변 환경에서 공통 패턴을 인식하고 추상화하여 정보를 처리합니다. 이러한 기초적인 이해를 바탕으로, 인간은 일반적인 패턴에 맞지 않는 예외적인 사례를 암기해 지식을 더욱 확장해 나갑니다. 즉, 규칙을 이해한 뒤 그 규칙에서 벗어나는 예외를 별도로 학습하는 방식이라 볼 수 있습니다.

기계에 이러한 두 단계의 학습 방식을 적용하려면 신중하게 설계된 머신러닝 아키텍처가 필요합니다. 일반적인 패턴만 학습하고 예외는 무시하는 기초적인 방식도 있겠지만, 다음 단어를 예측하는 작업과 같은 복잡한 과제에서는 일반적인 언어 패턴과 더불어 내재하는 고유한 예외까지 파악해야 제대로 성능을 발휘할 수 있습니다.

LLM은 인간 지능 전체를 모방하도록 설계되지는 않았습니다. 인간의 지능은 훨씬 더 다면적이며 단순히 시퀀스 예측만으로는 설명되지 않기 때문입니다. 하지만 LLM은 목표에 특화되기 위해 인간 학습 전략을 차용하며, 그 결과 매우 높은 성과를 내고 있습니다.

LLM은 방대한 양의 텍스트 데이터에서 언어 패턴을 감지함으로써 언어를 이해하고 생성하도록 설계되었습니다. 다음의 기본적인 언어학 사례들을 생각해 봅시다.

1. 고대 이집트 상형문자에서는 기호 하나가 단어, 소리, 혹은 개념을 나타낼 수 있었습니다. 예를 들어 상형문자 하나가 '강(river)'을 의미할 수 있고, 여러 상형문자가 결합되면 '생명을 주는 나일강'처럼 더 깊은 의미를 전달할 수 있었습니다.
2. 일반적으로 영어에서 질문은 조동사(auxiliary verb)로 시작합니다. 하지만 "I wonder if the Nile will flood this year(올해 나일강이 범람할지 궁금하다)" 같은 간접 의문문은 이 전통적인 구조에서 벗어난 형태입니다.

대규모 언어 모델은 시퀀스에서 다음 단어나 구를 효과적으로 예측하기 위해 보편적인 언어 규범과 때때로 발생하는 이상치(outlier)까지 모두 숙달해야 합니다.

11.8 딥 앤 와이드 모델

따라서 딥 모델과 와이드 모델을 결합하는 것(그림 11-8 참조)은 다양한 작업에서 모델 성능을 향상시키는 것으로 입증되었습니다. 딥 모델은 은닉층이 많으며, 입력과 출력 사이의 복잡한 관계를 학습하는 데 능숙합니다.

반면, 와이드 모델은 데이터 속의 단순한 패턴을 학습하도록 설계되었습니다. 이 둘을 결합하면 복잡한 관계와 단순한 패턴을 모두 포착할 수 있게 되어, 더 견고하고 유연한 모델을 만들 수 있습니다.

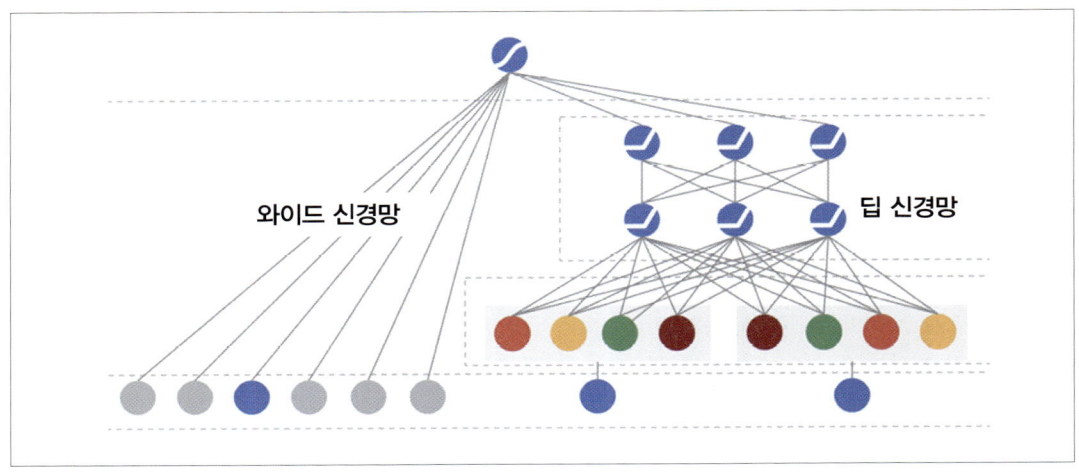

〈그림 11-8〉 딥 앤 와이드 모델 구조

훈련 과정에 예외를 포함하는 것은 모델이 이전에 본 적 없는 새로운 데이터에 더 잘 일반화하도록 만드는 데 매우 중요합니다. 예를 들어, 하나의 의미만 포함한 데이터로 훈련된 언어 모델은 해당 단어가 새로운 문맥에서 다른 의미로 등장했을 때 제대로 인식하지 못할 수 있습니다. 예외를 포함함으로써 모델은 단어의 다양한 의미를 인식하게 되며, 그 결과 다양한 자연어 처리 작업에서 모델의 성능이 향상될 수 있습니다.

딥 아키텍처는 일반적으로 데이터의 복잡하고 계층적인 추상 표현을 학습해야 하는 작업에 사용합니다. 일반화할 수 있는 패턴을 나타내는 특징은 밀집 특징(dense feature)이라 합니다. 규칙을 공식화를 위해 딥 아키텍처를 사용할 때는 먼저 일반화를 통해 학습합니다. 딥 앤 와이드 신경망을 구축하려면 출력 노드에 희소 특징(sparse feature)을 직접 연결해야 합니다.

머신러닝 분야에서는 데이터 속의 복잡한 관계와 단순한 패턴을 모두 파악할 수 있는 보다 유연하고 견고한 모델을 만들기 위해 딥 모델과 와이드 모델을 결합하는 방식이 중요하다고 여겨집니다.

딥 모델은 많은 은닉층을 통해 데이터를 처리하며, 각 층마다 서로 다른 수준의 추상적인 특징을 학습해 복잡하고 계층적인 데이터 표현을 학습하는 데 뛰어납니다. 반면, 와이드 모델은 은닉층이 거의 없거나 최소한으로 구성되며, 데이터 내에서 추상화를 거치지 않고 단순하고 비선형적인 관계를 직접 학습해야 하는 작업에 주로 사용됩니다.

이러한 패턴은 희소 특징으로 표현됩니다. 와이드 모델 구조가 은닉층을 하나만 갖거나 아예 없는 경우, 예외를 공식화하거나 특정 사례를 기억하는 데 활용될 수 있습니다. 따라서 와이드 아키텍처를 활용해 규칙을 구성하는 방식을 기억 기반 학습(learning by memorization)이라고 합니다.

딥 앤 와이드 모델은 심층 신경망을 활용해 패턴을 일반화할 수 있습니다. 일반적으로 이 모델의 '깊은(deep)' 부분은 훈련하는 데 많은 시간이 소요됩니다. 반면, '넓은(wide)' 부분은 이러한 일반화를 벗어나는 모든 예외를 실시간으로 파악하고자 하며, 이는 모델이 지속적으로 학습하도록 돕는 요소입니다.

요약

이번 장에서는 고급 순차 모델에 대해 다루었습니다. 이는 입력 시퀀스를 처리하기 위해 설계된 고급 기법으로, 특히 입출력 시퀀스의 길이가 다른 상황에서 활용됩니다. 오토인코더는 데이터 압축에 특화된 신경망 구조로, 입력 데이터를 더 작은 표현으로 인코딩한 후 다시 디코딩하여 원래 입력과 비슷하게 복원합니다. 이 과정은 이미지 노이즈 제거처럼 이미지의 노이즈를 필터링해 더 선명한 결과를 얻어야 하는 작업에 유용합니다.

또 다른 영향력 있는 모델은 Seq2Seq 모델이 있습니다. 이 모델은 입출력 시퀀스의 길이가 다른 작업을 처리하도록 설계되어 기계 번역 같은 응용 분야에 적합합니다. 하지만 전통적인 Seq2Seq 모델은 정보 병목 현상이라는 문제에 직면합니다. 이는 입력 시퀀스의 전체 문맥을 고정된 크기의 하나의 표현에 모두 담아야 한다는 점에서 발생하는 문제입니다. 이를 해결하기 위해 어텐션 메커니즘이 도입되었으며, 모델이 입력 시퀀스의 다양한 부분에 동적으로 집중하게 합니다.

이 메커니즘을 기반으로 한 트랜스포머 아키텍처는 'Attention Is All You Need' 논문에서 처음 제안되었으며, 시퀀스 데이터를 처리하는 방식을 혁신적으로 바꾸었습니다. 트랜스포머는 이전 모델과 달리 시퀀스 내 모든 위치를 동시에 참조할 수 있어 데이터 내 복잡한 관계를 효과적으로 포착할 수 있습니다. 이러한 혁신은 인간과 유사한 텍스트 생성 능력을 갖춘 대규모 언어 모델(LLM)의 등장을 가능하게 했습니다.

개발자를 위한 AI 알고리즘

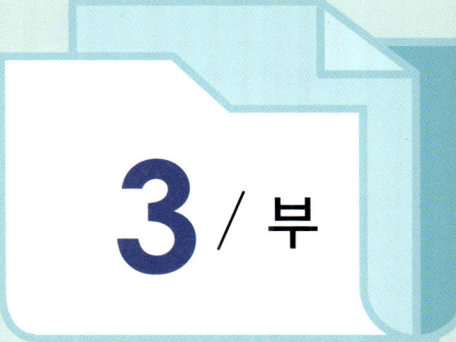

3부

심화 주제

이번 절에서는 알고리즘과 관련된 몇 가지 심화된 주제를 다룹니다. 암호학과 대규모 알고리즘이 이 절의 핵심 주제가 될 것입니다. 또한 복잡한 알고리즘을 훈련하기 위해 필요한 대규모 인프라와 관련된 문제들도 살펴봅니다. 마지막 장에서는 알고리즘을 구현할 때 반드시 염두에 두어야 할 실제적인 고려 사항들을 다룰 예정입니다.

12장	추천 엔진
13장	데이터 처리를 위한 알고리즘 전략
14장	암호화
15장	대규모 알고리즘
16장	현실적 고려 사항

12장 추천 엔진

> 나 자신의 재능과 땀 흘린 노력의 결실이야말로 가장 자랑할 만한 것이다.
> 타인이 나를 위해 해주지 않는 일이라면, 내가 스스로 해내려고 한다.
>
> — 18~19세기 과학자 존 제임스 오듀본(John James Audubon)

추천 엔진은 사용자의 선호도와 아이템의 상세 정보를 활용하여 맞춤형 제안을 제공합니다. 추천 엔진의 핵심은 아이템 간 공통점을 파악하고 사용자와 아이템 간 활발한 상호작용을 이해하는 데 있습니다. 이때 추천 시스템은 단순히 제품에만 국한되지 않고 음악, 뉴스 기사, 제품 등 모든 종류의 아이템을 고려하여 사용자에게 적합한 제안을 제공합니다.

이번 장은 추천 엔진의 기초 개념 소개로 시작합니다. 이어서 다양한 유형의 추천 엔진에 대해 살펴보고 추천 시스템이 내부적으로 어떻게 작동하는지 자세히 다룹니다. 추천 시스템은 사용자에게 맞춤형 아이템이나 제품을 제시하는 데 뛰어나지만, 여러 도전 과제도 함께 존재합니다. 우리는 이러한 시스템의 강점뿐만 아니라 한계점도 함께 살펴볼 것입니다. 마지막으로, 추천 엔진을 활용해 실제 문제를 해결하는 방법도 배워봅니다.

이번 장에서는 다음 내용을 다룹니다.

- 추천 엔진 살펴보기
- 추천 시스템의 여러 종류
- 추천 방식의 한계 인식
- 실제 응용 분야
- 실용 예제

이번 장을 마치면 사용자의 선호에 맞는 아이템을 추천하기 위해 추천 엔진이 어떻게 활용되는지 이해할 수 있을 것입니다.

그럼 먼저 추천 엔진의 개념부터 살펴보겠습니다.

12.1 추천 시스템 개론

추천 시스템은 사용자가 매력을 느낄 만한 대상을 예측하는 강력한 도구입니다. 원래는 연구자들이 개발했지만 이제는 상업 분야에서도 널리 활용되고 있습니다. 추천 시스템이 개인에 맞춘 아이템을 제안하는 능력은 특히 디지털 상거래 분야에서 귀중한 자산이 되고 있습니다.

전자 상거래 분야에서 추천 엔진은 정교한 알고리즘을 사용하여 구매자의 쇼핑 경험을 향상시키고, 서비스 제공자가 사용자의 선호도에 따라 맞춤화된 상품을 제공할 수 있도록 합니다.

이러한 추천 시스템의 중요성을 보여주는 대표적인 예시는 2009년의 넷플릭스 경연 대회입니다. 넷플릭스는 추천 알고리즘을 고도화하기 위해 당시 자사의 추천 시스템인 시네매치(Cinematch)의 성능을 10% 향상시킬 수 있는 팀에게 100만 달러라는 거액의 상금을 걸었습니다. 전 세계의 연구자들이 참여한 이 대회에서 우승한 팀은 Bellkor's Pragmatic Chaos[1] 입니다. 이 팀의 성취는 상업 분야에서 추천 시스템의 역할과 그 잠재력이 얼마나 큰지를 확실히 보여주었습니다.

12.2 추천 엔진 유형

추천 엔진은 크게 세 가지로 분류할 수 있습니다.

- **내용 기반 추천 엔진**(Content-based recommendation engine): 아이템의 속성에 초점을 맞추어, 특정 제품과 유사한 특징을 가진 다른 제품을 찾아 매칭합니다.
- **협업 필터링 엔진**(Collaborative filtering engine): 사용자들의 행동 데이터를 바탕으로 선호도를 예측합니다.
- **혼합 추천 엔진**(Hybrid recommendation engine): 내용 기반과 협업 필터링 방식의 장점을 결합하여, 보다 정교한 추천을 제공합니다.

범주를 정리했으니 이제 추천 시스템의 세 가지 유형에 대해 하나씩 살펴봅시다.

---

1 **역자 주** 직역하면 '벨코의 실용적인(현실적인) 혼란'이 됩니다.

12.2.1. 내용 기반 추천 엔진

내용 기반 추천 엔진은 직관적인 원리로 작동합니다. 사용자가 이전에 상호작용한 아이템과 비슷한 대상을 추천합니다. 이 시스템의 핵심은 아이템 간 유사도를 정확하게 측정하는 데 있습니다.

예를 들어 그림 12-1에 묘사된 상황을 생각해봅시다.

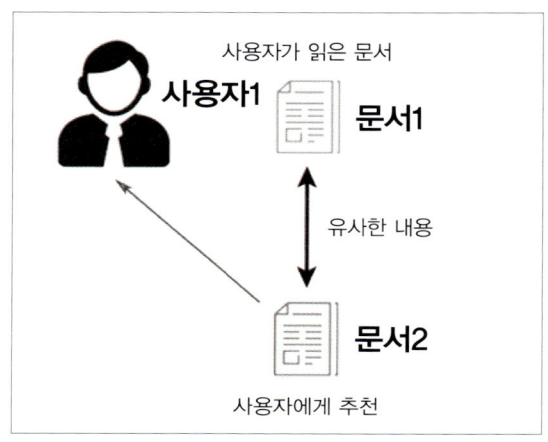

〈그림 12-1〉 내용 기반 추천 엔진 시스템

사용자1이 문서1을 읽었다고 가정해봅시다. 이때 문서1과 문서2는 유사하기 때문에 사용자1에게 문서2를 추천할 수 있습니다.

내용 기반 추천 방식은 이러한 유사도를 파악하고 정량화할 수 있는 경우에만 효과적입니다. 따라서 아이템 간의 유사도가 추천을 위한 핵심이 됩니다. 이어서 유사도를 정량화하는 방법에 대해 자세히 살펴봅시다.

12.2.1.1. 비정형 문서에서 유사도 결정하기

서로 다른 문서의 유사도를 결정하는 한 가지 방법은 동시 발생 행렬(co-occurrence matrix)을 사용하는 것입니다. 이는 자주 함께 구매한 아이템이 서로 비슷하거나 상호 보완하는 범주에 속한다는 전제 하에 작동합니다.

예를 들어, 어떤 사람이 면도기를 구매한다면 면도 크림도 같이 구매할 가능성이 높습니다. 이 예시를 사용자 4명의 구매 습관 데이터를 통해 살펴봅시다.

	면도기	사과	면도 크림	자전거	후무스
마이크	1	1	1	0	1
테일러	1	0	1	1	1
엘레나	0	0	0	1	0
아민	1	0	1	0	0

〈표 12-1〉 사용자의 구매 습관 데이터

동시 발생 행렬을 구성하려면 다음 단계를 따릅니다.

1. 아이템의 수를 N이라 할 때, $N \times N$ 크기의 행렬을 초기화합니다. 이 행렬은 아이템 간 동시 발생 횟수를 저장합니다.
2. 사용자-아이템 행렬의 모든 사용자를 대상으로 사용자가 구매한 한 쌍의 아이템마다 해당 셀의 값을 증가시켜 동시 발생 행렬을 업데이트합니다.
3. 최종 행렬은 사용자의 구매에 따른 아이템 간 연관성을 나타냅니다.

위 표의 동시 발생 행렬은 다음과 같습니다.

	면도기	사과	면도 크림	자전거	후무스
면도기	–	1	3	1	2
사과	1	–	1	0	1
면도 크림	3	1	–	1	2
자전거	1	0	1	–	1
후무스	2	1	2	1	–

〈표 12-2〉 사용자의 구매 습관에 대한 동시 발생 행렬

이 행렬은 기본적으로 두 아이템을 함께 구매할 가능성을 나타내며, 추천에 아주 유용한 도구입니다.

12.2.2. 협업 필터링 추천 엔진

협업 필터링을 통한 추천은 사용자의 과거 구매 패턴 분석을 바탕으로 이루어집니다. 두 사용자가 주로 동일한 품목에 관심을 보인다면, 비슷한 사용자로 간주할 수 있습니다. 다시 말해, 우리는 다음과 같이 가정할 수 있습니다.

- 두 사용자의 구매 이력에서 공통된 부분이 임계점(threshold)을 넘으면 비슷한 사용자로 분류할 수 있습니다.
- 비슷한 사용자들의 구매 이력을 비교했을 때, 겹치지 않는 품목은 협업 필터링을 통해 추천 후보가 될 수 있습니다.

예를 들어, 다음 그림과 같이 사용자1과 사용자2가 있다고 가정해봅시다.

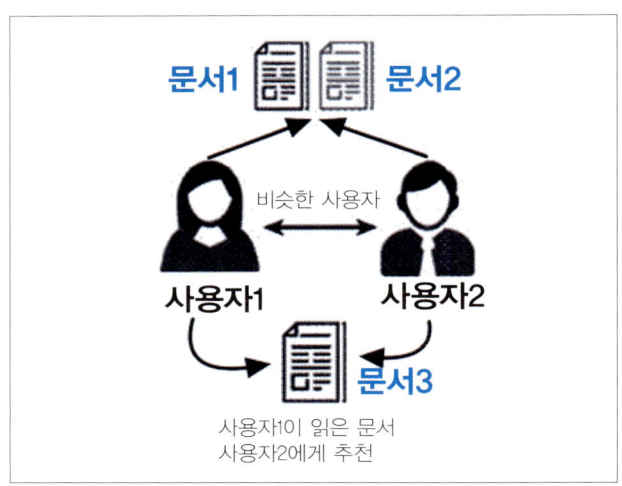

〈그림 12-2〉 협업 필터링 추천 엔진

- 사용자1과 사용자2는 모두 문서1과 문서2라는 동일한 문서에 관심을 보였습니다.
- 이력 패턴이 유사하기 때문에 두 사용자를 비슷한 사용자로 분류할 수 있습니다.
- 사용자1이 문서3을 읽으면, 사용자2에게도 문서3을 제안할 수 있습니다.

물론 이렇게 이력 기반으로 사용자에게 추천하는 방식이 항상 유효하지는 않습니다. 협업 필터링에 관한 문제에 대해 더 자세히 살펴봅시다.

12.2.2.1. 협업 필터링 관련 문제

협업 필터링 관련하여 발생할 수 있는 문제는 3가지가 있습니다.

1. 제한된 샘플 크기로 인한 오류
2. 외부 요인을 고려하지 않은 분석의 취약성
3. 이력에 대한 과도한 의존

이러한 한계점에 대해 자세히 살펴봅시다.

● 제한된 샘플 크기로 인한 오류

협업 필터링 시스템의 정확성과 효율성은 표본 수에 크게 좌우됩니다. 예를 들어 단 세 개의 문서만 분석한다면, 정확한 추천을 기대하기는 어렵습니다. 하지만 수백, 수천 개의 문서와 사용자 간의 상호작용 데이터가 있다면, 예측 성능은 훨씬 더 신뢰할 수 있게 됩니다.

물론 방대한 데이터를 보유하더라도 협업 필터링이 완벽한 것은 아닙니다. 이 방식은 전적으로 사용자와 아이템 간의 과거 상호작용에만 의존하며, 외부 요인은 전혀 고려하지 않기 때문입니다.

● 외부 요인을 고려하지 않은 분석에 대한 취약성

협업 필터링은 사용자 행동과 아이템과의 상호작용에서 형성된 패턴에만 집중합니다. 이 때문에 사용자의 선택에 영향을 줄 수 있는 외부 요인을 간과할 수 있습니다. 예를 들어, 사용자가 특정 책을 개인적인 흥미가 아닌 학업 목적이나 친구의 추천 때문에 선택했을 수도 있습니다. 그러나 협업 필터링 모델은 이러한 미묘한 맥락을 고려하지 못합니다.

● 이력에 대한 과도한 의존

협업 필터링은 과거 데이터를 기반으로 하기 때문에, 기존 선호를 강화하는 데 그치거나 사용자의 취향 변화에 제대로 대응하지 못할 수 있습니다. 예를 들어, 한때 SF 영화를 즐겼던 사용자가 이제는 로맨스 영화를 선호하게 되었더라도, 과거에 많은 SF 영화를 감상했다는 이유만으로 여전히 SF 영화를 주로 추천받게 될 수 있습니다.

정리하면, 협업 필터링은 데이터가 충분히 많을 때 매우 강력합니다. 하지만 협업 필터링이 외부 요인을 고려하지 않는다는 본질적인 한계를 이해해야 합니다.

이제 혼합 추천 엔진을 봅시다.

12.2.3. 혼합 추천 엔진

지금까지 내용 기반 및 협업 필터링 기반 추천 엔진에 대해 설명했습니다. 이 두 가지를 모두 결합하면 **혼합 추천 엔진**(hybrid recommendation engine)을 만들 수 있습니다. 그러려면 다음 단계를 따라야 합니다.

1. 아이템 간 유사도 행렬 생성
2. 사용자 선호도 행렬 생성
3. 추천 결과 생성

세 가지 단계를 하나씩 살펴봅시다.

12.2.3.1. 아이템 간 유사도 행렬 생성

혼합 추천에서는 먼저 내용 기반 추천을 활용해 유사도 행렬(similarity matrix)을 생성합니다. 유사도 행렬은 동시 발생 행렬(co-occurrence matrix)이나 아이템 간 유사도를 수치로 나타내는 거리 측정 방식을 통해 만들 수 있습니다.

현재 5개의 아이템이 있다고 가정해봅시다. 내용 기반 추천을 통해 그림 12-3과 같이 아이템 간 유사도를 나타내는 행렬을 만듭니다.

	아이템 1	아이템 2	아이템 3	아이템 4	아이템 5
아이템 1	10	5	3	2	1
아이템 2	5	10	6	5	3
아이템 3	3	6	10	1	5
아이템 4	2	5	1	10	3
아이템 5	1	3	5	3	10

〈그림 12-3〉 유사도 행렬

이제 추천을 생성하기 위해 이러한 유사도 행렬과 선호도 행렬을 어떻게 결합할 수 있는지 살펴봅시다.

12.2.3.2. 사용자의 선호도 벡터 생성하기

추천 시스템의 각 사용자의 이력에 따라 사용자의 관심을 반영하는 선호도 벡터(preference vector)를 만들겠습니다.

켄트 스트릿 온라인(KentStreetOnline)이라는 온라인 상점을 위해 추천 기능을 개발한다고 가정해봅시다. 이 상점은 100개의 아이템을 판매하며, 현재 활성 구독자는 100만 명입니다. 여기서 단 하나의 100x100 유사도 행렬을 만든다는 점에 유의해야 합니다. 또한 각 사용자에 대한 선호도 벡터도 생성해야 합니다. 즉, 100만 명의 사용자 각각에 대해 100개의 선호도 벡터를 생성해야 한다는 뜻입니다.

선호도 벡터의 각 요소(entry)는 특정 아이템에 대한 선호도를 나타냅니다. 첫 번째 행의 값 4는 아이템 1에 대한 선호도 가중치를 의미합니다. 선호도 점수는 구매 횟수를 직접적으로 반영하지 않습니다. 선호도 점수는 탐색 이력, 과거 구매, 아이템 평가 등 여러 요인을 고려한 가중치 지표(weighted metric)입니다.

점수 4는 아이템 1에 대한 관심도와 과거 상호작용을 종합한 수치입니다. 이는 사용자가 해당 아이템을 선호할 가능성이 높음을 나타냅니다.

이는 그림 12-4에 나타나 있습니다.

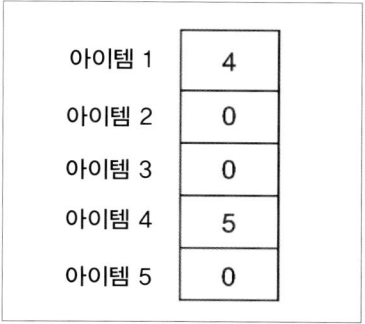

〈그림 12-4〉 사용자 선호도 행렬

이제 유사도 행렬 S와 선호도 행렬 U를 토대로 추천을 생성하는 방법을 살펴보겠습니다.

12.2.3.3. 추천 생성하기

추천을 생성하려면 유사도 행렬과 선호도 행렬을 곱해야 합니다. 사용자가 높은 평점을 준 아이템과 자주 함께 등장한 아이템일수록, 그 사용자가 해당 아이템에 관심을 가질 가능성이 높다고 볼 수 있습니다.

$$행렬[S] \times 행렬[U] = 행렬[R]$$

계산 내용은 그림 12-5에 있습니다.

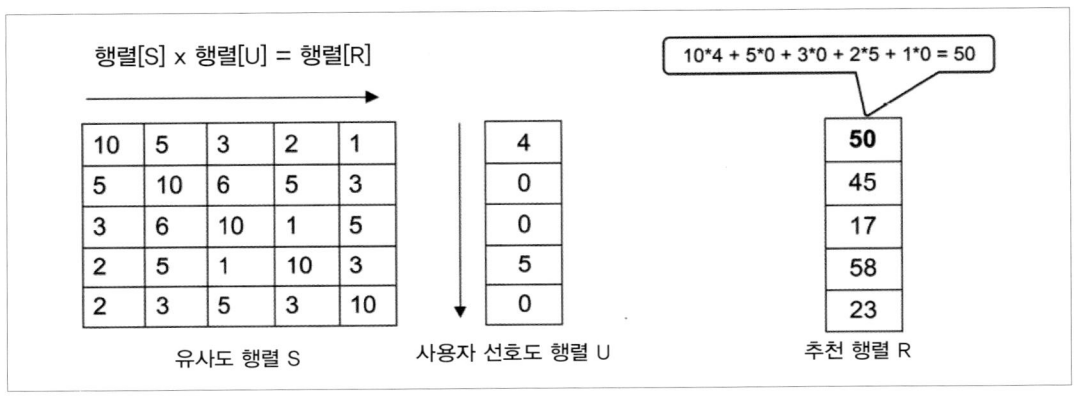

〈그림 12-5〉 추천 행렬 생성

사용자마다 별도의 결과 행렬이 생성되며, 추천 행렬 R의 숫자는 각 아이템에 대한 사용자의 예상 관심도를 나타냅니다. 예를 들어, 결과 행렬에서 네 번째 아이템 값이 58로 가장 높다면, 해당 아이템은 이 사용자에게 가장 추천하기에 적합하다는 의미입니다.

12.2.3.4. 추천 시스템의 진화

추천 시스템은 고정된 것이 아니라, 계속해서 개선되고 성장합니다. 그렇다면 이러한 진화는 어떻게 이루어질까요? 추천 아이템(예측값)을 사용자의 실제 선택과 비교하고 그 차이를 분석하여 개선할 지점을 파악합니다. 추천 시스템은 지속적으로 사용자의 피드백과 관찰된 행동 데이터를 토대로 재조정되어 사용자가 가장 관련성이 높은 추천을 받을 수 있도록 합니다.

이제 추천 시스템의 다양한 한계점에 대해 알아봅시다.

12.3 추천 시스템의 한계

추천 엔진은 많은 사용자에게 추천하기 위해 예측 알고리즘을 사용합니다. 이는 강력한 기술이지만, 한계에 대해서도 알아야 합니다. 추천 시스템의 여러 한계점에 대해 살펴봅시다.

12.3.1. 콜드 스타트 문제

협업 필터링은 사용자의 과거 데이터에 크게 의존합니다. 그렇기에 사용자 선호도에 대한 이력이 없다면 정확한 추천을 생성하기 어렵습니다. 시스템에 새롭게 유입된 사용자에게는 관련 데이터가 없기 때문에, 알고리즘은 대부분 추정에 기반하여 작동하게 되고, 이는 부정확한 추천으로 이어질 수 있습니다. 내용 기반 추천 시스템에서도 마찬가지로, 신규 아이템은 충분한 메타데이터가 부족한 경우가 많아 추천의 신뢰도를 떨어뜨립니다. 이처럼 효과적인 추천을 위해서는 사용자와 아이템에 대한 데이터가 충분히 축적되어야 하며, 이러한 데이터 부족 문제를 **콜드 스타트 문제**라고 합니다.

그러나 콜드 스타트 문제를 해결하기 위한 여러 방법이 있습니다.

1. **혼합 시스템**(Hybrid system): 협업 필터링과 내용 기반 필터링을 결합함으로써, 한 시스템의 약점을 다른 시스템의 강점으로 보완할 수 있습니다.
2. **지식 기반 추천**(Knowledge-based recommendation): 과거 데이터가 부족할 경우, 사용자와 아이템에 대한 명확한 정보를 활용한 지식 기반 접근 방식으로 그 공백을 메울 수 있습니다.
3. **온보딩 설문**(onboarding questionnaires): 신규 사용자에게 간단한 선호도 설문을 제시하여 초기 데이터를 확보하면 추천의 방향성을 설정하는 데 도움이 됩니다.

이러한 문제를 인식하고 적절히 대응함으로써, 추천 시스템은 사용자 참여 전략에서 효율적이고 신뢰할 수 있는 도구로 기능할 수 있습니다.

12.3.2. 메타데이터 요구조건

내용 기반 추천 시스템은 메타데이터(metadata) 없이도 작동하지만, 이를 활용하면 정확도를 더욱 높일 수 있습니다. 주의할 점은 메타데이터가 단순한 텍스트 설명에 국한되지 않는다는 것입니다. 오늘날 추천 대상은 이미지, 오디오, 영화 등 다양한 미디어로 확장되고 있습니다.

예를 들어, 이미지는 시각적 패턴에서 메타데이터를 추출할 수 있으며, 오디오는 파형이나 스펙트럼 특징 등의 요소에서, 영화는 장르, 출연진, 장면 구성 등에서 메타데이터를 얻을 수 있습니다.

이처럼 내용과 관련된 다양한 특성을 통합함으로써, 추천 시스템은 다양한 아이템에 대해 보다 유연하고 정밀하게 추천할 수 있게 됩니다.

12.3.3. 데이터 희소성 문제

수많은 아이템 가운데 사용자는 극히 일부의 아이템만 평가할 것이므로, 사용자-아이템 평가 행렬은 아주 희소한 행렬이 됩니다.

아마존(Amazon)은 약 10억 명의 사용자와 10억 개의 아이템을 보유하고 있습니다. 아마존의 추천 엔진은 전 세계 모든 추천 엔진 가운데 가장 희소한 데이터가 있다고 알려져 있습니다.

이러한 데이터 희소성 문제를 해결하기 위해 다양한 기법들이 활용됩니다. 예를 들어, 행렬 분해(matrix factorization) 기법은 희소한 영역에서도 잠재적인 평점을 예측함으로써, 사용자-아이템 간 상호작용 지도를 완전하게 만들어 줍니다. 또한, 내용 기반 필터링과 협업 필터링 요소를 결합한 혼합 추천 시스템은 사용자-아이템 간 상호작용 데이터가 부족하더라도 의미 있는 추천을 생성할 수 있습니다. 이처럼 여러 방법을 통합함으로써 추천 시스템은 희소한 데이터 환경에서도 효과적으로 작동하며 콜드 스타트 한계를 극복할 수 있습니다.

12.3.4. 추천 시스템에서 사회적 영향이라는 양날의 검

추천 시스템은 사회적 역학(social dynamics)에 큰 영향을 받을 수 있습니다. 실제로 우리의 사회적 관계망은 개인의 선호도와 선택에 영향을 미칩니다. 예를 들어, 친구들은 당신과 비슷한 물건을 구매하거나 제품이나 서비스에 대해 유사한 평가를 내리는 경향이 있습니다.

긍정적 측면에서 사회적 연결을 활용하면 더 적절한 추천을 할 수 있습니다. 예를 들어, 특정 사회 집단 내의 사람들이 어떤 영화나 제품을 선호한다고 관찰되었다면, 해당 아이템을 같은 집단의 다른 구성원에게 추천하는 것이 타당할 수 있습니다. 이는 사용자 만족도를 높이고 전환율 향상으로도 이어질 수 있습니다.

하지만 부정적인 측면도 있습니다. 사회적 영향에 지나치게 의존하면 추천에 편향이 생길 수 있습니다. 이는 사용자들이 자신과 가까운 사회적 관계망에서 선호하는 아이템만 접하게 되는 **반향실(echo chamber)**[2] 현상을 초래할 수 있으며, 그 결과 다양성이 제한되고 더 적합한 제품이나 서비스를 놓치게 될 수도 있습니다. 나아가 이런 현상은 자기 강화적(self-reinforcing) 피드백 루프로 이어져, 동일한 아이템이 반복적으로 추천되고, 그로 인해 다른 잠재적으로 유익한 아이템이 가려질 수 있습니다.

따라서 사회적 영향력이 사용자 선호를 형성하는 데 강력한 도구이기는 하지만, 추천 시스템은 개인의 행동과 보다 더 넓은 집단의 경향을 균형 있게 반영해야 합니다. 그래야 다양하고 개인화된 사용자 경험을 제공할 수 있습니다.

12.4 응용 분야

추천 시스템은 일상적인 디지털 상호작용에서 중추적인 역할을 합니다. 그 중요성을 제대로 이해하기 위해 다양한 산업 분야의 활용 사례를 자세히 살펴봅시다.

12.4.1. 넷플릭스의 고도화된 데이터 기반 추천

스트리밍 업계의 선두주자인 넷플릭스는 데이터 분석을 활용해 콘텐츠 추천을 정교화해 왔으며, 실리콘밸리의 엔지니어 800명이 이 작업을 전담하고 있습니다. 넷플릭스가 데이터 기반 전략에 집중하고 있다는 것은 'Netflix Prize' 챌린지에서도 명확히 드러납니다. 이 대회에서 우승한 BellKor's Pragmatic Chaos 팀은 행렬 분해부터 제한된 볼츠만 머신(restricted boltzman machine)[3]에 이르기까지 총 107개의 다양한 알고리즘을 활용했으며, 개발에 2,000시간을 투자했습니다.

그 결과 넷플릭스의 '시네매치(Cinematch)' 시스템은 무려 10.06%의 성능 향상을 이루었고, 이

---

[2] 역자 주 반향실 효과란 비슷한 성향의 정보만을 반복 습득한 결과 개인의 관점이나 의견이 점점 극단화되어, 집단이 다양성을 잃는 상황을 뜻합니다. 참고: https://ko.wikipedia.org/wiki/반향실_효과

[3] 역자 주 제한된 볼츠만 머신은 볼츠만 머신의 학습 효율을 높인 확장된 버전입니다. 볼츠만 머신 개념은 1980년대 고안되었으며, 2024년 노벨 물리학상을 수상한 제프리 힌튼(Geoffrey Hinton)은 2000년대 중반에 이를 발전시키는 데 큰 기여를 했습니다.

는 시청 시간 증가, 구독 해지 감소, 넷플릭스의 막대한 비용 절감으로 이어졌습니다. 흥미롭게도 현재 넷플릭스 시청자의 약 75%가 추천을 통해 콘텐츠를 시청합니다.

이 챌린지는 넷플릭스의 데이터에 대한 집념을 잘 보여주는 동시에, 추천의 다양성과 정확성 사이에서 균형을 찾는 앙상블 기법의 잠재력도 시사했습니다.

현재도 넷플릭스의 추천 엔진에는 당시 우승 모델의 일부 요소가 핵심적으로 활용되고 있지만, 기술이 끊임없이 발전함에 따라 강화 알고리즘(reinforcement algorithm)의 통합이나 향상된 A/B 테스트와 같은 추가적인 개선 가능성도 존재합니다.

12.4.2. 아마존 추천 시스템의 진화

2000년대 초, 아마존은 사용자 기반 협업 필터링에서 아이템 대 아이템 협업 필터링으로 추천 엔진을 바꿨습니다. 이는 2003년 린든, 스미스, 요크의 논문[4]에서 자세히 설명한 내용에 따른 것입니다. 이 전략은 '비슷한 사용자'의 구매 이력을 기반으로 제품을 추천하던 기존 방식에서, 개별 제품 구매와 연관된 다른 제품을 추천하는 방식으로 전환한 것입니다.

이러한 '연관성'의 핵심은 고객들의 실제 구매 패턴에서 도출되었습니다. 예를 들어, 해리 포터 책을 구매한 고객들이 해리 포터 책갈피도 함께 구매하는 경향이 있다면, 이 두 아이템은 서로 연관된 것으로 간주합니다. 하지만 초기 시스템에는 한계도 존재했습니다. 특히 대량 구매 고객에게는 추천 결과의 정밀도가 떨어졌고, 이에 따라 스미스 팀은 알고리즘을 일부 수정해야 했습니다.

그로부터 몇 년 후인 2019년 re:MARS 콘퍼런스에서 아마존은 프라임 비디오(prime video) 고객을 위한 영화 추천 시스템의 성능이 두 배 이상 향상되었다고 발표했는데, 이때 사용된 기법은 행렬 완성(matrix completion) 문제에서 영감을 받았습니다. 프라임 비디오 고객과 영화를 격자 형태로 표현하고 특정 고객이 특정 영화를 시청할 확률을 예측하는 방식이었습니다. 아마존은 이 행렬 문제에 심층 신경망을 적용하여 더욱 정밀하고 개인화된 영화 추천을 구현했습니다.

이제 추천 엔진으로 현실의 문제를 해결해 봅시다.

---

4   역자 주 G. Linden, B. Smith, J. York, "Amazon.com recommendations: item-to-item collaborative filtering", IEEE Internet Computing vol. 7, no. 1, pp. 76–80, 2003
다음 링크에서 이용 가능: https://ieeexplore.ieee.org/abstract/document/1167344

12.5 실용 예제 - 추천 엔진 만들기

이제 여러 사용자에게 영화를 추천하는 추천 엔진을 만들어보겠습니다. 이를 위해 미네소타 대학교의 그룹렌즈 연구팀(GroupLens Research group)[5]이 수집한 데이터를 활용하겠습니다.

12.5.1. 프레임워크 설정하기

첫 번째 과제는 작업에 적합한 도구를 준비하는 것입니다. 파이썬 환경에서는 이를 위해 필요한 라이브러리를 다음과 같이 임포트해야 합니다.

```python
import pandas as pd
import numpy as np
```

12.5.2. 데이터 불러오기: 리뷰 및 제목 가져오기

이제 **df_reviews**와 **df_movie_titles** 데이터셋을 가져옵니다.

```python
df_reviews = pd.read_csv('https://storage.googleapis.com/neurals/data/data/reviews.csv')
df_reviews.head()
```

reviews.csv 데이터셋에는 다양한 사용자 리뷰가 포함되어 있습니다. 각 항목에는 사용자 ID, 리뷰한 영화의 ID, 평점, 그리고 리뷰가 작성된 시점의 타임스탬프가 기록되어 있습니다.

	사용자Id	영화Id	평가	타임스탬프
0	1	1	4.0	964982703
1	1	3	4.0	964981247
2	1	6	4.0	964982224
3	1	47	5.0	964983815
4	1	50	5.0	964982931

〈그림 12-6〉 reviews.csv 데이터셋 내용

---

[5] 역자 주 https://grouplens.org/

`movies.csv` 데이터셋은 영화 제목과 세부 정보를 담고 있습니다. 각 아이템은 영화 고유 ID, 제목, 장르를 포함합니다.

	영화 ID	제목	장르
0	1	Toy Story (1995)	Adventure|Animation|Children|Comedy|Fantasy
1	2	Jumanji (1995)	Adventure|Children|Fantasy
2	3	Grumpier Old Men (1995)	Comedy|Romance
3	4	Waiting to Exhale (1995)	Comedy|Drama|Romance
4	5	Father of the Bride Part II (1995)	Comedy

〈그림 12-7〉 movies.csv 데이터셋 내용

12.5.3. 데이터 병합: 종합적 관점 다듬기

전체적인 관점을 얻기 위해, 각 데이터셋을 병합해야 합니다. `movieId`가 두 데이터셋을 연결하는 다리 역할을 합니다.

```
df = pd.merge(df_reviews, df_movie_titles, on='movieId')
df.head()
```

병합된 데이터셋은 다음과 같은 정보가 포함되어야 합니다.

	사용자 ID	영화 ID	평가	타임스탬프	제목	장르
0	1	1	4.0	964982703	Toy Story (1995)	Adventure|Animation|Children|Comedy|Fantasy
1	5	1	4.0	847434962	Toy Story (1995)	Adventure|Animation|Children|Comedy|Fantasy
2	7	1	4.5	1106635946	Toy Story (1995)	Adventure|Animation|Children|Comedy|Fantasy
3	15	1	2.5	1510577970	Toy Story (1995)	Adventure|Animation|Children|Comedy|Fantasy
4	17	1	4.5	1305696483	Toy Story (1995)	Adventure|Animation|Children|Comedy|Fantasy

〈그림 12-8〉 병합된 영화 데이터

각 열을 간단히 설명하면 다음과 같습니다.

- `userId`: 각 사용자를 고유하게 식별하는 ID
- `movieId`: 각 영화를 고유하게 식별하는 ID

- **rating**: 사용자가 영화에 부여한 평점 (1~5 사이의 값)
- **timestamp**: 특정 영화에 평점을 매긴 시점
- **title**: 영화 제목
- **genres**: 영화와 관련된 장르

12.5.4. 서술적 분석: 평점으로부터 통찰 도출하기

이제 데이터의 핵심인 평점을 살펴보겠습니다. 가장 기본적인 분석은 각 영화의 평균 평점을 계산하는 것입니다. 여기에 해당 영화를 평가한 사용자 수를 함께 파악하면, 영화의 인기도에 대한 통찰도 얻을 수 있습니다.

```
df_ratings = pd.DataFrame(df.groupby('title')['rating'].mean())
df_ratings['number_of_ratings'] = df.groupby('title')['rating'].count()
df_ratings.head()
```

각 영화에 대한 평균 평점은 다음과 같은 형식으로 나타납니다.

제목	평가	평가 수
71 (2014)	4.0	1
Hellboy : The Seeds of Creation (2004)	4.0	1
Round Midnight (1986)	3.5	2
Salem's Lot (2004)	5.0	1
Til There Was You (1997)	4.0	2

〈그림 12-9〉 평균 평점 계산하기

이러한 집계 지표를 통해 평균 평점이 높은 인기 영화, 평가 수가 많은 잠재적 블록버스터, 리뷰 수는 적지만 평점이 높은 숨은 명작을 가려낼 수 있습니다.

이러한 기초는 다음 단계에서 실제 추천 엔진 구축을 자세히 살펴볼 때 중요한 토대가 되며, 더 나아가 사용자 선호도에 대해 보다 깊이 이해하고, 개개인의 취향에 부합하는 영화를 제안할 수 있습니다.

12.5.5. 추천을 위한 구조화: 행렬 만들기

다음 단계는 데이터셋을 추천에 최적화된 구조로 변환하는 것입니다. 이러한 구조는 다음과 같이 행렬로 시각화할 수 있습니다.

- 행(Row): 사용자 (`userId`를 기준으로 인덱싱됨)
- 열(Column): 영화 제목
- 셀(Cell): 사용자가 특정 영화에 매긴 평점으로, 그 영화에 대한 사용자의 평가를 나타냄

판다스(Pandas)의 `pivot_table` 함수는 데이터프레임을 재구성(reshape)하거나 필요한 데이터를 추출하고 재정렬(pivot)하여 요약하는 데 유용한 도구입니다. 이 함수는 기본적으로 원본 테이블에서 파생된 테이블을 만드는 방식으로 작동합니다.

```python
movie_matrix = df.pivot_table(index='userId', columns='title', values='rating')
```

12.5.6. 엔진 테스트: 영화 추천하기

우리가 만든 엔진을 실제로 실행해봅시다. 어떤 사용자가 이제 막 영화 아바타(Avatar, 2009)를 시청했다고 합시다. 이 사용자가 좋아할 다른 영화는 어떻게 찾을 수 있을까요?

첫 번째 작업은 아바타에 평점을 남긴 모든 사용자를 추출하는 것입니다.

```python
avatar_ratings = movie_matrix['Avatar (2009)']
avatar_ratings = avatar_ratings.dropna()
print("\nRatings for 'Avatar (2009)':" )
print(avatar_ratings.head())
```

```
userId
10    2.5
15    3.0
18    4.0
21    4.0
22    3.5
Name: Avatar (2009), dtype: float64
```

이 코드 결과에서 다음 사항을 확인할 수 있습니다.

- **사용자 ID**: 데이터셋에서 각 사용자를 고유하게 식별하는 값입니다. `userId` 목록에는 10, 15, 18, 21, 22가 있는데, 이는 아바타에 평점을 남긴 사용자 중 처음 다섯 명입니다.
- **평점**: 각 `userId` 옆에 있는 숫자(2.5, 3.0, 4.0, 4.0, 3.5)는 해당 사용자가 아바타에 부여한 평점입니다. 평점은 1에서 5 사이의 값으로, 숫자가 높을수록 영화를 긍정적으로 평가했음을 의미합니다. 예를 들어, 사용자 10번은 아바타에 2.5점을 주었는데, 이는 영화가 기대에 못 미쳤음을 나타냅니다. 반면, 사용자 22번은 3.5점을 주었으므로 평균 이상으로 평가했다고 볼 수 있습니다.

이제 이 데이터를 바탕으로 영화 추천 엔진을 만들어보겠습니다.

12.5.6.1. 영화 아바타와 상관관계가 있는 영화 찾기

아바타와 다른 영화들의 평점 패턴 간 상관관계를 파악하면, 아바타 팬들이 좋아할 만한 영화를 추천할 수 있습니다.

결과를 도출하여 깔끔하게 표시해봅시다.

```
similar_to_Avatar=movie_matrix.corrwith(Avatar_rating)
corr_Avatar = pd.DataFrame(similar_to_Avatar, columns=['correlation'])
corr_Avatar.dropna(inplace=True)
corr_Avatar = corr_Avatar.join(df_ratings['number_of_ratings'])
corr_Avatar.head()
```

```
                              correlation    number_of_ratings
title
'burbs, The (1989)              0.353553            17
(500) Days of Summer (2009)     0.131120            42
*batteries not included (1987)  0.785714             7
10 Things I Hate About You (1999) 0.265637          54
```

12.5.6.2. 상관관계 이해하기

상관관계가 1에 가까울수록, 해당 영화의 평점 패턴이 아바타와 비슷하다는 의미입니다. 반대로 음수 값은 평점 경향이 정반대라는 뜻입니다.

하지만 이 추천 결과를 그대로 믿어서는 안 됩니다. 예를 들어, batteries not included(1987)[6] 가 아바타와 상관관계가 높게 나타나더라도, 실제로 두 영화가 비슷하다고 보기는 어렵습니다. 이는 오직 사용자 평점 데이터만을 바탕으로 상관관계를 계산했기 때문입니다. 장르나 영화의 주제 등 다른 요소들은 반영되지 않았기 때문에 정확도가 떨어질 수 있습니다. 따라서 더 정밀한 추천 시스템을 만들기 위해서는 추가적인 보완과 조정이 필요합니다.

분석 결과로 만들어진 표는 아바타와 사용자 평점 행동이 얼마나 비슷한지를 기준으로 영화를 보여줍니다. 즉, 최종적으로 나온 표는 사용자들의 평점 패턴을 바탕으로 아바타와 상관관계를 가지는 영화를 나열한 것입니다. 더 쉽게 말하면 아바타를 좋아한 사람들이 비슷하게 높은 점수를 준 영화들의 목록이라는 뜻입니다.

여기서 상관관계란, 한 데이터 집합이 다른 데이터 집합과 어떤 관계를 갖는지 나타내는 통계적 지표를 뜻합니다. 구체적으로는 여기서 피어슨 상관관계 계수(Pearson correlation coefficient)를 사용했으며, 이 값의 범위는 −1에서 1 사이입니다.

- 1: 완전한 양의 상관관계입니다. 즉, 사용자가 아바타에 높은 평점을 줬다면, 다른 영화에도 높은 평점을 줬다는 뜻입니다.
- −1: 완전한 음의 상관관계입니다. 사용자가 아바타에 높은 평점을 줬다면, 다른 영화에는 낮은 평점을 줬다는 의미입니다.
- 0: 상관관계 없음입니다. 아바타와 다른 영화의 평점은 서로 독립적이라는 뜻입니다.

아바타와 1에 가까운 높은 양의 상관관계를 갖는 영화는 아바타를 좋아한 사용자에게 추천하기 적합합니다. 해당 영화의 사용자 평점 패턴이 아바타와 비슷하게 나타나기 때문입니다.

---

6 **역자 주** 한국 제목은 〈8번가의 기적〉입니다.

12.5.6.3. 모델 평가하기

검증과 평가는 중요합니다. 모델을 평가하는 한 가지 방법은 훈련 데이터와 테스트 데이터를 분리하는 것입니다. 데이터의 일부를 테스트용으로 분리한 뒤, 이 테스트 데이터에 대한 모델의 추천 결과를 실제 사용자 평점과 비교하는 방식입니다. 비교한 차이는 **평균 절대 오차(MAE, Mean Absolute Error)나 평균 제곱근 편차(RMSE, Root Mean Square Error)** 같은 지표로 정량화할 수 있습니다.

12.5.6.4. 지속적인 재훈련: 사용자 피드백 반영

사용자 선호도는 시간이 지남에 따라 변합니다. 따라서 최신 데이터를 사용해 추천 모델을 주기적으로 재훈련시키는 것이 중요합니다. 따라서 사용자가 추천 결과에 대해 평점을 남기거나 리뷰를 남길 수 있는 피드백 루프를 도입하면, 모델의 정확도를 더욱 정교하게 개선할 수 있습니다.

요약

이 장에서는 추천 엔진에 대해 학습했습니다. 우리가 해결하려는 문제에 따라 적합한 추천 엔진을 선택하는 방법을 살펴보았고, 추천 엔진을 위해 데이터를 준비하여 유사도 행렬을 만드는 과정도 배웠습니다. 또한 과거 패턴을 기반으로 사용자에게 영화를 추천하는 것처럼, 추천 엔진이 실제 문제 해결에 어떻게 활용될 수 있는지도 알아보았습니다. 다음 장에서는 데이터를 이해하고 처리하는 데 사용되는 알고리즘에 대해 집중적으로 다루겠습니다.

13장 데이터 처리를 위한 알고리즘 전략

> 데이터는 디지털 경제의 새로운 석유다.
>
> 와이어드 매거진(Wired Magazine)

데이터 중심 시대에, 방대한 데이터 속에서 의미 있는 정보를 추출하는 능력은 우리의 의사결정 과정을 근본적으로 변화시키고 있습니다. 이 책에서 다루는 알고리즘은 이러한 데이터 의존에 크게 기반하고 있습니다. 따라서 데이터 저장을 위한 강력하고 효율적인 인프라를 구축하기 위해 도구, 방법론, 전략적 계획을 개발하는 것이 중요합니다.

이 장의 초점은 데이터를 효율적으로 관리하기 위한 데이터 중심 알고리즘에 있습니다. 이러한 알고리즘에서 핵심적인 것은 효율적인 저장 및 데이터 압축과 같은 작업입니다. 이러한 방법론을 활용함으로써 데이터 중심 아키텍처는 데이터 관리와 자원 활용의 효율성을 가능하게 합니다.

이 장을 마치면, 다양한 데이터 중심 알고리즘을 설계하고 구현할 때 고려해야 할 개념과 트레이드오프를 충분히 이해할 수 있을 것입니다.

이 장은 다음과 같은 개념을 다룹니다.

- 데이터 알고리즘 개론
- 데이터 저장 방식의 분류
- 데이터 저장 알고리즘
- 데이터 압축 알고리즘

먼저 기본 개념부터 소개하겠습니다.

13.1 데이터 알고리즘 개론

데이터 알고리즘은 데이터 저장을 관리하고 최적화하는 데 특화된 알고리즘입니다. 단순한 저장을 넘어서, 데이터 압축과 같은 작업을 통해 저장 공간을 효율적으로 활용하고, 여러 분야에서 빠른 데이터 검색을 가능하게 합니다.

특히 분산 시스템에서 데이터 알고리즘을 이해하는 핵심 개념 중 하나는 CAP 정리입니다. 이 정리는 일관성(Consistency), 가용성(Availability), 분할 내성(Partition Tolerance)이라는 세 가지 속성 사이의 균형을 설명합니다. 분산 시스템에서는 이 세 가지 중 두 가지 속성만 동시에 보장할 수 있습니다. CAP 정리의 복잡한 상호작용과 트레이드오프를 이해하면, 최신 데이터 알고리즘에서의 과제와 설계 결정을 분별하는 데 도움이 됩니다.

데이터 거버넌스(data governance)[1]의 관점에서도 이러한 알고리즘은 매우 유용합니다. 모든 분산 시스템 노드 간의 **데이터 일관성**을 보장하여 데이터 무결성을 유지하고, 동시에 효율적인 **데이터 가용성과 분할 내성**을 관리하여 시스템의 복원력과 보안성을 강화합니다.

13.1.1. 데이터 알고리즘에서 CAP 정리의 중요성

CAP 정리는 단순히 이론적 한계를 제시하는 데 그치지 않고, 실제 데이터가 처리되고 저장되며 검색되는 현실 세계의 다양한 상황에 실질적인 영향을 미칩니다. 예를 들어, 어떤 알고리즘이 분산 시스템에서 데이터를 검색해야 하는 상황을 떠올려 봅시다. 이때 일관성, 가용성, 분할 내성 중 어떤 요소를 우선시하느냐에 따라 알고리즘의 효율성과 신뢰성이 크게 달라집니다.

예컨대 시스템이 가용성을 우선할 경우, 데이터는 빠르게 검색할 수 있지만 최신 정보가 아닐 가능성이 있습니다. 반면, 일관성을 우선하는 시스템에서는 가장 최신 데이터를 보장하기 위해 데이터 검색이 지연될 수 있습니다.

이처럼, 이번 장에서 다루는 데이터 중심 알고리즘 역시 CAP 정리가 제시하는 제약의 영향을 크게 받습니다. CAP 정리에 대한 이해를 바탕으로 데이터 알고리즘을 설계하면, 복잡한 데이터 처리 문제를 보다 명확하게 파악하고 더 나은 의사결정을 내릴 수 있습니다.

13.1.2. 분산 환경에서의 저장

단일 노드 아키텍처는 소규모 데이터에는 효과적입니다. 하지만 데이터의 크기가 급증함에 따라 발생하는 대규모 문제를 해결하기 위해 분산 환경을 사용하는 방식이 표준으로 자리 잡았습니다. 분산 환경에 알맞은 데이터 저장 전략을 세우려면, 데이터의 특성과 예상 사용 패턴 등 다양

---

[1] **역자 주** 데이터 거버넌스란 데이터의 일관성, 가용성, 보안 등을 보장하기 위해 수행하는 관리 체계와 작업, 그리고 조직 정책 등을 포괄합니다.

한 요소를 고려해야 합니다. 이때, CAP 정리는 저장 방식을 결정할 때 핵심 기준이 됩니다.

CAP 정리는 방대한 데이터를 관리할 때 직면하게 되는 다양한 문제들에 대한 핵심적인 설계 원칙을 제시합니다.

13.1.3. CAP 정리와 데이터 압축의 연관성

처음에는 CAP 정리와 데이터 압축 사이에 큰 관련성이 없어 보일 수 있습니다. 하지만 실제 상황을 고려해 보면, 그 연결 고리는 분명해집니다. 예를 들어, 일관성을 우선시하는 시스템에서는 모든 노드에서 데이터가 동일하게 압축되고 유지되어야 하므로, 압축 방식이 이를 보장할 수 있어야 합니다. 반면, 가용성을 중시하는 시스템에서는 압축 속도가 우선시되므로, 약간의 데이터 불일치가 발생하더라도 빠르게 데이터를 처리하는 방식을 선택할 수 있습니다.

이처럼 데이터 압축에 대한 선택을 할 때도 CAP 정리의 영향을 받습니다. 이는 CAP 정리가 데이터 중심 알고리즘 전반에 걸쳐 폭넓게 작용하고 있음을 보여주는 대표적인 사례입니다.

13.2 CAP 정리 소개

1998년, 에릭 브루어(Eric Brewer)는 이후 CAP 정리로 널리 알려지게 된 이론을 제안했습니다. CAP 정리는 분산 시스템을 설계할 때 발생하는 다양한 트레이드오프를 설명합니다. 이를 이해하려면, 먼저 분산 시스템의 세 가지 주요 특성을 알아야 합니다. 바로 일관성, 가용성, 그리고 분할 내성입니다. CAP라는 이름은 이 세 가지 특성의 앞글자를 따서 만들어진 약어입니다.

- **일관성(C)**: 분산 서비스는 여러 개의 노드로 구성되어 있으며, 이 중 어떤 노드든 데이터를 읽거나 쓰거나 갱신하는 데 사용될 수 있습니다. 일관성이 보장된다는 것은, 특정 시점 t1에서 어느 노드에서 데이터를 읽더라도 항상 동일한 결과를 얻을 수 있다는 것을 의미합니다. 즉, 읽기 작업은 항상 분산 저장소 전체에서 일관된 최신 데이터를 반환하며, 그렇지 못할 경우 오류 메시지를 반환합니다.
- **가용성(A)**: 분산 시스템에서 가용성이란, 시스템 전체가 항상 요청에 응답할 수 있는 상태를 유지한다는 의미입니다. 이는 사용자가 시스템에 질의할 때마다 응답을 받을 수 있음을 보장하며, 데이터가 반드시 최신일 필요는 없습니다. 즉, 모든 노드가 최신 데이터를 유지하

는 것보다는 시스템 전체가 응답 가능한 상태를 유지하는 것에 중점을 둡니다. 일부 노드의 정보가 오래되었더라도, 시스템이 응답을 제공하는 한 가용성은 유지됩니다.

- **분할 내성(P)**: 분산 시스템에서는 여러 노드가 통신 네트워크를 통해 연결되어 있습니다. 분할 내성은 이들 노드 중 일부에 통신 장애가 발생하더라도 시스템이 계속 동작할 수 있도록 보장하는 특성입니다. 이를 위해서는 데이터를 충분한 수의 노드에 복제해 두어야 합니다.

이 세 가지 특성을 바탕으로, CAP 정리는 분산 시스템의 아키텍처와 설계에서 발생하는 트레이드오프를 명확하게 설명합니다. CAP 정리에 따르면, 분산 시스템에서는 일관성, 가용성, 분할 내성 중 오직 두 가지 특성만을 동시에 만족시킬 수 있습니다.

이 내용은 다음 도표에 나와 있습니다.

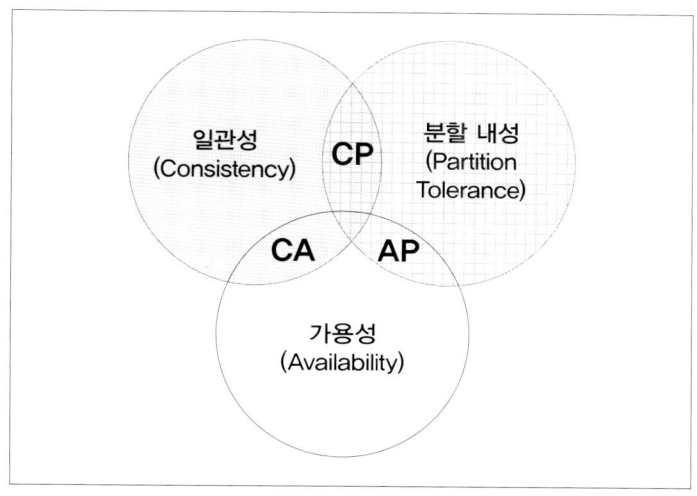

〈그림 13-1〉 CAP 정리로 살펴보는 분산 시스템 설계의 선택지

데이터를 분산하여 저장하는 시스템은 현대 IT 인프라에서 점점 더 필수 요소가 되고 있습니다. 이를 설계할 때는 데이터의 특성과 해결하려는 문제의 요구 사항을 바탕으로 신중하게 접근해야 합니다. 이 과정에서 CAP 정리를 분산 데이터베이스에 적용하면, 개발자와 설계자가 분산 시스템 구축 과정에서 마주하는 근본적인 트레이드오프와 한계를 이해하고 보다 나은 설계와 의사결정으로 나아갈 수 있습니다. 분산 데이터베이스 시스템에서 요구하는 성능, 신뢰성, 확장성을 달성하려면 CAP 정리에서 설명하는 세 가지 속성의 균형을 적절하게 맞춰야 합니다. CAP 정리 관점에서 분산 시스템은 다음 세 가지 유형으로 나눌 수 있습니다.

- CA 시스템(일관성과 가용성을 구현한 시스템)
- AP 시스템(가용성과 분할 내성을 구현한 시스템)
- CP 시스템(일관성과 분할 내성을 구현한 시스템)

데이터 저장 방식을 CA, AP, CP 시스템으로 분류하면, 데이터 저장 시스템을 설계할 때 마주하는 다양한 트레이드오프를 이해하는 데 도움이 됩니다. 이제 각 시스템을 하나씩 살펴보겠습니다.

13.2.1. CA 시스템

전통적인 단일 노드 시스템은 CA 시스템에 해당합니다. 분산되지 않은 시스템에서는 여러 노드 간의 통신을 관리할 필요가 없기 때문에 분할 내성은 고려 대상이 아닙니다. 따라서 이러한 시스템은 일관성과 가용성을 유지하는 데 집중할 수 있습니다.

단일 시스템은 하나의 노드나 서버에 데이터를 저장하고 처리함으로써 분할 내성 없이도 작동할 수 있습니다. 이러한 방식은 대규모 데이터셋이나 고속 데이터 스트림을 처리하는 데는 적합하지 않을 수 있지만, 작은 규모의 데이터나 성능 요구가 크지 않은 애플리케이션에는 효과적일 수 있습니다.

Oracle이나 MySQL과 같은 전통적인 단일 노드 데이터베이스는 대표적인 CA 시스템의 예입니다. 이러한 시스템은 상대적으로 데이터 규모가 작고 속도가 느리며, 분할 내성이 중요한 요소가 아닌 경우에 적합합니다. 예를 들어, 소규모 또는 중간 규모의 비즈니스, 학술 프로젝트, 사용자 수와 데이터 소스가 제한적인 애플리케이션 등이 이에 해당합니다.

13.2.2. AP 시스템

AP 시스템은 일관성을 다소 희생하더라도 가용성과 분할 내성을 우선시하도록 설계된 분산 저장 시스템입니다. 즉, 이로 인해 노드 간 데이터가 일시적으로 불일치하더라도 사용자 요청을 즉시 처리하여 빠르게 응답하는 시스템입니다.

AP 시스템에서 일관성이 희생될 경우, 사용자는 일시적으로 최신이 아닌 정보를 받을 수 있습니다. 하지만 사용자 요청을 빠르게 처리하고 높은 가용성을 유지하는 것이 더 중요한 경우에는, 이러한 일시적 불일치는 감수할 수 있는 트레이드오프가 될 수 있습니다.

일반적인 AP 시스템은 센서 네트워크와 같은 실시간 모니터링 시스템에서 사용됩니다. 카산드라(Cassandra)와 같은 고속 분산 데이터베이스가 AP 시스템의 대표적인 예입니다.

AP 시스템은 높은 가용성, 빠른 응답 속도, 그리고 분할 내성이 필수적인 상황에서 분산 데이터 저장을 구현할 때 적합합니다. 예를 들어, 캐나다 교통국이 오타와의 고속도로 곳곳에 설치된 센서 네트워크를 통해 교통 상황을 모니터링하는 경우, AP 시스템이 적절한 선택이 될 수 있습니다. 이러한 상황에서는 네트워크 분할이나 일시적인 데이터 불일치가 발생하더라도 모니터링 기능이 정상적으로 작동해야 하므로, 실시간 데이터 처리와 가용성이 우선시됩니다. 따라서, 이러한 분야에서는 데이터 일관성을 다소 희생하더라도 AP 시스템을 권장합니다.

13.2.3. CP 시스템

CP 시스템은 일관성과 분할 내성을 모두 우선시하며, 읽기 작업이 실행되기 전에 데이터가 일관된 상태임을 보장합니다. 이러한 시스템은 네트워크 분할이 발생하더라도 데이터의 일관성을 유지하며 안정적으로 작동할 수 있도록 설계되었습니다.

CP 시스템에 적합한 데이터는, 시스템의 즉각적인 가용성을 일부 희생하더라도 엄격한 일관성과 정확성이 요구되는 데이터입니다. 예를 들어, 금융 거래, 재고 관리, 중요 비즈니스 운영 데이터 등이 이에 해당합니다. 이러한 경우에는 분산 환경 전반에서 데이터의 일관성과 정확성을 유지하는 것이 최우선 과제입니다.

JSON 형식의 문서 파일을 저장하는 경우가 바로 CP 시스템의 대표적인 사용 사례입니다. MongoDB와 같은 문서 데이터 저장소는 분산 환경에서 일관성을 중시하도록 설계된 CP 시스템입니다.

이제 다양한 분산 저장 시스템에 대한 이해를 바탕으로, 데이터 압축 알고리즘에 대해 살펴보겠습니다.

13.3 데이터 압축 알고리즘 제대로 이해하기

데이터 압축은 데이터 저장에 필수적인 기술입니다. 이는 저장 효율을 높이고 데이터 전송 시간을 최소화할 뿐만 아니라, 특히 빅데이터와 클라우드 컴퓨팅 분야에서 비용 절감과 성능 향상에 중요한 영향을 미칩니다. 이 절에서는 무손실 압축 알고리즘인 허프만(Huffman)과 LZ77에 중점을 두고, 이들이 Gzip, LZO, Snappy와 같은 현대의 압축 방식에 어떤 영향을 미쳤는지를 자세히 알아보겠습니다.

13.3.1. 무손실 압축 기법

무손실 압축은 데이터의 중복을 제거하여 저장 용량을 최소화하면서도 완벽하게 복원이 가능하도록 하는 방식입니다. 허프만과 LZ77은 이 분야에 큰 영향을 준 대표적인 알고리즘입니다.

허프만 부호화(Huffman coding)는 가변 길이 부호화(variable length coding) 방식으로, 자주 나타나는 문자를 더 짧은 비트로 표현합니다. 반면, LZ77은 사전 기반 알고리즘으로, 반복되는 데이터 시퀀스를 찾아 이를 짧은 참조로 대체하는 방식입니다. 이제 이들을 하나씩 살펴보겠습니다.

13.3.3.1. 허프만 부호화: 가변 길이 부호화 구현하기

허프만 부호화는 엔트로피 부호화(entropy coding)의 한 형태로, 무손실 데이터 압축에서 널리 사용됩니다. 허프만 부호화의 핵심 원리는 데이터셋에서 자주 등장하는 문자에 더 짧은 코드를 할당하여 전체 데이터 크기를 줄이는 것입니다.

이 알고리즘은 허프만 트리(Huffman tree)라고 하는 특수한 형태의 이진 트리를 사용하며, 각 리프 노드는 하나의 데이터 요소에 해당합니다. 요소의 등장 빈도에 따라 트리 내 위치가 결정되며, 자주 등장하는 요소일수록 루트에 가까운 위치에 배치됩니다. 이를 통해 가장 빈도가 높은 요소들이 가장 짧은 코드를 갖게 됩니다.

● 간단한 예시

예를 들어, 문자 A, B, C가 각각 5, 9, 12번 나타나는 데이터가 있다고 가정해 봅시다. 허프만 부호화에서는 다음과 같이 부호가 할당될 수 있습니다.

- 가장 자주 등장하는 C는 0과 같은 짧은 부호가 할당될 수 있습니다.
- 다음으로 빈도가 높은 B는 10이 할당될 수 있습니다.
- 가장 적게 등장하는 A는 11과 같은 부호가 할당될 수 있습니다.

이제 파이썬 예제를 통해 허프만 부호화를 정확히 이해해 보겠습니다.

● **파이썬으로 허프만 부호화 구현하기**

먼저, 각 문자에 대해 노드를 생성합니다. 이 노드는 해당 문자와 그 빈도 수를 포함합니다. 그런 다음 이 노드들을 우선순위 큐(priority queue)에 추가하는데, 빈도가 낮을수록 높은 우선순위를 갖도록 합니다.

이를 위해 허프만 트리에서 각 문자를 나타내는 **Node** 클래스를 생성합니다. **Node** 객체는 문자, 빈도 수, 그리고 좌우 자식 노드에 대한 포인터를 포함합니다. __lt__ 메서드를 정의하여 두 **Node** 객체를 빈도 수를 기준으로 비교할 수 있도록 합니다.

```python
import functools

@functools.total_ordering
class Node:
    def __init__(self, char, freq):
        self.char = char
        self.freq = freq
        self.left = None
        self.right = None
    def __lt__(self, other):
        return self.freq < other.freq
    def __eq__(self, other):
        return self.freq == other.freq
```

다음으로 허프만 트리를 구성합니다. 허프만 트리는 일반적으로 이진 힙(binary heap)으로 구현된 우선순위 큐에서 노드의 삽입과 삭제를 반복하는 과정을 통해 구성됩니다. 허프만 트리를 만들기 위해 Node 객체들로 구성된 최소 힙(min-heap)을 생성합니다.

최소 힙은 부모 노드의 값이 자식 노드보다 작거나 같은 특성을 만족하는 트리 기반의 특수한 구조입니다. 이 특성 덕분에 가장 작은 요소가 항상 루트에 위치하게 되어, 우선순위 작업에 효율적입니다. 우리는 빈도 수가 가장 낮은 두 노드를 계속해서 꺼낸(pop) 뒤, 이 둘을 병합하고(merge) 병합된 노드를 다시 힙에 넣습니다(push). 이 과정을 노드가 하나만 남을 때까지 반복하며, 이 마지막 노드가 허프만 트리의 루트가 됩니다. 이러한 트리는 다음과 같이 정의한 `build_tree`로 만들 수 있습니다.

```python
import heapq
def build_tree(frequencies):
    heap = [Node(char, freq) for char, freq in frequencies.items()]
    heapq.heapify(heap)
    while len(heap) > 1:
        node1 = heapq.heappop(heap)
        node2 = heapq.heappop(heap)
        merged = Node(None, node1.freq + node2.freq)
        merged.left = node1
        merged.right = node2
        heapq.heappush(heap, merged)
    return heap[0]  # 루트 노드
```

허프만 트리를 만들고 나면 트리를 순회하면서 허프만 부호를 생성할 수 있습니다. 루트에서 시작하여 왼쪽 가지(branch)로 내려갈 때마다 0을, 오른쪽으로 내려갈 때마다 1을 추가합니다. 리프 노드에 도달하면 루트에서 쭉 이어진 0과 1이 리프 노드에서 해당 문자에 대한 허프만 부호를 형성합니다. 이는 다음과 같이 `generate_codes`로 수행할 수 있습니다.

```python
def generate_codes(node, code='', codes=None):
    if codes is None:
        codes = {}
    if node is None:
        return {}
    if node.char is not None:
        codes[node.char] = code
        return codes
    generate_codes(node.left, code + '0', codes)
```

```
        generate_codes(node.right, code + '1', codes)
    return codes
```

이제 허프만 트리를 사용해봅시다. 먼저, 허프만 부호화에 사용할 데이터를 정의합시다.

〈터미널 13-1〉

```
data = {
    'L': 0.45,
    'M': 0.13,
    'N': 0.12,
    'X': 0.16,
    'Y': 0.09,
    'Z': 0.05
}
```

이어서 각 문자에 대한 허프만 부호를 출력합시다.

```
# 허프만 트리 및 허프만 부호를 생성합니다
root = build_tree(data)
codes = generate_codes(root)
# 허프만 트리의 루트를 출력합니다
print(f'Root of the Huffman tree: {root}')
# 허프만 부호를 출력합니다
for char, code in codes.items():
    print(f'{char}: {code}')
```

```
Root of the Huffman tree: <__main__.Node object at 0x7a537d66d240>
L: 0
M: 101
N: 100
X: 111
Y: 1101
Z: 1100
```

이제 다음과 같은 결론을 도출할 수 있습니다.

- **고정 길이 부호**(fixed length code): 앞서 허프만 부호에 사용할 데이터로 정의한 **data**(터미널 13-1 참고)에서 고정 길이 부호는 3비트입니다. 6개의 문자를 표현하려면 3비트가 필요한데, 3비트($2^3=8$)로 최대 8개의 문자를 표현할 수 있기 때문입니다.
- **가변 길이 부호**(variable length code): 이 데이터에 대한 가변 길이 부호는 다음과 같습니다.

$$.45(1) + .13(3) + .12(3) + .16(3) + .09(4) + .05(4) = 2.24$$

다음 다이어그램은 예제에서 생성한 허프만 트리를 나타냅니다.

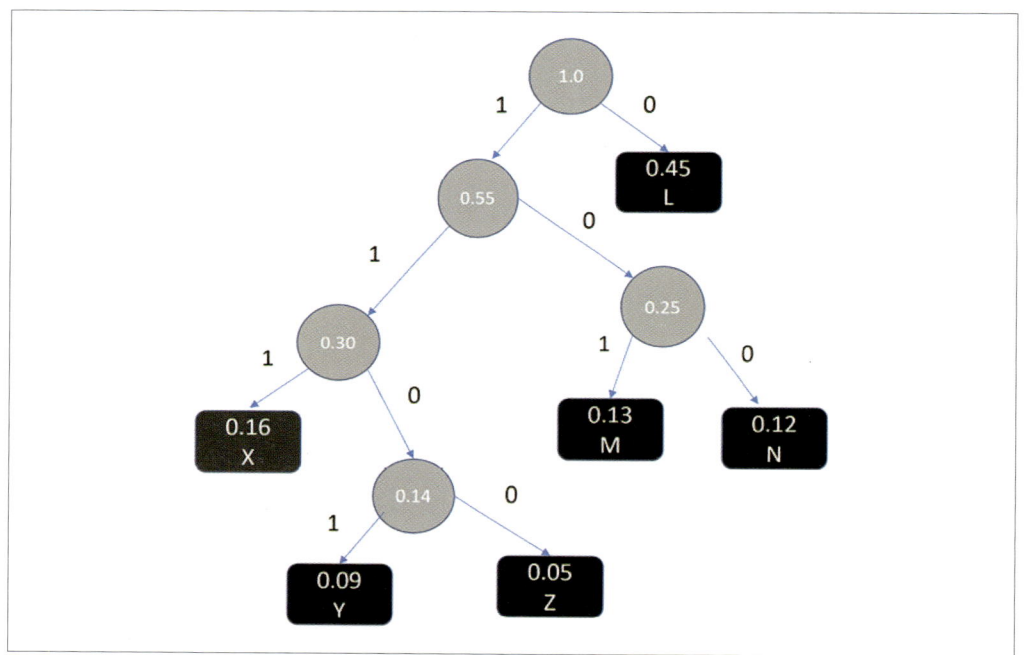

〈그림 13-2〉 허프만 트리: 압축 과정 시각화하기

정리하면, 허프만 부호화는 데이터를 압축할 수 있도록 허프만 트리로 변환하는 과정입니다. 복호화(decoding) 또는 압축 해제(decompression)는 데이터를 원래의 형식으로 되돌리는 작업입니다. 허프만 부호화에 대해 살펴보았으니, 이제 사전 기반 압축에 기반한 또 다른 무손실 압축 기법을 살펴보겠습니다.

13.3.3.2. 사전 기반 압축 LZ77 이해하기

LZ77은 사전 부호화(dictionary coder) 계열에 속하는 압축 알고리즘입니다. 허프만 부호화와 달리 고정된 부호 사전을 사용하지 않으며, 입력 데이터 내 부분 문자열(substring)로 이루어진 사전을 동적으로 생성합니다. 이 사전은 별도로 저장되지 않고, 이미 부호화된 입력을 가리키는 슬라이딩 윈도우(sliding window) 형태로 암묵적으로 참조되어 반복되는 시퀀스를 효율적으로 표현합니다.

LZ77 알고리즘은 데이터에서 반복하여 나타나는 부분을 단일 사본으로 치환하는 원리로 작동합니다. 이 알고리즘은 최근에 처리한 데이터를 기준으로 **슬라이딩 윈도우**를 유지합니다. 이전에 등장했던 부분 문자열을 다시 만나면 문자열 자체를 저장하는 대신 두 개의 값을 저장합니다. 하나는 슬라이딩 윈도우에서 해당 문자열이 처음 나타난 위치까지의 거리, 다른 하나는 반복된 문자열의 길이입니다.

- 예제로 이해하기

다음 문자열을 읽는 상황을 생각해봅시다.

$$\texttt{data\_string="ABABCABABD"}$$

이 문자열을 왼쪽에서 오른쪽으로 읽으며 처리하다 보면, 'CABAB' 부분 중 'ABAB'라는 부분 문자열이 처음에 나타난 'ABAB'와 동일하게 반복됨을 알 수 있습니다. LZ77은 이러한 반복을 활용해 'ABAB'를 다시 쓰는 대신, "이전으로 다섯 글자 돌아가서, 네 글자를 복사하라"고 할 수 있습니다.

따라서 `data_string`을 LZ77 방식으로 압축하면, 다음과 같이 표현할 수 있습니다.

$$\texttt{ABABC}\langle 5,4 \rangle \texttt{D}$$

여기서 ⟨5,4⟩는 "다섯 글자 뒤로 돌아가 네 글자를 복사하라"는 의미의 LZ77 방식 표기입니다.

- 허프만과의 비교

LZ77과 허프만의 강점과 차이를 이해하기 위해 동일한 데이터를 사용해 보겠습니다. 여기서는 `data_string="ABABCABABD"`를 그대로 사용하겠습니다.

LZ77은 데이터에서 반복되는 시퀀스를 찾아 이를 참조하는 방식인 반면, 허프만 부호화는 자주 등장하는 문자를 더 짧은 부호로 표현하는 방식입니다.

예를 들어, `data_string`을 허프만 방식으로 압축하면 'A'와 'B'처럼 더 자주 등장하는 문자는 'C'나 'D'보다 더 짧은 이진 코드로 표현될 수 있습니다.

이 비교를 통해 알 수 있듯이, 허프만 부호화는 빈도 기반 표현에 중점을 두는 반면, LZ77은 반복되는 패턴을 식별하여 참조하는 데 초점을 맞춥니다. 데이터의 유형과 구조에 따라 두 방식 중 하나가 더 효율적일 수 있습니다.

13.3.3.3. 고급 무손실 압축 포맷

허프만과 LZ77이 제시한 원리는 고급 압축 포맷의 기반이 됩니다. 이번 장에서는 세 가지 고급 포맷을 살펴보겠습니다.

1. LZO
2. Snappy
3. gzip

● LZO 압축: 속도 우선

LZO는 빠른 압축과 압축 해제를 목표로 하는 무손실 데이터 압축 알고리즘입니다. 초기에는 LZ77 압축을 수행하여 반복되는 데이터를 하나의 사본에 대한 참조로 대체하고, 이후 허프만 부호화를 거쳐 추가 압축합니다.

압축률이 가장 높은 것은 아니지만, 처리 속도는 다른 많은 알고리즘보다 훨씬 빠릅니다. 이러한 특성 덕분에 LZO는 실시간 데이터 처리나 스트리밍 애플리케이션처럼 빠른 데이터 접근이 중요한 상황에서 탁월한 선택이 됩니다.

● Snappy 압축: 균형 추구

Snappy는 구글이 개발한 고속 압축 및 압축 해제 라이브러리입니다. Snappy는 빠른 처리 속도와 적정 수준의 압축을 수행하는 데 주안점을 두며, 반드시 최대 압축을 수행하지는 않습니다.

Snappy 압축 방식은 LZ77을 기반으로 하지만, 허프만 부호화와 같은 추가적인 엔트로피 부호화 단계를 거치지 않아 속도가 빠릅니다. Snappy는 더 단순한 부호화를 활용하여 빠른 압축 및 압축 해제를 보장합니다. 이 알고리즘은 데이터에서 반복된 시퀀스를 탐색한 다음, 해당 시퀀스의 길이와 이전 위치에 대한 참조로 부호화하는 복사 기반 방식을 사용합니다.

속도를 우선시하는 이러한 트레이드오프 때문에, Snappy는 허프만 부호화나 다른 엔트로피 부호화를 사용하는 알고리즘만큼 압축 효율이 높지 않을 수 있음에 유의해야 합니다. 그러나 압축률보다 속도가 더 중요한 사용 사례에서는 Snappy가 매우 효과적인 선택이 될 수 있습니다.

● GZIP 압축: 저장 효율 극대화

GZIP은 파일 압축 및 압축 해제에 사용되는 파일 형식이자 소프트웨어입니다. GZIP 데이터 형식은 LZ77 알고리즘과 허프만 부호화를 결합하여 사용합니다.

13.4 실용 예제: CAP 정리와 압축 알고리즘 중심의 AWS 데이터 관리

전 세계 여러 클라우드 서버에서 운영되는 글로벌 전자상거래 플랫폼을 예로 들어보겠습니다. 이 플랫폼은 매초 수천 건의 거래를 처리하며, 이 거래에서 생성된 데이터를 효율적으로 저장하고 처리해야 합니다. 여기서 CAP 정리와 압축 알고리즘이 AWS의 데이터 관리 시스템 설계에 어떻게 도움이 되는지 살펴보겠습니다.

13.4.1. CAP 정리 적용하기

CAP 정리는 분산 데이터 저장소가 일관성, 가용성, 분할 내성 이 세 가지 중 동시에 두 가지만 보장할 수 있다고 설명합니다.

전자상거래 플랫폼의 경우, 가용성과 분할 내성이 우선시될 수 있습니다. 높은 가용성은 일부 서버에 장애가 발생하더라도 시스템이 거래를 계속 처리할 수 있도록 보장합니다. 분할 내성은 네트워크 장애로 일부 서버가 고립되더라도 시스템이 정상적으로 작동할 수 있도록 합니다.

이는 시스템이 항상 강한 일관성(읽기 작업에서 항상 최신 데이터를 반환함)을 제공하지는 못할 수 있음을 의미하지만, 결국 모든 복제본이 동일한 값을 가지게 되는 최종적 일관성 방식을 사용할 수 있습니다. 실제로는 약간의 불일치가 허용될 수 있는데, 예를 들어 사용자의 쇼핑 카트가 모든 기기에서 업데이트되는 데 몇 초가 걸리는 경우가 그 예입니다.

AWS 생태계에서는 CAP 정리에 따라 다양한 데이터 저장 서비스를 선택할 수 있습니다. 전자상거래 플랫폼의 경우 일관성보다는 가용성과 분할 내성을 우선시하므로, 키-값 기반 NoSQL 데이터베이스인 Amazon DynamoDB가 적합한 선택이 될 수 있습니다. 이 서비스는 다중 리전 복제와 자동 샤딩(sharding)을 기본적으로 지원하여 높은 가용성과 분할 내성을 보장합니다.

일관성과 관련하여, DynamoDB는 '최종적 일관성'과 '강한 일관성' 옵션을 제공합니다. 이 사례에서는 가용성과 성능을 우선시하기 위해 최종적 일관성을 선택할 것입니다.

13.4.2. 압축 알고리즘 사용하기

플랫폼은 거래 내역, 사용자 행동 로그, 상품 정보 등 방대한 양의 데이터를 생성하게 됩니다. 이러한 데이터를 저장하고 전송하는 데에는 많은 비용과 시간이 소요될 수 있습니다. 이때 gzip, Snappy, LZO와 같은 압축 알고리즘이 도움이 될 수 있습니다. 예를 들어, 플랫폼은 장기 보관을 위한 거래 로그를 gzip으로 압축할 수 있습니다. 일반적으로 gzip은 텍스트 파일을 원래 크기의 약 30%로 압축할 수 있으므로, 저장 비용을 크게 절감할 수 있습니다.

반면, 사용자 행동 데이터에 대한 실시간 분석의 경우에는 Snappy나 LZO를 사용할 수 있습니다. 이 알고리즘들은 gzip만큼 압축률이 높지는 않지만, 처리 속도가 더 빨라서 분석 시스템이 데이터를 더욱 신속하게 처리할 수 있도록 해줍니다.

AWS는 데이터의 유형과 용도에 따라 다양한 방식으로 압축을 구현할 수 있도록 지원합니다. 장기 저장용 거래 로그를 압축하기 위해 Amazon S3(Simple Storage Service)와 gzip 압축을 함께 사용할 수 있습니다. S3는 업로드되는 파일에 대해 자동으로 gzip 압축을 지원하며, 이를 통해 저장 비용을 크게 줄일 수 있습니다.

실시간 사용자 행동 데이터 분석을 위해서는 Snappy 또는 LZO 압축과 함께 아마존 키네시스 데이터 스트림(Amazon Kinesis Data Stream)을 사용할 수 있습니다. 키네시스는 데이터 스트림을 실시간으로 수집, 처리, 저장할 수 있으며 대용량 데이터를 처리하기 위해 압축을 지원합니다.

13.4.3. 장점을 정량화하기

앞서 설명한 내용을 바탕으로, 이러한 장점을 수치로 나타낼 수 있습니다.

구체적인 비용 절감 효과를 예로 들어 설명하겠습니다. 플랫폼이 하루에 1TB의 거래 로그를 생성한다고 가정해 봅시다. S3와 함께 gzip 압축을 활용하면 저장 용량을 약 300GB로 줄일 수 있습니다. 2023년 8월 기준으로, S3는 월간 첫 50TB까지 GB당 약 $0.023를 청구합니다. 계산해 보면, 로그 저장만으로도 월 약 $485, 연간 약 $5,820의 비용을 절감할 수 있습니다.

Snappy 또는 LZO를 Kinesis와 함께 사용하여 실시간 분석을 수행하면 데이터 처리 속도를 향상시킬 수 있습니다. 이로 인해 보다 시기적절하고 개인화된 사용자 추천이 가능해져 매출 증가로 이어질 수 있습니다. 금전적 이득은 추천 속도 향상에 따른 전환율 증가를 기준으로 추산할 수 있습니다.

마지막으로, DynamoDB를 사용하고 CAP 정리를 준수함으로써 네트워크 분할이나 개별 서버 장애 상황에서도 원활한 쇼핑 경험을 사용자에게 제공할 수 있습니다. 이러한 선택은 플랫폼의 사용자 유지율과 전반적인 고객 만족도에 긍정적으로 반영될 수 있습니다.

요약

이번 장에서는 데이터 중심 알고리즘의 설계를 살펴보며, 데이터 저장, 데이터 거버넌스, 데이터 압축이라는 세 가지 핵심 요소에 집중했습니다. 데이터 거버넌스와 관련된 다양한 문제를 탐색했고, 데이터의 고유한 특성이 데이터 저장 아키텍처 결정에 어떤 영향을 미치는지 분석했습니다. 효율성과 성능 측면에서 각각의 장점을 지닌 다양한 데이터 압축 알고리즘도 알아보았습니다. 다음 장에서는 암호화 알고리즘을 살펴봅니다. 이러한 알고리즘의 강력한 기능을 활용하여 송수신 메시지와 저장된 메시지를 보호하는 방법을 알아보겠습니다.

14장 암호화

> 나는 아직 쓰지 않은 시를, 표정이라는 암호 속에 품고 있다!
>
> 조지 엘리엇(George Eliot)

이 장에서는 암호화와 관련된 알고리즘을 소개합니다. 먼저 배경을 설명한 후, 대칭 암호화 알고리즘 (symmetric encryption algorithm)을 살펴보겠습니다. 그리고 메시지-다이제스트 5(MD5, Message-Digest 5) 알고리즘과 보안 해시 알고리즘(SHA, Secure Hash Algorithm)을 설명하고, 대칭 알고리즘의 한계와 약점에 대해 다룹니다. 다음으로 비대칭 암호화 알고리즘(asymmetric encryption algorithm)과 이것이 디지털 인증서를 만드는 데 어떻게 사용되는지 논의합니다. 마지막으로 지금까지 다룬 기술들을 요약하는 실용 예시를 제시합니다.

이 장을 마치면 암호화에 대한 기본적인 이해를 갖추게 될 것입니다.

이 장에서는 다음과 같은 주제를 다룹니다.

- 암호학 개론
- 암호화 기법의 종류 이해
- 예제 - 머신러닝 모델 배포 시 보안 문제

먼저 기본 개념부터 살펴봅시다.

14.1 암호학 개론

비밀을 보호하는 기법은 수세기 전부터 존재해 왔습니다. 데이터를 적으로부터 안전하게 숨기려는 가장 초기의 시도는 이집트 기념비에서 발견된 고대 비문에서 찾아볼 수 있습니다. 여기서는 소수의 신뢰할 수 있는 사람들만 아는 특별한 문자가 사용되었는데, 이러한 초기 형태의 보안 기법을 은폐(obscurity)라고 하며, 오늘날에도 다양한 형태로 여전히 사용되고 있습니다. 이 방법이 효과적이려면, 예시로 든 고대 이집트 특수문자의 숨겨진 의미와 같은 비밀 자체를 철저히 보호하는 것이 핵심입니다.

이후 1차 세계대전과 2차 세계대전에서도 중요한 메시지를 완벽하게 보호할 수 있는 방법을 찾는 일은 매우 중요했습니다. 20세기 후반에 전자공학과 컴퓨터가 도입되면서 데이터를 보호하기 위한 정교한 알고리즘들이 개발되었고, 이는 암호학(cryptography)이라는 새로운 분야의 탄생으로 이어졌습니다.

이 장에서는 암호학의 알고리즘적 측면을 다룹니다. 이러한 알고리즘의 활용 목적 중 하나는 두 프로세스나 사용자 간에 안전한 데이터 교환을 가능하게 하는 것입니다. 암호 알고리즘은 수학적 함수를 활용하여 보안 목표를 달성하기 위한 전략을 찾아냅니다.

먼저, 인프라에서 '가장 약한 고리(the weakest link)'가 왜 중요한지 살펴보겠습니다.

14.1.1. 가장 약한 연결고리의 중요성 이해하기

디지털 인프라의 보안을 설계할 때, 개별 요소의 보안에 너무 집중한 나머지 종단 간 보안(end-to-end security)에 충분히 주의를 기울이지 않는 경우가 종종 있습니다. 이로 인해 시스템 내의 허점이나 취약점을 간과하게 되고, 이는 나중에 해커가 민감한 데이터에 접근하는 데 악용될 수 있습니다. 기억해야 할 점은 디지털 인프라 전체의 보안은 결국 **가장 약한 고리**만큼만 강하다는 것입니다. 해커에게 이 가장 약한 고리는 디지털 인프라에 있는 민감한 데이터로 향하는 백도어 역할을 할 수 있습니다. 모든 뒷문을 닫지 않은 채 앞문만 튼튼히 지키는 것은 아무 의미가 없습니다.

디지털 인프라를 보호하기 위한 알고리즘과 기술이 점점 더 정교해질수록, 해커 또한 그에 맞춰 기술을 계속 발전시키고 있습니다. 해커가 디지털 인프라를 침해하는 가장 쉬운 방법 중 하나는, 이러한 취약점을 이용해 민감한 정보에 접근하는 것임을 항상 명심해야 합니다.

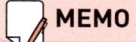 2014년, 캐나다 연방 연구 기관인 **국립연구위원회(NRC)**에 대한 사이버 공격은 수억 달러의 피해를 초래한 것으로 추정됩니다. 공격자들은 수십 년간 축적된 연구 데이터와 지적 재산을 탈취하는 데 성공했습니다. 이들은 웹 서버에 사용된 아파치(Apache) 소프트웨어의 취약점을 이용해 민감한 데이터에 접근했습니다.

이 장에서는 다양한 암호화 알고리즘의 취약성에 대해 살펴보겠습니다.

먼저 기본적인 용어부터 살펴봅시다.

14.1.2. 기본 용어

- **암호**(cipher): 특정 암호화 기능을 수행하는 알고리즘입니다.
- **평문**(plain text): 텍스트 파일, 비디오, 비트맵, 디지털 음성 등의 일반 데이터(plain data)입니다. 이 장에서는 평문을 P로 표현하겠습니다.
- **암호문**(cipher text): 평문을 암호화하여 얻은 텍스트입니다. 이 장에서는 암호문을 C로 표현하겠습니다.
- **암호 모음**(cipher suite): 암호화 소프트웨어 구성요소의 집합입니다. 두 노드가 암호화를 통해 메시지를 교환하려면 먼저 암호 모음을 합의해야 합니다. 이는 노드들이 동일하게 구현된 암호화 함수를 사용하도록 보장하는 데 중요한 역할을 합니다.
- **암호화**(encryption): 평문 P를 암호문 C로 변환하는 과정을 암호화라 합니다. 수학적으로는 $encrypt(P)=C$로 나타냅니다.
- **복호화**(decryption): 암호문을 다시 평문으로 변환하는 과정입니다. 수학적으로는 $decrypt(C)=P$로 나타냅니다.
- **암호해독**(cryptanalysis): 암호화 알고리즘의 강도를 분석하는 데 사용하는 방법입니다. 해독가는 비밀 키에 접근하지 않고 평문을 복구하려 합니다.
- **개인 식별 정보**(PII, Personally Identifiable Information): 단독으로 또는 다른 연관 데이터와 결합하여 개인의 신원을 추적하는 데 사용할 수 있는 정보입니다. 주민등록번호, 생년월일, 어머니의 결혼 전 성씨[1] 등 보호되어야 할 정보가 이에 해당합니다.

이어서 시스템의 보안 요구사항을 이해해봅시다.

14.1.3. 보안 요구사항 이해하기

시스템의 정확한 보안 요구사항을 이해하는 것은 중요합니다. 이를 이해하면 적절한 암호화 기법을 사용할 수 있고, 시스템 내의 잠재적인 허점을 발견하는 데 도움이 됩니다. 시스템의 보안 요구사항을 더 잘 이해하는 방법은 다음 네 가지 질문에 답하는 것입니다.

---

[1] 역자 주 한국과 달리, 미국과 일본 등에서 결혼 후 여성이 남편의 성을 따릅니다.

- 어떤 개인이나 프로세스를 보호해야 하는가?
- 누구로부터 이들을 보호해야 하는가?
- 어디에서 보호해야 하는가?
- 왜 보호해야 하는가?

AWS 클라우드의 **가상 프라이빗 클라우드**(VPC, Virtual Private Cloud)를 예로 들어보겠습니다. VPC는 가상 머신 같은 자원을 추가할 수 있는 논리적으로 격리된 네트워크를 생성합니다. VPC의 보안 요구사항을 이해하려면 먼저 다음 네 가지 질문에 답하여 VPC의 역할을 파악해야 합니다.

- 이 시스템을 사용하려는 사람은 몇 명인가?
- 어떤 종류의 정보를 보호해야 하는가?
- 단순히 VPC 자체만 보호하면 되는가, 아니면 VPC로 전달되는 메시지를 암호화하여 통신해야 하는가?
- 데이터의 보안 등급은 무엇인가? 잠재적인 위험 요소는 무엇인가? 누가 어떤 이유로 이 시스템을 해킹하려는 동기를 가질 수 있는가?

이 질문에 대한 대부분의 답은 다음 세 단계에서 얻을 수 있습니다.

1. 개체 식별하기
2. 보안 목표 설정하기
3. 데이터 민감성 이해하기

이들 단계를 하나씩 살펴봅시다.

14.1.3.1. 1단계: 개체 식별하기

개체(entity)란 정보 시스템을 구성하는 개인, 프로세스, 또는 자원을 의미합니다. 우선 실행 시점에 사용자, 자원, 프로세스가 어떻게 존재하는지 식별해야 합니다. 그런 다음, 식별된 개체들의 보안 요구사항을 개별 또는 그룹 단위로 정량화합니다.

이러한 요구사항을 충분히 이해하고 나면, 보안 목표를 설정할 수 있습니다.

14.1.3.2. 2단계: 보안 목표 설정하기

보안 시스템을 설계하는 목적은 정보가 도난, 손상 또는 공격당하지 않도록 보호하는 데 있습니다. 암호화 알고리즘은 일반적으로 다음 중 하나 이상의 보안 목표를 달성하기 위해 사용됩니다.

- **인증(authentication)**: 사용자, 장치 또는 시스템의 신원을 확인하여, 그들이 주장하는 존재가 맞는지 검증하는 메커니즘입니다.
- **인가(authorization)**: 특정 자원이나 기능에 대해 사용자가 접근할 수 있도록 허용하는 과정입니다.
- **기밀성(confidentiality)**: 보호해야 할 데이터는 **민감 데이터(sensitive data)**라고 합니다. 기밀성이란 이러한 민감 데이터를 승인된(authorized) 사용자만 접근할 수 있도록 허용한다는 개념입니다. 민감 데이터를 전송하거나 저장할 때는, 승인된 사용자 외에는 읽을 수 없도록 암호화 알고리즘을 사용하여 보호해야 합니다. 이에 대해서는 이 장 후반부에 설명하겠습니다.
- **무결성(integrity)**: 데이터 전송이나 저장 시 어떠한 방식으로도 변경되지 않음을 보장하는 과정입니다. 예를 들어 TCP/IP(전송 제어 프로토콜/인터넷 프로토콜)는 체크섬(checksum)이나 순환 중복 검사(CRC, Cyclic Redundancy Check) 알고리즘을 사용하여 데이터 무결성을 검증합니다.
- **부인 방지(non-repudiation)**: 메시지가 실제로 전송되었거나 수신되었음을 위조 불가능하고 부인할 수 없는 증거로 입증할 수 있는 능력을 말합니다. 이러한 증거는 나중에 데이터의 수신을 입증하는 데 사용될 수 있습니다.

14.1.3.3. 3단계: 데이터의 민감성 이해하기

데이터의 특성에 따른 분류를 이해하는 것은 중요합니다. 정부, 기관, 조직과 같은 규제 당국은 데이터가 침해될 경우 그 결과의 심각성에 따라 데이터를 분류합니다. 이러한 분류는 적절한 암호화 알고리즘을 선택하는 데 도움이 됩니다. 데이터의 민감성에 따라 데이터를 분류하는 여러 가지 방식이 있으며, 여기서는 일반적인 데이터 분류법에 대해 알아보겠습니다.

- **공공 데이터(public data) 혹은 일반 데이터(unclassified data)**[2]: 대중이 사용할 수 있도록 제공되는 모든 데이터입니다. 예를 들어 회사 웹사이트나 정보 포털에서 찾을 수 있는 정보가 이에 해당합니다.

---

2 역자 주 'unclassified'를 직역하면 '분류되지 않은', 즉 비밀 정보로 분류되지 않은 일반 데이터라는 의미입니다.

- 대외비 데이터(internal data) 혹은 3급 비밀 데이터(confidential data): 대중에게 공개되도록 만들어진 것은 아니지만, 노출되더라도 심각한 피해를 초래하지는 않는 데이터입니다. 가령, 직원이 상사에 대해 불평하는 이메일이 외부로 유출될 경우 회사에 곤란을 줄 수는 있지만 치명적인 결과를 가져오지는 않습니다.

- 민감 데이터(sensitive data) 혹은 2급 비밀 데이터(secret data): 대중에게 공개되어서는 안 되며, 공개될 경우 개인이나 조직에 피해를 줄 수 있는 정보입니다. 가령, 차세대 아이폰의 세부 정보가 유출될 경우 애플의 사업 목표에 타격을 주고 삼성과 같은 경쟁사에 이익을 줄 수 있습니다.

- 고 민감 데이터(highly sensitive data) 혹은 1급 비밀 데이터(top-secret data): 이 데이터는 유출 시 조직에 심각한 위험을 초래합니다. 예를 들면 독점 연구(proprietary research), 비즈니스 전략 계획, 내부 재무 데이터 등이 포함됩니다. 이 데이터는 여러 보안 단계로 보호되며, 접근하기 위해서는 특별 허가가 필요합니다.

MEMO 보안 설계가 정교할수록 알고리즘의 속도는 그와 비례하여 느려집니다. 따라서 시스템의 보안성과 성능 사이에서 균형을 맞춰야 합니다.

14.1.4. 암호의 기본 설계 이해하기

암호 설계란 민감한 데이터를 난독화하여 악의적인 프로세스나 비인가 사용자의 접근을 막는 알고리즘을 고안하는 것입니다. 시간이 지남에 따라 암호는 점점 더 정교해졌지만, 암호가 기반하고 있는 기본 원칙은 변하지 않았습니다.

암호화 알고리즘 설계에 사용되는 기본 원칙을 이해하는 데 도움이 되는 비교적 간단한 암호부터 살펴보겠습니다.

14.1.4.1. 치환 암호 소개

치환 암호(substitution cipher)는 수백 년 동안 다양한 형태로 사용되어 왔습니다. 이름에서 알 수 있듯이, 치환 암호는 평문에 있는 문자를 미리 정해진 체계적인 방식에 따라 다른 문자로 바꾸는 단순한 개념에 기반합니다.

이에 대한 구체적인 단계를 살펴봅시다.

1. 먼저, 각 문자를 치환 문자와 매핑(map)합니다.
2. 그런 다음, 평문의 각 문자를 치환 매핑을 사용해 다른 문자로 바꾸어 암호문으로 변환합니다.
3. 복호화할 때는 치환 매핑을 사용해 원래의 평문으로 되돌립니다.

다음은 치환 기반 암호문의 예시입니다.

- 카이사르 암호(Caesar cipher)[3]
- 로테이션 13(Rotation 13)

이들을 조금 더 자세히 살펴봅시다.

● 카이사르 암호

카이사르 암호는 치환 매핑에 기반합니다. 치환 매핑은 비밀로 유지되는 간단한 공식을 적용하여 문자열을 결정론적으로 변경하는 방식입니다. 카이사르 암호에서는 각 알파벳을 알파벳 순서상 오른쪽 세번째에 있는 문자로 바꾸는 치환 매핑을 사용합니다. 이 방식은 다음 다이어그램에 나타나 있습니다.

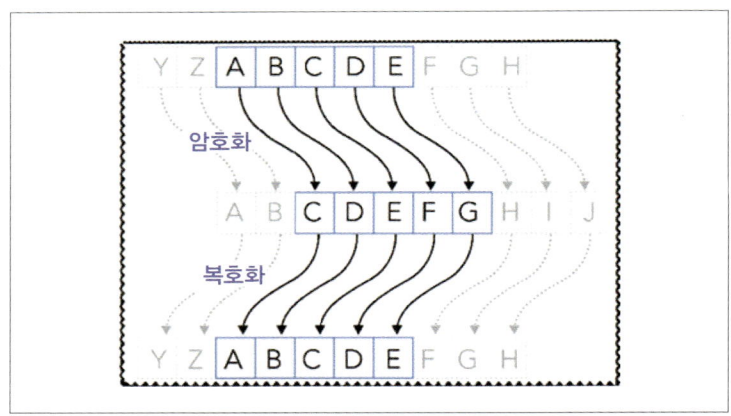

〈그림 14-1〉 카이사르 암호의 치환 매핑

---

3 역자 주 '시저 암호'라고도 합니다.

이제 파이썬으로 카이사르 암호를 구현하는 방식을 알아봅시다.

```
rotation = 3
P = 'CALM'; C=''
for letter in P:
    C = C+ (chr(ord(letter) + rotation))
```

평문 **CALM**에 카이사르 암호를 적용했습니다.

이제 암호화된 암호문을 출력해봅시다.

```
print(C)
```

FDOP

> **MEMO** 카이사르 암호는 율리우스 카이사르(쥴리어스 시저)가 그의 조언자들과 연락하기 위해 사용했습니다.

카이사르 암호는 단순한 암호이며 구현하기도 쉽습니다. 단점은, 해커가 알파벳의 모든 가능한 이동(총 26가지)을 하나씩 시도하여 의미 있는 메시지가 나오는지 확인할 수 있기 때문에, 해독하기 그리 어렵지 않다는 점입니다. 현재 컴퓨터의 처리 능력을 고려하면 26가지 조합은 매우 적은 수입니다. 따라서 카이사르 암호는 매우 민감한 데이터를 보호하는 데 사용해서는 안 됩니다.

● 로테이션 13 (ROT13)

ROT13은 카이사르 암호의 한 형태로, 각 문자를 오른쪽으로 13번째 떨어진 문자로 치환하여 매핑을 생성합니다. 아래 그림은 이를 보여줍니다.

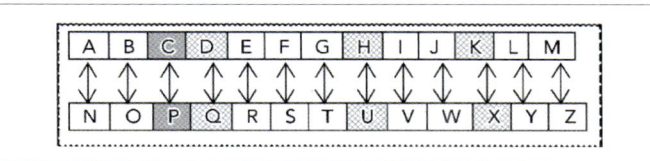

〈그림 14-2〉 ROT13의 작동 방식

이는 ROT13을 구현하는 함수를 `ROT13()`이라고 할 때, 다음과 같습니다.

```
rotation = 13
P = 'CALM'; C=''
for letter in P:
    C = C+ (chr(ord(letter) + rotation))
```

이제 암호화된 *C*값을 출력해봅시다.

```
print(C)
```

```
PNYZ
```

ROT13은 실제로 데이터 기밀성을 달성하기 위해 사용되지는 않습니다. 대신 텍스트를 가리는 용도로 쓰이는데, 예를 들어 잠재적으로 불쾌감을 줄 수 있는 텍스트를 숨기거나 퍼즐의 답을 바로 드러내지 않는 목적 등에서 활용될 수 있습니다.

14.1.4.2. 치환 암호 해독

치환 암호는 구현과 이해가 간단합니다. 하지만 안타깝게도 쉽게 해독될 수 있습니다. 치환 암호에 대한 간단한 암호 분석에 따르면, 영어 알파벳을 사용하는 경우 암호를 해독하기 위해 알아야 할 것은 얼마나 회전(이동)시켰는가 뿐입니다. 알파벳을 하나씩 시도해 보면 결국 원래의 평문을 복원할 수 있습니다. 이는 대략 25번 정도 시도하면 평문을 재구성할 수 있다는 뜻입니다.

이제 또 다른 간단한 암호인 전치 암호(transposition cipher)에 대해 살펴봅시다.

14.1.4.3. 전치 암호 이해하기

전치 암호에서는 평문의 문자를 전치(transposition)하여 암호화합니다. 전치는 문자의 위치를 결정론적인 방식으로 뒤섞는 암호화 방법입니다. 전치 암호는 문자를 행렬의 행(row)에 따라 채운 후, 열(column) 방향으로 읽어 출력합니다. 예제를 통해 살펴보겠습니다.

예를 들어, 평문 *P*를 "Ottawa Rocks"라고 해봅시다.

먼저 P를 암호화합시다. 이를 위해 3×4 행렬을 사용하고, 평문을 가로 방향으로 채워 넣습니다.

O	t	t	a
w	a	R	o
c	k	s	

〈표 14-1〉 행렬에서 가로 방향으로 작성한 평문

읽기 과정에서는 문자열을 세로 방향으로 읽으며, 이로써 암호문(OwctaktRsao)이 생성됩니다. 이때 사용된 키는 열을 읽는 순서인 {1,2,3,4}입니다. 만약 다른 키, 예를 들어 {2,4,3,1}을 사용해 암호화한다면, 암호문은 다르게 생성되며 이 경우에는 'takaotRsOwc'가 됩니다.

독일에서는 1차 세계 대전에서 ADFGVX라는 암호를 사용했는데, 이는 전치 및 치환 암호를 모두 사용한 것입니다. 하지만 이것을 프랑스의 조르주 팽뱅(George Painvin)이 해독했습니다.

이처럼 몇 가지 암호 방식들이 있습니다. 일반적으로 암호는 평문을 암호화하기 위해 키를 사용합니다. 이제 현재 사용되고 있는 몇 가지 암호 기술들을 살펴보겠습니다. 암호화는 다음 절에서 설명할 암호화와 복호화 과정을 통해 메시지를 보호합니다.

14.2 암호화 기법의 종류 이해하기

여러 암호 기법은 각기 다른 알고리즘을 사용하며, 상황에 맞게 다양하게 활용됩니다. 비즈니스 요구사항과 데이터 종류에 따라 보안 요건이 달라지므로, 아키텍처를 제대로 설계하기 위해서는 올바른 암호 기법을 선택해야 합니다.

암호화 기법은 크게 다음 세 가지 유형으로 나눌 수 있습니다.

- 해싱(Hashing)
- 대칭(Symmetric)
- 비대칭(Asymmetric)

이들을 하나씩 살펴봅시다.

14.2.1. 암호화 해시 함수 사용하기

암호화 해시 함수는 메시지의 고유한 지문(fingerprint)을 생성하는 데 사용할 수 있는 수학적 알고리즘입니다. 이 함수는 평문으로부터 해시(hash)라고 하는 출력을 생성합니다. 출력의 크기는 일반적으로 고정되어 있지만, 일부 특수한 알고리즘에서는 달라질 수 있습니다.

이는 다음과 같은 수식으로 나타낼 수 있습니다.

$$C_1 = hashFunction(P_1)$$

- P_1은 입력 데이터를 나타내는 평문입니다.
- C_1은 암호화 해시 함수로 생성된 고정 길이 해시(fixed-length hash)입니다.

다음 그림에 나타난 대로, 가변 길이 데이터는 단방향 해시 함수(one-way hash function)를 통해 고정 길이 해시로 변환됩니다.

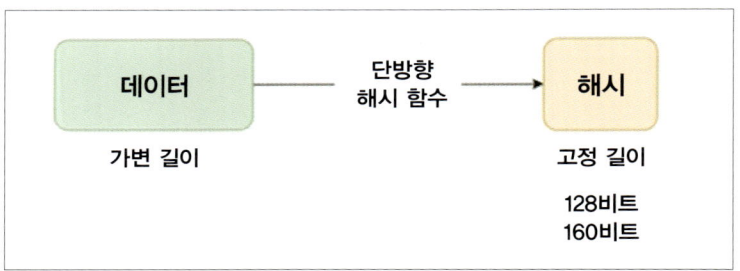

〈그림 14-3〉 단방향 해시 함수

해시 함수는 임의의 크기를 가진 데이터를 고정된 크기의 바이트 문자열로 변환하는 수학적 알고리즘입니다. 이는 데이터의 무결성과 진위성을 보장하는 데 중요한 역할을 합니다. 다음은 암호화 해시 함수의 핵심 특성입니다.

- **결정론적**(deterministic): 해시 함수는 결정론적입니다. 즉, 동일한 입력(평문)은 항상 동일한 출력(해시)을 생성한다는 의미입니다. 같은 데이터를 몇 번 해시하더라도 결과는 같습니다.
- **고유성**(uniqueness): 이상적으로는 서로 다른 입력값에 대해 서로 다른 고유한 해시값이 출력되어야 합니다. 두 입력 값에 대한 해시가 동일하다면 이는 해시 충돌(collision)이라 합니다. 성능이 좋은 해시 함수는 충돌 가능성을 최소화하도록 설계됩니다.

- **고정 길이(fixed length)**: 해시 함수의 출력값은 입력 데이터 크기와 무관하게 고정된 길이를 갖습니다. 문자 하나든 장편 소설이든 해시 결과는 크기가 같습니다. 이때 크기는 사용한 해시 알고리즘에 따라 다릅니다. (예: MD5는 128비트, SHA-256은 256비트)
- **입력 변화에 민감함**: 평문이 아주 조금만 바뀌어도 생성되는 해시값은 예측할 수 없는 형태로 크게 달라집니다. 이 특성은 원래의 입력을 유추하거나 동일한 해시 값을 생성하는 다른 입력을 찾는 것을 사실상 불가능하게 만들어 해시 함수의 보안성을 높여줍니다. 예를 들어, 방대한 문서에서 단 하나의 글자만 바꿔도 해시 값은 원본과 완전히 다른 형태로 나타납니다.
- **단방향 함수(one-way function)**: 해시 함수는 단방향으로 작동하므로 해시(C1)에서 원래의 평문(P1)을 역산하는 것은 불가능합니다. 이 특성 덕분에, 설령 인가되지 않은 (unauthorized) 사람이 해시 값을 얻더라도 이를 통해 원본 데이터를 알아내는 것은 불가능합니다.

서로 다른 평문이 동일한 해시 값을 가질 경우를 해시 충돌이라고 합니다. 다시 말해, 해시 알고리즘이 서로 다른 두 입력에 대해 동일한 해시 값을 생성하는 경우를 의미합니다. 즉, 두 텍스트 P1과 P2가 있을 때, 해시 충돌이 발생하면 $hashFunction(P_1) = hashFunction(P_2)$가 된다는 뜻입니다. 해시 충돌은 보안 분야에서 잠재적인 취약점이 될 수 있으므로 그 가능성을 낮추는 것이 매우 중요합니다.

어떤 해시 알고리즘을 사용하든 충돌은 매우 드물게 발생합니다. 만약 충돌이 자주 발생한다면 해싱은 유용하지 않을 것입니다. 하나의 해시 충돌도 결코 허용될 수 없는 분야도 있습니다. 이러한 경우에는 충돌이 발생할 가능성이 훨씬 낮은, 더 복잡한 해시 알고리즘을 사용해야 합니다.

14.2.1.1. 암호화 해시 함수 구현하기

암호화 해시 함수는 다양한 알고리즘을 통해 구현할 수 있습니다. 그중 두 가지 알고리즘을 자세히 살펴보겠습니다.

- MD5
- 보안 해시 알고리즘(SHA, Secure Hashing Algorithm)

● MD5와 그 취약점 이해하기(MD5-tolerated)

MD5는 1994년 포울-헤닝 캄프(Poul-Henning Kamp)에 의해 MD4를 대체할 목적으로 개발되었습니다.[4] 이 알고리즘은 128비트 해시를 생성합니다. 즉, 결과 해시 값이 128개의 이진 숫자(비트)로 구성된다는 뜻입니다.

128비트 해시는 16바이트, 즉 크기가 고정된 32자리의 16진수 문자열로 표현됩니다. 이러한 고정 길이는 원본 데이터 크기에 상관없이 항상 128비트 길이의 해시가 생성되도록 보장합니다. 고정 길이를 출력하는 목적은 원본 데이터의 **지문(fingerprint)** 또는 **다이제스트(digest)**[5]를 생성하는 데 있습니다.

MD5는 비교적 단순한 알고리즘이라 충돌에 취약하다는 점에 주의해야 합니다. 따라서 충돌을 절대 허용할 수 없는 분야에서는 MD5를 사용하면 안 됩니다. 그러나 인터넷에서 다운로드한 파일이 전송 과정에서 손상되었는지 확인하는 것처럼, 단순히 무결성을 검증하는 용도에서는 사용할 수 있습니다.

그럼 이제 예시를 살펴봅시다. MD5 해시를 파이썬으로 생성하려면 `hashlib` 모듈을 사용해야 합니다. 이 모듈은 파이썬 표준 라이브러리(Python Standard Library)에 있으며, 다양한 암호화 해시 알고리즘을 제공합니다.

```
import hashlib
```

다음으로 generate_md5_hash()라는 유틸리티 함수를 정의합시다. 이 함수는 input_string을 매개변수로 받습니다. 이 문자열은 함수에 의해 다음과 같이 해시됩니다.

---

[4] 역자 주 MD5는 로널드 리베스트(Ronald Rivest)가 1991년에 설계했습니다. 포울-헤닝 캄프는 MD5를 활용하여 암호화 해시 기법을 개선하는 데 기여했습니다. 참고: https://en.wikipedia.org/wiki/MD5, https://en.wikipedia.org/wiki/Ron_Rivest, https://en.wikipedia.org/wiki/Poul-Henning_Kamp

[5] 역자 주 다이제스트(digest)는 '요약'이라는 뜻이 있습니다. '소화하다'라는 다른 뜻도 있는데, '보다 쉽게 이해하고 활용할 수 있도록 요약한 것'이라는 뉘앙스가 있습니다.

```python
def generate_md5_hash(input_string):
    # 새로운 md5 해시 객체 생성
    md5_hash = hashlib.md5()

    # 입력 문자열에서 바이트로 인코딩 및 해시 처리
    md5_hash.update(input_string.encode())
    # 16진수 해시 반환
    return md5_hash.hexdigest()
```

hashlib.md5()는 MD5 알고리즘을 사용하는 새로운 해시 객체를 생성합니다. **md5_hash.update(input_string.encode())**는 입력 문자열을 바이트로 변환하여 해시 객체를 업데이트합니다. 입력 문자열은 기본적으로 UTF-8 인코딩을 통해 바이트로 변환됩니다. 모든 데이터가 해시 객체에 업데이트된 후에는 **hexdigest()** 메서드를 호출하여 다이제스트를 16진수 문자열로 변환합니다. 이 값이 바로 입력 문자열을 MD5로 해시한 결과입니다.

여기서는 **generate_md5_hash()** 함수를 사용하여 문자열 **"Hello, World!"**의 MD5 해시를 얻고, 그 결과를 콘솔에 출력합니다.

```python
def verify_md5_hash(input_string, correct_hash):
    # input_string에 대해 md5 해시 생성
    computed_hash = generate_md5_hash(input_string)

    # 제공받은 해시와 계산한 해시 비교
    return computed_hash == correct_hash

# 테스트
input_string = "Hello, World!"
hash_value = generate_md5_hash(input_string)
print(f"Generated hash: {hash_value}")

correct_hash = hash_value
print(verify_md5_hash(input_string, correct_hash))  # 여기서 True가 반환되어야 합니다
```

`verify_md5_hash` 함수는 입력 문자열과 이미 알려진 올바른 MD5 해시를 받습니다. `generate_md5_hash` 함수를 사용하여 입력 문자열의 MD5 해시를 생성한 다음, 이를 알려진 올바른 해시와 비교합니다.

```
Generated hash: 65a8e27d8879283831b664bd8b7f0ad4
True
```

● MD5를 사용해야 하는 경우

MD5의 취약점은 1990년대 후반에 발견되었습니다. 여러 문제점에도 불구하고 여전히 MD5는 널리 사용되고 있습니다. MD5는 데이터의 무결성 검증에 적합합니다. 다만 MD5 메시지 다이제스트는 서명된 해시(signed hash)가 아니므로 해시를 특정 소유자와 고유하게 연결하지는 못합니다. 즉, MD5는 파일이 해시 계산 이후 변경되지 않았음을 증명하는 데 사용되지만, 파일의 진위(출처)를 증명하는 용도로는 사용되지 않습니다.

이제 다른 해시 알고리즘인 SHA를 살펴보겠습니다.

● 보안 해시 알고리즘(SHA) 이해하기

SHA는 미국 국립표준기술연구소(NIST)에서 개발하였고 데이터의 무결성을 검증하는 데 널리 사용됩니다. 다양한 버전 중 SHA-512가 널리 사용되는 해시 함수이며, 파이썬의 `hashlib` 라이브러리에 포함되어 있습니다. 이제 파이썬을 사용하여 SHA 알고리즘으로 해시를 생성하는 방법을 살펴보겠습니다.

먼저 `hashlib` 라이브러리를 임포트합니다.

```python
import hashlib
```

그런 다음 솔트(salt)와 메시지를 정의합시다. 솔트란 해시하기 전 비밀번호에 임의의 문자를 추가하는 방식입니다. 이는 해시 충돌을 발생하기 어렵게 만들어 보안을 강화합니다.

```python
salt = "qIo0foX5"
password = "myPassword"
```

다음으로 솔트를 비밀번호와 합칩니다.

```
salted_password = salt + password
```

이어서 sha512 함수를 사용하여 솔트가 적용된 비밀번호의 해시를 생성합니다.

```
sha512_hash = hashlib.sha512()
sha512_hash.update(salted_password.encode())
myHash = sha512_hash.hexdigest()
```

myHash를 출력해봅시다.

```
myHash
```

2e367911b87b12f73b135b1a4af9fac193a8064d3c0a52e34b3a52a5422beed2b6276eabf95abe728f91ba61e
f93175e5bac9a643b54967363ffab0b35133563

SHA 알고리즘을 사용하여 생성된 해시는 512비트입니다. 이 크기는 임의로 정해진 것이 아니라 알고리즘 보안의 핵심 요소입니다. 해시 크기가 클수록 가능한 조합 수가 많아지므로, 서로 다른 두 입력에 대해 동일한 해시 값이 생성되는 '충돌(collision)'이 발생할 가능성이 줄어듭니다. 충돌은 해싱 알고리즘의 신뢰성을 저해하는데, SHA-512의 512비트 출력은 이러한 위험을 크게 낮춥니다.

14.2.1.2. 암호화 해시 함수 적용하기

해시 함수는 파일을 복사한 후 해당 사본의 무결성을 검사하는 데 사용합니다. 예를 들어 웹 서버에서 파일을 다운로드하는 경우, 즉 파일을 출발지에서 목적지로 복제하는 경우, 파일과 함께 원본의 해시값도 복제됩니다. 원본 해시 *horiginal*은 원본 파일의 지문 같은 역할을 합니다. 복사된 파일에서 다시 생성한 해시 값은 *hcopied*입니다. *horiginal* = *hcopied*라면, 즉 사본에서 생성된 해시가 원래의 해시와 일치한다면 사본 파일은 변경되지 않았고 다운로드 과정에서 데이터가 손실되지 않았음이 검증됩니다. 이러한 무결성 검증을 위한 해시를 만들기 위해서는 MD5나 SHA 같은 암호화 해시 함수를 사용할 수 있습니다.

14.2.1.3. MD5와 SHA 중 선택하기

MD5와 SHA는 모두 해시 알고리즘입니다. MD5는 간편하고 빠르지만 보안성은 상대적으로 낮습니다. SHA는 MD5에 비해 복잡하지만 보안 수준이 더 높습니다.

이제 대칭 암호화에 대해 알아봅시다.

14.2.2. 대칭 암호화 사용하기

암호학에서 키란, 선택한 알고리즘으로 평문을 암호화하는 데 사용되는 숫자 조합을 의미합니다. 대칭 암호화에서는 암호화와 복호화에 동일한 키를 사용합니다. 대칭 암호화에 사용되는 키가 K라면, 다음과 같은 식이 성립합니다.

$$E_k(P) = C$$

여기서 P는 평문이고, C는 암호문입니다.

복호화 시에는 동일한 키 K를 사용하여 P로 되돌립니다.

$$D_k(C) = P$$

이 과정은 다음 그림에 나타나 있습니다.

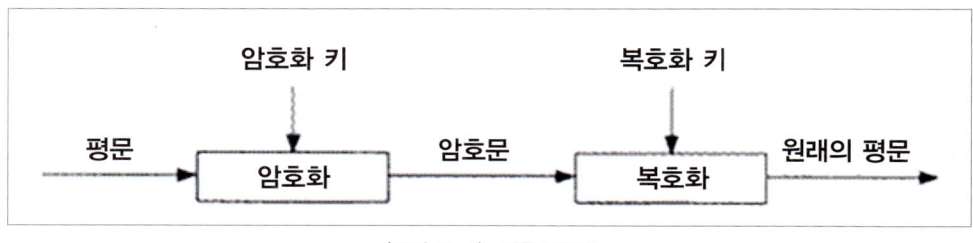

〈그림 14-4〉 대칭 암호화

이제 파이썬으로 대칭 암호화를 사용하는 방법을 살펴봅시다.

14.2.2.1. 대칭 암호화 코드 작성하기

파이썬에 내장된 `hashlib` 라이브러리를 사용하여 해시 함수의 사용법을 알아보겠습니다. `hashlib`은 파이썬 설치 시 기본으로 포함되어 있으며 다양한 해시 알고리즘을 제공합니다. 먼저, `hashlib` 라이브러리를 가져옵니다.

```python
import hashlib
```

해시를 생성하기 위해 SHA-256 알고리즘을 사용하겠습니다. MD5, SHA-1 등의 다른 알고리즘도 사용할 수 있습니다.

```python
sha256_hash = hashlib.sha256()
```

메시지 "Ottawa is really cold"에 대한 해시를 만듭시다.

```python
message = "Ottawa is really cold".encode()
sha256_hash.update(message)
```

해시의 16진수 표현은 다음과 같이 출력할 수 있습니다.

```python
print(sha256_hash.hexdigest())
```

```
b6ee63a201c4505f1f50ff92b7fe9d9e881b57292c00a3244008b76d0e026161
```

이제 대칭 암호화의 장점에 대해 알아봅시다.

14.2.2.2. 대칭 암호화의 장점

다음은 대칭 암호화의 장점입니다.
- **간단함**: 암호화와 복호화를 더 간단하게 구현할 수 있습니다.
- **신속함**: 대칭 암호화는 비대칭 암호화보다 속도가 빠릅니다.

- **안전함**: 미국 정부가 지정한 고급 암호화 표준(AES)과 같은 대칭 키 암호화 시스템은 널리 사용되며, AES와 같은 보안 알고리즘을 사용하면 대칭 암호화는 비대칭 암호화만큼 안전합니다.

14.2.2.3. 대칭 암호화의 문제점

두 사용자 또는 프로세스가 대칭 암호화를 사용하여 통신하려면, 보안 채널을 통해 키를 교환해야 합니다. 이로 인해 다음과 같은 두 가지 풀어야 할 과제가 발생합니다.
- **키 보호**: 대칭 암호화 키를 어떻게 안전하게 보호할 것인가
- **키 분배**: 대칭 암호화 키를 출발지에서 목적지로 어떻게 전달할 것인가

이제 비대칭 암호화에 대해 살펴봅시다.

14.2.3. 비대칭 암호화

1970년대에 비대칭 암호화는 앞에서 설명한 대칭 암호화의 몇 가지 약점을 해결하기 위해 고안되었습니다.

비대칭 암호화의 첫 단계는 겉보기에는 완전히 달라 보이지만 알고리즘상 서로 연관된 두 개의 키를 생성하는 것입니다. 이 중 하나는 개인 키(K_{pr})로, 다른 하나는 공개 키(K_{pu})로 지정됩니다. 어느 쪽을 공개 키나 개인 키로 사용할지는 임의로 정할 수 있습니다. 수학적으로는 다음과 같이 표현할 수 있습니다.

$$E_{Kpu}(P) = C$$

여기서 P는 평문이고, C는 암호문입니다.

이는 다음과 같이 복호화할 수 있습니다.

$$D_{Kpr}(C) = P$$

공개 키는 자유롭게 배포될 수 있어야 하며, 개인 키는 키 쌍의 소유자가 비밀로 유지해야 합니다. 예를 들어, AWS에서는 키 쌍을 사용해 가상 인스턴스에 대한 연결을 보호하고 암호화된 리소스를 관리합니다. 공개 키는 다른 사람이 데이터를 암호화하거나 서명을 확인하는 데 사용하

고, 개인 키는 소유자가 데이터나 서명된 디지털 콘텐츠를 복호화하는 데 사용합니다.

개인 키를 비밀로 유지하고 공개 키는 누구나 접근 가능하도록 한다는 원칙을 지킴으로써 AWS 사용자들은 자신의 클라우드 환경에서 보안된 통신과 데이터 무결성을 보장할 수 있습니다. 공개 키와 개인 키의 분리는 AWS와 다른 클라우드 서비스에서 보안 메커니즘의 토대가 되었습니다.

기본 원칙은 한 쌍의 키 중 하나로 암호화했다면, 복호화할 때는 다른 키를 사용해야 한다는 것입니다. 공개 키로 데이터를 암호화했다면 복호화는 개인 키로 해야 합니다.

이제 비대칭 암호화의 핵심 프로토콜 중 하나인 **SSL(Secure Sockets Layer)/TLS(Transport Layer Security)** 핸드셰이크를 살펴보겠습니다. 이 프로토콜은 비대칭 암호화를 사용하여 두 노드 간의 연결을 설정하는 역할을 합니다.

14.2.3.1. SSL/TLS 핸드셰이킹 알고리즘

SSL은 원래 HTTP에 보안을 추가하기 위해 개발되었습니다. 시간이 지나면서 SSL은 더 효율적이고 안전한 프로토콜인 TLS로 대체되었습니다. TLS 핸드셰이크는 HTTP가 안전한 통신 세션을 생성하는 기반이 됩니다. TLS 핸드셰이크는 통신에 참여하는 두 개체, 즉 클라이언트와 서버 간에 이루어집니다. 이 과정은 다음 다이어그램에 나타나 있습니다.

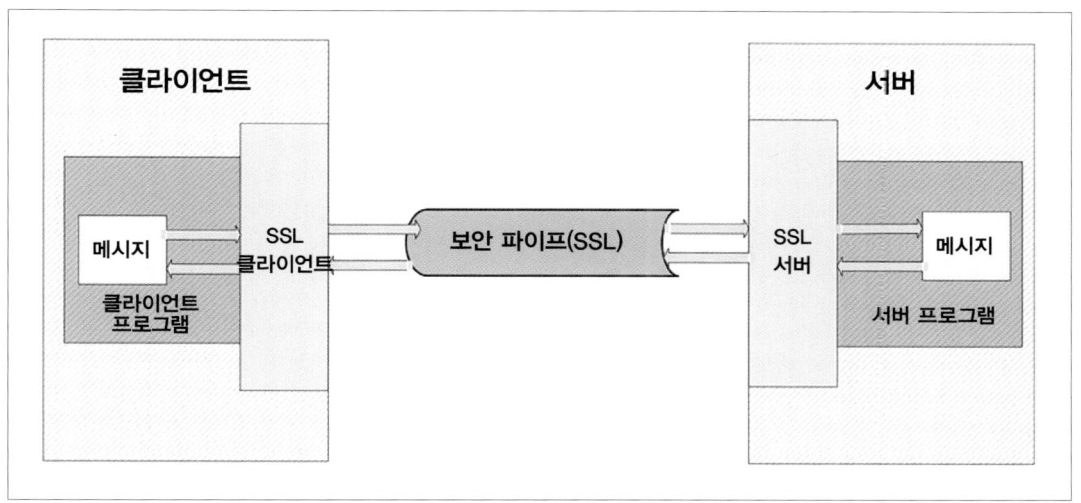

〈그림 14-5〉 클라이언트와 서버 간 보안 세션

TLS 핸드셰이크는 참여 중인 노드 간 보안 연결을 설정합니다. 이 과정에는 다음과 같은 단계가 포함됩니다.

1. 클라이언트가 **"client hello"** 메시지를 서버로 전송합니다. 이 메시지는 다음 내용을 포함합니다.

- 사용 중인 TLS 버전
- 클라이언트가 지원하는 암호 모음(cipher suite) 목록
- 압축 알고리즘
- 임의의 바이트 문자열(byte_client)

2. 서버는 클라이언트에게 **"server hello"** 메시지를 보냅니다. 이 메시지는 다음 내용을 포함합니다.

- 클라이언트가 제공한 목록 가운데 서버가 선택한 암호 모음
- 세션 ID
- 임의의 바이트 문자열(byte_server)
- 서버의 공개 키를 포함하는 서버의 디지털 인증서(cert_server)
- 서버가 클라이언트 인증(authentication)을 위해 디지털 인증서 또는 클라이언트의 인증서를 요구하는 경우, 클라이언트-서버 요청에는 다음 사항도 포함됩니다.
  - 허용되는 인증 기관(CA, Certification Authority)의 고유 이름
  - 지원하는 인증서 종류
- 클라이언트가 서버의 인증서 cert_server를 확인합니다.
- 클라이언트는 새로운 임의의 바이트 문자열(byte_client2)을 생성하고, cert_server에 포함된 서버의 공개 키로 이를 암호화합니다.
- 클라이언트는 자신을 인증하기 위한 임의의 바이트 문자열을 하나 더 생성하며, 이를 자신의 개인 키로 서명하여 암호화합니다.
- 서버가 클라이언트 인증서를 확인합니다.
- 클라이언트는 비밀 키로 암호화된 **"finished"** 메시지를 서버에 보냅니다.
- 이에 대한 응답으로, 서버도 비밀 키로 암호화된 **"finished"** 메시지를 클라이언트에 보냅니다.
- 서버와 클라이언트는 이제 보안 채널을 설정하였으며, 공유된 비밀 키로 대칭 암호화된 메시지를 주고받을 수 있습니다.

이러한 절차는 다음과 같이 표현됩니다.

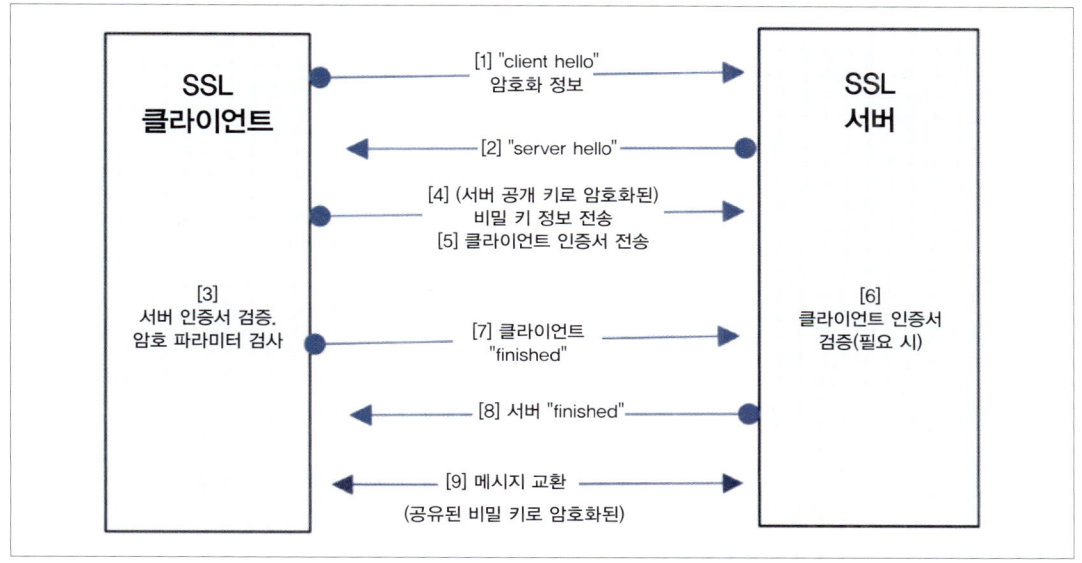

〈그림 14-6〉 클라이언트와 서버 간 보안 세션

이제 비대칭 암호화를 사용하여 **공개 키 기반 구조(PKI, Public Key Infrastructure)**를 어떻게 구축할 수 있는지 살펴보겠습니다. PKI는 조직의 하나 이상의 보안 목표를 달성하기 위해 만들어집니다.

14.2.3.2. 공개 키 기반 구조

비대칭 암호화는 PKI를 구현하는 데 사용합니다. PKI란, 조직에서 암호화 키를 관리하는 가장 대중적이고 신뢰할 수 있는 방식입니다. 모든 참여자는 **인증 기관(CA, Certification Authority)** 이라는 중앙 신뢰 기관을 신뢰합니다. CA는 개인 또는 조직의 신원을 확인한 다음, 개인이나 조직의 공개 키와 신원을 포함하는 디지털 인증서를 발급합니다. 이를 통해 공개 키가 해당 개인 또는 조직이 실제로 소유한 것인지 검증합니다.

이는 CA가 사용자에게 자신의 신원을 증명하도록 요청하는 방식입니다. 기본적인 유효성 검사 방식은 도메인 유효성 검사(domain validation)이며 단순히 도메인 이름의 소유권을 확인하는 절차일 수 있습니다. 필요 시 확장된 유효성 검사(extended validation)를 수행할 수 있는데, 사용자가 얻고자 하는 디지털 인증서의 종류에 따라 신원의 물리적 증거를 요구하는 보다 엄격한 과정이 포함됩니다. CA가 사용자의 신원을 충분히 확인했다고 판단되면, 사용자는 **보안 채널**을 통해 자신의 공개 암호화 키를 CA에 제공합니다.

CA는 이러한 정보를 사용하여 해당 사용자의 신원과 공개 키 정보를 담은 디지털 인증서를 생성합니다. 이 인증서에는 CA의 디지털 서명이 포함됩니다. 인증서는 공개된 문서로, 사용자는 자신의 신원을 확인하려는 상대방에게 이 인증서를 보여줄 수 있습니다. 인증서 자체에는 민감한 정보가 없기 때문에, 보안 채널을 통해 전달할 필요는 없습니다.

인증서를 받는 사람은 사용자의 신원을 직접 확인할 필요가 없습니다. 대신, 해당 인증서가 유효한지만 확인하면 됩니다. 즉, 인증서에 포함된 CA의 디지털 서명을 검증함으로써, 인증서에 포함된 공개 키가 실제로 인증서에 명시된 개인이나 조직에 속한 것임을 확인할 수 있습니다.

> **MEMO** 조직의 CA(인증 기관) 개인 키는 PKI 신뢰 체계에서 가장 약한 연결고리입니다. 예를 들어, 누군가가 마이크로소프트의 개인 키를 탈취한다면, Windows 업데이트를 가장해 전 세계 수백만 대의 컴퓨터에 악성 소프트웨어를 설치할 수 있습니다.

14.2.3.3. 블록체인과 암호화

최근 몇 년간 블록체인(blockchain)과 암호화폐(cryptocurrency)에 대한 많은 관심이 있었던 것은 분명합니다. 블록체인은 지금까지 발명된 기술 중 가장 안전한 기술 중 하나라고 여겨집니다. 블록체인에 대한 열기는 비트코인과 디지털 화폐에서 시작되었습니다. 디지털 화폐는 1980년에 처음 개발되었지만, 비트코인을 통해 대중화되었습니다. 비트코인의 부상은 분산 시스템이 보편화된 덕분이었습니다. 비트코인은 다음과 같은 두 가지 중요한 특징으로 인해 게임 체인저 (game-changer)[6]가 되었습니다

1. 설계상 탈중앙화되어 있다는 것입니다. 채굴자들의 네트워크와 블록체인이라 불리는 분산 알고리즘을 사용합니다.
2. 비트코인은 채굴자가 블록체인에 블록을 추가하기 위해 매우 복잡한 연산 문제를 풀도록 경쟁을 유도하고 내부 인센티브를 제공합니다. 경쟁에서 승리한 채굴자는 노력에 대한 보상으로 비트코인을 받을 수 있습니다.

6 　역자 주　게임 체인저란 혁신적인 아이디어로 기존 업계에 큰 변화를 야기한 사람, 기업, 사건 등을 뜻합니다.

블록체인은 원래 비트코인을 위해 개발되었지만, 이후 더 다양한 용도와 응용 분야로 확장되었습니다. 블록체인은 분산 원장 기술(DLT, Distributed Ledger Technology)을 사용하는 분산 합의 알고리즘(distributed consensus algorithm)에 기반하며, 그 특징은 다음과 같습니다.

- **탈중앙화(Decentralization)**: 블록체인은 분산형 아키텍처를 기반으로 하며, 중앙 기관은 존재하지 않습니다. 블록체인 시스템의 각 노드는 분산 원장 기술(DLT)의 무결성을 유지하는 데 참여하며, 모든 노드 간에는 합의가 이루어집니다. 이 분산 아키텍처에서는 거래(트랜잭션) 정보가 각 노드에 저장되어 P2P 네트워크를 형성합니다. 'P2P'는 'Peer to Peer'의 약자로, 네트워크 내의 각 노드(또는 'peer')가 중앙 서버나 중앙 관리 주체를 거치지 않고 서로 직접 통신한다는 의미입니다.
- **체인(Chain) 구조**: 블록체인의 모든 거래는 블록 목록에 누적됩니다. 여러 블록이 추가되면 체인 형태의 구조가 형성되며, '블록체인'이라는 이름은 여기서 유래했습니다.
- **불변성(Immutability)**: 데이터는 안전하게 복제되어 변경할 수 없는 블록에 저장됩니다.
- **신뢰성(Reliability)**: 각 거래에 대한 계보(lineage) 또는 이력(history)이 유지됩니다. 모든 거래는 암호화 기술을 사용하여 검증되고 기록됩니다.

블록체인 거래는 내부적으로 체인의 이전 블록 각각에서 생성된 암호화 해시를 사용합니다. 해시 함수는 임의의 데이터 조각(chunk)에 대해 단방향 지문(fingerprint)을 생성하는 데 사용됩니다. 머클 트리(Merkle tree) 또는 해시 트리는 서로 다른 참여 노드 간에 저장, 처리, 전송되는 데이터를 검증하는 데 사용됩니다. 이 과정에서 SHA-2 해시 알고리즘이 사용됩니다. 특정 거래를 예로 들면, 그에 대한 도표는 다음과 같이 나타낼 수 있습니다.

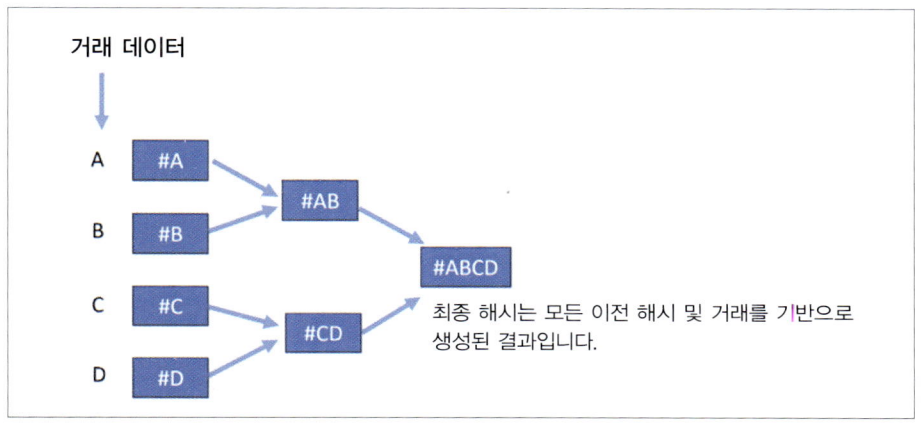

〈그림 14-7〉 블록체인의 머클 트리

그림 14-7은 블록체인의 작동 방식을 요약한 것입니다. 이 그림은 각 거래가 블록으로 변환되고, 다시 이 블록들이 체인으로 연결되는 과정을 보여줍니다. 그림 왼쪽에는 A, B, C, D 네 개의 거래가 나타나 있습니다.

이후 해시 함수를 적용하여 머클 루트를 생성합니다. 머클 루트(Merkle root)는 블록 헤더의 일부를 구성하는 자료구조로 볼 수 있습니다. 거래는 변경이 불가능하므로, 이전에 기록된 거래는 수정할 수 없습니다.

참고로 이전 블록 헤더의 해시값 또한 현재 블록에 일부가 되어, 거래 기록이 포함됩니다. 이로 인해 체인처럼 연결된 처리 구조가 형성되며, 바로 이것이 블록체인이라는 이름의 이유입니다. 블록체인의 모든 사용자는 암호화를 통해 인증 및 인가를 받기 때문에, 제3자의 인증이나 권한 부여가 필요하지 않습니다. 거래는 디지털 서명을 통해 보안이 유지됩니다.

거래 수신자는 공개 키를 가지고 있으며, 블록체인 기술은 거래 검증 과정에서 제3자의 개입 없이 암호학적 증거에 의존합니다. 각 거래는 디지털 서명을 사용해 보호되며, 각 사용자는 블록체인 시스템 내에서 자신의 디지털 신원을 나타내는 고유한 개인 키를 보유하고 있습니다.

14.3 예제: 머신러닝 모델을 배포할 때의 보안 문제

6장 비지도 머신러닝 알고리즘에서 데이터 마이닝에 대한 업계 간 표준 프로세스(CRISP-DM)의 생명 주기를 살펴봤습니다. CRISP-DM에서는 머신러닝 모델을 훈련하고 배포하는 여러 단계를 정의합니다. 모델의 훈련과 평가를 마치고 나면, 마지막 단계는 배포(deployment)입니다. 만약 중요한 머신러닝 모델이라면, 그 모델의 모든 보안 목표가 충족되었는지 반드시 확인해야 합니다.

이번에는 이러한 모델을 배포할 때 흔히 직면하게 되는 문제들과 이 장에서 다룬 개념들을 활용해 어떻게 그 문제들을 해결할 수 있는지 분석해보겠습니다. 특히 다음 세 가지 보안 위협으로부터 훈련된 모델을 보호하기 위한 전략을 살펴보겠습니다.

- 중간자 공격(Man-in-the-Middle attack, MITM)
- 신분 위장 공격(Masquerading)
- 데이터 변조(Data tampering)

14.3.1. 중간자 공격

우리가 모델을 보호하기 위해서 고려해야 할 공격 유형 중 하나는 중간자 공격(MITM attack)이 있습니다. 중간자 공격은 침입자가 비공개 통신을 도청하려 할 때 발생합니다.

예시를 통해 중간자 공격을 순서대로 이해해봅시다.

밥(Bob)과 앨리스(Alice)가 PKI를 사용하여 메시지를 교환한다고 가정해봅시다.

1. 밥은 $\{Pr_{Bob}, Pu_{Bob}\}$ 키 쌍을, 앨리스는 $\{Pr_{Alice}, Pu_{Alice}\}$ 키 쌍을 사용합니다. 밥은 메시지 M_{Bob}을, 앨리스는 메시지 M_{Alice}를 생성합니다. 이들은 서로 메시지를 안전하게 주고받기를 원합니다.
2. 보안 연결을 위해 우선 서로의 공개 키를 교환해야 합니다. 즉, 밥은 메시지 M_{Bob}을 앨리스에게 보내기 전에 앨리스의 공개 키 Pu_{Alice}를 사용해 암호화합니다.
3. 그런데 도청자 X가 등장합니다. X는 $\{Pr_X, Pu_X\}$ 키 쌍을 사용하며, 밥과 엘리스 간의 공개 키 교환 과정을 가로채 자신의 공개 키 Pu_X를 대신 전달합니다.
4. 밥은 메시지 M_{Bob}을 Pu_{Alice}가 아닌, Pu_X로 암호화하여 앨리스에게 보냅니다. 그는 Pu_X가 앨리스의 공개 키라고 착각한 것입니다. 도청자는 메시지 M_{Bob}을 가로채서 Pr_X로 이를 복호화합니다.

이러한 중간자 공격은 아래 다이어그램에 나타나 있습니다.

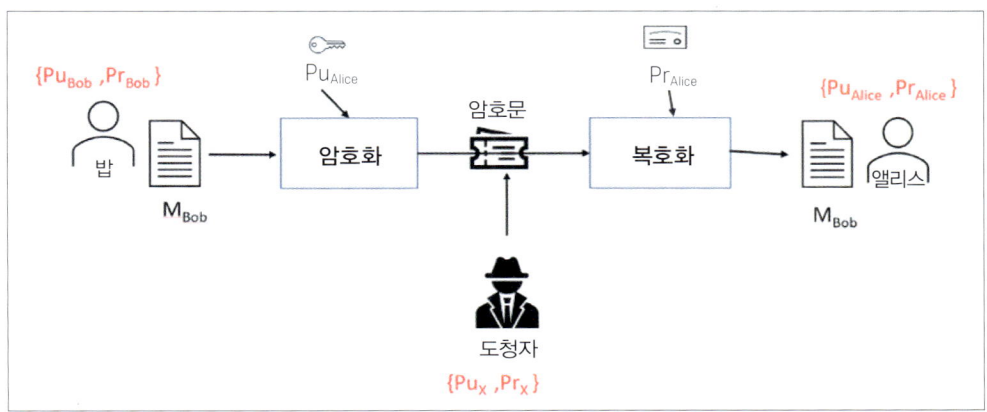

〈그림 14-8〉 중간자 공격

이제 중간자 공격을 막는 방법을 살펴봅시다.

14.3.1.1. 중간자 공격 방지법

중간자 공격을 방지하기 위해 조직에 인증 기관(CA)을 도입하는 방법을 살펴보겠습니다. 이 인증 기관의 이름을 myTrustCA라고 가정해 봅시다. 디지털 인증서에는 myTrustCA의 공개 키(PumyTrustCA)가 포함되어 있습니다.

myTrustCA는 조직 내 모든 사람들, 즉 앨리스와 밥을 포함한 모든 구성원의 인증서를 서명하는 역할을 합니다. 이는 곧 밥과 앨리스 모두 자신의 인증서에 myTrustCA의 서명이 있다는 뜻입니다. myTrustCA는 인증서에 서명하기 전에 해당 인물이 실제로 자신이 주장하는 사람인지 확인합니다.

이제 새로운 방식이 준비되었으니 밥과 앨리스의 통신을 다시 살펴봅시다.

1. 밥은 $\{Pr_{Bob}, Pu_{Bob}\}$을, 앨리스는 $\{Pr_{Alice}, Pu_{Alice}\}$를 사용합니다. 이들의 공개 키는 myTrustCA가 서명한 각자의 디지털 인증서에 포함되어 있습니다. 밥은 M_{Bob}이라는 메시지를, 엘리스는 M_{Alice}라는 메시지를 생성했습니다. 이들은 서로 메시지를 안전하게 주고받고자 합니다.
2. 이들은 각자의 디지털 인증서를 교환합니다. 이 인증서에는 공개 키가 포함되어 있으며, 서로 신뢰하는 CA가 서명한 인증서에 포함된 공개 키만을 받아들입니다. 이 과정에서 공개 키를 교환해야 안전한 연결이 수립됩니다. 즉, 밥은 앨리스에게 메시지를 보내기 전, Pu_{Alice}를 사용해 M_{Bob}을 암호화합니다.
3. 이제 도청자 X가 등장합니다. X는 $\{Pr_X, Pu_X\}$를 사용하며, 밥과 엘리스 간의 공개 키 교환을 가로채고 자신의 공개 인증서 Pu_X를 대신 전달합니다.
4. 그러나 밥은 이 인증서가 자신이 신뢰하는 CA의 서명을 포함하고 있지 않기 때문에 X의 시도를 거부합니다. 이에 따라 보안 핸드셰이크가 중단되고, 해당 공격 시도는 타임스탬프와 함께 로그에 기록되며 보안 예외가 발생합니다.

훈련된 머신러닝 모델을 배포하는 경우, 배포 서버가 바로 예시의 앨리스에 해당합니다. 밥은 보안 채널이 설정된 다음에만 모델을 배포합니다.

14.3.1.2. 신분 위장 공격 피하기

공격자 X는 인증된 사용자, 즉 밥인 척하여 민감 데이터(여기서는 훈련된 모델)에 접근합니다. 우리는 승인되지 않은(unauthorized) 변경으로부터 모델을 보호해야 합니다.

모델을 신분 위장 공격으로부터 보호하는 한 가지 방법은, 모델을 인증된 사용자의 공개 키로 암호화하는 것입니다. 암호화된 후에는 인증된 사용자의 디지털 인증서에 있는 개인 키로 모델을 복호화하여 읽고 사용할 수 있습니다. 따라서 아무도 모델을 무단으로 변경할 수 없습니다.

14.3.1.3. 데이터 및 모델 암호화

모델이 배포되면, 입력으로 들어오는 레이블이 없는 실시간 데이터가 변조될 수 있으며, 모델은 이 데이터를 바로 추론과 레이블 생성에 사용하기 때문에 데이터 변조가 결과에 직접 영향을 미칠 수 있습니다. 따라서 데이터 변조를 막으려면 저장된 데이터(data-at-rest)와 전송 중인 데이터(data-in-transit)를 모두 보호해야 합니다. 저장된 데이터를 보호하기 위해 대칭 암호화를 사용할 수 있습니다.

그리고 안전하게 데이터를 전송하기 위해 SSL/TLS 기반의 전송 채널로 보안 채널을 설정할 수 있습니다. 이러한 보안 채널을 통해 대칭 키를 전송할 수 있으며, 훈련된 모델에 데이터를 전달하기 전 서버에서 이 데이터를 복호화할 수 있습니다. 이는 데이터 변조를 방지하는 데 있어 가장 효율적이고 확실한 방법 중 하나입니다.

또한, 대칭 암호화는 훈련이 완료된 모델을 서버에 배포하기 전에 암호화하는 데에도 사용할 수 있습니다. 이를 통해 모델이 배포되기 전까지 무단 접근을 방지할 수 있습니다.

다음 단계를 통해, 훈련된 모델을 출발지에서 대칭 암호화한 뒤 목적지에서 복호화하는 방법을 살펴봅시다.

1. 먼저 아이리스(Iris) 데이터셋을 사용하여 간단한 모델을 훈련해 보겠습니다.

```python
import pickle
from joblib import dump, load
from sklearn.linear_model import LogisticRegression
from sklearn.model_selection import train_test_split
from sklearn.datasets import load_iris
from cryptography.fernet import Fernet
iris = load_iris()
X = iris.data
y = iris.target
X_train, X_test, y_train, y_test = train_test_split(X, y)
model = LogisticRegression(max_iter=1000) # 수렴을 위해 max_iter 증가시키기
model.fit(X_train, y_train)
```

2. 이제 모델을 저장할 파일명을 정의합시다.

   ```
   filename_source = "unencrypted_model.pkl"
   filename_destination = "decrypted_model.pkl"
   filename_sec = "encrypted_model.pkl"
   ```

3. `filename_source`는 출발지에서 암호화되지 않은 모델을 저장할 파일입니다. `filename_destination`은 목적지에서 복호화된 모델을 저장할 파일이며, `filename_sec`은 암호화된 모델의 파일명입니다.

4. `pickle`[7]을 사용하여 훈련된 모델을 파일에 저장하겠습니다.

   ```python
   from joblib import dump
   dump(model, filename_source)
   ```

5. `write_key()`라는 이름의 함수를 정의합시다. 이 함수는 대칭 키를 생성하여 **key.key** 파일에 저장합니다.

   ```python
   def write_key():
       key = Fernet.generate_key()
       with open("key.key", "wb") as key_file:
           key_file.write(key)
   ```

6. 이제 **key.key** 파일에 저장된 키를 읽어오는 `load_key()` 함수를 정의해 보겠습니다.

   ```python
   def load_key():
       return open("key.key", "rb").read()
   ```

7. 이어서 `encrypt` 함수를 정의합시다. 이 함수는 훈련된 모델을 암호화하고 `filename_sec`이라는 파일명으로 저장합니다.

   ```python
   def encrypt(filename, key):
       f = Fernet(key)
       with open(filename, "rb") as file:
           file_data = file.read()
   ```

---

7   역자 주 **pickle**은 파이썬에서 사용하는 자료형을 그대로 파일로 저장하고 불러올 수 있도록 해주는 라이브러리입니다.

```
        encrypted_data = f.encrypt(file_data)
    with open(filename_sec,"wb") as file:
        file.write(encrypted_data)
```

8. 정의한 함수를 사용해 대칭 키를 만들고 파일에 저장하겠습니다. 그리고 이 키를 불러와 **filename_sec** 파일에 훈련된 모델을 암호화하여 저장하겠습니다.

```
write_key()
key = load_key()
encrypt(filename_source, key)
```

이제 모델이 암호화되었습니다. 모델을 예측에 사용될 목적지로 전송하겠습니다.

1. 먼저, **key.key** 파일에 저장된 키를 사용하여 **filename_sec**에서 **filename_destination**으로 모델을 복호화할 수 있는 **decrypt()** 함수를 정의하겠습니다.

```
def decrypt(filename, key):
    f = Fernet(key)
    with open(filename, "rb") as file:
        encrypted_data = file.read()
    decrypted_data = f.decrypt(encrypted_data)
    with open(filename_destination, "wb") as file:
        file.write(decrypted_data)
```

2. 이제 이 함수로 모델을 복호화하고 **filename_destination** 파일에 복호화된 모델을 저장합니다.

```
decrypt(filename_sec, key)
```

3. 복호화된 파일에서 모델을 불러와서 예측에 사용해봅시다.

```
Loaded_model = load(filename_destination)
result = loaded_model.score(X_test, y_test)
print(result)
```

```
0.9473684210526315
```

참고로 모델을 암호화하기 위해 대칭 암호화를 사용했습니다. 필요 시 데이터를 암호화할 때도 같은 방식을 사용할 수 있습니다.

요약

이번 장에서는 암호화 알고리즘에 대해 학습했습니다. 먼저 보안 문제의 목표를 파악하는 것부터 시작하여 다양한 암호화 기법을 살펴보았으며, PKI(공개 키 기반 구조)의 세부 사항도 알아보았습니다. 마지막으로, 훈련된 머신러닝 모델을 공격으로부터 보호하는 여러 방법도 살펴보았습니다. 이제 현대 IT 인프라를 보호하는 보안 알고리즘의 기초를 이해할 수 있습니다.

다음 장에서는 대규모 알고리즘 설계를 다룹니다. 대규모 알고리즘을 설계하고 선택할 때의 과제와 트레이드오프를 살펴보고, 복잡한 문제를 해결하기 위해 GPU와 클러스터를 활용하는 방법도 알아보겠습니다.

15장 대규모 알고리즘

대규모 알고리즘은 크고 복잡한 문제를 해결하기 위해 특별히 설계되었습니다. 이 알고리즘은 방대한 데이터와 높은 수준의 처리량을 요구하여 여러 실행 엔진이 필요하다는 점에서 다른 알고리즘과 구별됩니다. 대표적인 예로는 ChatGPT와 같은 대규모 언어 모델(LLM)이 있으며, 이러한 모델은 딥러닝에 수반되는 막대한 연산량을 처리하기 위해 분산 학습이 필요합니다. 이처럼 자원 소모가 큰 복잡한 알고리즘은 모델 훈련 과정에서 강력한 병렬 처리 기술이 필요합니다.

이 장에서는 먼저 대규모 알고리즘의 개념을 소개하고, 이에 필요한 효율적인 인프라에 대해 설명합니다. 이어서 멀티 리소스 처리(multi resource processing)를 관리하는 다양한 방법도 함께 알아봅니다. 또한 암달의 법칙(Amdahl's law)을 통해 병렬 처리의 한계를 짚어 보고, 그래픽 처리 장치(GPU, Graphics Processing Unit)의 활용 방안도 살펴봅니다. 이 장을 마치면 대규모 알고리즘 설계의 핵심 전략을 익히는 데 필요한 탄탄한 기초를 갖추게 될 것입니다.

이 장에서 다루는 주제는 다음과 같습니다.

- 대규모 알고리즘 개론
- 대규모 알고리즘을 위한 효율적인 인프라
- 멀티 리소스 처리 방식
- 클러스터 및 클라우드 환경을 활용한 대규모 알고리즘 실행

먼저 대규모 알고리즘부터 소개하겠습니다.

15.1 대규모 알고리즘 개론

인류는 오랜 역사 속에서 메뚜기 떼의 이동 경로 예측부터 가장 큰 소수를 찾는 일에 이르기까지 다양한 복잡한 문제에 도전해 왔습니다. 이러한 호기심과 집념은 문제 해결 방법의 지속적인 혁신으로 이어졌으며, 컴퓨터의 발명은 그 여정에서 결정적인 전환점이 되었습니다. 컴퓨터의 복잡한 알고리즘과 계산을 수행할 수 있는 능력 덕분에 오늘날에는 방대한 데이터셋을 처리하고 복잡한 연산을 실행하며 다양한 시나리오를 빠르고 정확하게 시뮬레이션할 수 있게 되었습니다.

하지만 우리가 마주하는 문제들이 점점 더 복잡해짐에 따라, 단일 컴퓨터의 자원만으로는 감당하기 어려운 경우가 많아졌습니다. 바로 이 지점에서 대규모 알고리즘이 등장합니다. 대규모 알고

리즘은 여러 대의 컴퓨터가 협력하여 작업을 수행할 수 있도록 설계되어 있습니다. 대규모 알고리즘 설계는 컴퓨터 과학 내에서 매우 활발하고 광범위한 분야로, 여러 컴퓨터의 연산 자원을 효율적으로 활용하는 알고리즘을 설계하고 분석하는 데 중점을 둡니다.

대규모 알고리즘은 크게 두 가지 컴퓨팅(computing) 방식으로 나뉩니다. 바로 분산 컴퓨팅과 병렬 컴퓨팅입니다. 분산 컴퓨팅은 하나의 작업을 여러 컴퓨터에 나누어 처리하는 방식으로, 각 컴퓨터는 전체 작업의 일부분을 맡아 처리한 뒤 결과를 합쳐서 최종 결과를 도출합니다. 자동차 조립에 비유하자면, 각각의 작업자가 서로 다른 부품을 담당하여 완성된 차를 만드는 것과 비슷합니다. 반면 병렬 컴퓨팅은 여러 프로세서가 동시에 서로 다른 작업을 처리하는 방식으로, 마치 조립 라인에서 각 작업자가 동시에 서로 다른 작업을 수행하는 것과 유사합니다.

OpenAI의 GPT-5와 같은 LLM은 이러한 대규모 알고리즘의 대표적인 사례입니다. LLM은 대규모 데이터를 처리해 언어 내의 패턴을 파악하여, 인간과 유사한 방식으로 텍스트를 이해하고 생성하도록 설계된 모델입니다. 하지만 이 모델을 훈련하는 과정은 매우 방대한 작업입니다. 수십억, 심지어 수조 개에 이르는 데이터 단위(토큰)를 다뤄야 하며, 데이터 전처리처럼 순차적으로 진행해야 하는 작업뿐 아니라 모델의 여러 계층에서 동시에 계산을 수행하는 작업도 포함되기 때문입니다.

이처럼 대규모 모델 훈련은 결코 간단한 작업이 아닙니다. 따라서 일반적으로 LLM 훈련에는 여러 대의 컴퓨터를 동시에 사용하는 **분산 시스템**(distributed system)이 활용됩니다. 이 시스템에서는 여러 개의 GPU를 사용하며, GPU는 이미지 생성이나 데이터 처리 같은 고부하 작업을 담당하는 장치입니다. 실제로 LLM은 여러 대의 컴퓨터가 협력하여 하나의 모델을 훈련하는 방식으로 학습됩니다.

이러한 배경을 바탕으로 현대의 클라우드 컴퓨팅, 클러스터, GPU/TPU와 같은 컴퓨팅 인프라의 잠재력을 최대한 활용할 수 있도록 설계된 대규모 알고리즘의 특징에 대해 먼저 살펴보겠습니다.

15.2 대규모 알고리즘을 위한 고성능 인프라 특징

대규모 알고리즘을 효율적으로 실행하려면 컴퓨팅 자원을 추가하여 워크로드(workload)를 분산시킬 수 있도록 설계된 고성능 시스템이 필요합니다. 분산 시스템에서 확장성을 확보하는 핵심 기법 중 하나는 수평 확장(horizontal scaling)으로, 여러 자원에 작업을 분배하여 시스템의 처리 용량을 확장할 수 있게 합니다.

이러한 자원에는 일반적으로 하드웨어뿐만 아니라 소프트웨어 요소도 포함됩니다. 확장 가능한 시스템이 컴퓨팅 요구를 효과적으로 처리하려면, 다음 절에서 설명할 탄력성(elasticity)과 부하 분산(load balancing) 기능을 갖춰야 합니다.

15.2.1. 탄력성

탄력성이란, 인프라가 변화하는 요구에 따라 자원을 동적으로 확장하거나 축소할 수 있는 능력을 의미합니다. 이 기능을 구현하는 대표적인 방법 중 하나는 오토스케일링(autoscaling)으로, 이는 아마존 웹 서비스(AWS)와 같은 클라우드 컴퓨팅 플랫폼에서 널리 활용되고 있습니다.

클라우드 컴퓨팅에서 서버 그룹이란 특정 워크로드를 처리하도록 함께 조율된(orchestrated) 가상 서버 또는 인스턴스의 집합입니다. 이러한 서버 그룹은 클러스터로 구성되어 높은 가용성(availability), 결함 내성(fault tolerance), 부하 분산(load balancing)을 제공할 수 있습니다. 각 서버는 해당 작업에 최적화된 CPU, 메모리, 저장 공간 등의 자원을 개별적으로 설정할 수 있습니다.

오토스케일링은 서버 그룹 내에서 작동하는 노드(가상 서버)의 수를 조절하여 변화하는 수요에 유연하게 대응할 수 있게 합니다. 수요가 증가하면 자원을 추가하는 스케일 아웃(scaling out)이, 반대로 수요가 감소하면 자원을 회수하는 스케일 인(scaling in)이 수행됩니다. 이러한 동적 조정은 자원을 효율적으로 활용해 성능과 비용 효율성 사이에서 최적의 균형을 이루도록 돕습니다.

AWS는 EC2(Elastic Compute Cloud), ELB(Elastic Load Balancing) 등 다양한 서비스와 통합하여 서버 인스턴스 수를 자동으로 조절하는 오토스케일링 서비스를 제공합니다. 이를 통해 높은 트래픽이나 장애 상황에서도 시스템이 안정적인 성능을 유지하고 자원을 최적으로 할당할 수 있게 합니다.

15.2.2. 잘 설계된 대규모 알고리즘의 특징

잘 설계된 대규모 알고리즘은 방대한 양의 데이터를 처리할 수 있으며, 변화하는 환경에 적응하고 회복력을 갖추어 효율적으로 작동하도록 설계되었습니다.

잘 설계된 대규모 알고리즘은 다음과 같은 두 가지 특징이 있습니다.

- **병렬성(Parallelism)**: 알고리즘이 여러 작업을 동시에 수행할 수 있는 능력입니다. 대규모 계산 작업에서는 여러 컴퓨터에 작업을 분산 처리하여 계산 속도를 크게 높일 수 있습니다.

즉, 대규모 컴퓨팅 환경에서는 알고리즘이 여러 컴퓨터에 작업을 나누어 동시에 처리함으로써 연산을 가속화할 수 있어야 합니다.

- **결함 내성(Fault tolerance)**: 대규모 환경은 구성 요소가 많기 때문에 시스템 장애의 위험도 그만큼 높아집니다. 따라서 알고리즘은 이러한 장애를 견딜 수 있도록 설계되어야 하며, 장애가 발생하더라도 데이터 손실이나 출력 오류 없이 복구할 수 있어야 합니다.

클라우드 컴퓨팅의 거대 기업인 구글, 아마존, 마이크로소프트 3사는 매우 탄력적인 인프라를 제공합니다. 이들이 보유한 방대한 규모의 공유 자원 풀(resource pool) 덕분에, 세 회사의 인프라 탄력성에 견줄 만한 역량을 가진 기업은 극히 드뭅니다.

대규모 알고리즘의 성능은 기반이 되는 인프라의 품질과 밀접하게 연관되어 있습니다. 이러한 인프라는 알고리즘이 최적의 성능을 발휘할 수 있도록 충분한 연산 자원, 대용량 저장 공간, 고속 네트워크 연결, 안정적인 성능을 제공해야 합니다. 이제 대규모 알고리즘에 적합한 인프라의 특징을 살펴보겠습니다.

15.2.2.1. 로드 밸런싱 (부하 분산)

로드 밸런싱(Load balancing)은 대규모 분산 컴퓨팅 알고리즘의 필수 요소로, 워크로드를 고르게 관리하고 분배하여 자원의 과부하(overload)를 방지하고 높은 시스템 성능을 유지합니다. 로드 밸런싱은 특히 분산 딥러닝 분야에서 효율적인 연산, 자원의 최적 활용, 높은 스루풋(throughput)[1]을 보장하는 데 중요한 역할을 합니다.

그림 15-1에 이 개념이 잘 나타나 있습니다. 로드 밸런서는 여러 노드의 부하를 관리하며, 사용자는 이러한 로드 밸런서와 상호작용합니다. 그림에는 **노드 1**, **노드 2**, **노드 3**, **노드 4** 총 네 개의 노드가 있으며, 로드 밸런서는 각 노드의 상태를 계속 모니터링하면서 들어오는 사용자 요청을 이들 노드에 분산시킵니다. 작업을 어느 노드에 할당할지는 각 노드의 현재 부하와 로드 밸런서의 알고리즘에 따라 결정됩니다.

---

1   역자 주 스루풋(처리율)은 특정 시간 동안 처리할 수 있는 작업량입니다.

이처럼 로드 밸런서는 단일 노드에 과도한 부하가 집중되지 않도록 하고, 다른 노드가 유휴 상태로 남지 않도록 하여 시스템 전체의 최적 성능을 유지합니다.

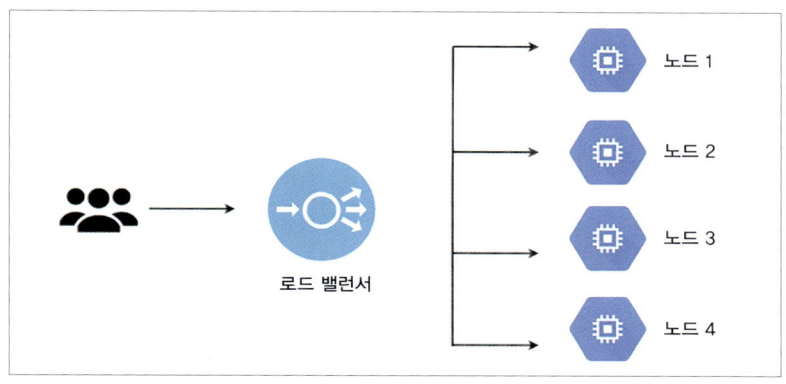

〈그림 15-1〉 로드 밸런싱

AWS는 탄력적 로드 밸런싱(ELB, Elastic Load Balancing)이라는 기능을 제공합니다. ELB는 AWS 생태계 내의 여러 대상(Amazon EC2 인스턴스, IP 주소, Lambda 함수 등)으로 들어오는 애플리케이션 트래픽을 자동으로 분산시킵니다. 이를 통해 ELB는 자원 과부하를 방지하고, 애플리케이션의 높은 가용성과 성능을 유지할 수 있도록 합니다.

15.2.2.2. ELB: 탄력성과 로드 밸런싱의 결합

ELB는 탄력성과 로드 밸런싱이라는 요소를 하나의 솔루션으로 결합한 고급 기술입니다. ELB는 서버 그룹의 클러스터를 활용하여 컴퓨팅 인프라의 반응성, 효율성, 확장성을 향상시킵니다. ELB의 목적은 가용 자원에 워크로드를 고르게 분산시키는 동시에, 수요 변화에 따라 인프라 규모를 동적으로 조정할 수 있게 하는 데 있습니다.

그림 15-2에는 로드 밸런서가 네 개의 서버 그룹을 관리하는 모습이 나타나 있습니다. 서버 그룹은 특정 계산 작업을 수행하도록 구성된 노드들의 집합이며, 각 그룹은 고유한 연산을 담당하는 노드로 구성되어 있습니다.

서버 그룹의 핵심 기능 중 하나는 바로 탄력성입니다. 이는 상황에 따라 노드를 유연하게 추가하거나 제거할 수 있는 능력을 의미합니다.

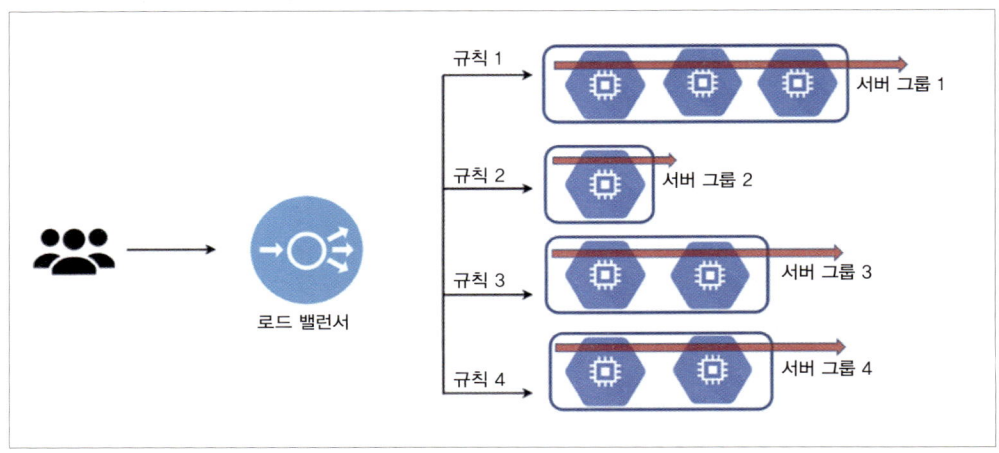

〈그림 15-2〉 지능형 로드 밸런싱과 서버 오토스케일링

로드 밸런서는 실시간으로 워크로드 지표를 계속 모니터링합니다. 연산 작업이 복잡해질수록 처리 능력에 대한 수요도 함께 증가합니다. 이러한 수요 급증을 해결하기 위해 시스템은 **확장(scale-up)** 작업을 실행하여 기존 서버 그룹에 노드를 추가합니다. 여기서 확장이란, 추가된 워크로드를 수용하기 위해 연산 능력을 높이는 작업을 뜻합니다. 반대로 수요가 감소하면 인프라는 **축소(scale-down)** 작업을 개시하여 할당된 노드 중 일부를 해제합니다. 이처럼 서버 그룹에서 노드를 유동적으로 재할당함으로써 자원을 최적으로 활용할 수 있습니다. 이러한 동적 자원 관리 방식을 통해 운영 효율성 향상과 비용 절감은 물론, 높은 성능까지 동시에 유지할 수 있습니다.

15.3 멀티 리소스 처리 전략 수립

대규모 알고리즘은 초기에 슈퍼컴퓨터라는 강력한 컴퓨팅 머신에서 실행되었습니다. 이러한 모놀리식(monolithic)[2] 컴퓨터는 공유 메모리 공간을 기반으로 여러 프로세서 간 빠른 통신이 가능했으며, 동일한 메모리를 통해 공통 변수에 접근할 수 있었습니다. 그러나 대규모 알고리즘에 대한 수요가 증가하면서 슈퍼컴퓨터는 각 처리 노드가 물리적 메모리의 일부를 소유하는 분산 공유 메모리(DSM, Distributed Shared Memory) 시스템으로 발전하였고, 이후에는 처리 노드 간 메시지를 주고받는 방식에 의존하는 느슨하게 연결된 클러스터 시스템이 등장하게 되었습니다.

---

2 **역자 주** 한 대의 컴퓨터에 모든 컴퓨팅 자원이 통합된 형태를 뜻합니다.

대규모 알고리즘을 효과적으로 실행하려면, 여러 실행 엔진이 병렬로 작동하여 복잡한 문제를 해결해야 합니다. 이를 위해 사용할 수 있는 세 가지 주요 전략은 다음과 같습니다.

- **내부 자원 활용**(Look within): 한 컴퓨터에 내장된 자원을 최대한 활용하는 전략으로, GPU에 탑재된 수백 개의 코어를 활용해 대규모 알고리즘을 실행할 수 있습니다. 예를 들어, 데이터 과학자가 복잡한 딥러닝 모델을 훈련하려 할 때, GPU의 병렬 연산 능력을 활용하여 연산 성능을 향상시킬 수 있습니다.
- **외부 자원 활용**(Look outside): 분산 컴퓨팅을 적용하여 외부의 추가 자원을 활용하는 전략입니다. 클러스터 컴퓨팅이나 클라우드 컴퓨팅이 그 예로, 여러 시스템에 분산된 자원을 활용해 복잡하고 자원 집약적인 알고리즘을 실행할 수 있도록 해줍니다.
- **혼합 방식**: 분산 컴퓨팅과 각 노드의 GPU 가속을 결합하는 방식으로 알고리즘 실행 속도를 극대화할 수 있습니다. 예를 들어, 대량의 데이터를 처리하고 정교한 시뮬레이션을 수행해야 하는 과학 연구 기관에서 이 전략을 사용할 수 있습니다. 그림 15-3에서는 워크로드가 여러 노드(노드 1, 노드 2, 노드 3)에 분산되어 있으며, 각 노드는 자체 GPU를 가지고 있습니다. 이 그림은 혼합 방식의 개념을 잘 나타내며, 각 노드 내에서 GPU 가속을 활용하는 동시에 분산 컴퓨팅으로 연산과 시뮬레이션을 병렬로 수행하는 방식을 설명합니다.

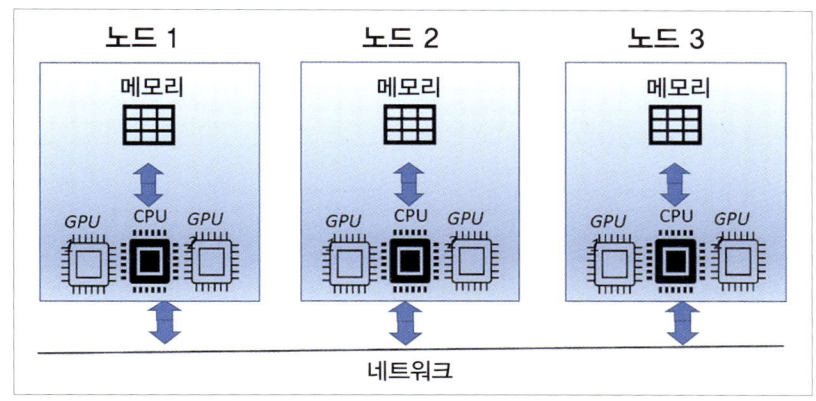

〈그림 15-3〉 멀티 리소스 처리를 위한 혼합 방식

대규모 알고리즘 실행에서 병렬 컴퓨팅의 가능성을 살펴보는 것도 중요하지만, 동시에 그 효율성을 좌우하는 이론적 한계에 대해서도 이해해야 합니다.

다음 절에서는 병렬 컴퓨팅의 기본적인 제약 조건을 살펴보고, 성능에 영향을 미치는 요인들과 최적화할 수 있는 범위에 대해 알아보겠습니다.

15.4 병렬 컴퓨팅의 이론적 한계

병렬 알고리즘이 만능 해결책은 아니라는 점을 알고 있어야 합니다. 아무리 잘 설계된 병렬 구조라도 기대한 만큼의 성능을 내지 못할 수 있습니다. 병렬 컴퓨팅에는 통신 오버헤드나 동기화 같은 복잡한 요소로 인해 최적의 효율을 달성하기 어려운 경우가 많습니다. 이러한 복잡성을 이해하고 병렬 알고리즘의 잠재적인 이점과 한계를 파악하는 데 도움이 되는 법칙이 바로 암달의 법칙(Amdahl's law)입니다.

15.4.1. 암달의 법칙

진 암달(Gene Amdahl)은 1960년대 병렬 처리 연구의 선구자 중 한 명으로, 그가 제안한 암달의 법칙은 오늘날에도 여전히 유효하며, 병렬 컴퓨팅 솔루션을 설계할 때 고려해야 할 다양한 트레이드오프를 이해하는 중요한 토대가 됩니다.

암달의 법칙은 알고리즘 내 병렬 처리가 가능한 비율을 기준으로, 병렬화를 통해 단축 가능한 실행 시간의 이론적 한계를 제시합니다. 이 법칙은 모든 연산 과정에서 병렬화가 불가능한 순차적인 부분이 반드시 존재한다는 개념에 바탕을 두고 있습니다.

15.4.2. 암달의 법칙 도출하기

어떤 알고리즘이나 작업이 있다고 가정해 봅시다. 이 작업은 병렬로 처리할 수 있는 부분(f)과 순차적으로만 처리할 수 있는 부분($1-f$)으로 나눌 수 있습니다. 여기서 병렬화 가능한 부분(f)은 여러 자원이나 프로세서에서 동시에 실행할 수 있는 작업을 의미합니다. 이 작업들은 서로 의존하지 않기 때문에 병렬로 실행할 수 있으므로 **병렬화 가능**(parallelizable)하다고 합니다. 반면에 순차 처리 부분($1-f$)은 나눌 수 없고 반드시 하나씩 순서대로 실행해야 하므로 **순차적**(serial)이라고 합니다.

이제 이 작업을 단일 프로세서에서 처리하는 데 걸리는 시간을 $T_p(1)$이라고 하겠습니다. 이 시간은 다음과 같이 표현할 수 있습니다.

$$T_p(1) = N(1-f)\tau_p + N(f)\tau_p = N\tau_p$$

이 수식에서 N과 τ_p는 다음을 나타냅니다.

- N: 알고리즘이나 작업이 수행해야 하는 전체 작업의 개수 또는 반복(iteration) 횟수로, 단일 및 병렬 프로세서에서 모두 동일합니다.
- τ_p: 프로세서가 작업이나 반복의 한 단위를 완료하는 데 걸린 시간으로, 사용된 프로세서 수와 상관없이 일정합니다.

앞서 언급한 공식은 단일 프로세서에서 모든 작업을 처리하는 데 걸리는 전체 시간을 계산하는 방식입니다. 이제 이 작업을 N개의 병렬 프로세서에서 실행하는 경우를 보겠습니다.

이때 걸리는 시간은 $T_p(N)$으로 표현할 수 있습니다. 다음 그림 15-4에서 X축은 프로세서 수를 나타내며, 이는 프로그램을 실행하는 데 사용되는 컴퓨팅 단위 또는 코어 개수입니다. X축에서 오른쪽으로 이동할수록 사용되는 프로세서 수가 증가합니다.

Y축은 속도 향상(Speedup)을 나타내며, 여러 프로세서를 사용할 때 프로그램이 단일 프로세서를 사용할 때보다 얼마나 더 빨라지는지를 측정한 값입니다. Y축에서 위로 올라갈수록 프로그램 실행 속도가 더 빨라져 작업이 더 효율적으로 수행됩니다.

그림 15-4와 암달의 법칙은 프로세서 수가 많아질수록 성능이 향상될 수 있지만, 코드 내에서 순차적으로 처리해야 하는 부분 때문에 성능 향상에 한계가 있음을 나타냅니다. 암달의 법칙은 병렬 컴퓨팅에서의 수확 체감(diminishing return)[3]의 대표적인 예입니다.

$$Tp(N) = N(1-f)\tau_p + (f)\tau_p$$

여기서 우변의 첫 번째 항은 작업의 순차적인 부분을 처리하는 데 걸린 시간을, 두 번째 항은 병렬 부분을 처리하는 데 걸린 시간을 나타냅니다.

이 경우 N개의 프로세서에 병렬 처리 부분을 분산할 수 있으므로 속도 향상이 이루어집니다. 암달의 법칙은 N개의 프로세서를 사용하여 달성한 속도 향상 $S(N)$을 다음과 같이 정의합니다.

$$S(N) = \frac{T_p(1)}{T_p(N)} = \frac{N}{N(1-f)+(f)}$$

---

3 **역자 주** 특정 생산 요소를 추가할 때, 일정 한계를 넘어서면 요소를 더 투입하더라도 생산량 증가분이 점차 줄어드는 현상을 말합니다.

속도를 크게 향상시키려면 다음 조건을 반드시 충족해야 합니다.

$$1 - f \ll \frac{f}{N}$$

이 부등식은 병렬 처리 부분(f)이 1에 매우 가까워야 한다는 것을 의미합니다. 특히 프로세서 개수 N이 클수록 그렇습니다.[4]

이제 암달의 법칙을 설명하는 대표적인 그래프를 봅시다.

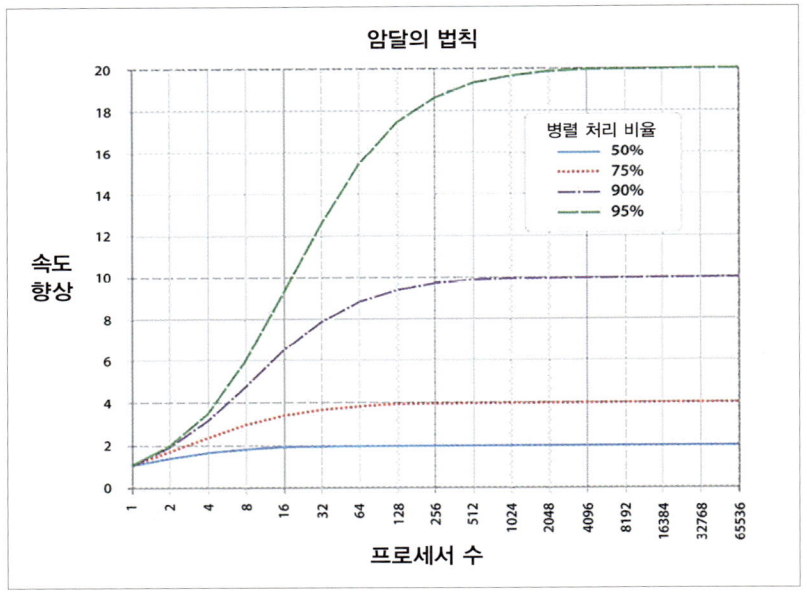

〈그림 15-4〉 병렬 처리에서의 수확 체감 법칙: 암달의 법칙 시각화

그림 15-4에서 X축은 프로세서 수(N)를 나타내며, 이는 프로그램 실행에 사용되는 컴퓨팅 단위 또는 코어의 수에 해당합니다. X축에서 오른쪽으로 이동할수록 N이 증가합니다.

Y축은 속도 향상(S)을 나타내며, 단일 프로세서 대비 멀티 프로세서의 경우 프로그램 실행 시간 (T_p)이 얼마나 개선되었는지 측정하는 지표입니다. Y축에서 위로 올라갈수록 프로그램의 실행 속도가 빨라졌다는 의미입니다.

---

4 **역자 주** 병렬 처리 가능한 부분인 f는 1에 가까울 정도로 매우 커야 하며, 순차 처리 부분인 1-f는 0에 가까울 정도로 극히 작아야 프로세스 수 N이 커졌을 때 큰 속도 향상을 기대할 수 있습니다.

이 그래프에는 병렬 처리 가능한 비율(f)이 각각 50%, 75%, 90%, 95%일 때의 속도 향상 (S)를 나타내는 네 개의 선이 표시되어 있습니다.

- **50% 병렬**(f=0.5): 이 선은 가장 낮은 속도 향상 S를 보여줍니다. 프로세서 수(N)를 아무리 늘려도 프로그램의 절반은 순차적으로 실행되므로 속도 향상의 최댓값은 2에 불과합니다.
- **75% 병렬**(f=0.75): 50%일 때보다 속도 향상이 더 크지만 여전히 전체 프로그램의 25%가 순차적으로 실행되어 전체 속도 향상에 제약이 있습니다.
- **90% 병렬**(f=0.9): 이 경우 눈에 띄는 속도 향상 S가 관찰됩니다. 그럼에도 프로그램의 10%는 순차적으로 실행되어 여전히 속도 향상의 한계를 남깁니다.
- **95% 병렬**(f=0.95): 이 선은 가장 높은 속도 향상 S를 나타냅니다. 그러나 순차 처리되는 5%가 여전히 최대 속도 향상에 상한선을 형성합니다.

암달의 법칙을 나타내는 그림 15-4의 그래프는 프로세서 수(N)를 늘리면 성능이 향상되더라도 코드 내 순차적인 부분(1-f)으로 인해 본질적인 한계가 존재함을 보여줍니다.

암달의 법칙은 멀티 프로세서 시스템에서 달성할 수 있는 성능 향상의 한계와 전체 속도 향상을 결정짓는 병렬 처리 가능한 비율(f)의 중요성에 대한 통찰을 제공합니다.

병렬 컴퓨팅의 이론적 한계를 설명했으니, 이제 널리 활용되는 병렬 처리 기술인 GPU와 그에 연관된 프로그래밍 프레임워크인 CUDA를 자세히 알아보겠습니다.

15.4.3. 병렬 컴퓨팅에서 GPU의 잠재력을 이끌어내는 CUDA

GPU는 원래 그래픽 처리를 위해 설계되었지만, 이후 발전을 거듭하면서 CPU와는 확연히 구분되는 특성을 갖게 되었고 완전히 다른 연산 패러다임을 만들어냈습니다.

CPU는 코어 수가 제한적인 반면 GPU는 수천 개의 코어로 구성되어 있습니다. 다만 GPU의 각 코어는 개별적으로 보면 CPU 코어만큼 강력하지는 않다는 점을 알아두어야 합니다. 하지만 GPU는 비교적 단순한 대량의 연산을 매우 효율적으로 병렬 처리할 수 있습니다.

GPU는 원래 그래픽 처리를 위해 설계되었기 때문에, 서로 독립적인 여러 연산을 동시에 실행하는 그래픽 처리에 적합합니다. 예를 들어, 이미지를 렌더링할 때는 이미지의 각 픽셀의 색상과 밝기를 연산해야 하는데, 이러한 연산은 대부분 서로 독립적이기 때문에 GPU의 멀티 코어 아키텍처를 활용하여 동시에 처리할 수 있습니다.

15.4.3.1. GPU 아키텍처와 활용

이러한 설계 덕분에 GPU는 그래픽 렌더링이나 대규모 데이터 처리 등 설계 목적에 맞는 작업에서 매우 높은 효율을 발휘합니다. 그림 15-5는 GPU의 아키텍처를 나타냅니다.

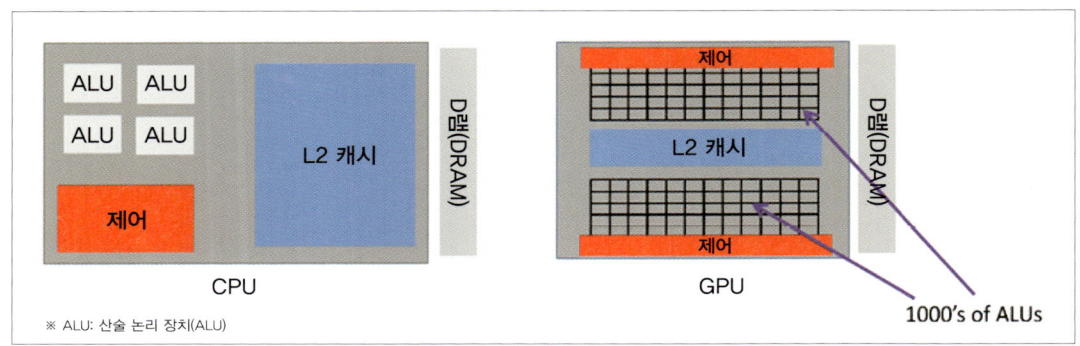

〈그림 15-5〉 GPU 아키텍처

이러한 독특한 아키텍처는 그래픽 처리뿐 아니라 다른 유형의 계산 문제에도 매우 유용합니다. 작업을 더 작고 독립적인 단위로 나눌 수 있는 문제라면 이 아키텍처를 활용해 처리 속도를 높일 수 있습니다. 대표적인 예로는 과학 계산, 머신러닝, 암호화폐 채굴 등이 있으며, 이들 분야는 모두 데이터셋이 방대하고 복잡한 연산이 필요합니다.

GPU가 널리 사용되기 시작하자, 데이터 과학자들은 병렬 연산을 효율적으로 수행할 수 있는 가능성에 주목하기 시작했습니다. 일반적인 GPU는 수천 개의 **산술 논리 장치(ALU, Arithmetic Logic Unit)**를 갖추고 있어 수천 개의 병렬 프로세스를 동시에 실행할 수 있습니다. ALU는 코어 내에서 실제 연산의 대부분을 수행하는 핵심 요소로, 데이터 과학과 머신러닝에서 주로 사용되는 벡터나 행렬 연산처럼 많은 데이터에 동일한 연산을 반복해야 하는 작업에 매우 적합합니다. 따라서 병렬 연산이 가능한 알고리즘은 GPU에서 실행할 때 가장 성능이 좋습니다. 예를 들어, 영상 속 객체를 찾는 작업은 CPU보다 GPU에서 최소 20배 빠르게 처리된다고 알려져 있습니다. 5장에서 다룬 그래프 알고리즘도 GPU에서 실행하면 CPU보다 훨씬 더 빠른 성능을 보입니다.

2007년, 엔비디아(NVIDIA)는 **CUDA(Compute Unified Device Architecture)**[5]라는 오픈 소스 프레임워크를 개발하여 데이터 과학자들이 알고리즘에 GPU의 힘을 활용할 수 있도록 했습니다.

---

5 역자 주 '쿠다'라고 읽습니다. 직역하면 '컴퓨팅 통합 장치 구조'가 됩니다.

CUDA는 CPU와 GPU를 각각 호스트와 장치로 추상화합니다.

호스트(Host)는 CPU와 메인 메모리를 의미하며, 메인 프로그램을 실행하고 데이터 병렬 처리를 GPU로 오프로드(offload)하는 역할을 담당합니다.

장치(Device)는 GPU와 그 메모리(VRAM)를 의미하며, 데이터 병렬 연산을 수행하는 커널(kernel)을 실행하는 역할을 담당합니다.

일반적인 CUDA 프로그램에서는 호스트가 장치에 메모리를 할당하고, 입력 데이터를 전송한 뒤 커널을 호출합니다. 장치는 계산을 수행하고 그 결과를 자신의 메모리에 저장합니다. 이후 호스트가 그 결과를 다시 가져옵니다. 이러한 작업 분담은 각 구성 요소의 강점을 활용하는 것으로, CPU는 복잡한 로직을 처리하고 GPU는 대규모 데이터 병렬 연산을 담당합니다.

CUDA는 엔비디아 GPU에서 실행되며 운영체제 커널의 지원이 필요합니다. 처음에는 리눅스에서 시작했으며 이후 윈도우로 확장되었습니다. CUDA 드라이버 API는 프로그래밍 언어 API와 CUDA 드라이버 사이를 연결하며 C, C++, 파이썬을 지원합니다.

15.4.3.2. LLM에서의 병렬 처리: 암달의 법칙과 수확 체감 사례 연구

ChatGPT와 같은 LLM은 주어진 프롬프트를 바탕으로 사람의 글과 매우 유사한 텍스트를 생성하는 복잡한 시스템입니다. 이 과정은 대체로 순차적 작업과 병렬화 가능한 작업으로 나눌 수 있습니다.

순차 작업은 반드시 정해진 순서대로 하나씩 수행되어야 합니다. 여기에는 입력 텍스트를 모델이 이해할 수 있도록 단어 또는 구절 단위로 분할하는 토크나이징(tokenizing) 같은 전처리 단계가 포함될 수 있습니다.

또한 모델의 출력 결과(보통 토큰 확률 형태)를 사람이 읽을 수 있는 텍스트로 변환하는 복호화(decoding) 같은 후처리 작업도 포함됩니다. 이러한 순차 작업들은 모델의 작동에 필수적이지만, 본질적으로 병렬로 나눠 처리할 수 없습니다.

반면, 병렬 처리 가능한 작업은 여러 부분으로 나누어 동시에 실행할 수 있는 작업입니다. 신경망의 순전파(forward propagation)는 이러한 작업의 대표적인 예시입니다. 이 단계에서는 신경망의 각 계층에 대한 연산이 동시에 수행될 수 있습니다. 이 연산은 모델 전체 연산 시간의 대부분을 차지하며, 병렬 처리의 장점을 최대한 활용할 수 있는 영역입니다.

이제 1,000개의 코어가 있는 GPU로 작업한다고 가정해 봅시다. 언어 모델에서는 병렬화 가능한 부분 가운데 신경망의 각 층에 대한 계산을 동시에 수행할 수 있는 순전파 단계가 있습니다. 이 단계가 전체 연산 시간의 95%에 해당한다고 가정하겠습니다. 나머지 5%는 토큰화나 복호화 같은 작업일 수 있고, 이러한 작업은 순차적이어서 병렬 처리는 불가능합니다.

이 가정에 암달의 법칙을 적용하면 다음과 같습니다.

$$Speedup = 1/((1-0.95) + 0.95/1000) = 1/(0.05 + 0.00095) = 19.61$$

이는 이상적인 상황에서 언어 처리 작업이 싱글 코어 CPU에 비해 1,000코어 GPU에서 약 19.61배 빠르게 완료될 수 있음을 의미합니다.

병렬 컴퓨팅의 수확 체감을 더 명확히 이해하기 위해, 코어의 수를 2개, 50개, 100개로 조정해 봅시다.

- 코어 2개일 경우 속도 향상 = 1 / (1−0.95+0.95/2) ≈ 1.90
- 코어 50개일 경우 속도 향상 = 1 / (1−0.95+0.95/50) ≈ 14.49
- 코어 100개일 경우 속도 향상 = 1 / (1−0.95+0.95/100) ≈ 16.81

계산 결과에서 알 수 있듯, 병렬 컴퓨팅 환경에서 코어 수를 늘린다고 해서 속도 향상이 그에 비례해 증가하지는 않습니다. 이것이 바로 병렬 컴퓨팅에서의 수확 체감 개념을 보여주는 대표적인 예입니다. 코어 수를 2개에서 4개로 2배 늘리거나, 2개에서 100개로 50배 늘려도 속도 향상이 2배나 50배가 되지는 않습니다. 암달의 법칙에 따라 속도 향상은 이론적인 한계에 도달하기 때문입니다.

이러한 수확 체감의 주요 원인은 작업 내에 병렬 처리가 불가능한 부분이 존재하기 때문입니다. 여기서 토크나이징이나 복호화 같은 연산이 이러한 순차 처리 부분에 해당하며, 전체 연산 시간의 약 5%를 차지합니다. 아무리 많은 코어를 추가해 병렬 처리 가능한 부분을 효율적으로 처리하더라도, 이 순차적인 부분에 항상 일정 시간이 필요하므로 속도 향상에는 한계가 따릅니다.

암달의 법칙은 이러한 병렬 컴퓨팅의 특성을 매우 간결하게 설명합니다. 이 법칙은 병렬 처리로 얻을 수 있는 **최대 속도 향상은 작업 내 병렬 처리 불가능한 부분에 의해 결정**된다고 말합니다. 알고리즘이나 시스템 설계자 입장에서 이 법칙은 병렬 처리를 통해 연산 속도를 크게 향상시킬 수 있더라도 무한히 향상시킬 수는 없다는 점을 보여줍니다. 즉, 병렬 처리의 이점을 극대화하려면 알고리즘 내의 순차적인 부분을 파악하고 최적화하는 노력이 필요합니다.

이에 대한 이해는 특히 LLM과 같은 모델에서 더욱 중요합니다. 계산 규모가 워낙 방대하기 때문에 자원을 얼마나 효율적으로 활용하느냐가 핵심 과제이기 때문입니다. 따라서 병렬 처리 전략과 함께 작업 내 순차 처리 부분의 성능 최적화도 균형 있게 병행해야 합니다.

15.4.3.3. 데이터 지역성 다시 생각하기

병렬 및 분산 처리에서는 데이터 지역성(Data Locality) 원칙이 최적의 자원 할당을 결정하는 데 중요한 역할을 해왔습니다. 이 원칙은 기본적으로 분산 인프라 내에서 데이터 이동을 최소화해야 한다는 점을 강조합니다. 가능한 데이터를 다른 곳으로 옮기기보다 데이터가 위치한 노드에서 직접 처리해야 하며, 그렇지 않으면 병렬 처리와 수평 확장의 이점이 줄어듭니다. 여기서 수평 확장(horizontal scaling)이란, 시스템의 용량을 늘리기 위해 더 많은 머신이나 노드를 추가하여 워크로드를 분산시키고, 더 많은 트래픽이나 데이터를 처리할 수 있게 하는 과정을 말합니다.

하지만 최근 몇 년간 네트워크 대역폭이 크게 개선되면서, 데이터 지역성이 갖는 제약은 점점 줄어들고 있습니다. 향상된 데이터 전송 속도 덕분에 분산 컴퓨팅 환경에서 노드 간의 효율적인 통신이 가능해졌고, 성능 최적화를 위해 데이터 지역성에 의존해야 할 필요성도 줄어들었습니다.

네트워크 대역폭은 네트워크 이분 대역폭(Bisection Bandwidth)이라는 개념으로 정량화할 수 있습니다. 이는 네트워크를 두 부분으로 나누었을 때, 그 사이를 오가는 데이터 전송 속도를 의미합니다. 이 개념은 물리적으로 자원이 분산되어 있는 환경에서 분산 컴퓨팅을 수행할 때 매우 중요합니다.

그림 15-6처럼 네트워크 상의 두 자원 사이에 선을 하나 그었을 때, 이분 대역폭은 해당 선을 기준으로 한쪽 서버가 다른 쪽 서버와 통신할 수 있는 속도를 말합니다. 분산 컴퓨팅이 효율적으로 작동하려면 충분한 이분 대역폭을 확보하는 것이 매우 중요합니다. 만약 이분 대역폭이 부족하다면, 여러 실행 엔진이 제공하는 분산 컴퓨팅의 이점은 느린 통신 속도로 상쇄될 수 있습니다.

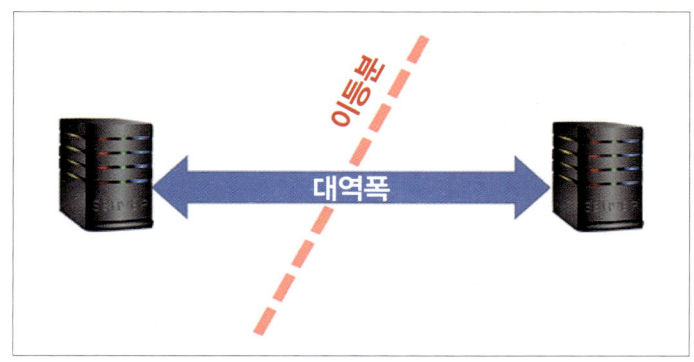

〈그림 15-6〉 이분 대역폭

이분 대역폭이 높으면 데이터를 복사하지 않고도 데이터가 있는 위치에서 직접 처리할 수 있습니다. 최근 주요 클라우드 컴퓨팅 제공업체들은 매우 뛰어난 이분 대역폭을 제공합니다. 예를 들어, 구글 데이터 센터 내의 이분 대역폭은 초당 1페타비트에 이를 정도로 매우 높습니다. 다른 주요 클라우드 업체들도 이와 유사한 수준의 대역폭을 제공합니다. 반면, 일반적인 기업 네트워크에서는 이분 대역폭이 초당 1~10기가비트 수준인 경우가 많습니다.

이러한 큰 속도 차이는 현대 클라우드 인프라가 얼마나 뛰어난 역량을 갖추고 있는지를 보여주며, 클라우드가 대규모 데이터 처리 작업에 매우 적합하다는 것을 입증합니다.

페타비트급으로 증가된 이분 대역폭 덕분에 빅데이터를 효율적으로 저장하고 처리할 수 있는 새로운 설계 패턴들이 등장하게 되었습니다. 이러한 방식은 네트워크 처리 능력이 향상되면서 실행 가능한 선택지가 되었고 더 빠르고 효율적으로 데이터를 처리할 수 있게 되었습니다.

15.4.4. 아파치 스파크를 활용한 클러스터 컴퓨팅의 이점

아파치 스파크(Apache Spark)는 클러스터 컴퓨팅을 관리하고 활용하기 위해 널리 사용하는 플랫폼입니다. 여기서 **클러스터 컴퓨팅(cluster computing)**이란 여러 컴퓨터를 하나로 묶어 단일 시스템처럼 작업하는 것을 의미합니다. 스파크는 단순히 이를 구현하는데 그치지 않고, 고속 데이터 처리를 위해 클러스터를 생성하고 제어하는 역할도 수행합니다.

아파치 스파크에서 데이터는 **탄력적인 분산 데이터셋(RDD, Resilient Distributed Dataset)**이라는 형태로 변환됩니다. RDD는 스파크의 데이터 추상화에서 핵심이 되는 구조입니다.

RDD는 불변(immutable) 구조로, 한 번 생성되면 변경할 수 없으며 병렬로 처리할 수 있는 데이터 요소들의 집합입니다. 즉, RDD는 여러 조각으로 나누어 동시에 처리할 수 있기 때문에 데이터 처리 속도를 크게 높일 수 있습니다.

결함 내성(fault tolerant)이 있다는 것은, 실행 도중 오류나 실패가 발생하더라도 RDD가 스스로 복구할 수 있는 능력을 갖추고 있다는 의미입니다. 이로 인해 RDD는 대용량 데이터 처리 작업에서 안정성과 신뢰성을 보장합니다. RDD는 작은 조각인 파티션(partition)으로 나뉘며, 클러스터 내 여러 노드(개별 컴퓨터)에 분산됩니다. 파티션의 크기는 작업의 성격과 스파크 애플리케이션 설정에 따라 달라질 수 있습니다.

스파크의 분산 컴퓨팅 프레임워크는 작업을 여러 노드에 분산시켜 처리할 수 있도록 하며, 이 덕분에 처리 속도와 효율성이 크게 향상됩니다.

스파크 아키텍처는 드라이버 프로그램, 실행자, 워커 노드, 클러스터 관리자 등 여러 주요 요소로 구성됩니다.

- **드라이버 프로그램(driver program)**: 스파크 애플리케이션의 핵심 구성 요소로, 전체 작업을 관리하는 제어 센터와 같은 역할을 합니다. 일반적으로 이 프로그램은 별도의 프로세스에서 실행되며, 드라이버 머신(driver machine)이라는 컴퓨터에 위치합니다. 드라이버 프로그램은 오케스트라의 지휘자와 같아서, 메인 스파크 프로그램을 실행하고 그 안의 여러 작업들을 감독합니다.

  드라이버 프로그램의 주요 역할 중 하나는 스파크 세션(spark session)을 관리하고 실행하는 것입니다. 스파크 세션은 스파크 애플리케이션에서 매우 중요한 객체로, 스파크 콘텍스트(spark context)를 감싸는 역할을 합니다. 스파크 콘텍스트는 스파크 애플리케이션의 중추 신경계에 해당하며, 애플리케이션이 스파크 컴퓨팅 생태계와 상호작용할 수 있는 진입점입니다.

  스파크 애플리케이션을 하나의 사무실 건물이라고 상상해보세요. 드라이버 프로그램은 건물 관리자 같은 역할로, 전반적인 운영 및 유지보수를 담당합니다. 이 건물에서 스파크 세션은 개별 사무실, 스파크 콘텍스트는 해당 사무실의 주 출입구를 나타냅니다.

  이처럼 드라이버 프로그램, 스파크 세션, 스파크 콘텍스트는 서로 협력하여 스파크 애플리케이션 내의 작업을 조정하고 자원을 관리합니다. 스파크 콘텍스트는 애플리케이션 시작 시 미리 로드되는 핵심 함수와 맥락 정보를 포함하고 있으며, 클러스터의 설정(configuration) 및 상태(status)와 같은 중요한 정보도 함께 담고 있습니다. 이 정보는 애플리케이션이 올바르게 실행되고 작업을 효과적으로 수행하는 데 매우 중요합니다.
- **클러스터 관리자**(cluster manager): 드라이버 프로그램과 긴밀하게 상호작용하여 컴퓨팅 파워와 메모리 같은 클러스터 자원을 제공하고 관리하는 외부 서비스입니다. 스파크 애플리케이션의 생명 주기 동안 이러한 자원을 알맞게 할당하고 관리하는 역할을 합니다.
- **실행자**(executor): 클러스터 내의 노드에서 실행 중인 스파크 애플리케이션마다 생성된(spawn) 전용 연산 프로세스를 뜻합니다. 이러한 실행자 프로세스는 각각 워커 노드에서 실행되며, 스파크 애플리케이션의 실질적인 연산 엔진과 같은 역할을 합니다.
- **워커 노드**(worker node): 말 그대로 스파크의 분산 시스템 내에서 실제 작업을 실행하는 노드입니다. 각 워커 노드는 여러 실행자를 호스팅할 수 있어, 동시에 여러 스파크 애플리케이션 작업을 처리할 수 있습니다.

이처럼 스파크는 메모리와 전역 매개변수를 효율적으로 공유하여 작업 실행 속도와 효율성을 크게 향상시킬 수 있습니다. 이 덕분에 스파크는 빅데이터 처리에 적합한 고성능 프레임워크로 자리 잡을 수 있었습니다.

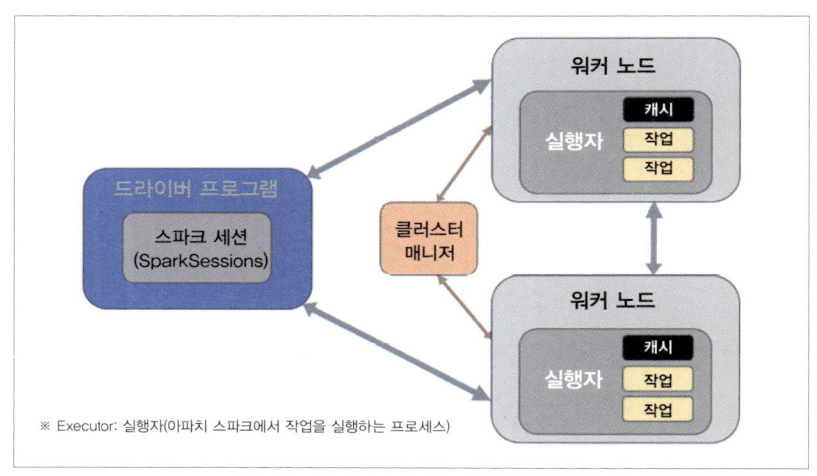

〈그림 15-7〉 스파크의 분산 구조

15.5 아파치 스파크가 대규모 알고리즘 처리를 가능하게 하는 방법

아파치 스파크는 강력한 분산 컴퓨팅 능력, 결함 내성, 사용 편의성을 바탕으로 빅데이터 처리 및 분석을 위한 선도적인 플랫폼으로 자리 잡았습니다. 이 절에서는 아파치 스파크가 어떻게 대규모 알고리즘 처리를 가능하게 하며, 복잡하고 자원 집약적인 작업에 적합한 선택지가 되는지 살펴보겠습니다.

15.5.1. 분산 컴퓨팅

아파치 스파크 아키텍처의 핵심은 데이터 파티션 분할이라는 개념입니다. 스파크는 파티션 분할을 통해 클러스터 내의 여러 노드로 데이터를 분산시켜, 대규모 알고리즘 실행에 필수적인 병렬 처리와 자원의 효율적 활용을 가능하게 합니다.

스파크 아키텍처는 드라이버 프로그램과 여러 실행자 프로세스로 구성되며, 실행자들은 워커 노드에 분산됩니다. 드라이버 프로그램은 실행자에게 작업을 분배하고 관리하는 역할을 하며, 각 실행자는 개별 스레드에서 여러 작업을 동시에 실행하여 높은 처리율(high throughput)을 달성합니다.

15.5.2. 메모리 내 처리

스파크의 주요 특징 중 하나는 메모리 내 처리(in-memory processing) 기능입니다. 기존의 디스크 기반 시스템과 달리, 스파크는 중간 데이터를 메모리에 캐시할 수 있어 여러 차례 데이터를 반복해서 처리하는 알고리즘(iterative algorithms)의 실행 속도를 크게 향상시킬 수 있습니다. 이러한 메모리 내 처리 능력은 대규모 알고리즘에 특히 유용합니다. 디스크 I/O에 소요되는 시간을 줄여 계산 속도를 높이고 자원을 더 효율적으로 활용할 수 있게 합니다.

15.6 클라우드 컴퓨팅에서 대규모 알고리즘 활용

데이터가 폭발적으로 증가하고 머신러닝 모델이 복잡해지면서, 분산 모델 훈련은 딥러닝 파이프라인의 핵심 요소가 되었습니다. 대규모 알고리즘은 막대한 연산 자원을 필요로 하며, 훈련 시간을 최적화하려면 효율적인 병렬 처리가 필수적입니다. 클라우드 컴퓨팅은 이러한 자원 집약적 대규모 알고리즘의 잠재력을 최대한 활용할 수 있도록, 분산 모델 훈련을 지원하는 다양한 서비스와 도구를 제공합니다.

클라우드에서 분산 모델 훈련을 수행할 때 얻을 수 있는 주요 이점은 다음과 같습니다.

- **확장성**(scalability): 클라우드는 사실상 무제한에 가까운 자원을 제공하므로, 대규모 알고리즘의 요구에 맞추어 모델 훈련 작업을 자유롭게 확장할 수 있습니다.
- **유연성**(flexibility): 클라우드는 다양한 머신러닝 프레임워크와 라이브러리를 지원하여, 사용자의 목적에 가장 알맞은 도구를 선택할 수 있도록 합니다.
- **비용 효율성**(cost-effectiveness): 클라우드에서는 인스턴스 유형을 적절히 선택하고 스팟 인스턴스(spot instance)[6]를 활용하여 훈련 비용을 최적화할 수 있습니다.

15.6.1. 예제

머신러닝 모델, 특히 자연어 처리 작업을 다루는 모델로 깊이 들어갈수록 연산 자원의 필요성이 점점 더 커짐을 알 수 있습니다. 예를 들어, 대규모 언어 모델링 작업을 위한 GPT-3 같은 트랜스포머 모델은 수십억 개의 매개변수를 가지고 있어 막대한 연산 능력과 메모리를 요구합니다. 커먼 크롤(Common Crawl)처럼 수십억 개의 웹 페이지를 포함하는 방대한 데이터셋으로 모델을 훈련하는 과정은 이러한 요구를 더욱 가중시킵니다.

이때 클라우드 컴퓨팅이 강력한 해결책으로 등장합니다. 클라우드는 분산 모델 훈련을 위한 서비스와 도구를 제공하여 사실상 무한한 자원 풀에 접근할 수 있게 하고, 작업 부하를 확장하며, 가장 적합한 머신러닝 프레임워크를 선택할 수 있도록 지원합니다. 또한 다양한 인스턴스 유형과 스팟 인스턴스(남는 컴퓨팅 자원을 경매 방식으로 저렴하게 활용)를 통해 비용 최적화를 가능하게 합니다. 이러한 무거운 자원 소모 작업을 클라우드에 위임함으로써 우리는 더 혁신적인 작업에 집중할 수 있고, 훈련 과정을 가속화하며, 더욱 강력한 모델을 개발할 수 있습니다.

---

[6] 역자 주 스팟 인스턴스는 온디맨드 가격보다 저렴한 비용으로 제공되는 예비 EC2 용량을 사용하는 인스턴스입니다. https://docs.aws.amazon.com/ko_kr/AWSEC2/latest/UserGuide/using-spot-instances.html 인용.

요약

이 장에서는 대규모 및 병렬 알고리즘 설계의 개념과 원리를 살펴보았습니다. 특히 연산 작업을 여러 처리 장치에 효과적으로 분산할 수 있는 병렬 컴퓨팅의 핵심적인 역할을 분석했습니다. 또한 수많은 스레드를 동시에 실행할 수 있는 GPU의 뛰어난 능력을 상세히 검토하여 그 유용성을 설명했습니다. 더 나아가 분산 컴퓨팅 플랫폼, 특히 아파치 스파크와 클라우드 컴퓨팅 환경을 다루며, 대규모 알고리즘의 개발과 배포를 가능하게 하는 데 있어 그 중요성을 강조했습니다. 이를 통해 고성능 연산을 위한 견고하고 확장 가능하며 비용 효율적인 인프라를 제공할 수 있음을 확인했습니다.

16장 현실적 고려 사항

지금까지 현실의 문제를 해결할 수 있는 여러 알고리즘을 소개했습니다. 이 장에서는 지금까지 설명한 알고리즘의 실용성을 살펴봅니다. 이러한 알고리즘의 현실 적용 가능성, 잠재적인 과제, 그리고 유용성 및 윤리적 함의를 포함한 전반적인 내용을 다룰 것입니다.

이 장은 먼저 전반적인 개요를 살펴보고, 알고리즘 내부 동작을 이해 가능한 용어로 설명할 수 있는 정도를 의미하는 설명 가능성(explainability) 문제를 다룹니다. 이어서 알고리즘 사용과 관련된 윤리 문제와 구현 과정에서 편향이 발생할 수 있는 가능성을 설명합니다. 그리고 NP-난해 문제를 다루는 기법을 살펴보고, 마지막으로 알고리즘 선택 시 고려해야 할 요소를 알아봅니다.

이 장을 마칠 때쯤이면 문제를 해결하기 위해 알고리즘을 사용할 때 염두에 둬야 할 현실적인 고려 사항을 이해하게 됩니다. 이 장에서 다룰 주제는 다음과 같습니다.

- 현실적 고려 사항 소개
- 알고리즘의 설명 가능성
- 알고리즘 윤리 이해
- 모델의 편향 줄이기
- 알고리즘을 언제 사용해야 하는가

먼저, 알고리즘 솔루션이 직면한 몇 가지 과제부터 살펴보겠습니다.

16.1 알고리즘 솔루션이 마주한 도전 과제

알고리즘을 설계하고, 개발하고, 테스트하는 것 외에도 실제 문제 해결을 컴퓨터에 의존하기 시작할 때는 몇 가지 실질적인 측면을 고려하는 것이 중요합니다. 일부 알고리즘의 경우, 배포 이후에도 계속 변화할 것으로 예상되는 새로운 정보를 신뢰성 있게 반영할 방법을 고민해야 할 수 있습니다.

예를 들어, 글로벌 공급망의 예상치 못한 혼란은 특정 제품의 이익률을 예측하기 위해 모델을 훈련할 때 사용했던 가정을 무력화시킬 수 있습니다. 따라서 이러한 새로운 정보를 반영하는 것이 잘 검증된 알고리즘의 품질에 어떤 영향을 미칠지를 신중하게 고려해야 합니다. 만약 영향을 준다면, 이것을 어떻게 처리할 것인지에 대한 답이 필요합니다.

16.1.1. 예상치 못한 것을 예측하기

알고리즘으로 도출한 현실 문제에 대한 해법은 대부분 어떠한 가정을 토대로 합니다. 그러나 이러한 가정은 모델이 개발된 이후 변경될 수 있습니다. 어떤 알고리즘은 전세계의 지정학적 상황의 변화에 따라 영향을 받을 수 있습니다. 예를 들어 다국적 기업의 재정 이익을 예측하도록 훈련된 모델이 있다고 합시다. 전쟁이나 치명적인 바이러스의 갑작스러운 전파 같이 파급력이 크고 예기치 못한 사건이 일어나면 이 모델의 가정과 예측의 품질은 근본적으로 바뀌게 됩니다. 이러한 사례에서 할 수 있는 조언은 '예상치 못한 것을 예측'하여 갑작스러운 사건에 대한 전략을 세우라는 것입니다. 특히 데이터 중심적인 모델에서는 알고리즘 솔루션을 배포한 뒤 규제 정책이 변경되어 예상치 못한 일이 뒤따를 수 있습니다.

> 현실의 문제를 해결하기 위해 알고리즘을 사용하는 것은 컴퓨터에 문제 해결을 맡기는 셈입니다. 그러나 아무리 정교한 알고리즘이라 하더라도 본질적으로 단순화와 가정에 기반하기 때문에 모든 예외 상황을 완벽히 처리할 수는 없습니다. 따라서 중요한 의사결정을 알고리즘에 완전히 맡기기에는 아직 한참 부족합니다.

예를 들어, 구글의 추천 엔진 알고리즘은 최근 개인정보 보호 문제로 인해 유럽연합의 규제 제한에 직면했습니다. 이러한 알고리즘은 해당 분야에서 가장 발전된 기술 중 하나일 수 있지만, 만약 사용이 금지된다면 본래 해결하려 했던 문제에 활용될 수 없기 때문에 무용지물이 됩니다.

하지만 안타깝게도 현실에서는 알고리즘을 적용할 때 고려해야 할 사항이 초기 설계 단계에서 충분히 반영되지 않고 사후에 검토되는 경우가 많습니다.

여러 사용 사례에서, 배포 이후 알고리즘이 제공하는 해결책에 대한 단기적인 기대감이 가라앉은 후에야 알고리즘 적용의 실질적인 측면과 그 영향이 점차 드러나며, 이는 프로젝트의 성공 또는 실패를 좌우하게 됩니다.

지금부터는 세계 최고의 IT 기업 중 하나가 설계한 프로젝트에서 현실적인 고려 사항을 간과함으로써 실패한 실제 사례를 살펴보겠습니다.

16.2 트위터 AI 봇, 테이의 실패

대표적인 사례로 마이크로소프트가 2016년에 만든 최초의 AI 트위터 봇, 테이를 살펴보겠습니다. 테이는 AI 알고리즘을 사용하여 특정 주제에 대한 트윗에 자동으로 응답할 수 있도록 훈련된 트위터 봇이었습니다. 이를 위해 테이는 대화의 맥락을 파악하여 기존 어휘집을 활용해 간단한 메시지를 구성하는 능력을 갖추고 있었습니다. 배포된 이후에는 실시간 온라인 대화에서 계속 학습하고, 중요한 대화에서 자주 사용되는 단어들을 어휘에 추가하도록(augment) 설계되었습니다.

사이버 공간에 존재한지 며칠이 지나자 테이는 새로운 단어들을 학습하기 시작했습니다. 문제는 이러한 새로운 단어 중 일부가 실시간으로 계속 추가되는 인종차별적이거나 무례한 표현에서 비롯된 것이었다는 점입니다. 테이는 곧 새로 학습한 단어들을 사용해 독자적으로 트윗을 작성하기 시작했고, 그중 일부는 매우 공격적이어서 문제를 일으켰습니다. 테이는 설계대로 실시간 사건에 기반한 맞춤형 트윗을 빠르게 학습하고 생성할 수 있었지만, 동시에 사람들을 불쾌하게 만들었습니다.

마이크로소프트는 테이를 오프라인으로 전환하고 재조정하려 했으나 실패했고, 결국 프로젝트를 중단해야 했습니다. 이것이 야심찬 프로젝트의 안타까운 결말이었습니다. 테이에 탑재된 인공지능 기술은 인상적이었지만, 마이크로소프트는 자가 학습형 트위터 봇을 배포할 때의 현실적인 영향을 간과했던 것입니다. 자연어 처리 및 머신러닝 알고리즘이 당대 최고 수준이었다 하더라도, 명백한 결함으로 인해 결과적으로는 무용지물이었습니다.

오늘날 테이는 알고리즘에 자율 학습을 허용할 때 현실적인 영향을 간과해서 발생한 실패의 교과서적 사례로 남아 있습니다. 테이의 실패로부터 얻은 교훈은 이후의 AI 프로젝트에 큰 영향을 주었으며, 데이터 과학자들 역시 알고리즘의 투명성(transparency)에 더욱 주의를 기울이게 되었습니다.

 **MEMO** 더 자세히 살펴보려면, 다음 주소에서 테이에 대한 종합적인 연구를 확인할 수 있습니다.
https://spectrum.ieee.org/in-2016-microsofts-racist-chatbot-revealed-the-dangers-of-online-conversation

테이 문제는 바로 다음 주제, 알고리즘의 투명성에 대한 필요성과 이를 구현하는 방법으로 이어집니다.

16.3 알고리즘의 설명 가능성

먼저, 블랙박스 알고리즘과 화이트박스 알고리즘의 차이를 구분해 보겠습니다.

- 블랙박스 알고리즘은 복잡하게 얽힌 논리 구조로 인해 사람이 그 작동 원리를 해석할 수 없는 알고리즘입니다.
- 화이트박스 알고리즘은 그 논리가 사람에게 명확히 드러나 이해 가능한 알고리즘입니다.

머신러닝에서 설명 가능성(explainability)이란, 알고리즘이 특정 결과를 도출한 이유를 사람이 이해할 수 있도록 설명 가능한 정도를 말합니다. 본질적으로는 알고리즘의 내부 작동 방식과 의사 결정 경로가 인간이 얼마나 이해할 수 있는 수준인지를 평가하는 것입니다.

많은 알고리즘, 특히 머신러닝 분야의 알고리즘은 그 불투명한 특성 때문에 흔히 **블랙박스**라고 불립니다. 예를 들어, **8장 신경망 알고리즘**은 많은 딥러닝 애플리케이션의 기반이 되는 전형적인 블랙박스 모델입니다. 이러한 알고리즘은 직관적이지 않은 복잡하고 다층적인 구조로 인해 사람이 내부 의사 결정 과정을 이해하기 어렵게 만듭니다.

이때 **블랙박스**와 **화이트박스**라는 용어는 완전한 불투명성과 완전한 투명성의 명확한 구분을 의미합니다. 알고리즘의 투명성은 어느 정도 블랙이거나 화이트일 수 있는 스펙트럼이 아닙니다. 현재 연구는 신경망 같은 블랙박스 알고리즘을 더 투명하고 설명 가능하도록 만드는 데 집중하고 있지만, 그 복잡한 구조로 인해 여전히 대부분은 블랙박스에 속합니다.

알고리즘을 사용하여 중요한 의사 결정을 하는 경우, 알고리즘이 생성한 결과의 원인을 이해해야 합니다. 블랙박스 알고리즘보다는 화이트박스 알고리즘을 사용하면 모델의 내부 작동에 대해 더 나은 통찰을 얻을 수 있습니다. **7장 전통적인 지도 학습 알고리즘**에서 설명한 결정 트리(decision tree) 알고리즘이 바로 화이트박스 알고리즘의 예시에 해당합니다. 가령, 설명 가능한 알고리즘은 환자의 질병 여부를 분류할 때 어떤 특징을 사용했는지 의사에게 안내하여 진단 결정에 참고하게 합니다. 의사가 결과에 의문을 가진다면, 알고리즘은 정확성을 위해 해당 특징을 다시 검토합니다.

16.3.1. 머신러닝 알고리즘과 설명 가능성

머신러닝에서 설명 가능성이라는 개념은 매우 중요합니다. 그렇다면 설명 가능성이란 정확히 무엇을 의미할까요? 핵심적으로, 설명 가능성이란 머신러닝 모델의 결정 과정을 우리가 얼마나 명확하게 이해하고 해석할 수 있는지를 뜻합니다.

이는 모델의 예측 이면에 숨겨진 과정을 들여다보고, **왜 그런 결과가 나왔는가**를 이해하는 것입니다.

특히 의사결정이 필요한 상황에서 머신러닝을 활용할 때는, 사람들이 모델의 결과를 신뢰할 수 있어야 합니다. 모델의 처리 과정과 결정이 투명하고 정당하게 설명될 때, 신뢰도는 더 높아질 수 있습니다. 설명 가능성의 중요성을 보여주기 위해 실제 사례를 하나 살펴보겠습니다.

보스턴 지역의 주택 특징을 기반으로 머신러닝을 활용해 집값을 예측한다고 가정해 봅시다. 그런데 이 지역의 규제 당국은, 예측 결과가 나왔을 때 그 이유를 구체적으로 설명할 수 있어야만 머신러닝 알고리즘의 사용을 허용합니다. 이는 주택 시장의 특정 구간이 인위적으로 조작되거나 불공정하게 영향을 받지 않았는지 확인하기 위한 감사(audit) 목적 때문입니다. 따라서 모델의 예측 결과에 대한 근거를 명확하게 제공할 수 있도록 설명 가능하게 만들어야 합니다.

이제 훈련된 모델의 설명 가능성을 구현하는 데 활용할 수 있는 다양한 방법을 살펴보겠습니다.

16.3.1.1. 설명 가능성을 위한 전략 제시

머신러닝에서 알고리즘에 설명 가능성을 부여하는 기본적인 전략은 크게 두 가지입니다.

- **전역 설명 가능성**(global explainability): 모델 전체의 구조와 작동 방식을 설명하는 전략입니다. 예를 들어, 대형 은행에서 개인 대출 승인 여부를 판단하는 데 사용하는 머신러닝 모델을 생각해 봅시다. 전역 설명 가능성 전략은 이 모델의 의사결정에 대한 전반적인 투명성을 수치화하는 데 사용됩니다. 이는 모델의 개별 판단이 아닌 전체적인 의사결정 경향에 대한 투명성을 의미합니다. 예를 들어, 이 모델에 성별 편향이 있다는 언론의 의혹이 제기된다면, 전역 설명 가능성 전략을 통해 그 의혹을 검증하거나 반박하는 데 필요한 정보를 제공할 수 있습니다.

- **국소 설명 가능성**(local explainability): 모델이 내린 개별 예측에 대한 근거를 설명하는 전략입니다. 즉, 각각의 판단이 어떻게 이루어졌는지에 대한 투명성을 제공합니다. 앞서 언급한 보스턴 지역의 주택 가격 예측 사례를 다시 생각해 봅시다. 만약 한 주택 소유자가 "왜

우리 집이 이 가격으로 평가됐는가?"라고 묻는다면, 국소 설명 가능성 전략은 그 개별 평가에 대한 구체적인 이유를 제시할 수 있습니다. 즉, 예측에 영향을 준 다양한 요소들과 그 가중치를 제시하여 평가 결과에 대한 근거를 명확히 설명하는 것입니다.

전역 설명 가능성을 위해 사용할 수 있는 기법 중 하나로 **개념 활성 벡터를 사용한 검증(TCAV, Testing with Concept Activation Vector)**이 있습니다. 이는 이미지 분류 모델의 설명 가능성을 제공하는 데 사용됩니다. TCAV는 사용자가 정의한 개념과 이미지 분류 결과 간의 관련성 정도를 방향 도함수(directional derivative)로 정량화하는 방식입니다. 예를 들어, 어떤 사람을 남성으로 분류할 때 얼굴 사진에서 수염의 존재가 '남성'으로 분류되는 데 얼마나 민감하게 작용했는지를 수치로 나타낼 수 있습니다.

이 외에도 부분 의존도 플롯(partial dependence plots), 순열 중요도 계산(permutation importance) 등의 기법도 훈련된 모델의 구조를 설명하는 데 도움을 주는 전역 설명 전략입니다. 전역 및 국소 설명 방식은 모두 해당 모델 전용이거나(model-specific) 모델 무관 방식(model-agnostic)일 수 있습니다. 모델 전용 방식은 특정 모델에 적용할 수 있는 반면, 모델 무관 방식은 여러 종류의 모델에 적용할 수 있습니다.

다음 도표는 머신러닝의 설명 가능성을 구현하는 데 활용할 수 있는 여러 방법을 요약한 것입니다.

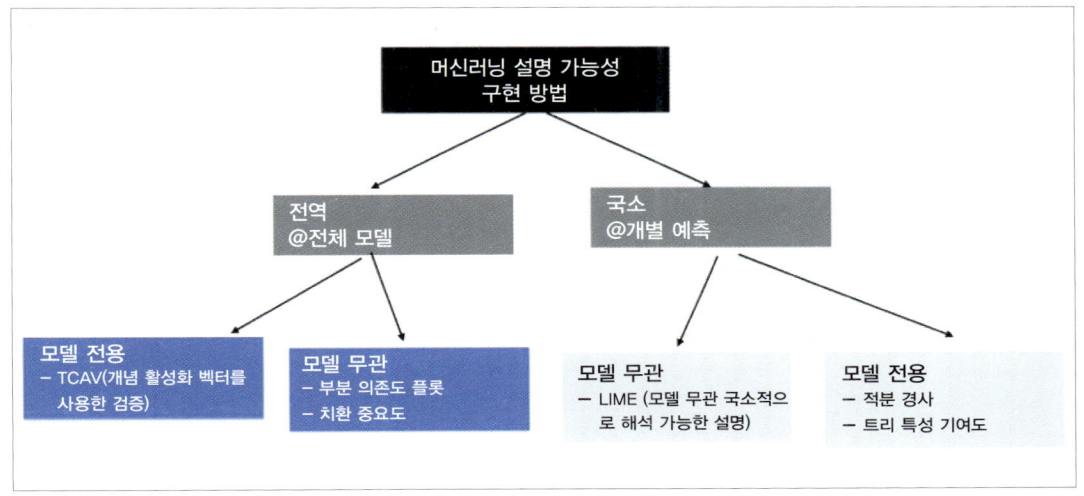

〈그림 16-1〉 머신러닝 설명 가능성 구현 방법

이제 이 중 한 가지 방법으로 어떻게 설명 가능성을 구현할 수 있는지 살펴봅시다.

● 설명 가능성 구현하기

LIME(Local Interpretable Model-Agnostic Explanations, 라임)[1]은 훈련된 모델의 개별 예측을 설명할 수 있는 모델 무관 방식입니다. 모델의 종류에 상관없이 대부분의 머신러닝 모델의 예측을 설명할 수 있습니다.

LIME은 각 인스턴스에 대한 입력에 작은 변화를 가하여 모델의 결정을 설명합니다. 이를 통해 해당 인스턴스의 국소 결정 경계(local decision boundary)에 미치는 영향을 수집할 수 있습니다. LIME은 루프를 반복하여 각 변수에 대한 세부 정보를 제공합니다. 출력 결과를 보면 어떤 변수가 해당 인스턴스에 가장 영향이 큰지 확인할 수 있습니다.

LIME을 사용하여 주택 가격 모델의 개별 예측을 설명하는 방법을 살펴봅시다.

1. LIME을 사용한 적이 없다면 pip로 패키지를 설치해야 합니다.

```
!pip install lime
```

2. 이어서 필요한 파이썬 패키지를 가져옵니다.

```python
import sklearn
import requests
import pickle
import numpy as np
from lime.lime_tabular import LimeTabularExplainer as ex
```

3. 특정 도시의 주택 가격을 예측할 수 있는 모델을 훈련하겠습니다. 먼저 `housing.pkl` 파일에 저장된 데이터셋을 가져옵니다. 그런 다음 데이터셋의 특성을 살펴봅니다.

```python
# URL 정의하기
url = "https://storage.googleapis.com/neurals/data/data/housing.pkl"

# URL에서 데이터 가져오기
response = requests.get(url)
data = response.content
```

---

[1] 역자 주 모델 무관 국소적으로 해석 가능한 설명

```
# pickle로 데이터 불러오기
housing = pickle.loads(data)
housing['feature_names']
```

```
array(['crime_per_capita', 'zoning_prop', 'industrial_prop',
       'nitrogen oxide', 'number_of_rooms', 'old_home_prop',
       'distance_from_city_center', 'high_way_access',
       'property_tax_rate', 'pupil_teacher_ratio',
       'low_income_prop', 'lower_status_prop',
       'median_price_in_area'], dtype='<U25')
```

이러한 특성에 따라 주택 가격을 예측해야 합니다.

4. 이제 모델을 훈련해 봅시다. 랜덤 포레스트 회귀 모델(random forest regressor)로 모델을 훈련하겠습니다. 먼저, 데이터를 훈련용 데이터와 테스트용 데이터로 나누고 이를 사용하여 모델을 훈련합니다.

```
from sklearn.ensemble import RandomForestRegressor
X_train, X_test, y_train, y_test = sklearn.model_selection.train_test_split(housing.
data, housing.target)

regressor = RandomForestRegressor()
regressor.fit(X_train, y_train)
```

RandomForestRegressor()

5. 이어서 범주 열을 파악합시다.

```
cat_col = [i for i, col in enumerate(housing.data.T)
                     if np.unique(col).size < 10]
```

6. 이제 필요한 설정 매개변수로 LIME 설명 객체(explainer)를 초기화합시다. 여기서 지정하는 레이블은 'price'며, 이는 보스턴의 주택 가격을 나타냅니다.

```
myexplainer = ex(X_train,
    feature_names=housing.feature_names,
    class_names=['price'],
```

```
                categorical_features=cat_col,
            mode='regression')
```

7. 세부적인 예측 내용을 살펴보겠습니다. 먼저 그래프(plot)를 그리기 위해 **matplotlib**에서 **pyplot**을 가져옵니다.

```
exp = myexplainer.explain_instance(X_test[25], regressor.predict, num_features=10)

exp.as_pyplot_figure()
from matplotlib import pyplot as plt
plt.tight_layout()
```

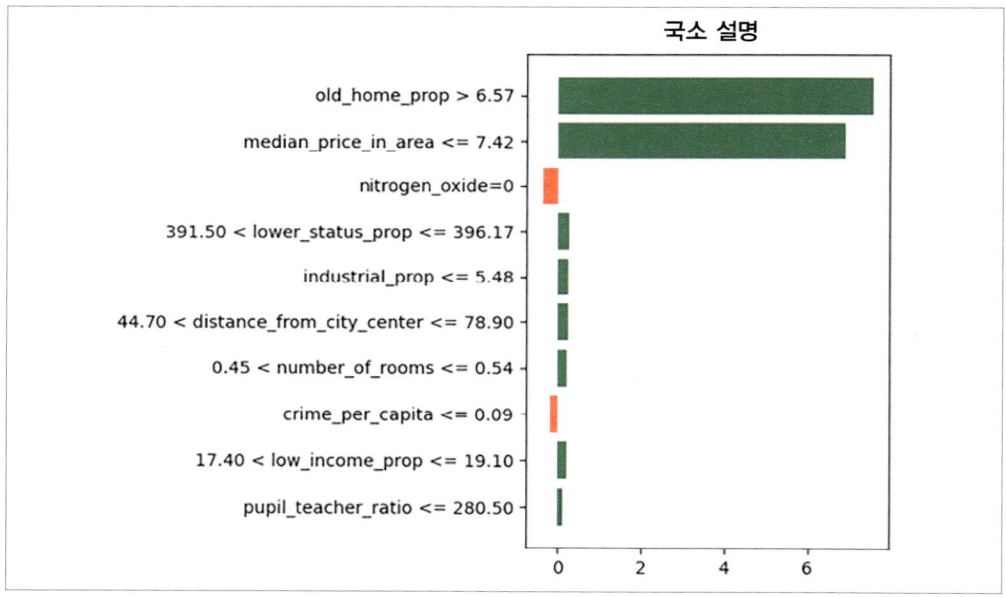

〈그림 16-2〉 주택 가격 예측에 대한 특성별 설명

8. LIME은 개별 예측에 대해 설명하므로 분석하려는 예측을 선택해야 합니다. 여기서는 인덱스가 1번과 35번인 예측에 대해 설명을 요청했습니다.

```
for i in [1, 35]:
    exp = myexplainer.explain_instance(X_test[i], regressor.predict, num_features=10)
exp.as_pyplot_figure()
plt.tight_layout()
```

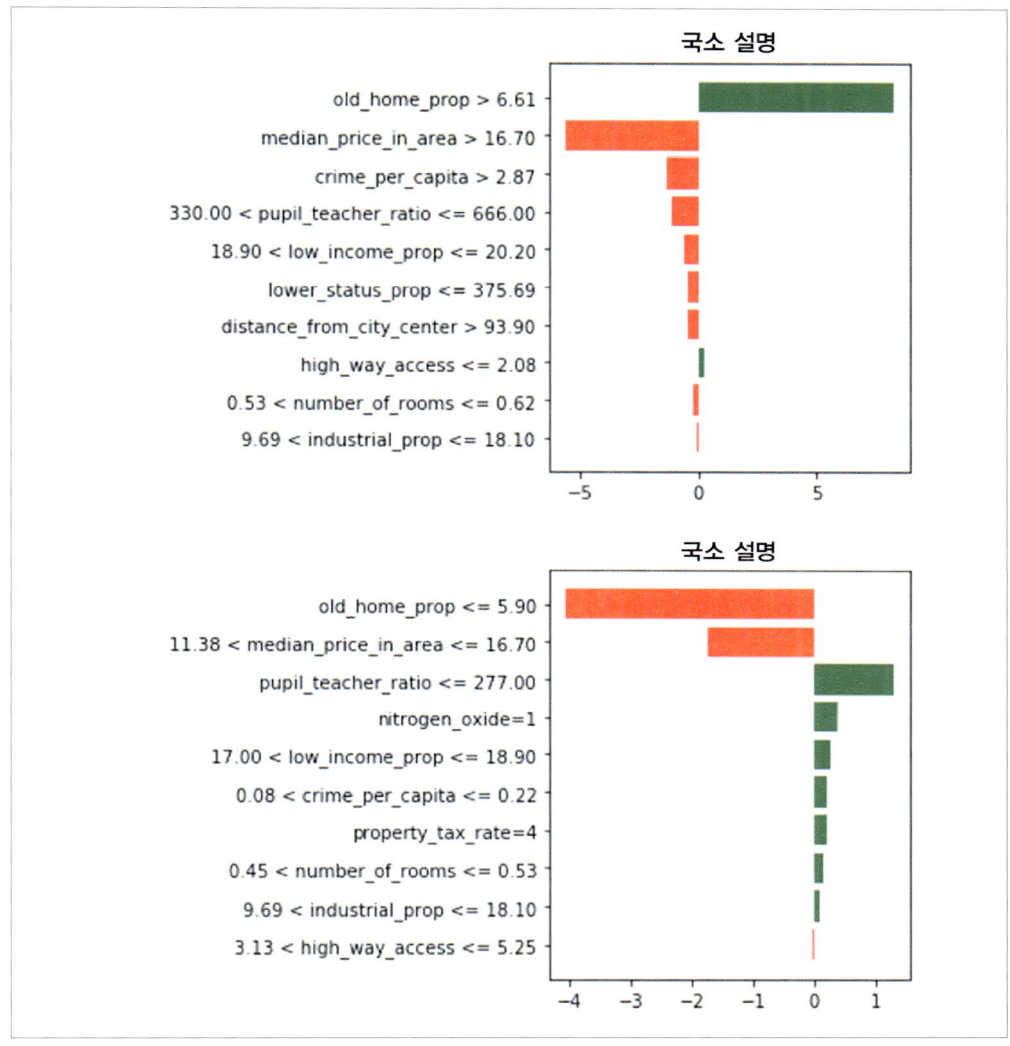

〈그림 16-3〉 주요 특성 강조: 테스트 인스턴스 1번과 35번의 예측 세부 분석

LIME이 설명한 다음 내용을 분석해봅시다.

- **개별 예측에 사용된 특성 리스트**: 그림 16-3의 y축에 나타나 있습니다.
- **예측 결정에서 각 특징의 상대적인 중요도**: 막대 그래프가 길수록 중요도가 높다는 뜻이며, 수치 값은 x축에 나타나 있습니다.
- **각 입력 특징이 레이블에 미치는 긍정적 또는 부정적 영향**: 빨간 막대는 특정 특성이 부정적인 영향을 미침을 나타내고, 초록 막대는 긍정적인 영향을 미침을 나타냅니다.

16.4 알고리즘 윤리 이해

알고리즘 윤리(algorithmic ethics)는 컴퓨터 윤리(computational ethics)라고도 하며, 알고리즘의 도덕적 측면을 다룹니다. 이 분야는 알고리즘에 기반하여 작동하는 기계가 윤리적 기준을 준수하는 것을 목표로 합니다.

알고리즘의 개발과 배포는 의도치 않게 비윤리적인 결과나 편향을 초래할 수 있습니다. 알고리즘을 설계할 때 그 모든 윤리적 영향을 미리 예측하기란 어려운 일입니다. 대규모 알고리즘, 즉 방대한 양의 데이터를 처리하는 알고리즘의 경우에는 더욱 그렇습니다. 게다가 여러 사용자나 설계자가 하나의 알고리즘에 관여하게 되면, 다양한 인간의 편향이 개입되면서 복잡성은 더욱 커집니다.

알고리즘 윤리의 핵심 목표는 다음과 같은 문제를 조명하고 해결하는 데 있습니다.

- **편향과 차별**: 알고리즘이 만들어내는 결과의 품질에 영향을 미치는 요소는 다양합니다. 그 중에서도 의도치 않은 알고리즘 편향은 중요한 문제입니다. 예를 들어, 알고리즘 설계 과정에서 어떤 데이터를 다른 데이터보다 중요하게 다루도록 만들 수 있습니다. 또는 데이터 수집과 선택 과정에서 문제가 생길 수도 있습니다. 그 결과, 원래 포함되어야 할 데이터가 누락되거나, 반대로 포함되지 말아야 할 데이터가 포함될 수 있습니다. 예를 들어, 보험회사가 위험도를 계산하는 알고리즘을 사용하는 경우를 생각해봅시다. 만약 해당 알고리즘이 자동차 사고 관련 데이터에서 운전자의 성별을 포함한다면, 제공된 데이터에 따라 여성이 더 많은 사고에 연루되었다고 판단해 여성 운전자에게 더 높은 보험료를 자동으로 책정할 수 있습니다.
- **개인정보 보호**: 알고리즘이 사용하는 데이터에는 개인 정보가 포함되어 있을 수 있으며, 이러한 정보가 개인의 사생활을 침해하는 방식으로 사용될 위험이 있습니다. 예를 들어, 안면 인식 기술을 가능하게 하는 알고리즘은 대표적인 개인정보 침해 문제를 일으킬 수 있습니다. 현재 전 세계 많은 도시와 공항에서 안면 인식 시스템이 사용되고 있습니다. 이 알고리즘을 사용할 때 중요 과제는 개인의 사생활이 침해되지 않도록 보호하는 방안을 마련하는 것입니다.

 **MEMO** 점점 더 많은 기업들이 알고리즘 설계 단계에서 윤리적 분석을 수행합니다. 하지만 현실적으로 문제가 발생하기 전까지는 문제가 명확하게 드러나지 않는 경우가 많습니다.

16.4.1. 학습 알고리즘의 문제점

데이터 패턴의 변화에 따라 스스로를 미세 조정할 수 있는 알고리즘을 학습 알고리즘(learning algorithm)이라고 합니다. 이러한 알고리즘의 실시간 학습 능력은 윤리적 문제를 야기할 수 있습니다. 학습 알고리즘은 지속적으로 진화하기 때문에, 계속해서 윤리적 분석을 수행하는 것은 거의 불가능에 가깝습니다.

예를 들어, 아마존이 자체적으로 설계한 인재 채용 학습 알고리즘에서 발견한 문제를 살펴보겠습니다.

아마존은 2015년부터 직원 채용에 AI 알고리즘을 사용하기 시작했습니다. 이 알고리즘은 실제로 배포되기 전에 기능적 또는 비기능적 요구사항을 충족하는지와 편향이나 기타 윤리적 문제가 없는지에 대해 엄격한 테스트를 거쳤습니다.

하지만 이 알고리즘은 학습 알고리즘으로 설계되었기 때문에, 새로운 데이터가 들어올 때마다 지속적으로 스스로를 조정하고 있었습니다. 그런데 배포된 지 몇 주 만에, 아마존은 이 알고리즘이 놀랍게도 성별 편향(gender bias)을 학습했다는 사실을 발견했습니다.

아마존은 알고리즘을 오프라인으로 전환하고 원인을 조사했습니다. 조사 결과, 최근 데이터에서 남성 지원자가 여성보다 훨씬 많았고, 이들 남성이 해당 직무와 더 관련 있는 이력을 가지고 있는 경우가 많았습니다. 이로 인해 알고리즘이 남성 지원자에게 유리하게 작동하는 방향으로 학습되었고, 결국 성별을 채용의 결정 요소로 삼는 문제를 일으킨 것입니다.

아마존은 이후 알고리즘을 다시 훈련시키고, 성별 편향이 다시 생기지 않도록 안전 장치를 추가하였습니다. 이 사례는 학습 알고리즘의 예기치 않은 결과와 그로 인한 윤리적 문제를 보여주는 대표적인 예입니다.

 알고리즘의 복잡성이 증가함에 따라서 개인과 집단에 미치는 장기적인 영향을 완전히 이해하는 것이 점점 더 어려워지고 있습니다.

16.4.2. 윤리적 고려 사항 이해하기

알고리즘 솔루션은 단지 수학적인 공식입니다. 따라서 알고리즘이 윤리적인 감수성에 부합하는지 확인하는 책임은 알고리즘을 개발하는 사람들에게 있습니다. 알고리즘이 배포된 이후에는 새로운 데이터가 유입되거나 기본 가정이 바뀌는 경우 윤리적인 문제가 발생하지 않도록 주기적으로 모니터링할 필요가 있습니다.

알고리즘의 종류에 따라 윤리적으로 고려해야 할 사항이 달라집니다. 다음은 특히 윤리적 고려가 필요한 몇 가지 주요 알고리즘입니다.

- 분류 알고리즘과 회귀 알고리즘은 머신러닝에서 각기 다른 목적을 수행합니다. 분류 알고리즘은 데이터를 미리 정의된 범주로 분류하며, 비자 승인 여부 결정이나 도시 내 특정 인구 집단 식별과 같이 의사 결정 과정에 직접적으로 사용될 수 있습니다. 반면, 회귀 알고리즘은 입력 데이터를 기반으로 수치 값을 예측하며, 이러한 예측 또한 의사 결정에 활용될 수 있습니다. 예를 들어, 회귀 모델은 주택을 시장에 내놓을 때 적정 가격을 예측할 수 있습니다. 요컨대, 분류는 범주형 결과를 제공하고 회귀는 수치형 예측을 제공하므로, 다양한 상황에서 정보에 기반한 의사 결정에 유용하게 활용될 수 있습니다.
- 추천 시스템에 사용되는 알고리즘은 개인이나 그룹의 이력서를 적절한 일자리와 연결해주는 데 사용될 수 있습니다. 이러한 사용 사례에서는 알고리즘이 전역 및 국소 수준의 설명 가능성을 구현해야 합니다. 국소적 설명 가능성은 특정 이력서가 어떻게 특정 일자리와 매칭되었는지 추적할 수 있는 기능을 제공하고, 전역 수준의 설명 가능성은 전체 매칭 로직이 어떻게 작동하는지에 대한 투명성을 제공합니다.
- 데이터 마이닝 알고리즘은 다양한 데이터 소스로부터 개인의 정보를 수집하는 데 사용될 수 있으며, 이는 정부의 의사 결정에 활용될 수 있습니다. 예를 들어, 시카고 경찰청은 도시 내 범죄 발생 가능성이 높은 지역이나 고위험 인물을 식별하기 위해 데이터 마이닝 알고리즘을 사용하고 있습니다. 이러한 알고리즘이 윤리 기준을 충족하도록 설계되고 사용되기 위해서는, 세심한 설계와 지속적인 모니터링이 필요합니다.

따라서 알고리즘의 윤리적 고려 사항은 사용되는 특정 상황과 이로 인해 직간접적으로 영향을 받는 대상에 따라 달라집니다. 중요한 의사 결정을 위해 알고리즘을 사용하기 전에는 윤리적 관점에서 신중한 분석이 필요하며, 이러한 윤리적 고려는 설계 과정에 반드시 포함되어야 합니다.

16.4.3. 알고리즘 솔루션에 영향을 주는 요인

다음은 알고리즘 솔루션의 품질을 분석할 때 염두에 두어야 할 요소들입니다.

16.4.3.1. 결론을 내리기 어려운 불확실한 증거 고려하기

머신러닝에서 데이터셋의 품질과 범위는 모델의 정확성과 신뢰도에 매우 중요한 역할을 합니다. 종종 데이터가 제한적이거나, 결정적인 결과를 도출하기에는 깊이나 폭이 부족한 경우가 있습니다.

예를 들어, 임상 시험을 생각해 봅시다. 새로운 약물을 소수의 사람들에게만 시험한다면, 그 결과는 약의 효능을 충분히 반영하지 못할 수 있습니다.

또 다른 예로, 특정 도시의 우편번호 구역 내 사기 패턴을 조사한다고 할 때, 제한된 데이터를 기반으로 한 분석은 더 넓은 범위에서 보면 정확하지 않은 경향성을 보일 수 있습니다.

여기서 중요한 점은, '제한된 데이터(limited data)'와 '불충분한 증거(inconclusive evidence)'를 구분하는 것입니다. 대부분의 데이터셋은 본질적으로 제한적이며, 모든 경우를 포괄할 수는 없습니다. 반면, '불충분한 증거'는 명확한 경향이나 결과를 도출할 수 없다는 것을 의미합니다.

이러한 구분은 매우 중요합니다. 결론을 내리기 어려운 불확실한 데이터에 기반하여 판단을 내리게 되면, 잘못된 의사결정으로 이어질 수 있기 때문입니다. 따라서 이러한 데이터를 기반으로 훈련된 알고리즘을 사용할 때에는 항상 비판적인 시각으로 의사결정에 접근하는 자세가 필요합니다.

 불충분한 증거를 기반으로 한 판단은 정당하지 않은 행동으로 이어질 가능성이 높습니다.

16.4.3.2. 추적 가능성

머신러닝 알고리즘은 일반적으로 개발 환경과 운영 환경이 분리되어 있습니다. 이는 훈련 단계와 추론 단계 간의 단절을 초래할 수 있으며, 이로 인해 알고리즘이 어떤 피해를 유발했을 경우 이를 추적하고 디버깅하는 것이 매우 어려워질 수 있습니다. 또한, 알고리즘에서 문제가 발견되었을 때, 그로 인해 실제로 어떤 사람들이 영향을 받았는지 확인하는 것 또한 쉽지 않습니다.

16.4.3.3. 잘못된 증거

알고리즘은 데이터 기반의 공식입니다. "쓰레기를 넣으면 쓰레기가 나온다"(GIGO, Garbage-in, Garbage-out)[2] 원칙에 따르면, 알고리즘의 결과는 입력된 데이터만큼만 신뢰할 수 있습니다. 만약 데이터에 편향이 있다면, 해당 편향은 알고리즘의 결과에도 그대로 반영됩니다.

16.4.3.4. 불공정한 결과

알고리즘의 사용은 이미 불리한 위치에 있는 취약한 공동체와 집단에 피해를 끼칠 수 있습니다.

예를 들어 연구 자금 배분에 알고리즘을 활용하는 경우 남성 집단에 편향되는 사례가 여러 차례 확인되었습니다. 이민 심사에 사용되는 알고리즘 역시 의도치 않게 취약 계층에 불리하게 작용하는 경우가 있습니다. 아무리 고품질의 데이터와 복잡한 수학적 공식을 사용하더라도 결과가 불공정하다면, 그 모든 노력은 이익보다 해악을 더 크게 가져올 수 있습니다.

그럼 이제 모델에서 편향을 줄이는 방법을 살펴보겠습니다.

16.5 모델 편향 줄이기

앞서 설명한 바와 같이, 모델 편향이란 사용한 알고리즘의 특성으로 인해 불공정한 결과를 초래하는 현상을 말합니다. 오늘날에는 성별, 인종, 성적 지향 등에 따른 일반적인 편향이 잘 알려져 있고 문서화되어 있습니다. 이는 특별히 편향을 제거하려는 노력이 사전에 이루어지지 않은 환경에서는, 수집되는 데이터에 이러한 편향이 그대로 드러날 가능성이 높다는 것을 의미합니다.

대부분의 경우, 알고리즘에 존재하는 편향은 직간접적으로 인간에 의해 유입됩니다. 인간은 부주의로 인해 의도치 않게, 혹은 개인적인 주관에 따라 의도적으로 편향을 만들기도 합니다. 인간의 편향이 발생하는 이유 중 하나는 인간의 뇌가 인지 편향(cognitive bias)에 취약하기 때문입니다. 이러한 인지 편향은 알고리즘의 데이터 처리 과정이나 논리 설계 과정에서 개인의 주관, 신념, 이념 등을 반영하게 만듭니다.

2 　역자 주 입력 데이터의 품질이 결과의 품질에 직결된다는 뜻입니다.

5장에서 설명한 CRISP-DM(Cross-Industry Standard Process)[3] 생명 주기를 따르는 일반적인 머신러닝 프로젝트에서는 편향이 다음과 같은 방식으로 나타납니다.

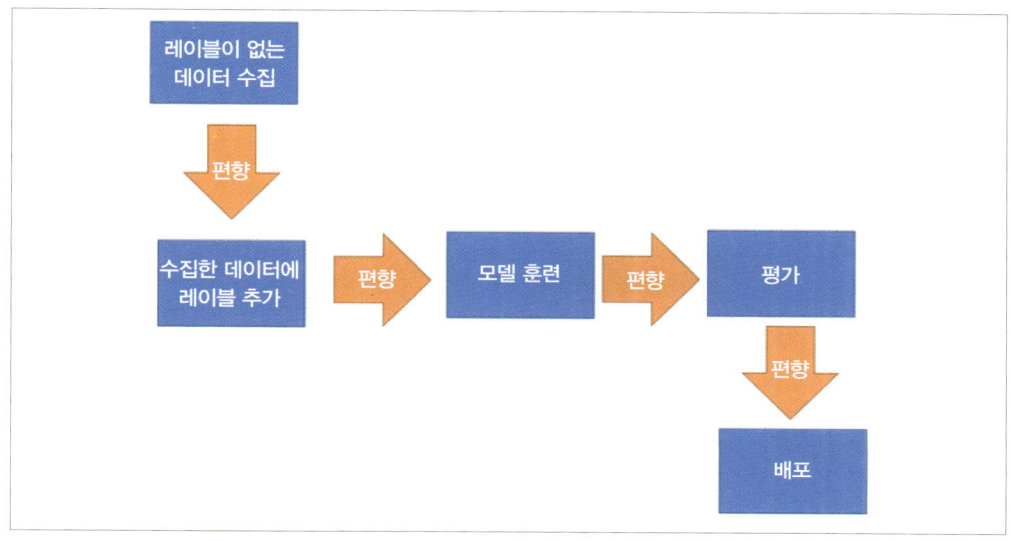

〈그림 16-4〉 편향은 CRISP-DM 생명 주기의 여러 단계에서 발생할 수 있음

편향을 줄이는 데 있어 가장 까다로운 부분은 무의식적인 편향을 먼저 식별하고 찾아내는 것입니다.

이제, 알고리즘을 언제 사용하는 것이 적절한지 살펴보겠습니다.

16.6 알고리즘을 언제 사용할 것인가

알고리즘은 실무자의 도구 상자에 있는 도구와 같습니다. 먼저 주어진 상황에서 어떤 도구가 가장 적합한지 이해해야 합니다. 때로는 문제에 대한 해법이 실제로 존재하는지, 그리고 그 해법을 언제 적용하는 것이 옳은 시기인지 자문해야 합니다.

즉 알고리즘 사용이 다른 방법보다 정말로 유용한 해결책을 제공할 수 있는지를 판단해야 합니다.

---

[3] 역자 주 데이터 마이닝에 대한 업계 간 표준 프로세스

알고리즘 사용의 효과는 다음 세 가지 측면에서 분석할 수 있습니다.

- **비용**: 알고리즘을 구현하는 데 들어가는 노력과 비용을 정당화할 수 있는가?
- **시간**: 더 단순한 대안에 비해 전체 과정을 더 효율적으로 만드는가?
- **정확성**: 더 단순한 대안보다 더 정확한 결과를 제공하는가?

적절한 알고리즘을 선택하기 위해서는 다음 질문들에 대한 답을 찾아야 합니다.

- 가정을 통해 문제를 단순화할 수 있는가?
- 알고리즘의 성능을 어떻게 평가할 것인가?
- 핵심 평가지표는 무엇인가?
- 어떻게 배포하고 사용할 것인가?
- 설명 가능성이 요구되는가?
- 보안, 성능, 가용성이라는 세 가지 중요한 비기능 요구사항을 이해하고 있는가?
- 마감 기한이 존재하는가?

위의 기준들을 바탕으로 알고리즘을 선택할 때, 대부분의 사건이나 문제는 예측하고 대응할 수 있지만, 때로는 기존의 이해나 예측 능력을 완전히 벗어나는 예외적인 상황도 존재한다는 점을 함께 고려할 필요가 있습니다. 이 주제에 대해 자세히 살펴보겠습니다.

16.6.1. 블랙스완 사건이 알고리즘에 미치는 영향 이해하기

데이터 과학과 알고리즘 분야에서는 예측하기 어려운 사건들이 알고리즘에 예상치 못한 문제를 야기할 수 있습니다. '블랙스완 사건(Black Swan Event)'이라는 용어는 나심 탈레브(Nassim Taleb)가 〈행운에 속지 마라(Fooled by Randomness)〉(2001)에서 처음 사용한 용어로 드물고 예측 불가한 사건을 비유적으로 나타냅니다.

블랙스완 사건으로 분류되기 위해서는 다음과 같은 조건을 충족해야 합니다.

- **예측 불가능성(Unexpectedness)**: 대부분의 관찰자들에게 충격과 놀라움을 주는 사건이어야 합니다. (예: 히로시마 원자폭탄 투하)
- **파급력(Magnitude)**: 사회적으로 큰 충격과 영향을 주는 사건이어야 합니다. (예: 스페인 독감 대유행)

- **사후 예측 가능성(Post-event predictability)**: 사건이 발생한 뒤에는, 만약 단서를 주의 깊게 살폈다면 예측할 수 있었음을 알게 되는 경우입니다.
- **일부는 예상 가능함(Not a surprise to all)**: 일부 사람들에게는 예측 가능했을 수도 있습니다. (예: 맨해튼 프로젝트에 참여한 과학자들이 원자폭탄 투하의 가능성을 알고 있었던 경우)

MEMO 야생에서 블랙스완(검은 백조)이 처음 발견되기 전까지, 수세기 동안 블랙스완은 결코 일어날 수 없는 일을 상징하는 표현으로 사용되었습니다. 그러나 실제로 블랙스완이 발견된 이후에도 이 표현은 여전히 널리 사용되었지만, 그 의미는 '예측할 수 없을 만큼 희귀한 일'로 바뀌게 되었습니다.

● **블랙스완 사건과 관련된 알고리즘의 도전 과제와 가능성**

- **예측의 딜레마**: 자기 회귀 누적 이동 평균(ARIMA)[4]부터 딥러닝 기법까지 수많은 예측 알고리즘이 존재하지만, 블랙스완 사건을 예측하는 것은 여전히 어렵습니다. 표준적인 기법을 사용하는 것은 오히려 잘못된 안전감을 줄 수 있습니다. 예를 들어, 또 다른 코로나19 같은 사건의 정확한 시점을 예측하는 것은 불충분한 과거 데이터 때문에 큰 어려움이 따릅니다.
- **영향 예측**: 블랙스완 사건이 발생한 뒤 그 사회 전반적 영향을 예측하는 것은 복잡합니다. 알고리즘에 필요한 관련 데이터도 부족하고, 사건으로 인해 영향을 받는 사회적 상호관계에 대한 이해도 부족할 수 있습니다.
- **예측 가능성**: 블랙스완 사건은 무작위로 보이지만, 실제로는 간과된 복잡한 전조 현상에서 비롯됩니다. 이 지점이 알고리즘의 기회가 될 수 있습니다. 이러한 전조를 예측하고 탐지하는 전략을 고안한다면 잠재적 블랙스완 사건을 미리 예상하는 데 도움이 될 수 있습니다.

---

4 **역자 주** 자기 회귀 누적 이동 평균(ARIMA, Auto Regressive Integrated Moving Average)은 시계열 데이터에서 과거 데이터의 자기 회귀와 오차를 토대로 선형 모델을 구축하여 미래 값을 예측합니다.

● 현실적인 적용과의 연관성

최근 COVID-19 팬데믹은 대표적인 블랙스완 사건입니다. 이러한 사건에 대응하기 위해서는 이전 팬데믹 사례, 세계적 이동 패턴, 지역 보건 지표 등의 데이터를 활용할 수 있습니다. 알고리즘은 이를 바탕으로 질병의 비정상적인 급증이나 초기 징후를 감지하여 글로벌 보건 위협의 가능성을 신속히 경고할 수 있습니다. 그러나 블랙스완 사건의 고유한 특성 때문에, 이러한 접근 역시 여전히 해결해야 할 과제가 많습니다.

요약

이번 장에서는 알고리즘을 설계할 때 고려해야 할 실질적인 측면들에 대해 배웠습니다. 알고리즘 설명 가능성의 개념과 이를 다양한 수준에서 제공할 수 있는 여러 방법을 살펴보았으며, 알고리즘에 내포된 잠재적 윤리적 문제들에 대해서도 논의했습니다. 마지막으로, 알고리즘을 선택할 때 고려해야 할 요인들을 설명했습니다.

알고리즘은 오늘날 우리가 목격하고 있는 자동화된 세계의 새로운 엔진입니다. 알고리즘을 배우고, 실험하며, 그 활용의 의미를 이해하는 것은 매우 중요합니다. 알고리즘의 강점과 한계, 그리고 사용에 따른 윤리적 함의를 이해하는 것은 이 세상을 더 나은 곳으로 만드는 데 큰 도움이 될 것입니다. 이 책은 끊임없이 변화하고 진화하는 세계 속에서 이러한 목표를 달성하기 위한 노력의 일환입니다.

찾아 보기

영문(A~Z)

ADT	74, 84
BERT	418, 419
CAP 정리	447, 448, 449, 459, 460, 461
CRISP-DM	179, 180, 181, 182, 250, 486, 529
CUDA	315, 316, 503, 504, 505
DBSCAN	197, 198, 199
egonet	147, 148, 151
GPT	418, 493, 494, 505, 512
GPU 가속	315, 499
k-평균 클러스터링 알고리즘	189, 191
MD5 해시	462, 473, 474, 475, 476, 477, 478, 479
ReLU	297, 298, 308, 309, 310, 311, 318, 370
ROC Curve	246
ROT13	469, 470
seq2seq	363, 395, 396, 402, 403, 404, 405, 423
SSL/TLS	481, 489
Word2Vec	350, 351, 352, 353
XGBoost 알고리즘	251, 258, 275

한글(ㄱ~ㅎ)

감정 분석
327, 333, 334, 336, 340, 341, 342, 354, 357, 361, 370, 388, 417
개체명 인식 336
게이트 순환 유닛 20, 358, 378, 387
결정 트리 분류 알고리즘 252, 254, 255, 256, 274, 275
경사 하강법 258, 304, 373, 374
고급 암호화 표준(AES) 481
공간 복잡도 37, 38, 117
과적합
180, 181, 247, 248, 249, 255, 257, 261, 262, 286, 300, 311, 318, 319, 330, 391
그라디언트 부스팅 258, 286, 288

근사 알고리즘 47, 48, 49
기울기 소실 문제 369, 375, 376, 377, 378, 379
깊이 우선 탐색(DFS) 160

나이브 베이즈 알고리즘 225, 270, 271, 272, 274, 275, 356
너비 우선 탐색(BFS) 149, 160
다운샘플링 325, 326
다중 클래스 분류 300, 313
다층 퍼셉트론 299, 301
대규모 언어 모델 395, 396, 405, 416, 418, 420, 423, 493, 512
데이터 전처리 319, 355, 494
데이터 정규화 239, 399
데이터 희소성 문제 436
동적 프로그래밍 118, 121, 122, 123, 124
드롭아웃 330

랜덤 포레스트 알고리즘 260, 261, 262, 263, 264, 275, 279, 521
로드 밸런싱 496, 497
로지스틱 회귀 알고리즘
264, 265, 266, 267, 268, 269, 275, 279, 288, 290

마스킹 언어 모델링 419
맥스 풀링 325, 326, 329
목적 함수 137, 139, 140
무차별 대입 전략 126, 131

병렬 컴퓨팅 351, 494, 499, 500, 501, 503, 506, 513
보안 해시 알고리즘(SHA) 462, 473, 476
보편 언어 모델 파인튜닝 418
분산 컴퓨팅
37, 120, 136, 258, 295, 494, 496, 499, 507, 509, 511
분할 정복 전략 94, 101, 118, 119, 120, 121, 122, 123

비지도 학습		장단기 메모리	358, 363, 382
	48, 175, 178, 179, 182, 183, 184, 185, 186, 189, 192, 193, 197, 223	재귀 함수	122
		전이 학습	292, 327, 328, 333
빅오 표기법	40, 41, 42, 43, 47, 50, 58, 60, 73	정규화	
			171, 173, 174, 180, 238, 239, 258, 311, 313, 317, 319, 335, 345, 372, 386, 399, 400
샴 신경망	328, 329, 330		
서포트 벡터 머신(SVMs)	224, 268	주성분 분석(PCA)	202, 203, 205, 206, 207
선험적 알고리즘	215, 216	중간자 공격	486, 487, 488
선형 회귀		지도 학습	
	181, 223, 224, 248, 279, 280, 282, 283, 284, 286, 288, 294, 297		84, 112, 91, 182, 183, 223, 224, 225, 226, 229, 230, 276, 279, 303
설명 가능성	50, 514, 517, 518, 519, 520, 526		
셀프 어텐션	409, 410, 411, 412, 413, 414	차원 축소	180, 202, 207, 353
소프트맥스	300, 313, 318, 319, 353, 370, 372, 375		
순방향 신경망(RNN)	413, 414	케라스(Keras)	314, 315, 316, 317, 318, 321
순환 신경망	333, 358, 365	콜드 스타트 문제	435
시그모이드	265, 266, 296, 300, 309, 313, 370, 384, 386	클라우드 컴퓨팅	
실루엣 분석	200, 201		20, 29, 39, 85, 118, 121, 292, 454, 494, 499, 508, 512
쌍곡 탄젠트	296, 311, 312		
		탐욕 알고리즘	118, 123, 124, 130, 131
아파치 스파크	68, 119, 120, 258, 508, 511, 513	텍스트 전처리	336, 337, 353, 357
알고리즘 편향	524	트랜스포머 아키텍처	409, 414, 418, 423
암달의 법칙	493, 500, 501, 502, 503, 505, 506	특성 선택	202, 349
앙상블 기법	256, 257, 261, 275, 438	퍼셉트론	294, 295, 296, 299
앙상블 부스팅	261, 262	페이지랭크 알고리즘	132, 133, 134, 136, 156
양방향 순환 신경망	411	평균 제곱 오차	285
양방향 신경망(RNN)	377, 378, 409, 411	평균 풀링	326
어텐션 메커니즘			
	390, 396, 404, 405, 406, 407, 408, 409, 412, 413, 417	하이퍼파라미터	196, 250, 257, 262, 269, 296, 316, 320, 362
오토인코더	395, 396, 397, 398, 399, 400, 402, 404, 423	합성곱 신경망	297, 300, 324
외판원 문제	110, 115, 117, 125	행렬 연산	51, 73, 504
유향 그래프	132, 145, 321	협업 필터링	427, 430, 431, 432, 435, 436, 438
이진 탐색	46, 47, 102, 104, 105, 108, 116	혼동 행렬	240, 241, 254, 267, 270, 274, 356
자아 중심 네트워크	147		
잠재 표현	201, 398		

개발자를 위한 AI 알고리즘

1판 1쇄 발행 2025년 12월 5일

저 자 | 임란 아마드
역 자 | 박지윤
발 행 인 | 김길수
발 행 처 | (주)영진닷컴
주 소 | (우)08512 서울특별시 금천구 디지털로9길 32
갑을그레이트밸리 B동 10층
등 록 | 2007. 4. 27. 제16-4189

©2025. (주)영진닷컴

ISBN | 978-89-314-8155-6

이 책에 실린 내용의 무단 전재 및 무단 복제를 금합니다.